専門訴訟講座 ⑦

会社訴訟
―訴訟・非訟・仮処分―

浜田道代　久保利英明　稲葉威雄　編

発行 ㊥ 民事法研究会

は し が き

　本書は、民事法研究会の専門訴訟講座の中の1巻である。この講座の基本的なコンセプトに倣い、第1部が会社訴訟の法理、第2部が会社訴訟の実務、第3部が会社訴訟の要件事実と裁判の3部構成としている。編集については、編者3名の共同責任であるが、主に、1部は浜田、2部は久保利、3部は稲葉が担当した。執筆者も、本講座の他書に倣い、1部は研究者、2部は弁護士、3部は裁判官・元裁判官（現弁護士）にそれぞれお願いしている。

　会社特に株式会社という制度は、現代経済社会の発展を支える基盤である。資本主義（自由経済）体制は、社会主義体制との競争に打ち勝った。その原動力は、株式会社という制度のもつ効率性の活用であるように思われる。社会主義体制として生き残っているとされる中国（中華人民共和国）においても、株式会社制度は重要な役割をもつ。

　しかし、あらゆる社会制度は、効率性だけでなく、健全性（社会的な存在としての会社をめぐる多様な利害関係の適切・公正な調整）が重要である。これが確保されなければ、社会の安定、その持続的な発展はあり得ない。

　平成17年（2005年）には、懸案であった会社法制の現代化（会社法制の全面見直し）が会社法の制定に結実した。これとともにいわゆる六法中最後まで取り残されていた商法の現代語化も、商行為に関する第2編の一部と第3編海商を除いては、実現した。会社法では、会社訴訟・非訟については、第7編雑則に、第2章訴訟、第3章非訟としてまとめて規定している。その限りではわかりやすくなったといえるが、会社法は全体としてわかりやすい法律ではない。訴訟追行には、法律全体の体系的理解が欠かせない。

　会社法は、従来の会社法制に比べ、会社の組織の自由度を高めていて、選択の余地が広げられた。いわゆる規制緩和である（禁止の範囲を狭め、許容の範囲を広げる）。硬直的な事前規制が望ましくないことは明らかであるが、規律のない自由の享受は、不公正（不当な利益侵害）を引き起こしやすい。

はしがき

　事前規制が緩やかになれば、事後救済への依存が高まることは、明らかである。その事後救済の根幹が訴訟である。つまり、会社訴訟は、会社法の下で、ますます重要になる。また、規制緩和は、グレーゾーンの拡大という効果をもつが、訴訟は、その中での具体的なルールを設定するという重要な役割をもつ。

　会社訴訟は、近時その様相が変化しつつある。かつて、会社法制の運用状況には、極めて問題があった。株主が多い大会社では、総会屋という存在があった。昭和49年中間配当制度が導入される前は、半年決算が主流で、定時総会は年2回開かれていた。その総会は、総会屋によって牛耳られており、法が支配する場ではなかった。会社法上の紛争が訴訟となることも稀であった。

　しかし、日本経済社会の近代化・国際化は、会社法制を変化させ、企業社会を法が支配する世界とした。事業を選択し、経営資源を得意分野に集中するためには、組織再編行為は不可避不可欠である。会社のガバナンスの適否についても、訴訟という形で問題提起されるようになっている。

　そうはいっても、会社の組織上の行為については、それによって生ずる利害関係は複雑多様で、既成事実がもつ重みのため、その瑕疵を追及して、いったん形成された法律関係を復元することは困難である。利用される訴訟類型は、限られている。迅速処理が求められることから、保全処分も重要な意味をもつ。

　会社をめぐる紛争においては、訴訟だけではなく、会社非訟による救済も重要である。たとえば、M&Aが経済社会の活性化の重要な手段となり、組織再編ひいては株主の締め出し（Squeeze-out）もしばしば行われる。そこでは、株式の価格算定が非訟手続で行われる。それ以外にも、各種許可の裁判等非訟処理の役割は重要である。会社非訟も、本書の重要な内容である。

　非訟手続については、今年（平成25年）新しい非訟事件手続法が施行され、会社非訟の手続も改善された。本書は、これも反映した内容としている。諸

般の事情で、本書の刊行が遅れ、先に脱稿していただいた執筆者の方々には、大変ご迷惑をおかけしたことをお詫びする。

　本書は、会社をめぐる紛争処理全般について理解を深め、かつ実務処理に資するためのものとして、編集された。その趣旨が活かされることを期待したい。

　本書の刊行については、民事法研究会編集部の安倍雄一氏に多大のご配慮ご尽力を賜った。終わりに厚くお礼を申し上げる。

　平成25年8月

編者　浜田　道代
同　　久保利英明
同　　稲葉　威雄

目 次

第1部　会社訴訟の法理

第1章　会社訴訟の意義とその法的構造

Ⅰ　会社訴訟とは …………………………………………………………2
Ⅱ　「会社訴訟の法理」の本書における位置づけと本部各章の構成 ………………………………………………………………3
　1　基礎知識の整理 ………………………………………………3
　2　会社の組織に関する訴え ……………………………………4
　3　事前の差止め・仮処分 ………………………………………4
　4　事後の責任追及 ………………………………………………5
　5　会社の解散の訴え・社員の除名の訴え・役員の解任の訴え …………6
　6　非訟事件 ………………………………………………………6
　7　その他の主要な会社関連訴訟 ………………………………7

第2章　会社の組織に関する訴え

第1節　会社の組織に関する訴えの意義とその概要 …………………9

Ⅰ　会社の組織に関する訴えの意義 …………………………………9
Ⅱ　会社の組織に関する訴えの概要 …………………………………9

目 次

　1　会社の組織に関する行為の無効の訴え……………………………9
　2　新株発行等の不存在の確認の訴え…………………………………10
　3　株主総会等の決議の不存在・無効の確認の訴え…………………10
　4　株主総会等の決議の取消しの訴え…………………………………10
　5　持分会社の設立の取消しの訴え……………………………………11
　6　会社の解散の訴え……………………………………………………11
　7　会社の組織に関する訴えに共通の規整……………………………11
　8　新株発行等の無効判決の効力………………………………………14
　9　組織再編行為の無効判決の効力……………………………………14
　10　持分会社の設立の無効または取消しの判決の効力………………14

第2節　決議の瑕疵を争う訴え……………………………14

Ⅰ　株主総会等の決議の瑕疵を争う訴え……………………………14
　1　株主総会等の決議取消しの訴え……………………………………15
　2　株主総会等の決議不存在確認の訴え………………………………22
　3　株主総会等の決議無効確認の訴え…………………………………23
　4　取消判決、不存在確認・無効確認判決の効果……………………24
　5　株主総会の決議の瑕疵を争う訴えと会社の組織に関する行為の無効の訴えとの関係……………………………………………………25

Ⅱ　取締役会決議の瑕疵を争う訴え…………………………………26
　1　取締役会決議の無効確認の訴え……………………………………26
　2　取締役会決議の不存在確認の訴え…………………………………28

第3節　新株発行等の瑕疵を争う訴え……………………29

Ⅰ　新株発行（自己株式の処分）の瑕疵を争う訴え………………29
　1　新株発行（自己株式の処分）の無効の訴え………………………30
　2　新株発行（自己株式の処分）の不存在確認の訴え………………34

Ⅱ　新株予約権の発行の瑕疵を争う訴え ……………………35
　　1　新株予約権の発行の無効の訴え ……………………………36
　　2　新株予約権の発行の不存在確認の訴え ……………………38

第4節　会社の設立の瑕疵を争う訴え …………………39
　Ⅰ　会社の設立の無効の訴え等 ……………………………39
　　1　会社の設立無効の訴え ………………………………………39
　　2　会社の不存在確認の訴え ……………………………………43
　Ⅱ　持分会社の設立の取消しの訴え ………………………43
　　1　取消原因 ………………………………………………………43
　　2　提訴権者（原告） ……………………………………………44
　　3　被　告 …………………………………………………………44
　　4　提訴期間 ………………………………………………………44
　　5　取消判決の効力 ………………………………………………44
　　6　会社の継続 ……………………………………………………45

第5節　組織変更・組織再編行為等の瑕疵を争う訴え …………………………………45
　Ⅰ　組織変更の無効の訴え …………………………………45
　　1　無効原因 ………………………………………………………46
　　2　提訴権者（原告） ……………………………………………46
　　3　被　告 …………………………………………………………46
　　4　提訴期間 ………………………………………………………46
　　5　無効判決の効力 ………………………………………………46
　Ⅱ　組織再編行為の瑕疵を争う訴え ………………………47
　　1　吸収合併・新設合併の無効の訴え …………………………47
　　2　吸収分割・新設分割の無効の訴え …………………………51

3　株式交換・株式移転の無効の訴え……………………………55
Ⅲ　株式会社における資本金の額の減少無効の訴え ………57
　　1　無効原因………………………………………………………57
　　2　提訴権者（原告）……………………………………………57
　　3　被　告…………………………………………………………57
　　4　提訴期間………………………………………………………57
　　5　判決の効力……………………………………………………58

第6節　社債発行会社の弁済等の取消しの訴え　58
Ⅰ　社債発行会社の弁済等の取消しの訴えの意義 …………58
Ⅱ　取消しの要件 ……………………………………………59
　　1　客観的要件……………………………………………………59
　　2　主観的要件……………………………………………………59
Ⅲ　取消権の行使 ……………………………………………60
　　1　訴えによる行使………………………………………………60
　　2　取消しの訴えの当事者………………………………………60
Ⅳ　取消しの効果 ……………………………………………60
Ⅴ　社債権者の詐害行為取消権との関係 ……………………61
Ⅵ　専属管轄 …………………………………………………61

第3章　事前の差止め・仮処分

第1節　会社に関する差止め・仮処分 ……………62
Ⅰ　意義・特徴・要件 ………………………………………62
　　1　意　義…………………………………………………………62
　　2　仮処分の類型・会社仮処分の特徴…………………………63

3　要　件……………………………………………………………65
　Ⅱ　仮処分命令手続………………………………………………………66
　　1　当事者……………………………………………………………66
　　2　申請時期…………………………………………………………67
　　3　裁判管轄…………………………………………………………67
　　4　審　尋……………………………………………………………68
　　5　疎　明……………………………………………………………69
　　6　担保の提供………………………………………………………69
　　7　和解・取下げ……………………………………………………70
　Ⅲ　効力・執行・取消し…………………………………………………70
　　1　仮処分命令および仮処分命令違反の行為の効力………………70
　　2　仮処分の執行と取消し…………………………………………71
　　3　会社仮処分手続の利用状況……………………………………72

第2節　株主総会……………………………………………………72
　Ⅰ　株主総会開催禁止・決議禁止の仮処分……………………………72
　　1　意　義……………………………………………………………72
　　2　被保全権利………………………………………………………74
　　3　当事者……………………………………………………………75
　　4　手続上の問題……………………………………………………76
　　5　仮処分命令に違反して開催・決議された場合…………………76
　Ⅱ　議決権行使禁止・行使許容の仮処分………………………………77
　　1　意　義……………………………………………………………77
　　2　被保全権利………………………………………………………79
　　3　当事者……………………………………………………………79
　　4　疎　明……………………………………………………………80
　　5　基準日後株主の議決権行使に関する問題………………………81

9

6　仮処分違反の議決権行使……………………………………82
Ⅲ　株主総会決議の効力停止の仮処分………………………………83
Ⅳ　株主総会における委任状勧誘と差止め…………………………83

第3節　取締役・執行役等の職務執行停止等　…86

Ⅰ　取締役・執行役等の職務執行停止の仮処分……………………86
　　1　沿　革…………………………………………………………86
　　2　被保全権利……………………………………………………87
　　3　特　徴…………………………………………………………88
　　4　解任の訴えを本案訴訟とする場合の問題…………………90
　　5　当事者…………………………………………………………91
　　6　保全の必要性…………………………………………………92
　　7　効　力…………………………………………………………93
Ⅱ　取締役・執行役等の職務代行者選任の仮処分…………………95
　　1　固有の意義……………………………………………………95
　　2　職務代行者の権限・責任……………………………………95

第4節　募集株式の発行等および募集新株予約権の発行・行使　…97

Ⅰ　意　義……………………………………………………………97
Ⅱ　募集株式発行差止め・自己株式処分差止め……………………99
　　1　対象となる株式の発行等……………………………………99
　　2　募集株式発行等の差止請求…………………………………99
　　3　募集株式発行等差止めの訴え………………………………100
　　4　募集株式発行等差止仮処分…………………………………104
　　5　自己株式処分差止仮処分……………………………………105
Ⅲ　募集新株予約権発行の差止め……………………………………105

1　募集新株予約権発行差止めの訴え ················105
　　2　募集新株予約権発行差止事由 ····················106
　　3　募集新株予約権発行差止仮処分 ··················108
　Ⅳ　新株予約権の発行に差止事由または無効・不存在事由
　　　がある場合の行使の結果としてなされる株式発行・自
　　　己株式処分への瑕疵の承継 ························108
　　1　差止事由の承継 ································108
　　2　無効・不存在事由の承継 ························109

第5節　取締役・執行役の違法行為差止請求 ····111
　Ⅰ　意　義 ··111
　Ⅱ　差止請求の当事者 ··································112
　Ⅲ　差止事由 ··112
　　1　目的の範囲外の行為 ····························113
　　2　法令・定款違反の行為 ··························113
　　3　「著しい損害」と「回復することができない損害」 ······114
　Ⅳ　責任追及等の訴えの規定の類推適用 ··················115
　Ⅴ　違法行為差止仮処分申請 ····························116
　Ⅵ　担　保 ··117
　Ⅶ　仮処分命令に違反してなされた取締役（執行役）の
　　　行為 ··117

第6節　企業買収・組織再編 ····························118
　Ⅰ　支配権争奪の局面における募集株式発行等・募集新
　　　株予約権発行の差止めの仮処分 ····················118
　　1　主要目的ルール ································119
　　2　修正主要目的ルール ····························120
　　3　基準日株主への譲渡制限新株予約権の割当てと不公正発行事由 ···121

4　差別的行使条件を伴う新株予約権の割当てと不公正発行事由 …… 122
Ⅱ　組織再編行為の差止め ……………………………………………… 124
　　1　組織再編行為への交渉と仮処分申請 ………………………… 124
　　2　略式組織再編行為の差止め …………………………………… 124
　　3　組織再編行為の差止め──明文規定の欠缺と差止めの許容性── 126

第4章　事後の責任追及

第1節　役員等の対会社責任の追及 …………………………………… 129
Ⅰ　役員等の責任の構造（概説）………………………………………… 129
　　1　役員等と会社との関係 ………………………………………… 129
　　2　役員等の対会社責任（任務懈怠責任と法定責任）………… 130
　　3　連帯──複数の任務懈怠が競合する場合の処理 …………… 131
　　4　役員等の対会社責任の免除・責任限定 ……………………… 132
　　5　役員等の対会社責任の消滅時効、遅延利息 ………………… 135
Ⅱ　取締役の任務懈怠責任の追及（各論1）…………………………… 136
　　1　作為による任務懈怠責任 ……………………………………… 137
　　2　不作為による任務懈怠 ………………………………………… 146
Ⅲ　取締役の法定責任の追及（各論2）………………………………… 149
　　1　株主権行使に関する利益供与 ………………………………… 150
　　2　財源規制違反の剰余金の配当等の責任 ……………………… 152
Ⅳ　取締役以外の役員等の責任（各論3）……………………………… 154
Ⅴ　会社による責任追及等の訴えと株主代表訴訟 …………………… 156
　　1　会社が追及する場合の代表者 ………………………………… 156
　　2　株主代表訴訟 …………………………………………………… 157
　　3　責任追及等訴訟の適正化への配慮 …………………………… 169

| | 4 | 当事者による訴訟終了（和解等）の効果 ································172 |

第2節　役員等の対第三者責任の追及 ································174
I　429条1項責任の構造 ································174
| | 1 | 429条1項責任の性質 ································174 |
| | 2 | 消滅時効・遅延利息 ································176 |

II　429条1項の要件事実 ································176
| | 1 | 「役員等」································177 |
| | 2 | 「第三者」の損害・相当因果関係 ································180 |

III　計算書類等の虚偽記載に関する責任・投資者による役員等の責任追及 ································184
| | 1 | 会社法429条2項責任 ································184 |
| | 2 | 金融商品取引法上の責任強化 ································185 |

第5章　会社の解散の訴え・社員の除名の訴え・役員の解任の訴え

第1節　会社の解散の訴え ································188
I　制度の概要 ································188
II　解散判決の手続 ································189
III　解散判決が認められる場合 ································190
| | 1 | 株式会社の場合 ································190 |
| | 2 | 持分会社の場合 ································190 |

第2節　持分会社の社員の除名の訴え等 ································191
I　社員の除名の訴え ································191
II　業務執行社員の業務執行権または代表権の消滅の訴え　192

13

目　次

第3節　株式会社の役員の解任の訴え ················193
Ⅰ　制度の概要 ··193
Ⅱ　原告株主の持株要件 ··194
Ⅲ　解任議案の否決の要件 ·····································194
Ⅳ　解任事由 ···196
Ⅴ　解任事由が生じた時期 ·····································197
Ⅵ　役員権利義務者を被告としうるか ······················198

第6章　非訟事件

第1節　会社非訟事件の意義と概要 ·····················199
Ⅰ　会社訴訟事件と会社非訟事件の異同 ··················199
　1　緒　論 ··199
　2　平成23年非訟事件手続法の制定 ······················201
Ⅱ　会社非訟事件における当事者主義的構造 ············204
　1　手続保障の拡充と事件の類型 ··························204
　2　当事者の責務 ···205
　3　陳述聴取 ···206
　4　申立書・抗告状の写しの送付 ··························210
　5　裁判をする日 ···212
　6　和解と専門委員に関する規定の新設 ·················212

第2節　書面等閲覧謄写許可申立事件 ·················214
Ⅰ　取締役会議事録閲覧謄写許可申立事件 ···············214
　1　取締役会議事録閲覧謄写請求権 ·······················214
　2　裁判の手続 ··215

14

目次

II　親会社社員による子会社会計帳簿閲覧謄写許可申立事件 …………………………………………………………216
　1　株式会社の会計帳簿作成保存義務と株主の会計帳簿閲覧謄写請求権 …………………………………………………………216
　2　親会社社員による子会社会計帳簿閲覧謄写請求権 ……218
　3　裁判の手続 ……………………………………………220

第3節　少数株主の株主総会招集許可申立事件
…………………………………………………………221

I　株主による株主総会招集請求権 ………………………221
II　裁判の手続 ……………………………………………222

第4節　一時役員等選任申立事件 ……………………224

I　一時役員等選任請求権 …………………………………224
II　裁判の手続 ……………………………………………225

第5節　株式の株価決定申立事件 ………………………226

I　株式売買価格決定申立事件 ……………………………226
　1　株式売買価格決定申立権 ……………………………226
　2　裁判の手続 ……………………………………………229
II　株式買取価格決定申立事件 ……………………………230
　1　反対株主の株式買取請求権 …………………………230
　2　裁判の手続 ……………………………………………236
III　株式取得価格決定申立事件 ……………………………236
　1　全部取得条項付種類株式の取得価格決定申立権 …236
　2　裁判の手続 ……………………………………………241

第6節　総会検査役選任申立事件 ………………………243

I　総会検査役選任請求権 …………………………………243

15

Ⅱ 裁判の手続 …………………………………………………………244

第7章　その他の主要な会社関連訴訟

第1節　株主権をめぐる訴訟 ……………………………………246
Ⅰ　株主権確認訴訟 ………………………………………………246
1　概　要 …………………………………………………………246
2　名義株主の問題 ………………………………………………247
3　株式譲渡の問題 ………………………………………………248
4　定款による株式の譲渡制限 …………………………………250
5　契約による株式の譲渡制限 …………………………………252
Ⅱ　株券発行・引渡請求訴訟 ……………………………………254
1　会社法における株券の発行と株式の譲渡 …………………254
2　株券発行請求訴訟 ……………………………………………256
3　株券引渡請求訴訟 ……………………………………………256
Ⅲ　株主名簿名義書換請求訴訟 …………………………………257
1　会社法における株主名簿名義書換の意義 …………………257
2　名義書換の方法と名義書換の不当拒絶 ……………………258
3　名義書換未了株主の扱い ……………………………………259

第2節　役員の地位を争う訴訟 …………………………………260
Ⅰ　役員の地位確認・地位不存在確認訴訟 ……………………260
1　役員の地位不存在確認請求 …………………………………260
2　役員の地位確認請求 …………………………………………262
Ⅱ　役員の地位に関する登記請求訴訟 …………………………263
1　役員退任登記手続請求訴訟 …………………………………263

2　不実の登記の抹消登記手続請求訴訟 ……………………………………265

第3節　役員等の報酬・退職慰労金請求訴訟 …267

I　役員等の報酬請求訴訟 …………………………………………267
　1　報酬等に関する規制の概要 ……………………………………267
　2　総額等の定めと具体的配分の決定をめぐる問題 ……………269
　3　超過支給・総会決議のない報酬等の支給 ……………………270
　4　報酬等の不支給・減額 …………………………………………272

II　役員等の退職慰労金請求訴訟 …………………………………274
　1　退職慰労金に対する報酬規制の適用の有無 …………………274
　2　いわゆる一任決議の問題 ………………………………………275
　3　退職慰労金の不支給と救済 ……………………………………276

III　役員の退職慰労金不支給（減額）を理由とする損害賠償請求訴訟 ……………………………………………278
　1　概　要 ……………………………………………………………278
　2　株主総会における一任決議後取締役会における決定の懈怠・減額・不支給がある場合 …………………………………………279
　3　株主総会に退職慰労金支給の議題が付議されない場合 ……281
　4　株主総会による減額・不支給の決議がなされた場合 ………283

第4節　計算書類等・会計帳簿等・株主名簿・取締役会議事録閲覧等請求訴訟 ………285

I　計算書類等の閲覧・謄本等交付請求訴訟 ……………………285

II　会計帳簿等の閲覧・謄写請求訴訟 ……………………………286
　1　制度の概要 ………………………………………………………286
　2　閲覧・謄写の対象 ………………………………………………287
　3　閲覧の請求と請求を基礎づける事実 …………………………288
　4　閲覧拒絶事由 ……………………………………………………289

Ⅲ 株主名簿の閲覧・謄写請求訴訟 ……………………………… 293
 1 株主名簿の閲覧・謄写請求と拒絶事由 …………………… 293
 2 金融商品取引法上の損害賠償請求権を行使するための調査と拒絶事由 …………………………………………………… 294
 3 競業者による閲覧請求と拒絶事由 ………………………… 294
Ⅳ 取締役会議事録閲覧・謄写請求訴訟 …………………………… 297

第2部　会社訴訟の実務

第1章　相談から訴訟遂行へ

第1節　会社訴訟の特徴 …………………………………………… 300
第2節　受任時のポイント ………………………………………… 303
Ⅰ 依頼者の獲得目標の確認 ………………………………………… 303
Ⅱ タイムスケジュールの確認 ……………………………………… 305
Ⅲ 協力者の範囲の確認 ……………………………………………… 308
Ⅳ 収集できる証拠の確認 …………………………………………… 311
Ⅴ 受任契約の締結にあたっての留意点 …………………………… 312
第3節　訴訟提起前の準備 ………………………………………… 313
Ⅰ 多数派工作・キーマン確保の可能性 …………………………… 313
Ⅱ スケジュール・Xデーの決定 …………………………………… 315
Ⅲ 証拠収集のための手続 …………………………………………… 317
Ⅳ 書面の作成等 ……………………………………………………… 320

目次

第4節 訴訟外の対応 …………………………………………320
Ⅰ 監査役・会計監査人 ………………………………………320
Ⅱ 従業員・労働組合 …………………………………………321
Ⅲ 取引先・金融機関（メインバンク）………………………322
Ⅳ マスメディア ………………………………………………324
Ⅴ 監督官庁への働きかけ ……………………………………326
Ⅵ 刑事告訴 ……………………………………………………326

第2章　取締役会をめぐる係争

第1節 取締役会の支配権をめぐる係争の類型 ……328
Ⅰ 取締役会とは ………………………………………………328
Ⅱ 会社経営の支配者 …………………………………………328
Ⅲ 本章の構成 …………………………………………………329
　1 代表取締役の解職 ………………………………………330
　2 取締役の解任請求 ………………………………………330
　3 取締役の職務執行停止・職務代行者選任 ……………331
　4 取締役の違法・不正行為の無効確認・差止請求 ……331

第2節 代表取締役の解職 …………………………………332
Ⅰ 代表取締役の解職動議 ……………………………………332
　1 はじめに …………………………………………………332
　2 取締役会の招集・決議手続 ……………………………332
　3 代表取締役の解職に向けた準備 ………………………334
Ⅱ 取締役会決議の無効・不存在確認の訴え ………………336

19

1　はじめに ··336
　　2　取締役会決議の無効・不存在事由 ······························337
　　3　取締役会決議の無効・不存在確認判決の効果 ··············343
Ⅲ　解職された代表取締役からの報酬・退職慰労金請求 ···343
　　1　はじめに ··343
　　2　報酬の一方的な減額の可否 ······································344
　　3　退職慰労金の不支給 ···346

第3節　取締役の解任 ··348

Ⅰ　取締役の解任の訴え ··348
　　1　はじめに ··348
　　2　解任の訴えを提起するための要件・手続 ···················350
　　3　解任事由 ··352
　　4　判決の効果 ··354
Ⅱ　解任取締役からの損害賠償請求 ······································354
　　1　はじめに ··354
　　2　正当な理由 ··355
　　3　損害の範囲 ··356

第4節　取締役の職務執行停止・職務代行者選任 ··············357

Ⅰ　取締役の職務執行停止仮処分 ···357
　　1　はじめに ··357
　　2　職務執行停止仮処分の要件 ······································358
　　3　職務執行停止仮処分の効果 ······································360
Ⅱ　取締役の職務代行者選任仮処分 ······································360
　　1　はじめに ··360

| | 2 | 職務代行者選任仮処分の要件・効果 …………………………361 |
| | 3 | 常務の範囲 ………………………………………………………361 |

第5節 取締役の違法・不正行為の無効確認・差止請求 …………362

Ⅰ 代表取締役の業務執行の無効確認の訴え ……………………362
 1 はじめに …………………………………………………………362
 2 無効事由 …………………………………………………………363
Ⅱ 取締役の違法行為差止仮処分 …………………………………365
 1 はじめに …………………………………………………………365
 2 違法行為差止仮処分の要件 ……………………………………365
 3 違法行為差止仮処分の効果 ……………………………………367

第3章　株主総会の支配権をめぐる係争

はじめに ………………………………………………………………369

第1節 委任状争奪戦にかかわる裁判 ……………………370

Ⅰ 問題となり得る裁判類型 ………………………………………370
Ⅱ 総会検査役選任 …………………………………………………372
 1 総説──総会検査役の選任申請を行う意義 …………………372
 2 留意点 ……………………………………………………………373
Ⅲ 株主名簿閲覧謄写請求 …………………………………………375
 1 総説 ………………………………………………………………375
 2 主な争点と問題の所在 …………………………………………377
 3 裁判例 ……………………………………………………………378
 4 争点の分析 ………………………………………………………381

5　調査の目的で請求を行ったことの証明 …………………………383
Ⅳ　取締役に対する違法行為差止請求等
　　——違法行為に対する対抗措置 ………………………………385
　　1　総　説 ………………………………………………………………385
　　2　会社の違法行為に対する勧誘者の対抗措置 …………………385
　　3　勧誘者の違法行為に対する会社の対抗措置 …………………387
Ⅴ　株主総会決議取消訴訟 ……………………………………………388
　　1　総　説 ………………………………………………………………388
　　2　主な争点とその分析 ………………………………………………389

第2節　「買収者追い出し型」の係争にかかわる裁判と取締役の行為規範 ……………400

Ⅰ　問題となり得る裁判類型 …………………………………………400
Ⅱ　新株予約権無償割当差止仮処分 ………………………………403
　　1　総　説 ………………………………………………………………403
　　2　裁判例 ………………………………………………………………404
　　3　取締役の行為規範——基本的な考え方 …………………………413
　　4　取締役は「レブロン義務」を負うのか ……………………………425

第3節　ホワイトナイトに対する新株等の第三者割当て ……………427

Ⅰ　問題となり得る裁判類型（新株発行差止仮処分）と
　　主要目的ルール ……………………………………………………427
Ⅱ　新株（予約権）発行差止仮処分 …………………………………429
　　1　裁判例 ………………………………………………………………429
　　2　経営支配権争いと「経営判断原則」、主要目的ルール、そして
　　　　「株主判断原則」 ……………………………………………………435

第4章　事後の責任追及

第1節　取締役の会社に対する責任 … 441

I　総論 … 441
1　責任の基本構造——任務懈怠とは何か … 441
2　責任の要件と立証責任 … 442
3　責任追及の方法 … 443

II　法令・定款違反 … 443

III　経営判断の誤り … 444
1　善管注意義務の内容 … 445
2　注意義務違反の判断 … 450

IV　違法行為・不祥事 … 473
1　善管注意義務の内容 … 473
2　注意義務違反の判断 … 474

V　監視・監督義務、監査義務、内部統制システム構築義務違反 … 479
1　義務の内容 … 479
2　義務違反の判断 … 488

VI　特別な責任原因 … 493
1　競業と任務懈怠 … 493
2　任務懈怠の推定等 … 493

VII　損害額の軽減 … 497
1　因果関係の割合的認定・過失相殺法理の類推 … 497
2　損益相殺 … 499

Ⅷ	株主代表訴訟における手続上の問題	499
	1 当事者や代表者の問題	500
	2 対象となる責任の範囲	503
	3 被告役員の対抗手段	504
	4 証拠収集の手段・方法	507
	5 責任免除・和解	512
Ⅸ	費用等の負担	513
Ⅹ	会社役員賠償責任保険（D&O 保険）	514

第2節 取締役の第三者に対する責任 …516

Ⅰ	総 論	516
	1 責任の基本構造	516
	2 責任の要件と立証責任	517
Ⅱ	責任の有無に関する判断基準	518
Ⅲ	義務違反の判断	518
	1 法令・定款違反	518
	2 経営判断にかかわる責任	519
	3 監視・監督義務、監査義務違反	521
	4 内部統制システム構築義務違反	524
Ⅳ	責任追及できる主体・損害の範囲	525
	1 損害賠償の範囲	526
	2 責任追及の主体──保有株式が無価値となったことに対する損害賠償	527

第3節 有価証券報告書等の虚偽記載に基づく責任 …529

Ⅰ	総 論	529

目次

Ⅱ 責任追及の主体・相手方による分類 ……………………530
　1 有価証券の取得者に対する会社の責任 ………………530
　2 有価証券の取得者に対する役員の責任 ………………531
　3 提出会社に対する役員の責任 …………………………532
Ⅲ 責任の根拠となる法律構成に特有の問題 ………………533
　1 不法行為構成（西武鉄道事件まで）……………………533
　2 金融商品取引法違反構成（ライブドア事件以降）……538

第5章　組織再編無効・詐害行為取消し

はじめに ………………………………………………………………545

第1節　組織再編無効の訴え …………………………………546

Ⅰ 各組織再編無効の訴えの概要 ……………………………546
Ⅱ 訴訟要件 ……………………………………………………546
　1 原告適格 ……………………………………………………546
　2 出訴期間 ……………………………………………………552
Ⅲ 無効原因 ……………………………………………………553
　1 組織再編当時会社が法定適格を欠く場合 …………553
　2 組織再編契約の瑕疵 ………………………………………554
　3 機関決議の瑕疵 ……………………………………………554
　4 組織再編契約上の意思表示の瑕疵 ……………………555
　5 組織再編条件の不公正 ……………………………………557
　6 債権者保護手続の不履践 …………………………………558
　7 法定書類の瑕疵・不実記載、非開示 …………………559
　8 会社分割特有の無効原因
　　――事業譲渡の欠如・債務の履行の見込みの不存在 ……560

25

| 9　その他 …………………………………………………………561
| 第2節　組織再編無効の訴えの留意点 ……………562
| Ⅰ　遡及効を有しないこと ………………………………………562
| Ⅱ　株主総会決議取消し・決議不存在確認の訴えとの関係　563
| Ⅲ　代替手段の検討 ………………………………………………564
| 1　組織再編決議取消訴訟を本案とする組織再編執行禁止の仮処分 …564
| 2　取締役・執行役の行為の差止め ……………………………565
| 3　募集株式の差止めの類推適用 ………………………………565
| Ⅳ　吸収説の再考 …………………………………………………565
| 第3節　スクィーズ・アウト ……………………………567
| Ⅰ　少数株主の締め出し（スクィーズ・アウト）……………567
| Ⅱ　現金交付合併・現金交付株式交換を用いた
　　　スクィーズ・アウト …………………………………………568
| Ⅲ　全部取得条項付種類株式を用いたスクィーズ・アウト　569
| 第4節　濫用的会社分割への対応
　　　──詐害行為取消し・法人格否認等 …571
| Ⅰ　問題の所在 ……………………………………………………571
| Ⅱ　債権者の類型 …………………………………………………571
| Ⅲ　会社分割無効の訴え …………………………………………572
| Ⅳ　取締役の責任追及 ……………………………………………573
| Ⅴ　詐害行為取消権（否認権行使）……………………………574
| 1　裁判例の状況および両説の根拠 ……………………………574
| 2　当事者が主張・立証すべき事項 ……………………………575
| 3　取消しの対象および原状回復の方法 ………………………578

Ⅵ 会社法22条1項の類推適用 ……………………………580
  1 適用の有無・裁判例 …………………………………581
  2 主張にあたっての問題点 ……………………………583
Ⅶ 法人格否認 ………………………………………………583
  1 適用の有無・裁判例 …………………………………583
  2 主張にあたっての問題点 ……………………………585
Ⅷ 各方策の特徴 ……………………………………………585
  〈表1〉 濫用的会社分割への方策の特徴 ………………586
Ⅸ 会社法制の見直しに関する要綱の内容 ………………586

第6章 非 訟

第1節 会社非訟事件の意義と実務上の展開 …588
第2節 会社非訟事件の実務的観点からの概観 …………………………………………590

Ⅰ 各種の会社非訟事件を取り組むうえで共通する実務上の留意点 ………………………………………………590
  1 根拠法令 ………………………………………………590
  2 管 轄 …………………………………………………590
  3 申立て等の方法等 ……………………………………590
  4 申立手数料その他の費用 ……………………………591
  5 審 問 …………………………………………………592
  6 証拠調べ ………………………………………………592
  7 裁 判 …………………………………………………593
  8 不服申立て ……………………………………………593

目　次

II　会社設立の局面その他検査役選任申立てに関する事件 ········594
　1　種　類 ···594
　2　検査役の選任 ···597
　3　検査役の地位、職務、権限、責任等 ·································598
　4　検査役の報酬 ···598
　5　検査役の調査 ···599
　6　検査役の報告後における裁判所の対応措置 ·····················601
　7　その他の検査役選任申立ての手続上の留意点 ·················603

III　株式に関する事件 ···604
　1　種　類 ···604
　2　譲渡制限株式買取請求における株式売買価格決定申立て ············606
　3　相続人等に対する譲渡制限株式の売渡請求における株式売買
　　　価格決定申立て ···611
　4　株式等価格決定申立事件 ··613
　　　〈表2〉　市場価格のない株式の算定評価方法 ·················629
　5　取得価格決定申立事件 ··638
　　　〈表3〉　MBOのプレミアムの年平均 ······························656

IV　社債に関する事件 ···663
　1　種　類 ···663
　2　手　続 ···664
　　　〈表4〉　社債に係る非訟事件の申立手続の概要 ·············664

V　その他の会社の設立、業務、組織等に関する事件 ·····670
　1　種　類 ···670
　2　株主による株主総会招集許可申立事件 ·····························672
　3　株主・債権者・親会社社員による取締役会議事録閲覧・謄写許
　　　可申立事件 ···677

28

VI 清算に関する事件 ………………………………………………683
   1 種　類 ………………………………………………………683
   2 清算人選任申立事件 ………………………………………684
   3 少額債権等弁済許可申立事件 ……………………………688

第3部　会社訴訟の要件事実と裁判

第1章　会社の組織に関する訴訟

第1節　訴訟の類型 ………………………………………694
第2節　訴えの提起 ………………………………………695

I 訴訟要件 ………………………………………………………695
   1 管　轄 ………………………………………………………695
   2 当事者適格 …………………………………………………697
     〈表5〉　会社の組織に関する訴えにおける原告適格者 ……698
     〈表6〉　会社の組織に関する訴訟における被告となるべき者 ……709
   3 出訴期間 ……………………………………………………711
     〈表7〉　会社の組織に関する訴えにおける出訴期間 ………711
   4 訴えの利益 …………………………………………………716
   5 訴権濫用 ……………………………………………………723

II 請求原因 ………………………………………………………725
     〈表8〉　会社の組織に関する訴えにおける請求の原因となる事実 725

III 担保提供命令 …………………………………………………727

29

目　次

第3節　審　理 …………………………………………………………729
Ⅰ　弁　論 …………………………………………………………729
1　必要的併合 ……………………………………………………729
2　処分権主義・弁論主義の適用制限 …………………………730
Ⅱ　訴訟参加 ………………………………………………………731
1　役員選任決議取消しの訴えへの取締役の訴訟参加 ………731
2　株主総会決議取消しまたは無効確認の訴えへの株主の補助参加 …732
Ⅲ　承　継 …………………………………………………………732
Ⅳ　主張方法 ………………………………………………………733
Ⅴ　立証責任 ………………………………………………………733
1　株主総会決議取消しまたは不存在・無効確認の訴え ……733
2　新株発行等の無効の訴え ……………………………………734
3　新株発行等の不存在確認の訴え ……………………………734
4　合併等の組織再編の無効の訴え ……………………………734

第4節　裁　判 …………………………………………………………735
Ⅰ　和解と判決 ……………………………………………………735
1　和解の可否 ……………………………………………………735
2　裁量棄却 ………………………………………………………735
Ⅱ　判決の効力 ……………………………………………………736
1　概　要 …………………………………………………………736
2　各　論 …………………………………………………………737
Ⅲ　登記嘱託 ………………………………………………………739
1　概　要 …………………………………………………………739
〈表9〉　請求認容判決確定に伴う登記の内容 ………………739
2　和解調書 ………………………………………………………740

30

第2章　会社に対する役員等の責任の追及訴訟

第1節　会社による訴えと株主代表訴訟 …………741
I　会社自身による訴え ……………………………741
1　訴訟法上の特則 ……………………………741
2　役員等の責任の概要 ………………………741
3　責任の免除 …………………………………743
II　株主代表訴訟 ……………………………………744
1　追及することができる責任の範囲 ………744
2　被告の範囲 …………………………………746

第2節　訴えの提起 ………………………………746
I　訴訟要件 …………………………………………746
1　管　轄 ………………………………………746
2　会社の代表者 ………………………………747
3　株主代表訴訟の提訴権者 …………………748
4　6カ月保有の要件 …………………………748
5　会社に対する提訴請求 ……………………750
6　二重起訴 ……………………………………753
II　担保提供命令等 …………………………………754
1　担保提供命令 ………………………………754
2　株主代表訴訟の提起の制限 ………………756

第3節　審　理 ……………………………………758
I　弁論の進行 ………………………………………758

II 訴訟参加 …………………………………………………… 759
1 旧商法下での議論の状況 ……………………………… 759
2 会社法の規定 …………………………………………… 760
3 参加人たる会社の代表者 ……………………………… 762

III 訴訟承継 …………………………………………………… 763
1 原告株主の株式譲渡等 ………………………………… 763
2 倒産手続等の開始 ……………………………………… 764

IV 証拠方法 …………………………………………………… 766
1 証拠の収集方法全般 …………………………………… 766
2 文書提出命令 …………………………………………… 767

第4節 訴訟の終了と執行 ……………………………………… 770

I 和　解 ……………………………………………………… 770
1 利　点 …………………………………………………… 770
2 和解の可否 ……………………………………………… 770
3 当事者 …………………………………………………… 771

II 判　決 ……………………………………………………… 772

III 執　行 ……………………………………………………… 773

第3章　その他の会社訴訟

第1節 役員の解任訴訟 ………………………………………… 776

I 取締役の解任訴訟 ………………………………………… 776
1 概　要 …………………………………………………… 776
2 訴　訟 …………………………………………………… 777

II その他の役員（監査役および会計参与）の解任訴訟 … 788

第2節　その他の訴訟 ……………………………………789
I　株主権の存否・行使をめぐる訴訟 ……………………789
1　概　要 ………………………………………………789
2　訴　訟 ………………………………………………790
II　取締役の地位に関する訴訟 ……………………………792
1　概　要 ………………………………………………792
2　取締役の地位不存在の確認請求訴訟 ………………793
3　取締役の地位確認請求訴訟 …………………………794
III　会計帳簿等開示請求訴訟 ………………………………795
1　計算書類等の閲覧等請求訴訟 ………………………795
2　会計帳簿等の閲覧・謄写請求訴訟 …………………799
3　株主名簿等の閲覧・謄写請求訴訟 …………………806

第4章　会社関係仮処分

はじめに ……………………………………………………809
第1節　利用される仮処分の種類 ……………………810
I　職務執行停止・代行者選任の仮処分 …………………810
1　意　義 ………………………………………………810
2　申立ての趣旨 ………………………………………810
3　被保全権利（本案訴訟）……………………………811
4　保全の必要性 ………………………………………812
5　当事者 ………………………………………………813
6　代行者の選任 ………………………………………814
7　役員の仮の地位を定める仮処分 ……………………815

33

II 新株発行等の差止めの仮処分 …………………………………816
1 意　義 ……………………………………………………………816
2 申立ての趣旨 ……………………………………………………817
3 被保全権利 ………………………………………………………817
4 保全の必要性 ……………………………………………………822
5 当事者 ……………………………………………………………822

III 株主総会開催禁止、議決権行使禁止の仮処分 …………823
1 意　義 ……………………………………………………………823
2 態　様 ……………………………………………………………824
3 申立ての趣旨 ……………………………………………………824
4 被保全権利 ………………………………………………………825
5 当事者 ……………………………………………………………826
6 保全の必要性 ……………………………………………………826
7 仮処分の効力 ……………………………………………………827

IV 計算書類、株主名簿、会計帳簿等の閲覧仮処分 ………828
1 意　義 ……………………………………………………………828
2 請求の趣旨 ………………………………………………………828
3 被保全権利 ………………………………………………………829
4 保全の対象の特定 ………………………………………………831
5 保全の必要性 ……………………………………………………831

第2節　手　続 ……………………………………………………832

I 受付・審尋期日の指定 ………………………………………832
1 債権者面接 ………………………………………………………832
2 申立費用・件数 …………………………………………………832
3 管　轄 ……………………………………………………………833
4 審尋期日の指定 …………………………………………………833

5　仮処分の要件を満たさないケース ………………………833
Ⅱ　審尋期日 ……………………………………………………834
Ⅲ　要急事件 ……………………………………………………835
第3節　裁　　判 …………………………………………………836
Ⅰ　担　保 ………………………………………………………836
Ⅱ　費用の予納 …………………………………………………837
Ⅲ　決　定 ………………………………………………………838
Ⅳ　登　記 ………………………………………………………839
Ⅴ　発令後の手続（取締役職務代行者の地位）……………839
　　1　取締役職務代行者を選任した場合 ………………………839
　　2　職務代行者の権限 …………………………………………839
　　3　職務代行者の任務の終了 …………………………………840
Ⅵ　不服申立て …………………………………………………841

第5章　会社関係非訟

第1節　総　　論 …………………………………………………842
Ⅰ　総　説 ………………………………………………………842
Ⅱ　事件の種類 …………………………………………………843
第2節　手続・裁判 ………………………………………………844
Ⅰ　総　論 ………………………………………………………844
　　1　概　要 ………………………………………………………844
　　2　管　轄 ………………………………………………………845
　　3　申立て ………………………………………………………845

35

目　次

　　4　疎　明 …………………………………………………845
　　5　陳述の聴取等 …………………………………………845
　　6　理由の付記 ……………………………………………846
　　7　不服申立て ……………………………………………846
　　8　個別株主通知 …………………………………………847
　　9　非訟事件手続法における見直しの要点 ……………848

II　取締役会議事録閲覧謄写許可申立事件 ……………849
　　1　概　要 …………………………………………………849
　　2　要　件 …………………………………………………850
　　3　申立手続 ………………………………………………852
　　4　審　理 …………………………………………………853
　　5　裁判等 …………………………………………………854

III　少数株主の総会招集許可申立事件 ……………………855
　　1　概　要 …………………………………………………855
　　2　要　件 …………………………………………………856
　　3　申立手続 ………………………………………………859
　　4　審　理 …………………………………………………860
　　5　裁判等 …………………………………………………861
　　6　許可決定後の手続等 …………………………………861

IV　仮役員等選任申立事件 …………………………………862
　　1　概　要 …………………………………………………862
　　2　要　件 …………………………………………………863
　　3　申立手続 ………………………………………………866
　　4　審　理 …………………………………………………866
　　5　裁判等 …………………………………………………867
　　6　選任決定後の手続等 …………………………………868

V 清算人選任申立事件 ……869
1 概　要 ……869
2 要　件 ……870
3 申立手続 ……872
4 審　理 ……872
5 裁判等 ……873
6 選任決定後の手続等 ……874

VI 少額債権等弁済許可申立事件 ……875
1 概　要 ……875
2 要　件 ……876
3 申立手続 ……877
4 審　理 ……877
5 裁判等 ……878

VII 株式売買価格決定申立事件 ……878
1 概　要 ……878
2 要　件 ……879
　〔図1〕　株式売買価格決定申立ての手続①
　　　　──会社が指定買取人を指定しなかった場合 ……880
　〔図2〕　株式売買価格決定申立ての手続②
　　　　──会社が指定買取人を指定した場合 ……880
3 申立手続 ……881
4 審　理 ……882
5 売買価格決定の方法 ……884
6 裁判等 ……888

VIII 株式買取価格決定申立事件 ……889
1 概　要 ……889

37

目　次

　　　〈表10〉　株式買取請求の主体・期間制限等 …………………………890
　　2　要　件 ……………………………………………………………………892
　　　〔図3〕　株式買取価格決定申立ての手続（例：株式全部取得
　　　　　　　条項の定めを設ける定款変更をする場合）………………893
　　3　申立手続 …………………………………………………………………895
　　4　審　理 ……………………………………………………………………896
　　5　買取価格決定の方法 ……………………………………………………897
　　6　裁判等 ……………………………………………………………………900

IX　株式取得価格決定申立事件 ……………………………………………901
　　1　概　要 ……………………………………………………………………901
　　2　要　件 ……………………………………………………………………901
　　　〔図4〕　株式取得価格決定申立ての手続 ………………………………903
　　3　申立手続 …………………………………………………………………903
　　4　審　理 ……………………………………………………………………904
　　5　取得価格決定の方法 ……………………………………………………905
　　6　裁判等 ……………………………………………………………………907

X　端数相当株式任意売却許可申立事件 …………………………………908
　　1　概　要 ……………………………………………………………………908
　　2　要　件 ……………………………………………………………………909
　　3　申立手続 …………………………………………………………………910
　　4　審　理 ……………………………………………………………………910
　　　〈表11〉　1株に満たない端数の処理が必要となる場合・根拠条文
　　　　　　　（会234条1項、235条1項）………………………………911
　　5　裁判等 ……………………………………………………………………912

XI　総会検査役選任申立事件 ………………………………………………913
　　1　概　要 ……………………………………………………………………913

2	要　件	…………………………………………………………913
3	申立手続	………………………………………………………915
4	審　理	…………………………………………………………916
5	裁判等	…………………………………………………………916
6	選任後の手続等	…………………………………………………917

- ・判例索引 ……………………………………………………………921
- ・事項索引 ……………………………………………………………937
- ・編者略歴 ……………………………………………………………952
- ・執筆者一覧 …………………………………………………………955

凡 例

〈法令等略語表〉

会	会社法
会施規	会社法施行規則
会計規	会社計算規則
商	商法
旧商	平成17年法律第87号による改正前の商法
非訟	非訟事件手続法
会非訟規	会社非訟事件等手続規則
金商	金融商品取引法
社債株式振替	社債、株式等の振替に関する法律
他社株府令	発行者以外の者による株券等の公開買付けの開示に関する内閣府令
商登	商業登記法
商登規	商業登記規則
会社整備	会社法の施行に伴う関係法律の整備等に関する法律
商特	株式会社の監査等に関する商法の特例に関する法律（廃止）
有限	有限会社法（廃止）
民	民法
民訴	民事訴訟法
民訴規	民事訴訟規則
民訴費	民事訴訟費用等に関する法律
民調	民事調停法
民執	民事執行法
民保	民事保全法
民保規	民事保全規則
破	破産法
会更	会社更生法
民再	民事再生法
独禁	私的独占の禁止及び公正取引の確保に関する法律
刑訴	刑事訴訟法

〈判例集・判例評釈書誌略語表〉

民録	大審院民事判決録
民（刑）集	最高裁判所民（刑）事判例集、大審院民（刑）事判例集

高民集	高等裁判所民事判例集
下民集	下級裁判所民事裁判例集
裁判集民	最高裁判所裁判集民事
東高民時報	東京高等裁判所（民事）判決時報
判決全集	大審院判決全集
金商	金融・商事判例
判時	判例時報
判評	判例評論
判タ	判例タイムズ
新聞	法律新聞
労判	労働判例

〈定期刊行物略語表〉

金法	金融法務事情
銀法	銀行法務21
ジュリ	ジュリスト
商事	旬刊商事法務
資料版商事	資料版商事法務
曹時	法曹時報
法時	法律時報
法セミ	法学セミナー
民商	民商法雑誌
民情	民事法情報
都法	法学会雑誌（首都大学）
法協	法学協会雑誌
法研	法学研究（慶應義塾大学）
論叢	法学論叢（京都大学）

〈文献略語表〉

江頭	江頭憲治郎『株式会社法〔第4版〕』（有斐閣、2011）
類型別 I	東京地方裁判所商事研究会編『類型別会社訴訟 I 〔第3版〕』（判例タイムズ社、2011）
類型別 II	東京地方裁判所商事研究会編『類型別会社訴訟 II 〔第3版〕』（判例タイムズ社、2011）

凡 例

類型別会社非訟　東京地方裁判所商事研究会編『類型別会社非訟』(判例タイムズ社、2009)
商事関係訴訟　西岡清一郎＝大門匡編『商事関係訴訟(リーガル・プログレッシブ・シリーズ2)〔改訂版〕』(青林書院、2013)

第1部 会社訴訟の法理

第1章
会社訴訟の意義とその法的構造

I　会社訴訟とは

　会社に関する法律関係は、内部関係と外部関係とに分けられる。外部関係は、会社と第三者の関係であるのに対し、内部関係は、会社と株主等の社員との関係、社員相互の関係、会社と取締役等の役員との関係、社員と役員との関係等である。外部関係は、会社というコップと外界との関係、内部関係は、会社というコップの内部の関係に例えることもできよう。

　会社制度が広く利用されている今日、会社の内部関係に関する紛争が民事裁判にもち込まれる事態が増えてきている。また、民事裁判にもち込まれる形態も、ますます多様になってきている。本書が対象とする「会社訴訟」は、このような会社の内部関係に関する訴訟である。

　民事訴訟にあっては、紛争当事者の一方が原告となり、紛争の相手を被告として訴訟を提起し、自らの権利を主張する。その際に、訴訟当事者を誰とするかについて、一般には、特に戸惑うことはない。会社を当事者とする訴訟であっても、会社の外部関係に関する訴訟であれば、通常の民事訴訟と変わりがない。ところが、会社の内部紛争の場合には、紛争の関係者が絡み合っているため、誰が誰を相手に訴訟を起こすべきかさえ、しばしば判然としない。また、民事訴訟にあっては、確定した判決の効力は訴訟当事者にのみ

及ぶのが原則とされる（民訴115条1項）。ところが、会社の内部関係に関する訴訟の場合には、確定判決の影響が多数の関係者に直接に及ぶ。そのため、判決の効力が訴訟当事者にしか及ばないとすれば、画一的確定が得られず、混乱を招いてしまう場合が少なくない。

会社の内部関係に関する紛争が民事裁判にもち込まれるときには、このように種々の問題が生じる。コップの中の訴訟は、外界の論理が通用しないため、一筋縄ではいかない。

わが国における会社訴訟のあり方は、実体法と手続法の交錯領域で遭遇するこのような問題につき、わが国におけるそれぞれの時点での会社法と民事訴訟法のあり方を斟酌しつつ、実務上の工夫と理論的な検討を重ねることを通じて、少しずつ形づくられてきた。

ちなみに、会社訴訟で遭遇する複雑な法的問題は、法人の内部関係に関する紛争にしばしば共通している。会社訴訟は、数量的に圧倒しているがゆえに、法人の内部関係に関する訴訟のあり方を先陣切って開拓してきた側面があることも、見落とされてはならない。

II 「会社訴訟の法理」の本書における位置づけと本部各章の構成

1 基礎知識の整理

本書においては、会社訴訟につき、実務家の視点からみた事件処理のあり方等の諸問題を、第2部「会社訴訟の実務」で扱い、裁判官の視点からみた裁判のあり方等の諸問題を、第3部「会社訴訟の要件事実と裁判」で扱う。それらに先立ち、第1部「会社訴訟の法理」にあっては、わが国における現段階での会社訴訟の全貌を、できる限り体系的に俯瞰する。最初に、第1部で基礎知識を整理しておいたうえで、訴訟の実態に一層即しつつ、具体的な

諸問題に向き合うという段取りにした。もっとも、第1部で基礎知識を整理するといっても、体系的整理には限界があることを、最初から白状しておかざるを得ない。会社訴訟の諸形態は、実務と理論の狭間で、試行錯誤を繰り返し議論を深める中で、生成・発展してきたものであるからである。

2　会社の組織に関する訴え

　第1部にあっては、以下、第2章で、「会社の組織に関する訴え」を扱う。

　総会決議に手続上・内容上の瑕疵があるとき、あるいは会社設立行為等の会社組織に関する行為等に瑕疵があるときには、当該決議や当該行為の効力を否定するのが、法的な取扱いの常道である。しかし、これらの瑕疵をめぐる紛争にあっては、決議の効力や組織に関する行為の効力を否定する際に、一般の法律行為の無効・取消しと同様に扱うことができない点が少なくない。

　そのため、すでに明治32年に商法が制定される段階で、ヨーロッパ大陸法を参考にしつつ、会社法上の特殊な訴えに関する萌芽的な制度が設けられた。その後、その不備や矛盾があらわになり、立法論や解釈論が深められた結果、昭和13年改正までには、わが国独自の会社法上の特殊な訴えの原型が、ほぼ形づくられた。

　平成17年に制定された会社法は、これらの会社法上の特殊な訴えを「会社の組織に関する訴え」と名づけ、従前は法典中に散らばっていた関連規定を、「第7編　雑則」の第2章第1節に集約し、制度の整備を一段と進めてきている。

3　事前の差止め・仮処分

　第3章は、「事前の差止め・仮処分」を扱う。

　法律行為が無効とされ、あるいは取り消されると、原状回復が図られることになる。しかし会社訴訟にあっては、決議や会社組織に関する行為の法的効力を事後的に否定しようにも、なかなか否定しきれない。数多の第三者を

巻き込みつつ、数多の事実が積み重ねられるため、覆水を盆に返すことはできなくなってしまう。それゆえ、紛争が生じた場合には、時間との戦いに迫られる。「後の祭り」とならないよう、紛争時にはできる限り事前の差止めに動くべきである。裁判に訴える場合にも、差止めを命ずる仮処分や、取締役等の職務執行停止・代行者選任の仮処分を申請すること等を、まず検討しなければならない。

　職務執行停止・代行者選任の仮処分は、わが国の保全手続に関する実務において、古くから許容されてきた。昭和13年改正以降は、会社法上も、職務代行者の権限の範囲についての規定等が設けられるようになった。昭和25年改正により、アメリカ法上のインジャンクションに倣って、株主の違法行為差止請求権や新株発行差止請求権が規定されると、事前に差し止めようとするときは、これらの差止請求権を被保全権利として仮処分の申立てをするのが通常となった。平成元年に民事保全法が制定され、保全手続が総合的包括的に体系化されると、実務において会社仮処分が果たす役割はさらに一段と高まってきた。会社実体法上の差止請求権も、一層拡充されてきている。近年の、大規模な会社をめぐる熾烈な支配権争奪戦は、ほとんどが仮処分で争われているといっても過言ではない。

4　事後の責任追及

　第4章は、「事後の責任追及」を扱う。

　会社の役員等は会社とは委任関係にあるから、委任契約の債務不履行により、損害賠償責任を負う。これは、法的には極めて基本的な取扱いである。しかし、具体的にはいったい誰が、どのようにその責任を追及するのか。責任の具体的な内容については、裁判所はどのように判断したらよいのか。これらの問題は、実際には極めて難しい。

　会社が役員等の責任を追及する際に会社を代表する者については、明治23年に旧商法が制定された時代以来、会社法において特別な規定が設けられて

きた。加えて、昭和25年改正により、株主代表訴訟制度が導入され、かつ平成5年改正によりその使い勝手が改善されたことから、今日では、たとえ大規模な公開会社であっても、取締役の責任を追及する訴訟は、珍しいものではなくなっている。

会社法はまた、所定の場合には役員等が会社債権者等の第三者に対しても責任を負うことを定めてきた。この規定は、現実には中小規模の会社の倒産時に、会社債権者により経営者の責任を追及するために活用されてきた。

20世紀末から21世紀にかけて、会社法改正の基調は、規制緩和であった。事前規制が緩められて自由な空間が拡がると、問題行為が生じたときの責任追及が、法的にますます重みをもつようになる。それに伴って、責任の性質論が深まり、責任に関する規定も一層精緻になる。責任の免除・限定の制度が手厚くなり、株主代表訴訟制度についても微調整が図られる。かくして、事後の責任追及についての規制は、ますます複雑・膨大になってきた。

5 会社の解散の訴え・社員の除名の訴え・役員の解任の訴え

第5章は、「会社の解散の訴え・社員の除名の訴え・役員の解任の訴え」を扱う。

これらは、会社内部で当事者が自主的な解決を図ることができない危機的事態に陥ったときに、裁判所が後見的な立場から、会社の内部紛争に介入し、法律関係を変更することで、究極的な解決を図ろうとする「訴訟」である。それらの要件は厳しく、例外的な、真にやむを得ない場合に限って、請求が認容される。

6 非訟事件

第6章は、「非訟事件」を扱う。

会社の内部関係につき、裁判所が後見的な立場から関与する裁判には、ほ

かにも多種多様なものがあるところ、それらは「訴訟」ではなく、「非訟」として扱われている。利害関係者を多数巻き込みつつ運営される会社にあっては、裁判所が裁量権をもって介入するものとせざるを得ない局面が多く、かつ、そのほとんどは、訴訟よりも簡易な方法で、迅速に、権利の具体的な内容を形成することが求められる状況にあるからである。

たとえば、所定の書面等の閲覧謄写には、裁判所の許可が必要とされる。監査役設置会社の株主は、取締役会議事録の閲覧謄写に裁判所の許可を得なければならない等の類である。また、少数株主による株主総会の招集には、裁判所の許可が必要とされる。一時役員（仮役員）の選任は裁判所に申し立てる。総会検査役の選任も同様である。

このように数ある会社非訟事件の中でも、とりわけ重要なのは、株式の価格決定申立事件である。公正な条件で離脱することを少数株主に保障することによって多数決原理を修正する手法は、合併等に反対する株主の株式買取請求権として、昭和25年改正により初めて導入されたところ、近年はますます多用されるようになった。公正な株価をめぐる紛争は往々にして熾烈であるため、「非訟」事件とすることが、憲法が保障する「裁判を受ける権利」を損なうのではないかという議論さえ引き起こされた。

平成17年に制定された会社法は、各種の会社非訟事件の根拠規定を随所におく傍ら、具体的な手続は、会社法「第7編 雑則」の第3章「非訟」で規定した。平成23年には、非訟事件手続法の見直しに伴い、会社非訟事件についても、手続保障の拡充が図られた。

7　その他の主要な会社関連訴訟

第7章は、「その他の主要な会社関連訴訟」を扱う。

会社の内部関係に関する紛争が民事裁判にもち込まれる事態には、前章までに掲げた以外にも種々のものがあるところ、第7章においては、なかでもとりわけ重要な訴訟類型として、「株主権をめぐる訴訟」、「役員の地位を争

う訴訟」、「役員等の報酬・退職慰労金請求訴訟」および「計算書類等・会計帳簿等・株主名簿・取締役会議事録閲覧等請求訴訟」の4つを取り上げる。

「株主権をめぐる訴訟」は、株主権確認訴訟や、株券発行・引渡請求訴訟として提起される。これらは、通常の確認訴訟や給付訴訟であるが、裁判で争われる内容は、株主の地位の発生や移転に関する会社法の規律そのものである。株主権をめぐっては、株主名簿名義書換請求訴訟が提起されることもある。

「役員の地位を争う訴訟」は、役員の地位確認や地位不存在確認の訴訟として提起される。これらの確認訴訟の管轄や判決の効力については、明文の規定はないが、解釈により対世効を認めたり専属管轄を認めたりする必要がある。役員の地位に関しては、役員退任登記手続請求訴訟や、不実の登記の抹消登記手続請求訴訟が提起されることもある。

「役員等の報酬・退職慰労金請求訴訟」も、訴訟類型としては通常の給付訴訟でしかないが、裁判で争われる内容は、役員等の報酬に関する会社法の規律そのものである。退職慰労金の不支給や減額をめぐっては、損害賠償の形で請求がなされることもある。

会社法は各種書類の閲覧等請求権につき規定しているところ、会社が請求に応じない場合には、請求権者は、当該書類の閲覧等請求訴訟を提起することになる。会社の内部紛争では、情報収集が死命を制しがちであるため、この種の訴訟も重要性が高い。

(浜田道代)

第2章
会社の組織に関する訴え

第1節 会社の組織に関する訴えの意義とその概要

I 会社の組織に関する訴えの意義

　会社法上、「会社の組織に関する訴え」とは、会社法834条1号〜21号に列挙された訴えをいう。会社法834条は、それぞれの訴えの被告を定めている。会社法は、これらの訴えに関する規整を統合して、第7編第2章第1節（828条〜846条）においている。

　会社の組織に関する訴えについては、その性質上、会社をめぐる法律関係の画一的処理の要請や法的安定性の要請等から、横断的に共通の規整（本節II 7）がおかれ、その訴えの多く（834条1号〜12号・17号〜21号）が形成の訴えである等の特徴がある。

II 会社の組織に関する訴えの概要

1 会社の組織に関する行為の無効の訴え

　会社法828条は、会社の組織に関する訴えのうち、その行為の無効につい

て訴えをもってのみ主張できるものを規定している。これらの訴えは、いずれも形成の訴えである。これらの訴えについては、本章第3節Ⅰ1、Ⅱ1、第4節Ⅰ1、第5節で扱う。

2　新株発行等の不存在の確認の訴え

　会社法829条は、新株発行（自己株式の処分）・新株予約権の発行の不存在の確認の訴えについて規定している。これらの行為の不存在については、誰でもいついかなる方法でも主張できる。しかし、対世効のある判決（会838条）によりこれらの行為が不存在である旨の確認を得る必要がある場合には、これらの行為の不存在確認の訴えを提起することができる。これらの訴えについては、本章第3節Ⅰ2、Ⅱ2で扱う。

3　株主総会等の決議の不存在・無効の確認の訴え

　会社法830条1項・2項は、株主総会等（株主総会もしくは種類株主総会または創立総会もしくは種類創立総会）の決議の不存在・無効の確認の訴えについて規定している。株主総会等の決議が不存在である場合またはその決議に無効事由がある場合、その不存在・無効については、誰でもいついかなる方法でも主張できる。しかし、対世効のある判決（会838条）によりその決議が不存在・無効である旨の確認を得る必要がある場合には、その決議の不存在・無効確認の訴えを提起することができる。これらの訴えについては、本章第2節Ⅰ2・3で扱う。

4　株主総会等の決議の取消しの訴え

　会社法831条は、株主総会等の決議の取消しの訴えについて規定している。株主総会等の決議に、会社法831条1項1号～3号の事由がある場合、提訴権者（会831条1項）は、その決議の日から3カ月以内に訴えをもってその決議の取消しを請求することができる。この訴えは、形成の訴えである。この

訴えについては、本章第2節Ⅰ1で扱う。

5　持分会社の設立の取消しの訴え

　会社法832条は、持分会社の設立の取消しの訴えについて規定している。

　会社法832条は、1号・2号の事由に該当する場合、各号に定める者は、持分会社の成立の日から2年以内に訴えをもって持分会社の設立の取消しを請求することができると規定している。この訴えは形成の訴えである。この訴えについては、本章第4節Ⅱで扱う。

6　会社の解散の訴え

　会社法833条1項は株式会社の解散の訴えについて規定し、同条2項は持分会社の解散の訴えについて規定している。これらの訴えは形成の訴えである。これらの訴えについては、その性格から、本書では第1部第5章第1節で扱う。

7　会社の組織に関する訴えに共通の規整

(1)　専属管轄等

　会社の組織に関する訴えは、被告となる会社の本店の所在地を管轄する地方裁判所の管轄に専属する（会835条1項）。このように専属管轄を定めるのは、会社関係の画一的処理の要請による。

　会社法834条9号〜12号の訴え、すなわち吸収分割・新設分割の無効の訴え、株式交換・株式移転の無効の訴えについては、会社法835条1項によると2以上の地方裁判所が管轄権を有する場合がありうる。その場合は、先に訴えの提起があった裁判所が管轄する（会835条2項）。ただし、その場合、先に訴えの提起のあった裁判所は、著しい損害または遅滞を避けるため必要があると認めるときは、申立てによりまたは職権で、訴訟を他の管轄裁判所に移送することができる（同条3項）。

(2) 担保提供命令

会社の組織に関する訴えであって、株主または設立時株主が提起することができるものについては、裁判所は、被告の申立てにより、当該会社の組織に関する訴えを提起した株主または設立時株主に対し、相当の担保を立てるべきことを命ずることができる（会836条1項本文）。この担保提供命令の制度は、原告株主による濫訴を防止し、提訴が被告に対する不法行為を構成する場合に被告の損害賠償請求権を担保する趣旨の制度とされている。[2]

被告がこの申立てをするには、原告の訴えの提起が悪意によるものであることを疎明しなければならない（会836条3項）。この場合の悪意とは、ことさら被告会社に不利益を被らせようとする意図あるいは困らせる意図でいわゆる「害意」の意味であると解されている。[3]

なお、この制度は、原告である株主が取締役、監査役、執行役もしくは清算人であるとき、または原告である設立時株主が設立時取締役もしくは設立時監査役である場合には適用されない（会836条1項ただし書）。取締役、監査役等は、会社の機関として監督是正権の行使の一環で提訴することによるからであるとされる。[4]

以上の担保提供命令の制度は、会社の組織に関する訴えであって、債権者が提起することができるものについて準用される（会836条2項・1項・3項）。

(3) 弁論等の必要的併合

同一の請求を目的とする会社の組織に関する訴えに係る訴訟が数個同時に

---

1 「著しい損害または遅滞を避けるため」の意味について、奥島孝康ほか編『新基本法コンメンタール会社法3』377頁〔小林量〕参照。

2 新谷勝『会社訴訟・仮処分の理論と実務〔第2版〕』34頁、奥島ほか・前掲（注1）378頁〔小林量〕等参照。

3 奥島ほか・前掲（注1）379頁〔小林量〕、江頭・344頁〜345頁等。悪意を認定した裁判例については、類型別Ⅰ・385頁〜386頁参照。ただし、会社法847条8項の「悪意」に関して、奥島ほか・前掲（注1）402頁〜403頁〔山田泰弘〕参照。

4 奥島ほか・前掲（注1）380頁〔小林量〕。

係属するときは、その弁論および裁判は、併合してしなければならない（会837条）。会社の組織に関する訴えは、訴訟の結果を合一的に確定する必要があるからであり、訴えが併合された場合は、類似必要的共同訴訟となる。[5]

(4) **対世効**

会社の組織に関する訴えに係る請求を認容する確定判決は、第三者に対してもその効力を有する（会838条。対世効）。確定判決は、原則として訴訟当事者間においてのみその効力を有する（民訴115条1項）。しかし、会社をめぐる法律関係の画一的処理の要請から、会社の組織に関する訴えに係る請求を認容する確定判決に対世効が付与されている。原告敗訴の判決には、対世効はない。

(5) **遡及効の否定**

会社の組織に関する訴え（会834条1号～12号・18号・19号の訴えに限る）に係る請求を認容する判決が確定したときは、当該判決において無効とされ、または取り消された行為（当該行為によって会社が設立された場合にあっては当該設立を含み、当該行為に際して株式または新株予約権が交付された場合にあっては当該株式または新株予約権を含む）は、将来に向かってその効力を失う（同法839条）。この遡及効の否定は、会社における法律関係の安定と取引の安全の要請による。

(6) **原告が敗訴した場合の損害賠償責任**

会社の組織に関する訴えを提起した原告が敗訴した場合において、原告に悪意または重大な過失があったときは、原告は、被告に対し、連帯して損害を賠償する責任を負う（会846条）。不当な訴訟に応訴したことにより被告が被った損害について、原告に賠償義務を課すということであるが、濫訴防止の趣旨も含む。[6]

---

5 奥島ほか・前掲（注1）380頁〔小林量〕、新谷・前掲（注2）32頁～33頁。
6 奥島ほか・前掲（注1）390頁〔小林量〕参照。「悪意又は重大な過失」について、新谷・前掲（注2）43頁～44頁参照。

8 新株発行等の無効判決の効力

会社法840条～842条は、それぞれ、新株発行の無効判決の効力、自己株式の処分の無効判決の効力、新株予約権発行の無効判決の効力について規定している。新株発行（自己株式の処分）の無効判決の効力については、本章第3節Ⅰ1で説明し、新株予約権発行の無効判決の効力については、本章第3節Ⅱ1で説明する。

9 組織再編行為の無効判決の効力

会社法843条および844条は、それぞれ、合併・会社分割の無効判決の効力、株式交換・株式移転の無効判決の効力について規定している。これらについては、本章第5節Ⅱで説明する。

10 持分会社の設立の無効または取消しの判決の効力

会社法845条は、持分会社の設立の無効または取消しの判決の効力について規定している。これについては、本章第4節で説明する。

第2節　決議の瑕疵を争う訴え

Ⅰ　株主総会等の決議の瑕疵を争う訴え

株主総会等（株主総会、種類株主総会、創立総会、種類創立総会。会830条1項）の決議がさまざまな原因によって瑕疵を帯び、その効力を否定しなければならない場合がある。しかし、決議が有効であるか否かは、会社をめぐる多数の者の利害に影響を与えるので、それを一般原則による処理に委ねるこ

とは法的安定性を害し妥当ではない。そこで、会社法は、瑕疵の原因に応じて、決議取消しの訴え、決議不存在確認の訴え、決議無効確認の訴えの制度を定め、合理的な処理を図っている。

本節では、株主総会に関するそれぞれの訴えについて説明する。しかし、その説明するところは、種類株主総会・創立総会・種類創立総会の決議についても、ほぼ同様である。

1　株主総会等の決議取消しの訴え

(1)　決議取消しの訴えの事由

株主総会の決議に、会社法831条1項1号～3号に定める瑕疵がある場合は、決議取消しの訴えという形成の訴えによらなければ、決議の無効を主張することができない。決議取消しの訴えの事由は、以下のとおりである。

　㋐　招集手続・決議方法の法令・定款違反または著しい不公正（会831条1項1号）

招集手続の法令違反とは、招集通知もれ[7]、招集通知の記載・添付書類の不備[8]、招集通知期間の不足[9]、定時株主総会における計算書類等の不備置[10]、取締役会設置会社において取締役会決議に基づかず代表取締役がした招集等[11]である。招集手続の定款違反とは、定款に定めた招集地（会施規63条2号イ参照）以外の場所への招集等である。

なお、招集権者による株主総会の招集手続を欠く場合であっても、株主全員がその開催に同意して出席したいわゆる全員出席総会において、株主総会

7　最判昭和42・9・28民集21巻7号1970頁。ただし、招集通知もれが著しい場合には、決議は不存在であるとされる。江頭・354頁等。最判昭和33・10・3民集12巻14号3053頁参照。
8　最判昭和31・11・15民集10巻11号1423頁、最判昭和44・12・18裁判集民97号799頁、最判平成7・3・9判時1529号153頁。
9　前掲（注8）最判昭和44・12・18、最判昭和46・3・18民集25巻2号183頁。
10　福岡高宮崎支判平成13・3・2判タ1093号197頁。
11　前掲（注9）最判昭和46・3・18。

15

の権限に属する事項につき決議をしたときには、その決議は有効に成立するというのが判例の立場である。[12]

決議方法の法令違反とは、取締役等の説明義務（会314条）違反[13]、株主またはその代理人でない者の決議参加、定足数不足[14]、法定の決議要件を満たしていない決議、取締役会設置会社における招集通知に記載のない事項の決議[15]、賛否の認定の誤り[16]、監査役・会計監査人の監査を経ない計算書類の承認等[17]である。決議方法の定款違反とは、定款に定めた決議要件を満たしていない決議等である。

招集手続または決議方法の著しい不公正とは、取締役会設置会社以外の会社において招集者が総会の議題を一部株主にのみ隠して教えないこと、出席困難な時刻・場所への招集[18]、総会の議長による不当な議事運営[19]、修正動議の無視[20]等である。

(イ) **決議の内容の定款違反（会831条1項2号）**

決議の内容の定款違反とは、定款所定の人数を超える取締役の選任等である。内容が定款に違反する決議は、定款変更の手続を省略した決議とみることができるし、定款違反は社団の根本規則（内部規律）に対する違反にすぎないので、提訴権者である社団関係者（内部者）の請求により無効にすれば足りるという趣旨で取消事由とされている。[21]

---

12 最判昭和46・6・24民集25巻4号596頁、最判昭和60・12・20民集39巻8号1869頁。
13 奈良地判平成12・3・29判タ1029号299頁。
14 最判昭和35・3・15判時218号28頁〔有限会社の社員総会の事例〕参照。
15 前掲（注8）最判昭和31・11・15。なお、最判平成10・11・26金商1066号18頁参照。
16 東京地判平成19・12・6判タ1258号69頁。
17 東京地判平成元・8・22金商844号16頁参照。
18 江頭・345頁。
19 大阪高判昭和30・2・24下民集6巻2号333頁〔有限会社の社員総会の事例〕参照。
20 大阪高判昭和54・9・27判時945号23頁〔その上告審の最判昭和58・6・7民集37巻5号517頁〕。
21 北沢正啓『会社法〔第6版〕』338頁、江頭・346頁。

(ウ) 特別利害関係人の議決権行使による著しく不当な決議（会831条1項3号）

決議事項につき特別利害関係を有する株主の利益相反的な議決権行使により、著しく不当な決議がなされた場合である。会社・株主間の事業譲渡について当該株主が議決権を行使したことにより、会社にとって著しく不利な条件で会社の事業が譲渡された場合、責任を追及されている取締役が議決権を行使し責任の一部免除決議（会425条1項）を成立させた場合等がこれにあたる。[22]

昭和56年改正前商法は、総会の決議につき特別の利害関係を有する者は議決権を行使できない旨規定していた（昭和56年改正前商法239条5項）。昭和56年改正商法は、特別利害関係人も議決権を行使しうるものとした（昭和56年改正前商法239条5項の規定の削除）うえで、決議につき特別の利害関係を有する株主が議決権を行使したことによって著しく不当な決議がなされた場合を決議取消しの訴えの事由とした（昭和56年改正商法247条1項3号）。会社法831条1項3号は、この昭和56年改正商法247条1項3号と同様の規定である。このことから、会社法831条1項3号の「特別の利害関係」は、昭和56年商法改正前の「特別の利害関係」よりも広く解釈することができると解されている。[23]

(2) 提訴権者（原告）

決議取消しの訴えの提訴権（原告適格）を有するのは、まず、株主・取締役・監査役・執行役・清算人である（会831条1項柱書前段）。これに加えて、当該決議の取消しにより取締役・監査役・清算人（会社法346条1項（479条4項で準用する場合を含む）の規定により取締役・監査役・清算人としての権利・義務を有する者を含む）となる者も提訴権を有する（会831条1項柱書後段）。

22　江頭・346頁。なお、大阪高判平成11・3・26金商1065号8頁参照。
23　神田秀樹『会社法〔第15版〕』185頁、江頭・346頁等。

〔第1部・第2章〕第2節　決議の瑕疵を争う訴え

　　㈦　株　主

　株主は、株主総会決議取消しの訴えの提訴権を有する。

　この提訴権は議決権を前提とする共益権であるという理由で、議決権を有しない株主の提訴権を否定するのが通説である。しかし、通説に反対する見解もある。

　この訴えを提起する株主は、その決議の当時株主であった必要はなく、決議後に株式を譲り受けた株主でもよい。その株主資格は、被告である会社に対抗しうるもの（株主名簿上の株主等）である必要がある。また、株主として訴えを提起した者は、提訴時から口頭弁論終結時まで株主資格を有していることが必要であると解されている。なお、全部取得条項付種類株式を用いて少数株主を締め出した株主総会決議の取消しの訴えに関して、「株主総会決議により株主の地位を奪われた株主は、当該決議の取消訴訟の原告適格を有する」と判断した下級審判決がある。

　株主は自己に対する招集手続に瑕疵がなくとも、他の株主に対する招集手続に瑕疵がある場合には、決議取消しの訴えを提起しうると考えるのが判例・通説の立場である。これに対し、株主は自分にとっての手続的瑕疵を問題にすることができるだけで、他の株主にとっての手続的瑕疵は問題にすることができないとする見解もある。

24　北沢・前掲（注21）340頁、江頭・316頁等。
25　上柳克郎ほか編『新版注釈会社法(5)』245頁〔菅原菊志〕、329頁〔岩原紳作〕、弥永真生『リーガルマインド会社法〔第13版〕』130頁～131頁等。
26　上柳ほか・前掲（注25）328頁〔岩原紳作〕。大阪地判昭和35・5・19下民集11巻5号1132頁、東京地判昭46・8・16判時649号82頁等参照。
27　上柳ほか・前掲（注25）328頁〔岩原紳作〕。東京地判昭和63・1・28判時1263号3頁、東京地判平成16・10・14判タ1221号294頁参照。なお、設立無効の訴えに関する大判昭和8・10・26民集12巻2626頁参照。
28　東京高判平成22・7・7判時2095号128頁。
29　前掲（注7）最判昭和42・9・28。北沢・前掲（注21）340頁、上柳ほか・前掲（注25）330頁～332頁〔岩原紳作〕、弥永・前掲（注25）130頁等。
30　鈴木竹雄＝竹内昭夫『会社法〔第3版〕』258頁、前田庸『会社法入門〔第12版〕』393頁。

(イ)　取締役・監査役・執行役・清算人等

　取締役・監査役・執行役・清算人は、株主総会決議取消しの訴えの提訴権を有する（会831条1項柱書前段「株主等」＝828条2項1号カッコ書）。監査役は、監査役設置会社（同法2条9号、828条2項1号カッコ書）の場合のみ提訴権を有するので、監査の範囲が会計に関するものに限定された監査役（同法389条1項）に提訴権はない（以下、会社法828条2項各号の「監査役」についてすべて同じ）。

　また、当該決議により解任された取締役・監査役・清算人も提訴権を有し、当該決議の取消しにより、取締役・監査役・清算人としての権利義務を有する者（会346条1項、479条4項）となる者（任期満了となり当該決議で再任されなかった取締役等が該当しうる）も提訴権を有する（同法831条1項柱書後段）。

　(3)　被　告

　被告は、当該株式会社である（会834条17号）。

　(4)　提訴期間

　決議の日から、3カ月以内に提起しなければならない（会831条1項柱書前段）。

　この期間内に提起された訴訟において、期間経過後に新たな取消事由を追加主張できるか否かについては、瑕疵のある決議の効力を早期に明確にさせるという制度趣旨から、追加主張を認めないのが判例・多数説である[31]。しかし、この判例・多数説の立場に反対する見解もある[32]。

　(5)　**訴えの利益**

　決議取消しの訴えは形成の訴えである。形成の訴えは、法律に規定のある場合に限って許される訴えであるから、法律の規定する要件を満たす場合に

31　最判昭和51・12・24民集30巻11号1076頁。鈴木＝竹内・前掲（注30）258頁〜259頁、北沢・前掲（注21）341頁、新堂幸司「決議取消しの訴えにおける取消事由の追加」（同・訴訟物と争点効（下）154頁等。なお、最判昭和54・11・16民集33巻7号709頁参照。
32　龍田節『会社法大要』191頁、三ヶ月章『民事訴訟法〔第3版〕』135頁、伊藤眞『民事訴訟法〔第4版〕』206頁等。

は、訴えの利益が認められるのが原則である。しかし、その後の事情の変化により形成判決をする実益がなくなった場合には、訴えの利益を欠くに至ったという理由で、訴えが却下されることがある。

　訴えの利益を欠くに至ったと判断した最高裁判例の事例としては、次のものがある。

　①株主以外の者に新株引受権を与えるために必要であった株主総会の特別決議（昭和41年改正前商法280条ノ2第2項）の取消しの訴えの係属中、その決議に基づき新株が発行されてしまったという事例。[33] ②役員選任決議の取消しの訴えの係属中、その決議に基づいて選任された取締役ら役員がすべて任期満了により退任し、その後の株主総会の決議によって取締役ら役員が新たに選任され、その結果、取消しを求める選任決議に基づく取締役ら役員がもはや現存しなくなったという事例。[34] ③役員退職慰労金支給決議（第1決議）の取消しの訴えの係属中に、その後の総会で同一内容の再決議（第2決議）が適法になされ、その第2決議においては、「第2決議は、第1決議の取消判決が確定した場合にさかのぼって効力を生じる」とされていたという事例。[35]

　これに対し、計算書類（「当該決算期の計算書類」とする）承認決議の取消しの訴えの係属中に、その後の決算期の計算書類の承認決議がなされた場合でも、当該決算期の計算書類につき承認の再決議がなされたなどの特別の事情がない限り、訴えの利益は失われないとした最高裁判例がある。[36]

　なお、「否決の決議」は、取消しの訴えの対象となる「決議」にはあたらないと解されている。[37]

---

[33] 最判昭和37・1・19民集16巻1号76頁。
[34] 最判昭和45・4・2民集24巻4号223頁。
[35] 最判平成4・10・29民集46巻7号2580頁。
[36] 前掲（注20）最判昭和58・6・7。
[37] 東京地判平成23・4・14資料版商事328号64頁、東京高判平成23・9・27資料版商事333号39頁。また、類型別Ⅰ・379頁参照。

(6) 裁量棄却

　決議取消しの訴えの事由が存在しても、総会の招集手続または決議方法の法令・定款違反という瑕疵である場合には、裁判所は、その違反する事実が重大でなくかつ決議に影響を及ぼさないものであると認めるときは、取消しの請求を棄却することができる（会831条2項。裁判所による「裁量棄却」という）。

　この裁量棄却が認められているのは、手続的瑕疵の場合、決議をやり直しても同じ結果が予想され、費用・労力の無駄が生ずるだけのケースがあり得るからであるとされる。[38]　ただし、その瑕疵が決議に影響を及ぼさないことだけでなく、その瑕疵が重大でないことも、裁量棄却を認める要件となっているので、現在の裁量棄却の制度は、昭和25年改正前商法のような裁判所の政策的裁量を認めるものではない。[39]

　したがって、たとえば、一部の株主に総会の招集通知もれがあったような場合、その株主の議決権の数がわずかであっても、それだけで決議取消しの請求を棄却することはできないと解されている。[40]

　昭和56年改正商法251条（会社法831条2項と同内容の規定）の下での、裁量棄却に関する主要な最高裁判例としては、次のものがある。

　①違法な招集地（商法旧233条違反）で開催された株主総会決議に関して、その決議が発行済株式総数の約64％の株式を有する出席株主全員の賛成によって成立したものであり、過去10年以上にわたって違法な招集地で株主総会が開催されそのことにつき株主から異議が出たことがなかった場合でも、当該決議の取消請求を棄却することができないとしたもの。[41]　②営業（事業）の重要な一部の譲渡についての株主総会の招集通知に記載すべき事項（議案の

38　江頭・351頁。また、新谷・前掲（注2）148頁参照。
39　江頭・351頁。
40　大隅健一郎＝今井宏『会社法論中巻〔第3版〕』132頁～133頁、弥永・前掲（注25）132頁等。
41　最判平成5・9・9判時1477号140頁。

〔第1部・第2章〕第2節　決議の瑕疵を争う訴え

要領）の記載がない場合には、当該決議の取消請求を棄却することができないとしたもの[42]。

2　株主総会等の決議不存在確認の訴え

(1)　決議不存在事由

決議不存在にあたる場合とは、①株主総会等の決議が物理的に存在しない場合、のみならず、②何らかの決議はあっても法的に決議として評価されるものが存在しない場合、とされる[43]。

①の場合とは、事実として決議が行われていないのに、決議があったかのように議事録が作成され、登記がなされたような場合である[44]。②の場合とは、一部の株主が勝手に会合して決議した場合[45]、取締役会設置会社において代表取締役以外の取締役が取締役会決議に基づかないで株主総会を招集した場合[46]、招集通知もれが著しい場合[47]等である。

これらに鑑みると、結局決議不存在は、決議の手続上の瑕疵の程度が著しい場合であるということができる。そして、前述の②の場合、決議取消事由との限界が微妙なケースもありうる[48]。

不存在事由がある場合、その決議が不存在で効力がないことは、誰から誰

---

[42] 前掲（注8）最判平成7・3・9。なお、その他の裁判例等について、類型別Ⅰ・447頁～451頁参照。
[43] 江頭・354頁、前田・前掲（注30）395頁等。
[44] 最判昭和38・8・8民集17巻6号823頁。
[45] 東京地判昭和30・7・8下民集6巻7号1353頁。
[46] 最判昭和45・8・20判時607号79頁。
[47] 前掲（注7）最判昭和33・10・3。下級審裁判例について、類型別Ⅰ・397頁参照。
[48] 江頭・354頁。不存在を認定するにあたっては、手続上の瑕疵の重大さとともに、決議取消しの訴えにおける提訴期間・提訴権者の制限、また、この訴えによらなければ瑕疵の主張をなし得ない等の制限を課すことが適当か否かという目的論的な判断が重要であるとする考え方が有力に主張されている。前田庸「いわゆる決議不存在確認の訴」（鈴木忠一＝三ヶ月章監修・実務民事訴訟講座(5)会社訴訟・特許訴訟）30頁、岩原紳作「株主総会決議を争う訴訟の構造(2)」法協96巻7号891頁～892頁等参照。

に対しても、いついかなる方法でも主張できる。しかし、必要があれば、決議不存在確認の訴えを提起することができる（会830条1項）。このように、決議取消しの主張と決議不存在の主張とで取扱いが異なるのは、後者のほうが前者より瑕疵の程度が重いと評価されているからである。[49]

(2) 提訴権者（原告）

決議不存在確認の訴えの提訴権（原告適格）を有する者について、会社法上制限はない。確認の利益が認められる者であれば、訴えを提訴できる。[50]

(3) 被　告

被告は、当該株式会社である（会834条16号）。

(4) 提訴期間

提訴期間の制限はない。

3　株主総会等の決議無効確認の訴え

(1) 決議無効事由

決議無効事由に該当する場合とは、株主総会等の決議の内容が法令に違反する場合である（会830条2項）。具体的には、欠格事由（同法331条1項）のある者を取締役に選任する決議、株主平等原則（同法109条1項）に違反する決議等である。

この場合、決議は当然に無効であり、誰から誰に対してでも、いついかなる方法でも、その無効を主張できる。しかし、必要があれば、決議無効確認の訴えを提起することができる（会830条2項）。

このように、決議取消しの主張と決議無効の主張とで取扱いが異なるのは、後者のほうが前者より瑕疵の程度が重いと評価されているからである。[51]

49　前田・前掲（注30）398頁。
50　提訴権者につき、商事関係訴訟・53頁〜57頁参照。なお、最判昭和53・7・10民集32巻5号888頁参照。
51　前田・前掲（注30）398頁。

(2) 提訴権者（原告）

決議無効確認の訴えの提訴権（原告適格）を有する者について、会社法上制限はない。確認の利益が認められる者であれば、訴えを提起できる。

(3) 被　告

被告は、当該株式会社である（会834条16号）。

(4) 提訴期間

提訴期間の制限はない。

4　取消判決、不存在確認・無効確認判決の効果

(1) 対世効

株主総会等の決議取消しの訴え、不存在確認・無効確認の訴えで原告が勝訴し、決議取消判決、不存在確認・無効確認判決が確定した場合、その判決は第三者に対しても効力が及ぶ（会838条。対世効）。

(2) 遡及効

株主総会等の決議取消しの訴えで原告が勝訴し、決議取消判決が確定した場合、その決議はさかのぼって無効となる（会839条カッコ書の反対解釈）。また、株主総会等の不存在確認・無効確認の訴えで原告が勝訴し、決議不存在確認・無効確認判決が確定した場合も、訴えの性質上、決議はさかのぼって不存在・無効であったことになる（会839条カッコ書参照）。

しかし、これらの判決が確定するまでの間に、当該決議を前提として各種の行為がなされているのが通常であり、それらの行為の効力をどう解するかが問題となる。たとえば、取締役選任決議が無効とされた場合に、その決議で選任された取締役が会社を代表してした対外的な取引が事後的に無効とされると、取引の相手方を害するおそれがある。

そこで、決議取消判決等の存在を前提として対外的取引行為の有効性が争われた場合には、不実の登記を信頼した者を保護する規定（会908条2項）や表見責任に関する規定（民109条、110条、112条、会354条等）を適用または類

推適用することによって、妥当な解決を図る必要があると解されている。[52]

なお、株主総会における取締役選任決議が不存在である場合、それに引き続いて開催された取締役会において、上記総会決議により取締役に選任された者が代表取締役として選定され、その後、その者が、取締役会決議の招集決定に基づき招集した株主総会において、新たに取締役を選任する総会決議がなされたとしても、その総会決議は、いわゆる全員出席総会においてされたなど特段の事情がない限り、不存在となる、とする最高裁判例がある。[53]

(3) 判決に基づく登記手続

株主総会等の決議した事項についての登記があった場合に、株主総会等の決議取消しの訴え、不存在確認・無効確認の訴えで原告が勝訴し、決議取消判決、不存在確認・無効確認判決が確定したときは、裁判所書記官はその抹消登記を嘱託することになる（会937条1項1号ト）。

5 株主総会の決議の瑕疵を争う訴えと会社の組織に関する行為の無効の訴えとの関係

吸収合併等会社の組織に関する行為を承認する株主総会決議に取消し・不存在・無効の事由がある場合、吸収合併無効の訴え等会社の組織に関する行為の無効の訴え（会828条）と株主総会の決議の瑕疵を争う訴えとの関係が問題となる。

たとえば、吸収合併を承認する株主総会決議に取消し・不存在・無効の事由がある場合を考えると、吸収合併の効力発生前は株主総会決議取消し・不存在確認・無効確認の訴え、効力発生後は吸収合併無効の訴え（会828条1項7号）を提起すべきである（決議の瑕疵等は吸収合併無効の訴えの無効原因とな

---

[52] 神田・前掲（注23）188頁等。
[53] 最判平成2・4・17民集44巻3号526頁。また、最判平成11・3・25民集53巻3号580頁、最判平成13・7・10金法1638号40頁参照。なお、この点について、大隅＝今井・前掲（注40）16頁〜17頁参照。

る）とするのが通説である。ただし、この通説によれば、決議の取消しの訴えの提訴期間が総会決議の日から３カ月以内であることから（会831条１項柱書前段）、決議の取消事由たる瑕疵を理由とする吸収合併無効の訴えは、決議取消しの訴えの提訴期間内に提起しなければならないとされる。また、通説によれば、決議の瑕疵を争う訴えを提起した後、吸収合併の効力が発生した場合には、原告は、訴えの変更の手続（民訴143条）により、吸収合併無効の訴えに変更することができるとされる。

II 取締役会決議の瑕疵を争う訴え

会社法上、取締役会決議の瑕疵を争う訴えについての規定は存在しない。したがって、取締役会決議の瑕疵を争う訴えは、会社法834条の「会社の組織に関する訴え」には該当しない。しかし、この訴えの性質に鑑み、本書では、この訴えについて本章で扱う。

1 取締役会決議の無効確認の訴え

取締役会の決議に手続上の瑕疵または内容上の瑕疵がある場合、会社法は、

---

54 北沢・前掲（注21）766頁、683頁～684頁、鈴木＝竹内・前掲（注30）264頁等。東京地判昭和30・2・28下民集６巻２号361頁。なお、最判昭和40・6・29民集19巻４号1045頁参照。
55 北沢・前掲（注21）684頁、766頁、鈴木＝竹内・前掲（注30）264頁等。ただし、類型別II・727頁参照。
56 北沢・前掲（注21）684頁、766頁、鈴木＝竹内・前掲（注30）264頁等。この通説の立場に対して、江頭・350頁～351頁参照。
57 手続上の瑕疵としては、招集権者以外の取締役による招集、招集通知期間の不足、招集通知もれ等の招集手続上の瑕疵もあり、定足数不足（この点につき、最判昭和41・8・26民集20巻６号1289頁参照）、取締役でない者（欠格事由に該当する者を含む）の決議参加、特別利害関係人の決議参加・議事主宰等のような決議方法上の瑕疵もある。内容上の瑕疵としては、取締役会の権限踰越、株主平等原則違反、株主総会決議に違反したこと（東京高判平成９・12・４判時1657号141頁）等がある。北沢・前掲（注21）392頁～393頁、落合誠一編『会社法コンメンタール８』299頁～300頁〔森本滋〕。

II 取締役会決議の瑕疵を争う訴え

株主総会等の決議のような特別の訴えの制度をおいていない。したがって、瑕疵の性質にかかわらず、瑕疵ある決議は、一般原則により無効となる。その無効は、誰から誰に対してでも、いついかなる方法でも主張できる。しかし、必要があれば、一般原則に従い（確認の利益が認められる場合）[58]、決議無効確認の訴えを提起することができる[59]。

この訴えにおいて、提訴権（原告適格）を有するのは、確認の利益が認められる者である。被告となりうる者は、当該会社であると解されている[60]。

取締役会決議の無効確認の訴えに原告が勝訴した場合に判決の対世効を認める規定はないが、近年の有力説は、代表取締役の選定決議（会362条3項）、会計監査人設置会社における計算書類の確定（同法439条）等、画一的確定の要請があるものについては、会社法838条を類推適用して、対世効を認めるべきであると主張する[61]。

取締役会決議の手続的瑕疵を理由とする無効確認の訴えについて、株主総会等の決議取消しの訴えの場合のような裁量棄却（会831条2項）の制度はない。しかし、取締役会決議の手続上の瑕疵が軽微でありかつ決議の結果に影響を及ぼさない場合に限って、決議は無効とならないと解すべきと主張する見解がある[62]。

一部の取締役に対する招集通知を欠いた場合、特段の事情のない限り、その取締役会決議は無効であるが、その取締役が出席してもなお決議の結果に影響がないと認めるべき特段の事情があるときは、当該瑕疵は決議の効力に影響がないものとして決議は有効になると解するのが最高裁判例の立場であ[63]

---

58 確認の利益につき、類型別II・550頁〜553頁。
59 最大判昭和47・11・8民集26巻9号1489頁。
60 類型別II・546頁。
61 北沢・前掲（注21）393頁、江頭・397頁等。また、類型別II・548頁〜549頁参照。これに対し、会社法838条の類推適用を否定する見解もある。大隅＝今井・前掲（注40）205頁。
62 北沢・前掲（注21）393頁。
63 最判昭和44・12・2民集23巻12号2396頁、前掲（注53）最判平成2・4・17。

る。

その「特段の事情」とは何かについて最高裁判例の立場は示されていない。しかし、「特段の事情」を認めた一連の下級審判決があり、これらの下級審判決は、決議の結果に影響がない「特段の事情」をかなり緩やかに認めてきたと評価されている[64]。

学説においては、上記最高裁判例（およびその後の一連の下級審判決）の立場に批判的な見解が多い[66]。

2　取締役会決議の不存在確認の訴え

取締役会の決議が全くなされていないのになされたかのような外観がある場合も、会社法は、株主総会等の決議のような特別の訴えの制度をおいていない。したがって、その決議は不存在となり効力を有しない。決議が不存在であることは、誰から誰に対してでも、いついかなる方法でも主張できる。しかし、必要があれば、一般原則に従い（確認の利益が認められる場合）、決議不存在確認の訴えを提起することができる[67]。

もっとも、取締役会決議の無効原因として不存在も含むと解することも可能であること、無効と不存在の境界も明瞭でないこと、無効確認の訴えと不存在確認の訴えでは訴訟要件や効果には違いがないと考えられることなどの点に鑑みて、裁判実務上はこの点についての訴訟類型の違いを厳格に解して

---

[64]　東京高判昭和48・7・6判時713号122頁、東京高判昭和49・9・30金商436号2頁、高松地判昭和55・4・24判タ414号53頁、東京地判昭和56・9・22判タ462号164頁、大阪高判昭和58・2・23下民集34巻5～8号805頁、東京高判昭和60・10・30判時1173号140頁等。

[65]　前田雅弘「判批」商事1184号44頁。

[66]　前田・前掲（注65）44頁～45頁、鈴木＝竹内・前掲（注30）281頁、江頭・397頁等。決議の結果に影響がないと認めるべき「特段の事情」を厳しく解釈することを前提として、上記最高裁判例の立場に賛成する見解はある。河本一郎『現代会社法〔新訂第9版〕』447頁、落合・前掲（注57）300頁〔森本滋〕等。

[67]　大隅＝今井・前掲（注40）205頁、類型別Ⅱ・544頁等。最近の下級審判決として、東京地判平成22・6・24判時2090号137頁、東京地判平成23・1・7資料版商事323号67頁参照。

Ⅰ　新株発行（自己株式の処分）の瑕疵を争う訴え

いないとされる。[68]

取締役会決議の不存在確認の訴えにおいて、提訴権（原告適格）を有するのは、確認の利益が認められる者である。被告となりうる者は、当該会社であると解されている。[69]

第3節　新株発行等の瑕疵を争う訴え

Ⅰ　新株発行（自己株式の処分）の瑕疵を争う訴え

　会社法は、資金調達を目的とする新株発行と自己株式の処分をあわせて「募集株式の発行等」として、その規整（199条以下）を一元化している。

　募集株式の発行等の瑕疵を争う訴えに関しては、新株発行無効の訴え（会834条2号）、自己株式処分無効の訴え（同条3号）、新株発行不存在確認の訴え（同条13号）、自己株式処分不存在確認の訴え（同条14号）と分けて規定が設けられている。これら4つの訴えの対象である「新株発行」、「自己株式の処分」は、「募集株式の発行等」のみに限られるものではなく、原則として会社成立後の株式の交付一般を指すものであると解されている。[70]しかし、これまで訴訟で争われてきたのは募集株式の発行等の瑕疵である。そこで、ここでは、募集株式の発行等（特に、訴訟で争われてきた「新株発行」）の瑕疵を争う場合を前提として説明する。

68　類型別Ⅱ・544頁。
69　類型別Ⅱ・546頁。
70　吉本健一「新株発行・自己株式の処分の無効事由・不存在事由」（浜田道代＝岩原紳作編・会社法の争点）86頁～87頁。なお、江頭・656頁参照。

29

1 新株発行（自己株式の処分）の無効の訴え

　募集株式の発行等が行われると、会社は拡大された規模で活動を開始するうえ、発行（交付）された株式の取引が行われる。そのため、募集株式の発行等に瑕疵がある場合（不存在の場合を除く）に、一般原則に従った無効とすると法的安定性が害されるおそれがある。

　そこで、会社法は、募集株式の発行等の無効は、新株発行（自己株式の処分）の無効の訴えによらなければ主張できないとしている（会828条1項2号・3号・2項2号・3号）。この訴えは形成の訴えであり、提訴権者・提訴期間が制限されている（同項同号）。そして、無効判決には対世効が認められ（同法838条）、その無効の遡及効が否定されている（同法839条）。

(1) 無効原因

　新株発行（自己株式の処分）無効の訴えにおける具体的な無効原因については、会社法に規定がなく解釈に委ねられている。一般的には、新株発行が効力を生じると、会社は拡大された規模で活動を開始するうえ、発行（交付）された株式の取引が行われるので、取引の安全の見地から無効原因はなるべく狭く解するのが妥当であるとされている。[71]

　新株発行のいかなる瑕疵が無効原因となるかについては、これまでさまざまな瑕疵ごとに議論が行われてきた。そのうち、定款所定の発行可能株式総数を超える発行や定款が認める種類の株式以外の株式の発行等いわゆる新株の存在自体に瑕疵がある場合には、その瑕疵は無効原因であると一般に解されてきた。[72] また、会社法上の公開会社（会2条5号）でない株式会社において、株主割当以外の方法による新株発行につき、募集事項を決定する株主総会の特別決議（同法199条1項・2項、309条2項5号）を欠くことは、新株

---

[71] 北沢・前掲（注21）538頁、鈴木＝竹内・前掲（注30）427頁等。
[72] 北沢・前掲（注21）538頁〜539頁、吉本・前掲（注70）86頁等。東京地判昭和31・6・13下民集7巻6号1550頁、大阪高判昭和35・7・29下民集11巻7号1606頁等参照。

発行の無効原因となるとするのが最高裁判所の立場であり、学説も同じ立場をとる。[73]

　無効原因となるか否かに関し学説が対立する新株発行の瑕疵について、最高裁判所が無効原因とはならないと判断してきた瑕疵には、次のものがある。①取締役会に募集事項の決定権限がある場合（会201条1項、199条2項）に、適法な取締役会決議を欠くこと。[74]②公開会社（同法2条5号）において、募集株式の引受人に特に有利な払込金額による発行であるため株主総会の特別決議が必要な場合（同法201条1項、199条2項・3項、309条2項5号）に、その決議を欠くこと。[75]③新株発行が著しく不公正な方法により行われたこと。[76]④払込みが仮装であったこと。[77]

　このうち、①〜③の瑕疵を無効原因としない理由として最高裁判所があげているのは、主として取引の安全である。これらの判例（①〜③）の立場は、会社法の下においても維持されていると考えられる。しかし、④の瑕疵を無効原因としない理由として、最高裁判所は、商法旧280条ノ13第1項の取締役の引受担保責任の存在をあげているので、当該責任が廃止された会社法の下で、この判例の立場が維持されうるのかどうかは明らかでない。[78][79]

　これらの判例に対し、無効原因となるか否かに関し学説が対立する新株発

73　最判平成24・4・24判時2160号121頁。江頭・714頁、吉本・前掲（注70）87頁等。
74　最判昭和36・3・31民集15巻3号645頁、最判平成6・7・14判時1512号178頁。なお、東京高判昭和47・4・18高民集25巻2号182頁参照。
75　最判昭和46・7・16判時641号97頁、最判昭和48・4・6金法683号32頁、最判昭和52・10・11金法843号24頁。
76　前掲（注74）最判平成6・7・14、最判平成9・1・28民集51巻1号71頁。
77　前掲（注76）最判平成9・1・28。
78　前掲（注76）最判平成9・1・28。
79　弥永・前掲（注25）306頁〜307頁は、払込みの仮装の場合は、不存在と解する。なお、仮装払込みによる募集株式の発行等の規律の見直しについて、「会社法制の見直しに関する要綱」（法制審議会第167回会議〔平成24年9月7日開催〕：法務省ホームページ〈http://www.moj.go.jp/content/000102013.pdf〉）第1部企業統治の在り方第3資金調達の場面における企業統治の在り方2仮装払込みによる募集株式の発行等参照。

行の瑕疵について、最高裁判所が無効原因となると判断した瑕疵には、次のものがある。⑤新株発行が差止めの仮処分命令に違反してなされたこと。[80] ⑥募集事項の公示（会201条3項・4項）を欠くこと。[81] ただし、⑥の瑕疵の場合、最高裁判所は、公示を欠くことは、新株発行差止請求をしたとしても差止めの事由がないためにこれが許容されないと認められる場合でない限り、新株発行の無効原因となると判断しており、[82] いわゆる折衷説[83]の立場をとっている。⑤の瑕疵を無効原因とする理由として最高裁判所が述べているのは、株主の募集株式発行等差止請求権（同法210条）の制度趣旨（株主の利益保護）と募集事項の公示の制度趣旨（差止請求権行使の機会を株主に与えること）であり、[84] ⑥の瑕疵を原則として無効原因とする理由として最高裁判所が述べているのは、募集事項の公示の制度趣旨である。[85]

このように、無効原因となるか否かに関し学説が対立する新株発行の瑕疵について、最高裁判所は、いったん新株が発行された以上、取引の安全のためできるだけ無効原因を限定して考える一方、既存株主の保護はもっぱら事前の救済手段である募集株式発行等差止請求権に委ね、差止請求権を奪うことになる瑕疵を無効原因と考えているものと思われる。[86]

(2) 提訴権者（原告）

新株発行（自己株式の処分）無効の訴えの提訴権（原告適格）を有するのは、株主・取締役・監査役・執行役・清算人である（会828条2項2号・3号）。[87]

80　最判平成5・12・16民集47巻10号5423頁。
81　前掲（注76）最判平成9・1・28、最判平成10・7・17判時1653号143頁。
82　前掲（注76）最判平成9・1・28、前掲（注81）最判平成10・7・17。
83　鈴木竹雄「新株発行の差止と無効」（同・商法研究Ⅲ）235頁、江頭・714頁、龍田・前掲（注32）304頁等、通説といえる。
84　前掲（注80）最判平成5・12・16。
85　前掲（注76）最判平成9・1・28、前掲（注81）最判平成10・7・17。
86　吉本健一『新株発行のメカニズムと法規制』96頁～97頁。なお、行使条件違反の新株予約権行使に基づく新株発行等の効力について、本節Ⅱ1(6)参照。
87　発行等された株式・それ以外の株式のいずれの株式の株主でもよい。江頭・717頁。また、商事関係訴訟・267頁参照。

(3) 被　告

被告は、新株発行（自己株式の処分）をした株式会社である（会834条2号・3号）。

(4) 提訴期間

公開会社（会2条5号）においては、新株発行（自己株式の処分）の効力が生じた日から6カ月以内に提起しなければならない（同法828条1項2号・3号）。公開会社でない株式会社においては、新株発行（自己株式の処分）の効力が生じた日から1年以内に提起しなければならない（同条1項2号カッコ書・3号カッコ書）。公開会社でない株式会社においては、新株発行（自己株式の処分）の効力発生日にその行為に気づかなかった株主が、6カ月を経過してもなお気づかないことも少なくない。そこで、会社法は、公開会社でない株式会社について、提訴期間を1年（定時株主総会開催時に株主が気づくことが少なくない）とした。[88]

提訴期間内に提起された訴訟において、期間経過後に新たな無効事由を追加主張できるか否かについては、新株発行に伴う法律関係を早期に確定するという制度趣旨から、追加主張を認めないのが判例の立場である。[89]

(5) 無効判決の効力

新株発行（自己株式の処分）を無効とする判決が確定すると、その判決は第三者に対しても効力を有する（会838条。対世効）。新株発行（自己株式の処分）を無効とする判決の確定時に、発行された当該新株（交付された当該株式）は、将来に向かって効力を失う（同法839条。無効の遡及効の否定）。したがって、判決が確定するまでに行われた、当該株式に対する剰余金の配当、当該株式に基づく議決権の行使等は、効力を失わない。判決確定時における当該株式の株主に対しては、原則として、当該株式の払込金額に相当する金

88　江頭・717頁参照。
89　最判平成6・7・18裁判集民172号967頁。なお、訴えの変更と提訴期間の関係について、前掲（注80）最判平成5・12・16参照。

銭（現物出資の場合、給付時における現物出資財産の価額に相当する金銭）が支払われる（同法840条1項、841条1項。ただし、840条2項、841条2項）。

新株発行（自己株式の処分）を無効とする判決が確定すると、発行済株式総数は減少するが、資本金・資本準備金の額は当然には減少しない（計規25条2項1号・2号、26条2項後段）。新株発行無効判決が確定した場合、それに関する登記は、裁判所書記官の嘱託によりなされる（会937条1項1号ロ）。[90]

2 新株発行（自己株式の処分）の不存在確認の訴え

新株発行（自己株式の処分）の手続が全く行われず、単に新株発行による変更の登記があるにすぎないような場合、その新株発行（自己株式の処分）は不存在である。この場合には、一般原則により、誰から誰に対してでも、いついかなる方法でもその不存在を主張できる。しかし、必要があれば、新株発行（自己株式の処分）の不存在確認の訴えを提起することができる（会829条1号・2号）。

(1) 不存在事由

不存在事由については、見解の対立がある。判例・多数説は、新株発行の実体がないのに変更登記がされているような場合（いわゆる「物理的不存在」[91]）に限られるとする。これに対し、物理的不存在に限られず、手続的・実体的瑕疵が著しいため不存在であると評価される場合を含むとする見解もある。[93]

(2) 提訴権者（原告）

新株発行（自己株式の処分）の不存在確認の訴えの提訴権（原告適格）を有

---

90 自己株式処分無効判決が確定した場合について、奥島ほか・前掲（注1）513頁〔小林量〕参照。
91 中東正文「判批」民商130巻3号566頁、571頁参照。
92 最判平成15・3・27民集57巻3号312頁。吉本・前掲（注70）87頁、江頭・712頁等。また、最判平成9・1・28民集51巻1号40頁参照。
93 東京高判昭和61・8・21判時1208号123頁、岩原紳作「判批」ジュリ947号122頁～123頁、中島弘雅「新株発行不存在確認訴訟に関する覚え書き」都法44巻2号76頁～77頁等参照。なお、前掲（注48）参照。

する者について、会社法上制限はない。確認の利益がある者に提訴権が認められることになる。[94]

(3) 被　告

被告は、新株発行（自己株式の処分）をした株式会社である（会834条13号・14号）。

(4) 提訴期間

提訴期間の制限はない。[95]

(5) 不存在確認判決の効力

新株発行（自己株式の処分）の不存在確認の訴えで原告が勝訴し、不存在確認判決が確定した場合、その判決は第三者に対しても効力が及ぶ（会838条。対世効）。新株発行（自己株式の処分）の不存在確認の訴えで原告が勝訴し、不存在確認判決が確定した場合、訴えの性質上、新株発行（自己株式の処分）はさかのぼって不存在であったことになる（同法839条カッコ書参照）。新株発行不存在確認判決が確定した場合、それに関する登記は、裁判所書記官の嘱託によりなされる（同法937条1項1号ホ）。

II　新株予約権の発行の瑕疵を争う訴え

新株予約権とは、株式会社に対して行使することにより当該株式会社の株式の交付を受けることができる権利をいう（会2条21号）。そのため、新株予約権の発行方法・手続は、募集株式の発行等の場合とほぼ同じである。[96] 会社法は、新株予約権の発行の瑕疵を争う訴えとして、募集株式の発行等と同様、新株予約権の発行の無効の訴え（828条1項4号）と新株予約権の発行の不存

94　確認の利益が認められる者について、類型別II・622頁、奥島ほか・前掲（注1）363頁〔小林量〕参照。なお、最判平成4・10・29判時1454号146頁参照。
95　前掲（注92）最判平成15・3・27参照。
96　なお、会社が保有する自己新株予約権の処分は、自己株式の処分とは異なり、募集の手続による必要はない。会社法238条1項。会社法199条1項対照。

在確認の訴え（829条3号）を定めている。

1 新株予約権の発行の無効の訴え

新株予約権の発行についても、募集株式の発行等と同様、形成の訴えとして、対世効（会838条）のある新株予約権（当該新株予約権が新株予約権付社債に付されたものである場合にあっては、当該新株予約権付社債についての社債を含む）の発行の無効の訴えの制度が会社法にはおかれている（同法828条1項4号）。当該新株予約権の行使により株式の発行（交付）が行われると株主の議決権に影響が及ぶので、画一的処理が必要とされるからである。[97]

(1) 無効原因

新株予約権発行無効の訴えにおける具体的な無効原因について会社法に規定はないが、新株発行無効の訴えの無効原因に準じて考えることができると解されている。[98]そこで、新株予約権発行無効の訴えにおける無効原因に関しても、基本的には、本章第3節Ⅰ1(1)で述べたことが妥当しよう。ただし、新株予約権の発行の場合（特に新株予約権の譲渡が制限されている場合）は、新株発行の場合よりも無効原因を広く解することができるという見解もある。[99]

(2) 提訴権者（原告）

新株予約権発行無効の訴えの提訴権（原告適格）を有するのは、株主・取締役・監査役・執行役・清算人・新株予約権者である（会828条2項4号）。

(3) 被　告

被告は、新株予約権の発行をした株式会社である（会834条4号）。

---

[97] 江頭・743頁。
[98] 江頭・743頁等参照。
[99] 弥永・前掲（注25）310頁、新谷・前掲（注2）517頁〜518頁等。また、「『会社法制の現代化に関する要綱案』の基本的な考え方」商事1719号26頁〔森本滋・神田秀樹発言〕参照。これに対し、新株予約権付社債の発行の無効原因について、前掲商事1719号26頁〔神田発言〕、弥永・前掲（注25）311頁参照。

(4) 提訴期間

公開会社（会2条5号）においては、新株予約権の発行の効力が生じた日から6カ月以内に提起しなければならない（同法828条1項4号）。公開会社でない株式会社においては、新株予約権の発行の効力が生じた日から1年以内に提起しなければならない（同号カッコ書）。

(5) 無効判決の効力

新株予約権の発行を無効とする判決が確定すると、その判決は第三者に対しても効力を有する（会838条。対世効）。新株予約権の発行を無効とする判決の確定時に、発行された当該新株予約権は、将来に向かって効力を失う（同法839条。無効の遡及効の否定）。

判決確定時における当該新株予約権の新株予約権者に対しては、原則として、当該新株予約権の払込金額に相当する金銭（金銭以外の財産が給付された場合、給付時における当該財産の価額に相当する金銭）が支払われる（会842条1項。ただし、842条2項、840条2項参照）。

このように、新株予約権の発行を無効とする確定判決の遡及効が否定されるので、判決確定前に新株予約権の権利行使がなされた場合、新株予約権者に対して発行（交付）された株式の効力が問題となる。この問題に対しては、判決確定までになされた新株予約権行使は有効であるので権利行使による株式発行（交付）も完全に有効であるとする立場と、権利行使による株式発行（交付）に新株発行（自己株式の処分）無効の訴えを適用または類推適用することができるとする立場が考えられる。[100]

新株予約権発行無効判決が確定した場合、それに関する登記は、裁判所書記官の嘱託によりなされる（会937条1項1号ハ）。

(6) 行使条件違反の新株予約権行使に基づく新株発行等の効力

新株予約権の発行自体に瑕疵はないが、行使条件に違反して新株予約権の

100　杉田貴洋「瑕疵ある新株予約権行使と株式発行等の効力」法研82巻12号279頁～283頁参照。

行使がなされそれに基づいて新株発行等がなされた場合（たとえば、権利行使期間の始期が未到来であるのに新株予約権の行使がなされそれに基づいて新株発行等がなされた場合など）、その新株発行等の効力が問題となる。この問題に対しては、行使条件に違反した新株予約権の行使に基づく新株発行等は当然無効である（新株発行（自己株式の処分）無効の訴えの対象とはならない）とする見解と[101]、行使条件に違反した新株予約権の行使に基づく新株発行等は、新株発行（自己株式の処分）無効の訴えによってのみ無効とすることができるとする見解[102]が存在する。

2　新株予約権の発行の不存在確認の訴え

新株予約権の発行の手続が全く行われず、単に新株予約権発行の登記（会911条3項12号）があるにすぎないような場合、その新株予約権の発行は不存在である。この場合には、一般原則により、誰から誰に対してでも、いついかなる方法でもその不存在を主張できる。しかし、必要があれば、新株予約権の発行の不存在確認の訴えを提起することができる（同法829条3号）。

(1)　不存在事由

不存在事由については、新株発行（自己株式の処分）の不存在確認の訴えの場合と同様、いわゆる物理的不存在に限られると解釈する立場と、物理的不存在に限られず手続的・実体的瑕疵が著しいため不存在であると評価され

101　江頭憲治郎編『会社法コンメンタール6』286頁〔江頭憲治郎〕、杉田・前掲（注100）284頁等。
102　吉本健一「判批」金商1327号6頁等。
　なお、前掲（注73）最判平成24・4・24は、この見解を前提としていると考えられる（久保田安彦「行使条件違反の新株予約権の行使による株式発行の効力(下)」商事1976号24頁）。
　この最判平成24・4・24は、公開会社（会2条5号）でない株式会社が株主割当て以外の方法により発行した新株予約権に株主総会によって行使条件が付された場合に、この行使条件が当該新株予約権を発行した趣旨に照らして当該新株予約権の重要な内容を構成しているときは、上記行使条件に反した新株予約権の行使による株式の発行には無効原因があると解するのが相当であるとしている。

る場合を含むと解釈する立場が考えられる（本章第3節Ⅰ2(1)参照）。

　　(2)　提訴権者（原告）

　新株予約権の発行の不存在確認の訴えの提訴権（原告適格）を有する者について、会社法上制限はない。確認の利益がある者に提訴権が認められることになる。

　　(3)　被　告

　被告は、新株予約権の発行をした株式会社である（会834条15号）。

　　(4)　提訴期間

　提訴期間の制限はない。

　　(5)　不存在確認判決の効力

　新株予約権の発行の不存在確認の訴えで原告が勝訴し、不存在確認判決が確定した場合、その判決は第三者に対しても効力が及ぶ（会838条。対世効）。新株予約権の発行の不存在確認の訴えで原告が勝訴し、不存在確認判決が確定した場合、訴えの性質上、新株予約権の発行はさかのぼって不存在であったことになる（同法839条カッコ書参照）。新株予約権発行不存在確認判決が確定した場合、それに関する登記は、裁判所書記官の嘱託によりなされる（同法937条1項1号ヘ）。

第4節　会社の設立の瑕疵を争う訴え

Ⅰ　会社の設立の無効の訴え等

1　会社の設立無効の訴え

　会社が設立登記によって一応成立しても、設立に関する法定の要件を満た

していなければ、その設立手続は無効であって、法律上、そのような会社の存在を認めることはできない。しかし、法律上無効な会社であっても、設立登記によって一応成立し活動を開始すれば、有効に成立した場合と同様に多数の法律関係が形成されることになる。その場合に、一般原則による無効の主張を認めると、混乱が生じ、法的安定性が著しく害される。

そこで、会社法は、設立無効の訴えの制度を設けて、一般原則を修正している。設立の無効の主張はこの訴えによらなければならず、設立が無効となる場合にも、その無効は画一的に確定され、かつ無効の遡及効が否定されている。この訴えは、形成の訴えである。

設立無効の訴えの制度は、株式会社・持分会社（合名会社・合資会社・合同会社）の双方に適用がある制度であるが、設立手続が複雑で会社と法律関係に入る第三者が多数となることが多い株式会社において、より重要度の高い訴訟類型であるといえる。[103]

(1) 設立無効原因

会社法は、設立無効の訴えにおける具体的な無効原因について規定していない。無効原因については、定款の内容が違法な場合のような客観的無効原因と、設立に参加した社員の設立行為が無効であることによる主観的無効原因とがある。このうち、主観的無効原因が設立無効の訴えの無効原因となるのは、社員の個性が重視される持分会社の場合だけであり、株式会社の場合、設立無効の訴えの無効原因は、客観的無効原因に限られると解されている。[104]

株式会社の設立については、詳細な規定がおかれ複雑な手続が定められているので、設立無効の原因（客観的無効原因）は多岐にわたる。具体的な無効原因としては、定款の絶対的記載（記録）事項（会27条、37条1項、98条）の記載が欠けているかまたはその記載（記録）が違法であること、定款に公証人の認証（同法30条1項）がないこと、設立時発行株式を1株も引き受け

103　上柳克郎ほか編『新版注釈会社法(13)』321頁〔山口賢〕。
104　上柳ほか・前掲（注103）329頁〔山口賢〕、奥島ほか・前掲（注1）361頁〔小林量〕等。

ない発起人がいること（同法25条2項）、設立に際して出資される財産の価額（またはその最低額）（同法27条4号）に相当する出資がないこと、募集設立において創立総会の招集（同法65条1項）がないこと、設立登記が無資格者の申請に基づく等無効であること等がある。

持分会社の設立については、客観的無効原因と主観的無効原因とがある。客観的無効原因としては、定款の絶対的記載（記録）事項（会576条1項）が欠けているかまたはその記載（記録）が違法であること、設立登記が無資格者の申請に基づく等無効であること等がある。主観的無効原因としては、個々の社員の設立行為の無効原因たる意思無能力や錯誤（民95条）等がある。[105]

(2) 提訴権者（原告）

設立無効の訴えの提訴権（原告適格）を有するのは、株式会社では、設立する株式会社の株主・取締役・監査役・執行役・清算人であり[106]、持分会社では、設立する持分会社の社員・清算人である（会828条2項1号）。

(3) 被　告

被告は、設立する会社である（会834条1号）。

(4) 提訴期間

会社の成立の日から2年以内に提起しなければならない（会828条1項1号）。

(5) 裁量棄却

かつて設立無効の訴えについて存在していた裁判所の裁量棄却の規定（昭和25年改正前商法428条3項、136条3項、107条）は、昭和25年商法改正により廃止された。その後、設立無効の訴えについては裁量棄却の規定が定められず、会社法においても同様である。しかし、設立無効の訴えにおいても、瑕

105　奥島ほか・前掲（注1）361頁〔小林量〕。なお、大判昭和7・4・19民集11巻837頁参照。
106　提訴権を有する株主は、会社の成立の当時株主であった必要はなく、会社の成立後に株式を譲り受けた株主でもよい。北沢・前掲（注21）127頁。なお、前掲（注27）大判昭和8・10・26参照（また、本章第2節Ⅰ1(2)(ア)参照）。

疵の程度が極めて軽微でそれにより関係者が実害を受けなかったと認められる場合については、訴えを棄却できると解されている[107]。

(6) 無効判決の効力

設立を無効とする判決が確定すると、その判決は第三者に対しても効力を有する（会838条。対世効）。設立を無効とする確定判決は、その遡及効が否定される（同法839条）。したがって、無効判決が確定するまでに、会社、株主および第三者の間に生じた法律関係は影響を受けない。ただし、無効判決の確定により、会社は清算を行うことになる（同法475条2号、644条2号）[108]。設立無効判決が確定した場合、それに関する登記は、裁判所書記官の嘱託によりなされる（同法937条1項1号イ）。

(7) 持分会社の設立無効の場合の会社の継続

株式会社の設立を無効とする判決が確定した場合、会社の継続は認められない。これに対し、持分会社の設立を無効とする判決が確定した場合、その無効の原因が一部の社員のみにあるときは、他の社員の全員の同意によって、当該持分会社を継続することができる（会845条前段）。この場合、当該原因がある社員は、退社したものとみなされる（同条後段）。

前述のように、持分会社については、主観的無効原因も設立無効の訴えの無効原因となる。しかし、一部の社員についての主観的無効原因を理由として設立無効判決が確定した場合に、他の社員が会社の継続を欲しているときにまで会社が消滅せざるを得ないとすると、社員の意思に反し、企業維持の精神からも望ましくない[109]。そこで、そのような場合には、他の社員の全員の同意によって、会社を継続することができるものとされた。このような趣旨から、会社の継続が認められるのは、主観的無効原因による設立無効の場合に限られる。客観的無効原因による設立無効の場合には、会社の継続は認め

---

107 江頭・114頁、上柳ほか・前掲（注103）362頁〔山口賢〕等。
108 清算中の会社と設立無効の訴えに関して、江頭・115頁参照。
109 上柳克郎ほか編『新版注釈会社法(1)』559頁〔平出慶道〕。

られない。[110]

2　会社の不存在確認の訴え

　会社の不存在とは、設立登記がなされているが、会社の実体形成のための設立手続が全くなされていない場合である[111]。この場合は、設立無効の訴えによらず、一般原則により、誰がいつどのような方法によっても、その不存在を主張することができ、必要があれば、会社の不存在確認の訴えを提起することもできると解されている[112]。

II　持分会社の設立の取消しの訴え

　本章第4節 I 1(1)で説明したように、持分会社では、社員の個性が重視されることから、主観的無効原因も設立無効の訴えの無効原因となる。それと同様の趣旨で、持分会社では、個々の社員の設立行為に取消原因（主観的取消原因）がある場合に、設立の取消しの訴えが認められている（会832条）。設立の取消しは、この設立取消しの訴えによる必要がある（同条）。この訴えは、形成の訴えである。

1　取消原因

　取消原因は、①社員が民法その他の法律の規定により設立に係る意思表示を取り消すことができる場合（会832条1号）および、②社員がその債権者を害することを知って持分会社を設立した場合である（同条2号）。

　①は、社員が制限行為能力者（民5条2項、9条、13条4項、17条4項）である場合や社員の設立行為に意思表示の瑕疵がある場合（民96条）等である。

110　上柳ほか・前掲（注109）559頁～560頁〔平出慶道〕。
111　大判昭和10・11・16判決全集2輯1262頁、北沢・前掲（注21）131頁。
112　北沢・前掲（注21）131頁。

②の詐害設立の場合が取消原因とされていることから、民法424条との関係が問題となりうる。判例・多数説は、詐害設立を取消原因と定めた会社法832条2号は、民法424条の特則であり、詐害設立の取消しに民法424条の適用の余地はないと解している[113]。

2 提訴権者（原告）

設立取消しの訴えの提訴権（原告適格）を有する者は、取消原因によって異なる。上記1（取消原因）の①の場合、当該社員である（会832条1号）が、当該社員の代理人・承継人（民120条参照）も含まれる[114]。上記1（取消原因）の②の場合、当該債権者である（会832条2号）。

3 被　告

設立取消しの訴えの被告も、取消原因によって異なる。上記1（取消原因）の①の場合、当該持分会社であり、②の場合、当該持分会社と詐害行為をした社員である（会834条18号・19号）。

4 提訴期間

会社の成立の日から2年以内に提起しなければならない（会832条柱書）。

5 取消判決の効力

設立の取消しを認容する判決が確定すると、その判決は第三者に対しても効力を有する（会838条。対世効）。取消しを認容する確定判決は、その遡及効が否定される（同法839条）。したがって、取消判決が確定するまでに、会社、社員および第三者の間に生じた法律関係は影響を受けない。ただし、取

---

[113] 大判昭和16・5・16新聞4707号22頁、最判昭和39・1・23民集18巻1号87頁〔有限会社の事例〕。北沢・前掲（注21）838頁、奥島ほか・前掲（注1）372頁〔小林量〕等。
[114] 大隅健一郎＝今井宏『会社法論上巻〔第3版〕』73頁。

消判決の確定により、会社は清算を行うことになる（同法644条3号）。設立取消判決が確定した場合、それに関する登記は、裁判所書記官の嘱託によりなされる（同法937条1項1号チ）。

6 会社の継続

持分会社の設立の取消しを認容する判決が確定した場合、その取消しの原因が一部の社員のみにあるときは、他の社員の全員の同意によって、当該持分会社を継続することができる（会845条前段）。この場合、当該原因がある社員は、退社したものとみなされる（同条後段）。これは、持分会社の設立無効の訴えの場合（本章第4節Ⅰ1(7)）と同様である。

第5節　組織変更・組織再編行為等の瑕疵を争う訴え

Ⅰ　組織変更の無効の訴え

組織変更とは、会社が法人格の同一性を保ちながら別の類型の会社になることである。株式会社が持分会社（合名会社・合資会社・合同会社）になるものと持分会社が株式会社になるものとがある（会2条26号）。

組織変更の手続に瑕疵があり、組織変更を無効とせざるを得ない場合がある。しかし、組織変更が一応効力を生じ、別の類型となった会社が活動を開始すれば、有効に組織変更が行われた場合と同様に多数のさまざまな法律関係が形成されることになる。その場合に、一般原則による無効の主張を認めると、混乱が生じ、法的安定性が著しく害される。そこで、会社法は、組織変更無効の訴えの制度を設けて、一般原則を修正している。組織変更の無効

の主張はこの訴えによらなければならず（会828条1項6号）、組織変更が無効となる場合にも、その無効は画一的に確定され（同法838条）、かつ無効の遡及効が否定されている（同法839条）。この訴えは、形成の訴えである。

1　無効原因

無効原因は、組織変更の手続の瑕疵である。具体的には、組織変更計画について総株主（総社員）の同意がないこと（会776条1項、781条1項）、組織変更計画等に関する書面等の不備置・不実記載（同法775条1項）、債権者異議手続が履行されていないこと（同法779条、781条2項）等である。

2　提訴権者（原告）

組織変更の無効の訴えの提訴権（原告適格）を有する者は、組織変更の効力が生じた日において組織変更をする会社の株主（社員）、取締役、執行役、監査役、清算人であった者、または組織変更後の会社の株主（社員）、取締役、執行役、監査役、清算人、破産管財人もしくは組織変更について承認をしなかった債権者である（会828条2項6号）。

3　被　告

組織変更後の会社である（会834条6号）。

4　提訴期間

組織変更の効力が生じた日から6カ月以内に提起しなければならない（会828条1項6号）。

5　無効判決の効力

組織変更を無効とする判決が確定すると、その判決は第三者に対しても効力を有する（会838条。対世効）。組織変更を無効とする確定判決は、その遡

及効が否定される（同法839条）。したがって、無効判決が確定するまでに、会社、株主（社員）および第三者の間に生じた法律関係は影響を受けない。無効判決の確定により、法人格の同一性を保ちながら組織変更前の会社が復活する。なお、無効判決が確定した場合、それに関する登記は、裁判所書記官の嘱託によりなされる（同法937条3項1号）。

II　組織再編行為の瑕疵を争う訴え

　組織再編行為（本節では、「吸収合併・新設合併・吸収分割・新設分割・株式交換・株式移転（会2条27号～32号）」を「組織再編行為」とよぶことにする）の手続に瑕疵があり、組織再編行為を無効とせざるを得ない場合がある。しかし、組織再編行為が一応効力を生じ、組織再編行為後の会社が活動を開始すれば、有効に組織再編行為が行われた場合と同様に多数のさまざまな法律関係が形成されることになる。その場合に、一般原則による無効の主張を認めると、混乱が生じ、法的安定性が著しく害される。そこで、会社法は、組織再編行為の無効の訴えの制度を設けて、一般原則を修正している。組織再編行為の無効の主張はこの訴えによらなければならず（同法828条1項7号～12号）、組織再編行為が無効となる場合にも、その無効は画一的に確定され（同法838条）、かつ無効の遡及効が否定されている（同法839条）。これらの訴えは、形成の訴えである。

1　吸収合併・新設合併の無効の訴え

(1)　無効原因

　合併の無効原因は、合併手続の瑕疵である。具体的には、合併契約で定めなければならない事項（会749条1項、751条1項、753条1項、755条1項）が定められていないこと、合併契約等に関する書面等の不備置・不実記載（同法782条1項1号、794条1項、803条1項1号）、合併契約について法定の要件

〔第1部・第2章〕第5節　組織変更・組織再編行為等の瑕疵を争う訴え

を満たす株主総会の承認決議（同法783条1項、795条1項、804条1項等）がないこと（承認決議に瑕疵がある場合を含む。この場合につき、本章第2節Ⅰ5参照）、債権者異議手続が履行されていないこと（同法789条、799条、810条）、私的独占の禁止及び公正取引の確保に関する法律（以下、「独占禁止法」という）が定める手続に違反して合併がなされたこと（独禁15条2項・3項、10条8項、18条1項）等である。[115]

　合併比率の著しい不公正が無効原因となるか否かについては争いがある。学説には、反対株主の株式買取請求権があることに鑑み、無効原因とはならないとする立場と[116]、株主としてとどまりつつ不利益の是正を望む者の救済を理由として、無効原因となるとする立場がある[117]。なお、株主総会の合併承認決議において、特別利害関係を有する株主が議決権を行使したことにより著しく不公正な合併比率の合併が承認された場合には決議取消原因（会831条1項3号）となり、その瑕疵が合併無効原因となると解されている[118]。

(2)　提訴権者（原告）

　吸収合併無効の訴えの提訴権（原告適格）を有する者は、吸収合併の効力が生じた日において吸収合併をする会社の株主（社員）、取締役、監査役、執行役、清算人であった者、または吸収合併後存続する会社の株主（社員）、取締役、監査役、執行役、清算人、破産管財人もしくは吸収合併について承認をしなかった債権者である（会828条2項7号）。

　新設合併無効の訴えの提訴権（原告適格）を有する者は、新設合併の効力が生じた日において新設合併をする会社の株主（社員）、取締役、監査役、

115　江頭・820頁～821頁、類型別Ⅱ・708頁～712頁等参照。なお、合併契約に係る当事会社の意思表示の無効と合併無効の訴えについて、類型別Ⅱ・712頁～714頁、名古屋地判平成19・11・21金商1294号60頁参照。
116　江頭・821頁等。また、東京高判平成2・1・31資料版商事77号193頁（その上告審である最判平成5・10・5資料版商事116号196頁）参照。
117　龍田節「合併の公正維持」論叢82巻2・3・4号283頁、300頁～301頁、また、鈴木＝竹内・前掲（注30）510頁。
118　龍田・前掲（注32）472頁、江頭・821頁等。

執行役、清算人であった者、または新設合併により設立する会社の株主（社員）、取締役、監査役、執行役、清算人、破産管財人もしくは新設合併について承認をしなかった債権者である（会828条2項8号）。

吸収合併・新設合併について承認をしなかった債権者とは、債権者異議手続において異議を述べた債権者（異議を述べないと承認したものとみなされる。会789条4項、799条4項、810条4項）[119]と、会社に知れている債権者であって会社法上必要な各別の催告を受けなかった者を意味すると解されている[120]。合併について承認をしなかった債権者は、自己についての債権者異議手続の瑕疵のみを無効原因として主張できると解されている[121]。

なお、独占禁止法が定める手続（独禁15条2項・3項、10条8項）に違反する瑕疵については、公正取引委員会に提訴権が認められている（同法18条1項）。

(3) 被 告

吸収合併無効の訴えについては、吸収合併後存続する会社である（会834条7号）。

新設合併無効の訴えについては、新設合併により設立する会社である（会834条8号）。

(4) 提訴期間

吸収合併・新設合併の効力が生じた日から6カ月以内に提起しなければならない（会828条1項7号・8号）[122]。

---

[119] ただし、異議を述べた債権者に対して会社が弁済をすれば、弁済を受けた者は債権者ではなくなるので、原告適格を失う。また、異議を述べた債権者に対して会社が、相当の担保を提供するか、債権者に弁済を受けさせることを目的として、信託会社等に相当の財産を信託した場合、訴えの利益がなくなると解されている。鈴木＝竹内・前掲（注30）514頁、522頁、上柳ほか・前掲（注103）249頁〔小橋一郎〕。

[120] 鈴木＝竹内・前掲（注30）522頁、上柳ほか・前掲（注103）249頁〔小橋一郎〕等。

[121] 弥永・前掲（注25）350頁、上柳ほか・前掲（注103）249頁〔小橋一郎〕等。また、江頭・823頁参照。

〔第1部・第2章〕第5節　組織変更・組織再編行為等の瑕疵を争う訴え

(5) 無効判決の効力

　合併を無効とする判決が確定すると、その判決は第三者に対しても効力を有する（会838条。対世効）。合併を無効とする確定判決は、その遡及効が否定される（同法839条）。したがって、無効判決が確定するまでに、会社、株主（社員）および第三者の間に生じた法律関係は影響を受けない。その結果、吸収合併の存続会社が合併に際し割り当てた株式は将来に向かって無効となり、新設合併の設立会社は解散し（同条カッコ書。清算手続を経ることなく解散する）、消滅会社は復活する。株主は、無効判決の確定により無効となった株式と引換えに復活した消滅会社の株式を取得することになる。[123]

　財産関係の処理については、合併当事会社のそれぞれが合併の当時所有していた財産または負担していた債務で存続会社・設立会社に現存するものは、元の会社に復帰する。これに対し、合併後に存続会社・設立会社が負担した債務については復活した各合併当事会社が連帯して弁済する責任を負い（会843条1項1号・2号）、合併後に取得した財産については、各当事会社の共有に属する（同条2項。また、同条3項・4項参照）。

　合併無効判決の効力は、理論的には以上のように整理できる。しかし、各合併当事会社に多数の利害関係者が存在する場合、いったん合併の効力が発生した後、無効判決の確定により将来に向かって合併前の当事会社に分割することは、実際には非常に困難である。特に上場会社を当事会社とする合併の無効処理は、実際上不可能に近いといわれている。[124] そのため、合併当事会社の規模が大きいほど、裁判所としては無効請求を認容することを躊躇せざるを得ず、無効の訴えの制度自体の実効性には限界がある旨の指摘がなされ[125]

122　独占禁止法18条1項に基づく公正取引委員会による提訴の場合について、北沢・前掲（注21）765頁、類型別Ⅱ・708頁参照。
123　株式（または新株予約権）以外の合併対価が割り当てられた場合の問題として、浜田道代編『キーワードで読む会社法〔第2版〕』247頁〔山田泰弘〕参照。
124　受川環大「会社の組織に関する行為の無効の訴え」法時82巻12号24頁、稲葉威雄『会社法の解明』706頁〜707頁等。

ている。[126]

なお、合併無効判決が確定した場合、それに関する登記は、裁判所書記官の嘱託によりなされる（会937条3項2号・3号）。

2 吸収分割・新設分割の無効の訴え

(1) 無効原因

会社分割（吸収分割・新設分割）の無効原因は、会社分割手続の瑕疵である。具体的には、吸収分割契約・新設分割計画で定めなければならない事項（会758条、760条、763条、765条）が定められていないこと、吸収分割契約・新設分割計画について法定の要件を満たす株主総会の承認決議（同法783条1項、795条1項、804条1項等）がないこと（承認決議に瑕疵がある場合を含む）、債権者異議手続が履行されていないこと（同法789条、799条、810条）、独占禁止法が定める手続に違反して会社分割がなされたこと（独禁15条の2第2項・3項・4項、10条8項、18条2項）等である。[127]

会社分割において、各分割当事会社は、吸収分割契約・新設分割計画の内容その他法務省令で定める事項を記載した書面（または電磁的記録）を本店に備え置いて株主・会社債権者の閲覧に供しなければならない（会782条1項2号・3項、794条1項・3項、803条1項2号・3項）。したがってこの事前開示書面等の不備置・不実記載は、吸収分割・新設分割の無効の訴えの無効原因となる。

ところで、平成17年会社法制定前の商法旧規定においては、この事前開示書面の中に、「各会社ノ負担スベキ債務ノ履行ノ見込アルコト及其ノ理由ヲ記載シタル書面」（旧商374条ノ2第1項3号、374条ノ18第1項3号）が含まれ

---

125 昭和13年商法改正により合併無効の訴えの規定が設けられて以来、無効請求を認容した裁判例はわずかであるうえ、上場会社を当事会社とする無効判決は皆無であるとされる。受川・前掲（注124）24頁、27頁。
126 受川・前掲（注124）24頁、27頁、稲葉・前掲（注124）706頁〜707頁等。
127 その他、類型別II・760頁〜762頁参照。

ていた。この事前開示書面は、債務履行の見込みのない会社分割は認められない（債務履行の見込みがないことは、会社分割の無効事由となる）という趣旨を示すものであると解されていた。これに対し、会社法は、開示内容を「債務ノ履行ノ見込アルコト及其ノ理由」から「債務の履行の見込みに関する事項」に変えた（会施規183条6号、192条7号、205条7号）。この変更について、会社法立案担当者は、仮に債務の履行の見込みがないというときは、事前開示書面にその旨を記載すれば足り、そのために会社分割が無効となることはない、としており、その考え方を支持する見解もある[129][130]。それに対し、会社法の下でも、債務の履行の見込みがないことは、会社分割の無効原因となるとする見解がある[131]。

(2) 提訴権者（原告）

吸収分割無効の訴えの提訴権（原告適格）を有する者は、吸収分割の効力が生じた日において吸収分割契約をした会社の株主（社員）、取締役、監査役、執行役、清算人であった者、または吸収分割契約をした会社の株主（社員）、取締役、監査役、執行役、清算人、破産管財人もしくは吸収分割につ

---

[128] 原田晃治「会社分割法制の創設について〔中〕」商事1565号11頁、江頭憲治郎『株式会社・有限会社法〔第4版〕』764頁、名古屋地判平成16・10・29判時1881号122頁等。

[129] 相澤哲ほか編著『論点解説新・会社法』674頁。

[130] 川島いづみ「判批」会社法判例百選195頁、大隅健一郎ほか『新会社法概説〔第2版〕』499頁等。

[131] 江頭・841頁、森本滋編『会社法コンメンタール18』305頁〔宮島司〕等。

なお、この見解のように、債務の履行の見込みがないことが会社分割の無効原因となると解したとしても、現実に分割会社の債権者に損害が生じた場合、債権者異議手続の対象でない分割会社の債権者には、無効の訴えの原告適格がない。

そこで、近時、そのような分割会社の債権者を害する濫用的な会社分割に関して、詐害行為取消権（民424条）の行使を認めることにより、あるいは法人格否認の法理により、分割会社の債権者を保護した判例・裁判例がある（前者は、最判平成24・10・12金商1402号16頁等。後者は、福岡地判平成23・2・17判タ1349号177頁等。また、会社法22条1項の類推適用に関して、最判平成20・6・10判タ1275号83頁参照）。これらに関して、難波孝一「会社分割の濫用を巡る諸問題」判タ1337号20頁、森本滋「会社分割制度と債権者保護」金法1923号28頁等参照。

なお、前掲（注79）「会社法制の見直しに関する要綱」第2部　親子会社に関する規律　第5　会社分割等における債権者の保護参照。

いて承認をしなかった債権者である（会828条2項9号）。

　新設分割無効の訴えの提訴権（原告適格）を有する者は、新設分割の効力が生じた日において新設分割をする会社の株主（社員）、取締役、監査役、執行役、清算人であった者、または新設分割をする会社もしくは新設分割により設立する会社の株主（社員）、取締役、監査役、執行役、清算人、破産管財人もしくは新設分割について承認をしなかった債権者である（会828条2項10号）。

　吸収分割・新設分割について承認をしなかった債権者とは、債権者異議手続において異議を述べた債権者[132]と、会社に知れている債権者[133]（異議を述べることができるものに限る）であって会社法上必要な各別の催告を受けなかった者を意味すると解されている[134]。会社分割について承認をしなかった債権者は、自己についての債権者異議手続の瑕疵のみを無効原因として主張できると解されている[135]。

　なお、独占禁止法が定める手続（独禁15条の2第2項・3項・4項、10条8項）に違反する瑕疵については、公正取引委員会に提訴権が認められている（同法18条2項）。

　(3)　被　告

　吸収分割無効の訴えについては、吸収分割契約をした会社である（会834条9号）。

　新設分割無効の訴えについては、新設分割をする会社および新設分割により設立する会社である（会834条10号）。

　(4)　提訴期間

　吸収分割・新設分割の効力が生じた日から6カ月以内に提起しなければな

132　ただし、前掲（注119）参照。
133　ただし、不法行為債権者に対する各別の催告について、江頭・847頁〜848頁参照。
134　類型別II・758頁、東京高判平成23・1・26金商1363号30頁等。また、江頭・858頁参照。なお、この点につき、弥永真生「会社分割無効の訴えの原告適格」商事1936号4頁参照。
135　弥永・前掲（注25）350頁等。

らない（会828条1項9号・10号）。

(5) 無効判決の効力

会社分割を無効とする判決が確定すると、その判決は第三者に対しても効力を有する（会838条。対世効）。会社分割を無効とする確定判決は、その遡及効が否定される（同法839条）。したがって、無効判決が確定するまでに、会社、株主（社員）および第三者の間に生じた法律関係は影響を受けない。その結果、吸収分割の承継会社が会社分割に際し割り当てた株式は将来に向かって無効となり、新設分割の設立会社は解散する（同条カッコ書。清算手続を経ることなく解散する）。この場合、承継会社・設立会社から分割会社に対し交付された株式を無効判決確定前に譲渡により譲り受けた者の保護が問題となる。[136]

財産関係の処理については、分割会社が分割の当時所有していた財産または負担していた債務で承継会社または設立会社に現存するものは、会社分割の無効判決の確定により分割会社に復帰する。これに対し、吸収分割の無効判決が確定すると、吸収分割後に承継会社が負担した債務については各当事会社が連帯して弁済する責任を負い（会843条1項3号）、吸収分割後に承継会社が取得した財産については、各当事会社の共有に属する（同条2項。また、同条3項・4項参照）。また、新設分割の無効判決が確定すると、分割後に設立会社に帰属した財産・債務は分割会社に帰属することになり（同条1項4号・2項ただし書）、共同新設分割の場合には、財産は各分割会社の共有、債務は連帯債務となる（同条1項4号・2項本文。また、843条3項・4項参照）。

会社分割無効判決の効力は、理論的には以上のように整理できる。しかし、会社分割当事会社の規模が大きいほど、無効判決後の実際の処理は困難であり、無効の訴えの制度自体の実効性に限界があることは、合併無効の訴えに

---

[136] 江頭・859頁。また、浜田・前掲（注123）247頁〔山田泰弘〕参照。

ついて述べたこと(本章第5節II 1(5)参照)と同様である。なお、会社分割無効判決が確定した場合、それに関する登記は、裁判所書記官の嘱託によりなされる(会937条3項4号・5号)。

3 株式交換・株式移転の無効の訴え

(1) 無効原因

株式交換・株式移転の無効原因は、株式交換・株式移転手続の瑕疵である。具体的には、株式交換契約・株式移転計画で定めなければならない事項(会768条1項、770条1項、773条1項)が定められていないこと、株式交換契約・株式移転計画等に関する書面等の不備置・不実記載(同法782条1項3号、794条1項、803条1項3号)、株式交換契約・株式移転計画について法定の要件を満たす株主総会の承認決議(同法783条1項、795条1項、804条1項等)がないこと(承認決議に瑕疵がある場合を含む)、債権者異議手続が履行されていないこと(同法789条、799条、810条)等である。[138]

(2) 提訴権者(原告)

株式交換無効の訴えの提訴権(原告適格)を有する者は、株式交換の効力が生じた日において株式交換契約をした会社の株主(社員)、取締役、監査役、執行役、清算人であった者、または株式交換契約をした会社の株主(社員)、取締役、監査役、執行役、清算人、破産管財人もしくは株式交換について承認をしなかった債権者である(会828条2項11号)。株式移転無効の訴えの提訴権(原告適格)を有する者は、株式移転の効力が生じた日において株式移転をする株式会社の株主、取締役、監査役、執行役、清算人であった者、または株式移転により設立する株式会社の株主、取締役、監査役、執行役、清算人である(同項12号)。[139]

---

137 受川・前掲(注124)24頁、稲葉・前掲(注124)706頁〜707頁等参照。なお、吸収分割の無効を認めた裁判例として、東京高判平成21・9・30金法1922号109頁参照。
138 その他、類型別II・736頁〜739頁、747頁〜749頁参照。

(3) 被　告

　株式交換無効の訴えについては、株式交換契約をした会社である（会834条11号）。

　株式移転無効の訴えについては、株式移転をする株式会社および株式移転により設立する株式会社である（会834条12号）。

(4) 提訴期間

　株式交換・株式移転の効力が生じた日から6カ月以内に提起しなければならない（会828条1項11号・12号）。

(5) 無効判決の効力

　株式交換・株式移転を無効とする判決が確定すると、その判決は第三者に対しても効力を有する（会838条。対世効）。株式交換・株式移転を無効とする確定判決は、その遡及効が否定される（同法839条）。したがって、無効判決が確定するまでに、会社、株主（社員）および第三者の間に生じた法律関係は影響を受けない。その結果、株式交換完全親会社（以下、「A社」とする）が株式交換に際し割り当てた株式（以下、「当該A社株式」とする）は将来に向かって無効となり（同条カッコ書）、A社が有する株式交換完全子会社株式は、無効判決の確定時点において当該A社株式の株主である者に対し交付される（同法844条1項）。株式移転の無効の場合、株式移転設立完全親会社（以下、「B社」とする）は、解散に準じて清算され（同法475条3号）、B社が有する株式移転完全子会社株式は、無効判決の確定時点において株式移転に際し発行されたB社株式の株主である者に対し交付される（同法844条1項）。なお、株式交換無効判決・株式移転無効判決が確定した場合、それに関する登記は、裁判所書記官の嘱託によりなされる（同法937条3項6号・7号）。

139　株式移転の場合、破産管財人と債権者が提訴権者とされていないことにつき、江頭・881頁～882頁参照。

Ⅲ　株式会社における資本金の額の減少無効の訴え

　株式会社における資本金の額の減少の無効について、会社法は、組織再編行為の無効の場合と同様、一般原則を修正し、その無効の主張は訴えによらなければならないとしている（会828条1項5号）。資本金の額の減少が無効となる場合にも、その無効は画一的に確定され（同法838条）、かつ無効の遡及効が否定されている（同法839条）。この訴えは、形成の訴えである。

1　無効原因

　無効原因は、資本金の額の減少の手続に関する瑕疵である。具体的には、必要な株主総会決議（会447条1項）がないこと（総会決議に瑕疵がある場合を含む）、債権者異議手続が履行されていないこと（同法449条）等である。

2　提訴権者（原告）

　提訴権者は、当該株式会社の株主、取締役、監査役、執行役、清算人、破産管財人または資本金の額の減少について承認をしなかった債権者である（会828条2項5号）。

3　被　　告

　被告は、当該株式会社である（会834条5号）。

4　提訴期間

　資本金の額の減少の効力が生じた日から6カ月以内に提起しなければならない（会828条1項5号）。

5　判決の効力

資本金の額の減少を無効とする判決が確定すると、その判決は第三者に対しても効力を有する（会838条。対世効）。また、資本金の額の減少を無効とする確定判決は、その遡及効が否定される（同法839条）。なお、株式会社における資本金の額の減少無効判決が確定した場合、それに関する登記は、裁判所書記官の嘱託によりなされる（同法937条1項1号ニ）。

第6節　社債発行会社の弁済等の取消しの訴え

I　社債発行会社の弁済等の取消しの訴えの意義

社債を発行した会社が社債権者に対してした弁済、社債権者との間でした和解その他の社債権者に対してし、または社債権者との間でした行為が著しく不公正であるときは、社債管理者（社債権者集会の決議があるときは、代表社債権者または会社法737条2項・1項ただし書に規定する決議執行者も）は、訴えをもって当該行為の取消しを請求することができる（会865条1項・3項）。この訴えは、社債発行会社が一部の大口債権者に対して抜駆け的に償還した場合等、償還に関する不平等な取扱いから社債権者を保護する（社債権者間の平等の確保）ことを目的とする制度と考えられている。[141]

140　この判決の遡及効の否定の意味について、江頭・641頁参照。
141　上柳克郎ほか編『新版注釈会社法(10)』209頁〜210頁〔山下友信〕、奥島ほか・前掲（注1）435頁〔今井克典〕等。なお、この訴えの法的性質について、奥島ほか・前掲（注1）437頁〔今井克典〕参照。

II　取消しの要件

1　客観的要件

　取消しの対象となるのは、社債発行会社が社債権者に対してした行為、または社債権者との間でした行為である。その行為は、例示されている弁済・和解等、社債の償還または社債の利息の支払に関してなされた行為である[142]。法律行為に限られない。

　取消権は、社債発行会社の行為が著しく不公正である場合に認められる。著しく不公正である場合とは、一部の社債権者だけに対して弁済をした場合や、一部の社債権者との間でのみ有利な内容の和解をした場合等である。

2　主観的要件

　取消権が認められるためには、社債発行会社の行為によって利益を受けた社債権者または転得者が、その行為または転得の時において、社債発行会社の行為が著しく不公正であることについて、悪意でなければならない（会865条4項、民424条1項ただし書）。社債権者または転得者は、自己の善意を証明して取消しを免れることができる（社債権者・転得者に善意の証明責任がある）。社債発行会社の悪意は、取消しの要件とされていない。

142　奥島ほか・前掲（注1）435頁〔今井克典〕。

III　取消権の行使

1　訴えによる行使

取消権は訴えをもって行使されなければならない。詐害行為取消権（民424条1項）が訴えをもって行使されなければならないことに倣ったものとされる。[143]

2　取消しの訴えの当事者

取消しの訴えを提起することができる者（原告）は、社債管理者である（会865条1項。担保付社債については、担保付社債信託法2条2項、35条参照）。社債権者集会の決議があれば、代表社債権者または決議執行者（会737条2項・1項ただし書）も、訴えを提起することができる（同法865条3項）。社債管理者は、取消しの原因となる事実を知った時から6カ月を経過したときは、取消しの訴えを提起することができない（同条2項前段）。社債発行会社の行為の時から1年を経過したときも同様である（同項後段）。代表社債権者または決議執行者は、社債発行会社の行為の時から1年を経過したときは、取消しの訴えを提起することができない（同条3項ただし書）。被告は、社債発行会社の行為の相手方（受益社債権者）または転得者である（同法866条）。

IV　取消しの効果

取消しは、すべての社債権者のために効力を生ずる（会865条4項、民425条）。[144]

---

[143]　上柳ほか・前掲（注141）212頁〔山下友信〕。
[144]　なお、この点に関して、奥島ほか・前掲（注1）436頁〔今井克典〕参照。

V 社債権者の詐害行為取消権との関係

　会社法865条1項の取消しの要件は満たされないが、詐害行為取消権（民424条）の要件が満たされる場合がある。その場合、各社債権者は、詐害行為取消権を行使することができ、また社債管理者も、会社法705条1項の権限に基づいて詐害行為取消権を行使することができると解されている。[145]社債管理者が詐害行為取消しの訴えを提起したときは、各社債権者はそれとは別に取消しの訴えを提起することはできないと考えられている。[146]

　会社法865条1項の取消しの要件も詐害行為取消権（民424条）の要件も満たされる場合、各社債権者が詐害行為取消権を行使できるか否かについては、見解が分かれている。[147]

VI 専属管轄

　取消しの訴え（会865条1項・3項）は、社債発行会社の本店の所在地を管轄する地方裁判所の管轄に専属する（同法867条）。

（戸川成弘）

---

[145]　奥島ほか・前掲（注1）436頁〔今井克典〕。
[146]　奥島ほか・前掲（注1）436頁〔今井克典〕。
[147]　その議論については、奥島ほか・前掲（注1）436頁〜437頁〔今井克典〕参照。

第3章 事前の差止め・仮処分

第1節　会社に関する差止め・仮処分

I　意義・特徴・要件

1　意　義

　会社をめぐる紛争は、迅速な解決を必要とするため、仮処分命令によって決着することが多く、その意味では本案訴訟以上に仮処分の意義は大きい。また、会社法上、明文の規定でもって差止請求が認められる場合には、当該差止請求権を被保全権利（訴訟物たる権利または法律関係）として、差止めを命ずる仮処分を申請することができる。たとえば、後述する募集株式の発行等および募集新株予約権の発行に関する差止請求権（会210条、247条）、取締役・執行役の違法行為差止請求権（同法360条、385条、407条）、略式組織再編行為の差止請求権（同法784条2項）のごとくである。会社法上明文の規定がない場合にも、会社法上の規定の類推その他の構成により、差止請求が認められてよい。このような例としては、株主権または適正な会社事業に基づく妨害排除請求権、違法行為差止請求権を被保全権利として行う株主総会開催禁止・決議禁止、議決権行使禁止などの仮処分、あるいは、競業取引禁止の仮処分などがある。

2　仮処分の類型・会社仮処分の特徴

(1)　仮処分の類型

　仮処分は民事保全手続の1つであり、民事保全法および民事訴訟法（民保7条参照）の規定に従って進められる。仮処分には、「係争物に関する仮処分」と「仮の地位を定める仮処分」とがある（同法23条1項・2項）。平成元年の民事保全法の制定前には、両者は処分の態様の程度の差であって、いわば後者は前者の特則的な関係にあるとの見解もみられたが、[2]民事保全法は、両者の性質を原則的に区別している。[3]会社に関する仮処分の多くは、仮の地位を定める仮処分、さらには本案訴訟の判決確定前に被保全権利について仮の満足を受けさせる満足的仮処分であるといえるが、株券の処分禁止の仮処分などは、係争物に関する仮処分である。なお、民事保全法の立法にあたっては、法人における職務執行停止の仮処分等の登記の嘱託について、統一的な規定がおかれることとなった（同法56条）。[4]

(2)　会社仮処分の特徴

(ア)　仮処分の本案付随性・暫定性要件の充足

　会社仮処分については、とりわけそれが満足的仮処分である場合、本案判決によって終局的な満足を得る法律上の地位が仮処分によって実現され、いったん実現されてしまうと将来原状回復が困難であることが少なくない。そのことと仮処分の本案付随性および暫定性の要件との関係については一考を要する。

　仮処分により形成された仮の地位の法律的な効力は、あくまでも暫定的・

---

[1]　新谷勝『会社訴訟・仮処分の理論と実務〔第2版〕』527頁。競業取引禁止につき、315頁参照。
[2]　たとえば、山木戸克己「満足的仮処分」（吉川大二郎博士還暦記念・保全処分の体系（下巻））811頁。
[3]　瀬木比呂志監修『エッセンシャル・コンメンタール民事保全法』183頁〔柴田義明〕。
[4]　民事保全法第3節に規定され、仮処分の執行と位置づけられる。なお、会社に関する嘱託登記の実体法上の根拠は、会社法917条にある。

仮定的なものにとどまるから、仮処分の本案付随性・暫定性の要件とは矛盾しないと考えられる。仮処分債権者が仮処分発令後本案訴訟において敗訴しても、当該仮処分命令により形成された仮の地位は原状回復不能であるという指摘がなされるが[5]、仮処分債務者が損害賠償請求等の方法により別途法律上回復を求めうる構成を検討すべきである[6]。本案訴訟の提起は予定されていればよく、必ず本案訴訟を提起し判決を得なければ、仮処分における本案付随性の要件を満たさないというわけではない。もっとも、第2次世界大戦後仮の地位を定める仮処分申請事件が急増していることに鑑みれば[7]、仮処分命令の発令にあたって、慎重な判断がなされるべきことはいうまでもない。

　会社仮処分の多くを占める仮の地位を定める仮処分では、仮処分の内容と本案の権利関係が厳密に一致することまでは要求されない。当該仮処分は、本案の執行を保全するのではなく、係争権利関係について現在の債権者の危険を防御するための暫定的な調整を目的とするからである[8]。したがって、仮処分命令の債務者が、本案訴訟における被告と一致する必要もない。この点については、後述する種々の会社仮処分命令手続において、当事者の範囲の画定に際し顧慮することとする。

　　(イ)　仮の地位を定める仮処分の特別訴訟化

　民事保全法の制定前には、仮の地位を定める仮処分命令手続について、仮処分の本案化という問題提起がなされていた。すなわち、同仮処分命令手続にあっては、本案訴訟と同様の審理が行われ、審理が長期化している現象が生じていた[9]。

5　長谷部茂吉「議決権の行使停止または行使許容の仮処分に対する疑問」(鈴木忠一ほか編・会社と訴訟(上) 264頁〜265頁。
6　新谷・前掲（注1）52頁。
7　長谷部・前掲（注5）264頁。
8　新谷・前掲（注1）52頁。
9　たとえば、沢栄三「仮処分の本案化」(同・保全訴訟研究——仮の地位を定める仮処分を中心として——) 1頁以下。

Ⅰ 意義・特徴・要件

　近時は、同仮処分命令手続が紛争解決のための第1次的手続として選択され、仮処分命令手続によって審理が尽くされた事件について、当事者が本案訴訟を提起する例が少なくなっている現象、すなわち、仮の地位を定める仮処分の特別訴訟化（本案代替化）の指摘がなされるに至っている。[10]この問題へは、仮処分手続の充実性の確保でもって対応する必要がある。[11]会社仮処分においては、特にこの傾向が強く、たとえば、本案訴訟に提訴期間の制限がある場合には、仮処分命令の発令後に本案の権利自体が消滅してしまい、本案訴訟の提起ができなくなるとともに、仮処分の効力が失われることが多い。この場合には、仮処分の取消し（民保27条等）や本案の起訴命令（同法37条1項）は実質的意味をもたず、本案代替化が顕著である。

3　要　件

　保全命令の要件は、被保全権利の存在および保全の必要性であり（民保13条）、また、その被保全権利の終局的確定を目的とする本案訴訟の提起が可能でなければならない（同法1条参照）。

　係争物に関する仮処分命令における「被保全権利」は、物権的請求権であると債権的請求権であるとを問わず、係争物に対する給付を目的とする請求権であり、かつ、同仮処分は将来の強制執行における権利を保全するためのものであるから、強制執行に適する請求権であることが必要である。[12]係争物に関する仮処分命令における「保全の必要性」とは、その現状の変更により、債権者が権利を実現することができなくなるおそれがあるとき、または、権利を実行するのに著しい困難を生じるおそれがあるときに保全命令が発せられることから（民保23条1項）、現状の変更により強制執行の不能または著しい困難のおそれがあることが、保全の必要性であると説明される。[13]

10　たとえば、座談会「仮の地位を定める仮処分の特別訴訟化」判タ1172号4頁以下。
11　詳細については、瀬木比呂志『民事保全法〔第3版〕』44頁〜63頁。
12　瀬木・前掲（注3）187頁〔柴田義明〕。

65

他方、仮の地位を定める仮処分命令における「被保全権利」とは、民事訴訟の本案で問題となるものである限り、その種類・性質を問わないが、実体法上権利関係として観念しうるものでなければならない。会社関係の争いにあっては、会社支配権のような必ずしも経済的利益を意味しない権利を被保全権利とすることの意義は大きい。また、争いがある権利関係について債権者に生じる著しい損害または急迫の危険を避けるために必要とする（民保23条2項）のが、同仮処分における保全の必要性である。「著しい損害」とは、仮処分命令により、債務者の被る損害ないし不利益と比較して債権者の受ける利益が大きいことであるが、必ずしも経済的な損害に限られない。他方、「急迫の危険」とは、債権者の地位に生ずる危険であり、会社をめぐる争いにおいては、株主たる地位や利益が不当に奪われる場合や議決権割合が希釈される場合がこれにあたると考えられる[15]。

II　仮処分命令手続

1　当事者

原則として、仮処分における被保全権利は、本案の権利関係であり、仮処分の債権者は本案の原告であり、債務者は本案の被告である。したがって、本案の当事者適格がない者による仮処分の申請は、適格性および被保全利益を欠く仮処分申請となり、却下される[16]。

もっとも、上述したように、仮の地位を定める仮処分においては、本案の被告でない者を債務者とせざるを得ない場合がある（本案訴訟の当事者でな

13　瀬木・前掲（注3）188頁〔柴田義明〕。
14　瀬木・前掲（注3）191頁〔柴田義明〕。
15　新谷・前掲（注1）50頁〜51頁。
16　新谷・前掲（注1）55頁。

い者に仮処分の当事者適格を認めたものとして、たとえば、大判大正13・9・26民集3巻11号470頁)。このような例外的取扱いを認めざるを得ない会社仮処分手続については、個別の仮処分に関する箇所で後述することとする。

2 申請時期

先述したように、保全命令の必要性は、争いがある権利関係について債権者に生じる著しい損害または急迫の危険を避けることにあり、本案判決の確定を待てない場合に申請される。

本案に提訴期間の定めがある場合には、仮処分命令もその期間内に申請し発令されないと、当該期間の経過に伴って本案の権利が消滅してしまい、仮処分の被保全権利も消滅する。たとえば、取締役等の職務執行停止仮処分命令は、本案の終局判決に至るまで効力を有するが、会社仮処分の多くは差止仮処分であり、この場合には一定の期日が経過することによって被保全権利である差止請求権自体が消滅する。一定の期日までに仮処分命令の申請を行うことが必要であり、この期日を経過すると、仮処分申請も本案訴訟の提起もできなくなる。また、発令された仮処分に対する保全異議（民保26条)、保全抗告（同法41条）なども、当該期日までに行わなければならない。

3 裁判管轄

民事保全手続の裁判管轄は、専属管轄であり（民保6条。民事保全手続に関しては民事訴訟法の規定が準用される（同法7条))、本案の管轄裁判所が保全手続の管轄裁判所となる。会社の組織に関する訴えを本案とする場合には、被告会社の本店所在地を管轄する地方裁判所の専属管轄となる（会835条1項)。

管轄権がない裁判所に保全命令の申立てがあった場合には、裁判所は管轄裁判所へ決定をもって移送しなければならない（民保7条、民訴16条1項)。管轄がない裁判所が移送することなく仮処分命令を発令した場合には、当該

命令は管轄違いを理由として取り消される（民訴299条、312条2項3号）。[17]

4 審尋

保全手続に関する裁判は、口頭弁論を経ずに行うことができ、この場合には決定手続に従う（民保3条、23条4項、民訴87条1項ただし書）。もっとも、仮の地位を定める仮処分命令については、口頭弁論または債務者がこれに立ち会うことができる審尋の期日を経なければ、発することができない（民保23条4項）、とされているので、少なくとも審尋の手続は要する。仮の地位を定める仮処分は、債務者に重大な影響を与える場合があり、また、一般に密行性に乏しいことから、原則として発令前に債務者に対する審尋を必要としたもので、民事保全法の立法にあたり、国会における審議中に加えられたものである。[18]もっとも、期日を経ることにより仮処分の目的を達することができない事情がある場合には、債務者の意見を聴取せずに仮処分命令を発することができる。すなわち、①呼出しを行うと債務者が侵害行為をする蓋然性が高く、被保全権利との関係で、債務者の事前の行為により仮処分命令の目的を達することができなくなる場合、②債権者に重大な危険が切迫していて、審尋の期日を経ていたのでは時間的に債権者の危険が現実化してしまう場合、などである。[19]

審尋期日は、通常、申立日から1週間ないし10日先に指定される。[20]

裁判所は、審尋時に、当事者や参考人から事情を聴取する（民保30条）。もっとも、審尋の結果については、原則として調書は作成されないので（民保規8条1項本文）、実務的には、当事者や参考人が審尋の際に陳述したことを証拠として保存しておきたい場合には、裁判長に審尋調書の作成を促し、

---

17 瀬木・前掲（注3）65頁～66頁〔山口浩司〕。
18 山崎潮『新民事保全法の解説〔増補改訂版〕』168頁～169頁。
19 山崎・前掲（注18）170頁～171頁。
20 山田隆夫「職務執行停止・職務代行者選任仮処分」（家近正直編・現代裁判法大系(17)会社法）250頁。

あるいは、陳述書を作成して疎明資料として裁判所に提出する必要がある。[21]

5 疎　明

　民事保全手続においては、被保全権利およびそれに対する侵害行為、並びに、保全の必要性を疎明しなければならない。これは、立証を要する事由ごとに申立書に記載し（民保13条2項、民保規13条2項）、被保全権利と保全の必要性とを疎明する必要がある。被保全権利については、本案訴訟における請求が認められる蓋然性を疎明し[22]、保全の必要性については、本案訴訟の判決確定を待っていたのでは、回復困難な損害が発生することを疎明しなければならない。[23]抽象的・一般的な保全の必要性ではなく、個々の事案ごとに権利の実現が図られ得ないおそれを疎明することとなろうから、実際には、保全の必要性は被保全権利の存在と不可分一体に主張・立証される。[24]このことは、特に差止仮処分型の会社仮処分にあてはまり、このような仮処分手続では、被保全権利が疎明された場合には、保全の必要性も認められるものと思われる。[25]

6　担保の提供

　実務においては、仮処分命令発令のための担保（民保14条）が立てられる。当該担保は、違法・不当な仮処分命令の申請によって仮処分債務者が被る可能性がある損害を担保するために、あらかじめ裁判所が債権者に対して提供することを命じるものである。仮処分債務者は、債権者に対して取得する損害賠償請求権について、優先弁済権（同法4条2項、民訴77条）を有する。[26]

21　山田・前掲（注20）250頁。
22　瀬木・前掲（注11）240頁。
23　瀬木・前掲（注11）242頁以下。
24　瀬木・前掲（注11）243頁。
25　新谷・前掲（注1）58頁。
26　瀬木・前掲（注11）94頁。

7　和解・取下げ

　保全命令手続においても和解は可能である。民事保全法制定前から、学説は、暫定的和解のみならず、本案の訴訟物についての和解や関連する紛争についての和解も可能であるとの理解で一致をみていた。和解に関する民事訴訟法の規定（民訴89条等）は、民事保全手続にも、全面的に適用される。[27]

　保全命令には既判力がなく、また、決定手続によるので判決手続における訴えの取下げと同列に解する必要もなく、他方、債務者への手続的保障の要請はそれほど高いものではない点などを考慮し、保全異議・取消しの申立てがあった後でも保全命令の申立ての取下げには同意を要しないとされている（民保18条）。保全抗告や保全命令手続における裁判が確定した段階でも同意なく取下げをなしうると解されている。[28]

III　効力・執行・取消し

1　仮処分命令および仮処分命令違反の行為の効力

　仮処分命令の効力は、仮処分手続の当事者間にとどまらず、第三者に対する関係においても効力を有する。[29]

　仮処分命令は、問題のある特定の行為を差し止めるのであるが、それは不作為命令として、債務者に対して単純不作為義務を課すにすぎない。したがって、仮処分命令違反の行為をしたとしても義務違反の責任が生ずるにとどまり、行為の効力には影響しないとの立場が多数説である。もっとも、後述するように、仮の地位を定める仮処分にあっては、仮処分命令が発せられ、

---

[27]　瀬木・前掲（注11）275頁。
[28]　瀬木・前掲（注11）233頁。
[29]　松田二郎＝鈴木忠一『條解株式会社法(上)』327頁。

債務者に送達されると、債務者に当該行為をなし得ない、あるいは、職務権限が停止する等の仮の地位が形成されると考えられる。その形成力に積極的な意味づけをするならば、単純不作為義務を課す以上の効力が認められるべきであり、仮処分命令違反の行為は無効または不存在とするような構成が望ましいであろう[30]。

仮処分命令違反の行為の効力について、会社法上個別に規定がおかれているのは、取締役等の職務執行停止仮処分に伴う職務代行者選任仮処分命令によって選任された職務代行者の権限外の行為についてのみである（会352条2項。後述第3節参照）。その他の場合には、多数説の見解をとるにせよ、仮処分命令により積極的意味づけをするにせよ、上記一般論があてはまることになる。

2 仮処分の執行と取消し

会社仮処分の執行は、保全執行手続による（民保第3章）。したがって、仮処分の執行期間は、保全命令の送達後2週間以内となる（同法43条2項）。保全命令に表示された当事者に対しては、保全命令の正本に基づき執行手続が遂行されるので、執行文の付与を受ける必要はない（同条1項・2項）。

不作為を目的とする仮処分の場合には、狭義の執行を予定していないので、債務者に保全命令の正本が送達されることによって、執行がなされたものとして債務者に対し拘束力が生じ、法律上その内容が実現されるので、執行の問題は生じない[31]。

仮処分命令に対し、仮処分債務者は保全異議（民保26条）・保全抗告（同法41条）によって争い、仮処分の取消しを求めることができる。また、仮処分命令後、一定の日時の経過により被保全権利が消失した場合、仮処分の実質的効力は失われることとなるが、一定の日時にさかのぼって失われるのでは

---

30 新谷・前掲（注1）531頁〜532頁。
31 新谷・前掲（注1）60頁。

なく将来に向かって失われることとなる。実質的効力は失われるものの、仮処分自体は形式的には残るので、仮処分を取り消すためには、事情変更による仮処分命令の取消しの申立てが必要になる（同法38条1項）。このような場合には、債権者に対し本案の起訴命令を出すべきではなかろう。[32]

3 会社仮処分手続の利用状況

仮処分事件のうち、実務上、取締役等の職務執行停止・職務代行者選任仮処分申請事件が最も多く、また、募集株式発行差止めの仮処分申請事件、議決権停止の仮処分申請事件、株券処分禁止の仮処分申請事件も比較的多い。次いで、取締役の違法行為差止めの仮処分申請事件、株主総会開催（招集）禁止の仮処分申請事件、株主名簿書換禁止の仮処分申請事件、および帳簿閲覧の仮処分申請事件も散見されるようである。これらのうち、株券の処分禁止、株主名簿書換え、および、帳簿等の閲覧請求に関する手続の説明は、本書第6章および第7章に譲る。[33]

第2節　株主総会

I　株主総会開催禁止・決議禁止の仮処分

1　意義

株主総会開催禁止・決議禁止（「停止」という語が用いられることもあるが、

---

[32] 松浦馨「満足的仮処分と本案訴訟」（吉川大二郎博士追悼論集・手続法の理論と実践(下) 568頁〜569頁、574頁〜575頁。
[33] 山口和男『会社訴訟・非訟の実務〔三訂版〕』48頁〜49頁。

本章では「禁止」で統一することとする）の仮処分は、後述する議決権行使禁止・許容の仮処分や決議の効力停止の仮処分と並んで、中小同族会社において経営権争奪に直接かかわる取締役の選任・解任を目的とする株主総会に関して申請されることが多い。株主総会の開催を認めたうえで決議のすべての禁止を求めるのであれば、総会の開催そのものの禁止を求める株主総会開催禁止の仮処分によったほうが合理的である。したがって、株主総会決議禁止の仮処分は、もっぱら決議の一部について阻止する場合に利用される。[34] いずれも、特定の株主総会および特定の決議に関する仮処分であって、一般的に株主総会の開催や株主総会における決議を禁止するものではない。

　株主総会開催禁止に関する仮処分事例は、昭和25年の商法改正による取締役会制度の導入に伴い、株主総会が原則として取締役会の決定に基づき代表取締役によって招集されることとなったこともあって、とりわけ第2次世界大戦後に減少したとされる（昭和25年改正商法261条、同改正前商法231条、235条、236条参照）。[35] 株主総会の決議がなされた後に、決議取消し（会831条）、無効（同法830条2項）、または不存在（同条1項）の訴えを本案訴訟として（なお、決議取消し、無効、および、不存在訴訟については、本書第2章参照）、その決議の執行の停止を求める仮処分申請（後述本節Ⅲ参照）やその決議によって選任された取締役（やさらにその後の取締役会決議により選定された代表取締役や、委員会設置会社における執行役）の職務執行停止・職務代行者選任を求める仮処分申請（後述第3節参照。同法352条、420条3項）の方法によることができるので、招集通知期間が短い（同法299条1項参照）株主総会について事前的手段を講じることの実益がそもそもそれほど大きくないこともその背景として指摘されよう。上述のように、会社に関する仮処分申請事件として最も多いのは、取締役等の職務執行停止・職務代行者選任に関するも

34　新谷・前掲（注1）168頁～169頁。
35　宮脇幸彦「株主総会開催停止の仮処分」（村松敏夫裁判官還暦記念論文集・仮処分の研究（下巻）各論）187頁。

のである。株主総会決議は取締役の選任・解任に限られるものではないが、本節で扱う仮処分の実際的な機能に目を転じる限り、その多くは取締役の職務執行停止・職務代行者選任の仮処分によって代替されていると考えられる。

　株主総会の開催そのものの禁止を求める仮処分に関しては、その許容性について消極的な見解がある。この見解は、本案を株主総会決議取消しの訴えとする場合、決議がなされる前に株主総会開催禁止の仮処分を認めることは、仮処分の目的を超えること（大阪高判昭和38・5・29判時342号16頁、東京高判昭和62・12・23判タ685号253頁）、また、株主総会の開催を禁止しなくても、決議の禁止または決議の効力の停止の仮処分申請で足りること、などを論拠とする。いずれにせよ、被保全権利を決議取消請求権などに求めることは妥当ではなかろう。

2　被保全権利

　株主総会開催禁止・決議禁止の仮処分は、決議の瑕疵を争う訴訟の判決確定を待てない場合に、決議を事前に阻止する目的で申請される。したがって、仮処分が必要とされるのは、株主総会を開催し決議がなされれば、当該決議に取消事由や無効事由が認められることとなる場合である。被保全権利については必ずしも明確ではないものの、①株主の違法行為差止請求権（会360条）またはその類推によるとする説（取締役以外の者が招集する株主総会については類推となる）、②代表取締役が招集する場合には株主の違法行為差止請求権であるが、代表取締役以外の者が招集する場合には、本来の招集権者の妨害排除請求権とする説、および、③株主の違法行為差止請求権の類推および本来の招集権者の妨害排除請求権の双方とする説がある。①が多数説であるが、実務は、①または③によっている。監査役または委員会設置会社における監査委員が申し立てる場合には、会社法385条の差止請求権を被保全権

36　長谷部幸弥「株主総会をめぐる仮処分——開催・決議・議決権行使禁止——」（門口正人編・新・裁判実務大系(11)会社訴訟・商事仮処分・商事非訟）229頁。

利とすることとなる。

　保全の必要性は、違法または不当な決議がなされることにより、株主等に重大な損害または不利益が生じるおそれがあり（決議の重要性）、後に決議の瑕疵を争ったのでは目的を達し得ないという緊急性があることである[38]。これらの仮処分は、満足的仮処分であり、加えて、会社や株主に与える影響が大きいため、保全の必要性に関しては慎重に判断されるべきである[39]。

3　当事者

　被保全権利について株主による違法行為差止請求権またはその類推の構成によった場合、公開会社においては6カ月前から引き続き株式を保有する株主が、非公開会社においては株主が、仮処分債権者となる（会360条1項・2項）。他方、仮処分債務者は、被保全権利との関係では、当該株主総会を招集し決議を成立させようとしている者となろうが、これに会社を加えるべきか、さらに、会社のみを債務者とすべきかという議論がある。学説上は、どちらか一方のみを債務者とすべきと解するもの、両者を債務者とすべきと解するもの、すべての組合せ（すなわち、3通りの学説）がある。両者債務者説は、会社の仮処分当事者能力を前提に、本仮処分により招集権者の権限が一時的にせよ剥奪され、招集権者と会社との法律関係に変更が加えられるので、手続的保障の観点から、両者を債務者とすべきと説く。株主総会決議の効力が会社に生じることを考えれば、両者を債務者とすべきであろう。既述のように、本案訴訟の当事者と仮処分の当事者とは必ずしも一致する必要はない。

　本来の招集権者による妨害排除請求権を被保全権利とすると、この場合の仮処分債権者は本来の招集権者であり、債務者は、本来の招集権者でないの

37　長谷部・前掲（注36）229頁。
38　新谷・前掲（注1）171頁。
39　したがって、他の類型の仮処分に比して、高度の保全の必要性が要求される（長谷部・前掲（注36）230頁）。

に当該株主総会を招集し決議を成立させようとしている者となる。この場合も、仮処分債務者に会社を加えることができると解する。

4 手続上の問題

株主総会開催禁止・決議禁止の仮処分申請は、株主総会の招集手続が開始されてからなされるので、総会期日までに時間がないことが多い。とはいえ、仮処分命令が発令された場合、債務者が保全異議によって開催予定日までにその是正を図ることは事実上困難であるので、仮処分の当否の判断は慎重になされる必要がある。

仮処分命令が発令されると総会期日まで事実上取消しができないため、疎明の程度にもよるが、担保の金額は一般に高額になりがちである。担保の金額は、予定されていた株主総会が開催できないことにより事業経営上生じうる損害額も考慮したうえで決定される。[40]

5 仮処分命令に違反して開催・決議された場合

仮処分命令違反の行為の効力に関する議論として、仮処分命令は取締役等に不作為義務を課すにすぎず、したがって、当該行為の効力に影響を及ぼすものではないとの見解が多数であることを既述した。株主総会開催禁止・決議禁止の仮処分は、債務者の総会開催権限を一時的に剥奪する形成的効果を有し、その効果は債務者以外の者との関係でも生じるとする見解も有力に主張されている。[41]この見解によれば、株主総会開催禁止の仮処分命令に違反して当該総会が開催された場合には、当該総会におけるすべての決議は招集権限のない者によってなされたものとして不存在となり、また、決議禁止の仮処分命令に違反して当該決議がなされた場合にも同様に、当該決議は不存在となると解される。[42]

---

40 新谷・前掲（注1）172頁。
41 長谷部・前掲（注36）232頁。

II　議決権行使禁止・行使許容の仮処分

1　意　義

　上述したように、議決権行使禁止・許容の仮処分命令は、中小同族会社において、株主権の帰属に争いがあり、経営権の掌握に直結する取締役の選任または解任に関する株主総会の開催に絡んで申請されることが多い。そもそも株式の払込みが見せ金や会社資金で行われ、経営権の移転を目的として株式が譲渡されるも株主名簿さえないという会社では、株式の帰属をめぐる争いが伏在する。それが顕在すると、株主権争いの対象となっている株式について、相手方の議決権の行使を禁止する旨の仮処分、あるいは、自己の議決権を行使することを許容する旨の仮処分が申請されることとなる。[43]

　議決権行使禁止の仮処分は、仮処分債権者を議決権行使者と定めるものではないため、会社は当該仮処分命令によって当然に仮処分債権者の議決権の行使を許容すべく拘束を受けることにはならない。[44]したがって、仮処分債権者は自らの議決権について、別途、必要に応じてその行使許容の仮処分申請をしなければならず、他方、裁判所もまた、当該仮処分の必要を認めるときには、仮処分命令を発しなければならない。[45]いずれにせよ、株主総会開催禁止・決議禁止の仮処分におけると同様に、本仮処分についても、株主総会の招集手続が開始された後株主総会開催予定日までの間に申し立てられ、上述

42　商事関係訴訟・69頁。両仮処分に違反してなされた決議は無効との見解もある。一応、株主総会の決議も法律上は存在するため、不存在と評価し得ないということであると思われるが、他方、決議内容の法令違反と構成することも困難なのではないかと思われる。
43　長谷部・前掲（注5）259頁。
44　なお、この点について、停止と許容は表裏一体をなすゆえ、被申請人の議決権行使を停止することは、申請人の議決権行使を認めるものであり、特に許容の裁判を得るまでもないとする見解がある。西迪雄「議決権行使停止の仮処分」（村松俊夫裁判官還暦記念論文集・仮処分の研究（下巻）各論）209頁。

のとおり、審尋を経たうえで判断される（民保23条4項）。

　取締役の選任・解任に関する株主総会において当該決議を阻止すべく議決権行使禁止の仮処分申請がなされることが多いとすれば、当該仮処分申請は現状維持を目的とし（当該決議が否決されれば多くの場合現任者が引き続き取締役としての地位を有することとなる（会346条参照））、したがって、仮処分という暫定的手続によって権利の創設を図るのではなく、同様の目的が達成されうる他の手段、たとえば、株主総会開催禁止の仮処分申請によって株主総会の開催を延期させるべきであるとの見解がある。[46] そのこと自体は、この種の仮処分における保全の必要性を慎重に審理すべきという議論にはなっても、仮処分自体を否定する論拠とはならないように思われるが、本仮処分が株主名簿上の株主ではない者に議決権行使を認め、その者の議決権行使によって選任された取締役等は本案（被保全権利について後述2参照）で債権者が敗訴し仮処分が取り消されたとしてもその地位を剥奪されることはないため（その地位の剥奪には別途決議取消判決などを得る必要があるが、本案敗訴後には提訴期間を経過してしまっているという問題がある）、本仮処分固有の許容性に関する困難な問題をはらんでいることは疑いない。

　株式の発行手続に瑕疵があり株式の成否そのものに争いがある場合にも、議決権行使禁止の仮処分申請がなされる。この場合には、株式の成立そのものに争いがあるので、当該株式の議決権については定足数にも含めないこととなろう。また、会社法によって基準日後株主の議決権行使に関する明文の規定が創設されたが（会124条4項）、そのこととの関連において生じうる議決権行使禁止・許容の仮処分申請の問題については後述する（後述5参照）。

45　もっとも、実際には、仮処分債務者の議決権行使が禁止されれば、会社は仮処分債権者の議決権行使を認めるものと思われるので（とりわけ、譲渡当事者間で株主権の帰属に争いがある場合）、仮処分債権者からの議決権行使許容の仮処分申請にまで至らないことが多いであろう（長谷部・前掲（注5）272頁）。

46　長谷部・（注5）275頁。

2 被保全権利

　議決権行使禁止の仮処分の被保全権利は、株主権の帰属をめぐる争いがある場合と株式の成否をめぐる争いがある場合とでは、異なると考えられる。すなわち、前者では、株主権に基づく議決権行使の妨害排除請求、他方、後者では、株主権不存在確認請求権と考えられる。株式発行等無効の訴えが本案となりうるかについては、争いがある。すなわち、株式発行等無効の訴えには遡及効がない（会839条）点を根拠に消極的に解するものと、仮処分によって議決権を行使し得ない状態を一時的に形成するにすぎないとして積極的に解するものがある。実務上は、株式発行等無効の訴えを本案とする仮処分申請も認められているようである。[47]

　議決権行使許容の仮処分の被保全権利は、株主権に基づく議決権行使の妨害排除請求権および名義書換請求権である。

3 当事者

　議決権行使禁止・行使許容の仮処分における当事者については、当該仮処分申請の背後にある争いによって異なる。株主権の帰属に争いがある場合の仮処分債権者は、実質株主である。債務者となるのは、当該株式について株主名簿上に株主として記載・記録された者である。本仮処分についても、会社を債務者として加えるべきかという問題がある。会社が債権者の株主たる地位を争っている場合にはもちろんのこと、さらに、株主名簿を管理するのは会社（または会社が定める株主名簿管理人）であり、議決権行使の帰すうは最終的には会社に委ねられるといえることから、会社が債権者に株主権の帰属を認めている場合にも、実効性の観点から会社を債務者としてよいと考える。

---

[47] 商事関係訴訟・70頁。

募集株式が発行され募集株式の引受人から払込みがなされたか否かについて争いがある場合には、債権者は株主（旧株主と当該募集株式の発行等により新たに株主となった者のうち当該争いのある株式以外の株主）であり、債務者は当該争いがある株式について新たに株主となった者である。この場合も、上記と同様の考慮により、会社を債務者としてよいと考える。

株式発行等の効力について争いがある場合には、債権者は、株式発行等無効の訴えの当事者適格を有する者、すなわち、株主、取締役、または監査役であり（会828条1項2号・3号、829条参照）、債務者は会社である（会834条2号・3号・13号参照）。債務者に、株式発行等により新たに株主となった者をも加えうるかが問題となる。このような場合、株式発行等無効の訴えには遡及効がないため（会839条）、株式発行等により新たに株主となった者は債務者とすべきでないとする見解が有力である。[48]

会社が債権者の株主たる地位を争い、債権者が被保全権利を名義書換請求権として、自己に対する議決権行使許容の仮処分命令を申し立てる場合には、債務者は会社のみとすべきと考える。[49]

4　疎　明

株主権の帰属に争いがある場合には、債権者は自己の株主権の存在を疎明しなければならない。これは、当事者間での争いであれば、譲渡契約と株券発行会社では株券により主張するが、会社に対しては、会社の過失や不当拒絶による名義書換えの遺漏・拒絶がない限り、原則として株主名簿への記載（会130条）がなければ主張できない。

保全の必要性として、非株主が議決権を行使し、または自己が議決権を行使できないことにより回復しがたい損害を生じ、本案判決を待てない緊急性があることを疎明することが必要である。回復しがたい損害の存否は、議決

48　長谷部・前掲（注36）234頁。
49　商事関係訴訟・71頁。

権行使がなされる決議の会社や株主に対する影響の重大性などを考慮して、判断される。たとえば、会社の経営権の変動や事業譲渡・合併・解散等の場合には、原則として保全の必要性があると解される[50]。

議決権行使許容の仮処分に関しては、債権者の欲する内容の議案の可決を可能にするという、より積極的な現状変更効果を伴うことがあるので、より高度の保全の必要性が要求される[51]。

5 基準日後株主の議決権行使に関する問題

基準日後株主の議決権行使に関して、会社法は明文規定を設け、原則として基準日後株主の権利行使を認めない旨、および当該権利が株主総会等における議決権である場合、会社は任意で基準日後株主の議決権行使を認めうる旨を定めた（会124条1項・4項）。この改正は、基準日後に第三者割当増資がなされ、当該割当新株に関する議決権行使の差止仮処分申請が予備的になされたベルシステム24事件（東京高決平成16・8・4金商1201号4頁）を意識してなされたとされる[52]。

会社が議決権を行使しうる基準日後株主を選べるとしても、それが恣意的になされる場合には、議決権行使禁止の仮処分を申請することが許されるべきであろう。会社が基準日後株主に議決権を行使させる場合の多くは、支配権争奪の局面において、買収者の議決権割合を希釈する目的で、基準日後に買収者以外の株主や第三者に株式を割当て等し、あるいは、新株予約権を割当て・行使させる場合である。そのような目的での基準日後株主の議決権行使に関して、基準日株主、とりわけ、買収者は、募集株式発行等ないし募集新株予約権発行の差止請求権ではなく、株主権に基づく妨害排除請求権を被

---

50 長谷部・前掲（注36）234頁～235頁。
51 長谷部・前掲（注36）255頁。
52 「実務上の強い要請から新設された」ものである（相澤哲編著『立案担当者による新・会社法の解説』（別冊商事法務295号）31頁。当該事例については、久保利英明『株式会社の原点』38頁～39頁、134頁以下。

保全権利として、本仮処分命令を申し立てうると解する。[53]募集株式・募集新株予約権の発行ないし自己株式の処分が効力を生じたことを前提になされる仮処分である点で、募集株式発行等・募集新株予約権の発行の差止請求権を被保全権利としてなされる募集株式発行等・募集新株予約権発行差止仮処分とは異なる。

6 仮処分違反の議決権行使

　議決権行使禁止の仮処分命令に違反して議決権が行使された場合、当該議決権行使は議決権を行使し得ない者による議決権行使（会社の不作為義務違反）にあたり、決議方法の法令違反と評価しうるので、当該決議には取消事由があると考えられる。他方、議決権行使許容の仮処分命令に違反して会社が仮処分債権者に議決権行使をさせないまま決議が成立した場合、当該決議も、決議方法の法令違反として、やはり取り消しうると考える。

　仮処分命令が出され、当該仮処分に従って決議がなされた後、仮処分命令が取り消された場合、そのことは当該決議の効力にどのような影響を及ぼしうるかという問題がある。仮処分命令が取り消されると、本来議決権を行使しうる者に議決権を行使させなかった、あるいは、逆に本来議決権を行使し得ない者に議決権を行使させたことになる。この点に関する立場の違いは、仮処分の本案付随性をどの程度厳格に解するかによるものと思われるが、決議後に仮処分決定が取り消されても、当該仮処分決定の効力が遡及的に失われるわけではないので、当該決議に取消事由はないと考える。[54]他方、本案において仮処分債権者が敗訴するような場合、仮処分の効力が本案判決によっ

---

[53] 会社法124条4項ただし書は、「当該株式の基準日株主の権利を害することができない」と定め、譲渡による取得を念頭において基準日株主の利益との調整を図っているように読める。だからといって、基準日後の第三者割当増資等に伴う新株主の議決権行使を無制限に認めてよいということにはならないであろう。

[54] 大隅健一郎「株主権にもとづく仮処分」（吉川大二郎博士還暦記念・保全処分の体系（下巻））652頁。

ても左右されないのは妥当でないと解すれば、本案判決に従い、当該決議には決議方法の法令違反があるということになろう。[55]

III　株主総会決議の効力停止の仮処分

　株主総会の決議はなされたが、その決議に無効または取消しの瑕疵があり、あるいは、決議が事実上または法律上不存在と評価され、これらに関する訴えの提起と判決を待てない緊急性がある場合には、仮処分命令により直ちに当該株主総会決議の効力を停止させる必要が生じる。
　この種の仮処分も、株主・監査役・監査委員の違法行為差止請求権または被保全権利を株主権に基づく妨害排除請求権として認められうると解するが、特定の株主総会決議の執行を停止させるものであるため、当該決議の性質上、執行の余地のないものについて、申し立てることはできない。決議の内容に応じ、役員等の選任・解任決議であれば、次節で述べる取締役等の職務執行停止・職務代行者選任の仮処分、あるいは、当該決議に基づく業務執行者による業務執行であれば、本章第5節で後述する違法行為差止仮処分の形をとることになろう。

IV　株主総会における委任状勧誘と差止め

　最後に、株主総会に関する問題として、委任状勧誘規制違反への事前的救済の可否の問題にも簡単に触れておこう。上場会社については、株主総会の招集通知に際し、委任状勧誘規制（金商194条、同法施行令36条の2〜36条の6、上場株式の議決権の代理行使の勧誘に関する内閣府令（平成15年3月28日内閣府令第21号））に基づく委任状を、議決権を有する全株主に交付していれば、

55　新谷・前掲（注1）179頁。

書面投票適用会社であっても書面投票は強制されない（会298条2項、会施規64条）。わが国の上場会社においては、書面投票を選択している会社のほうが圧倒的に多いとされるが、経営者側の議案とは異なる議案を提案した株主が自己の議案を可決成立させようとする場合や経営陣の提案に不満をもつ株主が自己の意思に沿う決議を得ようとする場合には他の株主から委任状を集めて議決権を代理行使するほかない。株主と経営陣との議案の成否をめぐる緊張が高まれば、勧誘の段階での瑕疵が問題とされ委任状勧誘規制違反の主張が当事者からなされる可能性も増幅しよう。

　委任状勧誘規制に違反した勧誘に基づき委任状による議決権の代理行使がなされ株主総会で決議が成立したとしても、決議の効力には影響が及ばないとするのが通説・裁判例である（裁判例として、たとえば、東京地判平成17・7・7判時1915号150頁）。これは、端的にいえば、委任状勧誘規制が会社法831条1項1号の法令にあたらないということにある。この点に関しては異論もあるが、仮に当該通説・裁判例の立場によると、経営者提案について委任状勧誘規制違反の勧誘がなされる場合、経営者の当該勧誘行為につき株主が会社法360条に基づいて事前に差止請求する際の第一関門として、委任状勧誘規制は取締役等の違法行為差止請求における差止事由たる法令違反の法令にもあたらないのではないかという点がある。この点については、本章第5節に後述するように違法行為差止請求における法令には特段限定はないため、委任状勧誘規制のような取締規定も含まれると考えると、上記第一関門は突破できる。しかし、監査役設置会社等の株主が行使する場合の「回復す

56　大杉謙一「書面による議決権行使と委任状勧誘」会社法判例百選〔第2版〕77頁。
57　通説は、委任状勧誘規制は取締規定であって効力規定ではないから、同規制に反する委任状勧誘に基づき議決権の代理行使がなされ株主総会決議が成立したとしても決議の効力に影響は及ばないと解している（たとえば、龍田節「株式会社の委任状制度」インベストメント21巻1号18頁）。
58　たとえば、弥永真生『会社法の実践トピックス24』156頁、黒沼悦郎編『Law Practice 商法』152頁〔松井秀征〕。

ることができない損害」との要件の充足（会360条3項参照）が第二関門として立ちはだかる。他方、株主側に委任状勧誘規制違反がある場合には、議決権代理行使禁止の仮処分によらざるを得ないが、被保全権利は何なのかという疑問が生じる。以上を踏まえると、いずれの側からの差止請求も容易ではないため、立法的な手当ても検討されるべきであろう。

　平成24年9月7日に法制審議会において決定された「会社法制の見直しに関する要綱」では、金融商品取引法上の規則に違反して取得された株式に係る議決権行使の差止制度の創設が提示されている（第3部　その他　第1　金融商品取引法上の規制に違反した者による議決権行使の差止請求）のみで、委任状勧誘規制違反に係るものはない。

59　議決権代理行使禁止の仮処分が認められると、決議取消し・無効原因が存在しなくなるため株主総会決議取消しまたは無効の訴えを本案とすることは困難である。なお、議案上程行為の差止めの訴えを本案とすることについて、太田洋「株主提案と委任状勧誘に関する実務上の諸問題」商事1801号38頁。
60　「会社法制の見直しに関する要綱」では、株券等の所有割合が3分の1を超える株券等の買付けに係る公開買付規制、公開買付者に全部買付義務を課す規制、または、公開買付者に強制的全部勧誘義務を課す規制について、違反の事実が重大であるとき、株主は規制違反をした他の株主に対し、差止請求を行うことができるとしている。パブリック・コメントにおいては、大量保有報告規制違反や委任状勧誘規制違反等への差止請求の創設を求めるものがあったとされる。詳細については、岩原紳作「『会社法制の見直しに関する要綱案』の解説（Ⅵ・完）」商事1980号4頁以下。

第3節 取締役・執行役等の職務執行停止等

I 取締役・執行役等の職務執行停止の仮処分

1 沿革

　第1節に述べたように、取締役等の職務執行停止・職務代行者選任の仮処分申請事件は、会社をめぐる仮処分として実務上最も頻度が高い。[61]会社法は、民事保全法56条の仮処分命令により選任された取締役・代表取締役または執行役・代表執行役の職務代行者は、仮処分命令に別段の定めがある場合を除き会社の常務に属しない行為をするときには裁判所の許可を得なければならないとして、その権限の範囲について定めるとともに、当該職務代行者が権限外の行為をした場合の当該行為の効力を規定している（会352条、420条）。持分会社の業務執行社員についても、業務代行者に関する同様の規定がおかれている（会603条）。会社法においては、取締役等の職務執行停止・職務代行者選任の仮処分は、民事保全法上の仮の地位を定める仮処分（民保23条2項）として行われることが明確となったが（なお、会960条）、本案訴訟については規定がないので、本案訴訟を何とするかについては引き続き解釈に委ねられることとなる（この点については次項2参照）。

　平成2年改正前の商法は、取締役の職務執行停止・職務代行者の仮処分に

---

[61] 東京地方裁判所商事部に係属した仮処分事件件数の約41％を占めるが、実際に仮処分命令が発令されたのは、約15％弱という（平成8年1月1日～平成12年10月31日）（本間健治「取締役らの職務執行停止・代行者選任の仮処分」〔門口正人編・新・裁判実務大系(11)会社訴訟・商事仮処分・商事非訟〕237頁。

関する本案訴訟として、取締役選任決議の無効または取消しの訴え、および、取締役解任請求訴訟を定め、かつ、本案の係属前であっても、「急迫なる事情あるとき」には同様の仮処分が可能である旨を規定していた（平成2年改正前商法270条）。この規定は、昭和13年に新設されたものであった。それ以前にも、旧民事訴訟法760条の仮の地位を定める仮処分として同様の処分が認められていたが、昭和13年改正商法上の新設規定により従前の実務が確認されるとともに職務代行者の権限が定められたことには意義があった。[62] 昭和13年改正時には、取締役解任の訴えの規定はなかったので、昭和25年の商法改正によって同訴えが新設されたのに伴い、旧270条は同解任の訴えについても本案訴訟とすべく改正された。昭和56年の改正商法は、株主総会決議不存在の訴えに関する規定（旧商252条）を新設したが、同訴えが旧270条に加えられることはなく、解釈により、本案訴訟の範囲に加えられてきた。[63]

2 被保全権利

平成2年の改正商法は、旧270条を削除し、合名会社について業務代行者の権限と権限外の行為の効力を定める70条ノ2を株式会社についても準用する形とした（平成2年改正後商法271条）。会社法352条は、これを承継し、文言化したものであるが、解釈上は、平成2年商法改正前の、取締役の選任決議の瑕疵に基づく訴訟および取締役の解任の訴えが提起されている場合になされる職務代行者選任命令であると解される。[64] もっとも、本案訴訟の類型としては、取締役の選任決議の瑕疵に関する訴え（①株主総会における取締役選任決議取消しの訴え（会831条）、②株主総会における取締役選任決議無効確認の

---

62 山田・前掲（注20）242頁。
63 山田・前掲（注20）242頁。
64 酒巻俊雄＝龍田節編集代表『逐条解説会社法（第4巻）機関1』403頁〔稲葉威雄〕参照。旧法と趣旨としては同じであるが、①許可の裁判の管轄裁判所が、本案の管轄裁判所から一般の商事非訟事件の管轄に委ねられている、②1項および2項の規定ぶりが異なっている、および、③代表取締役と取締役とを別個に規定している、などの相違が指摘される。

訴え（同法830条2項）、および、③株主総会における決議不存在確認の訴え（同条1項））と④解任の訴え（同法854条）にとどまらず、⑤取締役会における代表取締役や⑥委員会設置会社取締役会における執行役・代表執行役の選定決議の無効・不存在確認の訴え（同法352条、420条3項）、⑦設立無効の訴え[65]（同訴えを本案として清算人に対し職務執行の仮処分申請を認めた例として、大判昭和6・2・23民集10巻82頁）、および、⑧取締役資格不存在確認の訴え（株主総会における取締役の選任決議後、就任の承諾がなされたのかについて争いがある場合や取締役の辞任の効力に争いがある場合など）[66]など、取締役の地位をめぐる訴訟が広く含まれると考えられる。

実務上、株主総会において解任された取締役が、解任決議の瑕疵を争う訴えを本案として、仮の地位を定める仮処分を申請するような場合にも（保全の必要性の疎明が困難であると思われるので実際に認められるかどうかは別として）、自己の後任として新たに取締役が選任されていることが多いであろうから、当該取締役の選任決議の瑕疵を争い、当該取締役の職務執行の停止をも行うこととなろう。[67]

3　特　徴

平成元年に民事保全法が制定される前には、取締役の職務執行停止・職務代行者選任仮処分について、本案訴訟の付随手続、すなわち、特殊仮処分とする見解が存在した。[68]この見解は、旧商法270条が本仮処分につき本案提起

---

[65] 取締役会決議無効確認の訴えの無効事由として取締役会決議自体が存在しないことが主張される場合には、端的に取締役会決議不存在の訴えの提起が許されるが、実務的には、必ずしも一般的ではないので、取締役会決議の無効確認の訴えを被保全権利とするほうが無難であるとされる（本間・前掲（注61）240頁）。

[66] 詳細については、西迪雄「取締役資格不存在確認の訴」（鈴木忠一ほか編・会社と訴訟(上) 365頁以下。

[67] 新谷・前掲（注1）212頁。

[68] 大隅健一郎＝今井宏『会社法論中巻〔第3版〕』282頁、上柳克郎ほか編『新版注釈会社法(6)』406頁〔小橋一郎〕、など。

後になされることを原則としており、簡易・迅速の要請に基づき商法が特に認めた非訟事件的性格をもつ手続であるとし、保全の必要性の疎明についても選任決議の瑕疵や解任事由で足りるとしていた[69]。もっとも、当時の通説・判例は通常仮処分説をとっており、先述のとおり、平成2年の商法改正の結果、民事保全法に根拠を有する通常仮処分であることが明らかとなった。

　本仮処分は、上述した株主総会をめぐる仮処分の場合と同様に、同族的な中小会社における紛争（相続争い、共同企業における共同経営者や株主間の主導権争い、または、第三者との間での経営支配権争いなど）を背景として申請されることが多い[70]。したがって、当事者間の激しい感情的対立に起因することが多い仮処分申請ではあるが、保全の必要性、すなわち、「争いがある権利関係について債権者に生じる著しい損害または急迫の危険を避けるため」の解釈に際しては、債権者である株主や取締役等の個人の権利・利益の保全としてというよりはむしろ、会社の権利・利益の保全を目的としてなされると解すべきである。本仮処分の本案訴訟は、上記2で述べたように、取締役の地位をめぐる争いであるとしても、株主総会決議取消しの訴え等の訴権は、会社ないし株主共同の利益の保護を目的として付与されるものであるからである。諸決定例・学説は、民事保全法制定前から、被保全権利の存在が明白であり、仮処分債権者に損害が発生するとしても、会社に損害が発生しない以上は、仮処分の発令はできないと解してきた（大阪高決昭和26・2・28高民集4巻2号32頁、東京高決昭和52・11・8判時878号100頁、名古屋高決平成2・11・26判時1383号163頁[71]）。保全実務においても、保全の必要性の有無については会社の損害を中心に審査されているようである[72]。取締役等の法定選任手続を履践していない中小同族会社にあって、会社に生ずる損害のおそれの疎

69　山口和男ほか＝東京地方裁判所商事研究会『商事非訟・保全事件の実務』336頁、本間・前掲（注61）238頁。
70　山田・前掲（注20）241頁。
71　本間・前掲（注61）242頁。
72　本間・前掲（注61）244頁。

明は決して容易ではなく、したがって、通常の仮処分申請事件では、被保全権利の存否が争点となることが多いのに対し、取締役等の職務執行停止仮処分申請事件においては、保全の必要性をめぐる攻防に力点がおかれがちである。なお、保全の必要性に関しては、後述する。

4 解任の訴えを本案訴訟とする場合の問題

対象となった取締役等の職務執行を停止しなければならない急迫の必要がある場合には、本案訴訟の提起を待たずして職務執行停止の仮処分命令の申請をなしうると解される。この点に関し、少数株主が取締役の解任の訴えを提起する場合（会854条）には、当該解任の訴えがいきなり提起できる性質のものでないがゆえの固有の問題がある。

すなわち、株主総会において取締役の解任議案が上程され、否決（拒否権付種類株式発行会社において、拒否権付種類株式の株主による種類株主総会の決議により解任決議の効力を生じない場合を含む）されなければ解任の訴えは提起できないので、仮処分命令の申請に際しても、株主総会における解任決議を待つ必要があるのかに関してである。この点を消極に解した決定例があるが（東京高決昭和61・1・15金商716号3頁）、株主総会の招集を待っていたのでは時機を逸する場合もあり得よう。この点を硬直的に解すると、仮処分は、緊急的必要性のある保全の要請に対応し得なくなる。したがって、株主総会において解任議案が提出されることが明確な場合（株主総会の招集請求がなされている、あるいは、株主提案がなされている場合など）には、仮処分債権者は、解任事由の存在並びに会社および自己に回復困難な損害が生じるおそれがあることを疎明すれば、解任決議にまで至っていなくても、仮処分命令の発令が認められてよい。[73]

---

73 新谷・前掲（注1）250頁。

5　当事者

　本仮処分の債権者は、本案の原告であると解される。株主総会における選任決議であれば株主等であればよいが（会831条1項柱書）、取締役の解任の訴えを本案とする場合には、総株主の議決権の100分の3以上または発行済株式の100分の3を（公開会社の場合には6カ月以上）保有する株主である必要がある（同法854条1項）。仮処分の発令後、本案訴訟の係属中にかかる持株要件を欠くこととなれば、原告適格を欠くものとして訴えは却下されるので、仮処分命令も債権者適格の喪失という事情変更により取り消される[74]。

　本仮処分の債務者については、取締役の解任の訴えを本案とする場合には、本案の被告、すなわち、会社と解任の対象となっている取締役（会855条）であるが、他方、取締役の選任決議の瑕疵を争う訴え、取締役会決議無効確認の訴え、または設立無効の訴えを本案とする場合には、本案の被告は会社のみ（同法834条。取締役会決議無効確認の訴えについては解釈による）とされているから、後者を本案とする場合には、債務者を会社のみとすべきかが問題となる。

　会社のみを債務者と解する場合、本案訴訟の被告と一致し、仮処分手続の本案への付随性の観点からは好ましいといえるが、取締役等の権限を暫定的にせよ停止させるものであり、会社と取締役等との法律関係に変更が加えられることとなるから、取締役等が当該手続に主体的に関与できないのは、手続保障の観点から妥当でない。また、仮の地位を定める仮処分に関する一般論から仮処分決定の影響を受ける取締役等を債務者とする必要があり、職務執行停止の仮処分決定正本は取締役等個人にも送達されなければ仮処分の実効性が担保できない、などの議論がある。一方、取締役等のみを債務者とすることにも、会社が仮処分手続の当事者でなくなるので異議や取消しの申立

---

[74]　新谷・前掲（注1）251頁。

てができなくなるとの問題があろう。[75]さらに、職務執行停止とともに職務代行者が選任される場合には当該職務代行者の報酬を会社に負担させる根拠も必要となってくる。[76]それゆえ、会社・取締役等の両者を債務者とすべきとするのが最も妥当であると考える。実務においても、本案訴訟が何かによらず、会社・取締役等の双方を債務者として取り扱っている（取締役のみが仮処分の取消しの申立てをした事案において会社も債務者となることを当然の前提として当該取締役の会社への補助参加を認めた例として、東京高決平成7・12・7判時1558号33頁。なお、その後、取締役解任の訴えについて、会社と取締役の双方を被告とすべき固有必要的共同訴訟であるとする判決（最判平成10・3・26判時1636号145頁）が同訴えの被告適格に関する明文規定がない商法の下で現れた）。

なお、この場合、本案が選任決議の無効確認または不存在確認の訴えである場合に職務執行の停止を申し立てられる代表取締役・代表執行役に債務者会社を代表する権限があるかについては、議論があり得よう。本案訴訟においても同様の問題が生じようが、これら無効・不存在の判決の実質的効力は、既判力を得て以後の有効の主張を封じるという形成的効力に近いものと考えるので、会社を代表することに問題はないと思われる。[77]

6　保全の必要性

先に述べたように、異論はあるものの、取締役等の職務執行停止・職務代行者選任の仮処分命令は、仮処分債権者個人への直接的利益の保護というよりは、会社の利益の保護のためになされる。したがって、保全実務においては、民事保全法23条2項の文理を超えて、「問題の取締役にそのまま業務を

---

[75] 末永進「職務執行停止・代行者選任仮処分」（竹下守夫＝藤田耕三編・裁判実務大系(3)会社訴訟・会社更生法）101頁〜104頁。
[76] 宮川種一郎「仮処分による代行取締役の地位」（鈴木忠一ほか編・会社と訴訟(上)）418頁。
[77] さらに、会社の代表者であることを最も直接的かつ強力に主張しうる立場にある代表取締役等自身に会社を代表して抗争させ、当該代表取締役等自身の利益を最も擁護させる実務的効果にも期待されよう（宮川・前掲（注76）413頁）。

執行させておくと会社に回復することができない損害を生じるおそれがある」場合に保全の必要性があると判断されてきた[78]。会社の回復することができない損害は、実務においては、主に、①当該取締役の業務継続による会社の対外的信用の喪失、②当該取締役の経営能力の欠如、および、③当該取締役による会社の重要財産処分のおそれ、の3つの観点から審査される[79]。仮処分債権者自身に生じる損害も積極的に疎明すべきであるが、その損害は、会社に生じる損害に由来する間接的な損害である。保全の必要性については、疎明資料を収集して提出し、具体的に主張する必要がある。

　本案訴訟が取締役等の再任決議の瑕疵に関する訴えである場合の保全の必要性に関しては、議論がある。仮に当該本案訴訟で原告（仮処分債権者）が勝訴し、当該決議の効力が否定されたとしても、当該取締役等は権利義務取締役等となるので、保全の必要性はないとの見解がある。また、仮処分の本案付随性の観点から、本案訴訟で勝訴しても当該取締役等の権限を剥奪できない再任決議について、職務執行停止を仮処分で認めることは、本案以上の結果を生じさせるので認められないとの考えもある[80]。もっとも、この場合も、仮処分自体を否定するのではなく、保全の必要性の判断を厳格に行うことなどで対応すべきように思われる。

7　効　力

　取締役等の職務執行停止の仮処分は、満足的仮処分である。ここでいう職務執行の停止とは、一切の職務執行の停止であり、対内的な業務執行や対外的な代表行為のみならず、取締役会を通じた意思決定や監督も行ってはならないこととなる（職務執行停止命令に伴い当該取締役の監督義務はなくなるもの

78　大隅＝今井・前掲（注68）283頁。
79　山田・前掲（注20）246頁。
80　本間・前掲（注61）246頁。もっとも、権利義務取締役について職務執行停止の仮処分申請はできないから、別途株主総会決議により別の者を取締役に選任することが困難な場合などでは本質的な解決にはならないと考えられる。

と解される)。したがって、いったん職務代行者選任の仮処分命令が発令された場合は、仮処分に対する異議手続や本案訴訟など、その後の手続において職務執行停止の仮処分命令の名宛人である代表取締役や代表執行役が会社を代表することは適切ではないであろう。もっとも、この点については争いがあり、仮処分という暫定的手続によって被職務執行停止者の代表権を軽々に奪うのは当事者の衡平に反するゆえ、職務代行者が選任された後も、仮処分に対する異議手続や本案訴訟において被職務執行停止者が会社を代表しうるとする立場もある。判例は、株主総会における取締役選任決議の無効確認の訴えを本案とする事例において、会社を代表するのは、職務執行を停止された代表取締役ではなく、職務代行者であるとしている(最判昭和59・9・28民集38巻9号1121頁)。別訴が提起され併合されるような場合を考えると、一律に職務代行者に会社を代表させるのが合理的ではないかと考える。

なお、会社法は「職務」と「業務」とを区別しており(たとえば、会362条2項1号・2号)、「職務」は「業務」より広く、意思決定や監督を含むと考えられるから、非業務執行取締役(会2条15号参照)や委員会設置会社における取締役の職務執行を停止する(たとえば、取締役会への出席・議決参加への禁止)ということはありうるであろう。

なお、本案訴訟の係属中に、職務執行を停止された取締役が任期満了により退任または辞任すれば、仮処分の実質的効力が失われることとなり、事情変更により仮処分は取り消される。

81　宮川・前掲(注76)414頁〜415頁。
82　もっとも、古い裁判例の中には、被職務執行停止者に仮処分の取消手続における会社代表権を認めたものがある(東京地判昭和2・9・6新報132号20頁、東京高判昭和13・2・22評論27巻民訴138頁)。
83　神田秀樹『会社法〔第15版〕』200頁注3。

II　取締役・執行役等の職務代行者選任の仮処分

1　固有の意義

　職務代行者の選任の仮処分は、職務執行停止の仮処分に必然的に伴うものではなく、取締役が不在となり、あるいは、法令定款上の員数を欠くこととなったような場合に加え、唯一の代表取締役について職務執行停止の仮処分がなされ、会社の代表者がいなくなった、あるいは、半数以上の取締役に職務執行停止の仮処分がなされ、定足数要件を満たすことができず取締役会が開催できなくなった等の場合のように、会社の業務執行に支障を来すことが要件となる。むしろ、そのような著しい損害または急迫の危険の回避の要請がなければ、保全の必要性は認められず（この点については、上記本章第1節を参照）、かえって本案の権利を超える内容の仮処分として、その許容性いかんが問題となろう。すなわち、取締役等の職務代行者選任の仮処分は、あくまでも当該取締役等の職務執行停止の仮処分に付随的・補充的に認められる暫定的手続にすぎず、職務執行停止の仮処分命令により、職務代行者は選任され、かかる仮処分命令が取り消される場合には、特段の事情がない限り、職務代行者選任の仮処分も取り消される[84]。

　なお、仮処分債権者が、職務執行停止の仮処分のみを申請した場合であっても、裁判所は、職権により、特に必要と認められる場合には、職務代行者選任の仮処分命令を発することができると解される[85]。

2　職務代行者の権限・責任

　裁判所により選任された職務代行者の地位は、仮処分によって創設された

84　新谷・前掲（注1）247頁、248頁。
85　新谷・前掲（注1）248頁。

一種の公職であるとするのが通説の立場である。[86]職務代行者の権利・義務・責任については、取締役の規定が準用されるが、会社と委任の関係に立つものではない。被職務執行停止者と職務代行者との関係は、法律上は、後者は前者の権限を承継するものではなく、後者は、あくまでも別異の行為により付与された権限を有するが、実質的にみると、職務代行者選任の仮処分により停止された権限と同一の権限が代行者に移植されるといえる。[87]したがって、複数の被職務執行停止者に対し複数の職務代行者が選任される場合は、対応する権限を仮処分命令で特定すべきである。[88]その場合の代行者の人数は、裁判所の裁量において定めることができるが、仮に申立てに係る人数を超えたとしても、人的比重等に変動を来さないよう被職務執行停止者の人数と同じ人数とするのが望ましいであろう。[89]また、職務代行者の権限は、仮処分命令に特別の定めがなくても被職務執行停止者の残任期間内で存続すると解される（なお、職務代行者の権限の消滅は、事情変更による仮処分の取消事由となるとするものとして、東京高判昭和33・4・10金法174号4頁）が、被職務執行停止者の地位に準じ後任（会346条）または一時取締役等（同条2項、351条2項、420条3項、401条2項）が選任されるまでは権限を認められる。[90]

　職務代行者の権限は、原則として会社の常務に限定される。常務外の行為をなすには、裁判所の許可が必要である（会352条1項）。職務代行者が、裁判所の許可を得ずに常務外の行為をなした場合、会社は善意の第三者に対し責任を負う（同条2項）。職務代行者の第1次的任務は、会社業務の現状を維持することである。[91]

86　大隅＝今井・前掲（注68）286頁、宮川・前掲（注76）405頁〜406頁、新谷勝『会社仮処分』98頁。
87　宮川・前掲（注76）406頁。
88　宮川・前掲（注76）407頁。
89　宮川・前掲（注76）407頁〜408頁。
90　宮川・前掲（注76）410頁。
91　大隅＝今井・前掲（注68）286頁。

上記平成2年改正によって業務代行者の規定を準用して以来の常務に属する行為の範囲や当該行為以外の行為の効力などをめぐる解釈上の問題は依然残っている。常務とは、「会社運営上日常なされるべき行為」、または、「会社事業の通常の経過に伴う業務」であるとされるが、何が常務に属する行為かは、実際には判断が困難な場合も多い。実務上は、行為の客観的性質から、当該行為の必要性や当該行為が会社業務や財産に及ぼす影響等を総合的に勘案して、常務に属するか否かが判断されている。取締役職務代行者は、常務に属しない取締役会の決議に加わることができず、また、常務に属しない業務を執行することはできない。たとえば、募集株式の発行等、社債の募集、自己取引の承認、重要な財産の処分の決定、経営の委託の決定、臨時株主総会招集の決定などは、常務外の行為と考えられる（取締役の解任を目的とする少数株主からの請求に基づく臨時株主総会の招集を会社の常務に属しないとした判例として、最判昭和50・6・27民集29巻6号879頁）。

なお、仮処分命令が発令された後の異議手続や本案訴訟における会社代表権の帰属については、前述した。

第4節　募集株式の発行等および募集新株予約権の発行・行使

I　意　義

募集株式の発行等に関する差止めの制度は、昭和25年の商法改正によって、

92　森本滋『会社法〔第2版〕』225頁。
93　新谷・前掲（注86）102頁。
94　宮川・前掲（注76）409頁。

〔第1部・第3章〕第4節　募集株式の発行等および募集新株予約権の発行・行使

　授権株式制度が採用され、取締役会決議のみで新株の発行ができることとなったことに対応して、アメリカ衡平法上のインジャンクションの制度に倣い、後述する違法行為差止請求の制度とともに導入されたものである。[95]

　募集株式発行等・募集新株予約権発行をめぐる争いにあっては、募集株式発行等の予定を知るや株主は当該発行等の差止めの訴え（会210条、247条）を、その効力が発生する前に提起しなければならないが、そのような短時間での提訴は通常極めて困難である。また、募集株式の発行等の差止仮処分申請を行い、仮処分命令がなされた場合、当該募集株式につき払込期日または払込期間を経過すると、当該募集株式の発行等がなされない状態が確定し、差止請求権は消滅するので、そもそも差止めの訴えを認める余地さえない（したがって、仮処分命令が発令された場合に債務者が保全異議（民保26条）等により仮処分命令の取消しを求め、あるいは、本案の起訴命令の申立て（同法37条）を行う意義もほとんどないであろう）場合が多い。そのため、通常、争いは本案訴訟の提起を経ず、また、仮に本案訴訟が提起されたとしても本案判決に至らず仮処分によって決着し（仮処分の本案代替化）、そのことは、とりわけこの分野における仮処分手続の意義を大きいものとしている。[96]株式の発行等および新株予約権の発行の無効の訴え並びに株式の発行等および新株予約権発行に関する不存在確認の訴え（会828条1項1号〜3号、829条1号〜3号）については、本節ではもっぱら差止めと仮処分に関連する範囲での言及にとどめる。詳細については、第2章を参照されたい。

　近年、支配権争奪の局面において、現経営者が支配権維持の目的で付与する株式や新株予約権について、著しく不公正な方法による発行を理由とする

---

[95] たとえば、柳田幸三「新株発行差止仮処分」（竹下守夫＝藤田耕三・裁判実務大系(3)会社訴訟・会社更生法）144頁、山口・前掲（注33）731頁、寳金敏明「新株発行差止の仮処分申請」（山口和男編・裁判実務大系(21)会社訴訟・会社非訟・会社整理・特別清算）126頁〜127頁、古閑裕二「新株発行差止めの仮処分」（門口正人編・新・裁判実務大系(11)会社訴訟・商事仮処分・商事非訟）248頁。

[96] 新谷・前掲（注1）477頁。

差止めの事例に遭遇するようになった。それらについては、本章第6節において後述する。

II　募集株式発行差止め・自己株式処分差止め

1　対象となる株式の発行等

　会社法上、株式の発行等（自己株式を割り当てる場合を含む。以下、自己株式の処分を含めて株式の発行等という）には、必ずしも資金調達を目的としない（引受人からの出資を伴わない）場合があり、これには株式分割、無償割当て、あるいは、組織再編に伴う交付などがある。これらの株式発行等についても、募集株式発行等に係る差止請求権を類推し差し止めることは可能であろう（なお、株式分割について、株主の地位に変動を及ぼさないとして類推適用を否定したものとして、東京地決平成17・7・29判時1909号87頁）。[97]

2　募集株式発行等の差止請求

　募集株式発行等に関する差止請求権は、会社法上、明確な根拠を有する差止請求権の1つである。会社法210条は、募集株式の発行等が、①法令・定款に違反する場合、または、②著しく不公正な方法により行われる場合であって、③これにより、株主が不利益を受けるおそれのある場合に、当該発行等をやめるよう請求することができる旨を規定している。平成17年商法改正前の規定ぶりを整理したうえで承継したものであり、会社法の下でも、引き続き従前の解釈と運用が活きるものと思われる。この請求は、裁判外でも行

---

[97] 株式交換・株式移転および不公正な比率による合併について会社法210条の類推適用による差止救済が可能とするものとして、たとえば、神田・前掲（注83）359頁、正井章筰「著しく不公正な合併等における株主の救済方法」（浜田道代＝岩原紳作編・会社法の争点）203頁など。なお、全部取得条項付種類株式等の取得対価として交付される株式にも類推適用されうるかについては結論を留保したい。

うことができるが、通常は、実効性の観点から、裁判上の請求により、差止仮処分の形をとる。

株式は、払込期日（会209条1項）または払込期間を定める場合には出資の履行日（同条2項）に成立する。したがって、株式はこの日をもって有効に成立し、いったん株式の発行等が効力を生じた後は、株式発行等の無効または不存在確認の訴えによることとなり、株券発行会社の場合にはそれらを本案訴訟として株券発行差止仮処分申請を行うこととなろう。[98]

3 募集株式発行等差止めの訴え

(1) 当事者

募集株式発行等の差止めの訴えを提起できるのは、当該発行によって不利益を被るおそれのある株主である。後述する違法行為差止請求とは異なり、株主個人の利益を保全するための手続であるから、会社に対する損害ではなく、当該株主に損害が生じるおそれがなければならない。[99]会社に損害が生じるおそれがある場合には、別途、後述する違法行為差止請求権を行使することも可能である。[100]

原告は、訴えの提起時から訴訟係属中株主であることを要する。当該期間内に譲渡等により株主資格を失えば、原告適格を失ったものとして、訴えは却下される。提訴権は議決権の有無に左右されず株主に付与されると解する。募集株式の発行等は、会社運営のみならず、既存株主の剰余金の配当等にも影響を与えうるためである。[101]単元未満株主の提訴権は、定款でもって排除されうる（会189条2項）。

募集株式発行等の差止めの訴えを提起するには、原則として、会社に対し

---

98 新谷・前掲（注1）476頁。
99 商事関係訴訟・256頁。
100 山口・前掲（注33）732頁。
101 奥島孝康ほか編『新基本法コンメンタール会社法1』377頁〔山田純子〕。

株主であることを対抗できなければならないであろう。すなわち、株主名簿上に記載・記録された株主であることを要する（会130条。東京地判平成2・2・27金商855号22頁）。もっとも、株主名簿への記載・記録はあくまでも会社への対抗要件であるにすぎず、会社に名簿上の株主を株主と取り扱うことを強制するものではないから、会社が株式の譲渡等を認める場合や会社が実質株主を株主として処遇した事実が認められる等の事情がある場合には、名義書換未了の者に提訴権を認めてよいと解する。さらに積極的に、原告が提訴権のある株主であることの立証に成功すれば、株主名簿から離れて提訴権を認めるべきとする見解もある。[102]

一部の引受人との関係で募集株式発行等差止事由がある場合の一部差止めの訴えも可能である（名古屋地決平成12・1・19判時1715号90頁）[103]。その場合には、会社は、差止めの対象となった株式以外の株式について、発行手続を進めうる。

募集株式発行等差止めの訴えの被告は会社のみである（会210条）。被告会社を代表するのは、原則として代表取締役であり（同法349条1項・4項）、原告が取締役でもあるときは、①監査役設置会社の場合には監査役（同法386条1項）、②委員会設置会社の場合には、取締役会が定める者（当該取締役が監査委員である場合）または監査委員会が選定する監査委員（それ以外の場合）（同法408条1項）、③上記以外の取締役会設置会社では、取締役会または株主総会で選出された者（同法364条）、および、④①ないし③以外の会社では、株主総会で選出された者（同法358条）が被告会社を代表する。管轄裁判所は、会社の本店所在地を管轄する地方裁判所である（民訴1条、4条1項・4項。仮処分申請の場合（民保12条1項）や後述する新株予約権差止請求の場合も同じ）。

---

102 新谷・前掲（注1）401頁。
103 山口・前掲（注33）737頁。

(2) 募集株式発行等差止事由

募集株式発行等差止めの訴えは、株式発行等の効力が生じる前になされるものであるから、新たな株主や会社債権者等への影響は、株式発行等無効・不存在確認の訴えに比べれば小さいと考えられ、したがって、取引の安全を考慮する必要性も相対的に低いといえる。[104] 差止事由は、解釈によるが以下のものが考えられる。

(ア) 法令・定款違反

①公開会社が募集株式を発行等する際に取締役会決議がないこと（会201条1項、199条2項、202条3項3号）、②公開会社が有利な金額で行う募集株式の発行等に際し、株主総会決議がないこと（同法201条1項、199条3項）、③非公開会社において募集株式発行等の株主総会特別決議がないこと（同法199条2項、202条3項4号）、④不均等な条件で募集株式を発行等すること（同法199条5項）、⑤公開会社が取締役会決議に基づいて募集株式を発行等する場合に、その募集事項を株主に通知または公告していないこと、あるいは、当該通知・公告の内容が不完全であること（同法201条3項・4項）、[105] ⑥定款に定めのない種類株式を発行等したこと（同法108条2項）、などである。

(イ) 有利発行

公募または第三者（特定の株主を含む）割当てによる有利発行については、公開会社においても、株主総会の特別決議が必要である。当該株主総会では、理由の説明も行う（会199条3項）。上記(ア)に述べたように、有利発行について株主総会の特別決議がない場合には、差止事由となるが、どの程度の払込金額であれば「特に有利」といえるのかは解釈に委ねられている。日本証券

---

104 商事関係訴訟・259頁。
105 募集事項の通知・公告は、株主に差止めの機会を保障するものであるから、通知・公告がなくても株主が募集株式の発行等を察知し、差止請求をしてきた場合には、差止めの機会は奪われていないから、差止事由にならないという見解もある（上柳克郎ほか編『新版注釈会社法(7)』148頁〔森本滋〕）が、会社法の手続要件に則った情報の質量が担保されていない点において差止事由になると解するべきであろう。

業協会の「第三者割当増資の取扱いに関する指針」(平成22年4月1日)によれば、株式の発行に係る取締役会決議の直前日の価額(直前日における売買がない場合は、当該直前日からさかのぼった直近日の価額)に0.9を乗じた額以上の価額を原則とし、直近日または直前日までの価額または売買高の状況等を勘案し、当該決議の日から払込金額を決定するために適当な期間(最長6カ月)をさかのぼった日から当該決議の直前日までの間の平均の価額に0.9を乗じた額以上の価額とすることができるとされている。したがって、当該指針によって求められる価額より低い払込金額での発行について有利発行にあたると解することもできよう(改定前の本指針(実質的な変更はなされていない)によって判断したものとして、東京地決平成元・9・5判時1323号48頁、東京地決平成16・6・1金商1201号15頁など)。もっとも、市場価値がない株式にあっては、事案に応じて、純資産価額方式、類似業種比準方式、収益還元方式、配当還元方式、取引先例価格方式などによって導かれた時価を基準にして判断されることとなろう。

　　　(ｳ)　著しく不公正な方法による発行

　近年、とりわけ敵対的企業買収の標的となった会社の経営陣が支配権確保・維持の目的で株式の発行等・新株予約権の発行を行い、買収者側がそれを「著しく不公正な発行」事由にあたるとして差止請求する事例が注目を集めている。これについては、本章第6節において一括して後述する。

　　(3)　株式発行等無効確認の訴えとの関係

　募集株式発行等差止めの訴えは、いったん募集株式発行等の効力が生じると訴えの利益を失い却下されることとなるが、実務的には、このように形式的に処理するのではなく、差止めの訴えの提起時に株式発行等無効の訴えを提起したと構成することにより、あるいは、募集株式発行等の効力が生じた時点で、株式発行等無効の訴えへの訴えの変更を認めることにより、対応すべきである。

4 募集株式発行等差止仮処分

　本案の訴訟物である差止請求権を仮処分により実現するのが、募集株式発行等差止仮処分である。会社（募集株式発行等の決定権限を有する取締役会等）が株式発行等の手続を継続できないという仮の地位を定める仮処分であり、しかも満足的仮処分である。仮処分債権者は株主、債務者は会社である。

　募集株式発行等の払込期日や払込期間の到来が差し迫っているときは、上記差止請求権の実現の手段としては仮処分しか残されていないので、一般に保全の必要性は満たされると考えられる。発行等される株式について会社が募集に着手していない段階でも、発行等の意思が表白されれば（具体的には、取締役会や株主総会決議による発行意思の確定を待つ必要があろう）、仮処分の申立ては可能である。[106]

　なお、本仮処分命令に違反してなされた募集株式の発行は、無効事由となると解されているが（多数説・判例（たとえば、最判平成5・12・16民集47巻10号5423頁）、この点に関しては、本書第1部第2章参照）、不存在事由と構成することも可能ではないかと思われる。この構成により定式的な提訴期間の制限を受けなくなるという実益がある。

　上述のように、本仮処分は緊急性が高く、実際には仮処分命令後仮処分の取消しはできないことが多いと思われるが、仮に申請の取下げや保全異議認容などにより仮処分命令が失効する事態に至った場合には、払込期日・期間の経過前であれば発行手続を再開し、払込期日・期間の経過後であっても、払込期日・期間を再決定し、留保していた募集株式発行等を行うことができる。[107]

106　寶金・前掲（注95）135頁。
107　払込期日が延期されたことにより払込金額に変動がある場合には、引受人は引受けを取り消すことができるとするのが通説である（鈴木竹雄「新株発行の差止と無効」（同・商法研究Ⅲ）230頁）。

5 自己株式処分差止仮処分

　新株の発行に代えて自己株式が割り当てられる場合にも、基本的には上記によって、差止仮処分の申立てがなされうるものと思われる。もっとも、自己株式の処分によって発行済株式数は増加しない。他方、自己株式が社外株式となることにより、議決権は復活する（会308条2項参照）。したがって、募集株式発行の場合とは異なり既存株主の持株割合は希釈されないが、議決権総数が増加することにより、既存株主の議決権割合が希釈され、とりわけ支配権の帰すうが問題となっているような場合には、募集株式発行の場合と同様の考慮により差止めの必要が生じる。この場合も自己株式処分の効力が生じるまでの時間が短いため、差止請求権を被保全権利として仮処分申請がなされるのが通例であろう。

III　募集新株予約権発行の差止め

1　募集新株予約権発行差止めの訴え

　募集新株予約権の発行についても、募集株式の場合と同様の差止めによる救済が認められている。平成17年商法改正前には、新株発行差止めに関する規定が準用されていたが（旧商280条ノ39、280条ノ10）、会社法はこれを独立した規定とした。すなわち、会社法247条は、①募集新株予約権の発行が法令または定款に違反する場合、②募集新株予約権の発行が著しく不公正な方法により行われる場合であって、③これにより、株主が不利益を受けるおそれがあるときは、株主は、会社に対し、募集新株予約権の発行をやめることを請求することができる旨を定めている。[108]

---

[108]　江頭憲治郎編『会社法コンメンタール6』100頁〔洲崎博史〕。

新株予約権の発行により、株価が下落する場合があり、また、新株予約権の行使により会社支配権に重大な影響が及びかねないため、このような規定が設けられている。MSCB（転換価格修正条項付転換社債型新株予約権付社債）を含む新株予約権付社債の発行にも適用がある。[109] 本差止請求権も募集株式発行等の場合と同様に裁判外でも行使しうると解されるが、実効性の観点から、差止めの訴えを本案として仮処分の形をとるのが通例である。

募集新株予約権発行差止めの訴えは、その特徴について募集株式発行等差止めの訴えとほぼ共通する。新株予約権発行の効力が生じる前に（新株予約権の効力は割当日に生じる（会245条1項））、不利益を受けるおそれのある株主が会社に対して提起する。本節Ⅱ3において前述した、提訴権を有する株主の解釈、一部差止め、および、原告が被告会社の取締役である場合の会社代表者に関する議論については、新株予約権差止めの訴えについてもあてはまる。

2　募集新株予約権発行差止事由

募集株式発行等に関し先述したように、差止めの場合には、新株予約権発行の効力が生じる前であるので、当該効力が生じてから提起される無効・不存在確認の訴えに比べ、取引の安全の要請は相対的に低い。加えて、権利の段階であることから、株式の場合に比べても取引の安全の考慮はなお小さいといえる。

(1)　法令・定款違反

このような事由に該当すると考えられるのは、たとえば、①新株予約権の発行に関し取締役会または株主総会による募集事項の決定がなされていないこと（会238条2項・4項）、②募集事項が均等でないこと（同条5項）、③公

109　たとえば、鬼頭俊泰「MSCB（転換価格修正条項付転換社債型新株予約権付社債）発行による株主利益の毀損——新株予約権の不公正発行事例を手掛かりに——」日本法学75巻3号254頁以下参照。

開会社において募集事項の公示がないかまたは不完全であること（同法240条2項・3項）、④株主に新株予約権の割当てを受ける権利（新株予約権引受権）を与える場合において、所定の事項が決定されていないこと（同法241条1項）、⑤④の場合において、株主に対して権利内容が通知されていないこと（同法241条4項）、⑥公開会社において、公募または第三者割当てによる新株予約権の発行が特に有利な条件または有利な金額であるのに株主総会の特別決議がないこと（同条2項）、などである。

(2) 有利発行

　新株予約権の発行の場合も、法令・定款違反の差止事由のうち最も問題となるのは、有利発行の解釈である。募集株式発行等におけると同様に、有利発行にあたる場合には公開会社においても株主総会における理由の説明と特別決議が必要である（会238条3項）。新株予約権の場合には特に有利な条件および有利な金額となっている（同項）。前者は、新株予約権を無償で発行する場合であり、後者は有償で発行する場合の払込金額の相当性を問題としている。

　新株予約権の場合には、有利発行にあたるか否かの判断はさらに困難である。オプション価格理論モデル、たとえば、ブラック・ショールズ・モデルや二項格子モデルなどに基づいて計算された金額を基準として、発行金額が特に有利といえるかを判断することとなろう。

(3) 著しく不公正な方法による発行

　新株予約権の発行により直ちに既存株主の持株割合や議決権割合が希釈されるわけではないが、将来的な行使の可能性がある以上、発行の効力が生じる前に差し止めておく意義は大きい。無償割当て（会277条）についても、持株・議決権比率に変動を来し、既存株主の利益が害されるような場合には、会社法247条2号の類推適用が認められる。近年、買収防衛策としてライツ・プランを採用する会社が増えているが、支配権争奪の局面で争われる著しく不公正な発行事由の解釈については、募集株式の発行等とともに第6節

107

において後述する。

3 募集新株予約権発行差止仮処分

募集新株予約権発行差止仮処分についても、募集株式発行等差止仮処分と多くの点で共通する。確定判決を待つ前に新株予約権発行の効力が生じてしまうため、募集新株予約権発行差止めの訴えを本案として仮処分の申立てを行わざるを得ない。

仮処分債権者は、本案の株主、債務者は会社のみである。株主は、被保全権利について、上記の差止事由の存在につき具体的事実を主張して疎明しなければならない。被保全権利が疎明された場合には、割当日が迫っており、かつ、新株予約権がいったん発行されてしまうと事後的救済は困難であることから、著しい損害または急迫の危険を避けるために必要であるとして保全の必要性は認められやすいと思われる。なお、ここでいう損害は、株主個人に生じうる損害である。結局、仮処分命令が発令された状態で割当日を経過すれば、当該新株予約権は発行できないため、本仮処分もまた本案代替的な満足的仮処分である。

IV 新株予約権の発行に差止事由または無効・不存在事由がある場合の行使の結果としてなされる株式発行・自己株式処分への瑕疵の承継

1 差止事由の承継

たとえ差止事由を有する募集新株予約権の発行であったとしても、新株予約権の割当日が迫っており差止めの機会が確保されないことがある。公示欠缺や公示期間・公示事項が不十分なうえなされた募集新株予約権の発行であ

---

110 新谷・前掲（注1）509頁、江頭・前掲（注108）115頁〔洲崎博史〕。

れば、差止めの機会を失った株主は、差止事由を無効事由として新株予約権無効確認の訴えの中で主張することが考えられる(株式発行の場合につき、最判平成9・1・28民集51巻1号71頁)。新株予約権については取引の安全を株式ほど考慮する必要はないと考えれば、無効事由はより認定されやすいのかもしれないが、この点が明らかでない以上、新株予約権の行使期間が未到来であれば、会社法210条を類推適用して会社に対し新株予約権者の権利行使に対する株式発行・自己株式処分の差止めを請求するほうが、救済の実があろう。差止事由が明文化されており、また、通常は差止仮処分を申し立てることになるであろうが、権利行使期間の経過日が迫っていれば保全の必要性も認められやすいと思われるためである(東京高決平成20・5・12判タ1282号273頁は、取締役会による募集事項の決定日が割当日であった事案において、会社法247条の差止事由に基づく210条の類推適用を認めた)。他方で、下記2で述べるように、無効事由を緩やかに解することができるのであれば、新株予約権行使の前後にかかわらず、新株予約権発行無効の訴えを、また不存在事由がある場合には同不存在確認の訴えを本案とし、会社を債務者として新株予約権行使に伴う株式発行・自己株式処分禁止の仮処分命令を申し立てることも可能であると解する。

2 無効・不存在事由の承継

次に、新株予約権については、新株予約権の発行に無効または不存在事由があって、新株予約権発行無効の訴えまたは新株予約権発行不存在確認の訴えが提起される場合、新株予約権が行使されてしまうと訴えの利益がなくなるという問題がある。提訴前であれば訴訟の対象が消滅するので、当該訴えは提起できず、他方、提訴後であれば、訴えの利益は失われたとして当該訴えは却下されることとなる。もっとも、新株予約権が行使されると、当該権利に応じて新株が発行され、あるいは自己株式が割り当てられることとなるので、新株予約権発行に係る瑕疵をこれに承継させ、株式発行無効または自

己株式処分無効の訴えとして提起することができると考えられる。また、すでに、新株予約権発行無効の訴えを提起している場合には、株式発行無効または自己株式処分無効の訴えに変更することができる。[111]

なお、このような構成により、新株予約権の行使を待つまでもなく、新株予約権の発行に無効または不存在事由がある場合には、新株予約権行使禁止および株式発行・自己株式処分禁止の仮処分申請が可能であると解することもできるかもしれない。[112] その場合には、新株予約権行使禁止の仮処分の申請は新株予約権者を債務者として、他方、株式発行・自己株式処分禁止の仮処分の申請は会社を債務者としてなされることとなろう。債権者は、無効または不存在事由を有する新株予約権の発行により損害を被りうる株主である。

新株予約権の行使前であれば1で前記した構成により、会社に対し差止請求を行うことは可能であると思われるが、あくまでも例外的な救済措置としてである。たとえば、新株予約権発行に対する差止めの機会があったにもかかわらず割当日を徒過したような場合にもそのような構成を認めることが一般的に可能であるわけではない。したがって、新株予約権の不公正発行をも無効事由に組み込み、新株予約権無効の訴えを本案として上記仮処分の申立てを構成することにも実益はある。被保全権利の疎明がなされれば、権利行使期間の経過日が迫っている場合には、保全の必要性も認められるのではないかと思われる。

111　新谷・前掲（注1）521頁。これらの無効の訴えには提訴期間の制限があるため、新株予約権行使日から起算して、公開会社の場合6カ月、非公開会社の場合1年としてよいかという問題はあろうが、本章の守備範囲を超えるので立ち入らない。
112　新谷・前掲（注1）523頁。

第5節　取締役・執行役の違法行為差止請求

I　意　義

　株主または監査役・監査委員に付与される違法行為差止請求権は、上述した株主総会開催禁止・決議禁止の仮処分など、会社法に直接の根拠規定がない、会社における多くの業務執行上の差止仮処分の被保全権利の根拠になりうる、実体法上の差止請求権である。

　上述のように、本制度は、昭和25年商法改正の際にアメリカ衡平法上のインジャンクション制度に倣い、新株発行差止めの制度と同時に導入されたものである。[113] 監査役による違法行為差止請求権は、監査役の権限強化の一環として昭和49年改正によって新設された。会社法は、平成17年改正前商法272条および275条ノ2を基本的には360条および385条1項として承継し、さらに、監査委員による差止請求権を規定した（会407条）。責任追及等の訴えとは異なり、緊急性があるため、会社に対して差し止めるべきことを請求するという第1段階を踏む必要はない。

　株主の監督是正権の1つであるが、株主が取締役（執行役）の違法行為等を知ることが困難であるという現実的な制約から、実務的にはあまり利用されていない。[114]

113　もっとも、この規定自体は、イリノイ州事業会社法8条を母規定とするとされる（田中誠二『三全訂会社法詳論(上)』707頁）。
114　たとえば、酒巻＝龍田・前掲（注64）455頁〔高橋栄治〕。

〔第1部・第3章〕第5節　取締役・執行役の違法行為差止請求

II　差止請求の当事者

　差止請求をなしうるのは、公開会社では6カ月前から引き続き当該会社の株式を有する株主（会360条1項）、非公開会社では株主（同条2項）、あるいは、監査役設置会社における監査役または委員会設置会社における監査委員である（会385条）。会社法の下では、公開会社の株主の行使要件に係る保有期間を定款で短縮できる。株主が請求する場合には、差止請求期間中株主である必要がある。裁判上で請求する場合には、これらの要件を満たす者が原告となり、違法行為等を行い、または行おうとしている取締役（執行役）を被告として、定款の目的の範囲外または法令・定款違反の行為の差止請求権を訴訟物として、差止請求を行うことになる。当該行為が終了するまでに差止請求をしなければ差止請求権が消滅するので、当該訴えは却下される。したがって、実務的には、差止仮処分申請という形をとらざるを得ないであろう。

　なお、いったん、上記の者が差止請求の訴えを提起した場合、会社や他の株主は別個に訴えを提起することができず、訴訟参加によることとなる。仮処分についても、同様であり、会社や他の株主は別個に仮処分申請ができない。

III　差止事由

　差止事由は、①取締役（執行役）が、会社の目的の範囲外の行為、その他法令・定款に違反する行為をし、またはこれらの行為をするおそれがある場合に、②当該行為によって会社に「著しい損害」（監査役設置会社および委員

115　目的の範囲外の行為が差止事由として条文上明記されたのは、米国デラウェア州会社法の影響によるものとされる（酒巻＝龍田・前掲（注64）450頁〔高橋栄治〕）。

112

会設置会社において監査役または監査委員が、またそれ以外の会社において株主が請求をなす場合)、または、「回復することができない損害」(監査役設置会社または委員会設置会社において株主が請求をなす場合) があること、である。

1 目的の範囲外の行為

一般的には、会社の目的を達成するために必要または有益な行為であると客観的に認められるものが目的の範囲内の行為であると解される。もっとも、そのように解すると、主観的に会社の目的達成に資さない行為、たとえば、取締役が自己の遊興費を会社の事業資金として会社の名で銀行から借り入れるような行為も、目的の範囲内の行為となり、本差止めの要件を満たさないことになる。客観的に目的の範囲を画定し有効とするのは対外的な取引安全の保護を考慮してのことであり、それをそのまま違法行為差止請求権の行使要件の解釈にあてはめるのは適切ではない。すなわち、内部的な会社や株主共同の利益を保護するための事前の措置としての本制度が十分に機能し得なくなるおそれがある (主観的目的外の行為の差止請求が認められた例として、東京高判平成11・3・25判時1686号33頁)。

2 法令・定款違反の行為

法令・定款違反については、取締役の責任要件と同様に解する必要はないと思われるので、故意・過失という主観的要件を必ずしも要しないと考えられる。もっとも、現実には後述のとおり善管注意義務違反を理由とする差止請求が通例であろうから、過失の有無の判断がなされることとなろう (経営判断の原則を適用して差止請求を棄却した例として、東京地判平成8・2・8資料版商事144号115頁、東京地決平成16・6・23金商1213号61頁など)。法令には会社法のみならず取締役が職務遂行上遵守しなければならないあらゆる法令

---

116 山口・前掲 (注33) 511頁。なお、異論として、田中・前掲 (注113) 706頁〜707頁。

を含むと解され、これら幅広い法令中の特定の具体的な規定に違反するときはもちろん法令違反となるが、善管注意義務（会330条、民644条）や忠実義務（会355条）に違反する場合も法令違反となる。違反な競業取引や利益相反取引、会社の重要な財産の処分が具体的な法令違反の例に含まれよう。なお、前述した募集株式の発行等や募集新株予約権発行、あるいは、後述する略式組織再編行為のように、会社法上差止請求権の根拠を有するものについて、本差止請求権を重畳的に行使しうるかという問題がある。募集株式の発行等や募集新株予約権発行に関しては、既述のように、差止めによって保護されるべき利益が異なるので、重畳適用を認めてよいと思われる。[117] 略式組織再編行為についても、これを特に否定する理由はないように思われる。

「違反する行為をし」によって、現に違反行為が行われ継続中である場合、また、「これらの行為をするおそれがある場合」によって、いまだ違反行為は行われていないものの、行われる可能性が極めて高い場合が捕捉される。無効な行為であっても、かまわない。ある行為が有効であるか否かは事後的に判断されることに加え、無効と判断された場合の原状回復の手間を考えると事前に差し止めておく実益はある（東京地判昭和37・9・20判タ136号103頁。したがって、代表取締役（代表執行役）のみならず、代表権のない取締役（執行役）や表見代表取締役（表見代表執行役）の行為についても対象となると考えられる）。他方、有効な行為については、いったん履行されてしまうと履行行為を差し止めることはできないから、それを履行前に差し止める必要性は高い。

3 「著しい損害」と「回復することができない損害」

事後の損害賠償では十分な救済が図られ得ない場合であるから、損害の程度が高いことが要件とされる。監査役設置会社および委員会設置会社におい

---

[117] 募集株式の発行等、会社法が別途差止めを規定している場合に違法行為差止請求権を行使できないとするものとして、新谷・前掲（注1）526頁。

て株主が本差止請求権を行使する場合には、それ以外の会社における要件が「著しい損害」とされているのに対し、「回復することができない損害」が要件とされている。監査役設置会社および委員会設置会社においては、監査役および監査委員にも違法行為差止請求権が付与され、「著しい損害」を要件として本差止請求権を発動することが認められている。業務執行の監視に関する株主の役割を監査役または監査委員に劣後させ、差止めによる会社の損害回避の利益と取締役（執行役）の円滑な業務執行権の行使（株主による濫用）とのバランスを図るものといえよう[118]。

「著しい損害」とは、他の手段による救済可能性を衡量しつつ、責任追及等の訴えのような事後的措置によって会社や株主が救済されず、事前的措置を講じることが必要かつ相当と認められる場合に、請求権行使を許容する前提として相対的レベルで観念される損害である。他方、「回復することができない損害」には、性質上あるいは物理的に損害の回復が不可能な場合（処分された財産を取り戻せず、しかもその損害が賠償責任によって償われきれない）のみならず、費用や手数などの観点から回復が相当に困難な場合を含むと解される[119]。

IV　責任追及等の訴えの規定の類推適用

取締役の違法行為差止めの訴えの性質は、責任追及等の訴えのそれに類似するので、担保提供、訴訟管轄、訴訟参加、勝訴株主の権利、敗訴株主の責任などの点については、責任追及等の訴えに関する規定が類推適用されうると解される[120]。もっとも、管轄については、会社法848条を類推適用して会社

---

[118] 山田敏彦「取締役の違法行為差止の訴え」（山口和男編・裁判実務大系⑳会社訴訟・会社非訟・会社整理・特別清算）119頁参照。
[119] 上柳克郎ほか編『新版注釈会社法(6)』427頁〔北沢正啓〕。
[120] 山田・前掲（注118）120頁。

の本店の所在地の地方裁判所を専属管轄とすることも考えられるが、これには異論もある[121]。会社法848条の類推適用によらない場合には、民事訴訟法上の原則により、仮処分申請の場合も含め、会社の本店所在地の管轄裁判所に提訴（仮処分の場合には申立て）することとなろう（民訴1条、4条1項・4項、民保12条1項）。会社法847条1項ただし書の類推適用により本差止請求に謙抑的に対応することも許されないと解する。なお、差止めの請求は会社のためになされるので、判決の効力は、会社にも及ぶ（民訴115条2項）。

V 違法行為差止仮処分申請

前述したように、取締役（執行役）の行為が終了する前に差止請求をしなければならない関係で、通常は、違法行為差止請求権を被保全権利として仮処分申請の形をとることとなる。仮処分債権者は、上述した保有要件を満たす株主、監査役または監査委員である。本仮処分は、債務者である取締役（執行役）に対し当該行為をしてはならないという仮の地位を定める仮処分であり（民保23条2項）、しかも、満足的仮処分である。

本仮処分の被保全権利は前述のとおり違法行為差止請求権であり、仮処分債権者は、①取締役（執行役）が、会社の目的の範囲外の行為、その他法令・定款に違反する行為をし、またはこれらの行為をするおそれがある場合で、②当該行為によって会社に著しい損害または回復することができない損害が生じるおそれがあり、③急迫の危険を避ける必要性があること（保全の必要性（民保23条2項））[122]を疎明することになる。

---

[121] 大隅＝今井・前掲（注68）250頁ほか。
[122] ②③が保全の必要性に対応する。②は、会社法上差止要件として組み込まれている。

VI 担　保

　監査役または監査委員が仮処分債権者となる場合には、担保を立てる必要がない（会385条2項、407条2項）。これを必要とすると、急を要するにもかかわらず、その支出をめぐって取締役と監査役または執行役や非監査委員取締役と監査委員との間で紛議が生じかねず差止めが困難となる事態を想定しての規定である。[123]

VII 仮処分命令に違反してなされた取締役（執行役）の行為

　本差止仮処分命令に違反して取締役（執行役）が行為しても、仮処分命令は、取締役（執行役）に不作為義務を課すのみであり、当該義務違反の責任が生じるのは格別、行為自体が当然に無効になるものではないとの見解が有力である（裁判例として、前掲東京高判昭和62・12・23）。[124]不動産の登記請求権を保全するための処分禁止の仮処分の文脈ではあるが、仮処分の登記がなされた場合には、これに抵触する当該仮処分登記後の行為について仮処分債権者に対抗することができない（民保58条1項）ので、その解釈として、登記や執行官による公示等がなされないものについては、原則として第三者に対抗できないとする見解もある。[125]また、仮処分命令違反について悪意の取引の相手方に対し、会社は行為の無効を主張できるとの見解もあるが、[126]この点に関しては異論も強い。[127]

123　山田・前掲（注118）121頁。
124　相澤哲ほか編著『論点解説新・会社法』411頁。
125　山田・前掲（注118）123頁。
126　北沢正啓「株主の代表訴訟と差止権」（同・株式会社法研究）318頁。
127　江頭・469頁注16。

第6節　企業買収・組織再編

I　支配権争奪の局面における募集株式発行等・募集新株予約権発行の差止めの仮処分

　第4節で触れたように、近年、現経営陣と買収者との間で支配権争奪がなされ、現経営陣が対抗策としてポイズン・ピル（買収者以外の者に新株予約権を取得または行使させて買収者の議決権割合の希釈を示威する防衛策）を発動し、これについて買収者が会社法210条2号または247条2号を根拠として新株予約権発行の差止請求を行う事例に遭遇するようになった。取締役が支配権維持・変動目的で友好的第三者等に株式・新株予約権を発行する動機は、上記のような現経営陣と買収者との対立構造において現経営陣が支配権維持を図る場合に限られず、ブロッキング・マイノリティや少数株主権行使が可能な株主の持株比率の引き下げ、あるいは、取締役の自己の持株比率の引き上げなどの場合もある。新株予約権については、直ちに持株比率や議決権比率の低下につながるものではないが、株式の払込みよりも少額の払込みにより取得できるので緊急に発行せざるを得なくなったような場合に引受人をみつけるのが容易であり、かつ、その権利行使の可能性により買収者の買収意欲を殺ぐ効果が認められる。株式の発行より費用対効果が高いので、買収防衛策においては新株予約権の発行が一般的である（ライツ・プラン）。上記のような目的での募集株式発行等・募集新株予約権発行が会社法210条2号または247条2号の差止事由を有することについて、ほぼ異論はないであろう。もっとも、募集株式や募集新株予約権の発行にあたっては、通常、表向きは複数の目的が併存していることが多いと考えられるので、不公正発行にあたるか否かの司法審査基準として、主要目的ルールが採用されている。

I 支配権争奪の局面における募集株式発行等・募集新株予約権発行の差止めの仮処分

1 主要目的ルール

　主要目的ルールは、バブル期のグリーンメーラーによる株式の買占めに対抗するため、取締役会が新株発行の決定を行った事例において、不公正発行の認定基準として現れたものである。この事例では、スーパーマーケットチェーン展開を図る中堅流通業者である忠実屋といなげやが秀和による株式の取得に対抗して、相互に新株を発行して引き受け合ったが、裁判所は、新株発行の主要な目的が資金調達その他会社の正当な事業の遂行にあるのか、あるいは、支配権維持・変動にあるのかに着目した。これが主要目的ルールとよばれる考え方であり、資金調達目的との衡量のうえ支配権維持・変動にその目的があると判断されれば差止めが認められる。このような比較衡量を経たうえで、裁判所は秀和からの新株発行差止仮処分申請を認めた（東京地決平成元・7・25判時1317号28頁）。他の多くの事例では、株式取得者（買収者）からの仮処分申請が却下されており（大阪地決昭和62・11・18判時1290号144頁、東京地決昭和63・12・2判時1302号146頁、前掲東京地決平成元・9・5、大阪地決平成2・7・12判時1364号100頁、東京地決平成16・7・30判時1874号143頁、高知地決平成16・7・8資料版商事251号220頁（本件では経営者が既存株主に対し再三出資要請をしたという事情がある）、前掲東京高決平成16・8・4など）、概して、裁判所による主要目的の認定はそれほど厳格になされていないとみることもできるが、にもかかわらず、この事例において株式取得者（買収者）からの仮処分申請が認められたのは、相互引受け・保有という客観的事実に資金調達目的を認めることが困難であったからであろう。このような特殊な場合を除けば、およそ募集株式の発行・自己株式の処分は資金調達目的でなされることが前提であり、同目的と支配権維持・変動目的とを比較したうえで主要目的を認定すれば、支配権維持・変動目的を主要目的と結論づけることは容易ではない。そのため、主要目的ルールは、目的間の比較衡量ではなく、新株発行等が支配権の維持・変動を主要な目的とするか否かの審査

を旨とするようになり、そのような目的が認定されるものの例外的に株式発行・新株予約権発行が許容される場合の類型的定式化が試みられるようになった。

2　修正主要目的ルール

ニッポン放送事件保全抗告審（東京高決平成17・3・23判時1899号56頁）においては、支配権維持目的でなされた株式の発行であっても、例外的に許容される場合として、次の4つが例示された。①グリーンメイラーないし株式の取得目的が主として短期の利ざやの確保にある場合、②会社の経営を一時的に支配して、事業経営上必要な知的財産権、ノウハウ、主要取引先や顧客等を買収者等に移譲させる場合、③資産を買収者等の債務の担保や弁済原資として利用する目的の場合、および、④会社の経営を一時的に支配して、当面事業に関係しない不動産や有価証券などの資産を売却等処分させ、その処分利益をもって一時的な高配当をさせる、または、一時的高配当による株価の急上昇の機会を狙って高値売り抜けをする場合、である。すなわち、現経営陣と買収者とが経営者としての優劣を争っている場合には、その優劣を決するのは株主であるべきであるが（機関権限分配秩序論）[128]、そもそも買収者が優劣を争う共通の土俵に立っておらず濫用的意図をもって標的会社の株式を買い集めているような場合である。もっとも、何をもって濫用的買収と判断するのかの解釈は多様であり、上記ニッポン放送事件の4類型に対しても、③については、LBOによる買収、④については、買収成功後の遊休資産の売却やキャッシュフロー株主還元型の買収など、経済合理性のある企業買収まで濫用的買収に含まれかねないとの懸念が表明されている[129]。さらに、後述

---

[128] 被選任者である取締役が選任者たる株主構成を変更する目的で株式・新株予約権の発行を行うことは会社法が定める機関権限分配秩序に反するという説明のほか、現に経営者としての地位を有する者は経営者の優劣の決定に関し特別利害関係があり、公正な判断ができないとの観点からの説明も可能である（川浜昇「株式会社の支配争奪と取締役の行動の規制(1)」民商95巻2号194頁以下）。

するブルドックソース事件抗告審において、東京高等裁判所が差止仮処分債権者を濫用的買収者と断じた点についても、批判が強い。[130]

企業価値研究会が平成17年にまとめた「企業価値・株主共同の利益の確保又は向上のための買収防衛策に関する指針」は、強圧的2段階買収など株主に株式の売却を事実上強要するおそれがある買収への防衛策や株主に株式の売却の当否の判断をさせる時間確保のためになされる買収防衛策についても、株主共同の利益の確保・向上に資する買収防衛策として例示している。[131]

3 基準日株主への譲渡制限新株予約権の割当てと不公正発行事由

現在多くの企業で導入されている新株予約権を利用した買収防衛策としては、事前警告型と信託型が主流のようである。[132]これはいわゆる平時の基準日株主に対し新株予約権を割り当てる買収防衛策について、差止め認容の司法

---

129 たとえば、藤田友敬「ニッポン放送新株予約権発行差止事件の検討(下)」商事1746号5頁～6頁。
130 たとえば、浜田道代「差別的行使条件・差別的取得条項付新株予約権無償割当てによる買収防衛策と株主平等原則（2・完）」民商139巻3号313頁～314頁。
131 経済産業省＝法務省「企業価値・株主共同の利益の確保又は向上のための買収防衛策に関する指針（2005年5月27日）」〈http://www.meti.go.jp/policy/economy/keiei_innovation/keizaihousei/pdf/3-shishinn-honntai-set.pdf〉4頁注1。
132 若干古い情報にはなるが、たとえば、別冊商事法務編集部編『買収防衛策の事例分析』別冊商事法務310号。最近の株主総会における買収防衛策の導入状況について、藤本周ほか「敵対的買収防衛策の導入状況──2012年6月総会を踏まえて──」商事1977号24頁以下。事前警告型ライツ・プランとは、買収者が買付行為をなす場合に遵守すべきルールを会社が事前に公表し、買収者が当該ルールを遵守しない場合等に、対抗措置を警告するものである。他方、信託型の導入件数はそれほど多くないが、買収者が一定の議決権割合を取得する場合に時価以下で行使できる、あるいは、一定の取得条項が付された新株予約権を平時に信託銀行に対し発行しておき、有事に当該信託銀行から全株主に当該新株予約権が付与され、買収者以外の株主についてその権利行使および取得条項による株式取得の対価として株式を発行するものである。信託型ライツ・プラン等においてすでに発行された新株予約権に差別的行使条件が付され当該新株予約権が平等原則の趣旨に反して行使されるような場合には、新株予約権発行無効の訴えを待たずして無効と構成すべきであり、かつ、かかる新株予約権については行使されても当然無効であるとの解釈が提示されている（江頭・743頁）。

判断が下されたことへの実務の反応であると思われる。

新株予約権の発行により、既存株主の持株比率の低下や株式価値の下落の不利益が及ばない場合には、原則として不公正発行にはあたらないと考えられる。この点について、一定割合以上の議決権を取得する者が現れた場合に備え、そのことを行使条件として、権利行使価額を1円とする譲渡制限のある新株予約権（会236条1項6号参照。譲渡されても、基準日株主の権利行使が維持される）を基準日株主に無償付与するライツ・プランの導入にあたって外国投資会社が差止仮処分命令を申し立てたニレコ事件では、基準日後に株式を取得した者に株式の価値の希釈化のリスクがあり、そのことは投資家に当該会社の株式の取得を躊躇させ、当該会社の株式の価値を下落させる可能性があるゆえ、既存株主に不測の損害を与えうるとして、差止仮処分命令が発令された（東京地決平成17・6・1判タ1186号274頁、東京高決平成17・6・15判時1900号156頁）。新株予約権の流動性が低く、それゆえ割当日後に株式を取得した株主のみならず新株予約権を付与された既存株主にも経済的不利益を及ぼすおそれがある新株予約権の発行は、支配権争奪が顕在化する先後を問わず、会社法247条2号の不公正発行事由にあたるとみてよいであろう。[133]

4 差別的行使条件を伴う新株予約権の割当てと不公正発行事由

ブルドックソース事件では、実際に経営陣との支配権争奪に突入しその最中、株主総会の特別決議を経て、買収者を含む全株主に対し持株比率に応じて取得条項付新株予約権の無償割当てがなされたが（会277条参照）、会社は取締役会の決議により買収者以外の新株予約権の取得にあたっては新株を、買収者の新株予約権については現金を交付するという対抗措置を講じた。先述したように、東京高等裁判所は、即時抗告審において、修正主要目的ルー

---

133 江頭・前掲（注108）111頁〔洲崎博史〕。

ルにより、買収者を濫用的買収者と認定し抗告を棄却した（東京高決平成19・7・9金商1271号12頁）。最高裁判所は、当該基準によらず、差別的行使条件が付された新株予約権の無償割当てにも株主平等原則（会109条1項）の趣旨は及ぶとしつつ、株主総会特別決議で圧倒的賛成多数により可決され、また、買収者には相当の対価が付与される点などを勘案し、買収防衛策の必要性・相当性の観点から、抗告を棄却した。[134]

　株主総会決議が要求されていない公開会社において、株主総会の特別決議を経ることには確認的・勧告的意義が認められる。とりわけ、支配権争奪が現実化している局面にあっては、先述した機関権限分配秩序に則ったものとして、買収防衛策の必要性・相当性に関する推定が働くものと思われる。もっとも、安定株主・取引先などの友好的株主へ働きかけをすることにより、あるいは、新株予約権の無償割当てなど株主に経済的動機づけをする議案内容であれば個人株主の賛同でさえ得られやすいと推量され、株主総会の承認を得ること自体はそれほど困難ではないであろうから、単に形式的に株主総会の決議があることのみで割りきって判断すべきではなかろう。企業価値研究会の平成20年の最終報告書においても、金員等の交付および株主総会決議による買収防衛策の発動に対し、安直な実務の流れを矯正すべく問題提起がなされている。[135]

---

[134] 詳細については、たとえば、田中亘『企業買収と防衛策』221頁以下。
[135] 企業価値研究会「近時の諸環境の変化を踏まえた買収防衛策の在り方（2008年6月30日）」〈http://www.rieti.go.jp/jp/events/bbl/08072301_2.pdf〉。

II　組織再編行為の差止め

1　組織再編行為への交渉と仮処分申請

　吸収型の組織再編行為に絡み、契約締結の前段階として当事会社間で基本合意書を作成し独占交渉条項を付加することがある。このような実務が従来わが国においてあまり一般的でなかったこともあり、独占交渉条項の法的拘束力が問題となったのが、住友信託銀行対 UFJ ホールディングス事件である（東京地決平成16・7・27金商1205号48頁、東京高決平成16・8・11金商1205号47頁、最決平成16・8・30民集58巻6号1763頁）。当事者間の信頼関係の破綻を理由に被保全権利の存在を否定した東京高等裁判所の決定とは異なり、最高裁判所は、保全の必要性がないとの判断により抗告を棄却したが、独占交渉条項の法的拘束力を前提とした被保全権利を明示に否定してはいない。[136]

　組織再編行為への交渉が首尾よく進められ、当該組織再編行為に関し、契約の締結または計画の作成がなされると、当該組織再編行為がなされる結果著しい不利益を被る株主にとって、効力発生日前に差止仮処分申請を行うことがことのほか効果的な救済であることは多いものと推察される。組織再編行為に関する会社法上の差止請求権としては、略式組織再編行為に関するもののみである。

2　略式組織再編行為の差止め

　実体法上の差止請求権として、会社法により略式組織再編行為への差止請求権が新たに加えられた。

---

[136]　詳細については、中東正文編『UFJvs. 住友信託 vs. 三菱東京 M&A のリーガルリスク』参照。

(1) 意　義

　会社法は、吸収型組織再編行為について略式組織再編行為の差止め（会784条2項、796条2項）制度を創設した。すなわち、吸収合併存続会社、吸収分割承継会社および株式交換完全親会社（以下、「存続会社等」という）が吸収合併消滅会社、吸収分割会社および株式交換完全子会社（以下、「消滅会社等」という）の特別支配会社である場合と消滅会社等が存続会社等の特別支配会社である場合について、被支配会社である消滅会社等または存続会社等の株主が不利益を受けるおそれがあるときに、当該株主による差止請求を認める。

　特別支配会社とは、ある株式会社（被支配会社）の総議決権の10分の9（被支配会社の定款で加重することはできる）以上を、当該会社および当該会社が発行済株式の全部を有する会社その他法務省令で定める法人が有している会社である（会468条1項）。このような特別支配関係にある会社が当事者となって吸収型組織再編行為を行う場合には、被支配会社において株主総会決議を不要とすることとして（略式組織再編）、機動的な組織再編を可能とする一方、特別支配関係が認められる場合においても一定の場合には略式組織再編を行うことを認めず（同法784条1項ただし書、796条1項ただし書）、略式組織再編が許される場合であっても、対価として交付される株式が譲渡制限株式等であるときの消滅会社株主、存続会社の譲渡制限株式の株主や拒否権付種類株式の株主等の保護に関する一定の配慮を図っている（会783条3項・4項、795条4項、322条、323条、会施規186条）。

　略式組織再編行為における当事会社株主の組織再編行為の差止請求権もまた、株式買取請求権（会785条、797条、806条）とともに、このような株主保護の趣旨に基づく規定である。事業譲渡等についても、特別支配関係がある場合には略式事業譲渡等の手続が認められているが（同法468条1項）、差止請求の規定はおかれていない。立案担当者によると、事業譲渡等は純然たる取引行為であるため、当該譲渡等により不利益を被りうる株主については、

本章第 5 節に上述した違法行為差止請求権の行使（同法360条）により保護が図られうると考えられたためのようである。[137]

なお、本差止請求を裁判上で行う場合、組織再編行為の効力発生日までに提訴する必要があるので、仮処分申請を行うのが通例となろう。

(2) 仮処分申請の当事者・管轄裁判所

略式組織再編行為によって不利益を受けるおそれのある株主が債権者となり、会社を債務者として、被告たる会社の本店の所在地を管轄する地方裁判所に対し申立てを行う（民訴 1 条、4 条 1 項・4 項、民保12条 1 項）。

(3) 差止事由

差止事由は、①組織再編行為が法令または定款に違反し、または、②組織再編行為において交付される対価等に関し著しく不当な条件で行われ、③これにより株主が不利益を被るおそれがあるとき（会784条 2 項、796条 2 項）、である。仮処分申請がなされる場合には、保全の必要性として、③に加え、緊急性について疎明することとなる。

3 組織再編行為の差止め
―― 明文規定の欠缺と差止めの許容性 ――

組織再編行為が株式交換・株式移転であり、完全親会社となる会社の新株や自己株式が完全子会社となる会社の株主に割り当てられる場合の手続的瑕疵や不公正な比率による合併の場合には、募集株式発行・自己株式処分の差止請求の規定（会210条）を類推適用できるとの解釈があるが、[138]このような解釈によらずして、組織再編行為に関し無効事由が認められる場合に、組織再編行為の無効の訴えを本案として当該組織再編行為の効力発生日前に差止仮処分申請を行いうるとの解釈もありうるかもしれない。[139]組織再編行為につ

137　相澤・前掲（注52）199頁注23。
138　たとえば、株式交換・株式移転への類推適用について、神田・前掲（注83）359頁、不公正な比率による合併への類推適用について、正井・前掲（注97）203頁。

いて差止請求権を一般的に許容する旨の明文規定がないことからこのような解釈の当否は定かではないものの、組織再編行為の無効の訴えには遡及効が否定されているため（会839条）、組織再編行為の効力発生により損害を被りうる株主等の救済手段としてこのような構成にも意味があると考えられる。
また、組織再編行為には原則として当事会社の株主総会特別決議による承認が必要となるから、株主総会開催禁止・決議禁止の仮処分や決議の効力停止の仮処分を申し立てることも可能である（本章第2節を参照）[140]。被保全権利の根拠が必ずしも明確でない場合においても、会社法規定を類推適用するなどして、仮処分申立ての途を拓くことを検討すべきである。所定の要件を満たす場合に株主が違法行為差止請求権を行使できることはもちろんであるが、同差止規定の類推適用により被保全権利を認めることもできるであろう。もっとも、同差止請求権は、その行使手続が厳格であることに加え、上述のように株主の監督是正権の1つに位置づけられるため、組織再編行為により不利益や損害を被る個々の株主の経済的利益の保護を図るための救済としては不十分である。

立法論として、組織再編行為に関する当事会社株主保護のための一般的な差止請求権の創設が提唱されている[141]。いったん効力が生じた後に事後的救済を図るより、満足的仮処分により短期決着が図られうる事前の差止制度のほうが、時間・費用の節約になり、法的安定性にも資する。株式・新株予約権発行のように取引的要素が含まれる業務執行行為以上に、組織再編行為に関しては、事前措置の導入が望ましい。

---

139 新谷・前掲（注1）469頁〜471頁、474頁、479頁。
140 さまざまな構成があり得ようが、たとえば、組織再編行為を承認する株主総会決議において特別利害関係人が議決権を行使したことによって著しく不当な決議がなされた場合には、株主は株主総会決議取消しの訴えを本案とする仮処分を申し立てることができるであろう。この点につき、たとえば、弥永真生「著しく不当な合併条件と差止・損害賠償請求」（黒沼悦郎＝藤田友敬編・企業法の理論（上巻））623頁、634頁以下。
141 たとえば、中東正文「会社法改正の理論と展望Ⅳ企業結合」商事1940号36頁。

前記「会社法制の見直しに関する要綱」では、全部取得条項付種類株式を利用した組織再編については、株主総会の決議を要することから、それに代わる株主総会決議を要しない総議決権の10分の9を有する支配株主の売渡請求権（キャッシュアウト）の創設などが提示されている。それに絡んで、略式組織再編行為の差止請求権と同様の株主による差止制度が創設されている[142]（第2部　親子会社に関する規律　第4　組織再編等の差止請求）。

（上田純子）

142　詳細については、岩原紳作「『会社法制の見直しに関する要綱案』の解説(Ⅳ)(Ⅴ)」商事1978号39頁以下、同1979号8頁以下。

第4章
事後の責任追及

第1節　役員等の対会社責任の追及

I　役員等の責任の構造（概説）

1　役員等と会社との関係

　会社の役員等（取締役、会計参与、監査役、執行役、会計監査人。会423条1項）と会社との関係は、委任関係とされ（同法330条）、役員等は、委任関係上の債務の履行として、その地位に基づく権限行使を行う。役員等は、善良なる管理者の注意をもってその職務を遂行する義務（善管注意義務）を負う（同条、民644条）。この善管注意義務は、行為者の有している個別的・具体的な能力・注意力とは関係なく、行為者が従事する職業や地位に対して通常期待される一般的・抽象的な注意義務であるとされ、「当該企業および取締役

1　役員等のうち、取締役、執行役については、会社法は、民法644条の善管注意義務とともに、会社のために忠実に職務を行う義務（忠実義務）を負うとする（会355条、419条2項）。最大判昭和45・6・24民集24巻6号625頁に基づけば、忠実義務の規定は、善管注意義務の内容を具体的に敷衍したものであり、両者の内容は同質であるとされる。会社法355条は、民法上任意法規とされる民法644条を強行法規化する機能を有するが、このような規定がない監査役等についても同様の取扱いがなされるとする（森本滋『会社法講義』129頁）。

129

の属する業界における通常の企業人」として期待される注意をもって職務を遂行することが要求される（東京地判平成10・5・14判時1650号145頁）。

役員等が履行すべき委任の本旨たる事務（職務）は、個別具体的に特定されているわけではない。具体的な場面で役員等が履行すべき債務の本旨は、「善管注意義務を尽くしていればどうすべきであったか」、すなわち、同様の場面において「当該企業および取締役の属する業界における通常の企業人」であればどうすべきであったかと評価することで明確化される[3]。もちろん、会社法などの法規が具体的に履行すべき職務（実施してはならない禁止行為）を明示する場合も存在する。

2 役員等の対会社責任（任務懈怠責任と法定責任）

役員等が委任の本旨たる事務を履行しない場合には、債務不履行に基づく損害賠償責任（民415条）を負担する。会社法423条はこの責任を厳格化する。役員等の債務不履行事実の有無を判断するためには、責任根拠とされる行為がなされた場面と同様の場面において「当該企業および取締役の属する業界における通常の企業人」であればどうすべきであったかと評価せざるを得ない。評価的な内容を債務不履行事実が包含するゆえに、役員等の債務不履行事実は「その任務を怠った」こと、すなわち「任務懈怠」と表現される。

任務懈怠責任の性質は債務不履行に基づく損害賠償責任であり、会社に損害が発生しなければ発生しない。しかし、会社に損害が発生したとは評価できない場合でも、会社法上の禁止行為の実行に関与した取締役・執行役など

---

2 上柳克郎ほか編『新版注釈会社法(6)』29頁〔浜田道代〕。
3 なお、従業員兼務取締役（使用人兼務取締役）は、自身としては業務執行権を有さないが、代表取締役の指揮命令の下、代表取締役の有する包括的な業務執行権限の一部を授権され（複受任者となる）、従業員（使用人）として行使する。従業員兼務取締役による従業員としての雇用契約上の債務の履行と取締役としての委任関係上の債務の履行とが区別されるわけではなく、従業員としての職務の執行に際しても、取締役として誠実に職務を執行する義務（会330条、民644条、会355条）を負うと理解され（阿部一正ほか『条解・会社法の研究9 取締役(4)』（別冊商事法務219号）71頁〜74頁）、会社法上は、「その他の業務執行取締役」（2条15号カッコ書）となる。

に法律上特別の責任が課されている（会52条1項、120条4項、213条1項、286条1項、462条1項、464条1項、465条1項）。会社の損害発生を要件としない以上、これらは、任務懈怠責任とは別個の責任である。

役員等の対会社責任は、これらの任務懈怠責任と法定特別責任とに大きく二分され、それぞれの責任追及の場面における要件事実などは、各論で後述する。

3　連帯──複数の任務懈怠が競合する場合の処理

複数の役員等が同時に会社に損害を与えた場合でも、役員等の任務懈怠責任は、それぞれ別個の委任関係に基づく債務不履行責任としての性質を有するため、他の役員等が責任を負担するという事実により賠償額が減額され得ない。他方で、損害が1つであるのに、複数の取締役に対し任務懈怠責任を追及することで会社が損害回復以上の利得をすることは不適切である[4]。このため、会社法は、同一損害を発生させたと評価できる複数の役員等の任務懈怠責任が競合する場合には、当該共通損害についてはこれらの者が連帯債務者となると規定する（会430条）。会社法430条の連帯は、不真正連帯の関係にあると理解され、各取締役の責任免除の効果は、相対効であると理解されよう[5]。

会社に損害を発生させた事象につき各取締役の関与の度合いが異なるような場合（たとえば、行為者の取締役、監視義務違反の取締役、および、違法行為の発覚後の対処を不適切であり損害を拡大させた取締役などの行為が複合するような場合）、各取締役の寄与度を事実的・数量的に把握できるのであれば、

---

[4] 民法の一般原則からは分割債務となる余地はない一方で、共謀関係なく不法行為が競合して同一損害を発生させる場合に類似する。笠原武朗「監視・監督義務違反に基づく取締役の会社に対する責任について(5)～(7・完)」九州大学法政研究71巻1号51頁、71巻2号81頁、72巻1号1頁を参照。

[5] 北村雅史「取締役の責任軽減と株主代表訴訟」民商126巻4・5号577頁。反対に、江頭・446頁注13は、絶対効が認められるとする。

寄与度に応じて相当因果関係のある損害を各取締役につき個別に認定することができる（東京地判平成 8・6・20判時1572号27頁、大阪地判平成12・9・20判時1721号 3 頁、大阪高判平成18・6・9 判時1979号115頁）。このような事案では、個々の取締役の賠償すべき損害は会社の被った全損害のそれぞれ一部であり、共通する部分につき各取締役は連帯して責任を負担する（部分連帯）。もっとも、寄与度の算定や損害額の決定は、その根拠を示すのは容易ではなく、裁量的に「相当な額」に取締役の責任をおさめるための便法的な色彩を帯びざるを得ない。なお、取締役や監査役は会社の適切な運営を担保する立場にあることから、会社の運営上の不備を理由に過失相殺の主張を許容することには抵抗感が強い。

法定の特別責任についても、同様に関与した複数の取締役・執行役は連帯して支払義務を負担するとされる（会52条 1 項、120条 4 項、213条 4 項、286条 4 項、462条 1 項、464条 1 項、465条 1 項）。

4　役員等の対会社責任の免除・責任限定

会社法は、株主による責任追及等の訴え［株主代表訴訟］の制度を設け、その提起・追行の機会保障のため、役員等の会社に対する責任の免除に総株主の同意を要求する（会424条等）。[6]しかし、取締役の法令違反行為以外の業務遂行上の善管注意義務・忠実義務違反の責任の免除要件が厳格すぎることは経営を萎縮させかねない。他方、社外取締役は会社の業務状況に関して必ずしも詳しい情報を得られず、事前に自身の任務懈怠責任が一定の範囲に限

---

[6] もっとも、株主代表訴訟の対象とされる責任のすべての免除決定に総株主の同意が要求されるわけではない。会社法120条 3 項、212条 1 項または285条 1 項の支払義務の免除については総株主の同意による承認は要求されておらず、業務執行上の決定として業務執行機関の決定（取締役会設置会社であれば取締役会決議（会362条 4 項本文））により免除の決定ができよう。取締役の法定責任のうち、会社法213条、286条に基づく取締役らの現物出資額の不足する場合の差額支払義務も免除につき総株主の同意は条文上要求されず業務執行の意思決定権限のある機関の決定により免除が可能であるとされる（相澤哲ほか編著『論点解説新・会社法』214頁）が、立法論としては疑問である。

定されていなければ、就任を躊躇させかねず、会社が有為の人材を確保することが困難になりかねない。これらを考慮して、責任一部免除・責任限定制度が設けられた。

(1) **責任の一部免除**

(ア) **一部免除が可能な責任と責任限度額**

　会社法秩序の維持や債権者保護を目的とする特別法定責任で、免除につき総株主同意が原則として要求されるもの（会120条4項、462条、464条1項、465条1項）は一部免除が認められていない。責任の一部免除が許容されるのは、会社法423条の任務懈怠責任のうち、善意無重過失の責任に限定される（同法425条1項）。もっとも、自己のための直接の利益相反取引に関する会社法423条責任はこれに含まれない（同法428条2項）。任務懈怠責任につき一部免除が認められない「重過失」による責任を「悪意と同視すべき」過失による責任と理解するものもあるが、法が重過失を明記するのであるから悪意と同視すべき場合より広げて解釈するのが合理的である。

　責任免除額は役員等が負う賠償責任額から最低責任限度額を減じた額に制限される（会425条1項）。最低責任限度額は、①役員等が会社から職務執行の対価として一事業年度中に受ける財産上の利益の合計額（在職中の最高額（会施規113条））の6倍（代表取締役・代表執行役）、2倍（社外取締役等）または4倍（それ以外の取締役・執行役）（会425条1項1号）と、②有利発行として引き受けた新株予約権を就任後に行使または譲渡した場合の利益の全額（同条2号、会施規114条）との合計である。①には使用人兼務取締役の使用人部分の報酬等を含み（同規則113条1項）、退職慰労金を在職年数で除した分も加算される（同条2号）。②には報酬規制に従って得た新株予約権の行使または譲渡による利益は含まれない。

7　太田誠一ほか監修「企業統治関係商法改正Q&A」商事1623号8頁。
8　江頭憲治郎ほか『改正会社法セミナー企業統治編』41頁〔森本滋発言〕。

(イ) 一部免除の手続

　一部免除には、①株主総会特別決議により決定する方法（会309条2項8号、425条1項）と、②委員会設置会社または監査役設置会社に限って、定款授権に基づいて取締役会決議（取締役会設置会社）または取締役の過半数の同意（取締役が2名以上の取締役会不設置会社）により決定する方法がある（会426条）。

　まず①の場合、取締役は、必要事項を株主総会で開示し（会425条2項）、監査役設置会社または委員会設置会社においては、会社提出の責任一部免除議案の提出には各監査役または各監査委員の同意が必要である（同条3項）。一部免除議案は株主の議案提案権の行使によっても提出でき（同法304条）、これには監査役（監査委員）の同意が要求されないが、問題があれば株主総会決議取消訴訟により治癒されうる（同法831条1項3号）。

　次に②の定款の定めを設ける定款変更議案の提出にあたっては、各監査役（各監査委員）の同意が必要である（会426条2項）。定款授権に基づき取締役会決議等が責任の一部免除を決定しうるのは「特に必要と認められるとき」に限定される（同条1項）が、この要件は抽象的であり、一部免除決定に関する取締役会等の裁量の幅は広い。[9]決定の適正さを担保するため、取締役会等に一部免除議案を提出する際には各監査役（各監査委員）の同意が必要であり（同条2項）、一部免除の対象となる者が現職の取締役であれば利害関係人として決議には加われない（同条1項、369条2項）。さらに、総議決権数の100分の3以上を有する株主に異議を述べる機会も保障されている（同法426条3項〜5項）。

(2) 責任限定契約

　株式会社は、社外取締役等（会427条1項）と会社法423条1項の責任のうち善意無重過失により負う責任の賠償額を一定額にするという契約（責任限

9　岩原紳作「株主代表訴訟」ジュリ1206号129頁。

定契約）を締結できる旨を定款で定めうる（同法427条1項）。監査役設置会社または委員会設置会社にあっては、このための定款変更議案のうち、監査委員を除く社外取締役に関するものの提出には、各監査役（各監査委員）の同意が必要とされる（同条3項、425条3項）。この制度は社外取締役等の訴訟リスクを一定限度に抑えることでなり手の確保を狙う。[10]社外取締役等がその要件を満たさなくなれば、責任限定契約はその時から将来に向かって失効する（同法427条2項）。

　責任限定契約の概要は事業報告に記載される（会施規124条5号、125条、126条）。責任の原因となる事実が生じ、それが当該社外取締役等の善意無重過失により発生していれば、契約の効果として責任額が限定される。会社は、事後的に、責任限定に関する情報の開示を株主総会で行わなければならない（会427条4項）。

5　役員等の対会社責任の消滅時効、遅延利息

　役員等が負担する任務懈怠責任（会423条）や法定責任の消滅時効期間は10年である。確かに、会社法5条により役員等の当該委任関係も商行為であると考えられなくはない。しかし、会社法423条の任務懈怠責任は、法によって当然に連帯責任とされるなど、委任関係上の債務不履行責任よりも内容が加重された特殊な責任であり、商事取引における迅速決済の要請は妥当しない。これを考慮して裁判所は、取締役の任務懈怠責任につき商法522条の適用ないし類推適用を否定して消滅時効期間を10年（民167条）と判断した（最判平成20・1・28民集62巻1号128頁）。同様の理解に基づけば、役員等の会社法上の法定責任の消滅時効期間も10年となる。

10　太田誠一ほか『コーポレート・ガバナンスの商法改正』114頁〔鳥飼重和〕。
　なお、法制審議会総会「会社法制の見直しに関する要綱」（平成24年9月7日）は、責任限定契約を締結しうる主体を、社外取締役から業務執行取締役でない取締役にする。責任限定契約の締結主体を拡張するのは、社外取締役の要件強化により、社外取締役であった者が社外取締役に該当しなくなることに対応するためである。もっとも、過渡的な対応ではない。

裁判所の消滅時効に関する理解と平仄を合わせれば、役員等の責任の遅延損害金の利率の算定も、商事利率（商514条）、民事利率（民404条）のいずれに基づくかは、会社法規範の要請を考慮して判断される。下級審判例では、6％の商事利率とするもの（大阪高判平成2・7・18判時1378号113頁）もあるが、一般債権として5％の民事利率を採用することが一般的である（奈良地判昭和55・12・5金商622号42頁、高松高判平成2・4・11金商859号3頁）。これらの責任は、期限の定めのない債務であると考えられるため、民法412条3項に基づき、履行の請求があった時から履行遅滞となると理解されている（たとえば、東京高判平成20・10・29金商1304号28頁、大阪地判平成13・12・5判タ1110号191頁など）。もっとも、会社法462条1項6号に相当する責任につき、資本充実の要請を考慮してか、配当金の支払時に直ちに遅滞に陥ると判断した下級審判例も存在する（東京地決昭和41・12・23判時470号56頁）。

II　取締役の任務懈怠責任の追及（各論1）

取締役の任務懈怠責任（会423条）の性質は債務不履行責任であり、民法415条に基づき債権者（会社）が債務不履行責任を追及するには、債務不履行事実（任務懈怠事実）、債権者（会社）に損害発生したこと、役員等の債務不履行事実を原因としその結果として会社に損害が発生したということ（因果関係があること）を主張・立証しなければならない。すでにみたように、委任関係上の債務不履行事実である任務懈怠は評価的内容を含むことから、債権者（会社側）は、役員等のある作為または不作為につき任務懈怠を基礎づける事実（評価根拠事実）を主張・立証することになる。他方、役員等の側は、自己の職務遂行行為が債務不履行とならない（善管注意義務を尽くした）と評価される事実（任務懈怠との評価の成立を妨げる事実。評価障害事実）を主張して、任務懈怠と評価されることを妨げる訴訟活動をすることで、責任を免れうる。任務懈怠事実がないとの立証に失敗した場合であっても、役

員側は、損害賠償義務を逃れるために、任務懈怠が自己の責めに帰すべからざる事由によるものであること（自己に責めに帰すべき事由（帰責事由）がないこと）を抗弁として主張・立証できれば（大判大正14・2・27民集4巻97頁、最判昭和34・9・17民集13巻11号1412頁）、責任の発生を否定することができる（会423条、428条を対照）。もっとも、委任の本旨として実行すべき（あるいは実行すべきではない）ことが客観的に明白な行為を除いて、原則として、「任務懈怠」の要件事実の存否を判断する中で過失的な内容も考慮されるため、帰責性がないと主張する場面は想定しにくい。

以下では、監査役設置会社の取締役を想定して、類型ごとに任務懈怠責任の追及の立証過程をみてみよう。

1 作為による任務懈怠責任

(1) 法令違反行為類型

会社法355条は、取締役が職務を遂行する際に法令を遵守することを求める（法令遵守義務）。遵守すべき法令は、取締役を名宛人とする会社法上の規範以外にも、会社を名宛人とし会社がその業務を行うに際して遵守すべきすべての法令が含まれ（最判平成12・7・7民集54巻6号1767頁）、外国の法規も含まれる（前掲大阪地判平成12・9・20）。会社は社会の一員として会社を名宛人とする法令を遵守しなければならず、取締役が、会社としての意思決定を行い、法律行為・事実行為を実行する際には、当然に会社を違法行為者としないようにすることが要求されるからである。

責任追及者の側が法令違反行為の存在という客観的事実を主張・立証すれば、当該行為の実施が善管注意義務・忠実義務に反するか否かを判断するまでもなく、任務懈怠の事実があるとされる[12]（前掲最判平成12・7・7）。これに対し被告取締役側は、責任を免れるため、帰責性（故意・過失）がないこ

---

11 類型別Ⅰ・220頁〜223頁。

とを主張することは可能である。高度化・複雑化した現代社会においては、会社が守るべき法規は多種多様に存在するため、法令に違反することの認識可能性がない場合（前掲最判平成12・7・7）や、法令違反を回避する期待可能性がない場合（名古屋地判平成13・10・25判時1784号145頁）も考えられなくはなく、これらの事実を抗弁主張すれば、役員等は責任を免れうる。

なお、会社法上の規範に反する事実もそれだけで任務懈怠事実となるが、それと因果関係のある損害を想定しにくいこともある。

(2) 「忠実義務」違反類型

善管注意義務の内容として、会社と取締役の利益衝突の場面において会社の利益を犠牲にして取締役が自己または第三者の利益を図ってはならないという義務（講学上、機能論的な意味で「忠実義務」とされる。以下この意味で用いるときは「忠実義務」とする）が存在する。取締役が利得を得る一方で会社に損害が発生すれば、当該取締役は「忠実義務」に反するとして任務懈怠責任（会423条）を負う。競業取引や利益相反取引を実施する場面は、このような利害衝突が生じる典型例であるから、会社法は、これらの行為について事前に手続規制をする一方で、これら2つの取引により会社に損害が生じた場合につき責任追及者側の立証負担を軽減している。

㋐ 競業取引

競業取引は、会社の事業の部類に属する取引（会356条1項）であり、取締役が「自己または第三者のために」それを実行する場合には株主総会（取締役会設置会社では取締役会）の承認が必要とされる（同項1号、365条1項）。

競業取引は、原則として定款所定の事業目的に該当する取引（事業として

---

12 吉原和志「取締役等の会社に対する責任の範囲と性格」（浜田道代＝岩原紳作編・会社法の争点）155頁など。この点、潮見佳男「民法からみた取締役の義務と責任——取締役の対会社責任の構造」商事1740号40頁、森本滋「会社法の下における取締役の責任」金法1841号15頁などは、具体的な法令違反行為もそれが善管注意義務違反となるかが判断されなければ、任務懈怠と評価できないとする。もっとも、任務懈怠の評価障害事実と帰責性がないこと（過失の評価障害事実）は、共通性があり、訴訟活動においてはいずれの理解でも大差はない。

実行する行為）であるが、会社が実際に行っている事業と市場において競合する取引を指す（付随行為〔事業のためにする行為〕は、当然に該当しない）。このため、定款所定の目的に該当する事業であっても実際にしていない事業は含まれず、反対に、開業準備をしている事業や事業開始が相当程度確実になった事業も含まれ、付帯事業行為も目的たる事業を遂行するのに不可欠であれば含まれる。事業目的に該当する取引の前提となる行為（製品の製造販売を目的とする会社では、原材料を仕入れる取引）も事業の部類に属する取引となる（最判昭和24・6・4民集3巻7号235頁）。もっとも、地理的条件などから顧客や仕入先が競合しない場合には該当しない。

　「自己または第三者のために」とは、当該取引の法律効果の帰属主体で判断するともされる[13]が、当該取引の経済上の効果が帰属する主体で判断されるべきである[14]。取締役が他社の取締役を務め、当該他社が事業の部類に属する取引を実行しても、当該取締役が他社の代表者として取引行為を実行していなければ競業取引には該当しない。他方、取締役が100％出資して設立した会社が事業の部類に属する取引を実行すれば、「自己のために」した競業取引とされ得よう（東京地判昭和56・3・26判時1015号27頁）。

　競業取引は、取締役または第三者の法律行為であるため、株主総会（取締役会）の承認を得なくともその効力は否定されない。他方、承認を得ても会社に損害が発生すれば、競業取引を実行した取締役は任務懈怠責任を負う可能性は依然として存在する[15]。承認を得ていない競業取引によって取締役または第三者が得た利益の額は、会社の被った損害の額と推定される（会423条2項）。推定される損害の基礎額は、当該競業取引の効果として当該取締役または第三者が経済的に得た利得（純利益）であり（東京地判昭和51・12・22

13　相澤ほか・前掲（注6）324頁。
14　江頭・408頁注2、神田秀樹『会社法〔第15版〕』212頁注4。
15　相澤哲ほか編著『立案担当者による新・会社法の解説』（別冊商事法務295号）105頁は、株主総会（取締役会）の承認には免責効果はないとする。

判タ354号290頁)、競業取引を実行した第三者より当該取締役が得た報酬等の利得はこの利益に含まれない。競業取引によって生じた利益とは評価できないからである。もっとも、小規模な閉鎖的な会社などは会社の経済的な利得は役員報酬等として流出し、会社には純利益が計上されないこともある。このような場合には、役員報酬等が損害推定の基礎額とされることはあり得る(名古屋高判平成20・4・17金商1325号47頁)。

　株主総会(取締役会)の承認を得なければ、会社法356条1項1号、365条1項に違反し、それだけでも任務懈怠事実となる。この場合、当該取引によって当該取締役または第三者が得た利益の額を会社の損害であるとの推定を受ける(会423条2項)が、会社法356条1項1号違反と当該損害との間の因果関係までもが推定されるわけではなく、原告側は、会社に競業取引によって何らかの損害が会社に生じたことを立証する必要がある。株主総会(取締役会)に承認を求めなかったことに起因して生じる会社の損害を観念することは難しく、原告側は、より実質的に、競業取引を実施する際に会社に損害が発生しないように予防や配慮をしなかったこと、積極的に会社情報やノウハウ、会社の人脈を利用して会社の犠牲において自己または第三者の利益となるよう行動したなど、会社に損害を与える原因となる被告側の行為の存在(結局は「忠実義務」に反するという事実)をあわせて主張することが必要となろう(前橋地判平成7・3・14判時1532号135頁を参照)。他方、株主総会(取締役会)の承認を得ている場合には、この実質的な行為のみが任務懈怠の評価根拠事実となり、当該事実により被った会社の損害を具体的に主張・立証しなければならない。

　　(イ)　競業取引類似の「忠実義務」違反
　競業取引の適用範囲は狭く、会社の利益を犠牲にして取締役が自身または第三者の利得を図る事例のすべては捕捉されず、「忠実義務」に反するとして任務懈怠責任を追及することになる。

　取締役が職務上知り得た外部情報を基礎に会社に無断で自己の事業を展開

することは、「会社の機会の奪取」とよばれ、競業取引には該当しないが「忠実義務」に違反する。当該取締役は、会社が当該進出計画に要した費用や会社の事業として実行すれば得たであろう利益等の損害を賠償する任務懈怠責任を負う。

退任後に会社と同一または類似の事業を開始することを企図して、在任中に会社の従業員に退職して自己の事業に勧誘すること（いわゆる「従業員の引き抜き」）は、それ自体で「忠実義務」に違反する[16]（東京高判平成元・10・26金商835号23頁）。どのような従業員であれ、採用活動費用や社内教育などのコストをかけて雇用しており、引き抜き活動により職場の業務遂行環境が悪化するからである。もっとも、引き抜き行為により具体的に会社の事業遂行が困難となったとまでは評価できない場合や、代替人材を容易に確保できる場合、引き抜きの勧誘が功を奏しなかった場合であれば会社の損害や相当因果関係の存在を観念することは難しい。さらに、たとえ従業員が退職しても、引き抜きの勧誘が主たる要因でなければ相当因果関係が否定される。

　㈦　**利益相反取引**

利益相反取引は双方代理・自己取引類似行為であり、会社（株主総会［取締役会］）の承認がなければ直接取引（会356条１項２号）・間接取引（同項３号）のいずれも無効となる。もっとも、取引相手の保護の観点から、相手方が悪意（当該取引が利益相反取引であり、株主総会［取締役会］の承認を得ていないことに対する悪意）の場合にのみ無効主張することが認められ（最大判昭和43・12・25民集22巻13号3511頁）、会社保護を目的とすることから、会社の側からのみしか無効主張が認められないとされる（相対無効。最判昭和48・

---

[16] これに対し、江頭・412頁注７などは、取締役の退任事情、退職取締役と勧誘対象従業員の関係、勧誘人数等の会社に与える影響を考慮して、不当な態様のみが「忠実義務」違反となるとする。しかし、これらの事情から不当でないとされる場合は、会社の損害がないか相当因果関係がないと評価される場合も多く、そうでなくとも、退職側の勧誘を「忠実義務」違反と会社が主張することを権利濫用として封鎖しうる（高知地判平成２・１・23金商844号22頁）。すべての事情を任務懈怠という要件の中で判断する必要もなかろう。

12・11民集27巻11号1529頁)。利益相反取引によって会社に損害が生じたことを立証できれば、会社(株主総会[取締役会])の承認の有無にかかわらず、取締役に任務懈怠があると推定される(同法423条3項各号)。

　会社(株主総会[取締役会])の承認を得ていない場合には、法令違反行為があるため、会社として決定した取締役や会社法356条1項2号の取締役は、任務懈怠がなかったとして推定を覆すことはできず、その他の取締役も監視義務違反の存否が問われる。もっとも、当該利益相反取引が無効となれば、原状回復されるため、会社は損害を被ったと評価できるとは限らず、任務懈怠責任を追及することは難しくなる。むしろ会社法423条3項1号・2号から離れて、会社が無効主張しない状況を任務懈怠とするほうがよい。他方、直接取引類型の利益相反取引が手形の振り出しであり裏書取得者が善意の場合(最大判昭和46・10・13民集25巻7号900頁)や間接取引などで会社の取引の相手方が善意である場合には、会社は無効主張できない。この場合には原状回復すれば得たであろう会社の逸失利益を因果関係のある損害として取締役の任務懈怠責任の追及が可能であろう。

　会社(株主総会[取締役会])の承認を得ていれば当該利益相反取引は有効であるが、それにより会社に損害が生じていれば、重要事項を開示し承認を得るべき取締役(会423条3項1号)、会社として当該取引を実行することを決定した取締役(同項2号)、および、取締役会において承認をした取締役(同項3号)は、任務懈怠があったものと推定される。利益相反取引によって発生した損害と因果関係のある取締役の任務懈怠を構成するにあたっては、次の2つの道筋を想定しうる。第1に、損害を、当該利益相反取引の締結時において独立当事者間で交渉がされた状態と実際の状況と比較しての差額とする立場である。この立場に立つ場合、利益相反取引によって発生した損害と因果関係のある任務懈怠は、取引締結時(契約実施の判断時)あるいは株主総会[取締役会]の承認時のそれぞれの取締役の行為態様を分析することで構成できる。この立場の下でも、独立当事者間取引であれば当該利益相反

取引は締結されなかったことまで立証できれば、取引締結がなされていない状況と現実の経済状況との差額を損害とすることもできよう。第2に、たとえば、直接取引の利益相反取引によって会社が得た土地の値下り分のように、利益相反取引の締結時と現在の経済状況とを比較してその差額を損害とすることも考えられうる。この立場であれば、利益相反取引を会社の相手方として実行した取締役に、自身または第三者の利益を優先させてはならず、会社の損害発生を絶対的に回避すべき「忠実義務」があるとし、その違反を任務懈怠と構成せねばなるまい。しかし、職務行為およびその関連行為を離れて個人の資格で行う取締役が活動する場合にまで「忠実義務」の適用範囲とすることには社会的コンセンサスがなく、取締役の自己のための直接取引事例[17]や、取締役自身のための債務保証のような間接取引事例についてはそれを肯定する余地があるとしても、取締役が第三者のために行う直接取引・間接取引類型についてもこのような構成が成立しうるかは今後検討が必要であろう。[18]この道筋においては、会社として取引の実施を決定する取締役や取締役会で承認をする取締役の任務懈怠の認定は、会社が将来被るかもしれない損害についての予見可能性の有無が決め手となろう。

なお、「自己のための直接取引」をした取締役は、帰責性がないとの主張はできない（会428条）。任務懈怠が「取締役が職務を善管注意義務・忠実義務を尽くして実行していない」という債務不履行事実を示すことからは、任務懈怠事実があることと帰責性があることとは内容的に近似する。このため、自己のための直接取引を行った取締役は、会社法428条1項により自身に帰責性がないことの主張が認められない以上任務懈怠の推定を破ることもできないとも考えられなくはない（いわゆる無過失責任）。[19]しかし、帰責性と任務

---

[17] 神田・前掲（注14）210頁注2(2)。
[18] 肯定するものとして、北村雅史「競業取引・利益相反取引と取締役の任務懈怠責任」（森本滋先生還暦記念・企業法の課題と展望）239頁。
[19] 江頭・442頁。

懈怠とが明確に分かれ、債務不履行責任を基礎づける要件としても別個であることから、一定の責任否定の根拠となる事実の主張は認められると解すべきであり、任務懈怠の評価障害事実と帰責性の評価障害事実との棲み分けをいかに図るかを今後検討すべきである。[20]

(3) 経営判断原則

取締役の業務執行に基づく決定が善管注意義務・忠実義務を尽くしたものとの評価を適切に行うことは難しい。結果として失敗すれば、誤った判断と評価されかねない一方で、判断時において成否の実現は不確実だからである。そこで、取締役が業務執行の決定に際して善管注意義務を尽くしたか否かを判断する枠組みとして、裁判所は、「日本版経営判断原則」を用いる。[21] 具体的には、業務執行上の決定が善管注意義務・忠実義務を尽くしたものであるか否かを、①当該業務執行上の決定の時点にあって、②当該会社の属する業界における通常の経営者の有すべき知見・経験を基準として、③当該決定の前提として必要となる事実の認識に不注意な誤りがなかったかという点と、④その事実に基づく選択決定の過程と判断の内容とに不合理な点がなかったかという点に区分して、判断する。④の事実に基づく選択決定の過程の合理性とは、認識した情報の分析の過程が不合理でないかという点から判断される。[22] 判断の内容が不合理であるかの判断にあたっては、少数の判例にあって、裁判所が「合理的な企業経営者」として、どのような判断が正しいかを独自に判断し、それとの乖離状況から認定するものもみられる（前掲東京高判平成20・10・29）。しかし、判例の主流にあっては、当時の認識していた事実に

20　議論状況は、吉原・前掲（注12）155頁を参照。
21　東京地判平成16・9・28判時1886号111頁、東京地判平成8・2・8資料版商事144号115頁など。もっとも、取締役が会社の利益を犠牲にして自己または第三者の利益を図るような「忠実義務」違反行為や法令違反行為の実行にあたっては、任務懈怠の有無は、すでにみたように経営判断原則により判断されない。両者ともに実施すべきでないことが明白で裁量の余地がないからである。
22　斎藤毅「関連会社の救済・整理と取締役の善管注意義務・忠実義務」判タ1176号77頁。

照らして、当該判断が合理的か否か（判断対象の事実からみて、判断内容が「つじつまをもって説明できるか」）という視点から判断される（最判平成22・7・15判時2091号90頁）。当該判断の前提となった認識した事実と論理的整合性のある行為の解の散らばりが経営判断における裁量の幅であり、認識した事実状況によっては裁量の幅は狭くも広くもなる。判断過程の合理性と判断内容の合理性とは総合的に判断される傾向にあり、[23]最高裁判所も両者を総合的に判断する枠組みを採用する（前掲最判平成22・7・15）。

　この日本版経営判断原則が採用された根拠として従来は政策的配慮があげられていた（東京地判平成5・9・16判時1469号25頁など）が、近時は、政策的配慮が述べられることは少ない。法的な根拠もなく裁判所が政策的な配慮を行いうるかが疑問とされようし、配慮の程度の問題となれば、何をもって適切な判断と評価しうるかが不明確となりかねないからである。むしろ、日本版経営判断原則が採用される論拠は、取締役と会社との関係が委任とされ、取締役が履行すべき事務の処理（会社の機関としての意思決定）につき包括的な裁量を有するという構造に求められる。将来の予測には不確実性があり、かつ、完全情報の下で判断を下すことは現実にはあり得ないことを考慮すれば、取締役の裁量内の判断が合理的かは、当該取締役が判断時に有する情報を基礎として判断せざるを得ない点に求めるべきであろう。

　なお、日本版経営判断原則に基づいて任務懈怠があると評価されれば、帰責性がないと被告取締役側が主張・立証するのはほぼ不可能となる。被告取締役側は日本版経営判断原則の枠組みに基づいて責任否定の根拠となる事実を積極的に主張することが必要となる。

23　松本伸也「経営判断の司法審査方式に関する一考察㈲」金商1370号3頁は、東京地方裁判所商事部と大阪地方裁判所商事部とでは、判断基準が異なり、東京地方裁判所商事部では、従来、判断過程の合理性のみを判断し、その内容の判断までは踏み込まない傾向にあったが、判断過程および判断内容の合理性を審査するように変化したと分析する。

2 不作為による任務懈怠

(1) 不作為による任務懈怠の根拠——監視義務、内部統制システム構築・運用義務

　取締役は、他の取締役の業務執行や自身の履行補助者である従業員の行為を監督する職務を負うため、他の取締役または従業員が問題行為を実行した場合に、問題行為に関与しなくとも、監督の職務を怠ったとして任務懈怠責任を追及されうる。

　まず、業務執行取締役は、自身の業務執行を善管注意義務・忠実義務を尽くして実行するのであれば、その一環として他の業務執行を行う取締役の行動を監視する義務を負う[24]。これに加えて、取締役会設置会社では、取締役会が取締役の職務執行の監督機関であることから（会362条2項2号）、取締役会構成員として、取締役会に上程された事柄にとどまらず、業務執行取締役の業務一般につき監視する職務を負う（最判昭和48・5・22民集27巻5号655頁）。

　次に、業務執行取締役が履行補助者（従業員）を用いて業務執行する場合、履行補助者は自身の手足であることから、取締役は当然その統制環境を整備し監督する職務を有する。

　最後に、規模がある程度以上の会社になると、会社の事業執行が分業的・階層的になり複雑化することから、取締役会設置会社では取締役会の監督の職務の具体化として（非取締役設置会社では業務執行の一環として）、会社の事業の規模や業種の多様性、業種ごとの特性に応じたリスク管理体制・法令遵守体制を含めた内部統制体制を整備することが要求される（会348条3項4号、362条4項6号参照）。すでに述べたように業務執行取締役が履行補助者を使用する場合には、自身の業務執行の適正化として履行補助者（従業員）の統

24　江頭・377頁。

制環境を整える義務があるが、その履行状況を確認するために、取締役会で会社が営む事業と特性に応じた全社的な内部統制システムの大綱を決定することが要求される。代表取締役および業務担当取締役は、大綱を踏まえて担当する部門における内部統制システムを具体化するべき義務を負い、実際の業務執行において問題がないか確認する義務を負う。それぞれの業務執行取締役は、具体化した内部統制システムの概略や運用状況を定期的に取締役会に報告し（同法363条2項）、取締役会の構成員である取締役は、当該業務執行取締役が内部統制システムの構築・運用の職務を尽くしているかを監視する職務を負うことになる。大会社においては、内部統制システムの整備に関する事項を決定することが義務づけられている（同法348条4項、362条5項）が、これは内部統制システムの設置義務の履行状況を株主に開示し（会施規118条1号）、株主がその実施状況を確認しうる状況の担保を目的とする。

なお、会社の規模がある程度大きくなれば、組織的に事業執行が行われ、監督活動も組織的に行われる。業務執行ラインからの報告や監査スタッフの報告を信頼して、特に疑念を差し挟むべき事情がない限り、その報告に明らかな異常がないかを監査すれば足りるとする。特に疑念を差し挟むべき事情とは、内部統制の体制や監査体制が適正に整備されているか、それぞれの担当者の人事が適切であるか、それぞれの担当者の職務遂行に問題がないかといったことから判断されよう（前掲大阪地判平成12・9・20、東京地判平成16・12・16判時1888号3頁、東京高判平成20・5・21判タ1281号274頁）。

このように、各取締役の属性に応じて監督の職務の根拠が異なることから、属性に応じて監督の職務を実行する際の注意義務の程度には差が生じる。

(2) 監視義務違反の認定

取締役が、同僚の取締役を監視する職務の履行につき、善管注意義務を尽くしていなかったと評価をされるのは、同僚の取締役の不適切な行為を発見したが何らの対処をしないか、注意を尽くせば不適切な行為を看過しなかったにもかかわらず、不適切な行為を見過ごした場合である。取締役会上程事

由にとどまらず、取締役の業務執行全般が監視の対象であるが、業務執行取締役の職務の本分は、自らの担当職務の実行であり、他の業務執行取締役の業務執行の状況を監視することではない。このため、自らの職務執行をするうえで他の取締役の不適切な行為を発見したか（し得たか）が問題となる。不適切な行為を発見したのであれば、取締役会で発言し取締役会として是正策を講じ（会362条2項2号）、それで不十分であれば監査役に報告し（同法357条）、対応を依頼しなければならない。もっとも、すでに違法行為の実行が完了している場合には、是正のしようがなく、違法行為の結果生じた損害とは相当因果関係がないと判断される。

従前は、取締役会決議事項につき賛成した取締役をみなし行為者とする規制があり（平成17年改正前商法266条2項）、監視義務違反は、当該規制の脱法を防止する機能を有するとして、同僚の取締役が違法行為をした以上監視義務違反があるとの理解が一般的であった。しかし、会社法制定時において、任務懈怠責任の性質が債務不履行責任であり、個々の取締役の具体的な職務遂行行為の違法性や帰責性が損害賠償根拠とされるべきとして、みなし行為者の規定は廃止された。このような流れを受けて、取締役の違法行為があれば監視義務違反を肯定するという運用から、義務違反が問われる取締役が具体的にどう違法行為に気がつくべきであったのか、どう対処すべきであったのかを具体的に審査する運用へと変化する傾向にある。

(3) 内部統制システム構築・運用義務違反の認定

どのような内容の内部統制システムを構築すべきかは経営判断の問題である。会社の経営資源のうちどの程度を内部統制システムの整備に割くことができるかは会社ごとに事情が異なり、どのような統制が有効かも会社ごとに異なるからである。しかし、社会から要請される最低水準を下回る内部統制システムでは合理性を欠く。内部統制システムの設定については、最低水準

---

25 たとえば、大阪谷公雄「取締役の責任」（田中耕太郎編・株式会社法講座第3巻）1134頁。
26 法務省民事局参事官室「会社法制の現代化に関する要綱試案補足説明」商事1678号86頁。

を超えてどこまで充実化させるかという点で取締役に裁量が認められるにすぎない。[27]

　内部統制システムの具体化はそれぞれの部署を担当する業務執行取締役の職務であり、彼（女）が具体化した内部統制システムの概略や運用状況は定期的に取締役会に報告され、取締役会の構成員である取締役は、その構築・運用状況を取締役会の議論を通じて監視する（会363条2項）。取締役会で定める内部統制システムの大綱は、実質として業務執行取締役の内部統制システムの整備状況を取締役会が確認するための基準となるにすぎず、細かな内容を大綱として取締役会で定める必要はない。

　業務担当取締役（代表取締役等）は、大綱を踏まえて担当する部門における内部統制システムを具体化するべき職務を負うため、整備した内部統制システムで不十分であることを疑わせる兆候があり、それに気がつけば（気がつくべきであれば）是正しなければならず、怠れば任務懈怠となる。[28]当該部署を直接担当する業務執行取締役はもちろん、社内の情報が集積する代表取締役は、「気がつくべきであった」との評価を受けやすかろう。

III　取締役の法定責任の追及（各論2）

　取締役の法定責任のうち、会社法52条1項、213条1項および286条1項は、立法の沿革は、資本充実責任から認められるが、その実質は、現物出資に関する瑕疵担保類似の責任を拡張し、職務上関与する取締役にも責任を負担させるものといえる。

　以下では議論の多い、株主権行使に関する利益供与と分配規制違反の責任について詳しくみよう。

27　野村修也「判批」会社法判例百選〔第2版〕113頁。
28　逆に気がつくことができないのであれば、任務懈怠とはならない（最判平成21・7・9判時2055号147頁）。

1　株主権行使に関する利益供与

会社は、何人に対しても、株主の権利行使に関し、会社または子会社の計算において財産上の利益を供与してはならない（会120条1項）。これは直接には、上場会社における「総会屋」の根絶を目的としている。「総会屋」へ利益を供与することは、会社にとっては不合理で必要のない浪費であり、会社の経営の健全性を害するため、認められない。「総会屋」に供与された利益が反社会的勢力に流れることもあるがゆえに、株主権行使に関する利益供与を実行した者や情を知って利益供与を受ける者やそれを要求する者も厳格な刑事罰の対象とされる（同法970条）。しかし、「総会屋」を直接の処罰対象とすることは立法技術上困難であり、会社法120条、970条は、株主の権利の行使に関して利益供与がなされれば適用されるという射程の広い規定となり、合理的な範囲に適用範囲を限定しなければならない。判例法理にあっては、会社による利益供与が株主の権利行使に影響を与えうることを会社が認識し、かつ影響を及ぼす客観的可能性が存在する場合にのみ970条が適用され、120条の適用範囲もそれと同一と理解されてきた。[29]もっとも、近時は、健全な会社経営をエンフォースするという側面が強調され、会社法970条とのリンクを切り離し、120条違反を認定する運用がなされ、会社側に株主の権利行使に影響を与える意図があれば適用が認められるようになってきている。もっとも、そのような意図の立証は困難であり、会社法は、株主に利益を供与する場合には、株主の権利行使に関し供与したものと推定する（同法120条2項）。推定を覆すためには、①利益の供与が株主の権利行使に影響を及ぼすおそれのない正当な目的でなされ、②個々の株主に供与される額が社会通念上許容される範囲のものであり、③総額も会社の財産的基礎に影響を及ぼすものでないことを立証し、当該利益供与行為の違法性を否定すればよ

---

[29] 森淳二朗「株主等の権利の行使に関する贈収賄罪・利益供与罪」（浜田道代＝岩原紳作編・会社法の争点）50頁。

い（東京地判平成19・12・6判タ1258号69頁参照。なお、判旨は株主への利益供与の事実により構成要件該当性を肯定し、①〜③を違法性阻却軸とする）。

　会社法120条1項に反する利益供与は無効であり、利益供与を受けた者は受けた利益を会社に返還する義務を負う（会120条3項。民708条の特則）。このため、株主権行使に関し利益供与がなされても、120条3項責任の履行見込みがなくならない限り会社には損害が発生しないともいえ、当該利益供与に関与した取締役に法令違反の任務懈怠があったとしても423条責任を常に負うとまでいえるかはわからない。しかし、事実上、利益供与を受けた者が利益を返還することの確保は難しく、120条が刑罰対象とされるほどの公序に関する規定であることを考慮して、利益供与に関与した取締役には、会社の損害の存在を要件とせず、利益享受者と連帯して、供与した利益の額を支払う義務を負うとされる（同法120条4項、会施規21条）。当該利益供与を実行した取締役を除き、帰責事由がないことを立証できれば、支払義務を免れる。

　従来は、この会社法120条4項責任は、120条3項責任を拡張する二次的な責任であり、両者は不真正連帯の関係にあると考えるのが一般的であった。よって、供与を受けた者が会社に対して利益を返還した場合（あるいは利益供与と引き換えに給付した者がある場合で当該給付物の返還を請求した場合）には、返還額の限度で取締役の支払義務は縮減すると理解されていた。取締役が120条4項に従って会社に対して支払を行えば、供与を受けた者の弁済責任は消滅し、取締役は供与享受者に対して求償権を取得すると理解されていた。他方、現行会社法の下では、条文上は、子会社の計算において利益供与がなされた場合であっても、利益供与に関与した取締役は利益供与額に相当する金額を会社に弁済する責任があるため（会120条4項）、120条3項責任と120条4項責任を別個の責任ととらえ、一方が履行されたからといって他方が返還義務に係る返還額が減額されるような関係にはないとも主張される。

30　阿部ほか・前掲（注3）40頁〔稲葉威雄発言〕。
31　元木伸『改正商法逐条解説〔改訂増補版〕』222頁など。

現行会社法の解釈としては後者が適当であるが、その判断の前提として、会社法は120条違反に対し強いサンクションを課しているとの割り切りが必要である。

なお、株主権行使に関する利益供与により会社法120条3項・4項責任の行使のみで回復できず、会社に損害が発生したと評価できる場合には、関与した取締役は120条責任とは別に423条責任を負担する。法定された関与取締役（会120条4項、会施規21条）以外の取締役は監視義務違反が問題となるが、任務懈怠責任を肯定するには損害概念を弾力的にとらえる必要があろう。

2　財源規制違反の剰余金の配当等の責任

会社は分配可能額を超えて剰余金の配当や自己株式の取得などをしてはならず（会461条）、当該規定に違反する場合には、当該行為により金銭等の交付を受けた者は、交付を受けた金額と同一の額を会社に支払う義務を負い、関与した業務執行者（業務執行取締役・執行役）も同額を支払う義務を負うとされる（同法462条1項）。

会社法461条違反の行為の効力につき理解が分かれるため、関与した業務執行者の責任の性質の理解も異なる。

会社法の立案担当者は、会社法461条違反の行為を有効と理解する[33]。この立場の下では、財源規制違反行為により交付を受けた者は、当該交付を受けた金銭等を保有する権原をもつ。しかし、財源規制が会社債権者の保護を目的とし、その違反行為は会社債権者を害することを考慮して、会社法462条1項は特別な法定責任を規定すると理解される。当該交付を受けた株主が会社に対して株式を引き渡している場合には、会社法462条1項責任を履行す

32　相澤ほか・前掲（注6）128頁。なお、120条4項責任を120条3項責任の拡張とし、両者は不真正連帯と理解する立場は、利益供与を受けた者は子会社に対して不当利得の返還義務を負うにしても、親会社に対しては返還義務を負わないことから、120条4項に相当する責任は発生しないと理解していた（原田晃治「会社分割法制の創設について(下)」商事1566号14頁）。

33　相澤ほか・前掲（注15）135頁。

れば、その返還を求めることができるとされる（民422条類推）。有効説の立場であれば会社に損害が発生したとは評価する余地はなく、業務執行者は任務懈怠責任を負担することはなく、会社法462条は、会社債権者保護の要請から業務執行者に支払が義務づけられた法定特別責任と解される。[34]

これに対し伝統的には、会社法461条違反の行為は無効と理解される。この立場に立てば、会社は、財源規制違反行為により金銭等の交付を受けた者に対し、当該金銭等の返還を求める不当利得返還請求権（民703条、704条）を有する。このため、当該交付を受けた者に対する会社法462条責任と不当利得返還請求権の関係が問題となる。両者の責任を法条競合とし、追及者が選択的に利用できるとする理解[35]と、会社法462条を不当利得の特則と理解し、不当利得返還請求権の行使が認められないとする理解[36]とに分かれる。

無効説に基づけば、会社が財源規制違反行為により交付を受けた者に対して会社法462条1項に基づく交付額の返還請求権を有しているため、損害があったと必ずしも評価できない可能性がある一方、会社債権者保護の要請が考慮されるべきであり、会社の損害の有無を要件とせず、業務執行者は、当該財源規制違反行為により交付を受けた者が支払うべき金額と同額の支払義務を会社に対して負うとされる（会462条1項）。

以上のように、会社法461条違反の行為の効力に関する理解にかかわらず、会社法462条に基づく業務執行者の義務は、特別に法定された過失責任であり、業務執行者の側で無過失を立証すれば義務は発生しない（同条2項）。関与した業務執行者の責任と、財源規制違反行為により会社から交付を受けた者の責任の関係は、不真正連帯と理解され（同条1項）、最終的な利得者である交付を受けた者のうち悪意者に対してのみ業務執行者は求償が認めら

---

34 このため、会社法462条1項、会社法施行規則116条、会社計算規則159条～161条に列挙される取締役以外の役員等は、監視義務違反といった任務懈怠責任も問題とならない。
35 神田・前掲（注14）279頁注3。
36 江頭・250頁注11。

153

れる（同法463条1項）。

　当該財源規制違反行為により交付を受けた株主の462条責任については、会社債権者は自身に支払うよう請求できる（会463条2項）。これは、債権者代位（民423条）の特則であり、期限前における裁判上の代位（同条2項）の要件は不要だが、無資力要件までも不要とされるかという点には争いがある。[37]

　このほか、会社債権者保護の観点から、自己株式の取得や一定の剰余金配当がされた場合に、当該行為をした日が属する事業年度末に欠損が生じる場合には、当該行為により株主に対して交付した金銭等の帳簿価格の総額と欠損額のいずれか低いほうを支払う義務を業務執行者に負わせている（会465条）。

Ⅳ　取締役以外の役員等の責任（各論3）

　執行役は、取締役会決議により委任された会社の業務執行の決定を行い、業務を執行するため（会418条）、業務執行を行う監査役設置会社の取締役とほぼ等しい地位にあり（同法419条2項参照）、任務懈怠責任や法的責任の内容も同一となる。ただし、執行役には、他の執行役に対する監視義務は一般的には存在しないと理解されている点には留意が必要である。[38] もっとも、自らの職務分掌として指揮下にある執行役を監督することは職務に含まれ、自らの職務執行の過程で他の執行役が違法行為を行い、会社に著しい損害が発生するおそれがあることを発見すれば、監査委員に報告しなければならない（同条1項）。

　監査役も職務の遂行につき善良なる管理者の注意を尽くしていないと評価されれば、任務懈怠責任を会社に対して負担する（会423条）。監査役の職務

37　条文上は、不要と解される（相澤ほか・前掲（注15）137頁）が、江頭・629頁注9は、会社債権者の権利が強すぎるとし、解釈により無資力要件を要求すべきとする。
38　武井一浩「委員会等設置会社の実務的観点からの検討(下)」月刊監査役460号12頁など。

は、取締役等が善管注意義務・忠実義務を尽くして適法に職務を実行しているかを監督し、問題の兆候があれば調査し、是正するという職務である。このため、監査役が実行した職務遂行が善良なる管理者の注意を尽くしたかを評価するにあたっては、二段階に分けた認定がなされる[39]（最判平成21・11・27判時2067号136頁）。第1に、監査役が、取締役・会計監査人の任務懈怠があることをうかがわせる事実の存在を認識した（あるいは認識すべきだった）か否かで審査される。個々の監査役はその属性やおかれた状況を異にすることから、それぞれの者がどのように「認識すべきだった」と評価できるかを責任追及者側は具体的に主張・立証することが要求される。第2に、取締役に任務懈怠があることをうかがわせる事実を察知した場合に、同一事業を行う会社の合理的な監査役であれば、どのように対処すべきだったかということを基準として任務懈怠の有無が判断される。違法行為を発見し代表取締役・取締役会に報告した（会382条）が対応措置がとられない場合には、独任制の機関として監査役の権限（同法385条、386条1項）を行使しなければ職務を履行したと評価することは難しい。

　会計監査人設置会社でない会社では、監査役は業務監査に加え、会計監査も直接実行する（会436条1項）。他方、公開会社に該当しなければ、監査役の職務は、定款により会計監査に限定しうる（同法389条）。会計情報の虚偽の見過ごしなどは監査役の任務懈怠に該当し、虚偽の計算書類に基づく法人税の過払いといった会社の支出を損害として賠償責任を負担する。なお、監査役は職務遂行の過程にあって取締役の不正行為等の重大な事実を発見した場合には取締役会等に報告する義務がある（同法382条）。会計監査の過程で取締役の不正行為等を発見したのに放置した場合や発見し得た場合には、この義務に違反するとして、違法行為を実行した取締役の責任と連帯して任務懈怠責任を負担しよう。

39　山田泰弘「判批」判時2084号180頁（判評620号18頁）も参照。

会計参与は、取締役と共同して計算書類を作成する職務を有し、その職務の履行のために会計帳簿等の閲覧や取締役・従業員への調査権（会374条）や取締役の違法行為発見時の報告義務（同法375条）がある。このため、会計参与は、計算書類作成行為以外は会計監査に限定された監査役とほぼ等しい職務内容を有し、同等の任務懈怠責任を負担する。

　会計監査人の職務は計算書類を監査して会計監査報告を作成することであり、この職務遂行にあたり、善良なる管理者の注意を尽くしていないと評価されれば、任務懈怠責任を負担する（会423条1項）。善管注意義務を尽くしたかの判断基準は、通常の監査活動において粉飾決算が疑われる兆候を看過したか否かが分かれ目となる。[40]計算書類の作成は会社（取締役）が行い、粉飾決算を発生させた原因はむしろ会社にあるため、会計監査人の責任については過失相殺を行うことが認められうる。[41]

V　会社による責任追及等の訴えと株主代表訴訟

1　会社が追及する場合の代表者

　会社に効果帰属する行為は、原則として、業務執行機関（取締役・代表取締役（会349条1項）、（代表）執行役（同法418条、420条1項））が実施しなければならない。しかし、業務執行機関の地位に就く者自身または同僚の責任追及の実施を業務執行機関の権限とすれば、人的関係を重視して追及されるべき責任が追及されないことにもなりかねない。このため、業務執行機関の地位にある者の責任を会社が追及する場合の会社の代表者の設定につき、会社法は特別の配慮を行う。監査役（会）設置会社にあっては、監査役が取締

---

[40]　任務懈怠を肯定するものとして、大阪地判平成20・4・18判時2007号104頁。否定するものとして、東京地判平成20・2・27判時2010号131頁。
[41]　分配可能額を超える配当の支出を損害とする事例だが、前掲（注40）大阪地判平成20・4・18。

役の責任追及の実施権限を専属的に有する（同法386条1項）。委員会設置会社では、執行役や監査委員以外の取締役の責任追及については、監査委員会が選定する監査委員が代表する（同法408条1項2号）。[42]業務監査機関がない会社では、原則業務執行機関が責任追及の代表機関となるが、株主総会（同法353条）または取締役会（同法364条）の決議により代表者を決定することが認められる。

なお、役員等の範疇にあるが、会計監査人、会計参与および監査役につきこのような配慮は必要なく、原則どおりの業務執行機関が責任追及を決定する。

2 株主代表訴訟

取締役・執行役に対する責任追及の場面での会社代表者につき配慮しても、人間関係により責任追及されないという可能性は完全に除去されない。このため、会社法は、株主が会社のために役員等の責任などを追及する訴訟（「責任追及等の訴え」）の提起を認める（会847条）。株主は、会社の機関ではなく、会社と法人格を異にするため、株主による責任追及等の訴え（株主代表訴訟）は、訴訟法上、訴訟担当（民訴115条1項2号）とされ、本人である会社にも判決の有利不利を問わず判決の効力が及ぶ。その結果、会社と当該被告との間の法律関係が確定するから、原告以外の株主はもはや同一の法律関係につき争うことができなくなる（反射効）。

会社法は、株主が担当者適格（原告適格）を得るために、一定の手続・要件を定めるとともに、責任追及訴訟の行使を適正化するため、一定の配慮を行う。

(1) 原告適格獲得のための手続・要件

責任追及等の訴えを株主が提起するには、会社に対し書面または電磁的方

---

42 監査委員を務める取締役に対する責任追及訴訟の代表者は、取締役会で定める（会408条1項1号）。

法で提訴請求を行う（会847条1項、会施規217条）。その請求後60日が経過しても株式会社が当該責任追及等の訴えを提起しない場合に初めて、会社に対して提訴を請求した株主は、責任追及等の訴えを提起できる（会847条3項）。よって、適法な提訴請求を行い、提訴請求後会社が提訴しないまま60日が経過したことが株主の原告適格を認めるための訴訟要件となる。提訴請求株主または対象の役員等らは、会社に対し提訴しない理由を書面で通知するよう求めることもできる（同条4項）。訴訟資料の充実を図るためである。

　提訴請求には、会社の提訴機会を保障するとともに、自浄活動を行う機会を会社に与えるという意義がある。提訴請求と60日の経過を待っていては会社の損害回復が難しくなるような場合（役員等の責任が時効消滅しそうな場合など）には、提訴請求をできる株主であれば、提訴請求を省略して訴訟提起することも例外的に認められる（会847条5項）。

　提訴請求ができる株主は、6カ月前（定款で期間を引き下げることは可能）から引き続き株式を有する株主とされる（会847条1項）が、公開会社でない会社にあってはそのような制限はない（同条2項）。保有要件に加えて、会社法847条1項ただし書は、「責任追及等の訴えが当該株主もしくは第三者の不正な利益を図りまたは当該株式会社に損害を加えることを目的とする場合には」、当該責任追及の訴えの提起を会社に請求することができないとする。このため、会社法847条1項ただし書に該当する事例にあっては株主が当該責任追及等の訴えを提起しても（同条3項）、訴訟要件を満たさないとして却下される（提訴請求を省略できる場合にも、提訴要件を欠くとされ（同条5項ただし書）、訴訟要件を満たさない）。株主代表訴訟がそもそも株主が直接救済を受けるような訴訟類型ではないため、このただし書に該当するのは株主権濫用のような事例に限られるべきである。

　株主からの提訴請求は、会社として責任追及を決定する機関に直接伝達されるべきであり、監査役設置会社や委員会設置会社では、取締役（執行役）の責任に関する提訴請求の名宛人は監査役・監査委員と法定されている（会

386条2項、408条3項1号)。提訴請求の名宛人を誤った場合（監査役とすべきところを代表取締役とした場合など）には、原則として有効な提訴請求ではなく、提訴請求株主は担当者適格（原告適格）を獲得できない。しかし、監査役において、提訴請求書の記載内容を正確に認識したうえで訴訟を提起すべきか否かを自ら判断する機会があったといえるときには、監査役は、当該会社の代表者として提訴請求書の送付を受けたのと異ならない状態におかれたものといえ、原告適格は認められる（最判平成21・3・31民集63巻3号472頁）。なお、この点からも明らかなように、提訴請求の効果発生は到達主義であり、原告株主は内容証明郵便など送付記録が証明できる方法で通知することが要求される。

瑕疵ある提訴請求しか実施していない場合または提訴請求の省略が認められないのに提訴請求を怠った場合には、株主が提訴しても原告適格が認められないことから、請求は却下される（提訴後に提訴請求を行っても治癒されない（東京地判平成4・2・13判時1427号137頁))。もっとも、会社が訴訟参加（被告側への補助参加を含む）をしている場合には手続上の瑕疵は治癒され、裁判所は請求を却下することはできない（大阪地判平成12・6・21判時1742号146頁、東京地判昭和39・10・12判タ172号226頁）。

(2) **株主代表訴訟の申立手数料**

株主による責任追及等の訴えによって原告株主が勝訴しても、直接救済を得るのは株式会社であり、原告株主ではない。原告株主は、会社が救済を得て財務状況が改善されるなどすれば所有する株式の評価額が上昇するかもしれないという間接的な救済を得るにすぎない。この点に鑑み、訴訟の目的の価額の算定については、財産上の請求でない請求に係る訴えとみなされる（会847条6項）。これにより、実際の請求額にかかわらず訴訟の目的の価額は160万円とみなされ（民訴8条1項、民訴費4条2項）、原告株主が裁判所に納付する申立手数料は一律1万3000円となる（民訴費別表第一）。

なお、会社の原告側への補助参加は、本来会社が主導して訴訟提起した場

合に要求される裁判所への申立手数料納付を回避することとなり、制度の濫用として認められない（東京地判平成 8・6・20判時1578号131頁）。

(3) 株主代表訴訟により追及しうる責任の範囲

　会社法847条は、株主代表訴訟を提起しうる対象者を、役員等（取締役、執行役、監査役、会計参与、会計監査人）や発起人、清算人などと限定列挙する[43]。それでは、これらの者が会社に対して負担する責任のすべてが株主代表訴訟によって追及されるのか。この点は、とりわけ取締役について従来から議論がなされており、最判平成21・3・10民集63巻3号361頁が示され、株主代表訴訟によって追及しうる「取締役の責任」には、取締役の地位に基づく責任のほか取締役の会社に対する取引債務についての責任も含まれると判示されたが、責任の範囲を限定解釈する趣旨なのかは釈然とせず、議論は収束していない。

　株主代表訴訟においては、会社および株主全員が責任追及等の訴えに関する訴訟が係属しているとの情報を得て（会849条4項・5項）、原告株主の訴訟追行に問題があれば訴訟参加でき、原告と被告とに共謀の詐害意図があることを立証できれば再審請求もできるという状況が担保される。この法制度を前提とすれば、会社と原告株主とが責任追及につき意見を異にしても、訴訟において意見の相違が調整されることから、別段制限を付すこともない（全債務説）[44]とも考えられなくはない。

　しかし、そもそも株主代表訴訟は、株主が会社という社団の構成員として、社団の適正な運営を求める権利を有することを根拠に、会社の有する権利を会社に代位して行使することが認められたものと解され（共益権に基づく派

---

[43]　会社法462条1項の財源規制違反の金銭等の交付を受けた者の金銭支払義務は、株主代表訴訟の対象とはされていない。しかし、たとえば、財源規制違反がある自己株式取得の対価として金銭を得た者の支払義務は、株主代表訴訟の対象とするほうが合理的と思われる。

[44]　吉原和志「株主代表訴訟によって追及し得る取締役の責任の範囲」（関俊彦先生古稀記念・変革期の企業法）113頁。藤原俊雄「判批」判時2057号196頁（判評611号27頁）は、不提訴理由書の提出制度（会847条4項）の整備により、調整機能の精度が上昇したことを根拠とする。

生訴訟)、監督是正権の発露の一形態である。そうであれば、株主によって行使される会社の権利の範囲の決定をする際には、監督是正権の行使の必要性と相当性とが考慮されるべきであろう。すでにみたように、株主代表訴訟提起者は、会社が責任追及等の訴えを提起する場合も訴訟手数料の面で優遇されるが、それは、株主代表訴訟を利用しやすくすることは、取締役の違法な業務執行を防止するために有効であると判断されたことに基づく。この点を踏まえれば、株主が株主代表訴訟を提起しうる範囲も取締役の違法な業務執行を防止するために有効な範囲にとどめておくべきである。問題はどの範囲に限定するかである。会社法上に根拠のある債務に限られるとしても、善管注意義務・忠実義務の解釈からは広がりがあり、役員等が個人的資格に基づいて会社に対して負担する債務の履行請求(ないし不履行に基づく損害賠償請求)の場面も善管注意義務・忠実義務の適用があるとの解釈や損害概念の弾力化により任務懈怠責任の成立範囲の拡張も不可能ではないからである。

具体的な線引きは難しいが、取締役であれば、会社法上の責任に加え、在任中に債務負担行為の原因が存する債務に限定されるべきであろう。債権債

---

45 竹内昭夫「株主の代表訴訟」(法学協会雑誌100周年記念論文集第3巻) 208頁。
46 たとえば、前田庸『会社法入門〔第12版〕』441頁。
47 山田泰弘「株主による責任追及等の訴えで追及できる役員等の責任の範囲」立命館法学333・334号1661頁。近藤光男「最近の株主代表訴訟の動向(上)」商事1928号10頁も全債務説では一株主の経営への介入が強すぎることから、限定をつけるべきとする。
48 藤原俊雄「代表訴訟を提起できる取締役の責任の範囲」民情275号30頁。
49 森本滋「株主代表訴訟における取締役の責任を追及する訴え」商事1932号11頁。
50 山田・前掲(注47) 1675頁。もっとも、不動産所有権の移転登記をなす義務などについては、どのような事実関係であれば認めうるかについては争いがある。学説の中には、民法646条2項に基づき職務上の土地引渡請求権が認められるような事例について肯定する見解もある(大塚龍児「株主権の強化・株主代表訴訟」(鴻常夫先生古稀記念・現代企業立法の軌跡と展望) 58頁)。しかし、通常の取締役につき、土地の登記を自身の名義でなすことが職務上想定されることはなく、一般化してこれを根拠に登記をなす義務の履行請求を株主代表訴訟により追及できるとするのは無理があろう。会社名義の土地を奪取して取締役名義の登記がなされていたり、第三者より会社が土地を取得したが取締役名義の登記がなされた場合には、むしろ横領物の返還が忠実義務により義務づけられることから、当然に認められるとし、所有権の帰属に争いがあるような事例であれば、株主代表訴訟による登記をなす義務の履行請求は認められないと解するべきであろう。

務の相対効を考慮すれば、会社と取締役との間で任用契約があったとしても全人格的に会社に対して善管注意義務・忠実義務を負担するとは考えられない一方で、在任中に会社に対する債務の発生根拠たる行為があれば、その行為の実施に際して取締役は善管注意義務・忠実義務を負うことは明確だからである。

取締役以外の者のうち、清算人、執行役は取締役と同様の立場にあり、利益相反取引規制が及ぶこと（会419条2項、489条8項）からは、取締役と同様であると解される。他方、監査役、会計参与、会計監査人については、利益相反取引規制が存在せず、在任中に発生した取引債務につき会社法上義務や責任が加重されていない。よって、取引債務の履行請求や取引の効力が否定された場合の不当利得返還請求権の行使は株主代表訴訟の対象とはならないと解される。[51]

このほか、取締役と通謀して著しく不公正な価格で新株または新株予約権を引き受けた者（会212条1項1号、285条1項）や、株主権行使に関し利益供与を受けた者（同法120条3項）は、会社法上の責任に当然に限定されよう。

(4) 担保提供

株主代表訴訟において、被告は、代表訴訟の提起が悪意によるものであると疎明して申し立てれば、裁判所は、訴訟上の担保の提供を原告株主に命ずることができる（会847条7項・8項、民訴81条）。この担保提供の被担保債権は当該提訴が不当訴訟にあたる場合に、被告取締役が取得する民法709条に基づく損害賠償請求権であり、担保の額は裁判所の裁量による。[52]

被告が疎明すべき「悪意」については、①原告の請求が法的事実的理由がないこと（原告の主張自体が失当であるか立証可能性が低いか、被告側の抗弁成立の蓋然性が高いこと）を知って訴えを提起したか、または、②株主権の濫

---

[51] 山田・前掲（注47）1678頁、森本・前掲（注49）10頁。
[52] 上谷清「会社法上の訴と担保提供」（鈴木忠一＝三ヶ月章編・実務民事訴訟法講座第5巻）151頁。

用にあたるような個人的な利益の追求といった不当不法目的を有するか、を総合的に判断することで認定するのが、判例の到達点である（東京高決平成7・2・20判タ895号252頁、大阪高決平成9・11・18判時1628号133頁など）。過失による不当訴訟も原告株主の「悪意」となるとして担保提供を命じる下級審決定（東京地決平成6・7・22判時1504号121頁）やそれを肯定する学説もないわけではない。しかし、請求に法的・事実的根拠を欠くことを過失により知らないでいることを「悪意」とするのは行き過ぎではないだろうか。

(5) **組織再編等の影響**

　会社法は、株主が責任追及等の訴えを提起するための要件として、提訴段階において株式を保有していることを要求する（会847条1項・2項）。よって、口頭弁論終結時においても株式を保有していることが必要であり、責任追及等訴訟が係属しているうちは提訴株主の株式保有が継続していなければならないとされる（継続保有要件）。もっとも、会社の組織法上の行為（株式移転・株式交換・合併など）の結果として、原告株主が株主たる地位を喪失することがある。この場合にも継続保有要件を満たさないとして、係属する株主代表訴訟が却下されることは不合理である。株式交換または株式移転が実施され、当該会社が他の会社（完全親会社）の完全子会社となり、完全親会社が株式交換または株式移転により取得した当該会社の株式のすべてを保有し、原告株主がその完全親会社の株式を取得する場合や、当該会社が消滅会社となる合併がなされ、原告株主が合併存続会社または合併新設会社の株式を取得する場合には、例外的に訴訟係属が許容される（同法851条）。しかし、たとえば株式交換が実施された後、完全親会社が保有する完全子会社株式の

53　中村直人「株主代表訴訟での担保提供における『悪意』の意義」民商115巻4・5号619頁。
54　前田・前掲（注46）439頁。
55　法制審議会総会・前掲（注10）「会社法制の見直しに関する要綱」は、一定範囲で完全親子会社について多重代表訴訟の導入を決定した。これにあわせて、株式移転、株式交換、合併前に発生した責任を追及する場合には、当該組織再編行為の効力発生後でも、提訴請求を行えば、引き続き完全親会社または合併後存続会社の株主となる者の原告適格が認められるとした。

ごく一部が譲渡されるような事例や、合併の組織再編対価として消滅会社株主に現金が支払われる事例において訴えが却下されるのは不当であり、少なくとも、より適切で真摯に訴訟追行しうる主体が現れるまでは、提訴株主は原告適格を維持しうると解するべきである。

(6) 多重代表訴訟の導入

株主が自身が株主である会社の子会社の役員等の責任を追及する、いわゆる「多重代表訴訟」は、明文の規定がない以上認められないと解釈するのが一般的であり、「多重代表訴訟」は日本法に定着していなかった。しかし、多重代表訴訟が認められない状況下では、子会社取締役の任務懈怠行為によって発生する損害を回復するためには、持株会社株主には持株会社の取締役の責任を追及する途しか残されておらず、救済手段としては十分ではなかった。

完全親子会社の事案で直接の指図行為などにより子会社取締役の任務懈怠行為に関与している場合はいざ知らず、子会社の株主として親会社が有する株主権を行使することを子会社の業務執行の適正化を図る手法の中核に備えなければならない以上、持株会社取締役の監視義務違反または内部統制義務違反を認定することは困難を極める(東京地判平成13・1・25判時1760号144頁)。子会社の不祥事が個別の具体的な子会社取締役の業務執行の中で実行されるため、持株会社取締役が不祥事に関して状況を知り得たとか、その発生を未然に防止できたというような状況は、想定しにくいからである。たとえ、持株会社取締役の子会社取締役に対する任務懈怠に関する監視義務違反

---

56 柴田和史「株式移転における株主代表訴訟の問題」判タ1122号29頁、山田泰弘「企業再編対価の柔軟化と株主代表訴訟」立命館法学296号90頁。
57 葉玉匡美編著『新・会社法100問〔第2版〕』513頁、福岡地小倉支判平成16・11・17商事1756号57頁。
58 平成17年の会社法制定時、「会社法案」の国会審議にあたって会社法での「多重代表訴訟」の導入は見送られたと説明された(第162回国会衆議院法務委員会議録第14号〔江頭憲治郎政府参考人発言〕)。
59 完全子会社の損害を親会社の損害とするものとして、最判平成5・9・9民集47巻7号4814頁。

等を肯定できても、持株会社には保有する子会社株式の評価損としてしか損害発生しないため、持株会社に損害が発生したと評価することは困難となる（福岡高判平成24・4・13金商1399号24頁）。このほか、持株会社取締役が子会社株主としての持株会社を代表して、子会社取締役に対する代表訴訟を提起しないことが持株会社に対する義務違反となるとして、持株会社取締役の責任を追及する代表訴訟を提起する道筋もないわけではない。しかし、原告株主は、①子会社取締役に義務違反があり、それにより子会社に損害が発生したこと、②持株会社取締役が持株会社を代表して、子会社取締役の責任を追及する代表訴訟を提起しないとの判断が義務違反となること、③持株会社に損害が発生したこと、を立証しなければならない。②は、勝訴の見込みや、子会社取締役の資産状況に応じた損害補てんの実効性、さらには費用対効果を考慮して、総合的に判断される。もちろん、会社運営の適正化の手段という側面からは、株主代表訴訟の提起が唯一の手法ではなく、人事考課上の対応で是正したという事実も考慮しなければならない。このため②の判断が不合理であると立証することは難しく、③の立証もやはり困難を極める。[60]

　立証の困難性ゆえに、子会社取締役の任務懈怠が放置されかねない事態は、親会社取締役の子会社管理に対する弛緩を招き、親子会社のガバナンス構造のあり方にとって望ましいものとはいえない。もっとも、グループ企業の実体は、すべての子会社につき一律に親会社株主に子会社取締役の責任を追及する多重代表訴訟の提起を許容するものではない。グループ企業を形成する会社の数は、大規模なグループ企業にあっては、1000社程度となるといわれる。[61] 子会社といっても、①親会社の一事業部署（製造工場など）に等しいものから、②親会社から独立した事業主体としての実質をもつもの、さらには、

60　山田泰弘『株主代表訴訟の法理』254頁。
61　たとえば、株式会社日立製作所は、平成25年１月時点で連結子会社939社、持分法適用関連会社183社を有する（株式会社日立製作所「日立製作所について」〈http://www.hitachi.co.jp/csr/outline/#outline03〉《visited on 2013/01/09》）。

③現実に収益をあげているという実績からくる力関係の逆転現象が発生している会社（事実的には、むしろ子会社取締役の発言力が強く、親会社取締役が十分なコントロールができないような会社）までバリエーションがある。①であれば、子会社取締役の業務執行を親会社の内部統制上に位置づけることが可能であり、逐次、親会社の取締役またはその履行補助者たる従業員（部長・課長クラス）に報告させる体制を構築することも容易である（現実に構築されているであろう）し、子会社取締役の責任が親会社株主により追及され得るという環境を整備することが必ずしも望ましいとは思えない。むしろ親会社取締役の子会社管理により子会社のコントロールが期待できるからである。他方、②のように、グループ企業の運営上、親会社から独立して運営されるほうが適切であると判断する場合にまで、逐一業務執行状況のモニタリングの実施を親会社取締役会に課すとすれば、子会社の独立性を確保することが難しくなり、当事者の経営構造の選択をゆがめることになりかねず、子会社取締役も親会社取締役に準じた地位を有するともいえる。③の事例に至っては、なおのこと、親会社株主によって責任追及がなされるべきともいえよう。

　親子会社のガバナンス構造の強化の要請を、親子会社の実態に調和する形で実現することが模索され、平成24年9月7日にまとめられた法制審議会総会・前掲（注10）「会社法制の見直しに関する要綱」では、一定の完全子会社につき「多重代表訴訟」を導入することを決定した。

　導入することが決定された「多重代表訴訟」の概要は次のとおりである。

　多重代表訴訟を提起できる株主は、持株会社の総株主の議決権の100分の1以上の議決権または発行済株式の100分の1以上の数の株式を有する株主とされる。追及対象は、完全子会社（直接株式を保有する場合だけでなく間接的に株式の保有関係があるものを含む）の役員等とされ、その責任発生の原因となった事実が生じた日において、当該持株会社が有する完全子会社株式の帳簿価額が当該持株会社の総資産額の5分の1を超える場合にのみ追及が認められる。ただし、当該訴えに係る責任の原因となった事実によって当該持

株会社に損害が生じていない場合（たとえば、当該持株会社と完全子会社との間の取引により完全子会社には損害が発生するが、当該持株会社は利得しているような場合）には、責任追及は認められない。

多重代表訴訟を提起する株主は、完全子会社に直接提訴請求をすればよい。[62] 公開会社における提訴請求前6カ月以上の株式保有要件は、提訴請求株主が保有する持株会社株式についてのみ満たせばよく、当該持株会社と完全子会社との株式保有関係についてまでそれを充足することは要求されていない。完全子会社が提訴請求を受けた日から60日が経過するまでに完全子会社の役員等の責任追及等の訴えを提起しない場合には、提訴請求をした当該持株会社の株主は、責任追及等の訴えの提起をすることが認められる。

後述のように、役員等の責任追及等の訴えを適正化させるために、株主等に訴訟参加の機会等が保障されている。多重代表訴訟においても、完全子会社またはその株主（当該持株会社など）のほか、当該持株会社の株主は、共同訴訟人として、または当事者の一方を補助するため、責任追及等の訴えに係る訴訟に参加することができるものとし、また、当該持株会社は、当事者の一方を補助するため、当該訴訟に参加することができるものとされる。これらの訴訟参加の機会を保障するため、原告株主は、訴訟提起したときは、遅滞なく、完全子会社に対し、訴訟告知をしなければならないとされ、完全子会社は、自ら責任追及等の訴えを提起したときか、または、原告株主より訴訟告知を受けたときは、遅滞なく、その旨を持株会社（完全親会社）に通知しなければならない。通知を受けた持株会社（完全親会社）は、遅滞なく、その旨を公告するかまたは当該会社の株主に通知しなければならないとされ

---

62 現行法の観点からみれば、847条の株主を完全親会社の株主にまで拡張するという制度把握がされている。法制審議会総会・前掲（注10）「会社法制の見直しに関する要綱」は、多重代表訴訟の提起が認められるような完全親会社を、最終完全親会社と定義する。最終完全親会社は、責任追及の対象たる役員等の属する会社の「完全親法人である株式会社であって、その完全親法人（株式会社であるものに限る。）がないもの」とされる。なお、完全親法人には、株式会社の発行済株式の全部を直接有する法人のみならず、これを間接的に有する法人も含まれるものとする。

る。

　以上の多重代表訴訟の実効性を確保するために、完全子会社の取締役等の責任（多重代表訴訟の対象とすることができるものに限る）は、当該持株会社（その完全子会社の最終完全親会社）の総株主の同意がなければ免除することができないものとされる。

(7) 原告株主による執行

　株主による責任追及の訴えにおいて株主が勝訴した場合には、「被告は会社に対し金員を支払え」という判決が出される。この判決には当事者として原告株主が記載されているために、原告株主は執行名義を獲得し（民執23条1項1号）、会社も執行名義を獲得する（同項2号）。同一の権利につき二重に執行することは認められないため、会社が強制執行しようとする場合には、原告株主より勝訴判決正本を入手し、執行文の付与を求めなければならない（同法27条2項）。原告株主が強制執行を実施した場合は、会社は債務名義の正本を有さず、差押債権者ともならないため（同法51条、87条）、強制競売の売得金の交付を請求し受領すること（配当受領権限）が認められないことになりかねない。他方、原告株主が売得金を受領する場合には、その売得金が会社に入金される制度的保障が存在せず、会社の損害回復が確実に実行される保障がなく、問題となりかねない。

　この問題に対して、次の2つの道筋での解決が提示されている。第1の道筋は、原告株主にも執行債権者適格を認めるが、配当受領権限を否定し、会社は当然に配当受領権限が肯定されると理解する。[63] 配当受領権を規定する民事執行法51条が明文においては差押えを実行していない会社に配当受領権を肯定していないというのであれば、勝訴株主による差押えは会社のために実行されていると取り扱うべく、株主代表訴訟の手続に準じて、会社に判決の執行を請求し、一定期間（60日）の間にその実施がなければ、それにより株

63　霜島甲一「株主代表訴訟における強制執行の可否・方法」ジュリ1068号80頁。

主が会社のために強制執行を行う執行権限を獲得したと解し得るとも主張される。[64]第2は、原告株主に配当受領権限がないことから執行権限の行使を否定し、会社のみに強制執行の申立てと配当の受領とを許容しようとする道筋である。[65]実務では、現行法の解釈では第1の道筋の採用は難しいとして第2の道筋で対応するとされたこともあるが、[66]現在は、明文の規定はないが不都合はないとして第1の道筋での運用がなされているようである。[67]

3 責任追及等訴訟の適正化への配慮

株主が会社に提訴請求して60日が経過すれば原告適格を獲得するという株主代表訴訟の制度設計のため、責任追及をめぐって会社と原告株主の間で意見が異なっても、責任追及訴訟が係属しうる。他方、役員等の責任の免除には総株主の同意が原則として要求されるため、株主代表訴訟の場合の原告株主にとどまらず、会社が責任追及する場合の会社代表者も、当該訴訟物に関する処分権限を単独では行使し得ない（民訴37条は32条2項を準用する）。会社法は、責任追及等訴訟の訴訟追行者が必ずしも訴訟物に関する処分権を自足的には行使し得ないという問題を解決するため、株主（株主代表訴訟であれば、原告以外の株主および会社）が責任追及等の訴えに関与しうることを保障している。

(1) 共同訴訟参加

会社または株主により責任追及等の訴えが提起される場合、株主または会社は「共同訴訟人として」訴訟参加することができる（会849条1項）。そもそも、会社が責任追及等の訴訟を提起した場合は、株主は、当該訴訟物につ

---

[64] 中野貞一郎「代表訴訟の地位——第三者の訴訟担当と執行担当」判タ944号41頁。
[65] 伊藤眞「株主代表訴訟の原告株主と執行債権者適格(上)(下)」金法1414号6頁、1415号13頁、同「株主代表訴訟における訴訟法上の諸問題」東京大学法科大学院ローレビュー2号139頁〜141頁。
[66] 常盤紀之「株主代表訴訟における株主による強制執行の可否」判タ240号21頁、新谷祐子「株主代表訴訟——その現状と課題」判タ1150号26頁。
[67] 類型別Ⅰ・312頁。

き訴訟担当者として訴訟追行権限を獲得し得た者というにすぎず、当事者適格を有さない。他方、株主が責任追及等の訴訟を提起した場合には、二重提訴の禁止の原則（民訴142条）により、同一の内容の訴訟が提起できず会社は当該紛争に関する訴訟追行権限を喪失する。原告以外の株主もやはり訴訟追行権限を獲得し得た者というにすぎず、当事者としての適格を有さない。よって、民事訴訟の一般原則では、会社または株主は、共同訴訟人として訴訟参加することができないはずだが、会社法は、会社または株主が共同訴訟参加をし、責任追及等の訴えの原告の訴訟追行を牽制することで適正化を図ろうとしている。訴訟追行権能が制限されている補助参加しか会社または株主ができないとすることは、十分な牽制ができないからである。

　訴訟参加する株主には、提訴株主と異なり、提訴前の株式保有や会社に対して何らかの手続を踏むことは要求されていない。しかし、無制限に許容することは、あまりに多数の株主が参加して訴訟運営が困難となり訴訟遅延の原因となりかねず、「不当に訴訟手続を遅延させることとなるとき、又は裁判所に対し過大な事務負担を及ぼすこととなるとき」には、会社または株主の訴訟参加ができない（会849条1項ただし書）。このただし書の該当性は、①原告株主の不適切な訴訟追行の適正化の要請、②訴訟遅延の程度、そして③訴訟活動を積み重ねてきた相手方の利益保護を比較衡量して判断される（最判平成14・1・22判時1777号151頁）。

(2) 株主代表訴訟における会社の被告側への補助参加

　もっとも株主代表訴訟において会社が原告側に共同訴訟参加することが認められていても、それだけでは、言いがかり訴訟であるとして会社が請求それ自体を否定することはできない。この点への対処として、株主代表訴訟において会社が被告側に補助参加することが考えられる。しかし、民事訴訟法44条によれば、補助参加申出に対して当事者が異議を述べれば、補助参加の利益がある場合に限って補助参加が認められる。株主代表訴訟は、株主が会社に代わって会社の損害賠償請求権を行使するものであり、訴訟物に関する

判断では被告の勝訴は会社にとっては当然に不利益となり、会社と被告は利害を共通しないため、補助参加の利益があると常に考えられない。これに対し、判決理由中の判断につき法的利益をもつ場合にも、被告勝訴判決の主文の判断によって会社が被る不利益の総量と被告と会社とが利害を共通にする争点（会社の意思決定の適法性）についての被告勝訴の判断によって受ける利益の総量とを比較衡量することで補助参加の利益の有無を判断しうると主張され[68]、一定の場合には補助参加の利益が認められ、補助参加することが認められるようになった（最決平成13・1・30民集55巻1号30頁）。

補助参加は当事者として訴訟参加するわけではないため、代表取締役（代表執行役）が会社を代表する。会社が株主代表訴訟において被告側に補助参加する際には、会社と被告取締役（執行役・清算人）との利害衝突があることを考慮して、会社が被告側に補助参加する際の会社としての手続として監査役（委員会設置会社にあっては監査委員）全員の同意を要求している（会849条2項）。

なお、会社法の立案担当者は、会社法849条を根拠に株主代表訴訟における会社の被告側への補助参加においては、補助参加の利益を必要としないとするが[69]、民事訴訟一般の規律の適用を否定するだけの合理的理由に乏しく、会社内部の手続を定めるものと理解すべきであろう[70]。

(3) 管轄・訴訟告知・訴訟公告

責任追及等の訴えにおいては、会社または株主の訴訟参加が予定されていることから、審理の便宜のため、会社の本店所在地を管轄とする地方裁判所

---

68 新堂幸司「株主代表訴訟の被告役員への会社の補助参加」自由と正義47巻12号119頁～120頁。
69 相澤哲編『一問一答新・会社法』262頁、相澤ほか・前掲（注15）219頁。学説上もこの理解を支持するものもある（本間靖規「新会社法の施行とこれからの会社関係訴訟」ジュリ1317号204頁、青竹正一『新会社法〔第3版〕』358頁など)。
70 笠井正俊「会社の被告側への補助参加」（浜田道代＝岩原紳作編・会社法の争点）163頁、中島弘雅「会社訴訟の争点」（伊藤眞＝山本和彦編・民事訴訟法の争点）30頁、奥島孝康ほか編『新基本法コンメンタール会社法3』408頁〔山田泰弘〕など。

の専属管轄とされる（会848条）。

訴訟参加の機会を実質的に保障するため、株主は代表訴訟を提起した時に、会社の訴訟告知をしなければならない（会849条3項）。さらに、会社は株主より訴訟告知を受けたときまたは自身で責任追及等の訴えを提起する場合には、遅滞なくその旨を公告または全株主に通知しなければならないとされる（同条4項）。

(4) 再審請求

いくら責任追及等の訴えの提起に関する公告や株主への通知がなされるとしても、その時点では原告の訴訟追行を信頼し、訴訟参加をしないこともあり得る。このため、判決がいったん確定した以上絶対にそれを争えないものとすることは適当でないと判断され、民事訴訟法一般原則が認める範囲（民訴338条）に加え、原告（会社の代表者）と被告とが共謀して会社の権利を害していたのであれば、株主または会社に再審の訴えを提起することが認められる（同法853条）。再審の訴えを提起する株主については、株式保有要件や主観要件などの提訴資格制限は存在しない。

なお、和解で終了する場合にあっても、会社法853条の再審事由にあたる瑕疵があれば、既判力が否定され、別訴で争いうる。[71]

4　当事者による訴訟終了（和解等）の効果

そもそも会社法制は、責任追及等の訴えによって追及される責任の多くにつき、その免除に総株主の同意を要求する（会55条、120条5項、424条、486条4項、462条3項、464条2項、465条2項）。会社の代表者として訴訟追行する機関は、責任または義務の履行の具体化を実施し得ても、免除などの処分行為は単独では実施できず（民訴37条、34条2項）、総株主の同意を得ることは小規模な会社を除いて困難である。しかし、責任追及訴訟の過程にあって、

71　江頭・454頁。

処分（和解、訴えの取下げ、請求放棄）も含めて交渉しうるほうが紛争解決コストを節約できる可能性もある。このため会社法は、責任の免除（損害賠償請求権等の処分）に総株主の同意を要求するという規律を、その責任または義務の履行の請求が訴訟によって求められている場合に限り、緩めることとした。

具体的には、会社が責任追及等の訴えを提起する場合には、責任免除規定の適用がないとされる（会850条4項）。これは、責任追及等の訴えにあっては、すでにみたように株主全員が責任追及等の訴えに関する訴訟が係属しているとの情報を得て（同法849条4項・5項）、原告の訴訟追行に問題があれば訴訟参加でき、原告と被告とに共謀の詐害意図があることを立証できれば再審請求もできるという状況が担保されているため、明示的な同意がなくとも責任免除に関する規律が適用されることと同等の効果が期待できるからである。なお、会社法462条の責任のうち当該分配時の分配可能額を超える額は、総株主でも免除できず（同条3項）、訴訟上の和解も実施できない。[72]

株主代表訴訟につき原告株主が和解を行っても、訴訟終了効しかなく（会850条1項）、会社や他の株主が再訴することを妨げない。よって責任免除規定との抵触はない株主代表訴訟の原告と被告との和解に対世的な既判力を望むのであれば、会社が和解当事者となるかまたは会社の承諾（同項ただし書）が必要とされる。会社から承認を得るために、裁判所は代表訴訟の和解が成立すれば、会社に対し和解内容を通知し、異議があれば2週間以内に述べるよう催告する（同条2項）。そして会社の異議がなければ承認したものとみなされる（同条3項）。監査役設置会社にあって取締役に対する株主代表訴訟が提起されている場合にはこの通知を受ける機関は監査役であり（同法386条2項2号）、委員会設置会社で取締役・執行役に対する株主代表訴訟が提起されている場合には監査委員である（同法408条3項2号）。それ以外の

---

72 太田ほか・前掲（注10）160頁〔鳥飼重和〕。

場合は、代表取締役（代表執行役）が通知を受ける。

　代表訴訟の原告株主が請求の放棄をすることや、いったん勝訴判決を獲得しながら上級審で訴えを取り下げることについては、会社法の規定はないが、会社法850条の類推適用により可能とするべきであろう。[73]

第2節　役員等の対第三者責任の追及

I　429条1項責任の構造

1　429条1項責任の性質

　会社法429条1項は、役員等（取締役、会計参与、監査役、執行役、または会計監査人）が「その職務を行うについて悪意または重大な過失があったとき」は、これによって第三者に生じた損害を賠償する責任を負うと規定する。私法体系上、契約関係にない第三者に対する損害賠償を基礎づけるのは、不法行為責任（民709条）などに限られる。「職務を行うについての悪意重過[74]

---

[73] 反対、伊藤眞『民事訴訟法〔第4版〕』450頁。この見解は、会社の権利を実現する趣旨で原告株主に訴訟追行権が認められるのだから、全面的な管理処分権は認められず、請求の放棄はできない、とする。

[74] このため、会社法429条1項の責任を不法行為の特則と理解する立場があった（松田二郎＝鈴木忠一『条解株式会社法㊤』308頁、最大判昭和44・11・26民集23巻11号2150頁松田二郎判事反対意見）。この立場は、取締役の職務の特殊性から軽過失による不法行為責任の免責を認めるとしたが、その政策的根拠が説得力を有さず、支持を集めなかった。他方、取締役の行為により直接第三者に損害を生じさせる場合には不法行為責任が対処するとして、債権者代位権（民423条）的な内容をもつとする見解（佐藤庸「取締役の第三者に対する責任」（同・取締役責任論138頁〜139頁など）もある。

失」のみでは、役員等が第三者に生じた損害を賠償するべき理論的根拠を見出せない。最大判昭和44・11・26民集23巻11号2150頁は、株式会社の活動が実際には取締役の行動に依拠し、株式会社が経済社会において重要な位置づけを占めることを考慮して、会社法429条1項の責任を法が特別に認めた法定特別責任であると理解し、取締役の会社に対する任務懈怠（委任関係上の債務不履行事実）を悪意・重過失により行い、それと相当因果関係のある損害を第三者に負わせた場合に、第三者への賠償を義務づけるものとした。この整理の下では、会社法429条1項は適用範囲は広くなり、裁判所は、さまざまな事案に対応できる救済手段を確保した。実際の適用事例をみれば、中小企業の破綻事例において会社債権者の救済を図るために会社法429条は利用されている。しかし、第三者の救済を重視するあまり、事後的評価に引きずられた認定がなされる危険性は否めず、それぞれの要件充当性につき丁寧な判断が要求されよう。

　429条責任は、私法体系上位置づけられる責任ではない法定責任であることから、第三者との関係においては不法行為責任と競合する（前掲最大判昭和44・11・26）。役員等の職務遂行上の行為により第三者に損害が生じた場合には、会社も通常損害賠償責任を負担する（会社法350条または民法715条1項。第三者が会社債権者である場合には、会社はその者に対しそもそも履行債務を負担する）。この会社の第三者に対する債務と役員等の429条1項責任は、不真正連帯の関係に立つ。429条責任が法定責任であること、会社と取締役とは第三者に対しては連帯債務者間の関係にすぎないことから、会社による423条責任を免除・限定（会424条〜427条）する効果は429条責任それ自体には及ばない（もっとも、影響のあることを前提とした立法案が示されたことはある）[75][76]。複数の役員等の任務懈怠が競合して第三者に損害を与えた場合には、それら

75　塩田親文＝吉川義春『総合判例研究叢書商法⑾』161頁、佐藤・前掲（注74）129頁など。大阪控判大正15・6・8新聞2576号6頁も参照。
76　法務省民事局参事官室「商法・有限会社法改正試案二11」商事1076号15頁。

175

の者の責任は不真正連帯債務とされる（同法430条）。

2　消滅時効・遅延利息

会社法429条1項責任が特別法定責任と理解され、会社法の規定を根拠に債権債務関係が発生することから、商行為によって生じた債務ともいえず、不法行為とも別個の責任であるから、消滅時効期間は、民法167条に基づき10年とされる（最判昭和49・12・17民集28巻10号2059頁）。

遅延損害についても、民法の一般原則に基づき年5％とされ、また、期限の定めのない債務であると考えられるため、民法412条3項に基づき、履行の請求があった時から履行遅滞となるとされる（最判平成元・9・21判時1334号123頁）。会社法429条により賠償すべき損害は、取締役の任務懈怠の行為時に確定する一方で履行遅滞の起算点が履行請求時とされるのは、損害発生事情の特殊性に由来する。[77]

II　429条1項の要件事実

会社法429条の要件事実を、前掲最大判昭和44・11・26に基づいて整理すれば、①役員等の、②悪意・重過失による会社に対する任務懈怠（委任関係上の債務不履行事実）により、③第三者に、④相当因果関係のある損害が発生することであり、この①～④の要件を満たせば、役員等は当該第三者に損害賠責任を負担する。②の会社に対する任務懈怠は、会社法423条の任務懈怠と共通性があり、法令違反、善管注意義務違反の職務執行行為がその内容となる。悪意は故意と同義だが、法令があえて「重過失」を規定することか

---

[77] 菅原菊志「判批」私法判例リマークス1991・116頁。実質的には、請求時が遅れるほど損害賠償請求額が増加するという事態の発生を阻止する目的もあろう（なお、吉本健一「判批」法学セミナー437号124頁は、額の増加を肯定）。詳しくは、山田泰弘「会社法429条に基づく損害賠償義務の損害確定時期と遅延利息の発生時期」立命館法学339＝340号600頁も参照。

ら、事実状況から故意に等しい過失状態に重過失は限る必要はなく、社会的非難可能性が高い状況を指すと考えられる。

以下では、役員等の第三者責任のうち、判例法上主要に問題となる取締役の第三者責任をとらえて、会社法429条1項責任の要件事実のうち①③④を中心に確認しよう。

1　「役員等」

当事者（被告）が取締役でなければ、会社法429条の責任主体に該当しない。取締役であることの根拠は、その者を取締役とする株主総会の選任決議の存在と、その者と会社との間の任用契約の存在である。取締役就任登記（会911条3項13号・14号）をなす際には、選任決議があったことを示す株主総会議事録と当該役員の就任承諾書が提出され（商登46条2項、54条1項）、登記官が確認している（同法24条）。このため、会社法429条責任を追及する原告は、商業登記の登記事項証明書（履歴事項証明書）を書証として提出すれば、被告が取締役であることを示しうる。

被告とされる者が法的に取締役であっても、①会社代表者（オーナー経営者）との間で職務の実行を免除するとの特約があり職務遂行を実施していない場合や、②遠隔地居住や病気・老齢などを理由に職務を行えない場合もある。これらの事情がある場合の取締役を名目的取締役という。①の職務免除特約は、会社法に反するもので無効であり、本来の取締役と同一の基準で判断されるため、職務免除特約の存在は責任を否定する根拠とはならない。②の事情は、対第三者責任においては、下級審において責任を否定する事情として一定の考慮をするものもある（東京高判昭和57・4・13下民集32巻5～8号813頁、仙台高判昭和63・5・26判時1286号143頁、東京地判平成3・2・27判時1398号119頁など）が、最高裁判所は、取締役に監視義務がある以上、取締役会への不参加（不開催の場合は取締役会招集すら求めないこと）は任務懈怠に該当するとする（最判昭和48・5・22民集27巻5号655頁、最判昭和55・3・

18判時971号101頁)。当該取締役の職務遂行の環境に関しては会社側も了解していることから、対会社責任である423条責任認定における任務懈怠では当該状況は責任否定の論拠として考慮し得なくもないが、第三者保護が重視される会社法429条責任においてこれらを考慮することの正当化は本来困難であろう。

他方、当該被告が取締役として登記されるが、株主総会の選任決議がない場合や、退任したが退任登記が未了で登記簿上は就任登記が存在することがある。いずれの場合にも、被告は法的な取締役でなく登記の外観があるのみであり、登記簿上の取締役とよばれる。不実の登記の出現につき加功した者は、判例法は、会社法908条2項の類推適用を認め、登記が不実であることをもって善意の第三者に対抗できないとし、同法429条1項責任主体となりうるとする。[78] 当該被告は、取締役ではないことを善意の第三者に対抗できないため、任務のないこともその者には対抗できない。登記簿上の取締役は、法的には会社の取締役として行動する余地がないにもかかわらず、何もしなかったことを理由に同法429条1項責任を負うことになる。[79] よって、908条2項類推による429条1項責任の性質は、任務懈怠を基礎とするというよりは、登記簿による公示の真実性を担保するための民事制裁的な意味をもち、具体的に不実の登記の出現に加功したことが責任根拠となる。[80] 取締役の就任登記をするためには、取締役の就任承諾書の作成が必要であり、被告の加功がなければ、取締役と登記されることもない。しかし、退任登記未了の場合には、退任登記の義務者が会社であり、退任取締役の行為が介在しなくとも、退任登記は未了のままとなる。辞任した取締役に退任登記の実施を会社に求める権利を認められることから（最判平成7・2・21民集49巻2号231頁)、その不

---

[78] 不実の就任登記につき最判昭和47・6・15民集26巻5号984頁。退任登記未了につき最判昭和62・4・16判時1248号127頁。
[79] 江頭憲治郎「判批」法協90巻10号137頁。
[80] 加藤徹『商業登記の効力』175頁。

行使を「加功」とみる理解（東京地判昭和57・4・16判時1049号131頁、名古屋高判昭和58・12・14判時1110号130頁）もあるが、権利を行使すべき法的義務まではそもそも存在しない。判例法上は、「不実の登記の残存に明示的に承諾していたなどの特段の事情」があれば、「加功」があったと評価している。特段の事情の認定にあっては、単に不実の登記の存在を認識しているだけでは足りず、会社（代表取締役）の退任登記申請の未了を教唆したり、名義の利用料を徴収するような積極的な行為の存在が決め手となる。

　このほか、株主総会の選任決議も存在せず、法的には取締役でない者が、会社の事業執行を行うこともある。このような者を事実上の取締役とよぶ。前掲（注78）最判昭和62・4・16は、傍論判断であるが、退任取締役がなお、積極的に取締役として対外的または内部的行為をあえてした場合には、会社法908条2項の適用を待つまでもなく、会社法429条1項責任の主体となることを認める。このことから、「取締役の外観」がある者が、「継続的に職務執行」を行う場合[81]には、当該具体的な職務執行につき、会社法429条1項の取締役に該当すると類推解釈する（京都地判平成4・2・5判時1436号115頁）か429条の規範が類推適用（東京地判平成2・9・3判時1376号110頁、大阪地判平成4・1・27労判611号82頁）され、第三者に対する損害賠償責任が肯定される。結合企業を念頭におき、親会社を子会社の事実上の取締役として、子会社の債権者保護を図ろうともされるが、判例法上定型化された要件を満たさず、法人取締役が禁止される（会331条1項1号）ことから、そのような対処は難しい。

---

[81]　東京地判昭和55・11・26判時1011号113頁、東京地判平成5・3・29判タ870号252頁は、要件充当性につき判断し、事実上の取締役に該当しないとした。なお、事実上の取締役（実質上のオーナー）が会社の業務遂行上に第三者に損害を与えた場合には会社法350条が成立する余地がある（東京地判平成11・1・29判時1687号94頁）。
　立法論としては、「会社の許容」も要求することで、事実上業務執行を行う者の対会社責任、対第三者責任を肯定することが提案されたこともある（法務省民事局参事官室・前掲（注76）15頁（二13b））。

2 「第三者」の損害・相当因果関係

　会社法429条にいう「第三者」は、損害賠償の請求主体であり、文言的には、会社や責任主体以外の者を指す。もっとも、株主は、会社法423条の対会社責任を代表訴訟によって追及できる。「第三者」として会社法429条責任の追及が株主に認められるかは、最高裁判所の見解も示されておらず、議論が分かれている。また従来、第三者の損害の性質ごとに「間接損害」「直接損害」とに分け、会社法429条1項責任の賠償対象範囲を画するかが議論された。前掲最大判昭和44・11・26が、相当因果関係のある限り、両者のいずれかを問わず、損害賠償責任の対象とするとした。判例法を前提とすれば、「直接損害」「間接損害」の区別の意義は、事件類型ごとに任務懈怠や相当因果関係の存在を認定する力点を明示することにある。多義性はあるが、ここでは、「間接損害」を役員等の任務懈怠により第1次的には会社に損害が発生し、それにより第2次的に第三者が被った損害とし、「直接損害」を会社に損害が発生せず、第三者が直接被った損害として、議論を進めよう。

(1) 株主は「第三者」に該当するか

　株主が直接損害を被った場合には、会社法429条責任の追及は認められる。しかし、役員等の任務懈怠により会社に損害が生じ、それにより発生した株主価値の目減り分については株主は、429条責任を追及することは認められない。株式価値の目減り分を損害としても、会社が損害を回復すれば株主の持分価値も回復するはずだからである。また、株主が直接損害が回復したからといって、会社財産は会社債権者の引当てでもあり、株主が会社債権者に劣後する残余財産請求権者であることから、429条責任の履行により役員等の会社に対する任務懈怠責任が消滅すると解することはできない。取締役が同一行為につき株主に対して429条責任を負い、会社に対して423条責任を負うとなれば、二重責任となり衡平の見地からは正当化できない。さらに、株主は代表訴訟により役員等の対会社責任を追及できるため、間接損害の回復

の場合には、会社法429条1項の「第三者」に株主は該当しないとされる。

しかし、「第三者」とは損害賠償請求主体を確定する要件であるのに、賠償対象たる損害という客観的な状況により「第三者」の範囲を縮小的に解釈するということには無理があり、「損害」の要件で調整されるべきである。取締役の経営失敗などの任務懈怠で会社に損害が発生したとしても、株主が保有する残余財産請求権や配当請求権は会社の経営状況に応じて変動する権利であり、任務懈怠により会社財産が減少しても、それにより権利が消滅するわけでもなく、株主総会決議等を経なければ具体的な権利性を獲得しないことからも、株主は固有の損害を受けたとは評価できず、429条責任の効果発生の要件を満たさないと考えるべきである。[82]もっとも、とりわけ閉鎖的な会社で、株主による429条責任の追及の実質が支配権解消のための会社財産分割請求であるような場合には、会社の損害回復が提訴株主の実効的な救済とならないとして、例外的に間接損害の賠償を株主に認めることもないわけではない（福岡地判昭和62・10・28判時1287号148頁。傍論判断であるが、東京高判平成17・1・18金商1209号10頁）。

なお、価格面で不公正な募集株式発行が違法になされ、既存株主が保有株式の価値の希釈化により損害を被る場合には、株式価値の下落は株主の直接損害にあたり、特別損害として発行行為を行った取締役の予見可能性も肯定されること（民416条2項）から、株主は募集株式の発行に関与した取締役に対し429条責任の追及が認められる（最判平成9・9・9判時1618号138頁、大阪高判平成11・6・17判時1717号144頁）。もっとも、会社法は、通謀引受人に限定して公正価格との差額を支払う義務を負担させる（会212条1項）。この支払義務は実質的には追出資強制であり、第1次的に既存株主に発生した損害を会社に回復させることにより追及コストを抑えて救済を実現することを目的にするので、会社法212条1項責任または429条責任が履行されたことは

82　吉川義春「取締役の第三者に対する責任——損害論と株主の『第三者』性」（家近正直編・現代裁判法大系⒄会社法）279頁。

残りの一方の支払うべき額を減少させるべきであろう。[83]

(2) 間接損害類型

　間接損害類型にあっては、役員等の悪意重過失による任務懈怠から会社が損害を被り、その結果として第三者に損害が生じている。典型的には、取締役の「放漫経営」により会社が破綻し、会社債権者が債権の弁済を受けられなくなったことによる損害が間接損害とされる。「放漫経営」は、事業の遂行にはっきりとした見通しや方針もないのに、事業の拡張により収益が増加し、借財の返済が可能であると軽率に考え、自己の会社の資産、能力を顧慮せず調査不十分の事業に多額の投資をするような事態を指し、善管注意義務違反の業務執行と評価される（東京高判昭和39・3・27民集20巻4号671頁など）。間接損害類型では、取締役の任務懈怠行為により事業が立ちゆかなくなるほどの損害を会社が被り、それにより、会社債権者が弁済を受けられなくなったという損害が発生しており、会社の破綻により取締役の任務懈怠と第三者の損害との因果関係が結ばれる。取締役は任務懈怠の実行時において会社が破綻することの予見可能性があれば、会社債権者が弁済を得られなくなることも予見し得たことになるから、当該任務懈怠行為が直接影響を与えない会社債権者一般も会社法429条1項責任の追及が当然に認められる。

　なお、会社法429条責任が法定特別責任であり、同法423条責任とは別個の責任であることから、破産手続・民事再生手続が開始されても429条責任の行使には影響を与えないと理解されている。[84]しかし、会社が破産処理される場合に429条1項責任の追及を認めることは抜け駆け的な救済を容認することになり、破産処理が円滑に進まないおそれがあり、その調整の要否につき検討がなされている。[85]

83　従来は、会社法212条の処理を考慮して、この類型を間接損害として整理する方法が一般的であり（江頭・470頁注3など）、株主に直接賠償をさせることが例外的であると説明された。
84　民事再生手続につき、たとえば、東京地判平成21・3・27金商1322号61頁。
85　佐藤鉄男『取締役倒産責任論』118頁。

(3) 直接損害類型

　直接損害類型にあっては、取締役は、悪意・重過失の業務執行により、第三者に直接損害を与え、会社には損害を与えていない場合に、第三者が被った損害を賠償する。

　この類型においては、取締役が第三者に何らかの加害行為を実行した場合が典型とされ、取締役が代金支払の見込みのない商品購入（いわゆる取り込み詐欺）や融通手形の振出しを行ったことにより契約相手が損害を被った場合について、判例・学説の集積がある。

　いわゆる取り込み詐欺的な事案では、取締役の認識においては、むしろ会社の破綻を回避するために自転車操業的に事業を運営し、会社の利益となるように行動していることがある。このため、取り込み詐欺的な行動が、会社に対する任務懈怠をどのように構成するかが議論され、大きく2つの構成に集約される。第1は、債務超過またはそれに近い状態の会社にあっては、すでに残余財産権者である株主の会社の企業価値に対する取り分は認識し得ず、会社債権者を害するおそれが高いことをとらえて、取締役にはむしろ債権者の損害拡大を阻止する義務があり、倒産処理等を検討する義務が取締役にあると構成し、それの違反を任務懈怠とするものである。[86] 第2は、取り込み詐欺であれば、その行為は契約相手方に対する不法行為を構成し（最判昭和47・9・21判時684号88頁）、当該不法行為責任は会社にも損害賠償を基礎づけること（会350条、民715条1項）から、取締役には会社をして損害賠償義務者としてはならず、第三者に対する加害行為が実質的な不法行為の要件を満たせば、それが会社に対する任務懈怠ととらえ直されるとする構成である。[87] 第1の構成のほうが理論的にはシャープであるが、実際の訴訟における立証は第2の構成に基づくほうが明快である。

　近時、取締役の内部統制設置・運用義務が強調される中で、従業員の違法

86　吉原和志「会社の責任財産の維持と債権者の利益保護（三・完）」法協102巻8号1480頁。
87　上柳克郎「両損害包含説」（同・会社法・手形法論集）120頁。

行為により損害を被った場合、取締役が違法行為の発生を抑止する内部統制体制が整備されるべきであったのにこれを怠ったとして、会社法429条責任が追及される事案がみられる。このような類型では当該取締役による直接の加害行為がないため、第三者の損害との相当因果関係を肯定させうるほどの悪意重過失が任務懈怠の行為時に存在するかを厳格に判断すべきである。

このほか、取締役が直接加害行為を実行しなくとも、会社（他の機関）をして第三者に対する加害行為の実行を決定せざるを得ないような状況に追い込むことは、会社法429条責任の根拠となりうる。[89]

Ⅲ 計算書類等の虚偽記載に関する責任・投資者による役員等の責任追及

会社の計算書類等に虚偽の記載がある場合、それを信頼した会社債権者・取引先、さらには投資家が損害を被ることがある。これらは直接損害類型に該当するが、情報開示の重要性から、会社法は429条2項を設け、被害者の立証責任の緩和を図っている。もっともそれだけでは不十分と理解され、平成16年の証券取引法制の改正により、有価証券発行会社についてはさらなる立証責任の軽減を図るようになった。

1 会社法429条2項責任

会社法429条2項は、募集株式等の発行の際の通知や計算書類等につき重

---

[88] 東京地判平成15・2・27判時1832号155頁（控訴審である、東京高判平成16・1・2証券取引被害判例セレクト23巻320頁でも維持）、東京地判平成21・2・4判時2033号3頁（控訴審である東京高判平成23・7・28判例集未登載では任務懈怠の成立を否定（朝日新聞2011年7月29日朝刊37面））。
[89] 名古屋高金沢支判平成17・5・18判時1898号130頁は、取締役の任務懈怠行為によって形成された会社の経営状況により、会社の解散を株主総会が決定せざるを得なくなった場合には、会社の解散の原因行為の形成に関与した取締役は、解散により解雇された従業員に対し得べかりし給与などを逸失損害として賠償すべきとする。

要な事項に虚偽がある場合、公告や登記が虚偽の場合、当該虚偽記載を実行した役員等は、それと相当因果関係のある第三者の損害を賠償しなければならないとする。429条1項と異なり、責任追及者側は、悪意・重過失の立証負担はなく、被告役員等の側で注意を怠らなかったことを証明できなければ、責任を負担させることができる。

　この責任の認定において重視されるのは、虚偽記載が重要事項に関するものかという点と、当該虚偽記載と第三者の損害との間の相当因果関係の有無である。

　虚偽記載が重要事項に関するものであるかは、当該情報の享受主体の判断要素として重要であることを指し、計算書類であれば、会社の財務状況の理解を左右するかが判断の決め手となる。相当因果関係は、第三者が当該虚偽情報を信頼してその信頼が損害発生の原因となった取引等の実施の主要な要素となったことである。虚偽記載の情報を信頼すれば足りるため、直接計算書類等を閲覧しなくとも、計算書類に依拠して虚偽情報を間接的に取得して信頼した場合でも責任追及は認められる（横浜地判平成11・6・24判時1716号144頁）。しかし、たとえば、手形の裏書譲渡を受ける際に、振出人である会社の財務状況を確認するために会社四季報を閲読したとしても、裏書人の担保責任を信頼して裏書による手形を譲り受けたと評価できるから、会社法429条2項責任による保護は認められない（名古屋高判昭和58・7・1判時1096号134頁）。投資家の株式の売買行為も、計算書類の虚偽情報が主要な判断要素と考えにくく、虚偽記載がなければ、株式の売買をしなかったとまで評価することが難しいため、会社法429条責任の追及は困難となる。

2　金融商品取引法上の責任強化

　会社法上の投資家の救済手段の利用が困難であるのに対して、金融商品取引法の整備により、株主（投資家）の直接訴訟が利用しやすい状況となり、現実に利用されている（東京地判平成20・6・13判時2013号27頁、東京高判平成

21・12・16金商1332号7頁など）。

　有価証券届出書の重要事項に虚偽記載がある場合や必要な事実の記載が欠けている場合は、発行会社は、当該虚偽記載等を知らずに取得した者に対し、株式取得時の市場価格と請求時の市場価格（処分した場合は処分価格）との差額を賠償する責任（無過失責任）があり、因果関係を否定しない限り責任を免れることができない（金商18条、19条）。継続開示についても、重要事項に虚偽記載等があれば、発行会社は当該虚偽記載等を知らずに取得した者に対し賠償責任（無過失責任）を負い、因果関係を否定しない限り責任を免れることができない（同法21条の2第1項・4項）。虚偽事実の公表がなされる1年前から公表日まで所有する投資家であれば、有価証券報告書の虚偽記載による賠償額は、公表日前1カ月の市場価格の平均値と公表日後1カ月の市場価格の平均値の差額を損害額とすることもできる（同条2項）。役員等も、有価証券届出書や有価証券報告書の虚偽記載につき責任を負い、自身が無過失であることか因果関係を否定しない限り、免れることができない（同法21条、22条、24条の4）。これらの規定により、投資家の立証負担は軽減されている。

　しかし、因果関係を発行会社・その役員等が否定しない限り、損害額が一定範囲で確定するという制度設計や、発行会社については無過失責任とされることは、本来救済すべき事象よりも広い範囲で救済を与える可能性もないではない。そもそも、虚偽記載等によって投資家が被った損害とは、虚偽記載がなかったらあるべき経済状況と虚偽記載がある現実の経済状況との差であると考えられ、取得時の公正価格と時価との差額が損害であると考えられる。[90] もちろん、取得時差額を算定しようにも取得時の公正価格を観念することは難しく、虚偽記載の公表による経済的信用の毀損といった損害をどのように考慮すべきか、取得後の値動きをどう反映させるかという点も問題とな

90　黒沼悦郎「西武鉄道事件判決の検討㈲」商事1839号23頁など。

る。因果関係も実際に投資家が虚偽記載を信じて投資関係に入ったことは不必要とされ、因果関係がないことの立証責任が発行会社側にあることからは、原告株主（投資家）側の救済が過大になる可能性もあり得なくはない。さらに、金融商品取引法が無過失責任とするのも、有価証券報告書等の開示情報の作成のどの過程でどの担当者に過失があったかを投資家に立証させることが困難であることが理由であろうが、会社に帰責性が全くない場合にも賠償を義務づけることにもなりかねない。不実開示の抑止という目的ゆえに、金融商品取引法上の民事責任を追及するインセンティブを投資家に付与することが優先された結果であり、適正な運用を心がける必要があろう。

(山田泰弘)

---

91 神田秀樹「上場株式の株価の下落と株主の損害」曹時62巻3号14頁。
92 三井秀範編著『課徴金制度と民事賠償責任――条解証券取引法』156頁。

第5章
会社の解散の訴え・社員の除名の訴え・役員の解任の訴え

第1節　会社の解散の訴え

I　制度の概要

　解散を命ずる裁判には「会社の解散命令」と「会社の解散の訴え（解散判決）」の2種類がある。どちらの場合も、命令または判決が確定すると会社は解散し（会471条6号、641条7号）、裁判所書記官が職権で解散登記の嘱託をする（同法937条1項1号リ・3号ロ）。

　「会社の解散命令」は、設立準則主義の弊害を是正するために設けられた制度である。裁判所は、法務大臣または株主等からの申立てを非訟事件として審理し、公益を確保するため会社の存立を許すことができない所定の場合に、会社の解散を命ずることができる（会824条、870条13号等）。現実には、この制度はほとんど利用されていない。[1]

　「会社の解散の訴え」は、会社が統治能力を失って行き詰まったときに、

---

[1] 宗教法人、学校法人、社会福祉法人、協同組合、信用組合等にあっては、稀に、法人の解散命令が下されている。著名な事例として、最判平成8・1・30民集50巻1号199頁〔オウム真理教事件〕。

株主・社員の利益を保護するために会社を解散させる制度である。株式会社では、やむを得ない事由がありかつ所定の要件が満たされている場合に、持分会社では、やむを得ない事由がある場合に、少数株主や社員の請求により、裁判所が判決でもって会社を解散する（会833条）。この制度は、会社が危機的状況に陥りながら自主的に打開できないときの株主・社員保護の最後の手段として、現実にもいくらかは機能している。

II 解散判決の手続

「会社の解散の訴え」は「会社の組織に関する訴え」の1種である。請求認容の確定判決は第三者に対しても効力を有し（会838条。対世効）、それゆえ、数個の訴訟が同時に係属すれば弁論および裁判を併合しなければならず（同法837条）、専属管轄の定めも必要となる（同法835条）。被告は当該会社である（同法834条20号・21号）。敗訴原告に悪意重過失があれば、損害賠償の連帯責任を負う（同法846条）。株式会社の場合は、被告の申立てにより、原告株主に担保提供命令が下されうる（同法836条）。

「会社の解散の訴え」の提訴は、持分会社では各社員がなしうる。株式会社では少数株主権とされており、その持株要件も総株主の議決権または総株式数の10%以上と厳格である（定款で軽減可）（会833条）。

「会社の解散の訴え」の提訴後、原告が死亡した場合に、相続人は原告の地位を承継するか。かつては、社員権を自益権と共益権に分けたうえで、共益権は財産権ではなく譲渡性・相続性を有しないという主張もあったところから、解釈が分かれていた。最高裁判所は大法廷判決により、相続人はこれを当然に承継し訴訟手続を受け継ぐものと判示した（最大判昭和45・7・15民集24巻7号804頁）。

「会社の解散の訴え」は、認容判決が確定すれば対世効を有する形成訴訟であるから、訴訟当事者間の自主的な解決に委ねることができない。請求の

認諾は、調書に記載されると確定判決と同一の効力を有するから（民訴267条）、認められないと解される。当事者の裁判上の自白も裁判所を拘束しない（大阪地判昭和35・1・22下民集11巻1号85頁、鳥取地判昭和42・4・25判タ218号219頁）。解散を内容とする訴訟上の和解も許されない。

III 解散判決が認められる場合

1 株式会社の場合

①「株式会社が業務の執行において著しく困難な状況に至り、当該株式会社に回復することができない損害が生じ、又は生ずるおそれがあるとき」、または②「株式会社の財産の管理又は処分が著しく失当で、当該株式会社の存立を危うくするとき」のいずれかにおいて、「やむを得ない事由があるとき」に、解散請求が認容される（会833条1項）。

会社法は、多数派が事業の継続を望んでいる場合に少数派の請求により判決で会社を解散させることについてこのように慎重であるところ、裁判所による法運用はさらに慎重である。解散判決が下されたこれまでの裁判例は、株主が持分2分の1ずつの2派に分かれて激しく対立し、業務執行が完全に行き詰まってしまった事案に限られている。

2 持分会社の場合

「やむを得ない事由があるとき」に認容される（会833条2項）。大審院も、

2　商事関係訴訟・317頁。
3　前掲大阪地判昭和35・1・22、大阪地判昭和57・5・12判時1058号122頁、東京地判平成元・7・18判時1349号148頁、東京高判平成3・10・31金商899号8頁、大阪地判平成5・12・24判時1499号127頁、高松高判平成8・1・29金商996号17頁、東京高判平成12・2・23金商1091号40頁。原告が30％の株式を有するのみであった事例では、請求が棄却されている。東京地判昭和63・5・19金商823号33頁。

社員が「互いに反目対峙して譲らず、到底和衷協力を望み得ない状勢」にあれば、現に業務執行に支障がなくても、解散判決を下した（大判昭和13・10・29判決全集5輯23頁）。戦後は、裁判所は合名会社・合資会社についても企業維持に重きをおいたため、解散を認めない事例が続いた（最判昭和33・5・20民集12巻7号1077頁、岐阜地判昭和43・2・24下民集19巻1・2号97頁、山形地酒田支判昭和60・1・31判時1158号235頁）。しかし最高裁判所は再び、会社の業務が困難なく行われていようとも、業務執行が多数派社員によって不公正かつ利己的に行われ、少数派社員が恒常的な不利益を被っている場合には、少数派社員の退社は事態打開の公正かつ相当な手段とはいえないと明言し、解散請求を認容するに至った（最判昭和61・3・13判タ597号31頁）。

第2節 持分会社の社員の除名の訴え等

I 社員の除名の訴え

持分会社では、個々の社員につき、出資義務の不履行、競業避止義務違反等、所定の重要な義務違反または不正行為があるときは、当該社員（対象社員という）以外の社員の過半数の決議に基づき、対象社員の除名を裁判所に請求することができる（会859条、861条、862条）。請求認容判決が確定すると除名の効果が生じ、裁判所書記官が職権で、対象社員の除名の登記の嘱託をする（同法937条1項1号ル）。[4]

定款で、除名事由を追加・除外できるか、法定の除名手続を変更できるかについては、争いがある。除名事由の追加を認めないのが判例であり（大決

---

[4] 除名が認められた事例として、山形地酒田支判平成3・12・17判時1425号127頁。

昭和13・12・13民集17巻2318頁)、定款で除名手続を軽減できないとした先例もある（東京地判平成9・10・13判時1654号137頁)。会社法が定める除名の事由と手続は、信頼の失われた社員を排除する会社および他の社員の利益と、意思に反して排除される社員の利益を調整したものであるから、定款による変更は認められないと解すべきであろう。

　除名を請求する対象社員が複数いる場合に、他社員の過半数の決議は、複数対象社員以外の社員の過半数による一括除名の決議で足りるか、対象社員ごとに決議するべきか。社員の地位の剥奪は個々人別に検討するべきであろう。判例も一括除名を否定している（大判昭和4・5・13民集8巻470頁、大判昭和6・3・31新聞3261号18頁、大判昭和8・2・21新聞3529号11頁)。

　他社員の過半数の決議といっても、会議を開く必要はない。会議を開くときも、あらかじめ決議事項を社員に通知する手続は、法律上必要ではない（最判昭和33・5・20民集12巻7号1086頁)。

　除名によって退社したときは、持分の払戻しを受けることができる（会611条)。もっとも、除名によって退社したときは持分の払戻請求権を失う旨の定款の規定は、定款自治の範囲内であるとした裁判例がある（東京高判昭和40・9・28下民集16巻9号1465頁)。

II　業務執行社員の業務執行権または代表権の消滅の訴え

　持分会社では、個々の業務執行社員につき、上記の除名事由があるときまたは持分会社の業務執行・代表に著しく不適任なときは、当該業務執行社員（対象業務執行社員という）以外の社員の過半数の決議に基づき、対象業務執行社員の業務執行権または代表権の消滅を裁判所に請求することができる（会860条、861条、862条)。請求認容判決が確定すると業務執行権または代表権が消滅する効果が生じ、裁判所書記官が職権で、その旨の登記の嘱託をす

る（会937条1項1号ヲ）。

　裁判例としては、会社の代表社員または業務執行社員としての重大な義務違背の事実を認定しつつ、それが悪意によるものでないとしても代表権または業務執行権の喪失の宣告事由（会859条5号に掲げる事由）として認められるとしたものがある（福島地会津若松支判昭和42・8・31下民集18巻7＝8号910頁）。また、重症急性心筋梗塞で倒れて入院し、自己の意思を発声して表示することができなくなっている場合等、精神的肉体的理由により任に耐えないことも、著しく不適任な事由（会860条2号）と認められよう。

第3節　株式会社の役員の解任の訴え

I　制度の概要

　株式会社の役員（取締役、会計参与および監査役）は、株主総会の多数決によって選任されるから、解任もまた総会の多数決によるのが原則である。解任は、正当な理由があると否とを問わず、いつでもなしうる（会339条1項）。

　一方、所定の正当な理由があるにもかかわらず、総会で役員の解任が否決されたときは、少数株主は30日以内に、会社と当該役員の双方を被告として、会社の本店所在地を管轄する地方裁判所に、解任の訴えを提起することができる（会854条〜856条）。解任の訴えは、多数決により生じうる不都合を少数派のために修正する制度の1つに数えられる。

　解任請求の認容判決が確定すると、解任の効果が生じ、裁判所書記官が職権で、対象役員の解任の登記の嘱託をする（会937条1項1号ヌ）。

5　除名が認められた事例として、前掲（注4）山形地酒田支判平成3・12・17。
6　那覇地決平成19・4・5金商1268号61頁参照。本件は合資会社の業務執行社員の職務執行停止・職務代行者選任仮処分の申立てを認容した決定である。

解任の訴えを提起しただけでは、役員の地位は影響されない。提訴にあたり、当該役員の職務継続が適当でないと考えるのであれば、解任の訴えを本案とする職務執行停止・職務代行者選任の仮処分（民保23条2項）を裁判所に申し立てることになろう。

II　原告株主の持株要件

①提訴株主は、総株主の議決権の3％以上か、発行済社外株式（発行済株式から自己株式を除いた株式）の3％以上を有していなければならない。前者の議決権の計算からは、当該役員の解任議案について議決権を行使できない株主の議決権を除く。後者の発行済社外株式の計算には、議決権のない株式も含む。前者後者とも、3％の計算からは、当該役員の持株分を除く。3％の要件は、いずれも定款で緩和することができる（会854条1項）。

②公開会社の場合は、提訴株主は、上記①の持株要件を、6カ月（定款で短縮可）前から引き続き満たしていなければならない（会854条1項・2項）。6カ月前とは、総会決議の時ではなく、提訴時を基準とする。[7]

③会社法施行後も「有限会社」の商号を使っている「特例有限会社」の場合は、提訴しうるのは、総株主の議決権の10分の1以上を有する株主である（会社整備39条）。

III　解任議案の否決の要件

解任の訴えの提起には、株主総会で解任議案が否決されたことを要する。そのため実際には、少数株主はまず、自ら株主提案権を行使するか（会303条）、総会招集権を行使することにより（同法297条）、解任を総会の議題とさ

---

[7] 上柳克郎ほか編『新版注釈会社法(6)』75頁〔今井潔〕。

せなければならない。

　平成17年制定の会社法によれば、取締役会非設置の株式会社では、株主は議題を総会の議場で提案しうるから（会303条1項）、総会の場で緊急動議により役員の解任議案が上程され、否決されれば、解任議案の否決の要件は満たされる。[8]これに対し、取締役会設置会社で、総会招集通知に解任議案が示されておらず、動議によって解任議案が上程され、否決された場合に、この要件が満たされるかについては、見解が分かれうる。この場合も、決議取消事由（同法831条1項）はあるものの、会社法854条1項の要件を満たすものと解するのが適切であろう。[9]

　拒否権付種類株式が用いられている会社では（会108条1項8号、323条）、株主総会の解任決議が、種類株主総会による拒否権に阻まれて、効力を生じないことがありうる。この場合にも、少数株主は解任請求権を行使することができる（同法854条1項柱書）。

　委員会設置会社でない全株式譲渡制限会社では、取締役・監査役選任権付種類株式を用いることができる（会108条1項9号、347条）。その場合は、種類株主総会で取締役・監査役の解任の議案が否決されたことが要件とされる（同法854条3項・4項）。[10]

　会社法854条1項は、解任議案が「否決された」ことを要件としているものの、解任が適法に議題とされたにもかかわらず、多数派株主の欠席により定足数が不足したとか、定足数を満たしているのに議長が一方的に閉会を宣言するなどして流会となったような場合であっても、この要件は満たされる[11]

8　総会の議場で提出された解任の動議が採決で否決されたことをもって、解任議案の否決を認定した事例として、京都地宮津支判平成21・9・25判時2069号150頁。
9　商事関係訴訟・120頁。
10　この場合には、取締役・監査役選任権付種類株式を有していない株主は、種類株主総会に解任議案を提出する術がないため、解任の訴えを提起できないことになる。ちなみに、会社法制定以前は、このような場合には、全議決権の3％以上を有する少数株主は、種類株主総会における解任議案の否決がなくても、解任請求をすることができた（平成17年改正前商法257条ノ3第4項1号）。江頭・374頁。

(高松高決平成18・11・27金商1265号14頁)。会社法が、解任の訴えの提起に、解任議案の否決を要件としているのは、私的自治への国家介入を抑制するためである。そうであれば、総会が流会になるなどの事情により、非行のある役員を総会で解任する意思がなく、株主総会の自浄作用が期待できないことが確認できれば十分である。それに、このように解しないと、多数派株主は株主総会をボイコットすることにより、提訴を妨害できることになってしまう。

Ⅳ　解任事由

　解任の訴えが認められるのは、「役員の職務の執行に関し不正の行為又は法令若しくは定款に違反する重大な事実があった」場合である。

　「不正の行為」とは、役員がその義務に違反して会社に損害を生じさせる故意の行為である。たとえば、会社財産の私消とか競業避止義務違反のような行為がこれに該当する。

　「法令若しくは定款に違反する重大な事実」には、過失の場合も含まれるが、重大な違反であることを要する。軽微な違反についてまで裁判所の介入を認めることは、株主総会の自治を侵すことになるからである。たとえば、

11　もっとも、古い裁判例には、議長が表決しなかった場合（高松高判昭和28・5・28高民集6巻5号294頁の原審徳島地判高民集6巻5号297頁（日付不明））や、定足数に満たず流会となった場合（東京地判昭和35・3・18下民集11巻3号555頁）に、解任を「否決した」ことにならないとしたものがある。

12　龍田節『会社法大要』167頁。

13　川島いづみ「判批」金商1271号15頁。

14　上柳ほか・前掲（注7）75頁〔今井潔〕、船津浩司「判批」ジュリ1358号179頁。

15　北澤正啓『会社法〔第6版〕』369頁。不動産賃貸業等を営む会社において賃料の一部の売上げを除外し私的に取り込んだことをもって「不正の行為」を認定した事例として、前掲（注3）大阪地判平成5・12・24。一方、子会社の経営不振ゆえの債権放棄は取締役の忠実義務違反にあたらず、解任事由とならないとした事例として、神戸地判昭和51・6・18下民集27巻5～8号378頁。

定時株主総会を招集し、総会で決算書の承認を受けることを怠ることは、法令定款違反の重大な事実に該当する（東京地判昭和28・12・28判タ37号80頁、高松高決平成18・11・27金商1265号14頁、東京地判平成19・5・23判時1985号79頁）。

V　解任事由が生じた時期

　解任事由である不正の行為・法令定款に違反する重大な事実は、いつ以前に生じたものでなければならないか。解任議案の否決以前に生じたものでなければならないが、解任決議に理由は必要とされておらず、審議の過程で提案理由を追加・変更しうることからすると、開催前までに生じた事由に限定すべき合理的理由はない。このような判断に基づき、解任議案が付された総会における事情（高裁決定によって禁止されていたのに、委任状の事前提出を義務づけようとしたり、解任について特別決議を行おうとしたばかりか、一方的に議案を撤回してその総会を流会させたという事情）をもって解任事由があるとした裁判例がある（前掲高松高決平成18・11・27）。

　解任事由は、いつ以後に生じたものでなければならないか。解任の訴えの意義は、役員が当該任期中に、その地位にとどめておくことが不適切と認められるような不正行為等を行った場合に、任期満了前にその地位を奪うことにある。ゆえに、役員に再選された者につき、現在の任期前に生じた事由は、特段の事情がない限り、解任事由とすることができない（前掲（注8）京都地宮津支判平成21・9・25、宮崎地判平成22・9・3判時2094号140頁）。特段の事情としては、役員が辞任して直ちに再任されるなど、少数株主による解任の訴えを免れる目的をもって再任がなされたと認められる場合が、例示されている（前掲京都地宮津支判平成21・9・25）。また、再任前に行われた不正行為等が再任後に株主間で周知されるようになった場合も、再任後の役員の解任事由にしうると解すべきであろう。[16]

解任の訴えの係属中に役員が任期満了で退任し、総会で再任されたときは、特段の事情がない限り、訴えの利益は消滅し、請求却下となる（前掲（注15）神戸地判昭和51・6・18、大阪高判昭和53・4・11判時905号113頁）。

VI 役員権利義務者を被告としうるか

役員に欠員が生じた場合に、任期満了または辞任により退任した役員は、退任後も新役員が就任するまで、なお会社の役員としての権利義務を有する（会346条1項）。この役員権利義務者を、解任の訴えの被告としうるか。

最判平成20・2・26民集62巻2号638頁は、役員権利義務者を被告とすることはできないとし、それまでの下級審の裁判例（東京高決昭和60・1・25判時1147号145頁、名古屋地判昭和61・12・24判時1240号135頁）や登記実務上の取扱いを是認した。①規定の文言上、役員権利義務者が含まれていないことに加え、②役員権利義務者に不正行為等があるのに新役員を選任することができない場合には、株主は、仮役員の選任を申し立てることにより、役員権利義務者の地位を失わせることができるからである。仮役員の選任は、役員に欠員が生じた場合において、裁判所が「必要があると認めるとき」に、利害関係人の申立てにより行われる（会346条2項）。最高裁判所は②の判示により、役員権利義務者に不正行為等がある場合は、この「必要があると認めるとき」に該当することも明らかにしたといえよう。

（浜田道代）

---

16 江頭・374頁、中村康江「役員解任の訴えに関する会社法854条1項の法意」立命館法学339・340号354頁。前掲京都地宮津支判平成21・9・25は、当該任期の開始前に「発生・判明した事由」は、解任事由にあたらないとする。

17 取締役権利義務者の解任登記は受理しないとされてきた。昭和39・10・3民事甲第3197号民事局長回答等。

18 中村・前掲（注16）336頁。

第6章
非訟事件

第1節　会社非訟事件の意義と概要

I　会社訴訟事件と会社非訟事件の異同

1　緒論

　会社非訟事件の典型例は、株式の価格決定申立事件であり、会社訴訟事件との限界事例ともいうべきものである。反対株主による株式買取請求に関する価格決定であれば、会社法上、まずは当事者による協議が予定されており、協議が調わなかった場合、裁判所に価格決定の申立てが認められるという段取りになっている（会786条1項・2項ほか）。協議の段階は私的自治の世界であるが、ひとたび裁判に移行すると、伝統的な非訟事件手続の世界に飛び込むことになり、裁判所の合理的な裁量によって価格が決定されることになる。

　反対株主の株式買取請求に関する株価決定申立事件に関して、最決昭和48・3・1民集27巻2号161頁は、株式買取価格の決定を非訟事件手続法によって審理裁判することは、憲法32条（裁判を受ける権利）、同82条（裁判の対審及び判決は、公開法廷でこれを行う）には違反しないとした。抗告人は、「株式買取価格の決定は訴訟事件であるから、これを非訟事件手続法によつ

て審理裁判することは、憲法32条、82条に違反する、かりに、非訟事件であるとしても、株価の決定という当事者にとって重要な問題を審理するに当たり当事者に十分な攻撃防禦の機会を保障していない現行の非訟事件手続法および本件における審理手続は、憲法32条、82条に違反する」と主張していた。

このような主張に対して、最高裁判所は、「裁判所による価格の決定は、客観的に定まつている過去の株価の確認ではなく、新たに『決議ナカリセバ其ノ有スベカリシ公正ナル価格』を形成するものであるといわなければならない。そして、右にいう『公正ナル価格』の特質からみて、価格決定に当たり考慮さるべき要素はきわめて複雑多岐にわたらざるをえないが、法が価格決定の基準について格別規定していないことからすると、法は価格決定を裁判所の裁量に委ねているものと解することができる。このような裁量性に加え、価格決定がたんに請求者たる株主および会社の利害に関するだけでなく、他の株主、会社債権者等の利害にも影響するところが少なくないこと、また、価格の決定がすでに成立している株式売買の価格を事後的に定めるものであるところ、株価は変動の可能性が高いものであるから、とくに手続の迅速処理が必要とされること等を考えると、価格の決定に当たつては、裁判所の監督的、後見的役割が期待されているものといわなければならない。かくして、裁判所は、具体的事件につき、当事者の主張・立証に拘束されることなく、職権により諸般の事情を斟酌して迅速に買取価格を決定することが要請されるのであつて、その決定の性質は、裁判所が、私人間の紛争に介入して、後見的立場から合目的的見地に立つて裁量権を行使し、権利の具体的内容を形成するものということができる」と判示し、憲法違反の問題は生じないとした。[1]

---

[1] 最高裁判所は、本文の判示に続けて、「してみれば、株式買取価格の決定が固有の司法権の作用に属しない非訟事件の裁判であることは、前記判例の趣旨に徴し明らかであり、したがつて、また、本件を非訟事件手続法により審理裁判すること、本件非訟事件の手続に関する法律の規定および本件における実際の審理手続について、憲法32条、82条違反の問題を生じないことも、……明らかということができる」とする。

裁判所に合理的な裁量の行使が期待され、当事者の情報の構造的な偏在が存在する可能性があり、また、価格決定に際して判断材料が公開法廷で明らかになることは企業秘密の観点からも望ましくないことから、最高裁判所が、非訟事件手続法によって株式買取価格決定を行うことを合憲としたことは、理由のないことではない。とはいえ、ひとたび裁判の段階に移行すれば、当事者が本来的には私的自治の範囲で自由に決定することができるはずの買取価格が、裁判所の合理的な裁量に委ねられ、当事者の攻撃防御の機会が軽んじられる裁判手続は、憲法が許容するところではなかろう[2]。学説も早くから、憲法上の保護を否定する最高裁判例を批判してきており、非訟事件手続において、その事件類型に適合した手続保障が要請されていると考えられてきた[3]。

2 平成23年非訟事件手続法の制定

わが国における法制度の現代化の締め括りとして、非訟事件手続法、家事事件手続法、関係法の整備法が平成23年5月17日に成立し、同月25日に公布された。非訟事件手続法の本体だけではなく、整備法による会社法の一部改正は、会社非訟事件の裁判手続に大きな影響を与えるものである[4]。

---

[2] 河野正憲「株式買取価格の決定と憲法32条、82条〔判例研究〕」北九州大学法政論集2巻1号149頁は、「本件においてはまさにこれまでの判例理論の中で第二義的に扱われた点、即ち、非訟事件手続における手続的保障が問題とされるべきであった」と説かれる。なお、同論文に啓発されたものとして、中東正文「株式買取請求権と非訟事件手続」名古屋大学法政論集223号233頁を参照。

[3] 山田文「非訟事件における審理原則」ジュリ1407号25頁参照。三木浩一「非訟事件手続法・家事審判法改正の課題」ジュリ1407号10頁〜11頁は、憲法32条は同法82条とは切り離して考えるべきであり、同法32条は根源的な人権である審尋請求権を保障するものとして、訴訟事件のみならず非訟事件にも及ぶと主張し、最高裁判所の伝統的な先例を批判する。三木教授は、「憲法的価値として保障される審尋請求権は、訴訟事件と非訟事件とではおのずから完全に同じではないし、非訟事件の多様性に鑑みてひとくちに非訟事件といっても完全に同じではない」とされつつ、①審尋請求権を行使する機会の保障、②見解表明権の保障、③証拠提出権の保障、④平等処遇の保障、⑤裁判所の情報提供義務、⑥事後審査の機会の保障を掲げ、すべての非訟事件に共通して考慮されるべき審尋請求権の中核的な要素であるとされる（同11頁）。

[4] 金子修＝脇村真治「新非訟事件手続法の概要と会社法等の整備の解説」商事1939号68頁参照。

この改正に向けた法制審議会非訟事件手続法・家事審判法部会第１回会議（平成21年３月13日）では、各種の資料が配付されている。「非訟事件手続法及び家事審判法の改正について」（配布資料１）においては、「非訟事件手続法及び家事審判法の現代化の必要性」として、「我が国の社会・経済情勢の変化に伴い、非訟事件として処理される事件は多様化し、同法制定当時には想定されていなかった類型の事件、例えば、申立人のみならず申立人と対立する相手方が存在する事件にも、同法が適用又は準用されることとなったが、非訟事件手続法は、明治31年の制定以来、抜本的な見直しが行われておらず、これらの変化に対応できる内容とはなっていない」との問題意識が示されている（第１の２）。反対株主の株式買取請求権は昭和25年商法改正によって、わが国に導入された制度であって、平成17年会社法制定によって、会社非訟に関する規定が会社法に設けられることになったが、一般法である非訟事件手続法が抜本的に見直されないままであったため、手続保障についても基礎となる理念が明確ではないまま、実務の運用に任されてきており、争訟性の高い会社非訟事件について手続保障に意が尽くされない例も散見されていた。[6]

　この部会では、「非訟事件手続法及び家事審判法の改正において想定される主な論点」（配布資料２）が示されており、非訟事件手続法に関しては、①事件類型の区別（相手方がある事件とない事件とを区別したうえで、規律等に差を設けるか）、②裁判の効力が及ぶ者に対する手続保障の配慮、③簡易迅速な事件処理に対する配慮、④手続の明確化が掲げられていた。

　非訟事件手続法案に付された「理由」においても、「非訟事件の手続に関する法制について、管轄、当事者及び代理人、審理及び裁判の手続、不服申立て等の手続の基本的事項に関する規定を整備し、参加、記録の閲覧謄写、電話会議システム等による手続、和解等の当事者等の手続保障の拡充とその

---

[5] 法務省のウェブサイト〈www.moj.go.jp〉から入手することができる。
[6] 中東正文「非訟事件手続における手続保障――サンスター事件高裁決定への疑問」金商1326号１頁参照。

利便性の向上を図るための諸制度を創設する」と記されており、非訟事件一般について、手続保障の拡充が改正理念であるとされている。会社非訟事件手続の基本的な考え方や具体的な手続を明確に示して、裁判所における手続の運用について明快な指針を提供しようとするものである。

なお、上記の「配付資料2」の①事件類型の区別（相手方がある事件とない事件とを区別したうえで、規律等に差を設けるか）に関しては、当初は、「相手方のある非訟事件に関する特則」を設けるか否かという形で、争訟性の高い事件類型について、手続保障を拡充することが検討された（法制審議会非訟事件手続法・家事審判法部会「非訟事件手続法及び家事審判法の見直しに関する中間試案」（以下、「中間試案」という）第1部第6、法務省民事局参事官室「非訟事件手続法及び家事審判法の見直しに関する中間試案の補足説明」（以下、「中間試案補足説明」という）第1部第6参照）。最終的には特則という形では整理されなかったが、新しい非訟事件手続法の理念に呼応する形で、整備法によって会社法が改正され、会社非訟事件についても手続保障の拡充が図られた[8]。

---

[7] 「中間試案」と「中間試案補足説明」は、法務省のウェブサイトに掲げられているほか、別冊NBL編集部編『非訟事件手続法・家事審判法の見直しに関する中間試案と解説』（別冊NBL134号）にも所収されている。畑瑞穂「相手方がある非訟・家事審判事件における当事者対立構造と手続規律」ジュリ1407号32頁参照。なお、本間靖規「非訟事件・家事審判手続における当事者・関係人の地位」ジュリ1407号32頁も、当事者権が非訟事件における当事者や関係人に保障されるべきであるとしつつも、「非訟事件に関わる者のうち、どの範囲の者にどの程度の手続保障を施すべきかを確定することは、簡単なことではない」とする。
[8] 会社非訟事件について手続を整備すべきことは、弁護士の委員・幹事を中心に積極的な意見が強かった。平成22年12月10日の部会では、非訟事件手続法の見直しに関する要綱案の取りまとめに向けて非訟事件手続法の全般について検討が行われ、伊藤眞部会長が、会社非訟に関する規定の整備の要望に関して、「是非しかるべきところで受け止めていただければ」と締め括られた（議事録31頁）。なお、議事録30頁〜31頁〔伊藤部会長、増田勝久幹事、中東幹事発言〕も参照。

II　会社非訟事件における当事者主義的構造

1　手続保障の拡充と事件の類型

　新しい非訟事件手続法は、非訟事件においても手続保障が重視されるべきであるとの基本的な理解に立つものであるが、求められるべき手続保障の程度は、非訟事件の類型によって当然のことながら異なる。

　会社非訟事件にしても、所在不明株主の株式売却許可申立事件などは、当事者主義的構造になじまない事件の典型例であり、以前から利害関係人の陳述聴取は必要的なものとされていない（平成23年改正前会社法870条参照）[9]。他方で、訴訟事件並みに手続保障を拡充すべき事件類型もあり、たとえば、反対株主の株式買取請求に関する株式買取価格決定申立事件、全部取得条項付種類株式の取得決議に対する株式取得価格決定申立事件などである（会870条2項参照）。

　手続において攻撃防御を尽くす機会が保障されるための1つの要となってきたのは、裁判所による陳述聴取であり、平成23年改正前会社法870条でも、どのような非訟事件において誰の陳述聴取を行うべきかが明文で定められていた。もっとも、陳述聴取の方式については規定がなく、裁判所の運用に委ねられていた。平成23年改正会社法870条は、必要的陳述聴取の対象とされていた会社非訟事件をさらに2つの類型に分けて、従前の必要的陳述聴取の方式をも維持しつつ（会870条1項）、特に争訟性が高い事件類型については、審問期日を開くことが原則とされた（同条2項）。

　なお、東京地方裁判所民事第8部では、株式買取価格決定申立事件について、かねてから、陳述聴取は通常は審問の方法で行われている[10]。また、会社

---

[9]　類型別会社非訟・145頁〜146頁参照。
[10]　類型別会社非訟・111頁。

II 会社非訟事件における当事者主義的構造

法では陳述聴取が必要とされていない株主総会検査役選任申立事件においても、会社に対して反論の機会を与え、検査役への理解と協力を求めるため、迅速性を損なわない範囲で、審問を行うのが通常の扱いである。今般の非訟事件手続法制定と会社法改正は、東京地方裁判所や大阪地方裁判所の商事専門部などが工夫を重ねて運用してきた成果を、一定の範囲で法規範に高めて、全国の裁判所で同じ運用がされるという意義があろう。

以下では、会社非訟事件を念頭におきながら、一定の事件類型に共通して課題となる非訟事件手続の当事者主義的構造について概観する。

2　当事者の責務

非訟事件手続法は、当事者の責務として、「信義に従い誠実に非訟事件の手続を追行しなければならない」との規定をおいた（非訟4条）。また、事実の調査および証拠調べ等についても、「当事者は、適切かつ迅速な審理及び裁判の実現のため、事実の調査及び証拠調べに協力するものとする」と規定された（同法49条2項）。後者は、当事者の責務の規律を裁判資料の収集という側面において具体化したものである。

当事者には事案解明義務が課されるものではないが、原則として職権探知主義が妥当する非訟事件手続においても、当事者が公正かつ迅速な手続の実現に向けて、誠実に手続を追行することが必要であるとの考えに基づいている。非訟事件は、当事者が処分することができる権利義務関係を対象とするものに限られないし、非訟事件手続においては証明責任という概念がないから、文書提出命令に違反しても真実擬制はなされない（非訟事件手続法53条

11　類型別会社非訟・157頁〜158頁。株主総会検査役選任申立事件では、平成23年改正会社法でも、必要的陳述聴取の対象とはされていない。検査役選任が申し立てられている株主総会までに選任の許否を確定させなければならず、迅速性を優先すべき事案が想定されるからであろうか。
12　個別の事件類型についての検討は、第2節以下を参照。
13　中間試案補足説明第1部第1の5の(1)参照。
14　中間試案補足説明第1部第1の1。

1項による民事訴訟法224条の準用除外）。

　もっとも株式の価格決定申立事件のように、もともとの権利義務関係は私人による処分等が許されており[15]、また、争訟性が高い事件類型については、前述の当事者の責務に関する一般的な規定をも根拠として、また、裁判所が合理的な裁量の行使の一環として、事実認定に際して当事者の手続追行の状況を考慮することは否定されないと考えられる。株式買取価格決定申立事件に関して、具体的には後述する（第5節III）。

3　陳述聴取

(1)　手続保障の拡充と陳述聴取

　一定の会社非訟事件について、従前は必要的陳述聴取にとどまっていたが（平成23年改正前会社法870条参照）、特に争訟性が高い事件類型については、審問期日を開くことが原則とされた（会870条2項）。

　中間試案の段階では[16]、「相手方がある非訟事件に関する特則」として、第1審の審理手続において、「裁判所は、非訟事件の申立てが不適法であるとき又は非訟事件の申立てに理由がないことが明らかなときを除き、当事者の陳述を聴かなければならないものとする」とされ、「本文による陳述聴取の方法を審問に限定するか否か、当事者に審問の申立権を認めるか否か等についても、なお検討するものとする」と注記されていた（中間試案第1部第6の2(4)イ）。

　特則をおく形での整理はなされなかったが、整備法によって会社法870条が再構築され、会社法制定時に争訟性を有すると判断された事件類型がさら

---

[15] 最決平成23・4・19民集65巻3号1311頁は、株式買取請求権が形成権であることを重視するようであり、「消滅株式会社等の反対株主が株式買取請求をすれば、消滅株式会社等の承諾を要することなく、法律上当然に反対株主と消滅株式会社等との間に売買契約が成立したのと同様の法律関係が生じ、消滅株式会社等には、その株式を『公正な価格』で買い取るべき義務が生ずる」と説示する。

[16] 前掲（注8）参照。

に争訟性の高低によって二分類に分けられ、争訟性が高い会社非訟事件では、中間試案の注記で検討事項とされていた必要的審問（期日）が法制度化された。

(2) 抗告審における陳述聴取

抗告審において、抗告裁判所は、原審における当事者およびその他の裁判を受ける者（抗告人を除く）の陳述を聴かなければ、原決定を取り消すことができない（非訟70条）。

中間試案では、「相手方がある非訟事件に関する特則」として、「抗告裁判所は、本案裁判に対する抗告が不適法であるとき又は本案裁判に対する抗告に〔理由がないことが明らかなとき〕〔理由がないとき〕を除き、原審の当事者及び利害関係参加人の陳述を聴かなければならないものとする」とされていた（中間試案第１部第６の２(7)イ）。このような規律を設けることについては大筋で見解が合致していたものの、ただ、「陳述を聴かないことができる要件については、意見が分かれていることから、亀甲括弧を付している」（中間試案補足説明第１部第６の２(7)イ）。

最終的には、特則をおかない形での整理がなされたが、一般規定として、「抗告裁判所は、原審の当事者及び裁判を受ける者の陳述を聴かなければ、原審の本案裁判を取り消すことができないものとする」との規律を定めることが提案されていたから（中間試案第１部第３の１(2)ク）、必要的審問の規律を追加するのでなければ（中間試案第１部第６の２(7)イ（注２）参照）、裁判所の手続の規範として実質的な違いが生じたか否かは、必ずしも明らかではない。

従来は、抗告審での審理に問題のある事例もみられていた。たとえば、全部取得条項付種類株式を用いたMBOに関して、株主から取得価格の決定が申し立てられた事案において、抗告審である大阪高等裁判所は、株主の主張については、「当審における抗告人〔株主〕の主張」として多くを述べつつ、これに対応すべき「当審における相手方〔会社〕の主張」については、項目

〔第1部・第6章〕第1節　会社非訟事件の意義と概要

を立てることなく、また、会社の高等裁判所での反論に言及することもなく、会社にとって不利益な変更となる価格決定を行った（大阪高決平成21・9・1判タ1316号219頁）。大阪高等裁判所は許可抗告を認めなかったため[17]（大阪高決平成21・9・28判例集未登載）、この決定を不服として、最高裁判所に対して特別抗告がなされた[18]（最決平成22・2・23資料版商事312号123頁）。

会社側の特別抗告申立理由書によれば[19]、以下のように主張されている。

①　本件高裁決定は、本件地裁決定を本件特別抗告人にとって著しく不利益に変更するものであるにもかかわらず、本件抗告事件において原審……は、一度も審問期日を設定せず、また、本件特別抗告人に対し審問に代わる攻撃防御ないし疎明の機会を全く与えなかった（なお、特別抗告人代理人は、ただ漫然と本件高裁決定を待っていたわけではなく、会社法下の全部取得条項付種類株式に係る取得価格の決定については裁判例もまだ非常に少なく、また、株式評価・算定については専門的知見が必要となる場合も多々存するものであることから、原審書記官を通じて、特別抗告人において追加して疎明を行うべき事項等がないかをたびたび尋ね、必要があればいつでも資料等を提出のうえ疎明を行うことを繰り返し伝えていた。にもかかわらず、原審からはそのつどその必要はないとの回答しかなされなかった）。

②　本件高裁決定は、本件地裁決定の手続において全く争点となってい

---

[17] 別冊商事法務編集部編『MBOに係る株式取得価格決定申立事件の検討』（別冊商事法務346号）164頁参照。なお、許可抗告が制度の趣旨に沿った運用がなされておらず、許可抗告が広く認められてきたことが、最高裁判所調査官らの論文で指摘されてきていた。たとえば、綿引万里子＝宮城保「許可抗告事件の実情——平成20年度——」判時2046号3頁〜4頁。

[18] 最高裁判所は、特別抗告を棄却したものの、田原睦夫裁判官は、補足意見において、「抗告許可の申立て理由は、いずれも『法令の解釈に関する重要な事項』を含むものであると認められるものであるにもかかわらず、その申立てを不許可とした原決定は相当でないと思料される」と説示した。

[19] 特別抗告申立理由書（平成21年10月22日付け）。同理由書は、別冊商事法務編集部・前掲（注17）165頁以下に所収されている。

なかった事項（したがって、攻撃防御が尽くされてない事項）について突如として新たな事実を認定し、本件地裁決定と判断枠組み（理由付け）においても具体的結論においても全く異なる判断をし、特別抗告人にとって著しく不利益な変更をした。

これが事実であるとすれば、大阪高等裁判所は、会社に攻撃防御を尽くす機会を与えないまま、大阪地決平成20・9・11金商1326号27頁から1年も経って、会社に不利益な決定を示したことになる。

確かに抗告審は建前上続審であり、また、全部取得条項付種類株式の取得価格決定の場合には、反対株主の株式買取請求に基づく価格決定の場合とは異なり、会社は価格決定申立権を有しないので、形式的には必要的陳述聴取の対象とはならない（平成23年改正前会社法870条4号、172条1項参照）[20]。しかし、前述の運用が法の趣旨に適っているかといえば、相当に疑問があり得よう。特別抗告申立書においても、高橋和之教授[21]と伊藤眞教授[22]の意見書が引用されている。

新しい非訟事件手続法の下では、この事件の大阪高等裁判所のような形で、手続保障を軽視した手続を追行することは、許されないことになる。裁判所は、その責務として、「非訟事件の手続が公正かつ迅速に行われるように努め」なければならず（非訟4条）、抗告審における陳述聴取を一定の場合に義務づけることは、この責務を具体化したものであると理解することができよう。

なお、抗告審における陳述聴取の方式については明確な規定がない。しかし、会社非訟事件のうち第1審で必要的審問期日となる事件類型については、

---

20 この点は、立法の過誤ともいうべきものであり、整備法による会社法改正で改められた（会870条2項4号）。
21 憲法32条の「裁判」には、本件のようないわゆる争訟的非訟事件に関する裁判も含まれると主張するもののようである。
22 職権発動による高裁決定の破棄を主張するもののようである（民訴325条2項の準用）。新しい非訟事件手続法76条2項は、民事訴訟法325条2項を準用することを一段と明確にしている。

この趣旨を抗告審で貫徹しない理由は見出しがたい。そこで、このような事件類型については、抗告審において陳述聴取が必要とされる場合には、審問の期日を開くことが原則として必要であると解するべきである（会社法870条2項の準用ないし類推適用）。

4 申立書・抗告状の写しの送付

(1) 申立書の写しの送付

裁判所は、必要的審問期日とされている事件について（会870条2項）、裁判の申立てがあったときは、当該各号に定める者に対し、申立書の写しを送付しなければならない（同法870条の2第1項）。

中間試案では、「相手方のある非訟事件に関する特則」の1つとして、「裁判所は、非訟事件の申立てが不適法であるとき又は非訟事件の申立てに理由がないことが明らかなときを除き、相手方に対し、非訟事件が係属したことを通知しなければならないものとする」（事件係属の通知）とされており、ただ、「事件係属の通知の方法（申立書の送付に限定するか否か等）について、なお検討するものとする」との注記が付されていた（中間試案第1編第6の2(4)ア）。[23]

前述のように、「相手方のある非訟事件に関する特則」はおかれないことになったが、争訟性の高い会社非訟事件については、申立書の写しを送付することとして、相手方の攻撃防御の機会を高めることを目的としている。このような手続の追行も、以前から会社非訟に長けた裁判所では、運用によっ

---

[23] 注記について、「通知の方法を申立書の送付に限定するか否か等についても併せて検討する必要があることから、この点を（注）において明らかにしている。この点については、相手方に対して申立書の内容を了知させた上で、適切な手続活動をさせるべきであることを理由として、申立書の送付を義務付けるべきであるとする意見もあるが、他方で、一定の場合には、申立書の内容を相手方に知らせるべきでないこともある（例えば、当事者の記録の閲覧が制限されるような場合など。第1の10(3)参照）ことを理由として、申立書の送付を義務付けることに反対する意見もある」とされていた（中間試案補足説明第1編第6の2(4)ア）。

て行われてきており、これを明文化したものである。

　(2)　抗告状の写しの送付

　裁判所は、同様に、必要的審問期日とされている事件について（会870条2項）、原審の裁判に対する即時抗告があったときは、申立人および各号に定める者（抗告人を除く）に対し、抗告状の写しを送付しなければならない（同法872条の2第1項）。

　非訟事件手続法においても、終局決定に対する即時抗告があったときは、抗告裁判所は、原審における当事者および利害関係参加人（抗告人を除く）に対し、原則として、抗告状の写しを送付しなければならない（非訟69条）。[24]中間試案の段階では、抗告があったことの通知について、通知が不要となるときと通知の方法を抗告状の写しの送付によりすることに限定するか否かが検討されていた（中間試案第1部第3の1(2)キ。中間試案補足説明第1部第3の1(2)キ参照）。

　中間試案においては、「相手方のある非訟事件に関する特則」として、「抗告裁判所は、本案裁判に対する抗告が不適法であるとき又は本案裁判に対する抗告に〔理由がないことが明らかなとき〕〔理由がないとき〕を除き、遅滞なく、原審の当事者及び利害関係参加人に対し、抗告があったことを通知しなければならないものとする」とされ、抗告の通知についての導入の適否、この通知の方法を抗告状の写しの送付に限定するか否かも検討課題とされていた（中間試案第1編第6の2(7)ア）。ここで重視されたのは、抗告をしていない他方の当事者の手続保障であり、裁判資料の提出の機会を保障することが重視されている（中間試案補足説明第1編第6の2(7)ア参照）。

　非訟事件手続法では、抗告裁判所が原則として抗告状の写しを送付しなければならないこととされたため、争訟性の高い会社非訟事件の類型（会870条2項）については、抗告状の写しが例外的に送付されないことが予定され

24　その即時抗告が不適法であるとき、または即時抗告に理由がないことが明らかなときは、抗告状の写しの送付は不要である（非訟69条ただし書）。

〔第1部・第6章〕第1節　会社非訟事件の意義と概要

ていないこと、抗告状の写しを送付すべき者が明示されていることのように形式的な違いは存するが、非訟事件手続法における一般原則と実質が異なるものではないであろう。

5　裁判をする日

裁判所は、必要的審問期日とされている事件について（会870条2項）、裁判の申立てがあった場合において、当該申立てについての裁判をするときは、原則として、相当の猶予期間をおいて、審理を終結する日を定め、申立人および必要的審問を受けるべき者に告知しなければならない（同法870条の2第5項本文）[25]。また、裁判所は、前項の規定により審理を終結したときは、裁判をする日を定め、審問を受けるべき者に告知しなければならない（同条6項）。

民事訴訟においては、判決の言渡しは、事件が複雑であるときその他特別の事情があるときを除いて、口頭弁論の終結の日から2カ月以内にしなければならない（民訴251条1項）。

中間試案においては、「相手方のある非訟事件に関する特則」として、「当事者が裁判日を予測することができるようにするための規定（例えば、①審理の終結から一定期間内（例えば、2か月以内）に終局裁判をする旨の規律、②審理の終結時又はその後に、裁判日又はその予定時期を当事者に告知する旨の規律など）を置くものとする」（第1部第6の2(4)オ）とされていた。特則はおかれないことになったが、この趣旨の規律が一定の会社非訟事件には取り入れられた[26]。

6　和解と専門委員に関する規定の新設

非訟事件手続法では、和解制度が導入され、調書に記載されると確定した

---

[25] ただし、これらの者が立ち会うことができる期日においては、直ちに審理を終結する旨を宣言することができる（会870条の2第5項ただし書）。

終局決定と同一の効力を有する（非訟65条）。従来は、非訟事件手続では和解は認められないと一般に解されていたため、合意が成立した場合には、合意調書にしたうえで、申立ての取下げという手続がとられていたが、合意調書は債務名義にはならない。[27]

和解に親しむと考えられる事件としては、株式買取価格決定申立事件、新株予約権買取価格決定申立事件などがあると考えられている（補足説明第1部第2の8(2)（参考））。

和解が認められるようになったことから、会社非訟事件が一段と迅速に終結することが期待できよう。すなわち、裁判所が和解を主導して（非訟65条1項、民訴89条、265条参照）、会社がこれに従って和解をすれば、取締役は和解の内容の是非について任務懈怠責任に問われにくいから、徹底的に争う必要がない事例では、裁判所のいわばお墨付きをもらえば足りるであろう。会社以外の当事者にとっても、終局決定まで争う費用を削減することができる。裁判所も決定書を起案する必要がないから、迅速な事件の終結が期待できよう。

的確かつ円滑な審理の実現のため、または、和解を試みるにあたり、非訟事件手続においても、専門委員の制度が導入された（非訟33条。民訴92条の2参照）。[28] 株価算定のように専門的な知見が必要とされる事件において、鑑定のように重くて高価な手続によらなくてよいのは望ましいと考えられる。裁判所の判断が、終局決定であれ、和解勧試であれ、より専門性を備えた形で迅速になされることが期待される。

26　民事訴訟では、判決の言渡しが口頭弁論の終結から2カ月以内であることが原則とされているが、特別の事情がある場合には例外が認められているし、口頭弁論を再開することも妨げられていないから、裁判の日が厳密に決まっているわけではない。非訟事件においては、具体的な期間は法定されていないが、民事訴訟と同様の運用が目指されるべきことになろう。
27　類型別会社非訟・86頁〜87頁。
28　民事訴訟における専門委員との異同について、金子＝脇村・前掲（注4）71頁参照。

213

〔第1部・第6章〕第2節　書面等閲覧謄写許可申立事件

第2節　書面等閲覧謄写許可申立事件

I　取締役会議事録閲覧謄写許可申立事件[29]

1　取締役会議事録閲覧謄写請求権

　取締役会の議事については、法務省令（会施規101条）で定めるところにより、議事録を作成し、議事録が書面をもって作成されているときは、出席した取締役および監査役は、これに署名または記名押印しなければならない（会369条3項）。議事録が電磁的記録をもって作成されている場合における当該電磁的記録に記録された事項については、法務省令で定める署名または記名押印に代わる措置（電子署名。会施規225条1項6号）をとらなければならない。

　取締役会設置会社は、取締役会の日から10年間、取締役会の議事録または取締役会の決議の省略に関する意思表示（会370条）を記載し、もしくは記録した書面もしくは電磁的記録（以下、本節において、「議事録等」という）をその本店に備え置かなければならない（同法371条1項）。

　株主は、その権利を行使するため必要があるときは、株式会社の営業時間内は、いつでも、議事録等の書面または電磁的記録の閲覧または謄写（以下、本節において、あわせて「閲覧等」という）を請求することができる（会371条2項）。ただし、監査役設置会社または委員会設置会社においては、裁判所の許可を得ることが必要であり（同条3項）、この許否の決定は非訟事件となる。

29　類型別会社非訟・1頁～9頁。

214

また、取締役会設置会社の債権者は、役員または執行役の責任を追及するため必要があるときは、裁判所の許可を得て、当該取締役会設置会社の議事録等の閲覧等の請求をすることができる（会371条4項）。取締役会設置会社の親会社社員も、その権利を行使するため必要があるときに、裁判所の許可を得て、議事録等の閲覧等の請求をすることができる（同条5項）。

　裁判所は、上記の請求に係る閲覧等をすることにより、当該取締役会設置会社またはその親会社もしくは子会社に著しい損害を及ぼすおそれがあると認めるときは、閲覧等の許可をすることができない（会371条6項）。

　取締役会議事録の閲覧等は、株主による監督是正や債権者による責任追及を容易にすることが期待されている。会社は閲覧等に備えて、議事を限定したり、抽象的な記載にとどめる可能性もあるが、取締役会の決議に参加した取締役であって議事録に異議をとどめないものは、その決議に賛成したものと推定されるから（会369条5項）、重要な意思決定がなされた場合に、責任主体の特定には有効であろう。

2　裁判の手続

　申立人は、①監査役設置会社または委員会設置会社の株主、②取締役会設置会社の債権者、③取締役会設置会社の親会社社員である。相手方は取締役会議事録を作成・保管している会社である。

　閲覧等が認められるためには、株主または親会社社員が権利を行使するため必要があるとき、また、債権者は、役員または執行役の責任を追及するため必要があるときと認められなければならない。これらの必要性が認められても、閲覧等をすることにより、会社またはその親会社もしくは子会社に著しい損害を及ぼすおそれがあると認めるときは、裁判所は、閲覧等の許可をすることができない。

　取締役会議事録閲覧等の許可申立てについての裁判においては、原則として、審問の期日を開いて、申立人および閲覧等が求められている会社の陳述

を聴かなければならない（会870条2項）。従前も、必要的陳述聴取とされるにとどまっていたが（平成23年改正前会社法870条1号）、東京地方裁判所などでは、当事者双方退席の審問期日を設けているのが通常であった。閲覧等を許可するか否かは、その後の当事者の法律関係に与える影響が大きいと思われ、訴訟手続に準じた当事者の手続保障を図ることが重要であろう。裁判所は、審問期日で充実した攻撃防御が行われるように、審問を受けるべき者に対して、申立書の写しの送付等をしなければならない（会870条の2）。[30]

また、裁判所の許可を得ていない者に対して、会社が任意で閲覧等に応じることは可能であるから、当事者双方が任意に議事録の閲覧を認める方法によって解決することも多かったとされる。今後は、和解制度が活用されると予想される。[31]

裁判は理由を付した決定による（会871条）。決定に対しては、認容であるか否かにかかわらず、申立人および会社が即時抗告をすることができる（会872条5号、874条4号）。即時抗告は、原裁判の執行停止の効力を有する（同法873条）。

II　親会社社員による子会社会計帳簿閲覧謄写許可申立事件

1　株式会社の会計帳簿作成保存義務と株主の会計帳簿閲覧謄写請求権

株式会社は、法務省令で定めるところにより（会計規4条1項）、適時に、正確な会計帳簿を作成しなければならない（会432条1項）。株式会社は、会計帳簿の閉鎖の時から10年間、その会計帳簿およびその事業に関する重要な

30　類型別会社非訟・6頁。
31　類型別会社非訟・6頁。

資料を保存しなければならない（同条2項）。

　総株主（株主総会において決議をすることができる事項の全部につき議決権を行使することができない株主を除く）の議決権の100分の3（これを下回る割合を定款で定めた場合にあっては、その割合）以上の議決権を有する株主または発行済株式（自己株式を除く）の100分の3（これを下回る割合を定款で定めた場合にあっては、その割合）以上の数の株式を有する株主は、株式会社の営業時間内は、いつでも、請求の理由を明らかにして、会計帳簿の閲覧等の請求をすることができる（会433条1項）。請求を受けた会社は、閲覧拒絶事由に該当すると認められる場合を除き、これを拒むことができない（同条2項）。

　拒絶事由に関する主観的な事情について、最決平成21・1・15民集63巻1号1頁は、「会社の会計帳簿等の閲覧謄写請求をした株主につき同号（筆者注：平成17年改正前商法293条の7第2号。会社法433条2項3号）に規定する拒絶事由があるというためには、当該株主が当該会社と競業をなす者であるなどの客観的事実が認められれば足り、当該株主に会計帳簿等の閲覧謄写によって知り得る情報を自己の競業に利用するなどの主観的意図があることを要しない」と判示している。

　以上のように、株主が会社の会計帳簿の閲覧等を請求する場合には、裁判所の許可は必要ではないが、会社が拒絶事由の存否を争うときなどには、保全事件（民保23条2項）となるのが一般的である。満足的仮処分であるから、本案代替化や保全の必要性の利益調整機能との関係で、被保全権利に関する会社法の規定が保全の必要性の基準をも独自に規定したと解すべき場合もあると考えられる[32]。会計帳簿閲覧謄写請求権については、基本的に、このように理解して、被保全権利が認められるのであれば、保全の必要性を審理することは必要ではなかろう[33]。次にみるように、親会社の社員が子会社の会計帳簿の閲覧等をするためには、裁判所の許可が必要となり、この裁判は非訟手

---

[32] 吉垣実「会社関係の保全事件の現状と課題」法時82巻12号39頁～40頁参照。

続で行われる。株主がその会社の会計帳簿の閲覧等をすることは、実体法上は、子会社の会計帳簿の閲覧等よりも容易に認められてよく、それゆえに後者の場合には裁判所の許可を得させることにしている。このこととの対比からも、前者の場合の保全手続が適切に運用されなければ、かえって閲覧等の権利が認められにくくなるという危惧もある。

2 親会社社員による子会社会計帳簿閲覧謄写請求権

　株式会社の親会社社員は、その権利を行使するため必要があるときは、裁判所の許可を得て、会計帳簿またはこれに関する資料について閲覧等の請求をすることができる。この場合においては、当該請求の理由を明らかにしなければならない（会433条3項）。親会社社員について閲覧拒絶事由のいずれかの事由（同条2項）があるときは、裁判所は、閲覧等の許可をすることができない。

　申立人は、株式会社の親会社社員である。親会社が株式会社である場合の親会社株主に限られず、親会社が持分会社その他の法人である場合の親会社社員も含まれる。親会社が株式会社である場合に、請求者には条文の形式上は持株要件が課されていないが、株主による当該会社への閲覧謄写請求よりも実体要件が軽減されることは想定されていない。親会社を株式会社に限定しなかったことから、持株要件の形での規律が技術的に困難であったにすぎず、実質的には、裁判所が許可の判断をするにあたり、請求者の持株数その他の請求者と親会社との関係もあわせ考慮することが期待されている。閲覧等請求を行うに足りる持株数を有していない請求者は、子会社に対する閲覧等に関する許可を求めても、裁判所はこれを不許可とすべきことになる。[34]

　親会社社員が閲覧等を請求することができるのは、「会計帳簿又はこれに

---

[33] 東京地決平成19・6・15金商1270号40頁は、「必要書類の閲覧及び謄写を請求できることについては疎明があるものの、閲覧及び謄写を仮処分によって求める保全の必要性があることの疎明がないといわざるを得ない」と説示するが、この判断には疑問がある。

関する資料」である。従来の下級審裁判例によれば、「会計帳簿」とは、計算書類およびその付属明細書の作成の基礎となる帳簿であり、具体的には、総勘定元帳、日記帳、仕訳帳、補助簿などを意味する。また、「これに関する資料」とは、会計帳簿を作成する材料となった書類その他会計帳簿を実質的に補充すると認めるべき書類を意味するとされてきた（東京地決平成元・6・22判時1315号3頁、横浜地判平成3・4・19判時1397号114頁、大阪地判平成11・3・24判時1741号150頁）。法人税確定申告書およびその控や案は、会計帳簿の閲覧謄写の対象とならないとされてきた（前掲の下級審判例）。もっとも、この点については、「会計帳簿又はこれに関する資料」の意義を、会計監査人や監査の範囲を会計に限定された監査役による閲覧謄写権限の対象となる「会計帳簿又はこれに関する資料」（会389条4項、396条2項）と異なるものと理解すべき理由はなく、会社の会計に関する一切の帳簿や資料が閲覧等の対象に含まれると解する見解も有力である[35]。

請求者は、閲覧等の請求の理由を明らかにしなければならない（会433条3項）。東京地判平成17・11・2判時1372号131頁によれば、「この趣旨は、請求を受けた会社において、理由と関連性ある会計帳簿等の範囲を知り、また、……閲覧拒絶事由の存否を判断する必要があること、株主による一般的調査が安易に認められる場合には、会社の営業に支障が生じるだけでなく、営業秘密の漏洩、閲覧株主による会計情報の不当利用等の危険が大きくなるため、ある程度具体性のある閲覧謄写目的が株主にある場合に限って閲覧謄写権を認めれば足りるということにある。そのため、帳簿閲覧謄写請求書面には、かかる趣旨に沿うよう、目的を具体的に記載する必要があるというべきである（最高裁判所第一小法廷平成2年11月8日判決・判時1372号131頁）が、原告において、請求理由を基礎づける事実が客観的に存在することまで立証

---

[34] 法制審議会会社法制部会の部会資料4「親子会社に関する規律に関する検討事項(1)――親会社株主の保護に関する規律――」の第2（補足説明）2を参照。

[35] 江頭・649頁～650頁など。

する必要はない（最高裁判所第一小法廷平成16年7月1日判決・金商1204号11頁）」。

このように請求の理由は具体的に記載する必要があるが、請求者が閲覧対象まで具体的に特定しなければならないか否かについては争いがある。親会社社員は、会社内部における記帳の状況を知り得ないのが通常であるから、請求者が特定して請求する必要はなく、会社側が閲覧目的等から不要な会計帳簿の閲覧を拒絶させれば足りると考えられる。[36]

3 裁判の手続

申立人は、会計帳簿の閲覧等を求める会社の親会社社員である。条文上は明らかではないが、親会社が株式会社である場合には、親会社の会計帳簿の閲覧等を請求することができる持株数を有しないときは（会433条1項柱書）、裁判所は、申立てに対して閲覧等を許可することができないと解される。この事件は閲覧等を求める会社の本店所在地を管轄する地方裁判所の管轄となる（同法868条2項）。

申立てがなされても、閲覧等の拒絶事由が存在することを会社が疎明した場合には、裁判所は閲覧等の許可をすることができない（会433条4項・2項）。

会計帳簿閲覧等の許可申立てについての裁判においては、原則として、審問の期日を開いて、申立人および閲覧等が求められている会社の陳述を聴かなければならない（会870条2項）。閲覧等を許可するか否かは、その後の当事者の法律関係に与える影響が大きいと思われ、訴訟手続に準じた当事者の手続保障を図ることが重要であろう。裁判所は、審問期日で充実した攻撃防御が行われるように、審問を受けるべき者に対して、申立書の写しの送付等をしなければならない（同法870条の2）。

---

36 江頭・651頁注1。

裁判は理由を付した決定による（会871条）。決定に対しては、認容であるか否かにかかわらず、申立人および会社が即時抗告をすることができる（同法872条5号・874条4号）。即時抗告は、原裁判の執行停止の効力を有する（同法873条）。

また、裁判所の許可を得ていない者に対して、会社が任意で閲覧等に応じることは可能であるから、和解によって終結させることもできる。

第3節　少数株主の株主総会招集許可申立事件[37]

I　株主による株主総会招集請求権

　公開会社において、総株主の議決権の100分の3（これを下回る割合を定款で定めた場合にあっては、その割合）以上の議決権を6カ月（これを下回る期間を定款で定めた場合にあっては、その期間）前から引き続き有する株主は、取締役に対し、株主総会の目的である事項（当該株主が議決権を行使することができる事項に限る）および招集の理由を示して、株主総会の招集を請求することができる（会297条1項）。公開会社でない会社においては、株式の保有期間の要件が課されない（同条2項）。

　会社が請求に適時に応じれば、株主としては、提案権等を行使することによって（会303条、305条）、会社が開催する株主総会で自らの判断に賛成する株主を募ることもできる。

　他方で、①株主からの請求の後、遅滞なく招集の手続が行われない場合、

37　類型別会社非訟・11頁〜26頁。

または、②招集手続が行われても、請求があった日から8週間（これを下回る期間を定款で定めた場合にあっては、その期間）以内の日を株主総会の日とする株主総会の招集の通知が発せられない場合には、請求をした株主は、裁判所の許可を得て、自ら株主総会を招集することができる（会297条4項）。

II　裁判の手続

　申立人は、定款で別段の定めがない限り、総株主の議決権の100分の3以上の議決権を6カ月前から引き続き有する株主である（会297条1項）。公開会社でない会社については、保有期間の要件はない（同条2項）。この事件は、会社の本店の所在地を管轄する地方裁判所の管轄に属する（同法868条2項）。

　申立てがなされると、裁判所は、少数株主の請求が形式的な要件を満たしていれば、権利の濫用と認められるような場合を除き、許可をしなければならない。株主の期待する決議が成立する可能性がないとしても、このような事実は、考慮されるべきではない（東京地決昭和63・11・2判時1294号133頁）。

　株主総会招集許可申立事件では、会社の陳述聴取は要求されていないが（会870条参照）、会社の代表取締役等を呼び出して審問期日を行い、会社の意見を聴取する機会を設けるという運用がなされている。会社に対して株主総会の開催を勧告し、会社が任意に株主総会を開催することが多く、争いがある事例でも、争点は、株主の持株数と申立権の濫用にほぼ限られる。これら

38　株主総会においては会社の重要な事項に関する意思決定がなされることから、その前段階である株主総会の招集許可申立てが権利の濫用と解される場合は、限られるとされている。類型別会社非訟・19頁。もっとも、請求の日から定時株主総会の予定日までが、8週間にわずかに足りない場合など、短期間に株主総会を2度も開催することには意義が乏しいから、とりわけ上場会社のように株主の多い会社については、権利の濫用と認められるべき場合もあろう。
39　類型別会社非訟・20頁、江頭・303頁注8。
40　類型別会社非訟・19頁。

が争点となる場合に、裁判所は、会社側の陳述を聴取して、申立人の疎明が尽くされたかの心証を形成することが望まれるであろう[42]。

許可決定の場合、理由を付す必要はない（会871条2号）。許可決定に対しては、不服申立ては許されない（同法874条4号）。他方で、却下決定の場合、理由を付す必要があり（同法871条本文）、申立人のみが即時抗告をすることができる（非訟66条2項）[43]。

なお、東京地決昭和63・11・14判時1296号146頁は、「少数株主による株主総会招集が裁判所により許可された場合には、当該少数株主に対し株主総会招集権が付与されるのであるから、その当然の効果として、少数株主は、総会に招集すべき株主を確知する権利を有するというべきであり、右確知のためには、株主名簿を閲覧・謄写することができるのはもちろんのこと、基準日現在の株主を最終的に確定した株主名簿の作成を待っていては裁判所の定めた期限までの総会招集が事実上不可能になるような場合には、株主名簿に代り基準日現在の株主を確知することができる書類の閲覧・謄写をすることもできる」と判示しており、妥当であると考えられる[44]。

株主総会の招集や開催に必要となる費用は、原則として少数株主の負担となる。もっとも、決議が成立したなど、会社にとって有益な費用であると認められる場合には、株主は会社に対して合理的な額を求償することができると解される（民702条）[45]。

---

41 類型別会社非訟・19頁。
42 株主の持株数に争いがある場合には、仮に株主総会の招集を許可しても、その株主総会の決議の瑕疵が争われることになりかねない。そこで、裁判所は、株主権確認の訴え等によって、まず持株数を確定することを求めることが少なくない。類型別会社非訟・19頁。
43 不服申立ての方法について、「（従前は、）原則は通常抗告の方法によるべきこととし、即時抗告の方法によるものは特別の定めがある場合（非訟法第77条等）に限定しているが、法律関係の早期安定及び迅速な紛争解決の要請からすると、期間制限のない通常抗告を広く認めることは相当ではないと考えられるから、中間試案第1部においては、本案裁判に対する不服申立ての方法を即時抗告に一本化している」（中間試案補足説明第1部第3の1(1)）。中間試案の考え方が、平成23年の非訟事件手続法に取り入れられた。
44 このような見解を説くものとして、江頭・303頁注8、類型別会社非訟・21頁。

第4節　一時役員等選任申立事件[46]

I　一時役員等選任請求権

　役員（取締役、会計参与および監査役をいう。会329条1項）が欠けた場合またはこの法律もしくは定款で定めた役員の員数が欠けた場合には、任期の満了または辞任により退任した役員は、新たに選任された役員が就任するまで、なお役員としての権利義務を有する（同法346条1項）。この場合において、裁判所は、必要があると認めるときは、利害関係人の申立てにより、一時役員（仮役員）の職務を行うべき者を選任（または選定）することができる。代表取締役（同法351条2項）、委員会設置会社の委員会の委員（同法401条3項）、執行役（同法403条3項、401条3項）、代表執行役（同法420条3項、401条3項）、会計参与（同法346条2項）、清算人（同法479条4項、346条2項）、代表清算人（同法483条6項、351条2項）についても同様である。

　本来であれば、会社は速やかに後任の役員等を選任すべきであるが、実務的には、定時株主総会の3カ月以内に欠員が生じれば、欠員のまま定時株主総会で処理をして、他方で、定時株主総会の6カ月以上前に欠員が生じれば、臨時株主総会を開催して後任の役員等を選任すべきであるとされ、一時役員等の選任が必要となるのは、その間に欠員が生じた場合であるとされる。[47]

　一時役員等の権限は、本来の役員等と同じである。

　なお、裁判所は、一時役員等の職務を行うべき者を選任した場合には、株式会社がその者に対して支払う報酬の額を定めることができる（会346条3項ほか）。

45　江頭・304頁注8、類型別会社非訟・22頁。
46　類型別会社非訟・27頁〜42頁。

II 裁判の手続

　申立人は、「利害関係人」であり、株主、取締役、監査役、執行役、会計監査人、従業員などが含まれる。この事件は会社の本店所在地を管轄する地方裁判所の管轄となる（会868条1項）。

　申立てが認容されるためには、①申立人適格（利害関係）があること、②役員等が欠けまたは欠員が生じていること、③一時役員等を選任する必要があることが、申立人によって疎明されなければならない。[48]

　法律上は、必要的陳述聴取となる事件とはされていないが（会870条参照）、裁判実務では、事案の重要性に鑑み、取締役の意見等を聞くことが相当であるとされている。[49] 前述のように、裁判所は一時役員等の報酬の額を決定することができ（同法346条3項ほか）、この裁判をする場合には、会社と報酬を受ける者の陳述を聴かなければならない（同法870条1項1号）。報酬額の決定が必要的陳述聴取の裁判とされているのであれば、一時役員等の選任のほうが会社にとっては通常は重要であるから、運用上、一時役員等の選任についても会社の陳述の聴取をすることが適切であるのが通例であろう。

　選任を却下する決定には、理由を付さなければならない（会871条）。他方で、選任の決定と報酬額の決定には、理由を付する必要がない（同条1号・2号）。選任の決定に対しては、不服を申し立てることができない（同法874条1号）。報酬の額の決定に対しては、会社と報酬を受ける者に限って、即時抗告をすることができる（同法872条4号）。

　一時役員等を選任した場合に、裁判所書記官は、本店の所在地に登記嘱託をしなければならない（会937条1項2号イロ）。

47　江頭・373頁注13。
48　選任の必要性についての判断は難問であるが、類型別会社非訟・31頁～35頁を参照。
49　類型別会社非訟・35頁。

〔第1部・第6章〕第5節　株式の株価決定申立事件

第5節　株式の株価決定申立事件[50]

I　株式売買価格決定申立事件

1　株式売買価格決定申立権

　株式の売買価格の決定には、①譲渡制限株式の譲渡を承認しない場合の買取請求に関する売買価格決定の申立て（会144条2項・7項）、および、②相続人等に対する売渡しの請求に関する定款の定め（同法174条）がある場合に、売渡しの請求に関する売買価格決定の申立て（同法177条2項）があり、会社法の非訟に関する規定でも、両者について同じ規律が予定されている（同法870条2項3号ほか）。

　譲渡制限株式の譲渡を承認しない場合の買取請求は（①）、株式の自由譲渡性（会127条）と株式会社の閉鎖性維持の要請（同法107条1項1号、108条1項4号）との最終的な調整として予定されているものである。すなわち、譲渡制限株式について、この株主または取得者は、会社に対して約定された取得者による株式の取得を承認するか否かの決定をすることを請求することができる（同法136条、137条）。会社が取得を承認しなければ、譲渡制限株式の株主は投下資本の回収の可能性を奪われるから、譲渡等承認請求者は、会社が承認しない旨の決定をする場合に、会社または指定買取人が株式を買い取ることを請求することができる（同法138条1項ハ・2項ハ）。会社または指定買取人から買取りの通知を受けた譲渡等承認請求者は（同法141条、142条）、会社または指定買取人に株式を譲渡することになるが、売買価格は第1次的

50　類型別会社非訟・75頁〜128頁。

には協議によって定められる（同法144条1項・7項）。協議が調うとは限らないから、会社、指定買取人または株主は、通知があった日から20日以内に、裁判所に対し、売買価格の決定の申立てをすることができる（同条2項・7項）。この売買価格の決定にあたって、裁判所は、譲渡等承認請求の時における株式会社の資産状態その他一切の事情を考慮しなければならない（同条3項・7項）。なお、この期間内に協議が調わないにもかかわらず申立てがないときは、1株あたり純資産額に対象株式の数を乗じて得た額が売買価格とされる（同条5項・7項）。

相続人等に対する売渡しの請求は（②）、相続その他の一般承継により譲渡制限株式を取得した者に対し、株式を会社に売り渡すことを請求することができる旨の定款によるものである（会174条）。相続その他の一般承継は譲渡の概念でとらえられず、したがって、定款による譲渡制限には服さないことを前提として、会社からの売渡請求という形で構成された。会社は、株主総会の決議に基づいて（同法175条）、会社が相続その他の一般承継があったことを知った日から1年を経過するまでに、一般承継による株式取得者に対して株式を売り渡すことを請求することができる（同法176条）。売渡請求がなされた場合の売買価格は、第1次的には会社と一般承継による株式取得者との協議によって定められるが、会社または株式取得者は、売渡請求があった日から20日以内に、裁判所に対し、売買価格の決定の申立てをすることができる（同法177条1項・2項）。裁判所は、売買価格の決定にあたって、請求の時における株式会社の資産状態その他一切の事情を考慮しなければならない（同条3項）。前述の譲渡承認請求の場合とは異なり、申立ての期間内に申立てがなされなければ、売渡請求そのものの効力が失われる（同条5項）。

譲渡制限株式には市場価格が存しないから、売買価格の決定は、相当に困難である。非上場株式の評価には種々の方法があるが、個々の会社の状況とは無関係に特定の基準に依拠することができるものではない。会社法では、[51]

裁判所は、売買価格の決定にあたって、請求の時における株式会社の資産状態その他一切の事情を考慮しなければならないとされており（会144条3項・7項、177条3項）、最終的には裁判所の合理的な裁量で価格を決定するほかない。対象会社の継続割合（企業として継続する確率）が低いと考えられる場合には、一般的には、時価純資産方式の折衷割合を高くする傾向にあるとされる。[52] 合理的な判断であると考えられるが、継続企業価値が清算価値（時価純資産額）を下回っている場合には、会社は解散すべきであるともいえるから、会社に支配株主が存しており、あえて解散せずに会社を継続させるのであれば、離脱する少数株主には、最低でも清算価値に相当する価額（時価純資産額から清算に必要な費用を差し引いた額）が譲渡の対価として与えられるべきである。

なお、会社が対象株式を買い取る場合には、財源規制に服する（会461条1項1号・5号）。財源規制に違反した自己株式取得の効力については争いがあり、[53] 無効説を支持すべきである。仮に有効説に立つとしても、金銭等の交付を受けた者と業務執行者は、剰余金の配当等に関する責任を免れないし（同法462条。なお、同法463条参照）、業務執行者は期末の欠損てん補責任を負う可能性がある（同法465条1項1号・7号）。財源規制に違反すると見込まれても、裁判所は、そのような事情を考慮することなく、客観的事情に基づいて売買価格を算定するべきである。[54] このような場合に、無効にならないとしても、譲渡等承認権者が、会社との間の対象株式の売買契約を解除することができると解する見解があり、[55] 会社は完全な履行ができないことから妥当で

---

51 柴田和史「非上場株式の評価」（浜田道代＝岩原紳作・会社法の争点）60頁～61頁、類型別会社非訟・88頁～91頁ほか参照。
52 類型別会社非訟・91頁。
53 梅本剛正「違法な自己株式取得・質受けの効力」（浜田道代＝岩原紳作・会社法の争点）68頁～69頁参照。
54 類型別会社非訟・85頁。
55 類型別会社非訟・86頁。

ある（民法543条の適用または類推適用）。この解釈の下では、譲渡等承認権者が解除をすれば、会社が譲渡を承認する旨の決定をしたものとみなされるから（会145条3号、会施規26条3号）、有効説によるべきであるとしても、無効説と結論が大きく異なることはない。相続人等に対する売渡しの請求の場合には、相続人等に解除を認める解釈が妥当であるし、また、売買価格の終局決定が確定するまでであれば、会社からも売渡請求の撤回をすることができると考えられる（会176条3項）。[57]

2 裁判の手続

申立人は、譲渡制限株式の譲渡を承認しない場合の買取請求に関しては（①）、譲渡等承認請求者（会144条2項）、会社（同項）、指定買取人（同条7項・2項）である。相続人等に対する売渡しの請求に関しては（②）、会社、一般承継により譲渡制限株式を取得した者である（同法177条2項）。この事件は会社の本店所在地を管轄する地方裁判所の管轄となる（同法868条1項）。

裁判所は、売買価格の決定にあたって、原則として、審問の期日を開いて、申立権者から陳述を聴かなければならない（会870条2項3号）。

以前は事件の多くが合意（合意調書の作成と申立ての取下げ）で解決されてきたが、[58]非訟事件手続法において和解制度が創設されたことから、和解で終結することが一段と多くなると思われる。和解の内容が調書に記載されると、その記載は、確定した終局決定と同一の効力を有する（非訟65条2項）。

売買価格決定の裁判には、理由を付さなければならない（会871条）。決定に対しては、即時抗告が認められ（同法872条5号）、即時抗告には執行停止の効力が認められる（同法873条）。

---

56 類型別会社非訟・85頁。
57 会社法176条3項は、いつでも請求を撤回することができると規定するが、字句どおりに解釈できるものではない。撤回が可能な時期に関する議論については、山下友信編『会社法コンメンタール4』129頁〜130頁〔伊藤雄司〕を参照。
58 類型別会社非訟・86頁〜87頁。

II 株式買取価格決定申立事件

1 反対株主の株式買取請求権

(1) 株式買取請求権が与えられる場合

　反対株主の会社に対する株式買取請求権が与えられるのは、会社の基礎的変更のうち、①会社法116条1項で規定された場合と、②組織再編行為に伴う場合（会469条1項、785条1項、797条1項、806条1項）に限られる。

(2) 会社法116条1項に規定されている場合の株式買取請求権の行使

　会社法116条1項においては（①）、会社の組織再編を直ちに伴うものではないが、株主に重大な影響を与える変化が会社に生じる場合に、反対株主に退出の機会を保障している。具体的には、㋐発行する全部の株式に譲渡制限を設ける定款の変更をする場合（会116条1項1号、107条1項1号）、㋑種類株式発行会社において、ある種類の株式に譲渡制限を設ける定款の変更をする場合（同法116条1項2号、108条1項4号）、㋒種類株式発行会社において、ある種類の株式に全部取得条項を設ける定款の変更をする場合（同法116条1項2号、108条1項7号）、㋓種類株式発行会社において、株式併合、株式分割、株式無償割当て、単元株式数についての定款の変更、株主に株式の割当てを受ける権利を与えて行う募集株式の発行等、株主に新株予約権の割当てを受ける権利を与えて行う募集新株予約権の発行を行う場合において、ある種類の株式（種類株主総会の決議を要しない旨の定款の定めがあるものに限る）を有する種類株主に損害を及ぼすおそれがあるときに（同法116条1項3号）、反対株主は、株式買取請求権を有する。反対株主とは、㋐株主総会（または種類株主総会）の決議を要する場合には、ⓐ株主総会に先立って反対の旨を会社に通知し、かつ、株主総会において反対した株主、または、ⓑ株主総会において議決権を行使することができない株主であり、㋑株主総会の決議を

要しない場合には、すべての株主である（同条2項）。株主総会の基準日の後に株式を取得した株主が、株主総会において議決権を行使することができない株主（⑦ⓑ）に含まれるかについては、対象となる会社の行為の公表日の前後を問うことは意味があるが、基準日の前後を問題にする意味はないから、含まれると解するべきである。

株式買取請求は、効力発生日の20日前の日から効力発生日の前日までの間に、その株式買取請求に係る株式の数（種類株式発行会社にあっては、株式の種類および種類ごとの数）を明らかにしてしなければならない（会116条5項）。株式買取請求をした株主は、株式会社の承諾を得た場合に限って、その株式買取請求を撤回することができる（同条6項）。ただし、効力発生日から60日以内に価格決定の申立てがないときは、株主は請求を撤回することができる（同条3項）。

株式買取請求があった場合において、株式の価格の決定について、効力発生日から30日以内に協議が調わないときは、株主または会社は、その期間の満了の日後30日以内に、裁判所に対し、価格の決定の申立てをすることができる（会117条2項）。

(3) 組織再編行為に伴う場合の株式買取請求権の行使

事業譲渡、合併、株式交換、会社分割など、組織再編行為に伴う場合も（②）、株式買取請求権を行使するための手続などは、会社法116条1項の規定による場合と（①）、ほぼ同様である（会469条、470条、785条、786条、797条、798条、806条、807条）。反対株主の意義も、株主総会の決議を要するか否か、株主総会において議決権を行使することができるか否かに応じて、同様である（同法469条2項、785条2項、797条2項、806条2項）。ただし、簡易組織再編行為において譲渡または移転の側の株主には、重大な影響がないと評価されており、株式買取請求権が与えられていない（同法469条1項、467条1項2号カッコ内、785条1項2号、784条3項、806条1項2号、805条）。

(4) 公正な価格

(ア) 「公正な価格」とは何か

申立てがなされると、裁判所は、株式の「公正な価格」を決定することになる（会116条1項、469条1項、785条1項、797条1項、806条1項）。

会社法が制定されるまでは、「承認ノ決議ナカリセバ其ノ有スベカリシ公正ナル価格ヲ以テ買取ルベキ旨ヲ請求スルコトヲ得」（平成17年改正前商法355条1項ほか）とされており、組織再編行為が「なかったならば有すべきであった公正な価格」（ナカリセバ価格）の決定が求められていた。

会社法における株式買取請求権制度の趣旨について、前掲最決平成23・4・19は、反対株主に「公正な価格」での株式の買取りを請求する権利が付与された趣旨は、会社組織の基礎に本質的変更をもたらす行為を株主総会の多数決により可能とする反面、それに反対する株主に会社からの退出の機会を与えるとともに、①退出を選択した株主には、組織再編がされなかったとした場合と経済的に同等の状況を確保し、さらに、②組織再編によりシナジーその他の企業価値の増加が生ずる場合には、反対株主に対してもこれを適切に分配し得るものとすることにより、そのような株主の利益を一定の範囲で保障することにあるとしている。つまり、決定されるべき「公正な価格」は、事案に応じて、①ナカリセバ価格、または、②シナジー分配価格となる。

(イ) 上場株式の価格決定における課題

上場会社の株式について買取請求権が行使された場合に、価格を決定する事項に関して裁判で争いになることが多いのは、以下の諸点である。

まず、どの時点のあるべき価格を求めるべきかである（単に「基準日」と表現されることが多くなっている。本節では、後述の「参照基準日」と区別するために、「算定基準日」ともいう）。たとえば、計画公表日、承認決議日、買取請求権行使日、買取請求期間満了日、効力発生日などが考えられるが、近時の多くの下級審裁判例では効力発生日が基準とされてきたようでもある。もっとも、前掲最決平成23・4・19は、買取請求権の行使日が基準日であると

の判断を明確にした。その根拠としては、反対株主が株式買取請求をすれば、会社の承諾を要することなく、法律上当然に反対株主と会社との間に売買契約が成立したのと同様の法律関係が生じ、会社には、その株式を「公正な価格」で買い取るべき義務が生ずる反面、反対株主は、会社の承諾を得なければ、株式買取請求を撤回することができない（会785条6項）ことが示されている。

　もっとも、ナカリセバ価格が求められる場合に、算定基準日の株価（市場価格）をそのまま利用すると、株価は組織再編行為がなされることを織り込んでしまっているから、組織再編行為そのものに反対の株主には十分な保護が与えられなくなってしまう。そこで、どの時点の株価を参照したうえで（参照すべき特定の時点を「参照基準日」、同日の株価を「参照株価」ともいう）、価格決定をなすべきかが課題となる。組織再編行為の影響をできるだけ排除するのであれば、計画公表日の前日等ということになろう。

　このように算定基準日と参照基準日とが異なると、参照基準日の株価を補正する必要があるのではないかという議論が生じる。計画公表後も株価は種々の要因を受けて変動するから、組織再編行為がなくても生じたはずの株価の下落分は、参照基準日の株価を補正して、反対株主に負担させるべきであるとの考え方である。補正すべきという立場からは、参照基準日から算定基準日までが補正の対象期間となる。これらを総合的に判断する手法として、算定基準日前1カ月の株価の終値による出来高加重平均値を「公正な価格」とすることも考えられる。[60]

　参照株価や補正については、最高裁判所も、具体的な利用の仕方も含めて、

59　田原睦夫裁判官の補足意見と那須弘平裁判官の意見を参照。また、最決平成23・4・26金商1367号16頁も参照。那須裁判官は、算定基準日に関する法廷意見に反対の見解を示しておられる。
60　東京地方裁判所で採用されることが多い。東京地決平成21・4・17金商1320号31頁、東京地決平成22・3・5判時2087号12頁（本文で紹介した最判平成23・4・19の原々審決定である。なお、抗告審の東京高決平成22・7・7判時2087号3頁）は、買取請求期間満了日の終値を用いた）、東京地決平成22・3・31金商1344号36頁、東京地決平成22・11・15金商1357号32頁など。

裁判所の合理的な裁量に委ねられていると判示している（前掲最判平成23・4・19）。

　(ウ)　**基準日後に株式を取得した株主**

　株主総会決議が必要とされる場合に、株主総会の基準日の後に株式を取得した株主（基準日後株主）が株式買取請求権を行使することができるか否か（「議決権を行使することができない株主」として「反対株主」に含まれるか）、また、行使することができるとしても、その者に与えられる価格は基準日現在の株価が上限となるべきか否かが問題とされている。基準日後株主は、組織再編行為があり得ることを知って株式を取得しているという認識に基づく論争であるが、理論的には前提が誤っている。基準日後に具体的な組織再編行為が公表されることも十分にあり得るから、株式の取得が基準日の前か後かを問うことは意味がない。

　むしろ、議論が盛んであって、裁判例でも定まっていないのは、具体的な組織再編行為の計画が公表された後に株式を取得した株主（公表後株主）について、公表日の株価を超える価格を与えてよいか否かである。学説は、見解が一致しているわけではないが、徐々に大きな方向性が示されつつあるとも思われる。

　会社法制定の当初は、株式買取請求権制度の趣旨や機能が変化したことを重視してであろう、公表後株主からの取得価格を買取価格の上限とすることに反対する見解が目立った[61]。たとえば、計画公表後の取得でも総会決議前の取得は、当然に株式買取請求権を濫用する意図のものと解すべき理由はない[62]とか、公表後の株式の市場価格は「公正な価格」を下回るとの予想の下に、[63]

---

[61]　規律付けの機能が一段と期待されるようになったことについて、藤田友敬「新会社法における株式買取請求権制度」（江頭憲治郎先生還暦記念・企業法の理論（上巻））276頁、落合誠一編『会社法コンメンタール12』97頁〔柳明昌〕などを参照。

[62]　弥永真生「反対株主の株式買取請求と全部取得条項付種類株式の取得価格決定(下)」商事1922号46頁注53で引用されている文献を参照。

[63]　江頭憲治郎『株式会社法〔第3版〕』768頁注8。

その差額を得る目的で株式を取得すること自体を濫用的とはいえないとか[64]、また、株式買取請求権制度を多数株主の忠実義務違反によって生じ得る損害のてん補という機能を有する制度であると理解すべきであることから、取得価格を上限とすることに反対の見解がある[65]。

他方で、現在までに、取得価格を上限とすべきとする見解が多く示されるに至っている。たとえば、株主の機会主義的な行動を抑制するために、公表後に取得された株式については、公表の内容に虚偽があった場合などを除いて、株式買取請求を行使する実際上の意味がないように、公正な価格を決定することにするのが適切であるとの見解がある[66]。MBOなどの問題点が広く意識されるようになってからも、株式買取請求権の濫用の防止は、買取価格の決定にあたって取得の時期が計画公表後であることを考慮し、取得価格を買取価格の上限とすることによるべきであると説かれている[67]。

(エ) **財源規制の不存在**

反対株主の株式買取請求権の行使に伴う自己株式取得には財源規制がない（会461条1項参照）。したがって、価格の決定にあたって、取得総額が分配可能額を超えるか否かが考慮される余地は、そもそも存しない。

---

64 伊藤靖史ほか『会社法〔第2版〕』385頁〔田中亘〕。
65 神田秀樹『会社法〔第15版〕』337頁注8。
66 中東・前掲（注2）254頁注38。これが実際に意味するところは、特段の事情がない限り、公正な価格は、公表後株主が取得した価格を超えないと扱うことである。このように価格を決定すれば、公表後株主は、機会主義的な行動を抑制されつつも、予想できない不利益を被ることもないと考えられる。
67 酒巻俊雄＝龍田節編集代表『逐条解説会社法（第2巻）株式1』148頁〔岡田昌浩〕。さらに、弥永真生教授が詳細な検討を試みられており、公表後株主には取得価格を上限とすべきことに否定的な見解の論拠に関しては、「株式買取請求権制度が有するチェック機能は反射的な効果にすぎないと解するべきであり、株主が受けた損害をてん補すれば十分ではないかという反論が可能……である。濫用的な取得ではないことから、直ちに、株主が受けた損害を超える経済的利益を与えることが正当化されるわけではない。また、とりわけ、賛成はしなかったが、（議決権を行使しなかった場合を含め）反対しなかった他の株主の経済的利益を反対株主に与えるというコストを払ってまで、非効率な企業再編を阻止することを会社法は意図しているといえるのかという問題もある」とされる（弥永・前掲（注62）41頁〜42頁）。

2　裁判の手続

　申立人は、株式買取請求権を伴う行為をした会社と反対株主である（会117条2項、470条2項、786条2項、798条2項）。この事件は会社の本店所在地を管轄する地方裁判所の管轄となる（同法868条1項）。

　裁判所は、買取価格の決定にあたって、原則として、審問の期日を開いて、申立権者から陳述を聴かなければならない（会870条2項2号）。非訟事件手続法において和解制度が創設されたことから、和解で終結することが多くなると思われる。和解の内容が調書に記載されると、その記載は、確定した終局決定と同一の効力を有する（非訟65条2項）。

　買取価格決定の裁判には、理由を付さなければならない（会871条）。決定に対しては、即時抗告が認められ（同法872条5号）、即時抗告には執行停止の効力が認められる（同法873条）。

Ⅲ　株式取得価格決定申立事件

1　全部取得条項付種類株式の取得価格決定申立権

(1)　取得価格決定申立権が与えられる場合

　種類株式発行会社においては、当該種類の株式について、当該株式会社が株主総会の決議によってその全部を取得することを内容とする株式を発行することができる（会108条1項7号）。種類株式発行会社がある種類の株式の内容として全部取得条項を付するための定款の定めを設ける場合には、定款の変更について、種類株主の特別決議が必要である（同法111条2項、324条2項1号）。全部取得条項付種類株式の取得に関する決定は、株主総会の特別決議によって行わなければならない（同法171条1項、309条2項）。全部取得条項付種類株式の取得には、財源規制が課せられている（同法461条1項4

号)。

　全部取得条項付種類株式が認められたのは、会社法の制定時であるが、これは、会社が債務超過の場合に既存の株主の持株を失わせる「100％減資」は、倒産手続以外で行うためには株主全員の同意を要すると解されていたところ、それでは迅速性に欠けるので、多数決によって既存の株主が排除される仕組みを創設する趣旨であった。立法過程において、会社の債務超過を要件としないこととされたことなどから、株式取得による企業買収後に残存する少数株主の締め出しの手段としても用いられるなど、用途が広がった[68]。実際、平成22年末までの現実の利用状況をみる限り、所期の趣旨（に近い形）で用いられたのは１件に限られており、MBOや完全子会社化に用いられる例が圧倒的に多い[69]。税制上の理由によって、略式や簡易の株式交換等が使われないために、公開買付決済日から残存株主の締め出しが完了するまでの期間が長く、手続も複雑であるなどの不安定要素が大きくなっている[70]。

　所期の用途で用いられていない場合には、取得条項付株式に関する会社法の手続規制との違い（非対称）を説明するのが難しいとも考えられる。取得条項付株式とは、会社が一定の事由が生じたことを条件として株式を取得することができる旨の内容を有する株式である（会２条19号）。既発行の株式を取得条項付種類株式にするには、その株式を有する株主全員の同意を得なければならない（同法110条、111条１項）。一応の説明としては、全部取得条項付種類株式については、取得条項付株式についてとは異なって、取得の際に株主総会決議が必要であり（同法171条１項、309条２項３号）、かつ、定款変更時に反対株主には株式買取請求権が与えられ（同法116条１項２号）、また、取得時には株主に取得価格決定申立権が与えられている（同法172条）ことが

---

[68] 以上について、江頭・153頁～154頁参照。
[69] 科学研究費補助金（基盤研究（C））課題番号21530078による暫定的な調査結果による。
[70] 石綿学「企業結合の形成過程における株主間の利害調整についての実務からの試論」（森本滋編・企業結合法の総合的研究）145頁。

指摘されている。[71]

　種類株式発行会社でない会社が、全部取得条項付種類株式の取得を行うに至るまでには、①種類株式発行会社になるための定款変更の決議、②既発行の株式を全部取得条項付種類株式にする定款変更の決議、③全部取得条項付種類株式を会社が取得する決議が必要になるが、これらは、同じ株主総会で行うことができると解されており、実務でも定着している。[72]

　なお、①から③の決議が一度になされる場合に、一連の会社行為に反対の株主は、前述のように、②については、反対株主として株式買取請求権が与えられ、③については、取得価格決定申立権が与えられることになるが、一連の決議が有効に成立しているのであれば、③の決議の効力が生じると②の買取りの対象となる株式が株主の手元から失われるから、株主は、③の取得価格決定申立権を行使することになる。違いが生じそうにもみえるのは、②の買取価格は「公正な価格」とされているのに対して（会116条1項2号）、③の取得価格は、条文上、単に「価格」とされていることであろう（同法172条）。もっとも、③の取得価格決定申立権は、会社が決定した価格を裁判所が再決定する機会を与える趣旨のものであるから、裁判所が決定するのは、「公正な価格」であると解され、[73] この点に関して実際上の違いはない。会社と株主にとっては、財源規制の有無の違いが影響する。

(2)　取得価格決定申立権の行使

　株主総会で決議された取得対価に不満のある株主は、株主総会の日から20

71　江頭・151頁注30参照。取得の際に株主総会が必要であることについては、取得条項付株式でも、定款で一定の事由を株主総会決議がなされたときと定めることも妨げられないであろうから、決定的な理由とはならないとも考えられる。

72　江頭・154頁〜155頁。

73　最決平成21・5・29金商1326号35頁の田原睦夫裁判官の補足意見は、「裁判所は、取得日（173条1項）における当該株式の公正な価格を決定する」と述べている（同補足意見の2(1)）。同決定の原決定（東京高決平成20・9・12金商1301号28頁）と原々決定（東京地決平成19・12・19判時2001号109頁）では、裁判所の判断として、「公正な価格」を決定するものであると説示されている。

日以内に、裁判所に対し、取得価格の決定を申し立てることができる（会172条1項）。

申立てをするには、株主総会において議決権を行使することができる株主は、株主総会に先立って会社による全部取得条項付種類株式の取得に反対する旨を通知し、かつ、株主総会において取得に反対しておかなければならない（会172条1項1号）。議決権を行使することができない株主は、特段の手続を経ることなく、取得価格決定の申立てを行うことができる。

(3) 取得の価格（公正な価格）

(ア) 構造的な利益相反と価格決定のあり方

全部取得条項付種類株式を用いたMBOや完全子会社化に関する株式の価格決定が裁判所に持ち込まれることが多くなっている[74]。上場会社が申立ての相手方となる場合も少なくない。価格の決定において、裁判所が考慮すべきことは、一般的には、売買価格決定申立事件と買取価格決定申立事件に関して述べたことと異ならない。ただ、MBOにしても、子会社の完全子会社化にしても、構造的な利益相反があることには、留意が必要である。実体法上、少数株主の利益が害されないように、独立した当事者であるかのように取引を設計することが求められる（独立当事者間取引）。

構造的な利益相反の有無は、価格決定の裁判においても、裁判所によって深慮されるべきである。すなわち、裁判所は、独立した当事者間の交渉の結果を基本的には尊重するべきであり、例外的に積極的に介入するのは、構造的な利益相反が当事者の意思をゆがめている場合に限られるべきである[75]。また、その場合にも、裁判所は、「仮に両当事者が独立の経済主体であったとすれば、交渉の結果として合意したであろう対価」を探究すべきである[76]。

---

[74] MBOに関する取得価格決定申立事件については、別冊商事法務編集部・前掲（注17）を参照。
[75] 田中亘「組織再編と対価柔軟化」法学教室304号79頁～80頁、石綿・前掲（注70）149頁～150頁。独立当事者間取引か否かで価格決定の枠組みを区別する見解として、藤田・前掲（注61）288頁～291頁、中東正文『企業結合法の理論』435頁ほか。

(イ) 資料の偏在と裁判所の自由心証

　独立当事者間取引として設計する努力が尽くされているか否かが判然としない事案では、会社や経営陣らが都合の悪い事実を隠そうとしていることが疑われる。たとえば、公開買付者が対象者の役員などである場合には、「買付け等の価格の算定に当たり参考とした第三者による評価書、意見書その他これらに類するものがある場合には、その写し」が公開買付届出書の添付書類として開示の対象となった（金商27条の3第2項、他社株府令13条1項8号）。ところが、評価書などがある場合にのみ開示が求められており、見解の相違などから完成版に至らなかったものは、開示の対象とならない。オピニオン・ショッピングを可能とする開示となっているし、また、最終的な評価書などに比べて未完成の評価書などのほうが株主にとって都合のよい情報が含まれている可能性もある。形式的には仕上がっていなくても、第三者に評価や意見を照会した場合には、照会先と内容の概要を開示させることにすれば、非訟事件手続において、適切かつ迅速な審理および裁判の実現に資することになろう。

　前述の開示規制が施行される前の事例においても、裁判所の運用によって、情報を得ることが難しいという株主の弱点を補う試みがなされている。前掲（注73）東京高決平成20・9・12は、「抗告人（筆者注：株主）らの度重なる要請にもかかわらず、相手方（同：会社）は、その事業計画を提出しないし、また、……デューディリジェンスを実施した上で作成した株価算定評価書を検討すれば、その性質上、事業計画を踏まえた株価算定の過程が明らかになることが容易に推認できるにもかかわらず、株価算定評価書の提出もしないのであって、本件においては、一件記録に基づき、MBOに際して実現され

76　石綿・前掲（注70）150頁。なお、MBOについて取締役にレブロン義務（ショッピングを行う義務）が課されるべきであるが、「公正な価格」の決定に際して、ショッピングを行ったと仮定した価格を算定することは不可能であることから、独立当事者間で交渉したらどうなったかを基準とすることになるとの見解として、座談会「MBO取引・完全子会社化時の取締役の行動規範を考える(上)」ビジネス法務2011年6月号35頁～36頁、44頁～45頁〔江頭憲治郎発言〕。

る価値を検討した上で、株価の上昇に対する評価額を決することは困難といわざるを得ず、当裁判所としては、一件記録に表われた疎明資料に基づき、本件MBOに近接した時期においてMBOを実施した各社の例などを参考にして、その裁量により、本件株式の株価上昇に対する評価額を決定するよりほかはない」と説示して、会社の主張する価格を是認した原決定（前掲（注73）東京地決平成19・12・19）を大幅に変更した。[77][78]

　旧非訟事件手続法の下でも、このような運用が志向されてきていたところ、新しい非訟事件手続法では、事実の調査および証拠調べに関する当事者の責務が明示され、裁判所が合理的な裁量を発揮しやすい状況になる。裁判所は、会社が積極的に情報を提供しない場合においては、会社に資料の提出を命じまたは促したうえで、会社が正当な理由がなく提出を拒むのであれば（非訟53条1項、民訴220条参照）、真実擬制という形式は予定されていないけれども、裁判所の合理的裁量によって、裁判所の心証形成の際の資料の1つとして、取得価格を決定すべきである。[79]

2　裁判の手続

　申立人は、取得の対象となった株主である（会172条1項）。会社法172条1

---

[77] 東京地方裁判所も、本件MBOの公正さについては慎重な検討を行っていると思われるところ、抗告審の段階で初めて、対象会社と同一の目的をもった受皿会社が、業績予想の下方修正の発表の約2週間前に設立されたという決定的に重要な事実が明らかになった（新山雄三「『公正な取得価格とは何か』を示したレックス株式取得価格申立事件［東京高決平成20.9.12］」ビジネス法務2009年7月号109頁、中東正文「サイバード事件東京地裁決定から学ぶべきこと」金商1329号3頁〜4頁）。このような事実関係の違いから、東京高等裁判所は裁量を発揮することができたのではないか。
[78] この東京高等裁判所の判断は、最高裁判所でも支持されている（前掲（注73）最決平成21・5・29）。また、同決定の田原睦夫裁判官の補足意見を参照。学説においても、裁判所が決定すべき価格は、「公正な価格」であると理解されている（山下・前掲（注57）105頁〔山下友信〕）。
[79] 金子＝脇村・前掲（注4）77頁注10は、「裁判所は、審理に出てきた資料から自由に心証を形成することができるから、文書提出命令に応じないことを心証形成の際の資料の一つとすることは否定されていない」とする。

241

項は、申立てをすることは株主に何ら限定を付していないが、同条2項が裁判所の決定した価格を会社が申し立てた株主に支払うことを前提としていることから、取得の対象となる全部取得条項付種類株式を有する株主のみが申し立てることができると解されている。なお、この事件は会社の本店所在地を管轄する地方裁判所の管轄となる（同法868条1項）。[80]

　裁判所は、買取価格の決定にあたって、原則として、審問の期日を開いて、会社から陳述を聴かなければならない（会870条2項4号）。[81]非訟事件手続法において和解制度が創設されたことから、和解で終結することが多くなると思われる。和解の内容が調書に記載されると、その記載は、確定した終局決定と同一の効力を有する（非訟65条2項）。

　買取価格決定の裁判には、理由を付さなければならない（会871条）。決定に対しては、即時抗告が認められ（同法872条5号）、即時抗告には執行停止の効力が認められる（同法873条）。

80　山下・前掲（注57）103頁〔山下友信〕。もっとも、全部取得条項付種類株式以外の種類株式が発行済みである場合には、取得価格によっては、他の種類株式の株主が不利益を被る可能性があり得るが、会社法はそのような株主の救済までは視野に入れていない（同103頁〔山下〕）。複数の種類株式を現に発行している会社の組織再編行為に際して、どちらの種類株主にも株式買取請求権が付与されることとの比較においては、立法論としては、他の種類株式の株式に株式買取請求権を与えるなどの手当てが必要であるとも考えられる。

81　平成23年改正前会社法870条4号は、必要的陳述聴取の対象を申立権者としていたが、会社には価格決定の申立権がないので、文言上は、会社は必要的陳述聴取の対象とはなっていなかった。平成23年改正会社法は、この点の不都合を改めた。

第6節　総会検査役選任申立事件[82]

I　総会検査役選任請求権

　会社または一定の要件を満たした株主は、株主総会に係る招集の手続および決議の方法を調査させるため、株主総会に先立ち、裁判所に対し、検査役の選任の申立てをすることができる（会306条1項・2項）。

　申し立てることができる株主は、原則として、総株主（株主総会において決議をすることができる事項の全部につき議決権を行使することができない株主を除く）の議決権の100分の1（これを下回る割合を定款で定めた場合にあっては、その割合）以上の議決権を有するものである（会306条1項）。取締役会設置会社においては、総株主から除かれる株主は、株主総会の目的である事項の全部につき議決権を行使できないものに限られる（同条2項）。取締役会設置会社のうち公開会社においては、6カ月（これを下回る期間を定款で定めた場合にあっては、その期間）前から所定の株式数を引き続き有することが必要である（同条2項）。

　総会検査役は、必要な調査を行い、当該調査の結果を記載し、または記録した書面または電磁的記録を裁判所に提供して報告をしなければならない（会306条5項）。裁判所は、総会検査役の報告について、その内容を明瞭にし、またはその根拠を確認するため必要があると認めるときは、さらに検査報告を求めることができる（同条6項）。総会検査役は、裁判所に報告をしたときは、会社（検査役の選任の申立てをした者が会社でない場合には、会社と申立人）に対し、検査報告の書面の写しを交付し、または電磁的記録に記録され

82　類型別会社非訟・75頁～128頁。

た事項を提供しなければならない（同条7項）。

　総会検査役が選任される目的には、①事後に招集手続や決議方法について、法令違反または著しい不公正が問題となる場合に備えて、検査役の報告書が重要な証拠書類になるという証拠保全目的、また、②裁判所に選任されて、後に裁判所に報告書を提出する検査役が事実調査を行っていることから、法令違反または不公正な手続が抑止されるという違法抑止目的が存しており、②は①の事実上または間接的な副次的効果である。[83]

II　裁判の手続

　申立人は、会社または一定の要件を満たした会社である（会306条1項・2項）。この事件は会社の本店所在地を管轄する地方裁判所の管轄となる（同法868条1項）。

　会社法上は、総会検査役選任の裁判をする場合に、会社の陳述を聴取する必要はないが（会870条参照）、会社に反論の機会を与え（とりわけ、持株要件に関して）、また、検査役への理解や協力を求めるために、迅速性を損なわない範囲で、審問を行うのが通常とされている。審問期日においては、会社が株主の申立人適格を争わない場合、検査役選任決定を行い、引き続き、裁判所、検査役、申立人および会社により、検査の具体的な手順等の打合せを行うのが通例である。[84]

　総会検査役の選任の申立てがあった場合には、裁判所は、これを不適法として却下する場合を除き、検査役を選任しなければならない（会306条3項）。決定には、理由を付すことは要求されておらず（同法871条2号、874条1号）、不服を申し立てることができない（同法874条1号）。

　なお、総会検査役を選任した場合に、裁判所は、総会検査役に対して支払

---

[83]　類型別会社非訟・152頁。
[84]　以上について、類型別会社非訟・157頁〜158頁。

う報酬の額を定めることができる（会306条4項）。この裁判には、理由を付す必要はないが（同法871条1号、870条1項1号）、会社と総会検査役の陳述を聴かなければならない（同法870条1項1号）。報酬についての裁判については、会社と総会検査役は即時抗告をすることができる（同法872条4号）。

(中東正文)

第7章 その他の主要な会社関連訴訟

第1節 株主権をめぐる訴訟

I 株主権確認訴訟

1 概要

　株主としての地位について争いがある場合に、原告の株主権を争っている者を被告として、原告は、株主権確認訴訟を提起することができる。これは通常の確認訴訟であり、会社法上、専属管轄、対世効、訴訟手続等についての定めはおかれていない[1]。

　株主としての地位に争いが生じる場合のうち、主として紛争となるのは、名義株主の問題と、株式譲渡の問題、また、定款・契約による株式の譲渡制限の問題である[2]。

1　類型別Ⅱ・791頁。
2　商事関係訴訟・27頁以下。

2　名義株主の問題

　他人Aの承諾を得てAの名義でBが設立時募集株式の申込みをして割当てを受けた場合、株式引受人となり株主となるのは、名義貸与者であるAか、それとも名義借用者であるBか。この問題については、名義貸与者が株主であるとする形式説と、実際に払込み・対価の提供を行った行為者が株主であるとする実質説との対立がある。[3]

　会社が名義借用者に対して株券を交付し、これを不服として名義貸与者が会社に対して株券の引渡しを請求した事案において、判例は、「他人の承諾を得てその名義を用い株式を引受けた場合においては、名義人すなわち名義貸与者ではなく、実質上の引受人すなわち名義借用者がその株主となるものと解するのが相当である」として実質説を採用する旨を判示し、その理由として、平成17年改正前商法（以下、この章において「旧商法」という）201条は「第１項において名義のいかんを問わず実質上の引受人が株式引受人の義務を負担するという当然の事理を規定し、第２項において、特に通謀者の連帯責任を規定したものと解され、単なる名義貸与者が株主たる権利を取得する趣旨を規定したものとは解されないから、株式の引受および払込については、一般私法上の法律行為の場合と同じく、真に契約の当事者として申込をした者が引受人としての権利を取得し、義務を負担するものと解すべきであるからである」としており（最判昭和42・11・17民集21巻9号2448頁）、その後の判例においてもこの判断は維持されている（最判昭和50・11・14金法781号27頁（株券交付等請求））。学説もこれを支持するのが多数である。[4]

　なお、この判断は旧商法201条の存在を前提としてなされたものであり、

---

[3] 旧商法201条を前提とした学説の対立状況につき、上柳克郎ほか編『新版注釈会社法(3)』40頁〔米津昭子〕。

[4] 大隅健一郎＝今井宏『会社法論上巻〔第３版〕』232頁、鈴木竹雄＝竹内昭夫『会社法〔第３版〕』76頁注8、北沢正啓『会社法〔第６版〕』91頁、江頭・94頁注5。

247

同条は、1項において、仮設人の名義をもって株式を引き受けた者は株式引受人たる責任を負い、他人の承諾を得ずにその名義をもって株式を引き受けた者も同様である旨を、2項において、他人と通じてその名義をもって株式を引き受けた者がその他人と連帯して払込みをなす義務を負う旨を規定していたが、これは会社法においては引き継がれていない。もっともこの点については、同条2項の文言が素直に読めば実質説を定めたものとは解しがたいにもかかわらず、同判例が実質説を採用したものであるから、同条の削除後に実質説を採用することには何の支障もないと解されている[5]。

3 株式譲渡の問題

(1) いわゆる権利株の譲渡の問題

　発起人が設立時発行株式を引き受け、出資の履行をすることにより設立時発行株式の株主となる権利の譲渡は、成立後の会社に対抗することができない（会35条）。そして、出資の履行をした設立時発行株式の株主となる権利の譲渡についても、成立後の会社に対抗することができない（同法50条2項）。設立時募集株式の引受人が払込みをすることにより設立時発行株式の株主となる権利の譲渡も同様である（同法63条3項）。

　このような株主となる権利、いわゆる権利株に関し、旧商法においては、かかる権利株の譲渡は会社に対してその効力を生じないものとし（旧商190条）、発起人による譲渡に対しては、罰則も課していた（同法498条2項）。会社法においてはこの規制は緩和されており、上述のとおり、成立後の会社に対抗することができないとされるにとどまっている。

　会社側から権利株の譲渡を認めることができるか否かについては、旧商法下の議論において見解が対立していたが、会社法における規制の緩和に伴い、成立後の会社が権利株の譲受人を株主として取り扱うことも認められる[6]。

5　江頭・94頁注5。

(2) 株券発行前の株式譲渡

　会社法においては、株券の発行について旧商法下での原則と例外を逆転させ、会社が定款によって株券を発行する旨を定めた場合に限って株券を発行することとしているが（会214条）、株券発行会社であっても、公開会社でない会社では株主から請求があるときまでは、株券を発行しないことができるとされているほか（同法215条4項）、株主からの株券の所持を希望しない旨の申出により、株券が発行されないことがありうる（同法217条）。このように株券発行会社において株券が未発行の場合、株券の発行前にした株式譲渡は、会社に対してその効力を生じない（同法128条2項）。このような場合に、会社側から譲渡の効力を認めることができるとする見解が有力であった[7]。しかし、株券発行会社の場合には、株券の交付がない場合は譲渡当事者間でも株式譲渡の効力が生じないのであるから、いまだ株主でない者を会社が株主として取り扱えるとするのは矛盾であり[8]、会社側から譲渡の効力を認める扱いはできないと解される。

　もっとも、株券発行会社において株券が発行されていない場合に、株主からの請求（会215条4項、217条6項）があったにもかかわらず、会社が不当に発行を拒絶する、あるいは遅滞することもあり得る。また、このような場合以外にも、株券発行会社が株券発行義務（同法215条1項）を果たさず、株券の発行を不当に遅滞する場合もあり得る。公開会社でない会社においても株券発行義務が課されていた平成16年改正前商法の制度を前提とした事案において、判例は、株券発行前の株式譲渡が会社に対して効力を生じないことと

---

[6] なお、いわゆる権利株の譲渡とよばれる問題は、権利株そのものを移転させることが可能であるとの前提に立つことが多いが（上柳克郎ほか編『新版注釈会社法(2)』332頁〔石田満〕）、株券発行会社では株券の交付なしに株式を譲渡する方法も認める結果になることを理由に、当該譲渡契約を会社成立後に株式を譲渡する旨の債権契約としての効力を有するにとどまるとする見解も主張されている（江頭・79頁注1）。

[7] 鈴木＝竹内・前掲（注4）145頁注1。北沢・前掲（注4）213頁。

[8] 稲葉威雄「民事訴訟における商事法の扱いに関する若干の問題」（司法研修所論集・創立50周年記念特集号1巻民事編Ⅰ）254頁。

している趣旨を、「株式会社が株券を遅滞なく発行することを前提とし、その発行が円滑かつ正確に行なわれるようにするために、会社に対する関係において株券発行前における株式譲渡の効力を否定する趣旨と解すべき」であるとしたうえで、少なくとも会社がこのような趣旨に反して「株券の発行を不当に遅滞し、信義則に照らしても株式譲渡の効力を否定するを相当としない状況に立ちいたった場合においては、株主は、意思表示のみによって有効に株式を譲渡でき、会社は、もはや株券発行前であることを理由としてその効力を否定することができず、譲受人を株主として遇しなければならないものと解するのが相当である」と判示している（最大判昭和47・11・8民集26巻9号1489頁）。株主からの請求があったにもかかわらず、会社が不当に発行を拒絶する、あるいは遅滞する場合にも、この判例の射程が及ぶものと考えられる。[9]

4 定款による株式の譲渡制限

会社法では、会社の発行する株式の一部についてのみ譲渡制限をすることが可能となったこと（会108条1項4号・2項4号）、非取締役会設置会社では承認機関を株主総会とし、定款に別段の定めをおくことを認める（同法139条）など、いくつかの改正がなされている。

株主権確認請求との関係で問題となるのは、譲渡制限株式が会社の承認なく譲渡された場合である。会社の事前の承認を欠く譲渡制限株式の譲渡の効力については、会社に対する関係では効力を生じないが、譲渡当事者間においては有効と解する見解（相対説）が判例（最判昭和48・6・15民集27巻6号700頁）の立場であり、学説の多くもこれを支持している。[10] 定款による株式の譲渡制限の趣旨が会社にとって好ましくない者が株主となるのを防止することにあること、株式取得者から会社に対し取得の請求ができること（会

---

9 黒沼悦郎「判批」会社法判例百選〔第2版〕32頁。

137条1項)がその根拠である。

　譲渡制限株式が競売により売却され、譲渡承認手続が未了である中、会社に対して株主権確認等が請求された事案において、判例(最判昭和63・3・15判時1273号124頁)は、会社の承認のない譲渡制限株式の譲渡は、譲渡の当事者間においては有効であるが、会社に対する関係では効力を生じないと解すべきであるから、会社は、譲渡人を株主として取り扱う義務があるものというべきであり、その反面として、譲渡人は、会社に対してはなお株主の地位を有するものというべきであるとしたうえで、譲渡が競売手続によってされた場合の効力について、任意譲渡の場合と別異に解すべき実質的理由もないから、譲渡が競売手続によってされた場合の効力についても、同様に解すべきである旨を判示している。

　この立場では、名義書換未了株主につき、会社が自己の危険において、この者を株主と認め、権利行使を容認することを差し支えない旨を判示する判例(最判昭和30・10・20民集9巻11号1657頁)との間の平仄が問題となり得るが[11]、これについては、譲渡制限株式の譲渡による取得を承認しない以上、会社は譲受人を株主として扱うことはできず、会社が譲渡人を株主として取り扱わないと常に株主権を行使する地位の空白が生じてしまう点で、名義書換未了株主の問題とは状況が異なるのであり、会社の承認のない譲渡制限株式

10　平成2年商法改正で譲受人から譲渡承認の請求ができることとされた(旧商204条ノ5、会137条1項に相当)のは、この立場を前提としている。大隅＝今井・前掲(注4)425頁、鈴木＝竹内・前掲(注4)153頁。北沢・前掲(注4)210頁、江頭・232頁注14。なお、会社の承認がない限り当事者間でも譲渡の効力を発生しないことにすべきだとする見解(絶対説)をとるものとして、小野寺千世「定款による株式譲渡制限に関する立法論的考察」筑波法政14号456頁参照。

11　山本爲三郎「定款による株式譲渡制限制度の法的構造」(中村眞澄教授・金澤理教授還暦記念・現代企業法の諸相)157頁、同「取締役会の承認のない譲渡制限株式の譲渡の効力と譲渡人・譲受人の地位」判タ808号42頁は、譲渡制限株式は、会社に株主名簿名義書換の拒否権を付与するもので、譲渡による取得の承認は名義書換の拒否権の放棄であり、承認がない譲渡による取得も会社に対する関係で有効であるとする立場(有効説)を前提として、取得承認請求がなくても会社が名義書換拒否権を放棄して譲受人を株主として取り扱うことも可能だから、譲渡制限株式の譲渡には名義書換未了株主の地位に関する議論がそのままあてはまるとする。

の譲渡については、会社は譲渡人を画一的に株主と取り扱うべき要請が強くなるとの見解が説得的である。

なお、一人会社において、唯一の株主が取締役会の承認なく保有株式を譲渡した事案につき、判例は定款による株式の譲渡制限の趣旨が、もっぱら会社にとって好ましくない者が株主となることを防止し、もって譲渡人以外の株主の利益を保護することにあり、いわゆる一人会社の株主がその保有する株式を他に譲渡した場合には、定款所定の取締役会の承認がなくとも、その譲渡は、会社に対する関係においても有効と解するのが相当である旨を判示している（最判平成5・3・30民集47巻4号3439頁）。この趣旨から、株主が2人の会社において、取締役会の承認なく、株主間での株式譲渡がなされた事案について、会社に対する関係においても有効であるとした裁判例（東京地判平成23・1・26判タ1361号218頁）も存在する。

5　契約による株式の譲渡制限

会社法の規定に基づき、定款による株式の譲渡制限がなされる場合のほか、契約による株式の譲渡制限が行われることがある。特に閉鎖的な会社の従業員持株制度が従業員の財産形成、勤労意欲・経営参加意識の高揚等を目的としつつも、安定株主の形成という目的をも有する面があるため、従業員が退職時にその持株を取得価格と同一の価額で従業員持株会等（持株会や会社、あるいはこれらの指定する者）に売り渡す旨の契約がなされることがしばしばみられ、紛争例も少なくない。

このような定款による株式の譲渡制限がなされている会社において、退職時に取得価格と同額で売り渡す旨の契約について、裁判例は、旧商法204条

12　北村雅史「判批」会社法判例百選44頁。
13　なお、東京高判平成2・11・29判時1374号112頁は、取締役会の承認なくなされた譲渡制限株式の譲渡を譲渡当事者以外の株主全員が承認している場合について、これを会社に対する関係でも有効としている。

1項（会127条に相当）が当事者間の個々的債権契約の効力まで否定するものではないことを前提に、一貫してかかる契約を有効であるとしてきている[14]（東京地判昭和48・2・23判時697号87頁、東京地判昭和49・9・19判時771号79頁、神戸地尼崎支判昭和57・2・19下民集33巻1〜4号90頁（会社による買取りの事案）、東京高判昭和62・12・10金法1199号30頁、京都地判平成元・2・3判時1325号140頁（会社による買取りの事案）、名古屋高判平成3・5・30判タ770号242頁（株主と会社との間で退職時に会社の指定する者に譲渡する旨の合意が認められた事案）、最判平成7・4・25裁判集民175号91頁（前掲名古屋高判平成3・5・30の上告審判決）、最判平成21・2・17判時2038号144頁）。もっともその際には、当該事案における契約が、株主の投下資本の回収を制限するものとなっていないか（会社法127条の趣旨に反することになっていないか）、また、譲渡価格を一定額と定めることが公序良俗に反するものとなっていないか、が問題とされてきている[15]。

　従業員が退職時に売渡しを強制されることが、株主の投下資本回収の制限となるかについては、このような売渡しの強制自体は、通常譲渡の困難な閉鎖型タイプの会社の資本回収に寄与する面があるため、必ずしも会社法127条の趣旨に反するとはいえないであろう[16]。取得価格と同額の売買価格の設定について、裁判例は市場価格のない株式の時価評価が困難であること（前掲東京高判昭和62・12・10、前掲名古屋高判平成3・5・30）、あるいは配当の程度・実績や配当利回り等から比較的高率の配当がなされてきたこと（前掲東京地判昭和49・9・19、前掲神戸地尼崎支判昭和57・2・19、前掲京都地判平成元・2・3参照。なお、前掲東京地判平成4・4・17、前掲東京高判平成5・

14　もっともいずれの最判も事例判決であり、その内容によっては株式譲渡の合意の効力が否定される余地がある。類型別Ⅱ・812頁。
15　東京地判平成4・4・17判時1451号157頁は、この観点から当該契約を公序良俗に反し、無効とした唯一の裁判例であるが、その控訴審判決である東京高判平成5・6・29判時1465号146頁は、この判断を覆している。
16　江頭・236頁注5。

6・29も参照）を理由に、このような売買価格の設定を違法とはしていない。売買価格を取得価格と同額に設定する約定は、キャピタルゲインの取得を完全に否定するものであること、配当の程度・実績にはそれに見合う相当の水準が求められるべきであろう。[17][18]

II　株券発行・引渡請求訴訟

1　会社法における株券の発行と株式の譲渡

　旧商法においては、株式会社では株券の発行が強制され（旧商226条1項本文）、株券の交付が株式譲渡の効力要件とされていた（同法205条）。株式を有価証券化し、流通の容易化を図ろうとするこの発想は、時代の経過により日本における株式会社の実情には合わないものとなってきており、日本における株式会社の大多数を占める中小の株式会社では、株券の発行が強制されていた時代にあっても、実際には少なからぬ数の会社において株券は発行されていなかった。[19]これとは逆に、株式を市場に上場している株式会社では、大量の株券の存在は、株式取引の円滑・迅速な決済の妨げとなっていった。

　そこで会社法では、株券の発行を強制しないこととし、株券が発行されない株式会社を原則形態としており、株券を発行する場合には、その株式に係る株券を発行する旨の定款の定めをおかせることとし（会214条。種類株式発行会社では、全部の種類の株式に係る株券を発行する旨の定款の定め）、そのよ

---

[17]　前田雅弘「判批」会社法判例百選〔第2版〕47頁。
[18]　学説上は、このような売買価格の設定について、配当性向が100％近いというような特別な場合を別として、合理性があるとはいいがたいとする見解が多数説である。神崎克郎「従業員持株制度における譲渡価格約定の有効性」判タ501号6頁、龍田節「判批」商事1065号104頁。前田・前掲（注17）47頁。
[19]　江頭憲治郎「株券不発行制度・電子公告制度の導入に関する要綱の解説(上)」商事1675号6頁、7頁注2参照。

うな会社を株券発行会社（同法117条6項カッコ書）として、その場合には、株式の譲渡に株券を使用することにしている（同法128条1項本文）。また、上場会社については株券を発行せず、「社債、株式等の振替に関する法律」に基づいて、電子化された口座間の振替により株式の譲渡がなされるようにした。

そのため、振替株式の場合を除く株券発行会社以外の会社の場合には、民法の一般原則により、当事者の意思表示（契約）のみによって譲渡することができることとし、しかし、当該株式の譲渡は、株主名簿に記載・記録しなければ、会社その他の第三者に対抗することができない（会130条1項）。この株主名簿の記載・記録は、会社に対して株主であることを主張するための要件であるのみならず、第三者に対する対抗要件ともされている。

また、振替株式の場合には、振替制度における口座間の振替によることとされ（社債株式振替132条、140条）、振替株式の譲渡は、譲渡人である加入者の振替の申請により、譲受人が自己の口座の保有欄に増加の記載・記録を受けることにより効力が生じ、（第三者に対する）対抗要件を具備する（同法140条、132条2項）。加入者はその口座に記載された振替株式についての権利を適法に有するものと推定される（同法143条）。

そして、上述のとおり、株券発行会社の株式の譲渡は、株券の交付による。すなわち、株券発行会社の株式の譲渡は、当該株式に係る株券を交付しなければ、その効力を生じない（会128条1項本文）。当該株式の譲渡は、譲受人（その株式を取得した者）の氏名または名称および住所を株主名簿に記載しなければ、会社に対抗することができない（同法130条1項・2項）。もっとも第三者に対して自分が株主であることを主張するための要件は、株券の占有である（同条2項参照）。現在、株券の発行請求、および株券の引渡請求が問題となるのは、このタイプの株式会社に限られることになる。

2　株券発行請求訴訟

このように株券発行会社においては、会社法においても旧商法の規制が基本的に維持されており、株券発行会社は、株式を発行した日以後遅滞なく当該株式に係る株券を発行しなければならない（会215条1項）。株式の併合、株式の分割をした場合も同様である（同条2項・3項）。もっとも、非公開会社である株券発行会社は、株主から請求がある時までは、株券の発行をしないことができる（同条4項）。また、株主から株券の所持を希望しない旨の申出により、株券が発行されないことがありうる（同法217条）。

したがって株券発行会社の株主は、株券発行会社が株式の発行、株式の併合、株式の分割がなされたにもかかわらず遅滞なく株券を発行しない場合、非公開会社の株券発行会社では、株主の請求にもかかわらず、株券を遅滞なく発行しない場合、さらに、株券不所持の申出の後、株主から株券発行の請求がなされたにもかかわらず、株券を遅滞なく発行しない場合、株券の発行を求めて、株券発行会社に対して、株券発行請求訴訟を提起することが可能である[20]。株券発行請求訴訟は、通常の給付訴訟であり、会社法上、特段の定めはおかれていない。[21]

3　株券引渡請求訴訟

株券発行会社の株式を譲渡ないし強制執行、競売手続等で取得した者は、株主権に基づき、株券を権限なくして所持する者に対して、株券の引渡しを請求できる。株券引渡請求訴訟についても、通常の給付訴訟であり、会社法上、特段の定めはおかれていない。[22]

---

[20] ただし、これが株券の再発行にあたる場合には、株主は株式発行費用を負担する必要がある（会217条6項）。
[21] 類型別Ⅱ・838頁。
[22] 類型別Ⅱ・838頁。

III 株主名簿名義書換請求訴訟

1 会社法における株主名簿名義書換の意義

　既述のとおり、会社法においては、株式の譲渡方法が3つのタイプの会社により異なるため、株主名簿の名義書換についても、それぞれの会社でその意義が異なる。すなわち、振替株式を除く株券発行会社以外の会社では、株主名簿の名義書換は、株式譲渡についての対会社対抗要件であるのみならず、対第三者対抗要件でもある（会130条1項）。また、株券発行会社においては、対第三者対抗要件は株券の占有となるため、会社に対する対抗要件にとどまることになる（同条2項）。

　これらに対し、振替株式の譲渡は、譲渡人である加入者の振替の申請により、譲受人が自己の口座の保有欄に増加の記載・記録を受けることにより効力が生じ、これにより第三者に対する対抗要件を具備することになるが（社債株式振替140条、132条2項）、会社に対する権利行使については、その権利の性質により、対抗要件が異なる。

　すなわち、振替株式においても、会社に対する対抗要件は、原則として株主名簿の名義書換であるが（会130条1項）、株式の譲渡のつど名義書換がなされるわけではない。会社が株主総会や剰余金の配当における権利者等を決定するための一定の日（基準日（同法124条）等）を定めたとき等には、振替機関は、会社に対し、振替口座簿に記載されている株主の氏名等を速やかに通知しなければならない（総株主通知。社債株式振替151条1項）。総株主通知がなされると、当該一定の日に株主名簿の名義書換がされたものとみなされる（同法152条1項）。このように会社が一定の日を定めた場合等、たとえば株主総会における議決権の行使や剰余金の配当の受領等は、この総株主通知によることになる。これに対して、基準日等を定めて行使される権利以外の

権利（少数株主権等。同法147条4項カッコ書）を、株主が行使しようとする場合には、自己の口座にある口座管理機関を通じて振替機関に申し出ることにより、自己の保有する振替株式に関する情報を会社に通知してもらう方法をとる（個別株主通知。同法154条3項～5項）[23]。少数株主権等の行使の場合には、株主名簿の名義書換を会社に対する対抗要件とする会社法130条1項の規定は適用されない（同条1項）。

2 名義書換の方法と名義書換の不当拒絶

既述のとおり、振替株式の場合の株主名簿の名義書換は、会社が総株主通知を受けた際に行われ、会社が基準日等を設定した場合の株主の権利行使は、この総株主通知に基づく株主名簿の名義書換が対抗要件となる。少数株主権等の行使の場合には、株主名簿の名義書換は会社に対する対抗要件ではなく、個別株主通知が会社に対する対抗要件となる。これに対し、株券発行会社と振替株式を除く株券不発行会社においては、会社に対する関係において、株主名簿の名義書換は対抗要件として維持されている。いずれにおいても、自己株式の取得、自己株式の処分の場合には、株主の請求によらず、会社による株主名簿の名義書換がなされる（会132条1項2号・3号）。

株券発行会社における株主名簿の名義書換は、株券の占有者が、会社に対し株券を呈示して行う（会133条2項、会施規22条2項1号）。株券の占有者は適法な所持人と推定される（会131条1項）。そのため、会社は、名義書換請求者が無権利者であることにつき、悪意・重過失（名義書換請求者が無権利者であることを立証できるにもかかわらず故意・過失によりそれを怠ること）がない限り、無権利者の請求に応じる結果となっても、それに関する責任を負わない[24]。

---

[23] 振替株式についての少数株主権等は、通知がされたのち、4週間以内でなければ行使することができない（社債株式振替154条2項、社債株式振替施行令40条）。
[24] 江頭・199頁。

振替株式を除く株券不発行会社における株主名簿の名義書換は、株式取得者が利害関係人の利益を害するおそれがないものとして法務省令で定める場合を除き、その取得した株式の株主名簿上の株主（またはその相続人その他の一般承継者）と共同してしなければならない（会133条1項・2項、会施規22条）。

　株券発行会社においても、振替株式を除く株券不発行会社においても、株主の請求による株主名簿の名義書換につき、会社が名義書換を正当な理由なく拒絶する場合がありうる。このような名義書換の不当拒絶について、判例は、名義書換請求者が会社に対して名義書換なしに株主であることを主張できるとしている（最判昭和41・7・28民集20巻6号1251頁）。

3　名義書換未了株主の扱い

　株式の譲渡がなされたが株主名簿の名義書換が未了の場合、会社がこの名義書換未了の者を株主として扱うことはできるか。このような扱いを認めると、会社にいずれの者を株主として扱うかの選択の自由を与えてしまうこと、また、名義上の株主には株式を譲渡し株主でないことを理由に、譲受人に対しては、名義書換未了であることを理由に、いずれも株主として扱わないという事態が生じ得ること、株主平等原則に反する可能性があることなどから、会社から名義書換未了株主を株主として扱うことは許されないとする見解が有力に主張されていた。[25]

　これに対し、判例（前掲最判昭和30・10・20）は、株主名簿の確定的効力は、集団的法律関係を画一的に処理する会社の便宜のための制度であり、名義書換未了の場合、法は会社に対抗することができない旨を規定しているのであるから、会社が自己の危険において、名義書換未了株主であっても、この者を株主と認め、権利行使を容認することは差し支えない旨を判示し、現在の

25　大隅健一郎「株式の名義書換の効力について」（同・会社法の諸問題〔新版〕）212頁。

学説の多くは、この立場を支持している[26]。また振替株式において個別株主通知がないことに対し、会社が株主として扱うことも、この趣旨からは可能と解される。判例も個別株主通知の趣旨につき、「個別株主通知は、社債等振替法上、少数株主権等の行使の場面において株主名簿に代わるものとして位置付けられており（社債等振替法154条1項）、少数株主権等を行使する際に自己が株主であることを会社に対抗するための要件であると解される」としており、全部取得条項付種類株式における価格決定申立ての局面において「会社が裁判所における株式価格決定申立て事件の審理において申立人が株主であることを争った場合、その審理終結までの間に個別株主通知がされることを要し、かつ、これをもって足りるというべきである」としている（最決平成22・12・7民集64巻8号2003頁）。

第2節　役員の地位を争う訴訟

I　役員の地位確認・地位不存在確認訴訟

1　役員の地位不存在確認請求

役員の地位不存在確認請求には、①役員でないにもかかわらず会社から役員として扱われている者から会社に対して自らが役員の地位にないことの確認を求める、②会社が、当該会社の役員でないにもかかわらず、役員として振る舞っている者に対して、役員の地位にないことの確認を求める、③第三者が、役員の地位にないことの確認を求める、という3つの類型がある[27]。①

26　鈴木＝竹内・前掲（注4）159頁、北沢・前掲（注4）247頁、江頭・206頁注15参照。
27　商事関係訴訟・102頁。

の類型においては、役員でないにもかかわらず会社から役員として扱われている者が原告となり、会社が被告となる。②の類型においては、会社が原告となり、役員として振る舞っている者が被告となる。③の類型においては、原告適格、被告適格とも問題となりうる。すなわち、原告適格については、法律関係の当事者でない第三者が原告として役員の地位不存在確認訴訟を提起することになるため、会社組織上、役員たる地位に法律上の利害関係を有する者であることが必要であろう。また、この類型においては、必ず会社を被告とする必要があると解される[28]。加えて、会社のほかに、役員ではないと主張されている者も相手方とする必要があるかについても問題となる。これについては、会社のみに被告適格があり、役員ではないと主張されている者に対する訴えは、不適法却下されるとする見解[29]と、固有必要的共同訴訟と考え、会社と当該会社の役員ではないと主張されている者の双方を被告とする必要があるとの見解[30]との間で対立があり、裁判例も分かれている[31]。会社法は、役員解任の訴えにつき、会社と当該役員の双方を被告とすべきこと（最判平成10・3・27民集52巻2号661頁）を明文化したが（会855条）、役員の地位不存在確認請求においても、役員ではないと主張されている者の手続保障の観点を考慮すべきであると考えられ、会社と当該役員ではないと主張されている

---

[28] 最判昭和42・2・10民集21巻1号112頁（合資会社の無限責任社員の地位の不存在等の確認につき、当該会社を被告としていない事案につき、即時確定の利益を欠き不適法と判示している）、最判昭和43・12・24裁判集民93号859頁（宗教法人を当事者としない訴えによって当該法人の代表者たる地位の確認を求めた事案につき、即時確定の利益を欠き、許されないと判示している）、最判昭和44・7・10民集23巻8号1423頁（宗教法人の代表役員および責任役員の地位にあることの確認を、当該法人を当事者とせずに求めた事案につき、かかる確認を求める訴えは、当該宗教法人を相手方としない限り、確認の利益がないと判示している）。

[29] 商事関係訴訟・103頁。

[30] 西迪雄「取締役資格不存在確認の訴」（松田二郎判事在職四十年記念・会社と訴訟(上) 369頁、中島弘雅「法人の内部紛争における被告適格について(2)」判タ531号22頁、川畑正文「商法特例法24条について（会社訴訟を中心に）」判タ1050号58頁。

[31] 前者の立場に属するものとして、東京高判平成5・3・24判タ839号241頁、東京高判平成6・5・23判時1544号61頁（医療法人の例）、後者の立場に属するものとして、京都地判昭和47・9・27判時694号84頁（前掲最判昭和44・7・10と同事案）。

者双方を被告とすべきと解される。

　会社法上、役員の地位不存在確認訴訟の管轄、判決の効力については、明文の規定はおかれていない。もっとも、当該会社の役員が誰であるかは、何人との間でも合一的に確定されるべき事柄であるから、役員の地位不存在確認判決には、対世効を認めるべきである[32][33]。また、対世効が認められるのであれば、管轄についても会社法835条の類推適用により、当該株式会社の本店所在地を管轄する地方裁判所に専属管轄を認める必要がある[34]。

2　役員の地位確認請求

　この場合においても役員の地位不存在確認請求と同様に3つの類型が考えられるが、現実に問題となるのは、役員に就任したにもかかわらず、その地位に争いがある場合に、その者が原告となり、会社を被告として自らが役員の地位にあることの確認を請求する場合である。この場合、原告となるのは、自らが役員であると主張する者であり、地位不存在確認訴訟の場合と同様に会社を被告とする必要がある[35]。管轄、判決の効力については、明文の規定を欠くが、役員の地位不存在確認訴訟と同様に解すべきである。

---

[32]　類型別Ⅰ・54頁。地位不存在確認判決、地位確認判決双方にいえることである。

[33]　前掲最判昭和44・7・10では、宗教法人の代表役員および責任役員の地位確認訴訟において、「法人の理事者が、当該法人を相手方として、理事者たる地位の確認を訴求する場合にあつては、その請求を認容する確定判決により、その者が当該法人との間においてその執行機関としての組織法上の地位にあることが確定されるのであるから、事柄の性質上、何人も右権利関係の存在を認めるべきものであり、したがつて、右判決は、対世的効力を有するものといわなければならない」として、地位確認訴訟の判決の効力に対世効を認めている。また、前掲東京高判平成5・3・24では、「医療法人の理事及び監事の地位不存在確認の訴えは、当該医療法人自体を被告として提起することが必要であり、このような医療法人の役員の地位については合一的に確定される必要があるので、医療法人に対する訴えにおいて当該理事及び監事の地位が不存在であると判決で確定されれば、右判決の効力は当該理事、監事及び社員に対しても及ぶと解される」としており、判決に対世効を認める解釈をとる。もっとも、この点が、会社のみに被告適格があるとの立場の根拠ともなっている。

[34]　そのように解さないと、同じ役員の地位に関する訴訟が複数の裁判所に係属してしまう可能性があり、対世効のある判決について既判力の矛盾抵触が生じるおそれがある。商事関係訴訟・105頁。類型別Ⅰ・59頁。

なお、取締役が会社に対し、取締役の地位確認請求訴訟を提起する場合、取締役（退任取締役を含む）・会社間の訴訟となるため、会社を代表すべき者が問題となり得る（会353条、364条、386条1項）。判例は、会社の取締役および監査役であると主張する者らが、自己が会社の取締役および監査役の地位にあることの確認と代表取締役として登記されている者らを取締役に選任する旨の株主総会の決議が存在しないことの確認等を求めた事案で、当時の株式会社の監査等に関する商法の特例に関する法律24条1項が会社と取締役との間の訴訟について会社の代表取締役の代表権を否定したのは、馴れ合い訴訟の防止にあるから、代表取締役において取締役と認めていない者は、同項にいう取締役にあたらない、と判示している（前掲最判平成5・3・30）。委員会設置会社の場合を除き、会社法において取締役・会社間の訴訟における代表取締役の訴訟代表権が否定されているのは監査役設置会社の場合であり（会386条1項）、この趣旨が馴れ合い訴訟の防止にあることは変わりがないから、判例の趣旨は現在の制度にも及ぶものと解される。

II　役員の地位に関する登記請求訴訟

1　役員退任登記手続請求訴訟

　会社法は、役員の氏名を登記事項とし（会911条3項13号・14号・16号・17号）、その変更が生じた場合における会社の変更登記義務（同法915条1項）を定めている。役員が辞任または任期満了によって退任した場合には、会社はその旨の変更登記をすべきである。しかし、会社が自らこれをしない場合

---

[35]　原告の後任として就任したと主張する者がいても、その者を被告とする必要はないと解される。千葉地判昭和41・12・20下民集17巻11・12号1259頁（学校法人の理事の地位確認請求の事案）、静岡地沼津支判昭和43・7・3判タ226号168頁（宗教法人の代表役員の地位確認請求の事案）、前掲京都地判昭和47・9・27（宗教法人の責任役員の地位確認請求の事案）。

〔第1部・第7章〕第2節　役員の地位を争う訴訟

には、当該役員は、会社に対し登記手続を求める訴えを提起し、その確定判決に基づき登記をすることになる。その根拠については、学説、裁判例ともに分かれているが、かかる変更登記手続の請求を認めることについては、現在ほぼ異論をみない。[36][37][38][39]

　もっとも、会社法346条1項は、会社法・定款で定めた役員の員数が欠けた場合には、任期満了または辞任により退任した役員は、新たに選任された役員が就任するまで、なお役員としての権利義務を有すると規定している（以下、「権利義務役員」という）。この後任者（会社法346条2項による一時役員を含む。同条1項カッコ書）が選任されない間における役員の登記について、会社法、商業登記法は直接の規定を欠いている。そのため、この場合における変更登記の可否が問題となるが、判例はこの場合につき、登記実務慣行を尊重し、権利義務役員については、退任による変更登記をしたままにしておくことは取引の安全の見地からみて適当なことではなく、退任者がなお権利[40]

36　類型別Ⅰ・72頁。

37　委任契約終了による原状回復義務に根拠を求める見解（味村治『新訂詳解商業登記(上)』113頁、登記に関する法規の精神に根拠を求める見解（田中誠二『三全訂会社法詳論(上)』584頁、条理に根拠を求める見解（高林克巳「商業登記請求権」（松田二郎判事在職四十年記念・会社と訴訟(上)）が存在する。

38　東京高判昭和30・2・28新時49号15頁（監査役の事案）は、委任（または準委任）の本質から、その終了に伴い、会社は第三者に対する関係においても辞任の効果を生ぜしめる措置をとり、もって役員をして会社との間において内外ともに全く無関係の立場におくことが必要である旨を判示している。また、岡山地判昭和45・2・27金商222号14頁は、退任した取締役が登記の残存により受ける可能性のある不利益を、退任登記をすることによって会社が除去すべき契約上の義務が委任契約の内容に含まれているとの解釈をとる。これに対して、千葉地判昭和59・8・31判時1131号144頁、岐阜地判平成4・6・8判時1438号140頁では、その根拠を条理に求めている。

39　なお、根拠を示したものではないが、宗教法人の場合に関するものとして、最判平成7・2・21民集49巻2号231頁がある。

40　この場合につき、大判大正2・12・12民録19輯1016頁、大判大正3・5・16新聞943号29頁は、退任の事実がある以上、変更の登記をすべきであるとしていたが、登記実務は、戦前からこのような退任による変更登記は欠員を満たす後任者の就任登記とともにするのでなければ受理できないとしており（大正2・11・14民823号法務局長回答）、戦後もこの立場は維持されていた（昭和31・8・31民甲1672号民事局長回答、昭和38・7・9民甲1672号民事局長回答、昭和34・9・23民甲2136号民事局長回答）。

義務役員であることを登記公示することが必要であり、役員の任期満了・辞任による退任があっても、その者がなお権利義務役員である場合には、登記事項の変更を生じないと解するのが相当である旨を判示している（最判昭和43・12・24民集22巻13号3334頁）。

なお、会社側の不作為により役員の退任登記がいつまでもなされないことになるのは問題である。そこで、このような場合には、退任した役員としては、会社法346条2項の規定に基づき、利害関係人として裁判所に一時役員の選任申立てをすることにより、権利義務役員の地位を脱することが考えられよう。[41]

役員退任登記手続請求訴訟の原告は、被告となる会社の役員として選任され、退任登記未了の者であり、被告は会社である。登記手続をなすべき旨の判決が確定すると、上記員数を欠く場合にあたらない限り、退任した役員自身が、確定判決に基づいて退任登記をすることが可能となる。[42]

2　不実の登記の抹消登記手続請求訴訟

会社の役員に就任していないにもかかわらず就任登記がされている者や、役員を退任していないにもかかわらず退任登記がされている者など、自分について不実の登記がされている者は、当該不実の登記の抹消登記手続を請求することができる。[43][44]

原告は自分について不実の登記がされている者であり、被告は会社である。

41　奥野健一ほか『株式会社法釈義』170頁、上柳克郎ほか編『新版注釈会社法(6)』88頁〔浜田道代〕参照。
42　昭和30・6・16民甲1249号民事局長回答。
43　退任事由について、不実の登記がなされている場合が問題となる場合がある。すなわち、解任により退任したはずの役員につき、辞任登記がされている場合等である。このような場合における、退任事由の抹消請求の可否について、最判昭和25・6・13民集4巻6号209頁は、役員資格消滅の事由については真実でないが、資格消滅の身分変動については結局真実に合致しており、登記としては有効で抹消させられるべきでない旨を判示している。ただし、本判決は更正請求の余地については否定していない。

また、会社の組織上、役員の地位に法律上の利害関係を有する株主等の内部者が、会社に対して不実の登記の抹消登記手続を請求できるか否かについては見解が分かれるが、役員の地位不存在確認請求との平仄からは、原告適格を認めることが妥当であろう。[45][46]

　もっとも、役員選任の株主総会決議の不存在または決議の内容が法令違反であることを理由とする決議の無効確認の訴え、決議の取消しの訴えとともに、不実の登記の抹消請求がされた場合には、決議不存在・決議無効確認請求または決議取消請求を認容する判決が確定すれば、不実の登記は職権による登記嘱託で抹消されることになるため（会937条1項1号ト）、この場合の不実の登記の抹消請求については訴えの利益が認められないと解されている。[47]また、代表取締役の地位にあることの確認を求める訴えを提起している原告が、その請求を認容する確定判決を得て自ら抹消登記申請をすることができる場合にも、判例は訴えの利益を認めていない。[48・49]

　抹消登記手続をなすべき旨の判決が確定したにもかかわらず、会社が任意に登記手続をしない場合には、原告が確定判決に基づいて抹消登記手続をすることが可能となることは、役員退任登記手続請求の場合と同様である。

44　なお、役員に就任していない者について、登記の抹消請求を認める際、退任登記の請求とは異なり、委任（または準委任）契約をその根拠とすることはできない。そのため、東京地判昭和35・11・4判タ114号64頁では、合資会社の有限責任社員の地位不存在確認と登記の抹消請求がなされた事案において、人格権ないし氏名権の侵害に対する救済として、当然、なし得るものと解すべき旨を判示している。

45　肯定する学説として、味村・前掲（注37）118頁、鴻常夫「判批」ジュリ729号138頁。否定する立場として、東京地判昭和41・5・30判時448号58頁（株主による請求を棄却）。

46　商事関係訴訟・112頁、類型別Ⅰ・83頁。

47　味村・前掲（注37）118頁、商事関係訴訟・113頁、類型別Ⅰ・84頁。

48　最判昭和61・9・4民集40巻6号1013頁は、宗教法人の代表役員に就任した者が、宗教法人に対し、その代表役員の地位にあることの確認を訴求するとともに、自己の解任および後任の代表役員の就任またはその辞任の各登記の抹消登記手続を求めて訴えを提起した事案において、訴えの利益を欠くものと判示している。宗教法人法は、代表社員の数を1名に限定しているため（宗教法人法18条1項）、この事案を株式会社の場合に置き換えるならば、定款に代表権のある取締役（あるいは代表執行役）の員数を1名とする旨の定款の定めをおいている株式会社ということになる。

第3節　役員等の報酬・退職慰労金請求訴訟

I　役員等の報酬請求訴訟

1　報酬等に関する規制の概要

　取締役が職務執行の対価として株式会社から受ける財産上の利益は、報酬、賞与などその名称にかかわらず、報酬等とされ、定款に定めるか株主総会によって定められる（会361条）。

　株主総会において決定する事項は、①報酬等のうち額が確定しているものについては、その額、②報酬等のうち額が確定していないものについては、その具体的な算定方法、③報酬等のうち金銭でないものについては、その具体的な内容である。②は、業績連動型の報酬等が、③は、低賃料での社宅の提供等が例としてあげられる。ストック・オプションも報酬等として規制を受ける。

　もっとも、委員会設置会社においては、この規定にかかわらず、報酬委員会が取締役の個人別の報酬等の内容を決定する（会404条3項）。執行役につ

---

[49]　ある会社の取締役として就任し、その後退任した旨の登記がなされている者が、実際は一度も当該会社の取締役に就任したことがないという場合において、すでにかかる効力を失っている登記の抹消登記手続を当該会社に対して請求することができるかについて、裁判例は、訴えの利益を欠くとするもの（東京地判昭和33・11・17判時170号28頁、東京地判昭和37・2・6判時286号28頁、前掲千葉地判昭和41・12・20）、抹消登記手続請求は現在の給付を求める訴えであり、訴えの利益が欠けるとはしないもの（東京地判昭和63・7・7判時1284号131頁（監査役の事案））とに分かれている。この問題につき、後者の見解によった場合、訴えの利益を欠くことはないため訴え却下とはならないが、登記により公示されている権利関係と実体の権利関係に齟齬はないため、請求棄却となろう。商事関係訴訟・114頁。類型別I・87頁。

いても同様であるが、執行役が委員会設置会社の支配人その他の使用人を兼ねているときは、当該支配人その他の使用人の報酬等の内容についても報酬委員会が内容を決定する（同項後段）。

会計参与の報酬等については、取締役と同様、定款にその額を定めていないときは、株主総会の決議によって定められるが（会379条1項）、会計参与が2人以上ある場合において、各会計参与の報酬等について定款の定めまたは株主総会の決議がないときは、当該報酬等は、前項の報酬等の範囲内において、会計参与の協議によって定められる（同条2項）。また、会計参与には、株主総会において、会計参与の報酬等について意見陳述権が認められている（同条3項）。

監査役の報酬等についても、定款にその額を定めていないときは、株主総会の決議によって定められるが（会387条1項）、監査役が2人以上ある場合において、各監査役の報酬等について定款の定めまたは株主総会の決議がないときは、当該報酬等は、前項の報酬等の範囲内において、監査役の協議によって定められる（同条2項）。また、監査役にも報酬等についての意見陳述権が認められている（同条3項）。

これらに対し、会計監査人については、定款・株主総会によって定めるべき旨の規定はおかれていない。もっとも、監査を受ける立場の取締役のみがその決定にかかわることにより、十分な質・量の役務の提供が困難になることに鑑み、会社法は、取締役が会計監査人または一時会計監査人の職務を行うべき者の報酬等を定める場合には、監査役・監査役会・監査委員会の同意を得なければならないとしている（会399条）。

このように役員等の報酬等については、それぞれの特性に配慮して規制がおかれているが、裁判例に現れる紛争の多くは、委員会設置会社以外の取締役会設置会社における取締役の報酬等をめぐるものであり、以下でも、これ

50　会社法においては、賞与も報酬等の1つと位置づけられ、剰余金の処分として賞与を支給することは認められていない（会452条）。

に焦点を合わせて論じていくこととしたい。

2　総額等の定めと具体的配分の決定をめぐる問題

　委員会設置会社以外の取締役の報酬等については、会社法361条が、いわゆるお手盛り防止の趣旨、すなわち、高額の報酬が株主の利益を害する危険を排除することにあるとされていることから、取締役全員についての総額の最高限度額のみを定め[51]、その範囲内における具体的配分の決定は、取締役の協議ないしは取締役会の決定に委ねることができると解されている[52]（前掲最判昭和60・3・26参照）。

　株主総会において、総額を定め、具体的配分を取締役の協議ないしは取締役会の決定に委ねた場合、これをさらに特定の取締役、殊に代表取締役へ再委任することができるかについては、取締役ないしは取締役会が代表取締役に対する監督を任務としている点から、これを否定すべきとする説[53]、あるいはこのような再委任は取締役全員の同意がなければ認められないとする説[54]が

---

[51] ここにいう総額・最高限度額につき、使用人兼務取締役の使用人としての報酬（給与）が含まれるか否かについては学説上争いがあり、使用人としての給与が含まれるとする肯定説も有力に主張されていたが（大森忠夫ほか編『注釈会社法(4)』532頁〔星川長七〕）、否定説が多数説であった。また、最判昭60・3・26判時1159号150頁は、使用人として受ける給与の体系が明確に確立されている場合には、使用人兼務取締役が別に使用人として給与を受けることを予定しつつ、取締役として受ける報酬額のみを株主総会で決議することとしても旧商法269条の脱法行為にあたるとはいえない旨を判示している。ただし、決議の際、決議額は使用人兼務取締役の使用人としての職務執行の対価を含まない額であることを明らかにすべきであるとされている（稲葉威雄ほか編『実務相談株式会社法3巻〔新訂版〕』416頁、江頭・423頁注5）。

[52] 取締役会に報酬総額の具体的配分についての決定を委ねた場合、当該取締役会決議に報酬を受ける取締役が参加できるか、換言すれば、報酬を受ける取締役が特別利害関係人となるか否かについては、下級審裁判例において、すでに株主総会で報酬総額が定められている以上、各取締役への配分は会社の利害にかかわらないので、特別利害関係人にあたらないと考えられてきており（大阪地判昭28・6・29下民集4巻6号945頁、名古屋高金沢支判昭29・11・22下民集5巻11号1902頁）、学説上もこの立場を支持するのが多数説である（大森ほか・前掲（注51）534頁〔星川長七〕、上柳ほか・前掲（注41）391頁〔浜田道代〕）。

[53] 上柳ほか・前掲（注41）391頁〔浜田道代〕。

[54] 大隅健一郎＝今井宏『会社法論中巻〔第3版〕』166頁、稲葉ほか・前掲（注51）336頁。

有力に主張されているが、判例はこのような扱いを認めている（最判昭和31・10・5裁判集民23号409頁）。確かに、総額について総会決議を得ている以上、具体的配分が会社の利害にかかわらないという点は再委任を認める根拠として説得的ではあるが、かかる再委任は報酬決定の実質的権限を代表取締役に与えることを可能とするものであるため、取締役ないしは取締役会による代表取締役への監督機能を阻害する可能性は否定できない。かかる再委任は、具体的配分についての基準が取締役会規則等で明確に確立している場合にのみ許容されるべきであろう。

3　超過支給・総会決議のない報酬等の支給

　株主総会が総額について定め、具体的配分について委ねられた取締役会ないしは再委任を受けた代表取締役が、株主総会の決定した総額（最高限度額）を超えて各取締役の報酬を決定した場合、その超過する部分については、違法・無効となる。裁判例の中には、このような場合についての処理として、各取締役の報酬額が、特段の事情がない限り、取締役会が決定した報酬合計額の、株主総会が決定した最高限度額に対する比率に従って減額された金額となることを判示したものがある（福岡高判昭和55・1・31判時969号106頁）。

　取締役等と会社との間の任用契約に報酬等の支払特約があったとしても、定款の定めまたは株主総会の決議がなければ、具体的報酬請求権は発生しないとするのが、判例の基本的立場である（最判平成15・2・21金商1180号29頁）。もっとも、取締役の報酬について株主総会の決議を求める規制の趣旨が株主の保護にあるところから、実質的な株主が1人しかいない、いわゆる一人会社のような場合、正規の株主総会の手続がとられなかったとしても、唯一の株主の意思によって取締役の報酬額が決定されたときには、株主保護

55　ただし、このような再委任が利益相反取引規制違反の有無の文脈で取り上げられたものであり、一般的な規範としてかかる再委任を是認する旨を判示したものではない。また、裁判例としては、前掲名古屋高金沢支判昭和29・11・22、東京地判昭和44・6・16金商175号16頁参照。

の実質は図られているということができるから、正規の株主総会の決議がなかった場合であっても、これがあったと同視すべきであるとした裁判例がある（東京地判平成3・12・26判時1435号134頁）。これは一人会社の特殊性に配慮した解釈ということができ、手続上の問題と規制の趣旨とのバランスを図ったものと考えられる[56]。

　また、報酬等の支給につき、株主総会の決議が求められる場合であっても、会社法361条等の規定は、報酬等の決定を行う株主総会の決議を必要とする時期については定めていない。これについて判例は、株主総会の決議を経ずに役員報酬が支払われた場合であっても、これについて後に株主総会の決議を経ることにより、事後的にせよ会社法の規定の趣旨・目的は達せられるものということができるから、当該決議の内容等に照らして会社法の規定の趣旨・目的を没却するような特段の事情があると認められない限り、当該役員報酬の支払は株主総会の決議に基づく適法有効なものになるとしている（最判平成17・2・15判時1890号143頁[57]）。もっとも、この場合における「規定の趣旨目的を没却するような特段の事情」については必ずしも明らかでなく、検討の必要があるものと考えられる。1つの例として、取締役が株主総会の決議なく報酬等の支給を受けた後、その事実を知らない株主から株式を取得して多数派となり、後に追認決議を成立させた場合があげられている[58]。この判例に対しては取締役の責任免除規制の潜脱になるとの批判があるが[59]、取締役

---

[56] 退職慰労金の事案ではあるが、最判平成21・12・18判タ1316号132頁では、株主総会の決議等が存在しない以上、不当利得になることは否定しがたいところとしながらも、不当利得返還請求の場面において、それまで、発行済株式総数の99％以上を保有する代表者が決裁することによって、株主総会の決議に代えてきたという扱いから、当該代表者の認識を問題の1つとして取り上げていることが注目される。
[57] なお、この事案では、取締役に加え、監査役の報酬についても問題とされており、双方の報酬規制の趣旨について、「取締役の報酬にあっては、取締役ないし取締役会によるいわゆるお手盛りの弊害を防止し、監査役の報酬にあっては、監査役の独立性を保持し、さらに、双方を通じて、役員報酬の額の決定を株主の自主的な判断にゆだねるところにあると解される」と判示している。
[58] 落合誠一編『会社法コンメンタール8』203頁〔田中亘〕。
[59] 鳥山恭一「判批」法セミ609号130頁。

が総会決議なく報酬等の支給を受けた場合に、具体的法令違反として会社に対する損害賠償責任が追及される局面において、これを免れる意図でなされた追認決議については、ここにいう特段の事情にあたるものと解される[60]。

4 報酬等の不支給・減額

判例によれば、株主総会が総額について定め、具体的配分について委ねられた取締役会ないしは再委任を受けた代表取締役が各取締役の具体的報酬の額の決定をした後においては、当該取締役の同意がない限り、取締役会が当該報酬額を変更することはできない（前掲最判昭和31・10・5）。また、判例は、株主総会決議による場合についても、定款または株主総会の決議（株主総会において取締役報酬の総額を定め、取締役会において各取締役に対する配分を決議した場合を含む）によって取締役の報酬額が具体的に定められた場合には、その報酬額は、会社と取締役間の契約内容となり、契約当事者である会社と取締役の双方を拘束するから、その後株主総会が当該取締役の報酬につきこれを無報酬とする旨の決議をしたとしても、当該取締役は、これに同意しない限り、報酬の請求権を失うものではないとし、この理は、取締役の職務内容に著しい変更があり、それを前提にこの株主総会決議がされた場合であっても異ならないとしている（最判平成4・12・18民集46巻9号3006頁）[61]。

このような判例の立場を前提とした場合、当該取締役が報酬等の減額に同意したと認められるときには、報酬の減額・不支給を正当化する余地がないわけではない。当該取締役が明示的に同意している場合には問題はなかろう。裁判例の中には、各取締役の報酬が個人ごとにではなく、取締役の役職ごと

---

60 同様に、当該追認決議は会社法831条1項3号の取消事由を有するものと解されよう。大阪高判平成11・3・26金商1065号8頁参照。
61 なお、最判平成22・3・16判時2078号155頁は、退職慰労年金については、集団的、画一的処理が制度上要請されているという理由のみから、役員退職慰労金規程の廃止の効力をすでに退任した取締役に及ぼすことは許されず、その同意なく退職慰労年金債権を失わせることはできないとした。

に定められており、任期中に役職の変更が生じた取締役に対して、当然に変更後の役職について定められた報酬額が支払われているような場合、こうした報酬の定め方および慣行を了知したうえで取締役就任に応じた者は、明示の意思表示がなくとも、任期中の役職の変更に伴う取締役報酬の変動、場合によっては減額をも甘受することを黙示のうちに応諾したとみるべきであるとしたものがある（東京地判平成2・4・20判時1350号138頁）。学説の中には、この基準に加えて、役職の変動につき正当事由がある場合に限り同意を認めるべきとする立場をとるものもある[62]。

これに対し、裁判例の中には、このような黙示の同意の存在に慎重な姿勢をみせるものもあり[63]、「役職が取締役の報酬額決定の基準ないし基準の一つとなっており、役職の変更に連動して当然に一定額の報酬が減額されるような場合などのように、取締役にとって取締役報酬の減額が予測可能なものであり、そのような変更について取締役就任の際に当該取締役の黙示の同意があったと推認できる程度のもの」であることが1つの基準として示されている[64]（前掲福岡高判平成16・12・21）。この基準によれば、就任時に設けられていなかった役職（非常勤等）への変更であれば、予測可能性がなかったものとなり、役職変更についての正当事由等を問うことなく、黙示の同意は認められないこととなる。報酬等の減額・不支給が、大株主との仲たがいや内紛、あるいは支配争奪等の報復として用いられることに着目すれば、正当事由の存否とは別に、予測可能性を考慮することには十分な理由があるものと考えられる。

---

[62] 弥永真生「取締役の報酬の減額・不支給に関する一考察」筑波法政16号58頁。
[63] 福岡高判平成16・12・21判タ1194号271頁、名古屋地判平成9・11・21判タ980号257頁は、前掲最判平成4・12・18を前提としたうえで、非常勤取締役の役職が従前から存在するものでないことなどを理由に、事前の包括的な了解ないし同意があったとも認められないとしている。
[64] ここではこの基準に照らし減額を否定している。

II　役員等の退職慰労金請求訴訟

1　退職慰労金に対する報酬規制の適用の有無

　一般に、終任した役員等に支払われる退職慰労金についても、それが在職中の職務執行の対価として支給される限り報酬等の一種とされ、会社法361条等の報酬規制に服すると考えられている。ここにおいても多くの紛争例は取締役の退職慰労金に関するものであり、これに焦点を合わせて論じることとする。

　取締役に対する退職慰労金の支給につき、会社法361条（旧商法269条）が適用されるか否かについては、かつてはこれを否定する見解も有力に主張されていたものの、それが在職中の職務執行の対価として支給される限り、取締役の死亡による終任の際に支給される弔慰金の場合にも同様に[66]、報酬規制の対象となり、定款の定めまたは株主総会の決議を要するとするのが、判例の一貫した立場である（最判昭和39・12・11民集18巻10号2143頁、最判昭和44・10・28判時577号92頁、最判昭和48・11・26判時722号94頁（弔慰金を含む事案））。[65][67]

---

[65]　鈴木竹雄「退職慰労金の特殊性」商事484号3頁は、すでに退任している元取締役は取締役会での議決権を失っており、これに対する退職慰労金の支給には、お手盛りという問題は全然存しないとしている。

[66]　判例の表現から、いわゆる功労加算部分について明示されていないとの疑義もあるが、その実質が取締役の在職中における職務執行の対価として支給されるものであるとあるいは在職中の特別功労に対して支給されるものであるとを問わず報酬にあたるとするのが、裁判例の立場といえる。東京地判昭和42・4・8判タ208号186頁、大阪高判昭和42・9・26判時500号14頁（お手盛りまたは馴れ合いの弊害を指摘）、京都地判昭和44・1・16判タ232号164頁、大阪地判昭和44・3・26判時559号28頁（弔慰金を含む事案）、大阪高判昭和48・3・29判時705号23頁（弔慰金を含む事案）、大阪高判昭和53・8・31判時918号114頁。

[67]　もっとも、弔意金の名目で支払われる場合であっても、明らかに低額である場合には、香典の趣旨であって、報酬規制の対象とはされないと解されている。味村治=品川芳宣『役員報酬の法律と実務〔新訂第2版〕』132頁。

実質的にみても、現職の取締役が将来退任する際の支給額を決めるための先例となることからは、お手盛りのおそれがないとはいえないであろう。[68]

2　いわゆる一任決議の問題

既述のとおり、通常の報酬等を定める株主総会決議においては、取締役全員についての総額の最高限度額を定める。しかし、退職慰労金の支給については、このような総額（最高限度額）が明示されることは少なく、具体的金額・支給期日・支給方法を取締役会の決定に一任する旨の決議（いわゆる「一任決議」）がなされるのが通例であり、これは、退任取締役が1人の場合に金額を明示した決議がなされると個人への支給額が明らかになることを嫌うことが理由であるとされている。[69] かかる一任決議に対し、判例は無条件の一任は許されないとしつつも、一任決議がなされるこのような実質的理由に配慮して、比較的寛容な態度を示してきたといえよう。すなわち、株主総会の決議により、報酬等の金額などの決定をすべて無条件に取締役会に一任することは許されないというべきであるが、これと異なり、株主総会の決議において、明示的もしくは黙示的に、その支給に関する基準を示し、具体的な金額、支払期日、支払方法などは右基準によって定めるべきものとして、その決定を取締役会に任せることは差し支えなく、かような決議をもって無効と解すべきではない、としており（前掲最判昭和39・12・11、前掲最判昭和44・10・28、前掲最判昭和48・11・26）、そこでは、内規および慣行による一定の支給基準が確立していること、当該支給基準が株主らにも推知さるべき状況にあること、そして、株主総会が取締役会に退職慰労金の支給につきこのような内規および慣行による基準に従って相当な金額等の決定をすべきことを決議したことが一任決議の有効性を満たすための基準として検討されることとなる（前掲最判昭和48・11・26、最判昭和58・2・22判時1076号140頁）。

68　上柳ほか・前掲（注41）397頁〔浜田道代〕、落合・前掲（注58）170頁〔田中亘〕。
69　江頭・432頁、433頁注27参照。

このうち、支給基準の確立という点については、判例によれば必ずしも内規の形式をとっていることが要求されるわけではなく、慣行・慣例によるものも認められている[70]。そして、内規の形式をとっている場合でも、それが株主総会の授権が得られていることまでは要しないと解される（長崎地佐世保支判昭和51・12・1金商522号49頁）。

　また、支給基準の推知可能性という点については、書面投票・電子投票を行う会社では、株主総会参考書類に当該基準内容を記載するか、または各株主が当該基準を知ることができるようにするための適切な措置を講じなければならないとされている（会施規82条2項）。基準を記載した書面等を本店に備え置いて株主の閲覧に供することが行われるが、参考書類への記載に代わるものとして、招集通知の発出から総会の会日までの間のみの備置であれば、それが適切な措置であるのかは疑問もある。それ以外の会社では、株主の請求に応じて内規・慣例の内容を説明することとするなどの措置を講じる必要があろう[71]。さらに、基準についての推知可能性が確保されている場合であっても、株主総会の議場で株主の求めがあれば、取締役は当該基準について説明をしなければならず、この説明を怠れば、支給決議についての決議取消事由（会831条1項1号）となり得る[72]（東京地判昭和63・1・28判時1263号3頁、奈良地判平成12・3・29判タ1029号299頁）。

3　退職慰労金の不支給と救済

　既述のとおり、定款の定めまたは株主総会の決議がなければ、具体的報酬

---

[70] 前掲最判昭和58・2・22では、内規の存在と功労加算に関する従来の慣行が合わせて支給基準として扱われている。

[71] 前掲最判昭和58・2・22では、取締役会議事録から内規の存在を知ることができたとしているが、監査役設置会社（または委員会設置会社）において、取締役会議事録の閲覧につき裁判所の許可が求められる現在では（会371条2項・3項）、基準の推知可能性をこの点に求めることは無理であろう。

[72] これらの裁判例によれば、説明義務（会314条）との関係では、基準の存在、基準の周知性、基準の一義性についての説明が求められる。

請求権は発生しないとするのが判例の基本的立場である（前掲最判平成15・2・21）。そして、退職慰労金についても、それが在職中の職務執行の対価として支給される限り報酬等の一種とされるため、中小企業のオーナーと仲違いする形で退任した取締役等は、退職慰労金の支払を受けられないという事態が生じ得る。[73]すなわち、株主総会もほとんど開催されず、株式譲渡も制限され、役員も同族のみで構成されている会社において、その支給対象を役員と従業員とを区別せずに、在職年数に差異を設けて支給されることとなっている退職慰労金支給規程が存在しているような事案においても、判例は、定款または株主総会の決議によってその金額を定めなければならないとの立場を維持している（最判昭和56・5・11判時1009号124頁）。

　裁判例の中には、このような問題に対していくつかの構成で支払請求を認容する方向での救済を図っているものがみられる。具体的には、代表取締役がいったんは退職慰労金の支払を約束したにもかかわらず、その後に株主総会決議がないことを理由に支払を拒絶するに至った事案において、株式会社でありながらその実質は2名の取締役の共同事業にすぎないことを理由に、正義・衡平の観点に照らしてそのような主張が許されないとしたもの（大阪地判昭和46・3・29判時645号102頁）、代表取締役会が退職慰労金の額を決定し、退任取締役に通知した後、会社が総会決議のないことを理由に支払を拒絶した事案において、当該代表取締役によるワンマン会社であることや他の株主が当該代表取締役の影響下にあることなどを理由に、会社が退職慰労金の支給を決定したというべきであるとし、支払の拒絶が衡平の理念から許されないとしたもの（実質的に株主全員の同意を認めたものと解される。京都地判平成4・2・27判時1429号133頁）、代表取締役が支給の合意をした事案において、株主総会の決議事項について株主総会に代わり意思決定する等実質的に株主権を行使して会社を運営する株主が唯1人である場合に、その1人の株

73　江頭・433頁。

主によって退職金の額の決定がされたときは（この事案では当該代表取締役が当該1人の株主であった）、実質上株主保護が図られ取締役のいわゆるお手盛りは防止されることになり、したがって、株主総会の決議がなくてもこれがあったと同視することができるというべきであるとしたもの（東京高判平成7・5・25判タ892号236頁（一人会社の事案ではない））、また、退職慰労金支給についての覚書が取締役会で承認されたことから、全取締役の保有していた議決権から、総株主の議決権の3分の2以上の同意があったとしたもの（東京高判平成15・2・24金商1167号33頁）等がある。これらの多くは、衡平の観点から総会決議の欠缺を主張することを許さないとの構成をとるが、実質的には、諸事情から株主総会決議があったものと同等の株主の同意（総株主の同意とは限らない）があったことを認定している。[75]

　これと異なる状況として、株主総会における一任決議後、取締役会において基準に反して減額・不支給とした事案においては、損害賠償請求の局面で問題になるものが多いが（後記Ⅲ参照）、基準に反した減額を決定した取締役会決議を無効として、支給基準に基づく支払請求を認めた事例も存在する（東京高判平成9・12・4判時1657号141頁）。

Ⅲ　役員の退職慰労金不支給（減額）を理由とする損害賠償請求訴訟

1　概　要

　株主総会において、退職慰労金に関するいわゆる一任決議がなされたにもかかわらず、退職慰労金が支給されない、あるいは減額されるケースにおい

---

[74] 前掲東京地判平成3・12・26と対照。
[75] なお、千葉地判平成元・6・30判時1326号150頁は、取締役としての退職慰労金の支払請求ではなく、従業員としての退職金の支払が請求された事案において、会社が取締役への就任により従業員としての地位の喪失を主張したのに対し、使用人兼務取締役であったことを認定し、従業員としての地位を認めたうえで退職金の支払請求を一部認めたものである。

て、損害賠償請求訴訟が提起される場合がある（後記2参照）。また、退職慰労金の支給議題が株主総会に付議されない場合（後記3参照）、さらには、株主総会自身が支給基準と異なる退職慰労金額を決定、あるいは不支給の決議をなす場合（後記4参照）にも、損害賠償請求訴訟が提起される可能性がある。

2 株主総会における一任決議後取締役会における決定の懈怠・減額・不支給がある場合

この場合に属する裁判例としては、①総会における一任決議後、取締役会が、規定上は株主総会決議の直後の取締役会で決定すべきなのに1年8カ月決定を引き延ばし、かつ、亡代表取締役が会社に莫大な損害を与えたとして本来の額から50％の減額決定をしたことを違法とし、損害賠償責任を認めたもの（取締役、会社の不法行為責任。東京地判平成元・11・13金商849号23頁）[76]、②一任決議後、取締役会の付した支給条件が不当であるとして、取締役会を構成する取締役らに善管注意義務・忠実義務違反を肯定し、損害賠償責任を認めたもの（取締役の対第三者責任。京都地判平成2・6・7判時1367号104頁）、③一任決議後、取締役が退職慰労金支給のための取締役会を開催せず、数年後に、取締役会において退職慰労金の支給を行わないことを可決承認したケースにおいて、取締役の任務懈怠を肯定し、損害賠償責任を認めたもの（取締役の不法行為責任・対第三者責任、会社の不法行為責任。東京地判平成6・12・20判タ893号260頁）[77]、④一任決議後、会社の業績悪化等を理由として退職慰労金規程より低額の退職慰労金を支給する旨の取締役会決議につき、損害賠償責任を認めたもの（取締役・会社の不法行為責任。東京地判平成10・2・10

---

[76] ここでは、取締役の不法行為責任に加え、取締役会の決定が不法行為を構成するとして、平成18年改正前民法44条（会350条）に基づく不法行為責任が認められている。

[77] もっとも、このケースでは、昭和63年6月の一任決議後、平成4年5月の取締役会で不支給を決議しているが、会社では、遅くとも平成2年6月までには経営状態も回復して退職慰労金の支給に何ら支障がなくなった以上、決議を放置した取締役に任務懈怠が認められるとしている。

判タ1008号242頁）、⑤一任決議後、取締役会が退職慰労金の支払を未収売掛金の回収にかからしめる旨の決定をしたケースにおいて、かかる決定は、何ら合理的理由に基づいておらず、かつ、株主総会がした、役員退職慰労金内規に基づいて退職慰労金を支払う旨の決議の趣旨に反しているものであるから違法であるとして損害賠償責任を求めたもの（会社・取締役の不法行為責任。福岡地判平成10・5・18判時1659号101頁）、⑥一任決議後、取締役会が決定を代表取締役に一任する旨の決議をし、当該代表取締役が退職慰労金を支給しない旨決定したのは、これを正当化し得る実質的な根拠を欠く、違法不当な決定というべきであるとし、損害賠償責任を認めたもの（会社の不法行為責任。東京地判平成11・9・9金商1094号49頁）、がみられる。

　このように、この場合の裁判例の中には、取締役の対第三者責任（旧商266条ノ3第1項、会429条1項）を根拠とするもの、取締役の不法行為責任（民709条）を根拠とするもの、また、会社の第三者に対する不法行為責任（平成18年改正前民法44条、会350条）を根拠とするものがみられる。

　もっとも、平成18年改正前民法44条にいう「理事その他の代理人」という規定を前提に平取締役の行為ないしは取締役会の意思決定行為につき会社の不法行為責任を認めた裁判例が、現在の会社法350条にいう「代表取締役その他の代表者」という規定において同様の解釈を導くことができるのかについては疑問もある。特に、取締役会の意思決定行為については、かねてより、外部に対して行動する機関でない取締役会の行為について平成18年改正前民法44条の責任は生じないとする見解[78]、会議体である取締役会の行為について、故意・過失を認めることは困難であるとの見解[79]も主張されているところであり、現在の会社法350条の規定振りは、これらの見解に親和的であるようにも思われる。しかし、代表取締役への再委任がなされ、代表取締役の決定と

---

[78] 林良平ほか編『新版注釈民法(2)』301頁〔前田達明＝窪田充見〕。
[79] 青竹正一「取締役退職慰労金の不支給・低額決定に対する救済措置(下)」判時1455号（判評413号）13頁。

280

いう行為が介在している上記⑥の事案と、その他の取締役会による減額、不支給の決定という意思決定行為とを区別し、後者について会社に対する責任を認めないとする扱いは均衡を失しているものと考えられる。したがって、この問題については、取締役会の意思決定行為につき、会社法350条の類推適用によって、これまでの裁判例と同様の解決を試みることが妥当であると考える。

3 株主総会に退職慰労金支給の議題が付議されない場合

既述のとおり、株主総会における一任決議後、取締役会において基準に反して減額・不支給とした事案においては、基準に反した減額を決定した取締役会決議を無効として、支給基準に基づく支払請求を認めた事例がみられるほか（前記Ⅱ3参照）、損害賠償請求の局面においても、いくつかの構成で、取締役・会社の損害賠償責任を認めた例も少なくない。

これに対して、代表取締役による支給約束など、会社と退任取締役との間に退職慰労金支給に関する合意があったとみられる場合において、かかる合意の存在にもかかわらず、株主総会に退職慰労金支給の議案が付議されない場合に、退任取締役が当該退職慰労金相当額を損害賠償の形で請求することができるかについても、問題となり得る。

この問題については、①内規や慣行の支給基準に従った退職慰労金支給議案を株主総会に提出しないことは、退任取締役に対する、代表取締役さらには会社の不法行為責任を構成するとする見解[81]、②代表取締役その他の退任取締役が、内規や慣行による支給基準に則った退職慰労金支給議案を株主総会に提出しないことは取締役の任務懈怠となり、取締役の対第三者責任の規定

---

80 落合・前掲（注58）205頁〔田中亘〕。
81 阿部一正ほか『条解・会社法の研究(6)』（別冊商事法務176号）39頁〔稲葉威雄〕、弥永真生「役員報酬の返上、減額、不支給をめぐる法的問題」代行リポート118号9頁参照。
82 青竹・前掲（注79）13頁。

に基づき、退任取締役に対して損害賠償責任を負うとする見解[82]、③オーナー取締役が退任取締役に対し事前に支給約束（支給基準の作成がこれにあたる）をした場合には、前者個人は株主総会で決議を成立させる旨の一種の議決権拘束契約を後者との間で締結したとみられ、その義務を懈怠すれば損害賠償責任を負うとする見解[83]が示されている。

裁判例として、京都地判平成15・6・25金商1190号44頁は、代表取締役が内規の制定・実施により、内規に従った退職慰労金を支給することを各取締役に約したとともに、会社に対しても規定に従って事務処理を行う義務を負ったものと認められるとしたうえで、代表取締役が、退任取締役対する支給約束に反したほか、故意により義務を怠り、取締役会を招集せず、取締役会において報酬議案の提出をしなかった点について、債務不履行または旧商法266条ノ3の規定により損害賠償責任を負うとして退任取締役の損賠賠償請求を認めた。しかし、その控訴審である大阪高判平成16・2・12金商1190号38頁は、退職慰労金支給規定が存する場合であっても、定款または株主総会の決議によってその金額が決められない限り、取締役が会社に対して退職慰労金を請求することはできないとしたうえで、内規の性質および株主総会の決議の内容からすれば、退任取締役が、会社に対して、内規に基づく退職慰労金を請求する権利を有していたとは認められず、代表取締役が退任取締役に対して、内規に従った退職慰労金の支払に関する議案を株主総会に提出するための取締役会を招集したり、取締役会において、議案を提出すべき義務を負っていたとはいえないとして、原判決を取消し、退任取締役の請求を棄却した。

前掲京都地判平成15・6・25の判示は、債務不履行または取締役の対第三者責任の規定に基づく請求を認めるものであり、債務不履行の構成は上記③の見解と、対第三者責任の構成は②の見解とも通じるものである。これに対

83　江頭・434頁注28参照。

282

し、前掲大阪高判平成16・2・12は、内規は、会社の株主総会において、退職慰労金の支給金額、支給時期、支給方法等を取締役会または代表取締役に一任する旨決議された場合に適用されるべきものであるとして、③の構成の基礎となっている、支給基準の作成を退任取締役に対する支払約束とみる点を否定している。

　この事案は、株主総会に退職慰労金支給の議題が付議されない状況において、退任取締役が代表取締役に対して損害賠償請求訴訟を提起した後に、株主総会において支給基準に比して減額された額の決定がなされたものであり、前掲大阪高判平成16・2・12は、株主総会において、退職慰労金の支給金額等を具体的に決議した場合には、もはや内規を適用する余地はなく、内規は、退職慰労金を支給する旨の株主総会決議がない場合に、内規に基づく退職慰労金を請求する権利を具体的に発生させる性質のものではないとしている。この点について、原審である前掲京都地判平成15・6・25は、この事後的な株主総会決議は退任取締役の退職時から1年半もの期間が経過した後になされている等から、形式を整えるために同決議を主導したものと認められ、この主張は信義則に反するとして認めていない。

4　株主総会による減額・不支給の決議がなされた場合

　前掲京都地判平成15・6・25、前掲大阪高判平成16・2・12のように、退職慰労金支給の議題が総会に付議されず放置されていた後に、訴訟提起後に総会決議がなされたような事案は別として、一般的に、株主が内規や慣行によらずに、支給基準に比して低額の決定をする決議、または不支給を決定する決議をしたとしても、これ自体を違法と評価することは困難である。会社法361条等の規定の趣旨が、株主総会の自主的判断を尊重することにあることからは、このように解される。学説の中には、株主総会が正当な理由もなく内規や慣行を無視した低額な支給決議や不支給決議をした場合には、①当該株主総会決議の効力を争う方法や、②不支給または著しく低額の決議をす

る原因となった退職慰労金議案を提出した取締役の責任を追及する方法によって救済すべきであると主張する見解も存在するが[84]、当該決議の効力を争っても、それが具体的退職慰労金請求権の発生とは結びつかないこと、また、内規どおりの金額で取締役（会）が議案を提出しても、株主総会でこれが可決されるかわからないことから、救済方法としての実効性に疑問が呈されている[85]。

　裁判例の中には、上記の学説と同様の主張がなされたものがあり、東京地判昭和62・3・26金商776号35頁は、退任取締役の退職慰労金支給につき取締役会が内規を大幅に下回る退職慰労金の支給案を株主総会に提案することを決議した事案において、退任取締役が当該決議の無効確認（予備的請求として当該決議の取消し）と、株主総会に議案を提出した取締役らへの不法行為ないしは取締役の対第三者責任、会社への不法行為を求めたケースである。

　ここにおいて裁判所は、取締役の退職慰労金は定款にその額を定めない限り株主総会決議によって決定されることから、取締役会の決定した退職慰労金支給に関する内規が存在しても、必ずこれに従った退職慰労金が支給されるとの保障はなく、また、取締役会が株主総会に退職慰労金支給に関する議案を提出することを決定するにあたって、適用が慣例化した内規が存在する場合は、できるだけ内規を尊重すべきであるとは思われるが、当該内規が取締役会で決定されたものである限り、取締役会の決議によってこれを改訂し、または特定の場合について内規の適用をしない扱いをして内規と異なる退職慰労金支給案の提案を決議することも、その動機および目的等に特に不法な点がない限り許される、とした。この判断枠組みにおいて、当該事案における退職慰労金について内規を適用せず、これを大幅に下回る金額の退職慰労金支給案を株主総会に提案することを取締役会で決議したのは、会社の当時の営業状態や退任取締役の退職の時期およびその後の行動等を考慮した結果

84　青竹・前掲（注79）13頁。
85　商事関係訴訟・157頁。

によるものであり、決議の動機および目的に特に不法な点があったとは認めがたいとして、当該決議を違法であるとはいえないとしている。

この判断枠組みは、「その動機及び目的等に特に不法な点がないかぎり」という留保が付されていることから、前掲京都地判平成15・6・25、前掲大阪高判平成16・2・12の訴訟提起後に総会決議がなされたような事案では、この点からの判断が検討されるべきであると思われる。

第4節 計算書類等・会計帳簿等・株主名簿・取締役会議事録閲覧等請求訴訟

I 計算書類等の閲覧・謄本等交付請求訴訟

株主および債権者は、株式会社の営業時間内は、いつでも、①計算書類等（会442条1項各号）が書面をもって作成されているときは、当該書面または当該書面の写しの閲覧の請求、②①の書面の謄本または抄本の交付の請求、③計算書類等が電磁的記録をもって作成されているときは、当該電磁的記録に記録された事項を法務省令で定める方法により表示したものの閲覧の請求、④③の電磁的記録に記録された事項を電磁的方法であって株式会社の定めたものにより提供することの請求またはその事項を記載した書面の交付の請求をすることができる（同条2項）。ただし、②または④の請求をするには、[86]

---

[86] 取締役会設置会社の場合、定時株主総会の発出の際に、取締役会の承認を得た計算書類・事業報告と、監査報告・会計監査報告が、株主に対して提供されなければならず（会437条）、株主にとっての計算書類等の閲覧等請求の実益は、附属明細書ということになろう。

当該株式会社の定めた費用を支払わなければならない（同条3項）。親会社社員が、自己の権利を行使するために必要であって、裁判所の許可を得たときも同様である（同条4項）。もっとも、親会社社員の閲覧等に裁判所の許可を要求していることは、立法論として疑問が呈されている。[88]

明文では謄写請求の対象とされていないため解釈の余地があるが、[89]謄写請求の対象とすると謄写の設備を用意しなければならないという実質的な理由から、ここでの閲覧には謄写を含まないと解されている。[90]もっとも、会社が株主等の求めに応じて謄写を認めることは可能である。[91]なお、会社法においては、単元未満株主についてこの権利を行使することができない旨を定款で定めることが可能となっている（会189条2項、会施規35条）。

II 会計帳簿等の閲覧・謄写請求訴訟

1 制度の概要

総株主（株主総会において決議をすることができる事項の全部につき議決権を行使することができない株主を除く）の議決権の100分の3（定款で引下げ可）以上の議決権を有する株主または発行済株式（自己株式を除く）の100分の3（定款で引下げ可）以上の数の株式を有する株主は、会社の営業時間内は、い[92]

---

87 会計参与設置会社の株主および債権者は、会計参与設置会社の営業時間内（会計参与が請求に応ずることが困難な場合として法務省令で定める場合を除く）は、いつでも、会計参与に対し、上記①～④の請求をすることができ、費用の負担についても同様である（会378条2項）。
88 江頭・573頁注3参照。親会社が持株会社である場合等に当該閲覧等は投資判断の上からも必要であり得ること、取締役会議事録と異なり、営業秘密にかかわる事項が記載されているわけでもないことをその理由とする。
89 謄写の請求を認める解釈をとるものとして、大森忠夫ほか編『注釈会社法(6)』35頁〔服部栄三〕。
90 上柳克郎ほか編『新版注釈会社法(8)』72頁〔倉澤康一郎〕。
91 江頭憲治郎ほか編『会社法コンメンタール10』540頁〔弥永真生〕。

つでも、会計帳簿またはこれに関する資料（書面をもって作成されたときはその書面、電磁的記録をもって作成されたときは、当該電磁的記録に記録された事項を法務省令（会施規226条20号）で定める方法により表示したもの）の閲覧・謄写を請求することができる（会433条1項前段）。また、親会社の株主の子会社に対する経営監視の強化の見地から、この権利は一定の要件の下、親会社の社員にも認められており、株式会社の親会社社員[93]は、その権利を行使するため必要があるときは、裁判所の許可を得て、会計帳簿またはこれに関する資料の閲覧・謄写の請求をすることができる（同条3項）。

2　閲覧・謄写の対象

閲覧・謄写の対象となるのは、「会計帳簿又はこれに関する資料」である

---

[92]　会計帳簿の閲覧・謄写を求める訴え提起後、会社が新株を発行し、持株比率が希釈化された結果、請求者が持株要件を欠くに至った場合（請求者の意思によるものではない）、当該請求者は訴えの原告適格を失うか。問題についての最高裁判所の判断はまだ存在しない。会計帳簿閲覧・謄写請求訴訟の判決確定前に新株発行がなされ、少数株主が持株要件を満たさなくなった事案としては、高松地判昭和60・5・31金商863号28頁が、「閲覧請求後の増資手続により、請求者が従前の株式を保有するにもかかわらず、その持株比率が下がって右法定要件を欠くに至った場合には、請求時に法定要件を具備していることで閲覧請求が認められると解すべきである。けだし、かく解さないと会社が増資手続を利用して閲覧請求権の行使を妨害しうることになるからである」と判示している。しかし、同じように会社法上少数株主権とされている検査役選任請求について、裁判所に申請がなされ、裁判確定前に（旧商法における新株引受権付社債の新株引受権が行使されたことにより）新株が発行され、少数株主が持株要件を満たさなくなった事案につき、最決平成18・9・28民集60巻7号2634頁は、株式会社の株主が旧商法294条1項（会社法358条に相当）に基づき業務・財産状況調査のための検査役選任の申請をした時点で総株主の議決権の100分の3以上を有していたが、新株発行により総株主の議決権の100分の3未満しか有しないものとなった場合には、会社が当該株主の申請を妨害する目的で新株を発行したなどの特段の事情のない限り、当該申請は、申請人の適格を欠くものとして不適法である、として申請を却下している。この判例の射程が会計帳簿閲覧・謄写の場合にも及ぶかが問題となろうが、検査役の選任請求は裁判を通じて実現される権利であり、会計帳簿閲覧・謄写請求権とは性質を異にするため、別意に解する余地があるものと考える。

[93]　この場合における親会社社員は、会社法433条1項の株主に相当するものとして同項各号の請求をすることができることになるため、同項に規定される持株要件（議決権または発行済株式の3％）は、親会社との関係で課されることになる。相澤哲編著『一問一答・新会社法〔改訂版〕』145頁。

（会433条1項・3項）。ここにいう「会計帳簿」とは、計算書類およびその附属明細書の作成の基礎となる帳簿（会計規59条3項）、すなわち、日記帳・元帳・仕訳帳および各種の補助簿を意味し、「これに関する資料」とは、会計帳簿作成にあたり直接の資料となった書類、その他会計帳簿を実質的に補充する書類を意味し、会計帳簿に含まれない伝票や受取証のほか、契約書や信書等も会計帳簿の記録材料として使用された場合には、これに含まれるとする裁判例があり（横浜地判平成3・4・19判時1397号114頁）、学説上も、このように限定的に解する見解（限定説）が多数である[94]。これに対して、「会計帳簿又はこれに関する資料」の意義を、会社の会計に関する限り一切の帳簿・資料を含むとする見解（非限定説）も有力に主張されている[95]。閲覧・謄写の対象の限定は、個々の事案ごとに閲覧目的との関連でなされれば足り、最初からその範囲を限定する必要は乏しいと考えられ[96]、非限定説が妥当である。

また、会計帳簿・資料は、現に使用中のものに限らず、すでに閉鎖されたものであっても会計帳簿閲覧・謄写請求権の対象となり[97]、株主は当該会計帳簿・資料が現存することを主張・立証することでその閲覧が可能となる[98]。

3 閲覧の請求と請求を基礎づける事実

株主が閲覧・謄写を請求する場合においては、当該請求の理由を明らかにしてしなければならない（会433条1項後段）。判例によれば、この請求の理由は具体的に記載する必要があるが、閲覧請求の要件として、その記載された請求の理由を基礎づける事実が客観的に存在することの立証までは必要と

---

94 上柳克郎ほか編『新版注釈会社法(9)』210頁〔和座一清〕、鈴木=竹内・前掲（注4）387頁。
95 田中誠二『三全訂会社法詳論(下)』、江頭・649頁参照。
96 江頭ほか・前掲（注91）129頁〔久保田光昭〕。
97 小橋一郎「帳簿閲覧権」（田中耕太郎編・株式会社法講座第4巻）1463頁、上柳ほか・前掲（注94）209頁〔和座一清〕。
98 類型別Ⅱ・670頁。

されない（最判平成16・7・1民集58巻5号1214頁）。

4 閲覧拒絶事由

(1) 閲覧拒絶事由の趣旨と内容

　会計帳簿の閲覧・謄写は、株主にとって重要な情報収集の手段ではあるが、会社の業務が円滑に執行されることを阻害し、営業秘密の漏洩の危険も生じさせる。反面、濫用のおそれ一般を拒絶事由とすると、取締役・執行役が株主の正当な権利行使を妨げるような閲覧・謄写の拒絶がなされる可能性もある。そのため、会社法は、閲覧・謄写の拒絶事由を法定し、いずれかの事由に該当すると認められる場合を除き、請求を拒むことができないとしている（会433条2項柱書）。

　拒絶事由として法定されているのは、①当該請求を行う株主（請求者）がその権利の確保または行使に関する調査以外の目的で請求を行ったとき、②請求者が当該会社の業務の遂行を妨げ、株主の共同の利益を害する目的で請求を行ったとき、③請求者が当該株式会社の業務と実質的に競争関係にある事業を営み、またはこれに従事するものであるとき、④請求者が会計帳簿またはこれに関する資料の閲覧または謄写によって知り得た事実を利益を得て第三者に通報するため請求したとき、⑤請求者が、過去2年以内において、会計帳簿またはこれに関する資料の閲覧または謄写によって知り得た事実を利益を得て第三者に通報したことがあるものであるときである（会433条2項各号）。

　このように会社法は5つの拒絶事由を法定しているが、このうち、1号・2号が基本原則を定めているといわれる。[99] すなわち「（請求者が）その権利の確保または行使に関し調査をするため」にのみ請求は認められ、かつ「会社の業務の遂行を妨げ、株主共同の利益を害する目的の請求」であれば認め

99　上柳ほか・前掲（注94）219頁〔和座一清〕、江頭ほか・前掲（注91）140頁〔久保田光昭〕。

られないというのが基本である（大阪地判平成11・3・24判時1741号150頁）[100]。ここにいう「権利」につき、制限的な解釈をとる立場も存在するが（東京高判平成15・3・12民集58巻5号1263頁（前掲最判平成16・7・1の原審判決））[101]、判例は、株式等の売却に備えてその時価を算定するための会計帳簿等の閲覧謄写請求につき、非公開会社においてその有する株式を他に譲渡しようとする株主が、この手続に適切に対処するため、株式等の適正な価格を算定する目的でした会計帳簿等の閲覧謄写請求は、特段の事情が存しない限り、株主等の権利の確保または行使に関して調査をするために行われたものであって、拒絶事由に該当しないとの立場をとっている（前掲最判平成16・7・1）。

(2) 競業者による閲覧請求と濫用の主観的意図の要否

拒絶事由のうち、1号・2号は濫用の意図を問題としているものであるのに対し、3号については、濫用の意図を前提としたものなのかどうかが、条文上は必ずしも明確でない。そのため、競業者による閲覧請求につき、濫用の主観的意図の要否が問題となる。すなわち、会社側が3号の拒絶事由を理由に閲覧を拒絶するためには、競業関係の存在に加えて、請求者についての濫用の主観的意図の立証が必要か否かである。この問題については、会社法における文言の変更以前から学説上の対立があり、おおむね3つの立場に分かれている。

まず、主観的意図不要説は会計帳簿等の閲覧謄写請求に関し、株主の請求の具体的意図を問わないとする立場であり、旧商法293条ノ7第1号の事由に加え、特に第2号がおかれている主たる意味は、請求をなす具体的な意図にも関係なく、閲覧を拒否することができる点にある、また、文理上もこのように解すべく、また主観的要件の挙証は困難なことも考慮すべきだからである[102]、とする[103]。

---

100 江頭・651頁注2。
101 松田二郎＝鈴木忠一『条解株式会社法(下)』462頁。
102 大隅＝今井・前掲（注54）510頁。

次に、主観的意図必要説は競業関係の存在に加えて、会社による主観的意図の立証が必要であるとする立場であり、旧商法293条ノ7第2号の規定の文言上は、その意図は不要のごとく考えられるが、権利の不当なる行使を許さないという趣旨であるから、アメリカ法におけるのと同じく、競業に利用する意図あることを要するものと解すべきであり、権利の濫用関係の伴わない単純な競業関係の存在は、閲覧権の行使を妨げるものではない、とする。[104]

最後に、主観的意図推定説は会社側は競業関係の客観的事実の存在を立証すれば足りるが、株主の側で主観的意図の不存在を立証すれば閲覧権行使が可能とする立場であり、権利濫用を伴わない正当な権利行使を、ただ権利主体が競業関係にあるという事実だけで拒否することは、むしろ、権利の不当な制限となり、商法規定の趣旨からみて適当でないが、挙証責任の問題については考慮の余地があり、競業関係にあるという特殊の地位からして、主観的意図の存在が推定されてしかるべきである、[105] あるいは、本号の範囲は広く、かつ、競業会社の株式所有の多少を問わないから、これらの者すべてについて客観的事実のみをもって権利濫用に該当するとは考えられない、とするものである。[106][107]

判例は、主観的意図の立証は困難であること、株主が閲覧謄写請求をした時点において濫用の意図を有していなかったとしても、競業関係が存在する以上、閲覧謄写によって得られた情報が将来において競業に利用される危険性は否定できないことなどからは、3号の拒絶事由は、会社の会計帳簿等の閲覧謄写を請求する株主が当該会社と競業をなす者であるなどの客観的事実

---

103 田中・前掲（注95）198頁。その他、松田＝鈴木・前掲（注101）462頁、小橋・前掲（注97）1470頁参照。
104 伊澤孝平『註解新会社法』526頁。その他、生田治郎「帳簿閲覧請求仮処分」（竹下守夫＝藤田耕三編・裁判実務体系(3)会社訴訟・会社更生法〔改定版〕）148頁。
105 実方正雄「少数株主権の濫用」（末川博先生古稀記念・権利の濫用㈲）160頁。
106 上柳ほか・前掲（注94）223頁〔和座一清〕。その他、近藤光男「会計帳簿閲覧・謄写請求と競業会社」商事1356号6頁、江頭ほか・前掲（注91）143頁〔久保田光昭〕。

が認められれば、会社は当該株主の具体的な意図を問わず一律にその閲覧謄写請求を拒絶できるとすることにより、会社に損害が及ぶ抽象的な危険を未然に防止しようとする趣旨の規定と解され、閲覧請求した株主が当該会社と競業をなす者であるなどの客観的事実が認められれば足り、当該株主に会計帳簿等の閲覧謄写によって知り得る情報を自己の競業に利用する、などの主観的意図があることを要しないとの立場をとっている（最決平成21・1・15民集63巻1号1頁）。[108]

しかし、買収防衛策が求める事業計画等の提出に応じるため閲覧請求するような場合[109]、あるいは、積極的に相乗効果を狙い、双方に利益をもたらす可能性の高い企業買収者に競業関係の存在のみで閲覧拒絶を認めることには問題があるとの指摘もある[110]。そのほかにも[111]、たとえば、安定株主が協調して再

---

[107] 旧商法293条ノ7第2号の規定の文言は、①株主ガ会社ト競業ヲ為ス者ナルトキ、②会社ト競業ヲ為ス会社ノ社員、株主、取締役若ハ執行役ナルトキ、③会社ト競業ヲ為ス者ノ為其ノ会社ノ株式ヲ有スル者ナルトキ、という3つの類型を掲げていたが、会社法433条2項3号は、「請求者が当該株式会社の業務と実質的に競争関係にある事業を営み、又はこれに従事するものであるとき」のみを掲げ、条文の整理を試みている。立案担当者による解説によれば、これは、旧商法における規律の実質をほぼ維持した規律が規定されており（相澤哲＝岩崎友彦「株式会社の計算等」商事1746号27頁）、その内容は実質的に同一であるとされている（相澤・前掲（注93）154頁）。しかし、このような条文の文言の変更を、解釈に反映させる立場もみられる。すなわち、そもそも学説の多くが主観的意図推定説を支持していたのは、旧商法293条ノ7第2号の拒否事由の定め方が広範であり、請求者が競業会社の株式を1株でも有していれば同号に該当してしまうため、解釈によって拒否事由を限定しようとの配慮が働いたものであるが、会社法433条2項3号は拒否事由を「請求者が当該株式会社の業務と実質的に競争関係にある事業を営み、又はこれに従事するものであるとき」と定めており、旧商法293条ノ7第2号の上記問題は解消されているから、この点からも、主観的意図推定説をとらなければならない必要性はないと解される、とする立場である（東京地方裁判所商事研究会編『類型別会社訴訟〔第2版〕』688頁。なお、類型別II・681頁では、この記述は削除されている）。しかし、文字どおり競争関係にある場合に、主観的意図の存否にかかわらず、およそ会計帳簿等の閲覧・謄写を認めるべきでないといえるのかは別の問題であると考えられる。
[108] なお、この最決は、それぞれ各別に要件を満たす複数の者が閲覧等を請求する場合、拒絶事由の有無は各別に判断される旨を判示している。
[109] 大塚和成「判批」銀法680号66頁。
[110] 中東正文「会計帳簿閲覧等の拒否事由は、拒絶の自由を認めるものか？」金商1276号1頁。これに対して、弥永真生「判批」判時1996号205頁（判評591号47頁）参照。

建に乗り出す場合、さらにはそれに伴って代表訴訟の提起に備える場合などが考えられるが、その際、競業関係の存在それのみをもって、会計帳簿の閲覧・謄写の請求が拒絶されねばならないとするのは疑問であり、主観的意図推定説の理解が妥当である。[112]

なお、3号の拒絶事由は現に存在する競業関係を前提とした文言となっているが、この点について、将来競業をする蓋然性が高い場合にも3号の事由による閲覧の拒絶を認めた裁判例が存在する[113]（東京地判平成19・9・20判時1985号140頁）。

III 株主名簿の閲覧・謄写請求訴訟

1 株主名簿の閲覧・謄写請求と拒絶事由

会社は、株主名簿をその本店（株主名簿管理人がある場合にあっては、その営業所）に備え置かなければならない（会125条1項）。株主および債権者は、株式会社の営業時間内は、いつでも、株主名簿の閲覧・謄写を請求することができるが、この場合においては、当該請求の理由を明らかにしてしなければならない（同条2項）。

もっとも、会社法においては、閲覧・謄写請求に対して、会社がその請求を拒絶することができる5つの事由（拒絶事由）を定めている（会125条3項各号）。これらの拒絶事由は、会計帳簿等の閲覧・謄写請求に関して規定さ

---

111 江頭・651頁注2は、競業者による会計帳簿等の閲覧等は、株主名簿の場合よりも会社・株主の利益を害する危険が大きいことは否定できないものの、閲覧等を許容する帳簿・資料の範囲を裁判所が限定することもできる点に鑑みると、一概に判例のように解すべきか否かは疑問である、とする。
112 福島洋尚「判批」金商1323号12頁。
113 なお、同判決は請求者（完全子会社）がその親会社と一体的に事業を営んでいると評価することができるような場合には、当該事業が相手方会社の業務と競争関係にあるときも含むものと解するのが相当であるとも判示している。

293

れていた拒絶事由（同法433条2項各号。前記Ⅱ参照）と同じであり、会社法では、これらの事由を株主名簿に関しても認めている。また、会社の親会社社員は、その権利を行使するため必要があるときは、裁判所の許可を得て、当該株式会社の株主名簿について閲覧・謄写を請求することができるが（同法125条4項）、既述の拒絶事由があるときは、裁判所は許可をすることができない（同条5項）。

2 金融商品取引法上の損害賠償請求権を行使するための調査と拒絶事由

閲覧拒絶事由のうち、株主名簿の閲覧・謄写請求という性質との関係でその解釈が問題となったものとして、金融商品取引法に基づく損害賠償請求の原告を募る目的で株主名簿の閲覧・謄写請求がなされ、この目的が、1号にいう「株主又は債権者がその権利の確保又は行使に関する調査」のための閲覧又は謄写にあたるか否かが問われたものがある。これについて、裁判所は、金融商品取引法で認められている損害賠償請求権は、虚偽記載のある有価証券報告書等重要書類の記載を信じて有価証券を取得した投資家を保護するため、それが虚偽であることによって被った損害を賠償するために認められた権利であって、当該権利を行使するためには現に株主である必要はないのに対し、株主の株主名簿閲覧等請求権は、株主を保護するために、株主として有する権利を適切に行使するために認められたものであり、権利の行使には株主であることが当然の前提となるものであって、金融商品取引法上の損害賠償請求とはその制度趣旨を異にするものであるとして、金融商品取引法上の損害賠償請求権を行使するための調査は、「株主の権利の確保又は行使に関する調査」には該当しないというべきである、と判示している（名古屋高決平成22・6・17資料版商事316号198頁）。

3 競業者による閲覧請求と拒絶事由

　また、拒絶事由のうち、請求者が当該株式会社の業務と実質的に競争関係にある事業を営み、またはこれに従事するものであるとき、会社がその請求を拒み得るとする規定（会125条3項3号）については、学説上批判が強い。立案担当者によれば、3号を含む会社法125条3項の新設は、名簿業者による株主名簿閲覧等の弊害やプライバシー保護の観点から、また政府内部における法制的な検討の過程において、株主名簿からも当該会社の資本政策等に係る情報が把握され得ること、会計帳簿の閲覧等の場合の拒絶事由（同法433条2項3号）との平仄が考慮されたものであると説明されているが、株主[114]が総会の委任状勧誘を行う場合等、競業者が株主としての権利行使のために行う株主名簿の閲覧等の請求を会社が拒絶してよい理由は見出しがたい。[115]

　そのため、東京高決平成20・6・12金商1295号12頁では、形式的には会社[116]法125条3項3号に該当する場合であっても、「同項3号は、請求者が当該株式会社の業務と実質的に競争関係にある事業を営み、又はこれに従事するものであるときには、株主（請求者）がその権利の確保又は行使に関する調査の目的で請求を行ったことを証明しない限り（このことが証明されれば、同項1号及び2号のいずれにも該当しないと評価することができる。）、株式会社は同条2項の請求を拒むことができることとしたものであり、株式会社が当該請求を拒むことができる場合に該当することを証明すべき責任を上記のとおり転換することを定める旨の規定であると解するのが相当である」として、同

114　相澤哲編著『立案担当者による新・会社法の解説』（別冊商事法務295号）31頁、相澤・前掲（注93）64頁。
115　江頭・196頁注2。
116　原決定（東京地決平成20・5・15金商1295号36頁）は、「立法者の意思として、株主名簿の閲覧・謄写請求につき、競業者であることを理由として閲覧・謄写請求を拒絶することができるとする立場を明確に採用したものと捉えるべきである」として、形式的に競業者に該当すれば、閲覧等の拒絶ができる旨を判示していた。またこれとほぼ同旨の判断を示すものとして、東京地決平成19・6・15資料版商事280号220頁も存在していた。

295

号の拒絶事由につき、請求者の濫用の意図を推定し、一種の証明責任の転換を図った規定であるとしている。

もっとも、同決定後に、前掲最決平成21・1・15が、旧商法293条ノ7第2号（会433条2項3号に相当）につき、濫用の主観的意図を不要とした判断を示したことから、東京地決平成22・7・20金商1348号14頁では、「単に請求者が株式会社の業務と形式的に競争関係にある事業を営むなどしているというだけでは足りず、例えば、株式会社が得意先を株主としているため、競業者に株主名簿を閲覧謄写されると、顧客情報を知られて競業に利用されるおそれがある場合のように、株主名簿に記載されている情報が競業者に知られることによって不利益を被るような性質、態様で営まれている事業について、請求者が当該株式会社と競業関係にある場合に限られると解するのが相当である」として、前掲最決平成21・1・15の判断との抵触を回避しつつ、会社法125条3項3号の意義を限定的に解釈する判断が示されており、その[117]後、東京地判平成22・12・3判タ1373号231頁も、この判断を踏襲している。

会社法125条3項3号の拒絶事由については、もともと立法論として疑問が指摘されており[118]、会社法433条2項3号との関係では「コピー・アンド・ペースト」であるとも批判されている[119]。学説上その存在意義が疑問視され、削除されるべきであると主張されている。このような議論を受け、「会社法制の見直しに関する中間試案」の第3部第2では、当該拒絶事由の削除が提案されるに至り、「会社法制の見直しに関する要綱」においても、この提案は維持されている（第3部第2）。[120]

---

117 この点について、荒谷裕子「株主名簿閲覧謄写請求権の拒絶事由をめぐる法的問題の考察」（柴田和史＝野田博編・会社法の実践的課題）36頁以下参照。
118 単なる立法ミスではないかと指摘されている。江頭憲治郎ほか『株主に勝つ・株主が勝つ』39頁〔江頭憲治郎発言〕参照。
119 稲葉威雄「会社法の論点解明(10)」民情255号43頁。

Ⅳ　取締役会議事録閲覧・謄写請求訴訟

　取締役会設置会社においては、取締役会議事録は取締役会の日から10年間本店に備え置かれ、株主の閲覧・謄写に供される（会371条1項・2項）。株主は、その権利を行使するため必要があるときは、いつでも、取締役会議事録の閲覧・謄写を請求することができる（同条2項）。もっとも、監査役設置会社または委員会設置会社の場合に株主がこの請求をするためには、裁判所の許可を得る必要がある（同条3項）。これに対して、委員会設置会社以外の取締役会設置会社であって、業務監査権限を有する監査役のいない非公開会社の株主に対しては、監査役の業務監査権限の代替として、さまざまな特別の株主権が認められており、この取締役会議事録の閲覧・謄写請求権もその例であり、その権利を行使するため必要があるときは、裁判所の許可を得ることなく、取締役会議事録の閲覧・謄写の請求をすることができる。

　会社法の下で、取締役会議事録の閲覧・謄写請求につき、裁判所の許可の要否が問題となったものとして、旧株式会社の監査等に関する商法の特例に

120　「会社法制の見直しに関する中間試案の補足説明」によれば、前掲東京高決平成20・6・12が参照され、請求者が株式会社と実質的に競争関係にあるというのみで閲覧等請求の拒絶を認める合理的理由はないと指摘されているとし、部会でも同様の意見が多数を占めたとしており、新株予約権原簿の閲覧等について同様の拒絶事由を定める会社法252条3項3号とともに削除が提案されている。
121　10年経過後は、株主は閲覧請求できない旨を判示した裁判例がある。東京地決平成18・2・10判時1923号130頁。
122　昭和56年商法改正においてこのような制限が設けられたのは、企業秘密の漏洩を防止し、権利濫用的な閲覧等の請求を抑制して、総会屋等による悪用を排除することにより、取締役会の場において実質的な討議がされ、その経過および結果がきちんと議事録に記載されることを期待してのことであるとされている（稲葉威雄『改正会社法』243頁）。
123　監査役をおかない場合（会327条2項ただし書）か、監査役をおいても当該監査役の権限が会計監査に限定されている場合（同法389条1項、2条9号）である。酒巻俊雄＝龍田節編集代表『逐条会社法（第4巻）機関1』594頁〔早川勝〕。
124　落合・前掲（注58）324頁〔森本滋〕。

関する法律（以下、「旧商法特例法」という）上の小会社に該当していた会社において、会社法施行後に、株主からの取締役会議事録の閲覧・謄写請求がなされ、会社から裁判所の許可を得ていないことを理由に閲覧が拒絶された事案について、裁判所は、「『監査役設置会社』に対して取締役会議事録の閲覧謄写請求を行う際には、裁判所の許可を得ることが必要とされている（会社法371条3項）。しかし、ある会社に監査役が置かれているとしても、『その監査役の監査の範囲を会計に関するものに限定する旨の定款の定め』がある場合には、当該会社は上記『監査役設置会社』には当たらない（会社法2条9号参照）」ことを確認したうえ、当該事案につき、当該会社が「会社法の施行に伴う関係法律の整備等に関する法律」の施行当時、旧商法特例法1条の2第2項所定の「小会社」に該当し、かつ非公開会社であったと認められるから、その定款には「その監査役の監査の範囲を会計に関するものに限定する旨の定款の定め」があるものとみなされ（会社整備53条、会389条1項）、会社法371条3項の「監査役設置会社」にあたらず、この場合には株主による取締役会議事録閲覧謄写請求について、裁判所の許可は不要である旨を判示している（前掲東京地判平成22・12・3）。このように裁判所の許可が不要である場合には、濫用に対処するための解釈が必要であろう。[125]

（福島洋尚）

---

125 落合・前掲（注58）325頁〔森本滋〕。

第2部 会社訴訟の実務

第1章
相談から訴訟遂行へ

第1節　会社訴訟の特徴

　弁護士が会社・役員から訴訟案件の依頼を受ける場合には、①会社が当事者として第三者を訴えたり、第三者から訴えられる一般的な民事訴訟、②会社をめぐる支配権の争いなどの会社内部（ここでいう内部には、取締役・監査役のほか、株主・株主になろうとする者も含まれる）の紛争にかかわる訴訟、の2種類がある。

　本書が対象とする「会社訴訟」とは、②の類型、すなわち会社内部の紛争にかかわる訴訟であるが、これには一般的な民事訴訟とは大きな違いがある。[1]

　その最大の特徴は、会社訴訟の多くは、事後的な金銭賠償の問題ではなく、現在進行中の事件であるということである。そのため、時々刻々と紛争を取り巻く状況は変わり、会社訴訟といっても紛争の結着に至るまでの1つの通過点にすぎないことが多い。

　一般的な民事訴訟は、相手方との間でトラブルを抱える当事者が一定の金銭的・経済的な解決を求めて相手方を訴えるものであり、金銭等による事後的な解決のための手続である。その多くは利害対立する2人の当事者間で争われ、解決の方法も、金銭の支払・財産の引き渡しを求める給付訴訟がほとんどである。そのため、訴訟提起から解決までに時間がかかったとしても、

---

[1] 会社内部の争いとしては、会社と従業員の間の雇用をめぐる紛争という類型もあるが、本書では雇用にかかわる紛争は対象外とする。

その間に生じるリスクは相手方の倒産や財産の隠匿などが中心であり、事前に民事保全の措置をとっておくことで対処することが可能である。すなわち、一般的な民事訴訟においては、あらかじめ民事保全（仮差押え・仮処分）の手続をとって相手方の財産を保全しておけば、後は民事訴訟手続の中で徹底的に戦えばよく、一定の結論（判決・和解）が出されたならば、その結論に従って解決する（仮に相手方が判決・和解に従わない場合には民事執行手続に基づき強制執行する）という定型的な流れが確立されている。しかも、いつまでに解決しなければならないというタイムリミットはなく、裁判所の理解さえ得られれば徹底的に納得いくまで主張・立証を尽くして戦うことも可能である。

　これに対し、会社訴訟というものは、誰と誰の間で、どういう方法で争われるのかというヴァリエーションが非常に多様である。たとえば、会社の支配権をめぐる紛争といっても、経営陣の中での抗争の場合もあれば、大株主と経営陣の間で争われることもある。大株主と経営陣の間で会社の支配権を争うとしても、①取締役会の過半数を獲得するために株主から取締役選任議案が提案され、プロキシーファイトを戦う場合、②総議決権数の過半数を獲得するために経営陣側が第三者（ホワイトナイト）に対する第三者割当増資を行い、株主から新株発行差止仮処分を提起されて争う場合など、さまざまな方法と戦略がある。

　このように、会社訴訟というのはそもそも争い方が多様であるが、さらに、時間の経過や相手方の出方次第で状況が変わってしまうため、状況に応じて戦い方・とるべき訴訟手続を変えていかなければならないという特徴がある。

　たとえば、大株主と経営陣の間で会社の支配権を争う方法として、①大株主が株主提案を提出してプロキシーファイトとなった場合には、まず前段階として、提案株主から株主名簿閲覧謄写請求が出され、会社側がそれを拒めば仮処分が提起される。最初の戦いは、この株主名簿閲覧謄写仮処分である。この仮処分が認められなければ、提案株主は他の株主によびかけを行うこと

はできず、プロキシーファイトを戦えないため、紛争は実質的に提案株主の負けで終わりである。しかし、株主名簿の閲覧謄写仮処分が認められれば、次の局面としてプロキシーファイトが行われる。これは訴訟手続ではなく、会社法の定める手続に則って互いに賛成票を集め、株主総会でどちらが多くの賛成票を獲得できたかによって勝敗が決することになる。しかし、株主がその手続に何らかの不満を抱けば、株主総会で会社提案の議案が承認可決されたとしても、株主から一連の手続違反を理由とする総会決議取消しの訴えが提起されることになる。このように、紛争の中で、株主名簿閲覧謄写仮処分→プロキシーファイト→総会決議取消しの訴えと戦い方が変わっていくのが、会社訴訟の大きな特徴の1つである。

また、同じく大株主と経営陣の間で会社の支配権を争う方法として、②経営陣が第三者（ホワイトナイト）に対して第三者割当増資を実施しようとする場合には、株主から新株発行差止仮処分が提起される。新株発行無効の訴えという方法もあるが、株式が転々流通する上場企業においては、ひとたび発行された新株を無効として、原状回復を行うことはほとんど困難であるから、そのような判断が出されることは滅多にない。そのため、仮処分段階で事実上勝敗が決することになる。株主からの仮処分が認容されなければ、経営陣側が安定多数を確保して紛争はひとまず終結するが、仮処分が認められれば、経営陣側と株主のいずれも安定多数を確保できない状態が継続するため、別の局面において株主と経営陣の紛争は続くことになる。これがどのような形の戦いになるのかについては、株主・経営陣の行動によって変わってくる。たとえば、株主が次の株主総会に向けてプロキシーファイトを仕掛けるという可能性もあるし、経営陣が事業等を保全するために第三者との間で事業譲渡・業務委託などを行おうとし、それに対して株主が取締役の違法行為差止仮処分を提起することなども考え得る。

このように会社訴訟というのは、一般的な民事訴訟と異なり、定型的な手続の流れが決まっておらず、「会社の支配権を獲得する」という同じ目標で

あっても、争われ方・そこで採用される訴訟手続は多種多様である。訴訟外の戦術については枚挙にいとまがない。しかも、時間の経過・事態の推移とともにとり得る訴訟手続も変わり、最終的に紛争当事者の間で何らかの安定した関係に到達しない限り、いつまででも形を変えた紛争が継続することになる。

　したがって、会社訴訟を受任する弁護士としては、多くの選択肢（戦い方）の中から最も依頼者の目標を達成しやすい方法を選んでアドバイスし、局面が変わるたびに戦い方を変更するなど、柔軟かつ迅速に対処することが必要である。そのためには、会社法・金融商品取引法などに定められた会社訴訟・非訟の手続をよく理解しておくばかりでなく、株主総会・取締役会など会社の機関決定を行うための手続・規律にも精通し、局面が変わっても臨機応変に対応できるだけの十分な知識・素養を備えておかなければならない。会社訴訟に長けた弁護士は必ずすぐれた戦略家である。

　加えて、会社訴訟の場合には時間の経過等に従って局面が変わり、戦い方を変更する必要があるため、依頼者の最終目標が何であるのかを常に確認しておくとともに、味方の団結を維持しながら相手方の分断を企図し、タイムスケジュール管理を進めることが重要である。

第2節　受任時のポイント

I　依頼者の獲得目標の確認

　会社訴訟を受任する際に最も留意しなければならないのは、勝訴することを目指して邁進するあまり、依頼者の真の目標を見失わないようにすることである。

一般の民事訴訟であれば、事後的な金銭解決を求めて提訴することが多く、最終的な金銭の回収という目標を達成するために必要な手続（あらかじめ相手方の財産を保全する民事保全手続、自らの請求権を認めてもらうための民事訴訟手続、判決・和解に基づき相手方の財産に対して執行して回収する民事執行手続）が一連の流れとして準備されている。したがって、かかる民事訴訟を受任した場合には、勝訴判決を目指して戦うことが依頼者の目標（金銭の回収）を達成することであり、勝訴したにもかかわらず依頼者の目的が達成されないことは滅多にない。

　しかし、会社訴訟の場合には、それに勝訴しただけでは依頼者の真の目標を達成できないことが多い。

　たとえば、株主提案として取締役選任議案を提出してプロキシーファイトを戦った株主が、会社提案の取締役選任議案が承認可決されたことに対して総会決議取消しの訴えを提起した場合、たとえ当該決議が取り消されたとしても株主の提案した取締役候補者が選任されるわけではないから、それだけでは株主と経営陣の間の紛争は解決しない。提案株主としては、まずは決議取消しの訴えで勝訴することが重要であるものの、それだけでは何ら解決にならないため、その後に開催される臨時株主総会あるいは翌年の定時株主総会において再度株主提案を提出し、そこで過半数の賛成を得られるように現経営陣の不当性をアピールしていくことになる。あるいは、経営陣に対して自らの推薦する取締役候補者を会社提案に入れるよう要請し、お互いが妥協できる取締役選任議案を合意できるかどうかの交渉を進める必要がある。

　経営陣が第三者割当増資を行い、それに対して株主が新株発行差止仮処分を提起した場合であっても、株主の側からすれば、新株発行差止仮処分が認容されただけでは元の状態に戻っただけであるから、何ら紛争は解決しない。経営陣の側とすれば、その間にさまざまな対抗策を検討・実施することになる。株主の側としても、経営陣の実施しようとする対抗策が奏功しないように対処するとともに、自らが当該会社の支配権を獲得するためTOBや株式

買増しなど次の手を考えていかなければならない。

　このように、会社訴訟においては、1つの局面に勝訴しただけでは最終的な解決にならないことが多い。また、1つの訴訟に負けたからといって「万事休す」にはならない。強豪同士のテニスの試合がいつまでも続くように、エンドレスとも思える戦いとなるのである。したがって会社訴訟に勝った場合・負けた場合のその後の展開（次に何をするか）をシミュレーションしながら訴訟を進めなければならない。

　そのためには、弁護士が依頼者から案件を受任するにあたり、依頼者が最終的に当該紛争をどのように解決したいと考えているのか、ベストシナリオどおりに進まなかったとしても、どういう案なら妥協できると考えているのかという獲得目標を、最初に十分確認し、随時コミュニケーションを保って目的の変更と次善の策を用意しておくことが重要である。

　最終的な獲得目標が単純で明確であればこそ、弁護士は、時々刻々と局面が変わったとしても、次に打つべき手を検討しながら訴訟進行することができるのである。弁護士は現実には戦況に応じて目的自体が変遷することを理解しておかなければならない。

II　タイムスケジュールの確認

　次に留意しなければならないのが、タイムスケジュールの確認である。それと同時に、時系列に従ってとり得る選択肢（戦い方）を整理しておくことも重要である。

　会社の意思決定は、一定の手続に従って、取締役会あるいは株主総会の決議によって決せられる。定款変更、役員選任、組織再編などの重要事項については株主総会決議が必要とされているから、会社をめぐる紛争の多くは株主総会をターゲットとして争われている。

　たとえば、大株主と経営陣の間で会社の支配権を争う場合、会社を支配す

るためには取締役会の過半数を握る必要があるから、自らの推薦する取締役候補者の選任議案を株主総会に上程して承認を受けなければならない。これを直接的に目指しているのが、株主から取締役選任議案を提案してプロキシーファイトを戦うという方法であり、まさに株主総会をターゲットとした戦いである。一方、第三者（ホワイトナイト）に対する第三者割当増資につき新株発行差止仮処分で争うという方法については、一見すると株主総会とは関係なく戦われているように思われる。しかし、経営陣としては株主総会で新株を割り当てられた第三者（ホワイトナイト）に味方してもらうことによって株主との戦いに勝とうとしているわけであるから、真の戦いの場はやはり株主総会である。かつてライブドアとニッポン放送の間で戦われた新株予約権発行差止仮処分でも、対象となった新株予約権はニッポン放送の定時株主総会の基準日である3月31日までに行使して新株とすることができるタイミングで発行されていた。したがって、新株予約権発行差止仮処分が認められた後も、定時株主総会までの間は、ライブドアとニッポン放送の間でせめぎ合いが続いたはずである（実際は、定時株主総会前の5月にライブドアの保有するニッポン放送株式をフジテレビが買い取るという合意が成立している）。

　このように、会社をめぐる紛争は、一定のターニングポイント（多くは株主総会日）を目指して戦われており、それまでの間に少しでも自分に有利な状況をつくり出すために、お互いにさまざまな手を尽くすのであるが、ここで当事者がとり得る方法・手続には時間的な制約がある。

　たとえば、会社の支配権を獲得するために、株主が取締役選任議案を提案する場合には、会社法上、株主提案は株主総会の会日の8週間前までに行使しなければならないと定められている。したがって、それまでの間に株主提案権を行使しなければ、株主としてはそもそも戦いの場を設定することができなくなってしまう。適法に株主提案を出した場合には、それから総会までの間にできる限り多数の賛成票を集めるよう委任状勧誘を行うことになるが、一般株主へ賛成してくれるよう働きかけるためには株主情報（氏名・住所）

が必要である。会社が応じてくれればよいが、拒否された場合には仮処分を申し立てる必要があるから、認められるまでにそれなりの時間がかかる可能性がある。この仮処分を戦っている間に株主総会の日が近づいてしまい、委任状勧誘を行うための十分な時間を確保できなくなれば、仮に株主名簿閲覧謄写仮処分に勝訴したとしても勧誘が不十分のままでは肝心のプロキシーファイトで負けてしまうから、株主名簿閲覧謄写請求も早めに行っておく必要がある。さらに株主総会において会社提案が承認されたことに対して総会決議取消しの訴えを提起する場合には、総会の日から3カ月以内に提訴しなければならない。

　このように、株主総会をターゲットとしてプロキシーファイトを戦うためには、いつまでに何を行っておかなければならないのかを正確に把握しておかなければならず、手続を積み重ねて戦う以上、1つでも手続的なミスがあれば不戦敗となってしまう。

　第三者割当増資に対して新株発行差止仮処分を提起して争う場合についても同様である。新株発行は払込期日に払込みが実行されれば効力が発生してしまうから、払込期日までに仮処分決定が出なければ差し止めることはできない。東京地方裁判所の商事部である民事第8部などは、高等裁判所まで争われたとしても払込期日までに裁判所の最終判断が示せるように最大限の努力をしてくれるものの、物理的に不可能な場合もあるから、できる限り早く仮処分を申し立てる必要がある。

　また、新株発行を差し止める手段は、新株発行差止仮処分に限られない。要は第三者（ホワイトナイト）が払込みをできない状況をつくり出せばよいのであるから、たとえば、ホワイトナイトの社外取締役・監査役などに対して不当な新株発行の払込みを行った場合には役員責任を追及する旨を警告するとか、発行された新株について何らかの手続的瑕疵を理由に議決権行使禁止の仮処分を申し立てるなどの手を打つことも考えられる。この場合、前者は新株発行の払込期日までに行わなければ意味がなく、後者は新株発行の払

込みが行われて初めてとることができる手続である。

　このように、会社をめぐる紛争では、当事者は、最終的な獲得目標（会社の支配権の獲得）を達成するために、一定のターニングポイント（株主総会）を目指して、仮処分などの訴訟手続を含めさまざまな手続を積み重ねて争っていくのであり、会社訴訟というのは一連の流れの中で状況に応じて提起される戦い方の1つにすぎない。したがって、これを受任する弁護士としては、最初にターニングポイントまでに想定される紛争の流れをシミュレーションし、そのタイムスケジュールをきちんと管理していくことが重要である。

　会社をめぐる紛争の中で登場する各種の手続には、法律で時間的要件が定められているものも多いうえ、一定の期限までに結論が出なければ意味がなくなってしまうものもある。たとえば、株主名簿閲覧謄写仮処分などは、仮に勝訴したとしても結論が出るのが株主総会の1週間前では全く意味がない（委任状勧誘を行う時間的余裕がなくなってしまったから）。すなわち、このタイムスケジュール管理は、当事者においてとるべき手続を取捨選択するうえでも重要なのである。逆に防衛にあたる会社側代理人としてはすべての手続をスピーディに円滑に進めるために公告紙面の仮押えなどを含めた法廷外の準備に配慮する必要がある。そのためには弁護士の能力だけではなく他のアドバイザーや専門家の力を借りる必要がある。

III　協力者の範囲の確認

　会社をめぐる紛争においては、さまざまな立場の人物が登場し、その利害関係が錯綜していることがある。

　一般の民事訴訟であれば、原則として、利害対立する両当事者が原告・被告として争うだけであるから、会社の依頼を受けた弁護士としては、総体としての「会社」の利益を守るために戦えばよい。

　しかし、会社訴訟の場合には、「会社」といっても一枚岩であるとは限ら

ない。経営陣の間の支配権争いの場合に取締役間に利害対立があることは当然として、大株主と経営陣の間の支配権争いの場合においても、経営陣＝「会社」であるとはいいきれない場合がある。たとえば、生え抜きの社内取締役と外部から招聘した社外取締役では、敵対的買収に対する感度が違うこともあるし、大株主から派遣された取締役がいることもある。会社には、経営陣＝取締役以外に監査役もおり、経営陣とは異なる考え方をもっている可能性もゼロではない。このように会社役員の中であっても、立場によって考え方が異なり、場合によっては利害が対立していることも考えられる。

　また、会社をめぐる紛争の中で当事者として登場することはめったにないが、現実問題として非常に存在感が大きいのは、従業員や金融機関を含めた取引先である。会社というのは事業を継続して利益をあげることを目的とする営利企業である以上、実際に事業を行っている従業員が造反すれば、会社の企業価値自体が毀損してしまう可能性があり、取引先から取引を打ち切られれば、事業継続が困難となることすら考えられる。そうだとすれば、従業員・取引先というのは、法的には会社と雇用契約・取引契約を締結している第三者的立場にすぎないものの、現実問題として彼らの意向は非常に重要であり、彼らが誰の味方なのか（あるいは誰の味方でもないのか）を確認しておくべきである。さらにいえば彼らを味方につけるための戦略も工夫しなければならない。

　さらに、会社をめぐる紛争において最も重要なのは株主である。会社の重要事項は株主総会で決定される以上、株主総会で議決権を有する株主の意向が会社の将来を左右する。そのため、会社をめぐる紛争の多くは株主総会をターゲットにして争われるのであるが、その際、当事者が真っ先に行うべきなのは票読みである。個人株主1人ひとりの意向までは確認できないとしても、株主名簿の上位に載っている大口の株主について、誰が誰の味方なのかを確認し、中立的な立場の株主がいれば、その者に対して働きかけるという作業が行われる。このように大口の株主の意向を確認して正確な票読みを行

うことは非常に重要である。

　以上のとおり、会社というのは、社内取締役・社外取締役・社内監査役・社外監査役（場合によっては退任した役員）という異なった立場の者がおり、そのバックグラウンドもさまざまであるため、会社役員ですら利害・意向が完全に一致しているかどうかはわからない。それに加えて、株主、従業員・取引先などのステークホルダーがおり、彼らの利害・意向も多様である。また、企業が地域の経済を担っている観点からすれば、地方公共団体や地域経済団体の影響力、金融機関の意向も見過ごせない。

　このような中で会社（＝現在の代表取締役）から会社訴訟の委任を受ける弁護士としては、当該紛争を解決するまでの一連の流れの中で、重要な登場人物は誰と誰なのか、それらの人物は誰の味方なのか、今後働きかけを行うことによってこちらも味方になってくれそうなのは誰かといった点について情報収集をしておくことは必須である。

　登場人物のうち、取締役は、経営判断についての決定権限を有する取締役会の議決権を有しているから、できる限り多数の味方を確保しておくことが重要である。監査役は、経営判断に関与したり、株主総会で議決権を行使することはできないものの、独任制の機関であって1人でさまざまな権利行使（たとえば、監査報告に意見を付記する、取締役の違法行為差止請求を行う、取締役の責任追及訴訟を提起するなど）をすることができるから、敵にまわしてしまうと非常に厄介である。逆に現経営陣への反対勢力としては監査役が支持にまわってくれれば、これほど心強いことはない。もちろん、株主は、会社の重要事項を決定する株主総会での議決権を有しているから、できる限り多数の賛成を確保しなければならないことはいうまでもない。

　このように、登場人物が多数おり、かつ、その利害が対立している可能性もある以上、誰が味方で誰が敵なのかによって、とり得る訴訟手続すら変わってくるのであるから、最終目標を達成するための戦い方をシミュレーションするうえでも、会社をめぐる登場人物のうち、誰が味方なのかを確認し、

中立者や敵を転向させて味方に取り込むことは重要である。

IV　収集できる証拠の確認

　訴訟というのは証拠によって勝敗が決するものである以上、弁護士が会社訴訟を受任するにあたっては、いかなる証拠が存在するのか、どの証拠が入手可能なのかを確認しておく必要がある。

　会社をめぐる紛争の場合には、会社の側では多くの社内資料・契約書などが保管されているが、攻める側にはほとんど資料等がなく、IR情報やたまたま入手できた社内資料などを基に会社訴訟を行わざるを得ない。株主・債権者であれば、会社法で認められた閲覧謄写請求権（株主名簿、会計帳簿、取締役会議事録など）を行使することもできるが、閲覧謄写の対象外である社内資料については見ることもできない。

　しかし、証拠となるべき社内資料を見ることができず、その存在すら知らない状況の下では、弁護士として適切な法律構成を検討することができない。せめて「こういう資料があるはずだ」と特定して主張することができれば、会社訴訟の手続の中で文書提出命令を申し立てたり（民訴221条）、釈明することで証拠を入手できる可能性があるが、それすら特定できなければ、訴えたものの立証できずに敗訴ということになる。

　そのため、弁護士としては、会社訴訟を受任するにあたり、どのような証拠が存在するのか、どのような証拠が依頼者の手元にあるのか、どのような証拠であれば入手可能なのかという点をよく確認しておくべきである。会社をめぐる紛争の中には水面下で準備を進めておいて決行するというものも多いが（たとえば代表取締役の解任動議、第三者に対する新株発行など）、表だって紛争状態に入る前と後では証拠の入手しやすさが大きく変わることもあるから、依頼者に対し、できる限り多くの証拠を早めに収集するようにアドバイスしておくだけではなく、弁護士が積極的に証拠収集に関与することも欠

かせない。たとえば、証拠の収集だけを目的として取締役会議事録の閲覧請求を求めたり、違法行為の差止請求などを提起して、関係書類の取得を図るなどの方策も検討すべきである。もちろんこれらはダミーを利用し、第三者名義で行うことになる。会社として保管している資料でなくとも、取締役・監査役の手帳、メモなどに重要な記載が残されていることもあるから、協力してくれる者のところに何か重要な手がかりがないかどうかについても、確認しておくべきである。

以上は攻める立場の依頼者から受任を受けた場合であるが、会社側の依頼者から受任を受けた場合であっても、手元にある大量の社内資料をよく精査し、有利な証拠の確認ばかりでなく不利な証拠の有無についても確認しておくことが重要である。

会社訴訟においては、会社側には大量の客観証拠があり、攻める側には何も証拠がないという構造になりやすいため、訴訟の流れの中で裁判所から会社に対して任意に証拠を提出するよう求められ、それを拒むと文書提出命令（民訴223条1項）が出される可能性がある。すなわち、会社側が不利な証拠を提出しないでいたとしても、相手方あるいは裁判所の要請により、提出せざるを得なくなるという事態が十分考えられるのである。

そのため、会社側としては、あらかじめ不利な証拠の存在を念頭におき、それが問題とならないような法律構成を考えて反論を組み立てていくべきである。このような配慮は一般の民事訴訟においても当然に行っておくべきであるが、会社訴訟の場合には一般の民事訴訟以上に文書提出命令などを受けるリスクがあるため、より慎重な検討が必要である。ただし、証拠の隠滅・破棄などは厳に慎まなければならない。

V 受任契約の締結にあたっての留意点

以上のとおり、会社訴訟とは、①最終的な獲得目標と訴訟での勝利が直結

していないことが多く、②獲得目標の達成のためにタイムスケジュールに従ってさまざまな手続を積み重ねて戦っていくものであるうえ、③登場人物が多く、しかもそれぞれ異なる立場に立っているため、利害関係が必ずしも一致していない可能性がある、という特徴がある。

そのため、弁護士が会社訴訟について受任契約を締結するにあたっても、タイムスケジュールの中のどの手続を受任しているのか、誰から受任しているのか、を明確にしておかなければならない。

前述したとおり、会社訴訟においては当該訴訟が終了したとしても紛争は解決していないことがあり得る。そのような場合に、紛争が解決するまでの一連の手続を受任しているのか、当該訴訟だけを受任しているのかによって思考の幅も、作業量も、弁護士費用も大きく異なってくるのであるから、どの手続をいくらの費用で受任しているのかを明確に示しておく必要がある。

また、紛争の途中で関係者の思惑が変化し、その間に新たな利害対立が生じる可能性もゼロではないから、誰からの依頼なのかを明確にしておくことも重要である。途中で関係者の間の利害対立が生じることが予想される案件については、最初から弁護士を別々に立てることを助言すべきであり、一括して受任することにより、結果的に懲戒の対象になったり、事件全体から手を引かざるを得ない羽目にならないよう、周到な用意が必要とされる。

第3節　訴訟提起前の準備

I　多数派工作・キーマン確保の可能性

実際に会社訴訟を受任した場合には、まずは前節で述べたとおり、①依頼者の獲得目標の確認、②タイムスケジュールの確認、③協力者の範囲の確認、

④収集できる証拠の確認を行って、当該会社紛争の現況を正確に把握する必要がある。

　この状況把握を踏まえて、どのような方針で戦うのか、どのような訴訟手続を選択していくのかを検討することになるが、その際に必要となるのが、現況をより有利な状況に変える可能性の有無の検討である。具体的には、多数派工作を行うことはできるのか、キャスティングボードを握るキーマンを味方につけることができるのかどうかということである。

　会社の意思決定というのは株主総会・取締役会などの機関決定を経て行われる。公開会社の場合、株主総会は不特定多数の株主が議決権を行使するので、多数派工作は容易ではなく、大がかりなプロキシーファイトを行わざるを得ないが、非公開の同族会社などの場合には、紛争に中立的な立場の株主に働きかけることによって株主総会での多数派工作を行うことも可能である。また、会社のほとんどの業務執行は取締役会で決定されるから、取締役会の多数派を握れるかどうかは非常に重要な意味をもつ。取締役会の多数派となっていても、株主総会で取締役を解任される可能性があるから、最終的には株主総会の支持が得られなければ安定的な支配権を確保することはできないものの、株主総会を開催するにはそれなりの時間や手間がかかるため、その間に各種の会社の機関決定を行って対抗策をとることができる。

　このように会社をめぐる紛争においては、各種会議体で多数派を握れるかどうかが非常に重要となってくるのであり、かつ、人の意思というのは働きかけによって変わる可能性が高いから、そのための働きかけを行うなど努力することでこの状況を自分により有利な形に変えることができる。また、現時点で多数派を占めていたとしても、そのうちの誰かが相手方の働きかけによって寝返ってしまえば、その瞬間に少数派になってしまうのであるから、多数派だからといって安心することなく、自らの味方・協力者の範囲をしっかり固めておくことが重要である。

　また、会議体（株主総会・取締役会）の多数派を握れなかったとしても、

たとえば、社長にしっかりと意見することのできる大物の社外取締役などがいる場合には、当該社外取締役を味方につけることで解決の糸口をみつけられる可能性が高まる。また、独任制でさまざまな権限を行使できる監査役を1人でも味方につけることができれば、紛争の過程でとり得る選択肢が広がる。さらに、多数の従業員を代表する労働組合や従業員代表者、大口取引先・メインバンクなどを味方につければ、現経営陣に対して側面的な働きかけをしてもらうことによって状況を有利に打開できる可能性が広がることになる。

どんな案件であっても、このように紛争の過程でキーパーソンとなり得る人物は存在するため、仮に多数派工作までは成功しなかったとしても、このようなキーパーソンへの働きかけを行うことによって、少しでも味方を増やし、紛争過程でとり得る選択肢を増やして、より有利な状況をつくり出す努力を絶えず行うべきである。

II　スケジュール・Xデーの決定

前節で述べたとおり、会社をめぐる紛争では時間的な制約が大きく、最終的な獲得目標までのタイムスケジュールの中で、いつの時点でどのような手続をとり、どのような会社訴訟を提起するのかを決めていかなければならない。

法定の期限が経過してしまい、あるいは時間的に間に合わなくなって有効な手続・訴訟をとれなくなるということは、法的アドバイザーたる弁護士として許されない。そのようなことがないよう、最初に受任するにあたり、最終目標までのタイムスケジュールおよびその過程でとり得る各種手続・訴訟の期限その他の時間的制約の有無については、あらゆる場合を想定して入念に検討しておくべきである。

さらに、会社をめぐる紛争においては、こちらが何らかの手続・訴訟を提

起することに対して、相手方はその対抗策を打ってくるから、その後にこちらがとり得る選択肢の範囲が狭まったり、あるいは新たな選択肢が増えることもある。すなわち、当方の出方・相手方の出方に応じて状況が変わってしまうのである。

したがって、いつの時点で行動を起こすのか、すなわち、Xデーをいつに設定するのかを決めるにあたっては、当方の想定するタイムスケジュールだけでなく、相手方の反応を予想しながらその後の展開をシミュレーションし、その結果も勘案しながら最も戦いを有利に進めることができるようなタイミングを選ぶ必要がある。

さらに、会社訴訟においては、会社と第三者の間の法律関係が不安定となることを避けるため、一般の民事訴訟と比較して短期間で裁判所の判断が出されることが多い。特に、新株発行差止請求や取締役の違法行為差止請求などは、いったん実行されてしまえば元に戻すことは困難となることが多いため、緊急に判断の出る仮処分手続で争われるのが通常である。

このように会社訴訟というのは、始まってから終わるまで数週間から数カ月程度の（一般の民事訴訟と比べれば）短期決戦であるため、訴訟を始めてから証拠を収集したり関係者からヒアリングする時間的余裕が極めて短い。そのため、実際に訴訟を提起する前の段階である程度の準備を進めておかなければならない。できる限り水面下で準備を進めておき、Xデーを迎えたら一気に決戦に持ち込むというのが、会社訴訟の戦い方である。

したがって、Xデーを決めるにあたっては、それまでの間に必要な準備作業ができるかどうかという実務的な制約についても、十分に考慮する必要がある。

過去の戦争の歴史をみてもわかるとおり、長期戦になれば資金・人員に優るほうが勝利をおさめる確率が高い。自他双方の戦力たる資金力、証拠力、投入可能なマンパワーを冷静に見極めることが肝要である。

III 証拠収集のための手続

　会社訴訟を受任したら、後はXデーまでの間に、社内外に残る資料を確認・精査し、関係者からヒアリングを行って、訴訟で使えそうな証拠を収集しなければならない。訴訟というのは証拠によって勝敗が決せられるものであるから、いかに相手方が不当・違法であっても、その不当性・違法性を示す証拠がなければ勝訴できない。したがって、証拠として使える材料がどのくらいあるのかという点は、会社訴訟という手段をとるかどうかを判断するうえでも非常に重要である。

　会社訴訟で証拠となりうるものには、書証・人証・鑑定などがある。書証とは、契約書、各種帳簿、稟議書、議事録などの紙で残された資料をいい、人証とは、実際に過去の事実を体験した人が自らの認識した内容を供述（証言）し、その内容を証拠とするものである。人証となるべき人物の供述をまとめた陳述書を作成し、それを書証として提出することも多い。また、鑑定とは、特別の学識経験を有する者から、その専門的知識またはそれを具体的事実に適用して得た判断の報告をいう。裁判所が採用する鑑定人による鑑定のほか、訴訟当事者の側で専門家に鑑定意見書を記載してもらい、それを書証として提出するという方法もある。

　よく用いられる立証手段は上記のとおりであるから、弁護士としても、それぞれについて十分な証拠があるのかどうか、あるいは当方に不利な証拠が存在しないかどうかなどを確認し、できる限り有利な証拠を収集しておくことが必要となる。

　まず、最初に確認するべきは書証である。日本の民事訴訟における有効な立証方法としては書証の占める割合が大きく、当事者がそれぞれ自らに有利または相手方に不利な証拠を提出し、それらがひととおり出揃ってから最後に証人尋問を行い、審理終結となるのが通常である。仮処分の審理ではそも

そも人証など採用されずに書面で判断されることが多い。したがって、まず入手できる各種資料を精査し、どれが書証として使えるのかを確認する作業が最優先である。

　会社訴訟においては、会社側とそれ以外とで手持ちの資料の質も量も全く異なる。会社側には契約書、各種帳簿、稟議書、議事録など多数の資料がきちんと保管されているから、会社側から依頼を受けた場合には、これらの資料を精査して有利なものか不利なものかを確認し、有利な証拠から取捨選択して書証として提出すればよい。また、不利な証拠についてはその存在も含めてできる限り相手に察知されないようにし、その点を回避して法律構成を組み立てるなどしていくことになる。

　これに対し、会社と対峙する側から依頼を受けた場合には、手元にはほとんど資料がなく、会社側に開示してもらわなければ詳細がわからないというケースが多い。とはいえ、紛争状態に入った後で会社側が任意に証拠となるべき資料を開示することは考えられないから、会社法で認められている閲覧謄写請求権を行使したり、訴訟手続の中で文書提出命令を出すことによって必要な証拠を開示させるように仕向けることが重要である。

　たとえば、会社法では、株主名簿・会計帳簿・取締役会議事録については株主・債権者からの閲覧謄写請求が認められている。株主名簿・会計帳簿については、閲覧謄写請求を行って会社が応じなければ、仮処分申請をして開示を求める。また、取締役会議事録については、裁判所に対して許可申請を行って開示を求めることになる。これらの閲覧謄写に関しては、かつてはあまり認められることはなかったが、近年では開示を認められる例も増えてきている。

　また、訴訟手続の中で文書提出命令を申し立てるという方法も考えられる。これは民事訴訟法に基づき認められる手続であり、一定の要件を満たしていれば、相手方は当該文書を開示しなければならない。ただし、文書を特定して申し立てなければならないため、入手できていないにしても「いつ頃の日

付でどういう名称の資料があるはずだ」という情報を収集しておくことが必要である。なお、会社訴訟においては会社側と相手方の間に入手できる資料・情報に格段の差があるため、株主から文書提出命令が申し立てられると、バランスを考えて裁判所のほうから会社側に対して任意に証拠提出するよう促すことも多い。

　そのほか、一般の民事訴訟において証拠収集の手段として行われる弁護士会照会、当事者照会などの手続は、こちらが情報収集していることが相手方に伝わってしまうリスクがあるため、水面下で準備を進めて行う会社訴訟の場合にはあまりなじまない。また、訴訟手続の中で用いられる制度として、調査嘱託の申立て、文書送付嘱託の申立てなどもあるが、これらの手続には一定の時間がかかるため、速やかな判断を求める会社訴訟の場合には必ずしも有効とはいえない。ただし、株主代表訴訟などの場合には、たとえば役員責任を裏付けるための刑事事件（特別背任など）や独占禁止法違反の記録について文書送付嘱託を申し立てるなどの方法がとられることもある。また、行政文書の開示請求も、請求者が誰かを相手方に秘匿しつつ行使することが可能なので、近年利用されるようになっている。

　そのほか、会社訴訟においては、会社法、金融商品取引法、独占禁止法などの解釈にかかわる論点が争われることもあり、そのような場合に学者の鑑定意見書を証拠として提出するということも行われる。裁判所が採用する鑑定ではなく、当事者の側で当該分野に知見のある学者に依頼して鑑定意見書を書いてもらい、それを書証として訴訟手続に提出するものである。

　過去の著名事件では、当事者双方から多数の鑑定意見書が提出されているものもあるため、仮に鑑定意見書が必要となりそうな案件であれば、準備段階から当方の主張の裏付けとなる見解を唱えていていざというときに鑑定意見書を書いてくれそうな学者に早めにコンタクトしておくべきである。

　場合によっては事前に早急に接触を図り、事実関係を打ち明けておけば、当方サイドで意見は書いてくれないにしても、相手方にもつかない可能性が

増えるので学者へのアプローチは重要である。

Ⅳ　書面の作成等

　会社訴訟を受任した弁護士は、以上の準備を進めながら、法律構成を検討し、訴状・申立書あるいは答弁書、反論書などを作成し、Xデーを迎えることになる。
　各種の会社訴訟手続における具体的な争点・手続などについては、第2章以下に解説する。
　なお、前述したとおり、会社訴訟というのは数週間程度の短期間で結論を出さなければならないことも多く、訴訟代理人たる弁護士としては、短期間の間に多数の準備書面を作成し、大量の資料を精査して適切と思われる証拠を提出しなければならない。すなわち、数週間の間は当該訴訟にかかりっきりにならざるを得ないため、担当している他の案件に支障を来さないよう事務所内で担当の振り分けなどの調整をすることも必要である。

第4節　訴訟外の対応

Ⅰ　監査役・会計監査人

　訴訟の準備と並行して、訴訟外においても、より戦いを有利に進められる状況をつくり出していかなければならない。
　そのためには、前述したとおり、協力者となってくれる人物を広げていくことが重要であり、その際に最初に検討するべきは監査役である。
　監査役は、会社の役員ではあるものの、経営に携わることなく独立した立

場から経営を監督するという責務を負っている。さらに、その責務を全うするために非常に強い権限を有している。たとえば、監査役には会社法の明文で業務・財産状況の調査権（会381条2項）や取締役の違法行為差止請求権（同法385条1項）が認められている。また、取締役の業務執行を監査し、何らかの違法な点があれば監査報告に記載して株主に報告しなければならない（同法381条1項）。株主からの提訴請求を受けて取締役の責任を追及するかどうかについても、監査役が判断することになる（同法386条参照）。

しかも、監査役は独任制の機関であるから、これらの権限については監査役会の多数決は必要ではなく、1人の監査役が自らの判断で行使することができる。これが、取締役とは異なる監査役の権限の特徴である。取締役については多数派を握らないと具体的な権限行使はほとんどできないのであるが、監査役については1人でもさまざまな権限を行使することができる。たとえば会社の支配権をめぐる紛争において、経営陣ではなく、取締役会で議決権をもたない監査役は一見すると蚊帳の外のように思われるが、実は紛争の勝敗をめぐるキーパーソンになり得る存在なのである。

逆に会社側の立場で戦う場合、1人の監査役に造反されてしまうと、相手方のみならず監査役からも攻撃を受けることになる。反対に、会社を相手に戦う場合には、1人の取締役が味方になっても大したことはできないけれども、1人の監査役が味方になれば戦いの幅が格段に広がることになる。

したがって、弁護士としては、監査役の動向・意向に常に注意を払い、監査役が同じ立場をとるように働きかけておくことが重要である。

II　従業員・労働組合

次に、会社をめぐる紛争において重要と思われるのは、従業員・労働組合である。

法律的には、従業員とは会社の業務執行者（代表取締役）が事業を行うた

めに雇った者という位置づけであるため、会社訴訟の当事者となることはない。しかし、実際に会社の事業を担当しているのは従業員であり、彼らなくして会社は立ちゆかない。

したがって、特に会社の支配権を争う事案においては、従業員が紛争当事者のどちらの味方になるのかという点は重要なポイントである。実際、過去にファンドから敵対的買収を仕掛けられた企業において従業員・労働組合が経営陣支持の声明を出した例も散見されるところである。

もっとも、このような従業員・労働組合の声明発表が、会社訴訟手続の中で結論に影響を与える重要な証拠となるかどうかはわからない。従業員のすべてが声明に賛成しているかどうかは不明であり、経営陣が業務命令として従業員に働きかけて敵対的買収者に反対し現経営陣を支持する旨の声明を出させているのではないかと疑われ、逆効果となる場合も少なくない。

しかし、裁判所で考慮されるかどうかはともかく、訴訟を含めた一連の紛争に決着をつけるにあたっては、今後の事業運営を担っていく従業員・労働組合がどのような意向を有しているのかによって、事実上勝敗が決することもあり得る。従業員が離反すれば会社の価値は毀損され、買収メリットは失われるからである。

したがって、弁護士としては、従業員・労働組合が当該紛争についてどのような意見・意向を有しているのかについても、できる限り情報収集に努めるべきであり、仮に従業員・労働組合が依頼者を支持する旨の意向を有しているのであれば、それを紛争解決に向けて活用する方策を検討すべきである。すなわち、従業員の動向は株主の判断や会社の行動に大きな影響を与えるのである。

Ⅲ　取引先・金融機関（メインバンク）

現実社会で生じる紛争は、法律的に正しい主張をしている側が常に勝つと

は限らない。理屈を離れた人間関係・取引関係・利害関係というものも、実際には大きな影響力をもつ。

　特に会社の場合には、株主あるいは金融機関から資金を調達し、従業員を雇用することによって何らかの生産活動を行い、それを取引することによって利益をあげる仕組みで成り立っており、非常に複雑な多数の取引関係・契約関係が形成されている。これらの取引関係・契約関係のうち、事業を継続するために不可欠な関係者、すなわち、その者の賛同を得られなければ事業継続に困難を来すような立場の者がいるとすれば、その者は当該紛争の解決にあたり事実上大きな影響力を行使することができる。

　会社が事業を継続するために不可欠の存在としては、株主・会社役員を除き、①金融機関などの資金調達先、②実際に事業を行う従業員、③営業・資材納入・下請などの取引先、である。

　このうち従業員については、前項で述べたとおりであり、ほとんどの会社で例外なく重要な要素を占めている存在であるから、継続的にその意見・意向に注意を払っておくべきである。

　さらに、会社によっては、金融機関や取引先が非常に重要な要素を占めていることもあり得る。たとえば、金融機関から多額の借入れをして事業を継続している会社にあっては、金融機関からの融資が継続されなければ破綻してしまうから、金融機関が新規融資や借り換えを認めてくれるかどうかが非常に重要となる。そのため、会社の支配権をめぐる紛争が生じた場合などにおいては、金融機関がどちらの味方につくのかによって事実上勝敗が決することになる。また、売上げの比重が特定の取引先に大きく偏っている会社にあっては、当該取引先から取引を打ち切られれば事業継続自体が困難となる可能性が高いから、紛争の当事者としても、当該取引先の意向に大きな配慮を払わざるを得ない。あるいは取引高としては少額・少量であっても製品に不可欠で、かつ代替困難なパーツや原材料を納入している業者がいれば業務遂行の決定的要因を握っていることになる。

このように、特に会社をめぐる紛争の場合には、現実問題として当該会社の事業継続に大きな影響を与え得る立場の関係者がいることがある。そのような場合には、当該関係者の意向を無視して戦って勝てる見込みは少ないため、紛争の初期段階から、事業継続にあたり重要な要素を占める関係者がいるのかどうかを確認し、仮にいるということであれば、当該関係者に働きかけて、できる限り味方につけるよう努力することが必要である。しかし、その取引先の行動が不合理なものであれば独占禁止法や不正競争防止法上禁止される行為に該当することもありうるから、その面での配慮もしておくべきである。なお、従業員と異なり金融機関・取引先は全くの社外の第三者であるため、会社内部の紛争にかかわり合いをもちたくないという意向を有していることも多いが、そのような場合であっても、最低限相手方の味方につくことがないように、中立を守ってくれるようにという限度で働きかけておくべきである。

Ⅳ　マスメディア

さらに、やや間接的にではあるが紛争の勝敗に影響を与えかねない関係者として、マスメディアの存在も忘れてはならない。

「劇場型」といわれたライブドア・ニッポン放送事件ほどではないにせよ、会社の支配権をめぐって経営陣の間で内紛が起きたり、敵対的買収者と現経営陣が争うような場合には、新聞やテレビのニュースなどで大きく報道されることがある。

これらのマスコミ報道は、本来は中立的な立場で正確な事実を伝えるべきであるものの、実際には誤報や意見・評価を含んだ報道も多くみられる。コメンテーターの意見・評価の中には、もちろん正しい指摘もあろうが、結局は紛争の実態を直接知らず、報道されている事実を前提とした第三者による解説にすぎないため、適切ではない意見・評価が加えられるリスクもある。

Ⅳ　マスメディア

　万一、マスコミ報道が偏った論調となってしまった場合、それが会社をめぐる紛争に多大な影響を与えることがある。たとえば、会社の支配権を争う場合には株主総会で決着をつけることも多いが、総会で議決権を行使する一般株主がマスコミ報道を真に受けて偏った投票行動に出る可能性がある。裁判官が証拠や法律によらずマスコミ報道に影響されるなどということは公正な裁判を否定することになるが、現実問題として報道が裁判官の事実の見方や心証に何らかの影響を与えている可能性はゼロではない。また、裁判官が平素会ったこともないような高名な経営者や迫力のある社長が直接審尋に登場するような場合も、裁判官に大きなインパクトを与えることがある。

　このようにマスコミ報道とは、間接的にであるにせよ、会社をめぐる紛争に影響を与えかねないものであるため、弁護士としては、マスコミ対策や審尋の登場人物についても注意を払っておく必要がある。

　具体的には、依頼者の立場・紛争の実態を正しくマスコミに伝え、真実と公正な報道をしてくれるように、依頼者の広報担当者に指示するとともに、弁護士自らがマスコミから取材を受けた場合に適切で簡明な説明・見解表明ができるように自らも準備しておくべきである。

　また、社会的な注目を集める事件の場合、紛争当事者が記者会見を行うこともあるが、記者会見の場で依頼者が誤った説明や不用意な発言をすることがないよう、事前に念入りに打ち合わせておく必要がある。そもそも記者会見を行ったほうがよいのか、いつのタイミングで記者会見を行うべきか、誰が出席して何を説明するのか、予想される質問に対してどのように回答するべきかなどの点について、訴訟あるいは紛争の帰結に与える影響を考慮しながら、慎重に検討・準備しておくことが重要である。必ずしも弁護士は広報の専門家ではないから、PR会社のアドバイスを受けることもありうる。しかし、逆に彼らは訴訟の専門家ではないから、丸投げ、丸受けしてはならない。

V　監督官庁への働きかけ

　会社を取り巻く法律・会計などの規制は複雑化・専門化しているうえ、経済情勢の変動や不祥事例などを契機としてめまぐるしく改正が重ねられている。加えて、会社の支配権を争う事案などの場合には、当事者双方とも規制の許す限り対策を講じようとするため、どうしても規制の逸脱が生じたり、あるいは規制の解釈に疑義が生じる場面が出てくる。

　そのような場合に、当該規制に係る監督官庁が存在するのであれば、監督官庁に何らかの働きかけを行うことも検討に値する。

　たとえば、会社の支配権を争う場合において相手方の株式買い集めの手法に金融商品取引法違反の疑いがあるのであれば、証券取引等監視委員会に対して情報提供を行うことが考えられる。あくまで情報提供という位置づけであるので、証券取引等監視委員会が速やかに対処してくれるかどうかはわからないものの、少なくとも相手方の株式買い集めの手法に疑義があることを監督官庁に通報し、その旨を相手方に通告するとか対外公表するなどして、相手方の動きを牽制するという効果は認められる。

　したがって、弁護士としては、マスコミ対策とも並行して監督官庁への働きかけについても人脈をフル活用して効果的な対策を検討しておくべきである。

VI　刑事告訴

　最後に、会社をめぐる紛争の中で相手方に何らかの刑事責任が生じ得る場合には、刑事告訴という手段も検討するべきである。

　特別背任、粉飾決算、インサイダー取引など、会社をめぐる紛争の過程では刑事罰の対象となる行為が行われる可能性も否定できない。かかる場合に

当事者の側ですべての証拠（当該違法行為が行われたことの証拠）を収集することは困難であるが、強制捜査権限のある警察・検察庁が動けば証拠を収集することも可能である。

　刑事告訴を受理するかどうかにあたっては、犯罪行為の特定およびそれを推認させる証拠は必要であるとしても、完全に立証するだけの証拠までは求められない。十分な証拠が揃っていなくても違法行為が行われたことを疑わせる一応の証拠が認められるのであれば、刑事告訴を行うという手段も検討するべきである。実際に刑事事件として捜査立件されるに至らなかったとしても、刑事告訴を行ったということを相手方に通告することで、ある程度の牽制効果は生じるはずである。

　なお、同じく相手方に対する牽制という観点から効果的と思われる手段として、役員責任を追及する旨を通告するという方法も考えられる。会社が違法行為を行うおそれがある場合には取締役・監査役には当該違法行為を阻止するべき義務があるから、漫然と違法行為を放置した場合には役員責任を追及する旨を警告するということである。相手方たる会社の中に社外取締役・社外監査役がいる場合には、それらの社外役員に注意喚起することによって違法行為の抑制のために何らかの行動（たとえば社内調査など）に出る可能性があるため、このような方法も効果的である。特に社外役員に十分な説明や資料提供を相手方会社の執行部が行っていない場合は有効である。

　会社をめぐる紛争は、ある意味総力戦ともいうべきものであるから、会社訴訟を受任した弁護士としては、民事に限らず刑事・行政も含めて法的・事実上のあらゆる手段を検討し、依頼者の最終獲得目標に少しでも近づけるように努力することが重要である。

　　　　　　　　　　　　　　　　　　　　　（久保利英明／松山　遙）

第2章 取締役会の支配権をめぐる係争

第1節 取締役会の支配権をめぐる係争の類型

I 取締役会とは

　取締役会とは、①業務執行の決定、②取締役の職務の執行の監督、③代表取締役の選定および解職を行う会議体であり（会362条2項）、会社の重要な業務執行は原則として取締役会で決定される。もちろん、定款変更、組織再編、役員選任などの最重要事項は、株主総会の決議が必要とされているが、株主総会に上程される議案の内容を決定するのは取締役会であり、かつ、株主総会の場で会社提案が否決されることはほとんどないから、実質的にみれば、会社の経営にかかわる重要事項はすべて取締役会で決められているといっても過言ではない。

II 会社経営の支配者

　取締役会の決議は、議決権に加わることができる取締役の過半数が出席し、

その過半数をもって行われるのが原則である（会369条1項）。

したがって、取締役会の中で多数派を占めている者が、実質的に会社の経営を支配しているといえる。実際には、取締役会の多数決で選定された代表取締役が多数派のトップであり、取締役会の支配権を握る実権者ということになる。

もっとも、代表取締役は取締役の中から選定される者であり、取締役として選任されなければ代表取締役としての地位も消滅するから、株主総会の決議に影響を与えられるような大株主が存在する場合には、当該大株主をどちらが味方につけたのかによって取締役会の支配権をめぐる争いは収束する。仮に現時点で取締役会の多数派を占めていたとしても、大株主が自らの意向に沿う取締役候補者を選任するよう株主提案・臨時株主総会の開催請求を行ってくれば、取締役会の構成メンバー自体を入れ替えられてしまうため、意味がなくなってしまうからである。

しかし、そのような大株主が存在しない場合には、取締役会における多数派をめぐる争いは非常に重要な意味をもつ。取締役会の多数決によって次の取締役選任議案の候補者を決めることができるから、現時点での取締役会の多数派が次期の取締役会における多数派も占めることができることになる。そのため、会社の支配権をめぐる戦いというのは、株主総会ではなく取締役会の場において行われることも多い。

III　本章の構成

本章では、取締役会の支配権をめぐる係争について、①代表取締役の解職、②取締役の解任請求、③取締役の職務執行停止・職務代行者選任、④取締役の違法・不正行為の無効確認・差止請求、の4類型に整理し、それぞれの過程で起こり得る会社訴訟について解説することとする。

なお、最近では、創業家やファンドなどの大株主が取締役選任議案に係る

株主提案を行ってプロキシーファイトを仕掛け、取締役会ではなく株主総会の場で取締役会の多数派を掌握しようとする例も散見されるが、これについては株主総会における支配権をめぐる係争として、次章で解説する。

1 代表取締役の解職

取締役会の支配権をめぐる紛争の多くは、取締役会で代表取締役の解職動議を提出し、多数決によって代表取締役を交代させるという形で争われる。古くは三越、松竹など、近年でも穴吹工務店やセイコー、オリンパス、直近では川崎重工業などにおいて、取締役会で代表取締役の解職動議が出されて代表取締役社長を交代するという解任劇が行われている。

このように、代表取締役の地位をめぐる争いは取締役会における解職動議で始まるが、そのような緊急動議で代表取締役を解職された者は、取締役会決議の無効確認請求、それを前提とした取締役の地位確認請求などの訴訟を提起してくることが多く、その審理の中で代表取締役の解職動議の適法性が争われることになる。なお、解職決議についての争いが決着した後も、代表取締役の解職に伴う降格人事による報酬・退職慰労金の減額に対して異議を唱えてくる者も多く、報酬・退職慰労金請求訴訟が提起されることもある。

そこで本章では、取締役会の支配権をめぐる係争として、まずは代表取締役の解職動議のプロセスを説明した後、その過程で提起されることの多い訴訟として、取締役会決議の無効確認請求訴訟、取締役からの報酬・退職慰労金請求訴訟についても解説する。

2 取締役の解任請求

以上のとおり、取締役会の支配権を争う最も典型的な方法は代表取締役の解職動議であるが、現実問題としては、取締役会の多数派のトップである代表取締役に対して反旗を翻し取締役会の過半数の賛成を確保することは至難である。

しかし、多数派のトップである代表取締役が強大な実権を握り、独断専行によって会社に利益とならない経営判断を行ったり、会社を私物化している場合には、より端的に当該代表取締役の解任を請求するという方法もある。取締役による不当な業務執行を取締役会内部で解決できない場合には、株主から監督するしかないが、株主総会の多数派の賛成を得て当該取締役を解任するのは（取締役会の多数派の賛成を得るのと同様）至難である。しかし、取締役に不正・違法な点があれば、解任の訴えを提起するという方法が認められている。

そこで本章では、取締役の解任の訴えについて解説するとともに、解任が認められた場合に争われることの多い解任取締役からの損害賠償請求訴訟についても解説する。

3　取締役の職務執行停止・職務代行者選任

さらに、これらはいずれも代表取締役・取締役の地位そのものを争う方法であるが、訴訟によって結論が出るまでには相当の時間がかかるのが通常であり、その間に不当・違法行為が継続されるのを防ぐため、代表取締役・取締役の職務執行停止および職務代行者選任の仮処分を申し立てて、取締役の業務執行権限を停止させるという方法もある。特定の取締役が違法・不正行為を行っているにもかかわらず、取締役会の多数決により解職できない場合には、株主としての立場で当該取締役の解任の訴えを提起するとともに、それを本訴として職務執行停止・職務代行者選任の仮処分を申し立てることができる。

4　取締役の違法・不正行為の無効確認・差止請求

そのほか、取締役の地位あるいは業務執行権限全般の停止を争うのではなく、取締役の行った特定の違法・不正行為だけをターゲットにして争うという方法も考えられる。代表取締役は包括的な会社の代表権限を有しており、

331

そのため代表取締役がすでに行った行為は原則として有効とされるが、取引の相手方に落ち度がある場合には無効とされる可能性があるため、代表取締役の行為の無効確認請求訴訟を提起することも検討の余地がある。さらに、すでに行われた業務執行の無効を求めることが難しいとしても、会社法は、株主・監査役に対し、取締役の違法行為差止請求権を認めているから、取締役の違法・不正行為を未然に防止するため、取締役の違法行為差止仮処分を申し立てることもできる。

第2節　代表取締役の解職

I　代表取締役の解職動議

1　はじめに

取締役会の支配権が争われる場面で最もよく行われるのは、取締役会における代表取締役社長の解職動議である。これは訴訟手続ではないが、この後に続く会社訴訟の出発点であり、相談を受けた弁護士としては適法に代表取締役を解職するための手続等についてアドバイスしなければならないので、ここでその手続・留意点についてまとめておく。

2　取締役会の招集・決議手続

代表取締役の選定・解職は取締役会の権限とされており（会362条2項3号）、原則として他に委任することはできない。取締役会の決議は所定の招集手続に従い多数決によって決定されるので、適法に代表取締役を解職するためには、取締役会の招集手続を遵守するとともに取締役会メンバーの多数

派を確保する必要がある。

　もっとも、取締役会の招集手続には株主総会のそれほど厳格性が求められるわけではない。多くの上場企業では、定款において、取締役会の招集権者・議長を定め、招集通知の発送期限を設けている。しかし、招集通知の発送期限については、緊急の必要があるときは期間短縮することができ、全員の同意があるときは招集手続を経ないで取締役会を開催することもできる旨の規定があわせておかれているのが通例である。招集権者についても、招集権者に対して取締役会の招集を請求した取締役や監査役に対して自ら招集する権利が認められている（会366条2項・3項、383条2項・3項）。

　さらに、取締役会の審議は、株主総会と異なり、あらかじめ通知された会議の目的事項（議題）だけに限定されることはない。

　株主総会の場合には、株主は招集通知に記載された議題をみて総会に出席するかどうかを判断するほか、事前に提出した議決権行使書面は、総会当日に出された修正動議については一律に会社提案に賛成と取り扱われることが多い。そのため、一般株主が総会に出席するかどうかを判断することができるように、あらかじめ招集通知で議題を特定することが要求される。また、総会当日に動議が提出されて当初想定していた議案とは異なる内容の議案が承認可決されてしまうことを防ぐために、総会当日に提案することのできる動議はあらかじめ通知されていた議題に関し一般株主が予期できる範囲の修正に限って認められている。

　しかし、取締役会にはそのような制約はない。取締役会とは株主から経営の委託を受けた受任者たる取締役の会議体であり、会議の場で緊急に提案がなされたとしても、各取締役は必要な討議・議決を行い得るし、行うべき義務があるからである。また、取締役は取締役会に出席する義務があるから、招集通知に目的事項が記載されていなかったとしても出席するかどうかの判断に影響が生ずることはない。この点、株主に出席義務のない株主総会とは異なる。そのため、株主総会とは異なり、取締役会においては招集通知に記

載されていない議題についても審議することができるし、取締役会当日に動議を出すことも認められている。

さらに、特別利害関係人が決議に参加できるかどうかについても、株主総会と取締役会では異なる。株主総会では、議案に何らかの利害関係を有する株主であっても原則として議決権を行使することができ、特別利害関係人が議決権を行使したことによって著しく不当な総会決議がされた場合のみ決議取消事由に該当するとされている（会831条1項3号）。しかし、取締役会では、議案に特別利害関係を有する取締役は議決権を行使することはできず、定足数算定の基礎にも算入されない（同法369条1項）。そして、解職決議の対象とされている代表取締役は特別利害関係人に該当するとされている。

このように代表取締役の解職決議においては、当該代表取締役は利害関係人として議決権を行使できず、定足数にも算入されないため、これを前提として多数派工作の票読みをしておく必要がある。

また、特別利害関係人は当該議案の審議につき取締役会の議長を務めることはできないから（最判平成4・9・10資料版商事102号143頁、東京高判平成8・2・8資料版商事151号143頁）、代表取締役が取締役会の議長である場合には、代表取締役の解職動議の審議にあたり議長を交代させる必要がある。

3 代表取締役の解職に向けた準備

取締役会の解職動議で代表取締役の交代を目論む依頼者から相談を受けた弁護士としては、これらの招集・決議に係る手続を遵守しつつ、取締役会当日にできる限りスムーズに代表取締役の解職決議を成立させることができるように細心の注意を払って準備を進めることが必要となる。

(1) 事前の多数派工作

まず、代表取締役の解職に向けた動きがあることを相手方に察知されないように水面下で多数派工作を進める必要がある。事前に察知されないためには、取締役会の招集請求などを行うよりも定例取締役会で解職動議を出すほ

うが有効である。

　また、取締役会当日に確実に過半数の賛成を得られるように正確な票読みが必要である。ターゲットとなる取締役会に出席できない取締役がいるかどうか、特別利害関係人がいるかどうかを確認のうえ、解職動議を可決するのに必要な定足数・議決権数を確保できるよう、他の取締役の意思を十分に確認しておくことが重要である。

(2) 当日の議事進行シナリオ

　次に、取締役会当日の議事進行・役割分担についても事前にきちんと決めておかなければならない。代表取締役というのはその時点における取締役会のトップであるから、その目の前で代表取締役に対する解職動議を出し、その動議に賛成するというのは相当な勇気のいる行動である。そのため、当日の段取りがきちんと決まっていないと、その場の雰囲気で解職動議を可決できなくなるリスクも否定できない。

　かかるリスクを避けて確実に解職動議を可決するためには、取締役会当日は、誰が動議を提出するのか、議長を交代するのか、交代する場合には誰が議長となるのか、質疑の時間を設けるのか、賛成の意思表示をどのような方法（起立・挙手など）で確認するのか、などの点についてあらかじめ検討し、当日の式次第・シナリオを作成して、各取締役がそれを頭に入れておくことが重要である。

　代表取締役派に巻き返されることがないよう、動議を提出したら速やかに議長を交代し、議案の上程理由を簡単に説明してから採決を行うという形で、できる限り短時間に必要な手続がすべて完了するようなシナリオを作成しておいたほうがよい。

(3) 代表取締役の変更登記手続の準備

　さらに、代表取締役の解職動議が成立した場合には速やかに登記を完了させるべきであり、登記手続に必要な書類（取締役会議事録、司法書士に対する委任状など）はできる限り事前に準備しておく必要がある。

代表取締役を解職された者が議事録に署名押印を拒否するという事態も考えられるが、出席取締役・監査役の中に署名しない者がいたとしても、出席取締役の過半数の署名または記名押印がある場合には登記申請は受理されるので問題ない。

ただし、従前の代表取締役の届出印を議事録に押すことができないときは、議事録に署名した取締役・監査役は実印を押印し、印鑑証明書を添付しなければならない（商登規61条4項）。そのため、動議に賛成してくれる取締役に対し、取締役会当日に実印および印鑑証明書を持参してくれるよう、あらかじめ依頼しておく必要がある。

(4) 事後対応

最後に、代表取締役を解職した場合の事後対応としては、速やかに社長室を明け渡してもらい、重要な書類・情報が持ち出されないように管理すること、印鑑、身分証明書、鍵などは直ちに返還してもらうことなども確実に行っておくべきである。

そのほか、上場企業にあっては、代表取締役の変更についてリリースを行う必要があるため、対外公表する内容についても事前に検討しておかなければならない。場合によっては記者会見を行うことなども検討する必要がある。

II　取締役会決議の無効・不存在確認の訴え

1　はじめに

会社法では、株主総会の決議の手続・内容に瑕疵があった場合には、総会決議取消しの訴え、総会決議無効・不存在確認の訴えを提起することが認められているが（会830条、831条）、取締役会の決議に瑕疵があった場合については、特別の訴えの手続は定められていない。

しかし、決議の手続・内容に瑕疵があって当該決議の効力を争わなければ

ならない場面というのは当然に考えられるところであり、そのような無効確認の利益が認められる場合には、取締役会決議の無効・不存在確認の訴えを提起することができる。これは特別の訴えの制度ではないから、原告適格や提訴期間について何ら制限はなく、誰からでも、いつでも無効確認請求訴訟を提起することができる（もっとも、取締役会決議が無効となったとしても、当該決議に基づく代表取締役の対外的行為を取り消すことができるかどうかは別問題であり、会社が取締役会の決議に基づき行う特定の法律行為を阻止したいという場合には、取締役会決議の無効・不存在確認の訴えを提起するより、後述する違法行為差止請求あるいは代表取締役の業務執行の無効確認請求を行う必要がある）。

取締役会における代表取締役の解職動議については、当該決議が有効かどうかによって誰が代表取締役の地位につくのかが変わり、その後の会社経営全般に大きな影響を与えることになるため、当該取締役会決議について後から無効・不存在確認の訴えが提起される可能性が高い。

したがって、代表取締役社長の解職動議を計画する場合には、後で当該取締役会決議が無効・不存在とされることがないよう、慎重に手続を進める必要がある。

2　取締役会決議の無効・不存在事由

それでは、いかなる瑕疵が存在した場合に取締役会決議は無効・不存在とされてしまうのだろうか。

株主総会決議の場合には、決議取消しの訴え（会831条）、決議不存在の訴え（同法830条1項）および決議無効の訴え（同条2項）という特別の訴えの類型が定められており、手続の違法については決議取消事由（同法831条1項1号）、決議内容の違法については決議無効事由（同法830条2項）に該当すると区別されている。また、決議取消しの訴えについては提訴権者、提訴期間などの制限も設けられている。

しかし、取締役会決議の場合には、特別の訴えの定めはなく、手続・内容のいずれに瑕疵があったとしても無効確認の訴えの対象となり得る。

どのような瑕疵が存在した場合に無効事由に該当するのかについては、総会決議の場合と同様、手続上の瑕疵（取締役会の招集手続または決議の方法の違法）および内容上の瑕疵（取締役会の決議の内容の違法）に整理することができる。

(1) 手続上の瑕疵

手続上の瑕疵として考えられるのは、取締役会の招集権者でない者が招集した場合、招集通知期間が不足していた場合、一部の取締役に対する招集通知が出されていなかった場合、監査役に対する招集通知が出されていなかった場合、定足数が不足していた場合、特別利害関係人が決議に参加した場合などである。

ただし、取締役会の場合には、招集権者以外の者が招集請求を行うことも認められているし、ほとんどの会社の取締役会規則では緊急であれば招集通知期間を短縮できると定められている。全般的に、取締役会の招集手続には株主総会ほどの厳格さが要求されていない。

そのため、株主総会であれば招集手続の瑕疵に該当するような場合であっても、取締役会については瑕疵に該当しないことも多く、また、仮に瑕疵に該当したとしても、軽微な瑕疵であり、それによって取締役会決議の結果に影響を及ぼさなかったと認められる場合には、当該決議は無効とはならないと判示されることも多い。

しかし、あらかじめ動議に反対すると思われる取締役や監査役に対して招集通知を発送せずに取締役会を開催した場合、定足数が不足していた場合、特別利害関係人が決議に参加した場合などについては、当該手続の瑕疵により取締役会決議の結果に影響が及ぶことも十分考えられるため、実際に取締役会決議が無効とされた例も散見される。

Ⅱ 取締役会決議の無効・不存在確認の訴え

(ア) 招集通知に会議の目的事項を記載していなかった場合

招集通知に会議の目的事項を記載していなかった場合、株主総会では総会当日に新たな議題を追加して決議することは許されないが、取締役会の場合には許される。実際、代表取締役社長を解職する場合において、事前の招集通知に議題を記載している例などあるわけもなく、ほとんどの事案では当日の緊急動議として代表取締役の解職を提案し、承認可決している。

過去には、取締役会規則に「取締役会の招集通知は、開催日時・場所及び会議の目的事項を記載した書面をもってこれを行う」との定めがおかれていた会社において、代表取締役社長の解任を緊急動議で行ったところ、招集手続に取締役会規程違反の瑕疵があるとして解任決議の無効確認を提起された判例があるが、判決では当該取締役会決議は有効と判示された（名古屋地判平成9・6・18金商1027号21頁、名古屋高判平成10・7・8判タ1023号248頁、最決平成10・11・24資料版商事178号80頁）。

株式会社における取締役会の位置づけや取締役の果たすべき責務、さらには緊急動議以外に代表取締役を解職することは事実上困難であるという現実を勘案するならば、たとえ上記のような取締役会規則がおかれていたとしても、招集通知にあらかじめ会議の目的事項として記載せず、当日の緊急動議として提出した代表取締役社長解職議案について承認可決した取締役会決議は有効とした上記判例の結論は相当であると解される。

(イ) 一部の取締役に対して招集通知が発送されなかった場合

同じく招集手続の瑕疵であっても、多数決の原則をゆがめるような瑕疵については、無効事由とされる可能性がある。

たとえば、あらかじめ動議に反対することが予想される一部の取締役に対して招集通知を発送せず、反対派が出席しないようにして開催された取締役会の決議は、原則として無効であるが、それらの取締役が出席してもなお決議の結果に影響を及ぼさないと認めるべき特段の事情があるときは、当該決議は有効であるというのが最高裁判所の立場である（最判昭和44・12・2民

集23巻12号2396頁)。下級審では、かかる最高裁判所の判断基準に従って事案ごとに取締役会の状況を検証し、取締役会決議を有効とした裁判例、無効とした裁判例に分かれている[1]。

　いかなる場合に「特段の事情」が認められるかについては、票数の上で当該取締役の議決権の行使結果が決議を動かすに足りないという場合を指すものではなく、より限定して解釈されるべきである。具体的には、①当該取締役が他の取締役との関係で取締役会において占める実質的影響力、②当該取締役について予想される意見・立場と決議の内容との関係などから判断して、当該取締役の意見が決議の結果を左右しないであろうことが確実に認められるような場合に「特段の事情」があると解される(新潟地長岡支判平成8・12・4判時1593号105頁)。

　端的にいえば、反対派の取締役が出席して意見を述べれば決議の結果が変わった可能性があるのであれば、取締役会決議の無効事由に該当し得るということになる。

　なお、招集通知の送付を受けなかった取締役が特別利害関係人に該当する場合には、議決に加わることができず、定足数にも算入されないため、「特段の事情」に該当するとした裁判例(東京地判平成23・1・7資料版商事323号67頁)があるが、反対意見もある[2]。

　また、昨今では監査役の職務の重要性が意識されており、今後は監査役に招集通知が出されなかったことが取締役会決議の瑕疵に該当するかどうかが争われることも考えられる。

　監査役は取締役会の議決権を有していないため、監査役が欠席したからといって決議の結果が変わるということはないものの、監査役は取締役会に出席して意見を述べる義務があり、その意見によって中立派の取締役の意向が

1　有効とした裁判例として、高松地判昭和55・4・24判タ414号53頁、東京高判昭和60・10・30判時1173号140頁。無効とした裁判例として、東京地判平成19・1・25判時1960号145頁など。
2　米山毅一郎「判批」金商1416号2頁。

変わる可能性が認められるのであれば、取締役会決議の無効事由となり得ると解される。

　㈡　**特別利害関係のある取締役が決議に参加した場合**

　特別利害関係人が決議に参加することの可否については、株主総会では、特別利害関係人たる株主も原則として総会決議に参加できるが、特別利害関係人が議決権を行使したことによって著しく不当な総会決議がされた場合には決議取消事由（会831条1項3号）に該当する。一方で、取締役会では特別利害関係人たる取締役は取締役会決議に参加できないとされている。

　取締役は会社のために善管注意義務・忠実義務を負っているが、特別利害関係を有している場合には当該議案に関して会社の利益のために決議することを期待できないため、かかる場合には決議に参加できず（会369条2項）、定足数にも参入されず（同条1項）、議長を務めることもできない（前掲最判平成4・9・10）。

　このように、特別利害関係人の決議参加については取締役会のほうが株主総会よりも厳しい規律が求められているため、特別利害関係を有する取締役が決議に参加あるいは議長を務めていた取締役会決議については、無効とされる可能性がある。すなわち、特別利害関係人が決議に参加することによって可決・否決が変わるような場合は当然として、そうでなくても特別利害関係人が決議に参加して意見を発言することによって中立的な取締役が動議に反対できなくなってしまう可能性があるから、取締役会決議の無効事由に該当し得ると解される。

　特別利害関係人たる代表取締役が議長を務め、決議にも参加した場合には、仮に同人が決議からはずれていても賛成多数であったとしても、取締役会決議の無効事由に該当すると判示された裁判例がある（前掲東京高判平成8・2・8）。

　さらに、特別利害関係人は定足数の算定においてもカウントされないため、特別利害関係人を決議に参加させることによって定足数を満たしたというよ

うな場合には、やはり取締役会決議の無効事由に該当し得ると解される。

(2) 内容上の瑕疵

内容上の瑕疵として考えられるのは、まず取締役会決議の内容が法令・定款に違反する場合である。取締役はそもそも法令・定款に違反する行為を行うことはできないから、かかる取締役会決議も無効となることは当然である。

さらに、取締役会決議の場合には、株主総会の決議に違反している場合も無効事由となり得る。株主総会は会社の意思決定機関として最上位にあるから、取締役は当然にその決議内容に従うべき義務を負っており、取締役会において総会決議をないがしろにすることは許されない。したがって、株主総会決議に違反する内容の取締役会決議についても無効事由となり得る。

この株主総会決議違反が問題となる例として、取締役会における退職慰労金支給決議がある。取締役の報酬・退職慰労金について株主総会決議が必要とされているのはお手盛り防止の趣旨であるから、仮に取締役会が株主総会で授権された上限・相当額の範囲を超えて報酬・退職慰労金を支給した場合に当該取締役会決議が無効とされるのは当然である。しかし、反対に取締役の報酬・退職慰労金を大幅に減額して支給する旨を決議することは上限・相当額の範囲内であるから許容されるかといえば、そうともいいきれない。報酬制度というのはインセンティブ・プランとしても重要であるうえ、企業内の内紛にからんで取締役が退任する場合には、退任取締役の反対派に属する現経営陣が退職慰労金を支払わない、あるいは大幅に減額するなどの報復措置をとることも多いからである。

実際、役員の退職慰労金に関する明文規定がない会社において、従前の運用事例等に照らして役員加算する不文律・慣例があったのに、役員加算せずに退職慰労金を事実上大幅に減額して支給することとした取締役会決議について、株主総会決議違反を理由として一部無効とした例（東京高判平成9・12・4判時1657号141頁）などがある。昨今では、退職慰労金の打切支給決議がされている会社も多いが、過去に打切支給する旨を決議している会社にお

いて実際の取締役退任時に支給するべき退職慰労金の額を減額するようなことがあれば、当該取締役会決議（退職慰労金額の減額決議）は総会決議違反として無効となる可能性がある。

3 取締役会決議の無効・不存在確認判決の効果

取締役会決議の無効・不存在確認の訴えは、民事訴訟法に基づく一般の無効確認訴訟であるから、その判決に対世的効力を認める規定は存しない。

しかし、代表取締役の選定・解職の決議については、画一的にその効果を確定させる必要があるから、対世的効力を認めるべきとの見解もある（会838条の類推適用）。

代表取締役の解職決議の無効・不存在確認の訴えが提起される場合には、同時に代表取締役の地位確認請求の訴えが提起されることが多く、取締役の地位確認請求訴訟の判決には対世効が認められている。

これら2つの訴えにおける争点はほぼ同じであるから、一方（代表取締役の地位確認請求）に対世効が認められるのであれば、もう一方（代表取締役の解職決議の無効・不存在確認）に対世効が認められないのでは整合性に欠けるといわざるを得ない。

したがって、取締役会決議の無効・不存在確認訴訟の判決にも対世的効力が認められるべきであると解される。

III 解職された代表取締役からの報酬・退職慰労金請求

1 はじめに

取締役会の支配権をめぐる紛争においては、たとえ代表取締役の解職に係る取締役会決議の無効・不存在確認請求の訴えに関して決着がついたとして

も、解職された代表取締役に対する報酬・退職慰労金の取扱いについて、紛争が継続する可能性がある。

　たとえば、代表取締役の解職動議が行われた場合には、当該解職に係る取締役会決議の有効性が争われ、仮に有効ということになれば解職された代表取締役およびその一派の取締役は降格され、その後取締役も退任して会社を去ることになるし、仮に無効ということになれば解職された代表取締役およびその一派が復権し、動議を提出した一派の取締役は降格され、その後退任することになろう。

　その際、紛争に敗れた側の取締役の報酬について、降格等を理由として一方的に減額したり、退任した後も退職慰労金を減額・不支給とするなどの措置がとられることがある。解職動議に至った背景にはさまざまな事情があると考えられ、報酬・退職慰労金を払わないことの合理的な理由がある場合もあれば、過去の紛争の経緯から払いたくないという感情的なしこりが残っている場合もある。

　しかし、会社法では、取締役の報酬については定款または株主総会決議で決定するものとされており（会361条1項）、具体的に決定された報酬額は会社と当該取締役の委任契約の内容にもなっていることから、これを会社の側で一方的に減額・不支給できるかどうかについては、法律・内規に照らして十分に検討する必要がある。特に、解職動議によって代表取締役の地位を失った取締役との間では、たとえ取締役会決議の無効をめぐる訴訟で勝利したとしても、その後も引き続き報酬・退職慰労金の額をめぐって紛争となるケースが多いため、より慎重な検討が求められる。

2　報酬の一方的な減額の可否

　代表取締役の解職等をめぐり紛争となった場合には、紛争に勝利した取締役としては、反対派の取締役（紛争に敗れた取締役）を役位のない取締役あるいは非常勤取締役などへ降格し、報酬についても減額したいという要望が

III　解職された代表取締役からの報酬・退職慰労金請求

出てくるのが通例である。

　しかし、会社法では、取締役の報酬額は定款または株主総会の決議で決定することとされており（会361条1項）、実際には、株主総会で承認された報酬総額上限の範囲内で、取締役の協議によって（あるいは代表取締役に一任して）個々の取締役に対する具体的な報酬金額を定めている例が多い。

　かかる手続に従って具体的な報酬金額が決定された場合には、その報酬金額は会社と当該取締役の間の委任契約の内容となるため、当該取締役の同意なしに減額することはできないというのが判例の立場である（最判平成4・12・18民集46巻9号3006頁）。

　そのため、期中の取締役会で代表取締役の解職動議が提出され、当該代表取締役が解職されて無役の取締役あるいは非常勤取締役に降格された場合であっても、当該代表取締役の具体的な報酬金額はすでに決定されて委任契約の内容となっている以上、当該代表取締役の同意がない限り、減額することができない。これが原則である。

　この点、上場企業等であれば、取締役報酬規程が整備され、役位・役職に応じた報酬体系が定められていることも多く、降格によって担当する業務・責任の内容が大幅に変更されたにもかかわらず、報酬だけは従前の役位・役職に応じて高額のまま支給を継続することには違和感を覚えるケースもある。

　そこで、学説においては、任期中に取締役の担当職務の内容が変更された場合には当該取締役の同意なしに報酬額を変更できるという見解も主張されており、従前の下級審においても、①取締役の承諾の下、その担当する職務内容に変更が生じたなどの事情変更があった場合には、例外的に会社において当該取締役の同意なしに一方的に報酬を減額することができると判示した例（大阪地判昭和58・11・29判タ515号162頁）、②各取締役の報酬が役職ごとに定められており、任期中に役職変更が生じた取締役に対して当然に変更後の役職について定められた報酬額が支払われるという慣行がある会社において、こうした報酬の定め方および慣行を了知して取締役に就任した者は、明示の

345

意思表示がなくとも、任期中の役職変更に伴う報酬変更に応諾したといえるから、会社は当該取締役の同意なしに報酬減額の措置をとることができると判示した例（東京地判平成2・4・20判時1350号138頁）などが出されていた。

ただし、①事情変更の原則については安易に適用が認められるべきものではなく、②職務の変更に伴う報酬減額についても、無役・非常勤の取締役であっても会社に対する責任を免れるわけではないから、役位・職務の変更を理由として大幅な報酬減額が認められてしまうと、バランスを失するうえ、解任取締役の損害賠償請求の定め（会339条2項）の潜脱ともなりかねない。

そのため、最近の裁判例では、当該取締役の同意がない以上、会社の側でその報酬を一方的に減額することは許されないと判示し、たとえ任期中に役位・職務の変更があっても、従前決定された報酬額の請求が認められるという結論を出す例が多いようである（名古屋地判平成9・11・21判タ980号257頁、福岡高判平成16・12・21判タ1194号271頁）。

また、株主総会の決議を経て内規に従い支給されていた退職慰労年金について、集団的・画一的な処理が制度上要請されているという理由だけでは、内規の廃止に伴い未支給の退職慰労年金を打ち切ることはできないとした判例も出されている（最判平成22・3・16判時2078号155頁）。

以上のとおり、任期途中で降格等を理由に会社の側で取締役の報酬を一方的に減額することができるかどうかについては、ひとたび具体的な報酬金額が決定されて取締役と会社の委任契約の内容となっている以上、原則として当該取締役の同意が必要というのが裁判所の立場であるから、慎重に検討する必要がある。

3 退職慰労金の不支給

代表取締役を解職された取締役が辞任し、あるいは任期満了により退任することとなった場合には、会社側が退職慰労金を支払わず、当該取締役から退職慰労金を請求されることがある。

退職慰労金は取締役の在職中の職務執行の対価として支払われるものであり、会社法361条の「報酬」に含まれるとされているから、定款または株主総会の決議によって報酬金額が定められない限り、具体的な報酬請求権は発生しないというのが判例（最判平成15・2・21金商1180号29頁）である。

　しかし、かかる判例の考え方によると、内紛に敗れた取締役は、勝利した現経営陣が当該取締役に対する退職慰労金支給議案を株主総会に上程しない限り、退職慰労金の支給を受けられなくなってしまう。退職慰労金は、功労報償としての性質のみならず賃金の後払いとしての性質も有しており、従業員的な立場で取締役として働いてきた者がオーナー社長と対立して会社を辞めさせられた場合に退職慰労金が一切支払われないのは不当ではないかとも考えられる。

　この点に関し、過去の裁判例では、たとえ株主総会の決議がなくとも実質的な株主全員の同意があるときは、総会決議と同視できる、あるいは信義則上総会決議がないことを理由に退職慰労金の支給を拒否できないなどとして、退任取締役を救済した例（大阪高判平成元・12・21金法1252号22頁、東京地判平成3・12・26判時1435号134頁、東京高判平成7・5・25判タ892号236頁など）、従業員兼務取締役からの退職慰労金請求につき、従業員部分にあたる退職金を特定してその請求を認容した例（千葉地判平成元・6・30判時1326号150頁）などが散見される。

　そのほか、現経営陣が退任取締役に対する退職慰労金支給議案を株主総会に上程しなかったことが不法行為（民709条、会429条）あるいは公序良俗・信義則違反に該当するかどうかについて争われることもある。

　過去の裁判例では、個々の事案に応じて結論は分かれており、最近におい[3]

---

[3] 退任取締役に対する退職慰労金支給議案を上程しなかったことが適法であるとした例として、東京地判平成3・7・19金法1308号37頁、東京地判平成9・8・26判タ968号239頁、大阪高判平成16・2・12金商1190号38頁など。反対に違法であるとした例として、東京高判平成15・2・24金商1167号33頁、大阪高判平成19・3・30判タ1266号295頁など。

ても、株主総会の決議がないまま退職慰労金を支給した会社が、当該取締役に対し、不当利得返還請求を行った事案において、総会決議が存在しない以上、退任取締役の退職慰労金請求権は発生しておらず、不当利得に該当するという原則を認めつつ、個別具体的な事情を認定し、かかる事情の下では会社による不当利得返還請求権の行使が信義則に反し権利の濫用として許されないものとなる余地があるとして、原審判決を破棄・差し戻した最高裁判例が存在する（最判平成21・12・18判タ1316号132頁）。

最近では多くの会社において退職慰労金支給規程を備えており、かかる規程が存在するにもかかわらず、退任取締役に対する退職慰労金を支給しない（＝株主総会に退職慰労金支給議案を上程しない）という判断をする場合には、客観的にみて支給しないことが合理的であると説明できるだけの事情がないと、後々争われるリスクが高い。

したがって、退任取締役に対して退職慰労金を支給するべきかどうかを判断するにあたっては、上記裁判例を参照しつつ、当社における退職慰労金支給規程の内容、過去の退職慰労金支給に係る慣行、当該取締役が退任するに至った事情などを勘案し、慎重に検討する必要がある。

第3節　取締役の解任

I　取締役の解任の訴え

1　はじめに

取締役会の支配権をめぐる係争としては、前節で説明したとおり、代表取締役に反対する一派の取締役が代表取締役の解職動議を提出してクーデター

を起こすという例が一般的である。

　しかし、この解職動議という方法では、取締役会の過半数の賛成が得られない限り、いかに代表取締役が独断専行で違法・不当な行為を行っていたとしても、クーデターを成功させることはできない。

　そして、現実問題として、代表取締役の解職動議に賛成してくれる取締役を過半数確保することは至難である。

　代表取締役は、業務執行のトップとして業務担当取締役に対して指揮命令権を有するほか、人事・報酬なども事実上1人で決定していることが多く、非常に大きな権限が集中している。株主総会に提出する取締役選任議案の候補者を選んでいるのも事実上代表取締役であるから、取締役会のメンバーたる取締役が代表取締役に反対することは容易ではない。さらに、創業家一族から代々にわたり代表取締役や役員が輩出されている企業にあっては、代表取締役が無謀な経営を行っていたり、会社を私物化するなど違法・不当な行為に及んでいたとしても、強大な権力を有する創業家一族に反旗を翻すことなど不可能である。

　実際に過去に代表取締役の解任動議が成立した例は極めて少なく、残念ながらわが国において、取締役会における解職決議という形で代表取締役に対する監督が行われることはほとんど期待できないのが現実である。

　しかし、これでは代表取締役が違法・不当な業務執行を行い、それによって会社に損害が生じうるような場合であっても、それを制止することはほとんどできないことになってしまう。後述するとおり、敵対的な株主が現経営陣に対抗して取締役選任議案を提出し、プロキシーファイトを戦うという方法はあるものの、当該会社の議決権の過半数の賛成を確保しなければならないため、取締役会における代表取締役の解職動議以上にハードルの高い方法である。

　そこで、会社法は、代表取締役その他の業務担当取締役の職務の執行に関し不正の行為または法令・定款に違反する重大な事実があった場合には、端

的に当該取締役の解任を求めて訴えを提起するという方法を定めている（会854条）。

この解任の訴えを提起できるのは、6カ月前から引き続き総株主の議決権の100分の3または発行済株式の100分の3以上の株式を有する株主に限定されており、株主総会において取締役解任議案が否決された場合に初めて、訴えを提起することができる。

このように、取締役解任の訴えを提起するためには法定の要件を満たしている必要があるものの、株主総会あるいは取締役会の過半数の賛成を確保できなくても解任事由（取締役の職務の執行に関し不正の行為または法令・定款に違反する重大な事実）が認められれば当該取締役を解任することができるのであり、実権を握って独断専行している取締役に対抗して支配権を争うための1つの有益な方法である。

2 解任の訴えを提起するための要件・手続

(1) 株式保有要件

それでは、取締役の解任の訴えを提起するためには、どのような手続が必要となるのだろうか。

会社法は、解任の訴えを提起するための要件として、株式保有要件のほか、株主総会で当該取締役の解任議案が否決されたことを要求している（会854条1項）。

株式保有要件としては、総株主の議決権の100分の3あるいは発行済株式の100分の3以上の数の株式を6カ月前から引き続き保有していることが必要である。この「6カ月前から引き続き」の要件は、訴え提起の時点で満たされていればよいとされている。

ただし、解任の訴えを提起するためには、それに先立ち取締役解任議案が否決されている必要があり、そのためには株主提案として取締役解任議案を提出しておく必要がある。そして、株主提案を行うためには、総株主の議決

権の100分の1以上の議決権または300個以上の議決権を6カ月前から引き続き保有していることが要件とされている（会305条1項）。

したがって、解任の訴えを提起するためには、株主提案を行う時点の6カ月前から引き続き総株主の議決権の100分の1以上の議決権または300個以上の議決権を保有し、その後解任の訴えを提起する時点の6カ月前から引き続き総株主の議決権の100分の3あるいは発行済株式の100分の3以上の数の株式を保有していなければならないことになる。

(2) 取締役解任議案が否決されていること

解任の訴えを提起するためには、株主総会で当該取締役の解任議案が否決されたことが要件とされている（会854条1項）。

会社側から現任取締役の解任議案が付議されることなどあり得ず、取締役会設置会社の場合にはあらかじめ定められた会議の目的事項以外の事項を決議することはできないから（会309条5項）、解任議案が否決されるためには、あらかじめ株主提案として取締役解任議案を提出しておく必要がある。

なお、総会当日に緊急動議として取締役の解任を提案したが、それが取り上げられなかった、あるいは否決された場合にも「株主総会で当該取締役の解任議案が否決された」という要件を満たすことになるのかどうかについては、学説上争いもあったようであるが、総会運営の実務としては、役員改選期ではない株主総会において総会当日に新たな議題および議案を追加提出されたとしても不適法な動議として却下され、役員改選期であったとしても解任の提案は選任議案への反対意見として取り扱われるのが通例であるから、解任請求の要件を具備するためには、あらかじめ株主提案として取締役解任議案を提出しておくべきである。

株主提案を行うためには、総株主の議決権の100分の1以上の議決権または300個以上の議決権を6カ月前から引き続き保有している株主が、株主総会の日の8週間前までに、議題および議案の要領を株主に通知するよう要求しなければならないとされている（会305条1項）。また、株主提案権は「少

数株主権等」(社債株式振替147条4項)に該当するため、個別株主通知がされた後4週間(同法施行令40条)が経過する日までの間でなければ行使することができない(社債株式振替154条2項)。ほとんどの上場企業においては、株式取扱規程で株主提案など少数株主権行使の方法を定めているから、株主提案を行う場合には当該会社の株式取扱規程の定めも遵守する必要がある。

さらに、定時株主総会など会社側が総会を開催する場面ではなく、期中に取締役を解任したい場合には、株主総会の招集請求を行うという方法も考えられる。

会社法は、総株主の議決権の100分の3以上の議決権を6カ月前から引き続き有する株主に対し、株主総会の招集請求権を認めている(会297条1項)。そして、当該請求の後遅滞なく招集の手続が行われない場合または請求の日から8週間以内の日を会日とする総会の招集の通知が発送されない場合には、招集請求をした株主が裁判所の許可を得て、株主総会を招集することができる(同条4項)。

したがって、上記株式保有要件を満たしている株主は、取締役に対し、会議の目的事項(取締役解任の件)および招集の理由を示して株主総会の招集を請求し、これを受けた取締役をして当該議題(取締役解任の件)に係る株主総会を招集させるか、あるいは自ら裁判所の許可を得て当該議題に係る株主総会を招集することができる。

そして、このように株主提案あるいは総会招集請求を経て開催された株主総会において取締役解任議案が否決された場合には、当該株主総会の日から30日以内に当該取締役の解任の訴えを提起できることになる(会854条1項)。

3 解任事由

取締役解任の訴えが提起された場合には、裁判所は解任事由があるかどうか、すなわち、当該取締役の職務の執行に関し不正の行為または法令・定款に違反する重大な事実があったかどうかを審理・判断することになる。

会社財産の費消など、いわゆる忠実義務違反の行為（会社の利益を犠牲にして自らまたは第三者の利益を図る行為）は当然不正の行為に該当するが、いわゆる経営判断の誤りについては、取締役の会社に対する善管注意義務違反の判断基準と同じく、原則としてその経営判断は尊重されるため、経営判断として著しく不合理でない限り、不正の行為に該当するとは認められないと解される。

また、取締役の解任事由は原則として当該取締役が取締役に就任した以後に存在するものでなければならず、解任の訴えを免れる目的をもって取締役の辞任とその後の再任が行われたなどの特段の事情が認められない限り、取締役に選任される以前に発生・判明した事由は解任事由に該当しないとされている（京都地宮津支判平成21・9・25判時2069号150頁、宮崎地判平成22・9・3判時2094号140頁）。取締役の現在の任期前に発生・判明した事由については、それがあることを前提にその後の株主総会で取締役に選任されているわけなので、株主の意思を尊重するなら解任事由に該当しないということになろう。

一方、会社法は取締役に不正行為等が「あったにもかかわらず」取締役解任議案が否決されたことを要件としているため、解任議案が否決された後に当該取締役について生じた不正行為または重大な法令・定款違反行為を解任事由とすることはできない。

さらに、取締役解任議案が上程された株主総会中の不正行為等を理由として解任の訴えを提起することができるかどうかが争われた事案において、招集通知の発送あるいは株主総会の開催までに生じた不正行為等に限らず、否決の時点までに生じた不正行為等であれば解任事由とすることができるとした裁判例がある（高松高決平成18・11・27金商1265号14頁）。そこでは、会社法上、取締役の解任については特に理由が必要とされておらず（会339条1項参照）、株主は取締役解任決議の時点までに生じた事由をすべて考慮に入れて解任の是非を判断しているはずであるから、解任事由を特に総会招集前まで

に生じた事由に限定するべき必要はないと判示されている。

4　判決の効果

裁判所は、前述のとおり、訴訟要件を満たしているかどうか、上記解任事由があるかどうかを判断し、あると判断した場合には取締役解任を命じる判決を出すことになる。

取締役解任請求を認容する判決には対世効が認められていない。しかし、取締役解任の訴えは、会社および当該取締役を被告として訴えることとされており（会855条）、その認容判決は被告（会社・当該取締役）との関係で既判力を有するため、特段の問題はない。

また、取締役解任の訴えを提起して審理が継続している間に当該取締役が退任してしまった場合には、訴えの利益を欠くものとして却下されることになる。

会社法346条1項に基づき退任後もなお会社の取締役としての権利義務を有する者についても、解任の訴えの対象とならないとするのが判例（最判平成20・2・26民集62巻2号638頁）である。

II　解任取締役からの損害賠償請求

1　はじめに

取締役は、いつでも株主総会の決議で解任することができる（会339条1項）。株主は、会社の経営を任せるのに最も適した人材を取締役に選任することができ、取締役を解任するにあたり、特段の理由は必要とされない。

しかし、取締役の立場としては、一定の任期をもって取締役の就任を引き受けたのに、株主の都合でいつでも一方的に解任されるというのではあまりに不安定である。

そこで、任期途中に解任された取締役は、その解任について正当な理由がある場合を除き、会社に対し、解任によって生じた損害の賠償を請求できるとされている（会339条2項）。

わが国の企業では、取締役は辞任または任期満了で退任するのが通常であり、任期途中で解任されるとすれば取締役会の支配権・代表取締役の地位をめぐって激しい紛争となった場合であることが多いため、たとえ株主総会の決議で取締役を解任することができたとしても、引き続き解任取締役から損害賠償請求を受ける可能性が高いといえる。

2　正当な理由

任期途中に解任された取締役は、その解任について正当な理由がある場合を除き、会社に対し、解任によって生じた損害の賠償を請求できる（会339条2項）。

当該取締役を解任した側としては、解任につき正当な理由があると主張することが多いため、解任取締役からの損害賠償請求訴訟においては「正当な理由」の有無が主要な争点となる。

正当な理由が認められる場合とは、会社において取締役として職務の執行を委ねることができないと判断することもやむを得ない、客観的・合理的な事情が存在する場合などと説明されており、心身の故障、職務への著しい不適任（経営能力の著しい欠如）、法令違反の疑いのある著しく不相当な業務執行などが認められる場合に「正当な理由」があるとされた例がある（最判昭和57・1・21判時1037号129頁、東京高判昭和58・4・28判時1081号130頁、東京地判平成8・8・1商事1435号37頁など）。

しかし、経営上の判断ミスについては、過去の裁判例では「正当な理由」と認められた例もあるものの（広島地判平成6・11・29判タ884号230頁）、取締役の善管注意義務違反の判断基準において広範な裁量権が認められていること（経営判断の原則）に照らし、「正当な理由」に該当するかどうかを慎重に

検討する必要がある。

また、客観的な事情ではなく、単なる大株主の好みや主観的な信頼関係の喪失だけでは、「正当な理由」は認められない（前掲東京地判平成8・8・1、名古屋地判昭和63・9・30判時1297号136頁）。

3 損害の範囲

正当な理由がない場合に解任取締役に対して賠償すべき損害の範囲は、取締役が解任されなければ在任中および任期満了時に得られた利益の額であると解されており、原則として、任期満了までの役員報酬がこれに該当する。賞与および退職慰労金も役員報酬の一種であるから、損害賠償の範囲に含まれると解される。

慰謝料についても損害賠償請求されることがあるが、過去の裁判例では慰謝料は損害に含まれないとされている。さらに、解任の訴えに応訴するための弁護士費用についても、損害に含まれないとされている。

ただし、これらの慰謝料および弁護士費用については、解任につき不法行為が認められるような場合には、相当因果関係のある損害として賠償請求が認められる余地はあると解される。

第4節 取締役の職務執行停止・職務代行者選任

I 取締役の職務執行停止仮処分

1 はじめに

　取締役の解任の訴えを提起したとしても、訴えの提起だけでは当該取締役は業務執行権限を失わないため、判決が出るまでの間に当該取締役が違法・不当な業務執行を継続したり、あるいは業務執行権限を利用して対抗策を講じる可能性がある。

　そのため、取締役の解任の訴えを提起する場合には、それと同時に取締役の職務執行停止の仮処分を申し立てることができる。

　取締役解任の訴えを提起する場面に限らず、取締役選任決議の無効確認の訴えや代表取締役の選定に係る取締役会決議の無効確認の訴えを提起する場面など、代表取締役・取締役の地位を争う局面においては、その争いに決着がつくまでの間、対象とされた当該取締役の業務執行を停止する必要性があるから、職務執行停止の仮処分を申し立てることができるとされている。

　この取締役の職務執行停止の仮処分は、代表取締役・取締役の地位をめぐる紛争が生じている場面ではよく提起される類型の仮処分である。後述する取締役の違法行為差止仮処分が特定の業務執行を停止することを目的としているのに対し、取締役の職務執行停止の仮処分は特定の取締役の業務執行全般を停止することを目的としたものであり、停止する範囲は広範に及ぶ。

　不正の行為または重大な法令・定款違反行為がある代表取締役・取締役について、代表取締役の選定に係る取締役会決議の無効確認や取締役解任の訴

えを申し立てるという重大な局面においては、当該取締役にそのまま会社の業務執行を任せておいてよいはずがないから、訴えの提起と同時に、あるいは訴えの提起に先立ち、当該取締役の職務執行停止の仮処分の申立てを行うかどうかを検討する必要がある。

2 職務執行停止仮処分の要件

(1) 申立ての要件・手続

それでは、どのような要件が認められれば、職務執行停止の仮処分は発令されるのだろうか。

前述したとおり、職務執行停止の仮処分は、取締役解任の訴え、取締役選任決議の無効確認の訴え、代表取締役選定に係る取締役会決議無効確認の訴えなどを本案訴訟とし、それらの判決が確定するまでの間の仮の地位を定める仮処分として認められている。

したがって、本案訴訟を提起することのできる要件(株式保有要件など)を満たしている者であれば、この仮処分を申し立てることができる。

たとえば、取締役解任の訴えを本案とする場合には、法定の株式保有要件(総株主の議決権の100分の3あるいは発行済株式の100分の3以上の数の株式を6カ月前から引き続き保有していること)のほか、解任議案が否決されたことが必要であるとされている。

しかし、解任議案が否決されたことまで要件とされると、実際に株主総会が開催される日まで職務執行停止の仮処分を申し立てることができないことになるが、株主総会に取締役解任議案を付議するべく株主提案または総会招集権を行使してから総会の日まで相当の期間があることを勘案するならば、実際の株主総会の会日より前の株主提案が提出された時点、または総会招集権が行使された時点で仮処分の申立てが認められるべきと考える。

仮処分の相手方(債務者)とされるのは、会社および当該取締役である。

I　取締役の職務執行停止仮処分

(2)　保全の必要性

　仮処分の審理においては、本案訴訟の主張事実を疎明しなければならないことは当然として、さらに保全の必要性についても疎明する必要がある。

　職務執行停止の仮処分は、仮の地位を定める仮処分の一類型であり、争いがある権利関係について債権者に生ずる著しい損害または急迫の危険を避けるために必要がある場合に認められる（民保23条2項）。仮の地位を定める仮処分が発令されれば、本案の勝訴判決と実質的に等しい効果が生じるため、その発令にあたっては、本案訴訟の主張事実のみならず、保全の必要性が高いことの疎明も求められるのである。

　したがって、たとえば取締役解任の訴えを本案として職務執行停止の仮処分を申し立てた場合には、当該取締役に解任事由（当該取締役の職務の執行に関し不正の行為または法令・定款に違反する重大な事実）があることを疎明するだけでなく、当該取締役が引き続き職務を執行することにより不正の行為等が継続して会社に著しい損害が発生するおそれがあるなど、その職務執行を停止する必要性が高いことまで疎明しなければならない。

　取締役解任の訴えを本案とする場合には、解任事由から保全の必要性を導きやすいが、手続的瑕疵を無効事由とする代表取締役選定に係る取締役会決議の無効確認の訴えなどを本案とする場合には、無効事由とは全く別の観点から保全の必要性を疎明する必要がある。

　なお、職務執行停止仮処分は、当該取締役の職務執行を全面的に停止させるという極めて強力な仮処分であるから、申立てを受けた債務者（会社・当該取締役）から、仮処分が認められて社長の職務執行が停止させられることになれば、業務全般がストップし会社が倒産する危機に瀕するといった反論が出されることもある。

　かかる反論の信憑性については慎重に検討する必要があるものの、確かに職務執行停止仮処分は会社を代表する立場の取締役の業務執行権限をすべて停止させるという非常に強力な仮処分であり、会社の業務執行に対し非常に

重大な効果を及ぼすものであるため、発令することによって生じ得る損害（倒産の危機）についても、発令しなかったことによる損害（債権者に生ずる著しい損害または急迫の危険）と比較衡量のうえ、発令の是非を判断されることになる。

3　職務執行停止仮処分の効果

職務執行停止仮処分が発令された場合には、対象とされた取締役の業務執行権限はすべて停止され、職務執行停止の仮処分に違反して行われた職務執行行為は無効となる（最判昭和41・4・19民集20巻4号687頁）。

また、職務執行停止の仮処分が発令・変更・取り消されたときは登記しなければならない（会917条）。

ただし、これによって取締役の地位を失わせるわけではないから、仮処分の対象とされた取締役は報酬請求権を失わず、原則として当該取締役の同意がなければ報酬を減額できない。

II　取締役の職務代行者選任仮処分

1　はじめに

取締役の職務執行停止の仮処分が発令される場合には、それとあわせて職務代行者選任仮処分が発令されることが多い。

職務代行者選任の仮処分は、取締役の職務執行停止仮処分が発令された場合には会社の業務を行う者がいなくなってしまうことを避けるために、付随的に発令されるものである。

そのため、この2つの仮処分はセットで発令されるものではないものの、実際には、代表取締役の職務執行停止仮処分が発令される場合に、あわせて職務代行者選任仮処分も発令されることが多い。

2　職務代行者選任仮処分の要件・効果

　職務代行者選任の仮処分は、取締役の職務執行停止仮処分によって会社の業務を行う者がいなくなってしまう場合に、会社業務に支障が出ることを避けるために、職務執行権限を止められた取締役に代わってその職務を行う代行者を選任するという内容の仮処分である。

　そのため、職務執行停止仮処分が発令されれば、必ず職務代行者選任仮処分が発令されるわけではなく、職務執行停止仮処分により会社業務に重大な支障が生ずるおそれがあることを疎明する必要がある。具体的には、職務執行停止仮処分の発令により会社を代表する取締役がいなくなった場合などである。

　一方で、職務執行停止仮処分が発令されないのに、職務代行者選任仮処分だけが発令されることはない。職務執行停止の仮処分が取り消される場合には、職務代行者選任の仮処分も取り消される。

　仮処分の発令後、対象とされた取締役が辞任、任期満了などにより退任し、後任の取締役が選任された場合には、職務執行停止・代行者選任の仮処分はいずれも実質的な効力を失うことになるが、当然に失効するわけではなく、事情変更による仮処分の取消しによって初めて代行者の権限が消滅し、後任取締役が業務執行を行うことになる。

3　常務の範囲

　誰を職務代行者に選任するかは裁判所の裁量に委ねられており、取締役の中から選任する必要はなく、弁護士などが指名されることが多い。

　選任された職務代行者は、常務に属する行為について権限を有し、常務に属しない行為については裁判所の許可を得て行うことができる（会352条1項）。

　常務とは、会社が日常業務として行っている行為であり、新株・新株予約

権の発行や組織再編にかかわる行為は当然に非常務行為であるから、裁判所の許可を得なければ行うことはできない。

職務代行者が裁判所の許可を得ることなく非常務行為を行った場合には、当該行為は無効であるが、会社はこれをもって善意の第三者に対抗できない（会352条2項）。

第5節　取締役の違法・不正行為の無効確認・差止請求

I　代表取締役の業務執行の無効確認の訴え

1　はじめに

取締役・取締役会をめぐる紛争としては、代表取締役としての地位を争う方法（代表取締役選定に係る取締役会決議の無効確認等）、取締役としての地位を争う方法（取締役の解職の訴え）、取締役の業務全般の執行停止を求める方法（業務執行停止・職務代行者選任仮処分）などのほか、代表取締役の行った特定の業務執行の効力を争うという方法もある。

仮に代表取締役の行った業務執行が会社に損害を及ぼしかねないものであれば、会社としては、直ちに当該業務執行の無効を主張して会社に生じかねない損害を回避するよう努力する必要がある。

しかし、代表取締役あるいは取締役としての地位そのものを否定するかどうかは、ある意味会社内部の紛争であるが、対外的な業務執行の効力までを争うとなると、会社の行為はそれを前提に多数の法律行為が積み重ねられていくため影響を受ける取引先も広範に及び、第三者の取引の安全が害される。

そのため、代表取締役の行った業務執行が無効とされるための要件はかなり限定されているのであるが、取締役は会社に対する善管注意義務を負っており、会社の利益のため、あるいは損害を最小限に食い止めるために行動しなければならないから、無効とする可能性があるのにその手立てを尽くさずに放置した場合には、当該代表取締役（不当な業務執行を行った取締役）以外の取締役においても会社に対する損害賠償責任を負う可能性がある。

したがって、代表取締役が不当な業務執行を行い、それによって会社に損害が発生しかねないような場合には、当該代表取締役の地位を争うのと同時に、会社の損害を食い止めるために当該業務執行の無効を主張できるかどうかを検討しなければならない。

2　無効事由

それでは、どういう場合であれば代表取締役が行った業務執行の無効を主張できるのだろうか。

代表取締役は会社の業務に関する一切の裁判上・裁判外の行為について代表権を有しており（会349条4項）、これを制限しても善意の第三者に対抗することはできないとされている（同条5項）。

したがって、代表取締役が行った業務執行は、原則として有効であり、当該業務執行の相手方に何らかの過失がなければ無効と主張することはできない（最判昭和40・9・22民集19巻6号1656頁）。

たとえば、本来であれば株主総会または取締役会の承認決議を得て行わなければならない業務執行を、代表取締役が決議に基づかずに行ってしまった場合であっても、原則として有効であり、相手方が決議を経ていないことを知りまたは知りうべかりしときは無効であるとされている。無効を主張できるのは、原則として会社だけである（最判平成21・4・17判時2044号142頁）。

これが最も争いとなるのは、本来であれば取締役会決議を経なければならない重要な業務執行について、代表取締役が取締役会にかけることなく独断

で行った場合である。

　そもそも取締役会決議を要する「重要な財産の処分」「多額の借入」（会362条4項参照）に代表取締役の当該業務執行が該当するのかどうかは、当該会社の財務状況、取引の性質・内容、当該会社における付議基準や慣行等に照らして判断されるものであり、取締役会決議を要するかどうかの判断が微妙なケースも存在するから、取引の相手方に無過失を要求するのは酷であるとも考えられる。しかし、多額の借入などでは金額から明らかに取締役会決議を要すると判断できる場合もあり、かつ、借入の場合の取引の相手先は銀行であるから、会社に対して取締役会議事録その他の社内資料の提出を求めることができる立場といえる。そのような観点から、会社の代表取締役が取締役会にかけることなく独断で行った多額の借入（あるいは代表取締役の借入に対する連帯保証予約）について、相手方である銀行が取締役会決議の不存在を知り得たかどうか（過失があったかどうか）が争われた事案において、裁判例では結論が分かれている。[4]

　なお、代表取締役が行う業務執行の中には、重要な財産の処分や多額の借入など相手方が特定少数である場合だけでなく、募集株式・社債の発行など相手方が不特定多数に及んでいるものも存在する。このような取引の安全が強く要請される業務執行については、法定の手続（取締役会決議など）を欠いても無効事由とならないとされている。

　そのほか、代表取締役が自己または第三者の利益のために代表権を濫用して業務執行をした場合についても、相手方が当該代表取締役の真意を知りまたは知りうべかりしときは無効とされている（最判昭和51・11・26判時839号111頁）。

---

[4] 過失を認めた例として、大阪地判平成6・9・28判時1515号158頁、東京地判平成9・3・17判時1605号141頁、那覇地判平成9・3・25判時1617号131頁、東京地判平成10・6・29判時1669号143頁など、過失を認めなかった例として、福岡高那覇支判平成10・2・24金商1039号3頁（那覇地判平成9・3・25の控訴審）、東京地判平成12・3・13判タ1063号162頁（東京地判平成10・6・29の控訴審）など。

II 取締役の違法行為差止仮処分

1 はじめに

前述したとおり、代表取締役の行った特定の業務執行の効力を争うための方法（代表取締役の業務執行の無効確認の訴え）は認められているものの、取引の安全との比較衡量から、一度代表取締役が行った対外的行為が無効とされるのは相手方にも落ち度があった場合に限定される。

そのため、代表取締役が違法・不当な業務執行を行うことによって会社に損害が生じるのを防ぐためには、事前に当該業務執行行為を差し止めるという方法が考えられる。

会社法は、株主・監査役に対し、取締役の違法行為差止請求権を認めており（会360条、385条）、この差止請求訴訟を本案として取締役の違法行為差止仮処分を提起するのが、最も効果的である。

差止仮処分の例としては、敵対的企業買収への対抗措置として新株・新株予約権の第三者割当発行が実施されたときに当該買収者から提起される新株・新株予約権発行差止仮処分に関する決定例が多いが、最近では、株主のみならず監査役から取締役違法行為差止仮処分が提起される例も散見されている。

2 違法行為差止仮処分の要件

(1) 申立ての要件・手続

会社法は、6カ月前から引き続き株式を有する株主および監査役に対し、取締役の違法行為の差止請求権を認めている（会360条、385条）。

株主については、株式数の要件はないものの、保有期間の要件を満たしている必要がある。

また、差止請求が認められるための要件については、株主と監査役とで若干の違いがある（監査役設置会社を前提とした場合）。

　株主・監査役とも、差止請求が認められるためには、取締役が会社の目的の範囲外の行為その他法令・定款に違反する行為をし、またはこれらの行為をするおそれがあることが必要である点は同じである。それに加えて、6カ月前から引き続き株式を有する株主については、当該行為によって会社に「回復することができない損害」が生ずるおそれがあることが必要とされるのに対し（会360条）、監査役については、当該行為によって会社に「著しい損害」が生ずるおそれがあれば、差止めを請求することができるとされている（同法385条）。株主からの差止請求権には濫用のおそれがあるため、監査役よりも株主のほうが差止請求権の要件が厳しく設定されているものである。

　いずれにせよ、取締役の違法行為の差止仮処分が認められるためには、取締役の目的の範囲外の行為その他法令・定款違反の行為またはそのおそれがあることを疎明するほか、当該行為によって会社に一定の損害（回復することができない損害または著しい損害）が生ずるおそれがあることを疎明する必要がある。

　仮処分の相手方（債務者）とされるのは、当該行為を行うとされる取締役である。

　ただし、あくまでも事前の差止めを請求する権利であるから、対象とされる行為が行われてしまった後は差止請求権自体が消滅し、仮処分申請は却下されることになる。

　そのため、差止仮処分を申し立てようとする場合には、差止対象となる行為がいつ実行されるのかを調査のうえ（会社の業務執行であるから、社内手続のスケジュールからある程度の予測を立てることができるはずである）、実行されるまでの間に裁判所が審理・判断することができるようなタイミングで申立てを行う必要がある。

　東京地方裁判所の商事部（民事第8部）などでは、差止仮処分については

かなり厳しいスケジュールであっても当該行為が実行されるまでに決定を出すことができるように配慮してくれるが、そうはいっても限度があるため、違法行為を察知した場合には速やかに差止仮処分を行うかどうかを検討し、申立ての準備を進めるべきである。

(2) 保全の必要性

取締役の違法行為差止仮処分は、仮の地位を定める仮処分であるから（民保23条2項）、保全の必要性（争いがある権利関係について債権者に生ずる著しい損害または急迫の危険を避けるために必要があること）についても疎明する必要がある。

この点、取締役の違法行為差止仮処分については、差止請求が認められるための要件として、会社に著しい損害または回復することができない損害が生ずるおそれがあることが必要とされており、これによって保全の必要性もほぼ疎明できることになるが、それに加えて、差止めを求める緊急性があることについても疎明する必要がある。

3 違法行為差止仮処分の効果

取締役の違法行為差止仮処分が発令された場合には、債務者たる取締役に対し、当該行為をしてはならないと命じることになるが、あくまでも単純な不作為義務を課すだけであるので、取締役が仮処分命令を無視して当該行為を行ってしまった場合には、取締役の義務違反の責任が生ずるだけで、当該行為の効力を否定することにはならないと解されている。

しかし、たとえば新株発行差止仮処分に違反して新株が発行された場合には、差止請求権の実効性を担保するため、新株発行無効の訴えにおける無効原因になると解されている。

そうだとすれば、取締役の違法行為差止仮処分についても同様に解釈できるはずであり、仮処分に違反して違法行為が行われた場合には、その無効事由に該当するはずである。

そして、前述したとおり、代表取締役の業務執行に取締役会決議の欠缺などの手続上の瑕疵があった場合には、原則として有効であるものの、相手方が手続上の瑕疵について知りまたは知りうべかりしときは無効を主張することができる。

　したがって、取締役の違法行為差止仮処分が発令された場合には、当該行為の相手方に対し、差止仮処分が発令されたことを通知しておくべきである。この通知をしておくことによって、たとえその後に当該行為が実行されてしまったとしても、相手方の悪意・重過失を指摘して当該行為の無効を主張することができる可能性が高まると解される。

　そのほか、取締役が違法行為差止仮処分を無視して当該行為を行ったことにより損害を被った場合には、当該取締役およびそれを制止しなかった他の取締役に対し、損害賠償請求を行うことも考えられる。

（松山　遙）

第3章
株主総会の支配権をめぐる係争

はじめに

　「株主総会の支配権」という明確な法律上の概念が存在するわけではないが、ここでは、株主ないし経営陣が、自己の支持する議案の承認可決を実現できることといった意味合いで用いており、本章ではこの「株主総会の支配権」をめぐる裁判上の係争に関する諸問題を検討する。

　具体的には、「株主総会の支配権」をめぐる係争を、①委任状争奪戦、②いわゆる買収防衛策の導入および発動に関する係争、および、③ホワイトナイトに対する新株等の割当てに関する係争という3つの類型に分ける。

　①の類型は、委任状争奪戦に勝利することで株主総会において自らが支持する議案の承認可決を目指す際に生じ得る裁判上の係争であり、②の類型は、いわば「買収者排除型」の類型であり、いわゆる買収防衛策を導入または発動し、経営陣が敵対的買収者が出現しにくくするないしは排除することで株主総会の支配権を確立することをめぐる裁判上の係争である。③の類型は、いわば「買収者歓迎型」ともいうべきもので、会社の経営権に争いが生じた場面において、会社の経営陣がいわゆるホワイトナイトに対して新株等を割り当てることで株主総会の支配権を確立することをめぐる裁判上の係争である。

これら3つの類型に分類したうえで、それぞれの類型ごとに、①問題となり得る裁判類型、②裁判類型ごとに想定される争点の分析、③取締役の行為規範を含め、実務上留意すべき点などを説明する。[1]

なお、本章では、各類型ごとに問題となり得る裁判の手続や要件等や、敵対的買収に対する対応（買収防衛策のあり方を含む）そのものの分析を行うことは目的としておらず、かつ、理論上想定されるすべての裁判類型を網羅することも目的としていない。本章では、あくまでも紛争類型ごとに典型的に想定される裁判類型における典型的な争点ないし留意点に絞って検討を加えることを目的としている。なお、本章で取り上げる裁判類型の手続や要件等の詳細については第3部第1章、第3章、第4章を参照されたい。

第1節　委任状争奪戦にかかわる裁判

I　問題となり得る裁判類型

委任状争奪戦の最終的な目的は、開催される株主総会において、自らが支持する議案を承認可決することにある。

これを達成するためには、大株主はもちろん、一般株主の支持を取り付けることが（多くの場合）不可欠であり、一般株主の支持を取り付けるためには、一般株主に対して、自らの支持する議案の利点などをアピールすることが必要であり、一般株主に対して直接連絡をとることが必要となる。

---

[1] 本章の執筆にあたっては、日比谷パーク法律事務所の同僚である小川直樹弁護士に文献の収集等において多大な協力を得た。ここに謝意を表する。ただし、本章における誤り等は筆者にのみ帰するものである。

そのためには、委任状争奪戦を経営陣との間で行う株主からすれば、議決権行使の基準日現在の最終の株主名簿を閲覧・謄写することが不可欠であることから、かかる株主は、会社に対して株主名簿の閲覧・謄写請求を行うことになる。

他方で、経営陣からすれば、当然この株主名簿を開示したくないと考えるのが通常であり、株主からなされた株主名簿の閲覧・謄写請求を拒否することも想定される。

そこで、委任状争奪戦を行うに際しては、株主名簿閲覧請求が裁判を通じて行われることが想定され、実際にもかかる裁判が行われているところである。

また、委任状争奪戦を行う株主は、役員選任議案を株主提案するなどして、現経営陣の入れ替えを要求する場合が多く、株主総会開催後に、役員選任議案をめぐり、決議取消訴訟が提起されることも想定される。

そして、委任状争奪戦を行う経営陣としても、株主としても、決議取消訴訟を見据えたうえで、委任状争奪戦が行われる場合またはこれが見込まれる場合には、総会検査役の選任申立てを行っておくべきである。

そこで、以下では、①総会検査役選任申立事件、②株主名簿閲覧等請求訴訟、③株主総会決議取消訴訟について、近時の裁判例を踏まえたうえで、主な争点の分析を行い、紛争実務上、特に留意すべき問題点等について論じる。

なお、③の株主総会決議取消訴訟に関しては、「株主総会の支配権」をめぐる係争について解説するという観点から、典型的に問題となる役員選任議案に係る決議の取消訴訟を念頭において分析する。

II　総会検査役選任

1　総説——総会検査役の選任申請を行う意義

　会社法の制定に伴い、一定の要件を満たす株主（6カ月前から引き続き総株主の議決権の100分の1以上を有する株主）に加え、会社にも総会検査役選任の申請を行うことが認められた（会306条1項・2項）。

　総会検査役とは、会社または上記の株主の申立てに基づき裁判所により選任され（弁護士が選任されるのが通常である）、株主総会に係る招集手続および決議方法を調査する機関である（会306条1項）。

　この選任の申立てが認められるためには、資格要件以外の実質的要件は不要であり、裁判所は、当該選任申立てを不適法として却下する場合を除き、検査役を選任しなければならない（会306条3項）。

　総会検査役は、この総会に係る招集手続および決議方法を調査し、報告書を作成する（会306条5項）。

　より具体的には、検査役の調査の対象は、①招集手続については、総会招集と決定する取締役会決議、招集通知および添付書類の記載内容・様式、招集通知の全株主への発送、株主の提案権行使がある場合の株主提案の処理などであり、②決議方法については、出席株主の資格・株主数、委任状・議決権行使書の内容・株式数、定足数、議事の運営状況、行使された議決権の内容およびその計算、採決方法などがあげられる。

　そして、検査役の報告書は、後に決議取消訴訟が提起された場合、当該訴

2　類型別会社非訟・152頁、160頁を参照。なお、申立人が総会検査役の候補者を推薦したとしても、裁判所がこの推薦に係る候補者を総会検査役に選任することはない（同書157頁）。
3　岡山地決昭和59・3・7商事1003号52頁。なお、総会検査役全般につき、川村英二「総会検査役に期待される役割」商事1812号70頁、小田大輔ほか「会社による『総会検査役』活用の意義と実務上の留意点」会社法務 A2Z2007年9月号39頁参照。

訟において極めて重要な証拠となる。[4]

　会社としては、委任状争奪戦が見込まれる場合、株主総会の手続の瑕疵等による事後的な紛争を避け、またはそのような紛争に備えるべく、総会検査役の選任申請を行うのは必須である。これは委任状争奪戦を行う株主にとっても同様である。

　なお、総会検査役は、あくまで招集手続および決議方法を調査し、これらを証拠化する機関であり、招集手続および決議方法の適法性を「審査」ないし「判定」する権限は有していないことには留意すべきである。

2　留意点

(1)　総会検査役の活用方法

　委任状争奪戦を行うに際しては、委任状の本人確認の方法、弁護士を勧誘者代理人として入場させるか、その他、委任状勧誘規制および関連会社法制ではカバーされず、あるいは法令・裁判例上明らかでない論点もあり、当事者間の交渉により決定すべき事項も多い。

　しかし、当事者のみの交渉では、まとまる話もまとまらないこともあるし、後日、決議取消訴訟等の紛争となった場合に「言った。言わない」の争いが生じがちである。

　このような不都合を可及的に少なくするために、かかる交渉は、総会検査役同席の下で行うのがよい。

　打合せの目的事項としては、たとえば、①総会検査役の検査に必要な書類（定款、株主名簿、総会招集通知および付属書類等）、②総会当日までに返送された書面投票用紙または委任状の確認方法、③会場の設営、④出席株主の確認方法、および⑤議案の採決方法などが考えられる。[5]

　総会検査役は、株主総会の招集手続および決議方法に関して調査して検査

---

[4] 類型別会社非訟・152頁参照。
[5] 類型別会社非訟・158頁。

役報告書を作成する（会306条1項・5項）が、総会検査役同席の下、当事者間で話し合われ、合意された事項については、その後の検査役報告書に詳細に記載される。このように交渉経緯が証拠化されるだけでも大きなメリットがあるといえる。

　また、裁判所が選任した第三者たる総会検査役が同席することで、（場合にもよるが）「不合理なことは言えない（言いにくい）」という雰囲気が生まれる。これも総会検査役同席のメリットといえる。

　なお、上記「証拠化」の観点からすると、当事者間のみで合意された事項についても、①争点および②合意の内容を検査役に報告し、後の検査役報告書に記載してもらうようにすべきである。後に決議取消訴訟が提起された場合、総会検査役の報告書は非常に重要な証拠となる。したがって、総会検査役と打合せ・協議を行う際には、検査役報告書に何をどのように記載してもらい、何を記載してもらわないかという点を常に意識する必要がある。

(2) 個別株主通知

　総会検査役の選任申立てを行うに際しては、①発行会社の登記事項証明書、②定款、③申立人が株主である場合には、要件を満たした株主であることを証する書面（会社の発行する証明書、株券、株主名簿等）、④株主総会の開催を証する書面を添付書類として提出する必要がある。

　上記③の書面に関しては、発行会社が上場会社である場合には、口座管理機関に対し個別株主通知の申出を行ったことを証する受付票などが添付資料として必要となるということに留意を要する[6]。

　すなわち、発行会社が基準日を設定して一律に株主確定を行って権利行使をさせる場合を除く株主の権利は、社債、株式等の振替に関する法律上の「少数株主権等」とされており（社債株式振替147条4項）、総会検査役の選任申立てを行う権利（会306条1項）もこれに含まれる。そして株主がこの「少

---

[6] 上記2段落につき、類型別会社非訟・154頁。

数株主権等」を行使する場合の会社への対抗要件は、株主名簿の記載（同法130条1項）ではなく、口座の記録による（社債株式振替154条1項）。

したがって、株主は、直近上位の口座管理機関を経由して証券保管振替機構に対して個別株主通知の申出を行い、証券保管振替機構から発行会社に対して個別株主通知がなされるのを待って「少数株主権等」の行使を行う必要がある（社債株式振替154条2項～4項）。

そこで、株主は、口座管理機関に対し個別株主通知の申出を行ったことを証する受付票などが添付資料として必要となるため、株主が総会検査役選任申立てを行う際にはこの手続を忘れないよう留意しなければならない。

III 株主名簿閲覧謄写請求

1 総説

前記のとおり、株主が委任状争奪戦を行うためには、大株主を含めたすべての株主に対して、自らの経営方針や支持する議案の利点等をアピールする必要があるところ、株主は通常他の株主の連絡先を認識し得ない。

しかしこのままでは、このようなアピールのみならず、委任状すら株主に対して送付することができず、委任状争奪戦を行うことができない。

そこで委任状争奪戦を行う株主は、会社の株主名簿の閲覧謄写請求を行う必要があり、発行会社が閲覧謄写を拒絶する場合には、株主名簿閲覧謄写の仮処分を申し立てることになる。

株主名簿の閲覧謄写は、株主総会が開催されるまでに委任状争奪戦を行えるだけの時間的余裕をもって行う必要があるため、当然、本訴ではなく仮処分（満足的仮処分）で争われることになる。

なお、株主名簿の法定記載事項は、①株主の氏名または名称および住所、②株主の有する株式の数（種類株式発行会社にあっては、株式の種類および種

類ごとの数)、③株主が株式を取得した日、④会社が株券発行会社である場合には、株式（株券が発行されているものに限る）に係る株券の番号のみであり（会121条各号)、株主の電話番号や電子メールアドレス等は記載されない。したがって、電話や電子メール等による勧誘を行うためには、別途、プロキシーアドバイザーに依頼したり、ウェブ上の特設サイト等でよびかけるなどして、別途これらの情報を収集する必要がある。[7]

また、平成21年1月5日に実施されたいわゆる株券電子化により、上場会社の株主名簿は、決算期末および中間期末その他、社債、株式等の振替に関する法律151条1項所定のときおよび同条8項に基づく「正当な理由があるとき」に会社の請求に応じてなされる総株主通知によってしか更新されない。

したがって、株主が株主名簿を閲覧・謄写したとしても、閲覧・謄写請求時の株主名簿の開示を受けることができるわけではないため、委任状争奪戦を行う株主総会において議決権の行使をすることができる基準日株主が記載された株主名簿の閲覧・謄写を行うことができるとは限らない。[8]

しかし株主としては、この「不完全」な株主名簿を基に委任状勧誘を行わなければならないのが現状である。

さらに、株主名簿の閲覧謄写請求権は「少数株主権等」（社債株式振替147条4項)[9]に該当することから、発行会社が上場会社の場合、株主は、個別株主通知の申出を行い、個別株主通知が証券保管振替機構からなされるのを待ってこれを行使する必要がある。これは仮処分の申立ての前ではなく、発行会社に対して閲覧謄写請求を行う前に必要である。

---

[7] 太田洋＝清水誠「わが国におけるMBOの実務と課題」（岩倉正和＝太田洋編著・M&A法務の最先端）375頁を参照。

[8] 太田＝清水・前掲（注7）375頁～376頁を参照。ただし、会社法上は、株主名簿は名義書換請求に応じて随時書き換えられることが予定されているというべきであり、閲覧等の請求時点での株主名簿の開示がなされることが予定されている（類型別Ⅱ・647頁～648頁参照)。したがって、非上場会社の場合には、この問題は生じないと解される。

[9] 中央三井信託銀行証券代行部編『株券電子化後の株式実務』11頁。

2 主な争点と問題の所在

　旧商法の時代にも株主は株主名簿の閲覧謄写請求権を有していた（旧商263条）。旧商法では、発行会社の拒絶事由が定められておらず、裁判例上、名簿業者に売却する目的などの権利濫用にあたる場合には、発行会社は、閲覧謄写請求を拒絶できると解されていた。[10]

　これに対して、会社法下にあっては、1株でも保有している株主は、その保有期間にかかわらず、発行会社の営業時間内はいつでも株主名簿の閲覧謄写を行うことは認められているが（会125条2項）、他方で、旧商法時代には存在しなかった会計帳簿閲覧謄写制度におけるのと同様の拒絶事由が5項目にわたり定められている（同条3項各号）。

　これらのうち、委任状争奪戦に関連して問題となる拒絶事由は、会社法125条3項3号の定める「請求者が当該株式会社の業務と実質的に競争関係にある事業を営み、又はこれに従事するものであるとき」という拒絶事由である。[11]

　委任状争奪戦を行おうとする株主は、発行会社の経営に関与することを企図している場合が多く、形式的には発行会社と競業関係にある場合が多いため、この拒絶事由に形式的には該当するようにみえる場合も多いからである。

　また、株主名簿には株主の住所等の個人情報が記載されているため、発行会社の取締役は、株主名簿を法令で義務づけられる範囲を超えて第三者に開示しないようにすべき、つまり拒絶事由が存在するにもかかわらず開示するようなことはしてはならない善管注意義務を負っていると解される。[12] 加えて、発行会社としては、株主名簿を開示しなければ、株主は事実上、委任状争奪戦を行うことができないため、可能な限り株主名簿を開示したくないという

10　名古屋地判昭和63・2・25判夕667号212頁、東京高判昭和62・11・30判夕671号217頁など。
11　なお、同号の拒絶事由は、「会社法制の見直しに関する要綱」（平成24年9月7日）第3部第2において、削除するものとされている。

思惑もある。

　そこで、形式的に上記の拒絶事由に該当するようにみえる場合、発行会社は、いったん株主名簿の開示を拒絶したうえで裁判で争うという戦略を用いることも懸念されるところであり、裁判では、上記拒絶事由の意義およびその該当性が争点となる。

3　裁判例

　上記の争点につき判断した裁判例は4件存在する[13]。

　時系列でいうと、まず、テーオーシーのMBOに対抗して敵対的公開買付けを開始したダヴィンチ・アドバイザーズが、テーオーシーの株主に対して公開買付けへの応募をよびかけるために株主名簿の閲覧謄写を請求した事案に係る東京地決平成19・6・15資料版商事280号220頁〔テーオーシー事件地裁決定〕（確定）がある。

　次に、日本ハウズイングに対して、株主提案を行った株主の完全親会社であり、かつ、自らも株主である原弘産が、委任状勧誘を行うことを目的として株主名簿の閲覧謄写を請求した事案に係る東京高決平成20・6・12金商1295号12頁〔日本ハウズイング事件高裁決定〕（確定）（地裁決定は東京地決平成20・5・15金商1295号36頁）がある。

　そして、大盛工業に対して株主提案を行ったウィークリーセンターが、委任状勧誘を行うことを目的として株主名簿の閲覧謄写を請求した事案に係る東京地決平成22・7・20金商1348号14頁〔大盛工業事件地裁決定〕（確定）がある。

12　名古屋高決平成22・6・17資料版商事316号198頁〔フタバ産業事件高裁決定〕参照。
13　なお、金融商品取引法上の損害賠償請求訴訟（集団訴訟）の原告を募る目的で行われた株主名簿閲覧謄写請求に関するものとして、フタバ産業事件がある（結論は会社法125条3項1号の除外事由に該当するとして申立てを却下。地裁決定は名古屋地岡崎支平成22・3・29資料版商事316号209頁、高裁決定は前掲（注12）名古屋高決平成22・6・17、最高裁決定は最決平成22・9・14資料版商事321号58頁）。

最後に、アコーディア・ゴルフに対して敵対的公開買付けを開始したPGMホールディングスが、アコーディア・ゴルフの株主に対して公開買付けへの応募を勧誘すること等を目的として株主名簿の閲覧謄写を請求した事案に係る東京地決平成24・12・21資料版商事346号21頁〔アコーディア・ゴルフ事件地裁決定〕（確定）がある。

　テーオーシー事件地裁決定および日本ハウズイング事件地裁決定は、会社法125条3項3号の「請求者が当該株式会社の業務と実質的に競争関係にある事業を営み、又はこれに従事するものであるとき」との拒絶事由を極めて形式的に解釈し、客観的に競争関係にありさえすれば拒絶事由が認められるとし、主観的意図について考慮することなく申立てを却下した。

　しかし、日本ハウズイング事件高裁決定は、次のとおり判示し、地裁決定を覆して申立てを認容した（下線は筆者による。以下同じ）。

　　株式会社の業務と実質的に競争関係にある事業を営み、又はこれに従事するものであると否とを問わず、当該請求を行う株主（請求者）がその権利の確保又は行使に関する調査以外の目的で請求を行ったとき（同項1号）、あるいは株主（請求者）が当該株式会社の業務の遂行を妨げ、又は株主の共同の利益を害する目的で請求を行ったとき（同項2号）には、権利を濫用するものとして株式会社が当該請求を拒むことができることは、旧商法が定める株主名簿の閲覧又は謄写の請求について権利を濫用するものと認められる場合に会社が株主の請求を拒絶することができると解されていたことからしても、明文の規定を俟たなくとも当然のことであり、上記各号は確認的に規定されたにとどまるものと解されるが、株主（請求者）が上記のいずれかに該当することを株式会社が証明することは必ずしも容易なことではないことにかんがみ、株式会社の業務と実質的に競争関係にある事業を営み、又はこれに従事する株主が同条2項の請求を行う場合には、当該株式会社の犠牲において専ら自己の利益を図る目的でこれを行っていると推定することに一定の合理性を肯定することができることを併せ考慮して、同項1号および2号の特則として同項3号が設けられたと考えられるのであり、これによれば、<u>同項3号は、請求者が当該株式会社の</u>

> 業務と実質的に競争関係にある事業を営み、又はこれに従事するものであるときには、株主（請求者）がその権利の確保又は行使に関する調査の目的で請求を行ったことを証明しない限り（このことが証明されれば、同項1号および2号のいずれにも該当しないと評価することができる。）、株式会社は同条2項の請求を拒むことができることとしたものであり、株式会社が当該請求を拒むことができる場合に該当することを証明すべき責任を上記のとおり転換することを定める旨の規定であると解するのが相当である。

　また、大盛工業事件地裁決定は、理由づけは日本ハウズイング事件高裁決定と異なるものの、次のとおり判示して申立てを認容した（アコーディア・ゴルフ事件地裁決定もおおむね同旨）。

> 　会社法125条3項3号は、請求者が株式会社の業務と実質的に競争関係にある事業を営み、又はこれに従事するものであるときは、当該株式会社は株主名簿の閲覧謄写請求を拒むことができる旨を定めている。……株主名簿の場合には、株主構成に関わる情報が記載されているにすぎないため、単に請求者が競業者であるというだけでは、閲覧謄写によって得られた情報が競業に利用されて株式会社が不利益を被る危険性が高いということはできないから、定型的に権利濫用にわたる権利行使のおそれがあるとまでいうことはできない。また、単に請求者が形式的に競業者に当たるからといって株主名簿の閲覧謄写を拒絶することが許されるならば、このような請求者である株主が少数株主権の行使や委任状による議決権の代理行使の勧誘等を行うことが困難となるばかりか、株主が競業者に当たるかどうかによって、これらの権利行使の可否又は難易が左右されるという不合理な結果を招くことにもなりかねない。このような諸点にかんがみると、同項3号にいう「請求者が当該株式会社の業務と実質的に競争関係にある事業を営み、又はこれに従事するものであるとき」とは、単に請求者が株式会社の業務と形式的に競争関係にある事業を営むなどしているというだけでは足りず、例えば、株式会社が得意先を株主としているため、競業者に株主名簿を閲覧謄写されると、顧客情報を知られて競業に利用されるおそれがある場合のように、株主名簿に記載されている情報が競業者に知られることによって不利益を被るような性質、態様で営まれている事業について、請求者

が当該株式会社と競業関係にある場合に限られると解するのが相当である。

4　争点の分析

このように、日本ハウズイング事件高裁決定、大盛工業事件地裁決定、およびアコーディア・ゴルフ事件地裁決定は、会社法125条3項3号を形式的に解釈するのではなく、できるだけ同号の除外事由の射程距離を限定的に解釈しようとしている点で一致している。

もとより、株主名簿閲覧謄写制度の趣旨は、株主個人の利益を保護すると同時に株主構成など会社の状態を監視せしめることにより、間接的には会社の利益を保護することにある。のみならず、自己の株主権の行使と関連して他の株主とコミュニケーションを図るためにその情報を獲得する点にもその趣旨がある[14]。

会社法125条3項3号は、実質的な競業関係にあることを拒絶事由としているが、そもそも株主名簿は、会社の企業秘密にかかわる重要情報が含まれている会計帳簿とは異なり、これに記載されているのはもっぱら株主の個人情報にかかわるものであり、これが競業他社に開示されても直ちに会社自体の利益が損なわれるわけではない。だからこそ、株主名簿閲覧謄写請求権は、会計帳簿閲覧謄写請求権とは異なり、単独株主権とされているともいえる。個人情報についても、法令に基づく場合には、会社が本人の同意を得ずにこれを第三者に提供することが可能であるから、正当な目的による閲覧謄写請求の場合には特段問題は生じない[15]。

また、株主名簿閲覧謄写請求権は、委任状勧誘や株主提案権等の少数株主

---

[14]　菊田秀雄「委任状勧誘を目的として行われた株主名簿閲覧謄写請求の可否」金商1365号5頁参照。
[15]　個人情報の保護に関する法律23条1項1号。潘阿憲「実質的な競争関係にある株主の名簿閲覧請求の可否」ジュリ1378号188頁。

権行使の賛同者を募るために必要不可欠な手段であり、その請求を拒絶することは、とりもなおさずその本来の目的・趣旨である株主提案権その他株主の正当な権利行使を事実上制約ないし阻止することを意味する。[16]

さらに、買収防衛策の文脈では、敵対的買収者が委任状争奪戦に勝利し、当該買収防衛策を廃止する可能性のあることが買収防衛策自体の適法性を基礎づける重要な事情である。

特に買収防衛策の導入・発動の是非が株主総会の判断に委ねられているといっても過言ではない現在の判例および実務の状況にあっては、委任状争奪戦は、株主の意思を問うものとしてその意義は極めて高く、敵対的買収者に委任状争奪戦の途を閉ざすような解釈は避ける必要がある。[17]

加えて、会社法125条3項3号によれば、ファンド等の株主名簿閲覧謄写請求は認められるが、戦略的買収者による請求は認められないという結果になるが、これは明らかに不公平である。

以上からすれば、テーオーシー事件地裁決定や日本ハウズイング事件地裁決定のように、会社法125条3項3号を形式的に解釈し（主観的意図不要説）、[18]単に発行会社と競業関係にあるだけでも拒絶事由に該当すると解釈すべきではない。

他方で、大盛工業事件地裁決定は、会社法125条3項3号をより実質的に解釈し、同号の拒絶事由は、「株主名簿に記載されている情報が競業者に知られることによって不利益を被るような性質、態様で営まれている事業について、請求者が当該株式会社と競業関係にある場合に限られる」とする（ア

---

16 荒谷裕子「会社と競業関係にある株主による株主名簿閲覧請求が認容された事例」金商1322号23頁。
17 最決平成19・8・7民集61巻5号2215頁〔ブルドックソース事件最高裁決定〕は、「特定の株主による経営支配権の取得に伴い、会社の企業価値がき損され、会社の利益ひいては株主の共同の利益が害されることになるか否かについては、最終的には、会社の利益の帰属主体である株主自身により判断されるべきものである」としている。
18 学説の状況に関する詳しい説明は、菊田・前掲（注14）6頁以下を参照。

コーディア・ゴルフ事件地裁決定もおおむね同旨)。

　しかし、かかる基準は必ずしも明確ではなく、実務において会社が判断に迷う（自己に有利に解釈するおそれもある）し、同決定が拒絶事由に該当する例としてあげる「会社が得意先を株主としている」場合にはたして拒絶事由ありと考えてよいのかについては疑問が残る。すなわち、会社の得意先が株主であり、当該得意先の情報が開示されたとしても、そのことのみで直ちに「競業に利用されるおそれがある」と評価できるとは思われないし、少なくともそのことのみで、上記のような株主名簿閲覧請求権の重要な意義を上回る弊害が認められるとも思われない。

　株主名簿閲覧請求権の趣旨、重要性および結論の妥当性に鑑みれば、日本ハウズイング事件高裁決定のように、会社法125条3項3号は、「請求者が当該株式会社の業務と実質的に競争関係にある事業を営み、又はこれに従事するものであるときには、株主（請求者）がその権利の確保又は行使に関する調査の目的で請求を行ったことを証明しない限り、株式会社は同条2項の請求を拒むことができることとしたものであり、株式会社が当該請求を拒むことができる場合に該当することを証明すべき責任を上記のとおり転換することを定める旨の規定である」と解すること（主観的意図推定説）は、やや文言から離れるとの批判はあり得るものの、妥当である。

　なお、会社法125条3号3号は、立法論として極めて強い批判があるところであり、現在進められている会社法制の改正の審議においても、削除するものとされている。[19]

5　調査の目的で請求を行ったことの証明

　日本ハウズイング事件高裁決定のように主観的意図推定説が妥当であるとしても、株主がその権利の確保または行使に関する調査の目的で請求を行っ

---

[19]「会社法制の見直しに関する要綱」（平成24年9月7日）第3部第2。

たことを証明したといえるためには、いかなる立証を行えば足りるのかという問題がある。

　前記の株主名簿閲覧請求権の意義・重要性からすれば、この「証明」に際して高度の立証を求めることは妥当ではない。

　日本ハウズイング事件高裁決定は、①株主が、株主名簿閲覧謄写請求を行うにあたり、発行会社に対し、委任状勧誘を行うことを目的とするものであることを明示し、かつ、②株主情報を上記の目的または理由以外のために使用しないことを誓約している事実などを認定し、上記の調査目的を認定している。

　日本ハウズイング事件高裁決定は、上記①および②以外にも、「総会検査役との打合会の状況」などに言及はしているが、上記①および②があれば原則として、上記の調査目的の「証明」はなされたものと考えるべきである。

　発行会社は、株主が上記①および②の立証を十分に行っているにもかかわらず、「証明」が足りないとして株主名簿閲覧謄写を拒絶することは、不正な目的をうかがわせる事実があるなどの特段の事情のない限り、許されないと解される。

　他方で、発行会社としては、いかなる方法で何が立証されれば、上記「証明」があったと判断するのか等についてあらかじめ決定しておき、定款の授権がある株式等取扱規則においてそれを定めておくなどの対応をあらかじめ行っておくことも考えられる。そうすることによって、(当然のことながら株主に過度の負担を求めることは認められないが合理的な範囲であれば)裁判所も会社が要求する立証事項を尊重するであろう。[20]

---

[20] 寺田昌弘「事業会社の敵対的買収を後押し　競業者も名簿閲覧可能に！日本ハウズイング事件」ビジネス法務2009年1月号31頁～32頁参照。

IV 取締役に対する違法行為差止請求等
——違法行為に対する対抗措置

1 総説

　委任状争奪戦を行うに際して、会社または勧誘者たる株主が委任状勧誘規制に違反する態様で委任状の勧誘を行った場合、株主の公正な意思を問うことができなくなる。

　そのため、かかる違法行為を是正する対抗措置にはいかなるものがあるのかについては検討する必要がある。

　そこで、次項以下では、①勧誘者たる株主の違法行為に対する会社の対抗措置、および、②会社の違法行為に対する勧誘者たる株主の対抗措置についてそれぞれ検討する。

2 会社の違法行為に対する勧誘者の対抗措置

　会社が委任状勧誘規制に違反する態様で、委任状勧誘を行う場合、会社の対抗者たる勧誘者としては、直ちにかかる違法行為を中止させたいところである。そのための法的措置として、いかなる手段が考えられるであろうか。

　株主総会で決議される前の時点で、会社の上記違法行為を是正するための法的手段としては、まず、会社法360条により認められる取締役の違法行為差止請求を本案とする仮処分を提起することが考えられる。[21]

　ここで検討すべきは、会社法360条1項および3項における「法令に違反する行為」および「会社に回復することができない損害が生じるおそれ」の解釈であるが、「法令に違反する行為」にいう「法令」には、取締役の善管注意義務を定めた一般的規定のみならず、委任状勧誘規制を構成する各法令、

---

[21] 龍田節「株式会社の委任状制度」インベストメント21巻1号33頁以下、太田洋「株主提案と委任状勧誘に関する実務上の諸問題」商事1801号38頁参照。

具体的には、金融商品取引法194条、同法施行令36条の2～36条の6および上場株式の議決権の代理行使の勧誘に関する内閣府令(以下、「委任状勧誘府令」という)が含まれると解される。[22]

しかし、会社の取締役が委任状勧誘規制に違反して勧誘行為を行うことにより、「会社に回復することができない損害が生じるおそれ」があるといえるかは問題である。

この点については、委任状勧誘規制に違反すれば罰則(罰金刑)が適用され、結果、会社に損害が生じることをとらえて上記要件を充足するとする見解がある。[23]

しかし、適用され得る罰則は30万円以下の罰金であり(金商205条の2の3)、この罰則が適用されるおそれがあることをもって「会社に回復することができない損害」が生じるとは通常いえない。

次に、違法な勧誘行為によって集められた委任状により株主総会決議が行われると、株主の公正な意思形成が阻害されることをとらえて、株主総会において「公正な意思形成が妨げられることによる損害」が「回復することができない損害」を構成するとする見解があるが、正当である。[24]

委任状争奪戦の帰すうは、その後の会社の経営方針に大きな影響を与え得るものであるし、いったん総会決議が成立するとそれに基づいて多種多様な法律関係が形成される。違法な勧誘行為により株主総会における公正な意思形成が阻害され、経営方針に影響が生じ、さらにはかかる経営方針に従って多くの法律関係が形成されるとなると、これは伝統的に重視されてきた財産

---

22 太田＝清水・前掲(注7)378頁～379頁。
23 矢沢惇「議決権の代理行使」東京株式懇話会会報119号36頁がこの見解として紹介されている。龍田・前掲(注21)34頁。
24 龍田・前掲(注21)34頁。なお、「株主総会における公正な意思形成が妨げられる結果、会社経営が規律を失い、中長期的損害を被ることになる抽象的リスクが存在する場合がある」として、この中長期的損害をもって「回復することができない損害」を構成するという見解もある(太田・前掲(注21)37頁～38頁)。この見解も本文で紹介した「公正な意思形成が妨げられることによる損害」説と実質的には(実際裁判になれば)同旨であると考えられる。

的損害よりも「回復することができない」損害が生じるというべきである。

こう解することにより、「会社に回復することができない損害が生じるおそれ」の要件の問題もクリアでき、勧誘者は、委任状勧誘規制に違反する勧誘行為を差し止めるべく仮処分申請を行うことができるということになる。

なお、差止めの対象となる行為で考えられるものは、勧誘行為自体のほかに、株主総会の決議や総会の開催自体もあげられている[25]。また、違法な勧誘によって集められた委任状に基づく議決権の代理行使自体の禁止を求める仮処分の申立てについても検討に値する[26]。

3 勧誘者の違法行為に対する会社の対抗措置

勧誘者が、委任状勧誘規制に違反する方法で、委任状勧誘を行う場合に、会社側が、株主総会で決議される前の時点で、勧誘者の違法行為を是正するための法的手段としては、①金融商品取引法192条の緊急差止命令の発動申立てを行うよう内閣総理大臣（金融庁長官）に求める旨の上申書を金融庁に提出する方法、②勧誘者が違法な方法により集めた委任状に基づく議決権行使を禁止する仮処分（議決権行使禁止の仮処分）を提起することが考えられる[27]。

しかし、①については、改正前証券取引法が制定されてから一度も発動されたことがなく、その手段としての実効性には疑問があるとされ、②についても、本案をどのように構成するか等において難しい理論上の問題があり、その実効性には疑問がある。

勧誘者が、委任状勧誘規制に違反する方法で、委任状勧誘を行う場合（会社が行う場合も同様であるが）、株主総会の開催前に法的措置により、違法行為を止めさせる手立ては非常に乏しい（法改正が望まれる）といわざるを得ない状況にある。

---

25 龍田・前掲（注21）35頁、太田・前掲（注21）38頁。
26 太田＝清水・前掲（注7）383頁～384頁参照。
27 太田・前掲（注21）38頁参照。

なお、会社の取締役自身が株主である場合、自らが保有する会社株式についての株主権に基づく妨害排除請求権を被保全権利として、違法な勧誘行為に基づいて集められた委任状に基づく議決権代理行使禁止の仮処分の申立てを行うことは検討に値する。[28・29]

V 株主総会決議取消訴訟

1 総説

委任状争奪戦にまつわる法的問題は極めて多岐にわたり、委任状争奪戦が行われた株主総会に関しては、その終結後に決議取消訴訟が提起される可能性が小さくない。株主総会前の時点で法令違反の是正を図る法的措置が整備されていない現状においてはなおさらである。

発行会社も勧誘者たる株主も、委任状争奪戦を行うに際しては将来起こり得る株主総会決議取消訴訟を見据えておく必要がある。

そこで以下においては、委任状争奪戦が行われた株主総会に係る決議取消訴訟において問題となり得る主な争点および争点ごとの裁判例を概観し、発行会社および勧誘者たる株主が委任状争奪戦を行うに際して留意すべき点について述べる。

なお、決議取消訴訟においては、株主総会の招集手続および決議の方法等が問題となるが（会831条1項各号）、これらに関する事実経緯は、総会終了後に作成される検査役の報告書に詳細に記載される。そして、この報告書に記載された事実関係を訴訟当事者が争うことは通常ないから、これに記載さ

---

28 太田＝清水・前掲（注7）415頁参照。
29 「会社法制の見直しに関する要綱」（平成24年9月7日）に至る審議の過程では、委任状勧誘規制の違反についても、議決権行使差止請求を法制度として導入することの是非が検討されたが、要綱に盛り込むことは見送られている（法制審議会会社法制部会第12回会議議事録53頁以下〔内田修平発言〕、「会社法制の見直しに関する要綱」（平成24年9月7日）第3部第1参照）。

れた事実関係を前提として訴訟審理が行われることになる。ということは、検査役報告書の内容は極めて重要となるのであり、会社および勧誘者たる株主は、きたるべき決議取消訴訟を念頭において「何を検査役報告書にどのように記載してもらい、何を記載しないでもらうか」について仔細に検討し、検査役との協議を行うべきである。もとより検査役は、もっぱらその裁量により報告書を作成することから、会社または勧誘者の「希望」どおりの記載をしてくれる保証などどこにもない。しかし、検査役は、会社または勧誘者に事実の照会を行いつつ報告書を作成するのであるから、その過程で、検査役との間でよく協議を行うべきである。

2 主な争点とその分析

(1) 株主総会開催前の対応と決議取消事由

㋐ 委任状勧誘規制違反と決議取消事由

委任状争奪戦を行う際に、委任状勧誘規制違反の勧誘行為が行われ、かかる違法な勧誘に基づき集められた委任状に基づき決議がなされた場合、違法な勧誘行為を行われて委任状争奪戦に敗れた者は、違法な勧誘行為が決議取消事由（会831条1項1号）を構成するものと主張することになるが、この点については争いがあるため、まず検討することとする。

かつての通説は、委任状勧誘府令は行政的取締りに関する証券取引法（当時）の付属法規にすぎず、効力規定ではないこと、委任状勧誘府令は勧誘という事実行為を規制するものであって、しかも委任状の勧誘は強制されていないから、委任状勧誘府令は総会招集の手続または決議の方法に関する法令ではないことなどを根拠として、委任状勧誘行為が違法であっても、これが決議取消事由になることはないと解していた。[30]

東京地判平成17・7・7判時1915号150頁も、「代理行使勧誘内閣府令1条

---

30 龍田・前掲（注21）35頁。

1項および10条の規定は、……証券取引法194条の規定の委任を受けて定められたものであるから、議決権の代理行使の勧誘を行う者が勧誘に際して守るべき方式を定めた規定というほかない。そして、議決権の代理行使の勧誘は、株主総会の決議の前段階の事実行為であって、株主総会の決議の方法ということはできないから、代理行使勧誘内閣府令の規定をもって、株主総会の決議の方法を規定する法令ということはできない」とし、かつての通説的見解を示している。

しかし、少なくとも会社側が委任状勧誘を行う場合に、委任状勧誘府令違反が一切決議取消事由を構成しないと決めつけるのは問題である。

会社法上、上場会社は、全株主に対して委任状用紙を交付し、議決権の行使を第三者に代理させることを勧誘している場合には、議決権行使書面を用いなくてもよい（会298条2項ただし書、会施規64条）。これら2つは会社が任意に選択できる。この意味で、委任状勧誘制度は、会社法制上の書面投票制度の代替的制度であり、会社が会社法に従って、委任状勧誘を行う場合には、もはや委任状勧誘制度は会社法制の一部に組み込まれると解すべきである。

また、議決権行使書面を用いた書面投票が行われている場合に、会社が書面投票に関する会社法令に違反した場合、これは当然に決議取消事由に該当すると解されている[31]。他方で、会社が委任状勧誘制度の利用を選択した途端、（規制目的・対象はほぼ同様であるにもかかわらず）委任状勧誘規制に違反しても決議取消事由にならないというのは法解釈としても均衡を失する。

さらに、委任状勧誘規制に違反する違法な勧誘行為により集められた委任状によって議決権の代理行使が行われれば、株主総会における公正な意思形成が妨げられるのは明らかである。

以上からすれば、委任状勧誘規制も、株主総会の決議の方法を規定する法令にあたるというべきであり、これに違反してなされた決議には、違法な決

---

31 証券取引法研究会編『証券取引法研究会報告第10号委任状勧誘に関する実務上の諸問題〜委任状争奪戦（proxy fight）の文脈を中心に』49頁〜50頁〔前田雅弘発言〕。

議方法によるものとして決議取消事由があると解すべきである。[32・33]

(イ) **利益供与と委任状勧誘──議決権行使を条件としたプリペイドカードの交付の可否**

近時、株主総会において、定足数の確保や株主総会の活性化等を目的として、議決権行使を行った株主に対し、クオカードなどのプリペイドカードを進呈する会社があるが[34]、委任状争奪戦が行われているときに、会社が、議決権行使を条件としてクオカードなどのプリペイドカードを株主に対してすることに法律上問題はないのかが、利益供与の禁止(会120条1項)との関係で問題となる。

東京地判平成19・12・6判タ1258号69頁〔モリテックス事件地裁判決〕はこの点について正面から判断している。すなわち、委任状争奪戦が行われている状況下にあって、議決権行使を条件としたクオカードの進呈が、禁止される違法な利益供与(会120条1項)に該当するかについて、東京地方裁判所は、一般論として「株主の権利の行使に関して行われる財産上の利益の供与は、原則としてすべて禁止されるのであるが、上記の趣旨に照らし、当該利益が、株主の権利行使に影響を及ぼすおそれのない正当な目的に基づき供与される場合であって、かつ、個々の株主に供与される額が社会通念上許容される範囲のものであり、株主全体に供与される総額も会社の財産的基礎に影響を及ぼすものでないときには、例外的に違法性を有しないものとして許容される場合がある」と判示し、①会社が全株主に送付した葉書には、【重要】としたうえで、「是非とも、会社提案にご賛同のうえ、議決権を行使して頂

---

32 証券取引法研究会・前掲(注31)31頁〔太田洋報告〕、同50頁〔森本滋発言〕も結論同旨。
33 なお、勧誘者たる株主が委任状勧誘規制に違反する勧誘を行った場合にも、株主総会における公正な意思形成が妨げられるのは、会社が違法な勧誘を行った場合と同様であり、この場合にも違法な決議方法によるものとして決議取消事由があると解すべきである。
34 たとえば、平成18年に開催された株主総会におけるJFEホールディングスや大東紡績(M&A Capital Partners「M&Aニュース(平成18年9月30日)」⟨http://www.ma-cp.com/news/56.html⟩)、近時のものとして平成22年6月に開催された株主総会におけるNFKホールディングス(同社の平成22年7月15日付けプレスリリース参照)などがある。

きたくお願い申し上げます」と記載し、クオカードの贈呈の記載と重要事項の記載に、それぞれ下線と傍点を施して、相互の関連を印象づける記載がされていたこと、②株主の賛成票の獲得をめぐって対立関係が生じた株主総会において初めてクオカードの贈呈を行ったこと、③当該定時総会における議決権行使比率は81.62％で、例年に比較して約30％の増加となっていることなどを認定し、「株主の権利行使に影響を及ぼすおそれのない正当な目的によるものということはできないから、例外的に違法性を有しないものとして許容される場合に該当するとは解し得ず、結論として、本件贈呈は、会社法120条1項の禁止する利益供与に該当するというべきである」と結論した。

上記裁判例からすれば、会社は、委任状争奪戦など経営支配権に争いのない「平時」において、定足数確保などの正当目的のみに基づく場合であれば別論、委任状争奪戦が行われている中で、議決権行使を条件として、プリペイドカードなどの財産上の利益を供与すべきではない。もとより会社は、委任状争奪戦が行われているような状況で賛成票獲得のための施策を行う際には、弁護士等の専門家に十分相談のうえ、慎重に行うべきである。

なお、上記裁判例は、委任状争奪戦が行われている中で株主の議決権に関して行われた事例に関するものであり、株主総会出席者に対するお土産等や（委任状争奪戦が行われていない場合の）議決権行使促進策についてはその射程は及ばないものと解される。[35]

(2) 株主総会当日の対応と決議取消事由

(ア) 説明義務違反と決議取消事由

取締役、会計参与、監査役および執行役は、株主総会において説明義務を負っており（会314条）、この説明義務違反は、決議の方法の法令違反として決議取消事由を構成する（東京地判昭和63・1・28判時1263号3頁）。

そして委任状争奪戦が行われた後の株主総会に関しても、この説明義務違

---

[35] 中村直人「モリテックス事件判決と実務の対応——東京地裁平成19年12月6日判決の検討——」商事1823号29頁参照。

反が決議取消訴訟で争点となることがある。役員選任議案や合併等の承認議案をめぐって委任状争奪戦が行われた後の株主総会において、これらの議案に関する取締役の説明が不十分であり、説明義務違反を構成するといった具合である。[36]

説明義務の程度については、裁判例上、株主総会が報告、審議、決定の場であることからすると、株主総会における取締役の説明義務は、株主が、会議の目的たる事項を合理的に判断するのに客観的に必要な範囲の説明で足りると解されている。[37] より具体的には、会社法施行規則に所定の参考書類への記載事項を基準とし、これを敷衍して説明する必要がある。

また、説明義務を尽くしたといえるか否かの具体的判断基準とされる株主としては、株主総会が多数の株主により構成される機関であり、説明の相手方が多人数であることから、取締役が上記説明をしたか否かを判断するにあたっては、平均的な株主が基準とされるべきである（前掲（注36）東京地判平成22・9・6）。ここでは、質問を行った株主が基準となるわけではなく、当該株主が理解または納得したか問題ではない（前掲（注36）東京地判平成16・5・13）。

東京スタイル決議取消訴訟請求事件では、委任状争奪戦が行われた後の株主総会において、役員選任議案等に関する説明義務違反の有無が争点となり、説明義務の程度および基準については上記のとおり判示されているが、役員

36　役員選任議案に関する説明義務違反が問題となったものとして東京地判平成16・5・13金商1198号18頁〔東京スタイル決議取消訴訟請求事件〕がある。委任状争奪戦が行われたわけではないが、全部取得条項付種類株式を用いたスクィーズアウト関連議案に関する説明義務違反が問題となったものとして東京地判平成22・9・6判タ1334号117頁〔インターネットナンバー決議取消請求事件〕がある。

37　会社法下の裁判例として、前掲東京地判平成22・9・6。旧商法下における最判昭和61・9・25資料版商事31号18頁が是認した東京高判昭和61・2・19判時1207号120頁〔東京建物決議取消請求事件〕も同旨。なお、旧商法下における説明義務と会社法下における説明義務の趣旨・程度等を比較検討した文献として、松井秀樹「会社法下の株主総会における説明義務」東京大学法科大学院ローレビュー1巻24頁。

選任議案に関してより具体的な判断基準が示されている。

すなわち、上記裁判例は、取締役選任議案に関し、「再任取締役候補者あるいは新任取締役候補者の適格性の判断に必要な事項」が説明義務の対象であるとしたうえで、「具体的には……商法施行規則……所定の事項にふえんして、それらの者の業績、再任取締役候補者の従来の職務執行の状況など、平均的な株主が議決権行使の前提として合理的な理解および判断を行うために必要な事項を付加的に明らかにしなければならない」としている。

そしてある投資案件につき、その経営判断の是非および監視義務の履行状況に関する質疑応答の状況を認定したうえで、「取締役候補者の（ある投資案件に関する）判断の是非や監視義務履行の状況等経営責任の有無を判断するために必要な事項の具体的な内容」は明らかにされていたとして取締役選任議案に関する説明義務違反を否定した（他の議案についても説明義務違反を否定している）。

従来、説明義務の具体的な程度（議案の賛否について合理的な判断を行うのに必要な情報）としては、参考書類の記載が「一応の参考」となると指摘されてきた。[38]

上記裁判例は「ふえん化手法」を用いて説明義務の範囲を論じているが、従来の考え方に比べて説明義務の範囲を拡大したものではなく、説明義務の範囲を説明する理論的説明手法の1つとして「ふえん化手法」を用いたと評価すべきである。[39]

株主総会において、過去の取引等について、その経営判断の是非などが質問された場合、取締役にとっては回答しにくい場面もあると思われる。もちろん、繰り返しの質問や詳細にすぎる質問が執拗に行われるなど、説明義務

---

[38] 吉井敦子「商事判例研究・東京スタイル株主総会決議取消訴訟事件」商事1821号114頁参照。
[39] 吉井・前掲（注38）116頁参照。その他の同事件の判例評釈として、岸田雅雄「判批」私法判例リマークス31号86頁、家田崇「判批」判タ1197号78頁、得津晶「判批」ジュリ1312号166頁などがある。

を超えた回答が求められるような場合には、臨場している弁護士とも相談のうえ、毅然と質疑打切りを行うことが必要な場面もある。

　しかし、取締役としては、決して「木で鼻をくくったような」回答に終始するのではなく、株主総会で開示できる範囲で、（特に取締役選任議案が上程されている場合には）できるだけ丁寧に説明することを原則としなければならない。

　役員は普段の株主総会からできるだけ丁寧に一般の株主が理解できる程度の説明を行うべきであるのは当然であるが、委任状争奪戦が行われた後に続く株主総会では、決議取消訴訟が現実的なリスクとして想定されることを念頭において十分に丁寧な説明を行わなければならない。議場で質問されることが想定される重要な問題（特に回答しにくい問題）については、リハーサルにおいて「何を、どこまで、どのように」説明するのかの準備・練習を行っておく必要がある。

　　(イ)　両立しない議題に関する委任状と集計方法

　会社提案と株主提案とが両立しない議題（たとえば、定款上の取締役の員数の上限が10名の場合に、会社と株主の双方が「取締役10名選任の件」を提案した場合）に、一方の提案に賛成する委任状を提出した場合、他方の提案に対しては反対の議決権行使をしたものとして、出席議決権数に参入する必要があるかが問題となる。

　この点に関しては、前掲東京地判平成19・12・6〔モリテックス事件地裁判決〕が次のような判示をしている。

　すなわち、まず、「本件株主提案と本件会社提案とはそれぞれ別個の議題を構成するものではなく、『取締役8名選任の件』および『監査役3名選任の件』というそれぞれ一つの議題について、双方から提案された候補者の数だけ議案が存在すると解するのが相当」とし、委任状を提出した株主の意思については、「本件株主提案に賛成して本件委任状を原告に提出した株主は、委任事項における『白紙委任』との記載にかかわらず、本件委任状によって、

本件会社提案については賛成しない趣旨で、原告に対して議決権行使の代理権の授与を行ったと解するのが相当」とした。

すなわち、委任状を勧誘者に提出した株主は、会社提案については反対の議決権行使の代理権を授与し、勧誘者はその委任の趣旨に従って会社提案に対しては反対する議決権行使を行ったのであるから、委任状に係る議決権も、会社提案に関して行使されたことに間違いなく、したがって会社提案についても「出席議決権数」に含めて集計しなければならないのであり、これをしなかった会社の集計方法は違法であるとされた。

そして、違法な本件集計方法を採用することによって、可決承認された会社提案は、その決議方法が法令に違反したものとして決議取消事由があるとされたのである。

役員選任議案に関し、株主提案および会社提案の双方が提出され、これについて委任状争奪戦が行われた場合、勧誘者が用いた委任状に、会社提案に関する賛否の欄がない場合でも、委任状を勧誘者に提出した株主は、会社提案に対しては反対の議決権行使の授権を行ったと評価される場合がある、ということである。

したがって、会社としては、役員選任議案について委任状争奪戦となった場合の委任状の集計方法については、上記モリテックス事件地裁判決の趣旨を踏まえて、弁護士等と相談のうえ、慎重に決定する必要がある。

　　(ウ)　役員株主と投票の要否

株主総会における決議の方法は、法律に特別の規定がないから、定款に別段の定めがない限り、議案の賛否について判定できる方法であれば、挙手、拍手、起立または投票その他いかなる方法によるかは総会の円滑な運営の職責を有する議長の合理的裁量に委ねられており、議長は、会議体の運営に関する一般の慣行に従って適当な方法をとることができる（東京地判平成14・2・21判時1789号157頁）。

議決権の事前集計により、結論が判明している場合（多くの場合はこの場

合にあたる)、決議の方法は、その会社の通常の株主総会におけるのと同様の方法(挙手、拍手、起立等)でよい。

しかし、議決権の事前集計により結論が判明していない場合、すなわち、議場における議決権行使により結論が決せられる場合は事情が異なる。この場合、挙手や拍手等では、議決権の集計を行うことは不可能である場合が多く、そのような場合、採決の方法は投票によることになる。

投票を行う場合、投票用紙をいかなる記載・様式のものにするか、どのような手順で投票を行い、開票・集計を行うかなど検討すべき課題は多い。これらは最終的にはすべて議長の合理的な裁量により決定し得る事項であるが、議場での混乱を最小限におさえるという観点から、勧誘者と事前に協議して事実上合意しておくことも考えられる。

なお、当日は、総会検査役が投票・開票の様子をビデオ撮影することから、投票・開票の手順等については、投開票に用いるシステムに関する事項も含め、総会検査役とは事前によく協議しておく必要がある。

それでは、議決権の事前集計により結論が判明せず、議場で投票を行うことにした場合、議場のひな壇に着席している役員株主も投票すべきか。

実務上、ひな壇に着席している役員株主の議決権は、拍手等の議決権行使の「外形的行為」を行わずとも当然に会社提案に賛成の議決権行使を行ったものとして集計している会社も多い。

委任状争奪戦もなく通常の総会であれば、特にこの点が争いとなることもないから問題にはならない。

しかし、委任状争奪戦が行われ、後に決議取消訴訟が提起されることが見込まれる場合には留意を要する。

この点については裁判例(大阪地判平成16・2・4金商1191号38頁)がある。この裁判例では、「議長が投票という決議の方法を選択した以上、投票によって意思を明確にしない株主の議決権を、その者の内心を推測して当該議案に賛成する旨投票したものとして扱うことは許されない」とされている。そ

して、投票によって意思を明確にしない役員株主の議決権を、その者の内心を推測して当該議案に賛成する旨投票したものとして扱い、決議を行う場合、この決議は、その方法が法令に違反するものとして、決議取消事由を構成するとして当該株主総会における決議は取り消されている。

したがって、採決方法として投票を選択した場合、ひな壇にあがっている役員株主についても、投票を行うべきである。なお、役員株主については、議決権行使書面等で行使すればよいとの考え方もあり得るが、役員株主は、株主総会に「出席」しており、株主本人が出席した場合、議決権行使書面等は無効になることから、投票を行うのがより安全である。

(エ) その他の当日の運営に関する事項――個別審議方式と審議打切りのタイミング

上記のほか、委任状争奪戦が行われる場合、勧誘者たる株主は総力をもって議場でも争ってくるのであり、決議取消訴訟で主張され得る事項も多岐にわたる。たとえば、弁護士を代理人として出席させようとしたところ会社に拒否されたであるとか[40]、取り上げるべき動議が取り上げられなかったなどである[41]。

ここでは、これらすべての問題については検討しないが、実務において実

---

40 宮崎地判平成14・4・25金商1159号43頁。決議取消訴訟事件ではなく、損害賠償請求事件ではあるが、弁護士の代理出席の可否が問題となった裁判例として、神戸地尼崎支判平成12・3・28判タ1028号288頁。

41 修正動議が出されたのにこれを無視したことが「重大な瑕疵」と認定され、決議が取り消された事例として、大阪高判昭和54・9・27判時945号23頁〔チッソ決議取消訴訟事件〕がある。他方、動議を提出した株主が議長の注意を無視し、過激な行動に出ているようなときには、株主総会の会議体としての本則を放擲し、株主としての利益を放棄するものであるから、動議提出の求めが適法な動議の提出として受理されなかったとしてもやむを得ず、決議に瑕疵はないとされる（類型別Ⅰ・419頁、福岡地判平成3・5・14判タ769号216頁）。なお、会社としては、修正動議および手続的動議のうち取り上げる必要のある必要的動議については、これを取り上げて議場に諮るのを原則的な取扱いにすべきであるのはいうまでもない。ただし、実際には権限の濫用ともいうべきもので取り上げるに足りない場合もあるから、事務局の弁護士と対応を十分に協議して対応すべきである。

際、問題となりうる争点として、個別審議方式と審議打切りのタイミングについて若干の検討を加える。

東京スタイル決議取消訴訟請求事件（前掲（注36）東京地判平成16・5・13）では、各議案ごとに質疑応答の時間を設け、質疑応答が終了するたびに当該議案の採決を行うといういわゆる個別審議方式が採用されたものの、一部の議案については、株主が挙手をして質問があることを示しているにもかかわらず質問を一切受け付けず、強引に審議を打ち切って採決を行った。[42]このことにつき、裁判所は、「議長が取った措置が不適切ないし不公正」であると認定している（ただし、このことを理由に決議を取り消してはいない）。

もとより、取締役等の説明義務は、株主から質問がなされて初めて生じるものであるから、質問を受け付けない強引な審議の打切りの是非の問題は、理論的には説明義務違反の問題ではなく、議長の議事整理権の行使が著しく不公正か否かの問題である。[43]

そして、個別審議方式を採用すると、どうしても複数回、場合によっては4回も5回も質疑応答の機会を設けなければならない。東京スタイル決議取消訴訟請求事件においても、裁判で問題となった議案だけでも4つあり、その一部の議案について「議長が取った措置が不適切ないし不公正」と認定されているが、東京スタイルは、他の議案については相当程度質問を受け付けて審議を行っているのであるから、個別審議方式ではなく、すべての議案に関する審議を一括して行ういわゆる一括審議方式を採用していれば、上記のような問題は生じなかったように思われる。

株主提案がなされている場合にも、一括審議方式を採用することはもちろん可能なのであるし、個別審議方式には上記のような問題もあることから、

---

[42] 東京スタイルがいかなる理由で一部の議案についてのみ質問を全く受け付けずに強引に採決したのかについては不明である。
[43] これを説明義務の問題として取り上げる学説・裁判例もあるが、詳細は、得津・前掲（注39）166頁。

委任状争奪戦に続く株主総会でも、一括審議方式で審議を行うほうがよいように思われる。そのうえで時間をかけて十分な審議を行う。合理的な範囲で審議が継続している間は、強引に審議を打ち切るべきではない。打切りのタイミングについては、弁護士と相談してこれを行う。

第2節 「買収者追い出し型」の係争にかかわる裁判と取締役の行為規範

I 問題となり得る裁判類型

買収防衛策には、平時導入型と有事導入型とがあるが、今日では新株予約権を用いるものがもっぱら主流であり、問題となり得る裁判類型は、典型的には新株予約権の無償割当ての差止めを求める仮処分申立事件である。なお、平成24年9月7日付け「会社法制の見直しに関する要綱」第3部第1では、公開買付けに関する金融商品取引法の一定の規制に違反して取得された株式について、議決権行使の差止請求を認めるものとされている。仮に、この要綱どおりの改正が実施されれば、敵対的公開買付けが上記規制に違反する場

---

44 会社提案と株主提案の両方を審議する場合、会社提案について一括審議を行い、その後、株主提案について一括審議を行う方法も、会社提案および株主提案の両方について一括して審議する方法もある。
45 東京地決平成17・7・29判時1909号87頁〔日本技術開発事件〕では、「時間稼ぎ型」の株式分割の手法が用いられたが、平成18年1月発効の証券取引所規則の改正により、株式分割の基準日の翌日からすぐに株式売買の決済を行うことが可能となったため、このような株式分割を買収防衛策として用いることは、今日では困難である（田中亘「判批」（野村修也＝中東正文・M&A判例の分析と展開）116頁～117頁参照）。
46 株主総会開催禁止の仮処分等も問題となり得るが、買収防衛策の是非を最終的に判断するのは株主であるべきとする判例の大きな潮流の中で、株主総会の開催自体の禁止が仮処分により認容されることは、特段の事情がない限り考えにくい。

合には、議決権行使の差止請求を行うことが可能となる。

　また、セゾン情報システムズが平成23年6月に導入した事前警告型買収防衛策に基づき、特別委員会の答申を受けて、エフィッシモ社（Effissimo Capital Management Pte Ltd）から提案を受けた大規模買付行為に反対し、これを中止することを求める議案が、平成24年6月12日のセゾン情報システムズの定時株主総会で承認可決された。これに対して、エフィッシモ社等は、平成24年11月20日、上記決議の無効確認訴訟を提起した。そもそも勧告的決議について会社法上の株主総会決議無効確認訴訟が提起できるのかといった点も含め、当該訴訟ではさまざまな点が問題になると思われるが、今後裁判所が何らかの判断を示すと思われるため、本章では当該訴訟類型に関する問題点には踏み込まない。

　そして、現在導入されている買収防衛策のうち、圧倒的多数が「ニレコ型[47]」ではなく、導入時には新株予約権の発行等を伴わない事前警告型である[48]ことに鑑みると、買収防衛策の是非が裁判で争われることになるのは、もっぱら買収防衛策の導入時ではなく発動時、つまり具体的に敵対的買収が実施されている場面であるといえる。

　買収防衛策と株主平等原則との関係を含め、買収防衛策の適法性・有効性に関しては、判例分析等を通じてこれまでに多くの研究が重ねられてきていることから、本項では、自分の会社が実際に敵対的買収の対象とされた際に[49]、取締役としてはいかなる行為規範に基づき行動すべきなのかを探るべく、企業価値研究会が平成20年6月30日に公表した「近時の諸環境の変化を踏ま

---

[47] 平成25年2月末時点で、買収防衛策を導入している会社515社のうち、511社は事前警告型の買収防衛策を導入している（Marr「統計（表とグラフ）」2013年4月号32頁）。

[48] 東京高決平成17・6・15判時1900号156頁〔ニレコ事件〕の買収防衛策は、平時にこれを導入するという意味で事前警告型と同じであるが、事前警告型と決定的に異なるのは、買収防衛策の導入時に、実際に新株予約権を発行することが企図されていたという点である。この買収防衛策では、有事に取締役会が、新株予約権の消却をしない旨の決議をすると、新株予約権が行使され、最大で発行済株式総数が約3倍に増加して敵対的買収者の持株比率を希釈化することが企図されていた。

49 本項では、各判例の概観にとどめ、買収防衛策の個別の内容のあり方を含め、個々の論点について詳述することはしない。

各判例で問題となった個々の論点に関しては、前掲（注45）東京地決平成17・7・29〔日本技術開発事件〕については、太田洋「判批」商事1742号42頁、田中・前掲（注45）114頁、布井千博「判批」金商1229号63頁、岸田雅雄「判批」私法判例リマークス33号106頁、田中亘「買収防衛策と判例の展開――ニッポン放送事件からの流れ（平成17.3.23東京高決、平成17.6.15東京高決、平成17.7.29東京地決）（特集　企業買収と株主総会）」ジュリ1346号8頁、田中亘『企業買収と防衛策』346頁などがある。

東京高決平成17・3・23判時1899号56頁〔ニッポン放送事件〕については、藤田友敬「ニッポン放送新株予約権発行差止事件の検討（平成17.3.11東京地決、平成17.3.16東京地決、平成17.3.23東京高決）(上)・(下)」商事1745号4頁、同1746号4頁、田中亘「買収防衛策の限界を巡って――ニッポン放送事件の法的検討――」日本銀行金融研究所 Discussion Paper No. 2007-J-27、青竹正一「新株予約権の有利発行と不公正発行(上)――ニッポン放送事件決定の検討（平成17.3.11東京地決、平成17.3.16東京地決、平成17.3.23東京高決）」判時1900号180頁（判評560号2頁）、新谷勝「判批」金商1222号54頁、仮屋広郷「判批」（野村修也＝中東正文・M&A判例の分析と展開）78頁、田中・前掲（企業買収と防衛策）105頁などがある。

前掲（注17）最決平成19・8・7〔ブルドックソース事件〕については、森冨義明「判解」最判解民〔平成19年度〕598頁、田中亘「ブルドックソース事件の法的検討（平成19.8.7最高二小決）(上)・(下)」商事1809号4頁、同1810号15頁、中東正文「ブルドックソース事件と株主総会の判断の尊重（平成19.8.7最高二小決）（特集　企業買収と株主総会）」ジュリ1346号17頁、近藤光男「判批」金法1833号8頁、浜田道代「判批」民商139巻2号1頁、同3号38頁、鳥山恭一「差別的条件付き新株予約権無償割当ての適法性――ブルドックソース事件決定とピコイ事件決定の検討（平成19.6.28東京地決、平成19.7.9東京高決、平成19.8.7最高二小決、平成20.3.27新潟地決、平成20.4.3新潟地決、平成20.5.12東京高決）」早稲田法学85巻3号(2)853頁、森本滋「判批」（中東正文ほか編・M&A判例の分析と展開(2)）6頁、吉本健一「ブルドックソース事件の理論的検討（平成19.8.7最高二小決）」阪大法学60巻5号65頁、岩倉正和＝佐々木秀「スティール・パートナーズからの敵対的買収に対するブルドックソースの対抗措置の検証」（岩倉正和＝太田洋編著・M&A法務の最先端）157頁、太田洋＝野田昌毅「買収防衛策――事前警告型買収防衛策を中心に（平成19.8.7最高二小決）（企業買収実務研究会報告3）」金商1290号2頁、清水俊彦「不都合な真実(5)――ブルドックソース事件最高裁決定（平成19.8.7最高二小決）〈Topics〉」金商1276号2頁、同「不都合な真実(6)――ブルドックソース事件の再検討（平成19.8.7最高二小決）〈Topics〉」金商1284号2頁、奈良輝久「ブルドックソース事件――有事に導入された新株予約権無償割当てを利用した買収防衛策と株主総会決議の異議（平成19.8.7最高二小決）（特集　M&Aをめぐる紛争と法規制の現状及び課題――裁判例編）」判タ1259号40頁、同「買収防衛規範の最前線――近時の諸環境の変化を踏まえた買収防衛策の在り方」（企業価値研究会）及び裁判例（ブルドックソース事件最高裁決定等）を踏まえて（平成19.8.7最高二小決）（特集　M&Aをめぐる株価紛争と情報開示・買収防衛策の諸問題――買収防衛策編）」判タ1279号82頁、田中・前掲（企業買収と防衛策）221頁などがある。

た買収防衛策の在り方」(以下、「2008年防衛策ガイドライン」という)における整理を参考とし、①前掲(注45)東京地決平成17・7・29〔日本技術開発事件〕、②前掲(注49)東京高決平成17・3・23〔ニッポン放送事件高裁決定〕、③前掲(注49)最決平成19・8・7〔ブルドックソース事件最高裁決定〕を概観し、取締役の行為規範を整理したうえで、最後にわが国において取締役はいわゆる「レブロン義務」を負うのかにつき、若干の分析を行う。

II 新株予約権無償割当差止仮処分

1 総説

　取締役は、会社に対して善管注意義務を負っており(会330条、民644条)、株主に対して直接善管注意義務を負わないというのが伝統的な考え方であるが、かかる伝統的な考え方を前提としても、会社に対して負う善管注意義務・忠実義務の内容は、株主利益の最大化を図る義務であると解されている[50]。これは、社内取締役であるか、社外取締役かで異なることはない。

　敵対的買収の対象とされた場合、対象会社の取締役は、敵対的買収が成功すれば取締役としての地位を追われる蓋然性が高いことから、企業価値ひいては株主共同の利益よりも自らの保身を優先するおそれが類型的に存在する。

　この意味で、敵対的買収の対象会社の取締役は、MBOと同様に不可避的に利益相反状況におかれることとなり、買収防衛策はややもすれば取締役の「保身の道具」として利用されるおそれがある。

　したがって、敵対的買収の対象となり、図らずも利益相反状況におかれた取締役が、いかなる行為規範に基づいて行動すべきかを整理しておくことは必要であり、また有用でもある。

---

50 江頭・20頁。

以下においては、前掲した各判例のうち、取締役の行為規範を考えるうえで有益な判示部分を分析する。

2 裁判例

(1) 日本技術開発事件

ア　公開買付けに対する対抗策が許容される基準について

　企業の経営支配権の争いがある場合に、現経営陣と敵対的買収者（以下「会社の現経営者が反対している買収者」の意味で用いる。）のいずれに経営を委ねるべきかの判断は、株主によってされるべきであるところ、取締役会は、株主が適切にこの判断を行うことができるよう、必要な情報を提供し、かつ、相当な考慮期間を確保するためにその権限を行使することが許されるといえる。したがって、経営支配権を争う敵対的買収者が現れた場合において、取締役会において、当該敵対的買収者に対し事業計画の提案と検討期間の設定を求め、当該買収者と協議してその事業計画の検討を行い、取締役会としての意見を表明するとともに、株主に対し代替案を提示することは、提出を求める資料の内容と検討期間が合理的なものである限り、取締役会にとってその権限を濫用するものとはいえない。

　……そうであれば、取締役会としては、株主に対して適切な情報提供を行い、その適切な判断を可能とするという目的で、敵対的買収者に対して事業計画の提案と相当な検討期間の設定を任意で要求することができるのみならず、合理的な要求に応じない買収者に対しては、証券取引法の趣旨や商法の定める機関権限の分配の法意に反しない限りにおいて、必要な情報提供と相当な検討期間を得られないことを理由に株主全体の利益保護の観点から相当な手段をとることが許容される場合も存するというべきである。この観点からみると、敵対的買収者が真摯に合理的な経営を目指すものではなく、敵対的買収者による支配権取得が会社に回復し難い損害をもたらす事情が認められないにもかかわらず、取締役会が公開買付けに対する対抗手段として、公開買付けを事実上不可能ならしめる手段を用いることは証券取引法の趣旨に反し、また、直ちに新株発行や新株予約権の発行を行うことは、商法の定める機関権限の分配の法意に反し、相当性を欠くおそれが高いということができるものの、他方、取締役会として

> 採り得る対抗手段が当該買収者の買収が適切でない旨の意見を表明する方法な
> どにとどまるべきものであるということも適当ではない。したがって、取締役
> 会が採った対抗手段の相当性については、取締役会が当該対抗手段を採った意
> 図、当該対抗手段を採るに至った経緯、当該対抗手段が既存株主に与える不利
> 益の有無および程度、当該対抗手段が当該買収に及ぼす阻害効果等を総合的に
> 考慮して判断するべきである。

　日本技術開発事件（前掲（注45）東京地決平成17・7・29）において、東京地方裁判所は、「企業の経営支配権の争いがある場合に、現経営陣と敵対的買収者……のいずれに経営を委ねるべきかの判断は、株主によってされるべきである」という「株主判断原則」ともいうべき考え方を出発点としている。[51]

　そのうえで、東京地方裁判所は、「取締役会は、株主が適切にこの判断を行うことができるよう、必要な情報を提供し、かつ、相当な考慮期間を確保するためにその権限を行使することが許される」とし、有事に取締役会限りで導入された事前警告型買収防衛策のうち、情報提供等を買収者に要請することについて是認した。

　ただし、後に判示されているとおり、これは、「提出を求める資料の内容と検討期間が合理的なものである限り」という条件付きである。

　すなわち、東京地方裁判所は、会社の経営権を誰に委ねるかの判断は株主が行うべきものであるから、取締役会が、その判断を株主が行う際に必要な情報と時間を確保すべく、合理的な範囲で買収者に情報提供等を求めることは許容されるとしているのである。

　したがって、取締役会は、仮に平時に買収防衛策の導入をしていない場合でも、上記の範囲で情報提供等を求めることは、それが合理的なものである限り、許容されるものと思われる。

51　太田・前掲（注49）47頁以下。日本技術開発事件地裁決定は、ニッポン放送事件以来の買収防衛策をめぐる一連の裁判例が形成してきた判断枠組みの（平成17年7月時点までの）集大成と評されている（同48頁）。

どこまでの要求であれば必要か、相当といえるかの明確な基準が示されたわけではないため、その判断は容易ではないが、買収を事実上阻止または著しく困難にすることを目的として延々と情報提供等を求めるようなやり方は認められない。(事前警告型買収防衛策を導入していた会社に対する買収提案の事例ではあるが) 近時、買収提案の対象とされた会社の取締役会による情報提供の要求のあり方については、疑問も呈されているところであり、行き過ぎた情報提供の要求にわたらないよう留意が必要である。[52]

　他方で、東京地方裁判所は、「敵対的買収者が真摯に合理的な経営を目指すものではなく、敵対的買収者による支配権取得が<u>会社に回復し難い損害をもたらす事情</u>が認められないにもかかわらず、取締役会が公開買付けに対する対抗手段として、公開買付けを事実上不可能ならしめる手段を用いることは証券取引法の趣旨に反し、また、直ちに新株発行や新株予約権の発行を行うことは、商法の定める機関権限の分配の法意に反し、相当性を欠くおそれが高い」とも述べている。

　つまり、濫用的買収の場合であれば格別、そうでない限り、「公開買付けに対する対抗手段として」、「公開買付けを事実上不可能ならしめる手段を用いること」や「直ちに新株発行や新株予約権の発行を行うこと」は相当性を欠くおそれが高く、許容されない可能性が高いと考えるべきである。

　こうしてみると、取締役ないし取締役会は、有事の際には、買収の是非を最終的に株主が判断するための「お膳立て」をする役割が期待されており、その役割を超えて取締役ないし取締役会が、株主の判断を仰ぐことなく買収を事実上阻止することができるのは、濫用的買収が明らかであるようなごく例外的な場合に限られるように思われる。

　そして、いかなる場合が「濫用的買収」にあたるのかについての具体的示唆を与えているのが、次にみるニッポン放送事件高裁決定である。

52　田中・前掲（注49・企業買収と防衛策）349頁〜351頁。

(2) ニッポン放送事件高裁決定

　商法上、取締役の選任・解任は株主総会の専決事項であり（254条1項、257条1項）、取締役は株主の資本多数決によって選任される執行機関といわざるを得ないから、被選任者たる取締役に、選任者たる株主構成の変更を主要な目的とする新株等の発行をすることを一般的に許容することは、商法が機関権限の分配を定めた法意に明らかに反するものである。この理は、現経営者が、自己あるいはこれを支持して事実上の影響力を及ぼしている特定の第三者の経営方針が敵対的買収者の経営方針より合理的であると信じた場合であっても同様に妥当するものであり、誰を経営者としてどのような事業構成の方針で会社を経営させるかは、株主総会における取締役選任を通じて株主が資本多数決によって決すべき問題というべきである。したがって、現経営者が自己の信じる事業構成の方針を維持するために、株主構成を変更すること自体を主要な目的として新株等を発行することは原則として許されないというべきである。
　一般論としても、取締役自身の地位の変動がかかわる支配権争奪の局面において、果たして取締役がどこまで公平な判断をすることができるのか疑問であるし、会社の利益に沿うか否かの判断自体は、短期的判断のみならず、経済、社会、文化、技術の変化や発展を踏まえた中長期的展望の下に判断しなければならない場合も多く、結局、株主や株式市場の事業経営上の判断や評価にゆだねるべき筋合いのものである。……
　会社の経営支配権に現に争いが生じている場面において、株式の敵対的買収によって経営支配権を争う特定の株主の持株比率を低下させ、現経営者またはこれを支持し事実上の影響力を及ぼしている特定の株主の経営支配権を維持・確保することを主要な目的として新株予約権の発行がされた場合には、原則として、商法280条ノ39第4項が準用する280条ノ10にいう「著シク不公正ナル方法」による新株予約権の発行に該当するものと解するのが相当である。
　もっとも、経営支配権の維持・確保を主要な目的とする新株予約権発行が許されないのは、取締役は会社の所有者たる株主の信認に基礎を置くものであるから、株主全体の利益の保護という観点から新株予約権の発行を正当化する特段の事情がある場合には、例外的に、経営支配権の維持・確保を主要な目的とする発行も不公正発行に該当しないと解すべきである。

例えば、株式の敵対的買収者が、〈1〉真に会社経営に参加する意思がないにもかかわらず、ただ株価をつり上げて高値で株式を会社関係者に引き取らせる目的で株式の買収を行っている場合（いわゆるグリーンメイラーである場合）、〈2〉会社経営を一時的に支配して当該会社の事業経営上必要な知的財産権、ノウハウ、企業秘密情報、主要取引先や顧客等を当該買収者やそのグループ会社等に移譲させるなど、いわゆる焦土化経営を行う目的で株式の買収を行っている場合、〈3〉会社経営を支配した後に、当該会社の資産を当該買収者やそのグループ会社等の債務の担保や弁済原資として流用する予定で株式の買収を行っている場合、〈4〉会社経営を一時的に支配して当該会社の事業に当面関係していない不動産、有価証券など高額資産等を売却等処分させ、その処分利益をもって一時的な高配当をさせるかあるいは一時的高配当による株価の急上昇の機会を狙って株式の高価売り抜けをする目的で株式買収を行っている場合など、当該会社を食い物にしようとしている場合には、濫用目的をもって株式を取得した当該敵対的買収者は株主として保護するに値しないし、当該敵対的買収者を放置すれば他の株主の利益が損なわれることが明らかであるから、取締役会は、対抗手段として必要性や相当性が認められる限り、経営支配権の維持・確保を主要な目的とする新株予約権の発行を行うことが正当なものとして許されると解すべきである。そして、株式の買収者が敵対的存在であるという一事のみをもって、これに対抗する手段として新株予約権を発行することは、上記の必要性や相当性を充足するものと認められない。

　ニッポン放送事件高裁決定（前掲（注49）東京高決平成17・3・23）において、東京高等裁判所は、「取締役自身の地位の変動がかかわる支配権争奪の局面において、果たして取締役がどこまで公平な判断をすることができるのか疑問である」とし、「誰を経営者としてどのような事業構成の方針で会社を経営させるか」については最終的には「株主が資本多数決によって決すべき問題」であるという考えを前提ないし出発点としている。

　そのうえで、東京高等裁判所は、概要、次の3点を判示している。

　まず1点目は、現に支配権争いが生じている場面において、経営支配権の維持・確保を目的とした新株等の発行がされた場合には、原則として、不公

正な発行となる。

　2点目として、新株等の発行が、取締役自身や第三者の個人的利益を図るためのものでなくとも、敵対的買収者の持株比率を低下させ、現経営者を支持し事実上の影響力を及ぼしている第三者の経営支配権を確保するために行ったものである限り、「経営支配権の維持・確保を目的とした」ものと評価される。

　さらに3点目として、上記の一般原則に対する例外として、株主全体の利益保護の観点から新株等の発行を正当化する特段の事情があること、具体的には、敵対的買収者が真摯に合理的な経営を目指すものではなく、敵対的買収者による支配権獲得が会社に回復しがたい損害をもたらす事情があることを会社が立証した場合には、会社の経営支配権の帰すうに影響を及ぼすような新株等の発行の差止めをすることはできない。[53]

　この裁判例からしても、取締役会は、有事において取締役会限りで会社の経営支配権の帰すうに影響を及ぼすような対抗策を発動することは、会社に回復しがたい損害をもたらす事情があるといった極めて限定的な場合を除き、原則として許されないということになる。実際、敵対的な対応をとるようになった大株主（もともとの業務提携先）の影響力を排除することを目的として、株主総会の決議を経ることなく、取締役会決議により、差別的取得条項が付された新株予約権の無償割当てを実施した事案では、不公正発行にあたるとして新株予約権の行使による新株の発行が仮に差し止められている（東京高決平成20・5・12判タ1282号273頁〔ピコイ事件〕）[54]。また、前記のとおり、取締役自身や第三者の個人的利益を図る目的がないと認定される場合でも、

53　以上、3点の要約につき、田中・前掲（注49・日本銀行金融研究所 Discussion Paper No. 2007-J-27）8頁以下、田中・前掲（注49・企業買収と防衛策）115頁〜116頁。

54　本決定の判例解説として、村田敏一「判批」商事1944号93頁、山田剛「取締役会決議による買収防衛策と不公正発行(上)――差別的取得条項付新株予約権無償割当を中心にして――」金商1358号2頁、奈良輝久「判批」金商1312号7頁、鳥山恭一「判批」金商1326号9頁、同・前掲（注49）853頁、草野真人「判解」主判解〔平成20年〕（別冊判例タイムズ）25号157頁などがある。

対抗策をとることは原則として許されないのである[55]。

　それでは、取締役会は、いかなる場合に、取締役会限りで新株発行等の対抗策をとり得るのであろうか。

　一般論としては、①敵対的買収者が真摯に合理的な経営を目指すものではないこと、②敵対的買収者による支配権獲得が会社に回復しがたい損害をもたらす事情のあることが要件としてあげられている。

　これらの要件、特に②の要件は、「もたらすおそれ」ではなく「もたらす事情」とされていることからもわかるとおり、これらの要件を疎明、立証することは現実的には容易ではない。

　東京高等裁判所は、これらの要件を充足する例外的な場面として4つの具体的な例外的場面をあげている（いわゆる「4類型」）。

　第1類型は、ただ株価をつり上げて高値で株式を会社関係者に引き取らせる目的で株式の買収を行っている場合（いわゆるグリーンメーラーである場合）である。

　第2類型は、買収成功後に会社の重要な資産を当該買収者やそのグループ会社等に移譲させる場合である。

　第1類型および第2類型については、比較的明確である。

　しかし、第3類型および第4類型は、その意義・範囲は決定文の文言上は必ずしも明確ではない。

　まず、第3類型では、「会社経営を支配した後に、当該会社の資産を当該買収者やそのグループ会社等の債務の担保や弁済原資として流用する予定で株式の買収を行っている場合」とされており、これはLBO（レバレッジドバイアウト）を意味しているようにも思われ、実際、このように解する見解も

55　この意味で、取締役が自己の地位を維持することが主要な目的かどうかを審査していた米国での「主要目的ルール」とは明確に異なる規範である（田中・前掲（注49・日本銀行金融研究所 Discussion Paper No. 2007-J-27）9頁～10頁、田中・前掲（注49・企業買収と防衛策）117頁～118頁参照）。

存在する。[56]

　しかし、LBOでは、典型的には、買収会社は対象会社の株式を全部取得し、対象会社と合併することから、対象会社の資産・負債は同一法人に帰属することになるため、法律上は自己の債務を自己の資産で弁済することになるのであり、「流用」があると評価するのは難しい。

　この第3類型は、買収者が対象会社の支配権を獲得した後に、法人格を別にしたままで、かつ、少数株主を残存させたままで、会社財産を自己の債務の弁済に流用するような、実質は横領・背任に近い行為を指すと解すべきである。[57]

　また、第4類型では、「会社経営を一時的に支配して当該会社の事業に当面関係していない不動産、有価証券など高額資産等を売却等処分させ、その処分利益をもって一時的な高配当をさせるかあるいは一時的高配当による株価の急上昇の機会を狙って株式の高価売り抜けをする目的で株式買収を行っている場合」とされており、一見、これは敵対的買収者が「よいこと」を企図しているように思われる。

　しかし、ここで用いられている「当面」「一時的」「売り抜け」といった文言に着目するならば、この類型で想定されているのは、①売却する資産は「当面」は使用していないが実際には事業を行ううえで必要なものであり、②これを処分することは「一時的」な高配当にはつながるが、将来的には企業が生み出すキャッシュフローを減少させて企業価値を下げるのであるが、③株主（市場）はこれに気づかず、事業には必要のないフリー・キャッシュフローの還元であると誤解して株価が一時的に高騰し、株価が下落する前に買収者は「売り抜け」を図るといった行為を行う目的で買収を行う場合では

56　判時1899号57頁解説など。
57　田中・前掲（注49・日本銀行金融研究所 Discussion Paper No. 2007-J-27）17頁、田中・前掲（注49・企業買収と防衛策）125頁～126頁。なお、後記の2008年防衛策ガイドラインにおける取締役の行為規範②の解説も参照。

411

ないかと思われる。[58]

　以上のように、取締役会は、これらのようなごく例外的な場合、しかもこれらの例外事由が存在することを疎明、立証できる場合に限り、有事に取締役会限りで、新株発行等の対抗策を講じることが可能ということになる。

　要は、裁判所は、敵対的買収が開始された場合には、買収の是非は株主が判断すべきであり、取締役会はその機会を確保すべきであり、これを奪うべきではないという基本的な立場なのである。

　そしてこの下級審の考え方は、次でみるブルドックソース事件において最高裁判所も是認するところとなる。

(3)　ブルドックソース事件最高裁決定

> 　株主平等の原則は、個々の株主の利益を保護するため、会社に対し、株主をその有する株式の内容および数に応じて平等に取り扱うことを義務付けるものであるが、個々の株主の利益は、一般的には、会社の存立、発展なしには考えられないものであるから、特定の株主による経営支配権の取得に伴い、会社の存立、発展が阻害されるおそれが生ずるなど、会社の企業価値がき損され、会社の利益ひいては株主の共同の利益が害されることになるような場合には、その防止のために当該株主を差別的に取り扱ったとしても、当該取扱いが衡平の理念に反し、相当性を欠くものでない限り、これを直ちに同原則の趣旨に反するものということはできない。そして、<u>特定の株主による経営支配権の取得に伴い、会社の企業価値がき損され、会社の利益ひいては株主の共同の利益が害されることになるか否かについては、最終的には、会社の利益の帰属主体である株主自身により判断されるべきものであるところ、株主総会の手続が適正を欠くものであったとか、判断の前提とされた事実が実際には存在しなかったり、虚偽であったなど、判断の正当性を失わせるような重大な瑕疵が存在しない限り、当該判断が尊重されるべきである</u>。

---

[58] 田中・前掲（注49・日本銀行金融研究所 Discussion Paper No. 2007-J-27) 20頁〜21頁、田中・前掲（注49・企業買収と防衛策）129頁〜132頁参照。なお、後記の2008年防衛策ガイドラインにおける取締役の行為規範②の解説も参照。

ブルドックソース事件最高裁決定（前掲（注17）最決平成19・8・7）で最高裁判所は、買収防衛策の発動の必要性について、「特定の株主による経営支配権の取得に伴い、会社の企業価値がき損され、会社の利益ひいては株主の共同の利益が害されることになるか否かについては、最終的には、会社の利益の帰属主体である株主自身により判断されるべきものである」と述べ、ニッポン放送事件以来の裁判所の基本的立場を是認している。[59]

　「株主自身により」としており、「株主総会により」としているわけではないことから、必ずしも株主総会を開催して株主の意思を確認しなければならないと直ちには解されないが、公開買付けでは、株主はもっぱら買付価格にのみ着目してこれに応募するか否かを意思決定することから、買収の是非について株主の意思を問おうとするならば実際上は株主総会を開催するという方向になるものと思われる。[60]

　このように、裁判所は、最高裁判所も含め、敵対的買収の是非は最終的には株主が判断すべきとの立場であり、取締役会としては、濫用的買収であることを疎明、立証できる例外的な場合を除き、取締役会限りで株主の判断の機会を奪うような対抗策を講じることはできないものと解される。

3　取締役の行為規範——基本的な考え方

(1)　基本的視座

　敵対的買収局面において、取締役がいかに行動すべきかは、買収の目的、手段、買収提案の内容および買収者の属性等によって事案ごとに異なるもの

59　森冨・前掲（注49）610頁では、「企業価値とは何かということ自体難問であるし、中長期視点において、経営支配権の取得が当該会社の企業価値をき損し、株主の共同の利益を害することになるか否かを、誰がどのように判断すべきかということも、上記の企業価値とは何かということや、そもそも会社は誰のものかということとも関連して、その解決は困難である」との問題意識が示されている。

60　ブルドックソース事件では、買収防衛策の導入および発動の是非が株主総会の決議に委ねられていたことから、ニッポン放送事件で判示された厳しい主要目的ルールは同事件には適用されなかった（森冨・前掲（注49）617頁参照）。

であり、画一的に行為規範を定立することは困難であるものの、基本的視座を整理することは可能である。

まず、前記のとおり、裁判所は、「買収防衛策の是非」を最終的に判断するのは「会社の利益の帰属主体である株主自身」(株主総会)における意思決定を重要視する傾向にある。

しかし、取締役は、企業価値ひいては株主共同の利益を最大化する義務を負っているのであるから、形式的に株主総会に判断を委ねる一方で、自らは判断を回避し、株主総会で決議が承認されるようひたすら画策するといったことは許されない。

取締役は、あくまでも会社ひいては株主共同の利益を最大化する義務を負う者として、自ら責任をもって買収防衛策の導入および発動の要否について判断し、そのうえで株主に対する説明責任を果たすことが求められる。[61]

したがって、取締役は、買収局面においても、平時と同様、「株主共同の利益を最大化する」ためには自らはいかに行動すべきかということを考えなければならない。

以下では、より具体的に検討すべく、2008年防衛策ガイドラインに掲記された行為規範を、各判例を踏まえつつ分析し、基本的考え方について検討する。[62]

(2) 株主以外の利害関係者の利益への言及

① 取締役会は、株主共同の利益の確保・向上に適わない場合にもかかわらず、

---

[61] 前掲東京高決平成17・6・15〔ニレコ事件〕の「取締役は会社の所有者である株主と信認関係にあるから、上記権限の行使に当たっても、株主に対しいわれのない不利益を与えないようにすべき責務を負う」という判示は、取締役が株主に対して直接義務を負っていることを前提にしているようである。近時の裁判例では、取締役が株主に対して直接信任義務を負っているかのような判示をするものも散見される。たとえば、大阪高決平成21・9・1判夕1316号219頁は、より直接的に取締役は「株主に対してはその利益を図るべき善管注意義務」を負っていると明言している。

[62] 2008年防衛策ガイドライン5頁以下。

> 株主以外の利害関係者の利益に言及することで、買収防衛策によって保護しようとする利益を不明確としたり、自らの保身を目的として発動要件を幅広く解釈してはならない。

　この規範は、株主共同の利益の確保・向上に適わないにもかかわらず、アプリオリに従業員、顧客、取引先、地域社会等の株主以外の利害関係者の利益を守る必要があるといった理由をあげることにより、①買収防衛策の必要性の評価にかかわる「保護しようとする利益」を不明確にしてはならず、また、②取締役自らの保身を目的として発動要件を幅広く解釈してはならないということを述べている。

　敵対的買収の対象とされた場合、企業価値ひいては株主共同の利益がどうなるのかの議論なしに、アプリオリに「従業員が大切だからとにかく買収はダメです」であるとか、「取引先がとにかく重要だから買収はダメです」といったように、株主以外の利害関係者の利益をあげて買収に反対する「誘惑」に駆られることが想定されるが、そういったことは取締役として行ってはならないということである。[63]

　しかし、たとえば、「わが社では従業員が競争力の源泉であるから、人材育成を強化したい」ということであれば、将来のキャッシュフローの流列を高めるために、現時点での人材育成支出が必要であるといった主張を行うことは十分に可能である。[64] 要は、「株主共同の利益の確保・向上に適わない場合にもかかわらず」株主以外のステークホルダーの利益にかこつけて買収阻止を図ってはならないということである。

---

[63] 神田秀樹＝新原浩朗ほか「企業価値研究会報告書と今後の買収防衛策のあり方(上)」商事1842号8頁〔新原浩朗発言〕、新原浩朗「近時の諸環境の変化を踏まえた買収防衛策の在り方」商事1842号16頁参照。
[64] 新原・前掲（注63）16頁参照。

(3) 単独で株主共同の利益を侵害するとまではいえない理由による買収防衛策の発動

> ② 取締役会は、被買収者の資産を買収者の債務の担保とすることや、被買収者の遊休資産を処分し、その処分利益をもって高配当をさせることが予定されているなど、それのみでは当該買収が株主共同の利益を侵害するとまでは言い難い理由のみをもって、買収防衛策の発動が必要であるとの判断を行ってはならない。

この行為規範では、被買収者の資産を買収者の債務の担保とすること（LBO）や被買収者の資産を処分し、配当することを予定しているという理由のみをもって、株主共同の利益を毀損するかどうかの実態判断を行うことなく、アプリオリに防衛策の発動を判断してはならないとされている。

前述のとおり、ニッポン放送事件高裁決定（前掲（注49）東京高決平成17・3・23）では、一見するとLBOの場合にも、取締役会限りで防衛策を発動できる例外的な類型に該当するかのような判示があるが、2008年防衛策ガイドラインでは、LBOだからといって、そのことのみで取締役会が防衛策を発動してよいということにはならないことを明確にしている。

また、ニッポン放送事件高裁決定では、遊休資産を処分し、その処分利益をもって高配当をさせることが予定されている場合にも、防衛策を発動できる例外的な類型に該当するかのような判示があるが、2008年防衛策ガイドラインでは、これは、真に事業に使用する予定のない遊休資産を合理的理由なく貯めたままにして経営陣が処分も配当もしないという場合には、買収してその資産を処分するということは正当化させる場合があり、この事実のみをもって、防衛策を発動するというのは不適切との考えが採用されている。[65]

---

[65] 新原・前掲（注63）18頁。

(4) 買収提案の検討期間の引き延ばし等

> ③ 取締役会は、合理的な範囲を超えて買収提案の検討期間をいたずらに引き延ばしたり、意図的に繰り返し延長することによって、株主が買収の是非を判断する機会を奪ってはならない。

　株主が買収の是非を適切に判断するための時間や情報を確保する場合や、被買収者の取締役会が、株主のために、買収者との交渉を通じてより良い買収条件を引き出すための交渉機会を確保する場合においては、取締役会が買収防衛策を導入し、さらに、合理的と認められる範囲の手続に反して（買収手続を）一時停止しない買収者に対し、これを発動することが認められる場合もあり得る。[66]

　日本技術開発事件地裁決定（前掲（注45）東京地決平成17・7・29）も、「取締役会は、株主が適切にこの判断を行うことができるよう、必要な情報を提供し、かつ、相当な考慮期間を確保するためにその権限を行使することが許されるといえる」としたうえで、「合理的な要求に応じない買収者に対しては……必要な情報提供と相当な検討期間を得られないことを理由に株主全体の利益保護の観点から相当な手段をとることが許容される場合も存する」と判示しているところである。

　また、取締役会が、前記(3)の提案をされた買収が株主共同の利益を毀損するかどうかの実態判断を行うためには、当然、相当程度の情報が必要であるから、必要かつ相当な範囲で、買収提案者に対して一定の情報提供を求めること自体は認められると解される。

　そして、前記のとおり、現在導入されている買収防衛策は事前警告型であり、対象会社の取締役会は、買収者に対して、買収の目的や方法等の関連情報の提供を要請し、その後、買収提案を評価・検討・交渉するための期間と

---

[66] 2008年防衛策ガイドライン9頁。

して60日ないし90日の期間が設けられることが多い。

　実際、買収提案が行われた場合、この期間内に買収提案者に対して情報提供を求めていくことになる。

　実務的には、情報提供を求めることができる「必要かつ相当な範囲」がどの範囲かという判断が難しいのであるが、これは、買収の目的や手法、買収後の経営方針といった買収提案の内容や、買収者の属性、買収提案に至る交渉経緯といった事情を総合的に考慮して事案ごとに判断していくほかない。

　しかし、取締役会は、時間や情報、交渉機会の確保を口実に、買収自体を断念すること、あるいは、買収自体を著しく困難にすることを目的として、買収者に対して延々と情報提供を求めることや買収提案の検討期間をいたずらに引き延ばすなどの恣意的な運用は許容されないと考えるべきである。[67]

　したがって、取締役会が、買収者の提供した情報が、株主が買収提案の是非や取締役会が提示する代替案の是非等を判断するのに十分であるか否かの判断を行うに際しては、特別委員会の意見を十分に参考とするなどして、上記のような恣意的な運用を行わないように留意する必要がある。場合によっては、事前警告型買収防衛策の設計において、買収者の提供した情報が十分か否かの判断は特別委員会が行うものとすることも考えられる。

　また、取締役会は、買収者に対して要求した情報の内容および買収者から提供を受けた情報については、適時適切に株主に開示すべきである。

(5) 株主共同の利益の向上という観点からの真摯な検討

> ④　取締役会は、当該買収提案が株主共同の利益を向上させるものか否かという観点から、買収条件、買収が株主共同の利益に与える影響等の買収提案の内容や、買収者の属性・資力等について、真摯な検討を行わなければならな[68]

---

[67] 2008年防衛策ガイドライン9頁。
[68] 買収提案の内容については、外部専門家の分析を得るなど、財務的な観点を含めた検討が行われるべきであるとされている（2008年防衛策ガイドライン6頁脚注6）。

い。

　この行為規範は、買収提案が行われた際に、取締役会は、「買収提案の内容や、買収者の属性・資力等」について、「真摯な検討」を行わなければならないとしており、2008年防衛策ガイドライン6頁脚注6において、「外部専門家の分析を得るなど、財務的な観点を含めた検討」がなされるべきであるとされている。

　まず、取締役会は、「買収提案は受け入れられるべきではない」または「買収提案を受け入れることなどできない」という先入観の下、買収提案を真摯に検討することなく、これを阻止することにのみ腐心することを戒めている。

　また、買収提案には、買収価格が提示される場合が多く、場合によっては、買収後の事業計画や財務計画が提示されることもあるため、提案に係る買収価格や事業計画・財務計画が株主共同の利益に適うものであるかについては、外部専門家の分析を経ることで、より正確な分析を経て初めて、買収提案が株主共同の利益に資するものか否かの判断が可能となることもある。

　そのため、専門家の分析を踏まえた財務的な検討が必要となるのである。

　なお、この外部専門家の検討は、特別委員会による検討で代替し得るものではないと考えるべきであり（特別委員会は取締役会の「アドバイザー」ではない）、取締役会は、特別委員会とは別に独自にフィナンシャルアドバイザーを選任し、独自に財務的観点からの分析を行うべきであろう。

(6) 買収条件の改善に向けての真摯な交渉

> ⑤ 取締役会は、買収条件の改善により当該買収提案が株主共同の利益に資するものとなる可能性がある場合には、買収条件の改善に向けて、買収者との交渉を真摯に行わなければならない。

この行為規範は、「買収条件の改善により当該買収提案が株主共同の利益に資するものとなる可能性」がある場合に、買収条件の改善に向けて、買収者との交渉を真摯に行わなければならないとしている。

　ここでは、「買収条件の改善により当該買収提案が株主共同の利益に資するものとなる可能性」がある場合とされており、たとえば、提案に係る事業計画や施策は株主共同の利益に資する可能性があるものの、買付価格が企業価値に照らして低すぎると判断される、または、その逆の場合などが考えられる。

　留意しなければならないことは、取締役は、安易に「買収条件の改善により当該買収提案が株主の利益に資するものとなる可能性」がないと決めつけてはならないということである。

　この可能性の有無を判断するに際しては、買付者から十分な情報を入手し、必要に応じて専門家の助言・分析を得たうえで、慎重に検討しなければならない。

　また、交渉を誰が行うのかという交渉主体も問題となり得る。

　前記のとおり、取締役（特に社内取締役）は、敵対的買収が成立した場合、自らの取締役としての地位を失うかもしれないという立場におかれている。つまり、買収条件が改善され、買収が成立すれば、自己の地位が危うくなりかねないという立場にあることから、どこまで私心を払って「交渉を真摯に」行うことができるのかという難しい問題がある。

　だからといって、現在のわが国の状況では、社外の第三者にこの交渉を任せるわけにもいかない。

　そこで、交渉の公正性・客観性を高めるためにも、社外取締役を交渉担当に加えたり、社外監査役あるいは場合によっては特別委員会の委員に交渉の場に立ち会ってもらったりするといった工夫も考えられるところである。

(7) 買収防衛策の不発動の決議

> ⑥ 取締役会は、株主共同の利益を向上させる買収提案であると判断した場合には、株主総会で株主の意思を問うまでもなく、直ちに買収防衛策の不発動を決議しなければならない。

　この行為規範は、現在行っている経営よりも、買収提案のほうが企業価値ひいては株主共同の利益に資すると取締役会が判断した場合には、直ちに買収防衛策の「不発動」を決議しなければならないとするものである。

　このような場合には、実際上は、買収者との間でアライアンスないし提携を行うことができないかについても交渉が行われるように思われ、提携等の方向で合意できるのであれば敵対的買収ではなくなるため、買収防衛策の発動はそもそも当該買収者との関係では必要なくなる。

　また、提携等が合意に至らない場合でも、専門家の分析等を経たうえで慎重に検討した結果、客観的に「株主共同の利益を向上させる買収提案である」と取締役会が判断するに至った場合には、買収防衛策を当該買収者に対しては「発動しないこと」を決議し、公表すべきである。

　なお、本行為規範において、買収防衛策の「廃止」ではなく「不発動」とされているのは、「廃止」してしまうと当該提案者以外に濫用的買収者が出現した場合にも買収防衛策を使えなくなるため、そのような事態を防止する趣旨である。[69]

(8) 株主に対する説明責任

> ⑦ 取締役会は、株主が買収の是非を判断できるよう、買収提案に対する取締役会の評価等について、できるだけ事実に基づいて、株主に対する説明責任を果たさなければならない。

---

[69] 新原・前掲（注63）18頁参照。

会社法上は、株主総会における場合（会314条）を除き、取締役は、原則として株主に対して説明義務を負っていない。

　証券取引所の規則上は、敵対的公開買付けや株券等の買い集め行為に対抗するための買付けその他の有償の譲受けの要請（いわゆる防戦買いの要請）や公開買付け等に関する意見の公表等を対象会社が決定した場合、適時開示の対象となる。[70] また、会社の運営、業務、財産等に関する重要事項であって、投資判断に著しい影響を及ぼす事項を決定した場合にも適時開示の対象となる。[71] これらの適時開示に関する規則は、最低限の開示事項を定めたものであるから、取締役会は、これを遵守することはもちろん、より積極的に株主に対して情報を開示し、株主に判断材料を与えることを心がけなければならない。

　本行為規範では、「株主に対する説明責任」を果たさなければならないとされているが、この「説明責任」は、次に述べるような買収防衛策の目的にも関連する法令上の義務よりも大きな概念であるように思われる。

　すなわち、買収防衛策の大きな目的の1つは、株主が、現経営陣と敵対的買収者のいずれに経営を委ねるべきか、あるいは、敵対的買収に（公開買付けにおいて）自らが応じるべきかの判断を行うために必要な情報を、買収者から収集するという点にある。

　逆にいえば、この情報収集の機会を確保するということが、買収防衛策の導入を正当化する大きな根拠の1つである。

　したがって、取締役会は、買収者からの買収提案の内容はもちろん、買収者から開示された買収提案に関する情報、買収者に関する情報は、それぞれ可能な限り速やかに株主に対して開示すべきということになる。

　また、買収者との間の協議の状況、内容についても積極的に株主に開示することを検討すべきである。

70　東京証券取引所有価証券上場規程402条1項1号y。
71　東京証券取引所有価証券上場規程402条1項1号ap。

さらに、買収者から得られた情報に加えて、取締役会は、買収提案に対する評価、その評価を裏付ける根拠、そして買収提案に代わる取締役会の代替案に関しても、これらの検討を可能な限り速やかに行い、開示すべきである。

このように、取締役会は、買収提案に関する情報等については、開示する法令上の義務はあるのかといった観点で開示の要否を検討するのではなく、株主の買収提案の判断に資するか否かという観点で開示の要否・是非を検討し、営業秘密その他の開示できない情報を除き、「株主に対する説明責任」をより積極的に果たしていくことを旨とすべきである。[72]

(9) 特別委員会を設置する場合

> ⑧ 取締役会は、特別委員会を設置する場合には、現経営陣からの独立性を実質的に担保するとともに、その勧告内容に従うという判断に関する最終的な責任を負わなければならない。

本行為規範では2つのことが述べられている。

特別委員会の委員の独立性の問題と特別委員会の勧告内容に従う際の責任の所在についてである。

まず、特別委員会は、第三者の買収提案等に対する評価を経ることにより、現経営陣の利益相反的状況を可及的に回避・軽減する目的で設置される以上、「現経営陣からの独立性」が「実質的に担保」されなければならないのは当然である。

---

[72] 日本ハウズイングに対する原弘産等による買収提案に関する情報開示については日本ハウズイングのホームページ、東洋電機製造に対する日本電産による買収提案に関する情報開示については東洋電機製造のホームページ、セゾン情報システムズに対するエフィッシモによる株式の大規模買付けに関する情報開示についてはセゾン情報システムズのホームページ、アコーディア・ゴルフに対するPGMホールディングスによる敵対的公開買付けに関する情報開示についてはアコーディア・ゴルフのホームページ、日本ペイントに対するニプシー・インターナショナル・リミテッドからの買収提案（後に取下げ）に関する情報開示については日本ペイントのホームページにそれぞれ掲載されている。

日本弁護士連合会の平成22年7月15日付け「企業等不祥事における第三者委員会ガイドライン」（平成22年12月17日改訂）の「第2．第三者委員会の独立性、中立性についての指針」では、「企業等の利害関係を有する者」は委員に就任することができないとされており、顧問弁護士はこれに該当するとされている。ただし、企業等の業務を受任したことがある弁護士や社外役員については、直ちに「利害関係を有する者」に該当するものではなく、ケース・バイ・ケースで判断されることになろうとされている。[73]

　このように、いかなる場合に独立性が認められるかについては、明確な基準があるわけではないが、①対象会社や買収者（以下、「対象会社等」と総称する）の親会社や兄弟会社の業務執行者等（過去に業務執行者であった者を含む。以下、同様）、②対象会社等を主要な取引先とする者やその業務執行者等、③対象会社等から役員報酬以外に多額の金銭等を得ているコンサルタント等、④対象会社等の主要株主やその業務執行者等、⑤上記の近親者や対象会社等やその子会社の業務執行者等の近親者などは、独立性に疑義があるといえるであろう。[74]

　委員の選任をする際には、これらの考慮要素を勘案し、現経営陣からの独立性を「実質的に担保」しなければならない。

　また、本行為規範では、特別委員会の勧告内容に従う際の責任の所在についても述べられている。

　特別委員会の委員は、株主総会ではなく取締役会（現経営陣）が選任するものであり、特別委員会の委員は、会社に対しては契約上の善管注意義務を負うことになろうが、株主に対しては法令上の義務を負う者ではない。

　他方で、取締役は、会社の利益を向上させ、ひいては株主の利益を最大化する義務を負っている。

---

[73]　日本弁護士連合会「企業等不祥事における第三者委員会ガイドライン」（改訂2010年12月17日）〈http://www.nichibenren.or.jp/library/ja/opinion/report/data/100715_2.pdf〉4頁。
[74]　東京証券取引所の上場管理等に関するガイドラインⅢの5(3)の2を参照した。

かかる取締役は、上記の位置づけにすぎない特別委員会の決議に盲従してはならないということは明らかである。

取締役会は、買収防衛策の発動をすべきあるいはすべきでないといった特別委員会の勧告内容については、最大限尊重するとしても、十分に評価・検討し、勧告内容に従って行動することが、企業価値ひいては株主共同の利益向上に適うのか、自らが負う善管注意義務に抵触することはないのかについて慎重に議論し、検討しなければならない。

むろん、本行為規範が指摘するように、「勧告内容に従うという判断に関する最終的な責任を負わなければならない」。

4 取締役は「レブロン義務」を負うのか

会社法上、取締役は、会社に対して善管注意義務を負っており（会330条、民644条）、株主に対して直接善管注意義務を負わないというのが伝統的な考え方であるが、かかる伝統的な考え方を前提としても、会社に対して負う善管注意義務・忠実義務の内容は、株主利益の最大化を図る義務であると解されている。[75] つまり、取締役は、会社の利益を向上させるとともに、究極的には株主の利益を最大化する義務を負っているのである。

したがって、敵対的買収の対象とされた場合においても、上記の伝統的な考え方によれば、取締役は、会社の利益を図り、ひいては株主利益の最大化を図る義務を負う。

それでは、取締役は、アメリカデラウェア州の判例により認められているいわゆる「レブロン義務」、すなわち、会社の支配権の異動を伴う取引により、株主に対し「合理的に入手しうる最高価格」（the highest price reasonably available to stockholders）を提供する義務まで負うのであろうか。

この点に関しては、取締役は、善管注意義務等を株主に対しても直接負う

---

[75] 江頭・20頁。

〔第2部・第3章〕第2節 「買収者追い出し型」の係争にかかわる裁判と取締役の行為規範

のかに関する考え方に応じて、いろいろな考え方があり得るところであるが、わが国においてはいわゆる「レブロン義務」を取締役が負うことはないと解される。[76]

というのも、まず、デラウェア州では、取締役が会社および株主に対して注意義務および忠実義務を負う（から「株主にとって最高の価格」を追求すべきとされる）のに対し、前記のとおり、わが国では、取締役は、善管注意義務および忠実義務を「会社」に対して負い、株主の利益は会社の利益を通じて間接的に図られるというのが伝統的な理解である。この伝統的な理解を前提とすれば、取締役が会社の利益はさておき株主にとって最高の価格のみを追求すればよいとは考えにくい。

また、デラウェア州においては、取締役会の判断でポイズンピルなどの買収防衛策を導入できる（株主にはその権限はない）のに対し、日本のこれまでの判例からすると、取締役会限りで買収防衛策を導入できるのは濫用的買収であることが極めて明白な緊急避難的な場合に限られるように思われる。

つまり、「レブロン義務」は、取締役会の上記のような強力な権限があるからこそ、これを解除しない限り、取締役が自らの利益を優先し、株主が不当に不利益を被る可能性があるという考えを前提にしているともいえるのに対し、わが国において取締役会にはそこまで強力な権限が認められていないとすると、「レブロン義務」を負わせなくとも、直ちに株主が不当に不利益を被るとはいえないからである。[77]

近時のわが国における裁判例では、取締役は、善管注意義務・忠実義務の一環として、「株主の共同利益に配慮する義務を負っている」としつつも、傍論ではあるが、原告らが主張した「MBOにおいては、取締役は、合理的

---

76 たとえば、太田洋＝矢野正紘「対抗的買収提案への対応に際しての取締役の行動準則(中)——わが国でレブロン『義務』は認められるか——」商事1885号38頁以下においては、取締役が誰に対して善管注意義務等を負っているかに関する諸学説それぞれの論理的帰結が考察されている。
77 田中信隆「布石・定石【MBO編】MBOにおける取締役の義務と責任——『合理的な価格』か『最善の価格』か」ビジネス法務2008年4月号75頁以下参照。

に得られる最高の価格になるように公開買付先と価格交渉をする義務」について、「対象会社の取締役に原告らが主張するような価格交渉義務があるといえるのかどうかは疑問がある」として、取締役は価格交渉義務を負わないことが示唆されている。[78]

ただし、取締役は、「レブロン義務」は負わないとしても、価格については無関心でよいというわけではなく、前記のとおり株主利益の最大化を図る義務を負っていることから、前項の行為規範⑤（3(6)参照）でも述べられているとおり、買収価格を含めた「買収条件の改善により当該買収提案が株主共同の利益に資するものとなる可能性がある場合には、買収条件の改善に向けて、買収者との交渉を真摯に行わなければならない」。また、取締役は、MBOの価格より高い価格の提案があり、実現可能性が同等であれば、たとえ客観的にはMBOの価格が合理的とされるレンジにあるとしても、MBOの提案を優先し、他の提案を退けることは許されないとする見解もある。[79]

第3節 ホワイトナイトに対する新株等の第三者割当て

I 問題となり得る裁判類型（新株発行差止仮処分）と主要目的ルール

経営支配権に争いが生じた場合に、取締役会が現経営陣の経営方針等に賛同する第三者に対して、新株等を発行することを決議される場合があり、こ

---

[78] 東京地判平成23・2・18金商1363号48頁〔レックス・ホールディングス損害賠償請求事件地裁判決〕。本判決は、（傍論ではあるが）取締役の価格交渉義務について言及した初めての裁判例である。本裁判例の解説として、弥永真生「判批」ジュリ1422号102頁、十市崇「判批」商事1937号4頁、飯田秀総「判批」ジュリ1437号96頁、清水建成「判批」判タ1370号26頁などがある。
[79] 田中・前掲（注77）78頁〜79頁参照。

の場合、新株等の発行差止仮処分の申立てがなされる。

　従来、このような場合における新株等の発行の是非については、第三者割当増資が不公正発行に該当するかという形で争われ、その判断基準としては、それが資金調達目的で行われたものであるか、経営者の支配権維持の目的で行われたものであるかを検討し、後者の目的が「主要な目的」であると認定される場合に当該新株発行は差し止められてきた（主要目的ルール）。

　この主要目的ルールは、ベルシステム24事件における高裁決定（東京高決平成16・8・4金商1201号4頁）までは、学説上もおおむね支持されていた。

　そしてその後、ニッポン放送事件における高裁決定（前掲（注49）東京高決平成17・3・23）以降の一連の買収防衛策に関する判例において、「企業の経営支配権の争いがある場合に、現経営陣と敵対的買収者のいずれに経営を委ねるべきかの判断は、株主によってされるべきである」という「株主判断原則」ともいうべき考え方が前面に打ち出されている。

　つまり、ニッポン放送事件以来の買収防衛策に関する判例では、経営支配権に争いがある場合には、その決着は最終的には株主自身がつけるべきとしているのであるが、他方で、従来の主要目的ルールにおいては、資金調達目的がある場合には、経営支配権に争いがある場合でも、不公正発行に該当しないとされてきた。

　このような状況をとらえて、ベルシステム24事件の決定とニッポン放送事件の決定との間には、明らかな「ポリシーの対立」があり、その対立は今後の判例により解消されなければならないとする有力な見解もある。[80]

　では、従来の裁判例における主要目的ルールは、現在でも維持されているのであろうか。経営支配権に争いがある場合でも、経営陣は、資金調達目的があれば、自社の株主を決定し、経営支配権の争いに決着をつけることができるのであろうか。

80　田中・前掲（注49・日本銀行金融研究所 Discussion Paper No. 2007-J-27）54頁、田中・前掲（注49・企業買収と防衛策）174頁。

この点は、理論的にも実務的にも重要であることから、本項では、ニッポン放送事件以前の裁判例の代表としてベルシステム24事件の東京地裁決定および東京高裁決定を取り上げ、ニッポン放送事件後の裁判例の代表としてクオンツ事件の東京地裁決定を取り上げて、現在の主要目的ルールについて検討を試みる。

II　新株（予約権）発行差止仮処分

1　裁判例

(1)　ベルシステム24事件地裁決定

> 商法280条ノ10所定の「著シク不公正ナル方法」による新株発行とは、不当な目的を達成する手段として新株発行が利用される場合をいうと解されるところ、株式会社においてその支配権につき争いがあり、従来の株主の持株比率に重大な影響を及ぼすような数の新株が発行され、それが第三者に割り当てられる場合に、その新株発行が特定の株主の持株比率を低下させ現経営者の支配権を維持することを主要な目的としてされたものであるときは、不当な目的を達

---

[81]　不公正発行が問題とされた新株発行等の差止めに関する事件としては、比較的近時のものとして、宮入バルブ第1事件（東京地決昭和63・12・2判時1302号146頁）、忠実屋・いなげや事件（東京地決平成元・7・25判時1317号28頁）、宮入バルブ第2事件（東京地決平成元・9・5判時1323号48頁）、ゼネラル事件（大阪地決平成2・7・12判時1364号100頁）、ネミック・ラムダ事件（東京地決平成10・6・11資料版商事173号192頁）、イチヤ事件（高松高決平成16・8・23資料版商事251号226頁）、ベルシステム24事件（東京地決平成16・7・30判時1874号143頁、前掲東京高決平成16・8・4）などがある。

[82]　不公正発行が問題とされた新株発行等の差止めに関する事件として、名村造船所事件（大阪地決平成18・12・13判時1967号139頁）、テーデーエフ事件（仙台地決平成19・6・1金商1270号63頁）、日本精密事件（さいたま地決平成19・8・22金商1270号55頁）、オートバックス事件（東京地決平成19・11・12金商1281号52頁）、クオンツ事件（東京地決平成20・6・23金商1296号10頁）、昭和ゴム事件（千葉地松戸支決平成20・6・26金商1298号64頁）、NowLoading事件（東京高決平成21・3・30金商1338号50頁）、ダイヤ通商事件（東京高決平成24・7・12金商1400号52頁）などがある。

成する手段として新株発行が利用される場合にあたるというべきである（この点について、債権者は、特定の株主の持株比率が著しく低下することを認識しつつ新株発行がなされる場合、原則として当該新株発行は著しく不公正な発行にあたる旨を主張するが、商法が公開会社について株主の新株引受権を排除し、原則として株主の会社支配比率維持の利益を保護してはいないことを考慮すると、債権者の主張は採用できない。）。

ベルシステム24事件地裁決定（前掲（注81）東京地決平成16・7・30）[83]では、不公正発行の意義を「不当な目的を達成する手段として新株発行が利用される場合をいう」としたうえで、現経営陣の支配権を維持することを主要な目的として新株発行がなされるときは、不公正発行に該当するとした。

裁判例の中には、①株式会社においてその支配権につき争いがある場合に、従来の株主の持株比率に重大な影響を及ぼすような数の新株が発行され、それが第三者に割り当てられる場合、その新株発行が特定の株主の持株比率を低下させ現経営陣の支配権を維持することを主要な目的としてされたものであるときには、その新株発行は不公正発行にあたると判示したうえで、②上記①の場合のみならず、新株発行の主要な目的が現経営陣の支配権維持にあるとはいえない場合であっても、その新株発行により特定の株主の持株比率が著しく低下することを認識しつつ新株発行がされた場合には、その新株発行を正当化させるだけの合理的な理由がない限り、その新株発行もまた不公正発行にあたる旨を判示したものがあった。[84]

しかし、本決定では、「商法が公開会社について株主の新株引受権を排除し、原則として株主の会社支配比率維持の利益を保護してはいないこと」を理由とし、上記裁判例の②の判示部分を明示的に否定している。

---

[83] 本件の地裁決定および高裁決定の解説として、太田洋＝野田昌毅「敵対的企業買収と第三者割当増資──ベルシステム24新株発行差止仮処分申立事件決定の分析を通じて──」商事1710号48頁を参照。

[84] 前掲（注81）東京地決平成元・7・25〔忠実屋・いなげや事件〕。なお、その後の裁判例では、本決定に至るまで、本文中の②の判示部分については明確に判断されてこなかった。

(2) ベルシステム24事件高裁決定

> 本件事業計画のために本件新株発行による資金調達の必要性があり、本件事業計画にも合理性が認められる本件においては、仮に、本件新株発行に際し相手方代表者をはじめとする相手方の現経営陣の一部において、抗告人の持株比率を低下させ、もって自らの支配権を維持する意図を有していたとしても、また、前記イ記載の各事実を考慮しても、支配権の維持が本件新株発行の唯一の動機であったとは認め難い上、その意図するところが会社の発展や業績の向上という正当な意図に優越するものであったとまでも認めることは難しく、結局、本件新株発行が商法280条ノ10所定の「著シク不公正ナル方法」による株式発行に当たるものということはできない。

ベルシステム24事件高裁決定（前掲東京高決平成16・8・4）では、不公正発行に関する一般論を定立することなく、原審決定の判断枠組みに基本的に依拠した事実認定を行い、上記引用部分のとおりのあてはめを行って、不公正発行には該当しないと結論した。この判示につき、2点コメントする。

まず、本決定は、上記のとおり、①「資金調達の必要性」および②「事業計画の合理性」を肯定する判断を行っている。

他方で、ニッポン放送事件高裁決定（前掲（注49）東京高決平成17・3・23）では、「事業経営の当否の問題」は、「経営支配の変化した直後の短期的事情による判断評価のみでこと足りず、経済事情、社会的・文化的な国民意識の変化、事業内容にかかわる技術革新の状況の発展などを見据えた中長期的展望のもとに判断しなければならない場合が多」いとして、「結局、株主や株式取引市場の事業経営上の判断や評価に委ねざるを得ない事柄である」として、裁判所は、「事業経営の当否の問題」について判断することを避けている。

このことと、本決定が①「資金調達の必要性」および②「事業計画の合理性」、とりわけ後者について判断したこととの整合性が問題となり得る。

しかし、ベルシステム24事件における判断は、あくまでも当該新株発行による「資金調達の必要性」と、当該資金調達を前提とした「事業計画の合理性」の有無の問題であり、一応、裁判所が判断することも可能な問題であったのに対し、ニッポン放送事件では、現経営陣と買収者のどちらに経営を任せるのが企業価値の向上に資するのかという点が問題となったことから、裁判所は、これを決定する適格性に欠けるという判断があったのかもしれない。このように解すると、両決定の判断には必ずしも齟齬はないということになる。

　次に、本決定は、わざわざ「支配権の維持が本件新株発行の唯一の動機であったとは認め難い」という認定をしている。かかる認定は主要目的ルールをあてはめるとしても不要な事実認定であるのみならず、あたかも、差止めが認められるのは、「支配権の維持が本件新株発行の唯一の動機であった」と認定される場合のみであるかのような印象を与えるものであり、主要目的ルールの考え方とは相容れないもので適切ではない。

　本決定の主要目的ルールへのあてはめは、「その意図するところが会社の発展や業績の向上という正当な意図に優越するものであったとまでも認めることは難し」いという点だけで十分であったように思われる。

(3)　クオンツ事件

> 「著しく不公正な方法」による新株の発行とは、不当な目的を達成する手段として新株の発行が利用される場合をいうと解されるところ、会社の支配権につき争いがあり、既存の株主の持株比率に重大な影響を及ぼすような数の新株が発行され、それが第三者に割り当てられる場合に、その新株の発行が既存の株主の持株比率を低下させ現経営者の支配権を維持することを主要な目的としてされたものであるときは、不当な目的を達成する手段として新株の発行が利用される場合に当たるというべきである。
>
> 　（中略）
>
> 　債務者の本件新株発行は、会社の支配権につき争いがある状況下で、既存の

> 株主の持株比率に重大な影響を及ぼすような数の新株が発行され、それが第三者に割り当てられる場合であって、かつ、それが、成否の見通しが必ずしもつかない反対派取締役の解任が議案となっている株主総会の直前に行われ、しかも、予め反対派取締役を解任する旨の会社提案に賛成することを表明している割当先に会社法124条4項に基づき議決権を付与することを予定しているというのであるから、他にこれを合理化できる特段の事情がない限り、本件新株発行は、既存の株主の持株比率を低下させ現経営者の支配権を維持することを主要な目的としてされたものであると推認できるというべきである。

クオンツ事件（前掲（注82）東京地決平成20・6・23）は、ニッポン放送事件をはじめとする一連の買収防衛策に関する判例がなされた後の事案である。

本決定では、まず、ベルシステム24事件地裁決定（前掲（注81）東京地決平成16・7・30）とほぼ同じ主要目的ルールの規範が定立されている。

ベルシステム24事件地裁決定の主要目的ルールと本決定の主要目的ルールを比較すると、実質的な相違を生じさせる違いは、ベルシステム24事件地裁決定では、「その新株発行が特定の株主の持株比率を低下させ現経営者の支配権を維持することを主要な目的」とされているところが、本決定では、「その新株の発行が既存の株主の持株比率を低下させ現経営者の支配権を維持することを主要な目的」とされているところのみである。本決定の「既存の株主の持株比率を低下させ」という文言を字義どおりに解すると、「既存の株主」すべての持株比率を低下させる希釈化率を意味することにもなり得る。この文言の変更は、本決定の事案では、申立株主も含め、ベルシステム24事件のような大株主が存在しなかったことが起因しているのではないかと推測されるが、いずれにせよ、この文言の違いが、両決定で定立された主要目的ルールの内容および運用に有意な違いをもたらしたとは考えにくい。

他方で、次の点をどう解釈するかは大きな問題である。

すなわち、本決定は、「他にこれを合理化できる特段の事情がない限り、本件新株発行は、既存の株主の持株比率を低下させ現経営者の支配権を維持

することを主要な目的としてされたものであると推認できる」としている。

しかし、この判示のみをもって、支配権に争いがあるケース全般について、新株発行を決議した経営陣に、新株発行を「合理化できる特段の事情」の立証責任が転換されたと解釈することはできない。

本決定の事案では次の事実関係が存在した。

① 会社の支配権につき争いがある状況下で、既存の株主の持株比率に重大な影響を及ぼすような数の新株が発行され、それが第三者に割り当てられる場合であること

② それが、成否の見通しが必ずしもつかない反対派取締役の解任が議案となっている株主総会の直前に行われたこと

③ あらかじめ反対派取締役を解任する旨の会社提案に賛成することを表明している割当先に会社法124条4項に基づき議決権を付与することを予定していること

本決定では、あくまでも、これらの事実関係、特に株主総会の基準日後に新株発行が行われ、会社提案に賛成することを表明している割当先に議決権を付与する予定であったという事実が存在したことを理由として立証責任の転換が行われている。

したがって、今後も、上記①～③、特に②・③の事実関係が存在する場合（このような場合は少なからず想定される）には、本決定のいう立証責任の転換が認められることは考えられる。

実際、本決定の直前になされた日本精密事件（前掲（注82）さいたま地決平成19・6・22）においても、上記②および③の事実関係が存在しており、立証責任の転換が明示的に判示されてはいないが、「特段の資金調達の必要性が認められない限り、現在の経営陣が自らの支配権を確保することを主要な目的と……するものというべきである」と判示され、事実上、立証責任が転換され、資金調達の必要性が厳格に審査されていた。

しかし、本決定における立証責任の転換は、上記の限りにおける立証責任

の転換であって、これを一般論として敷衍することはできない。

　結局、本決定は、資金調達の必要性（支配権争いが行われている中で、借入や社債ではなく新株発行により資金調達を行う必要性）およびその合理性について、形式的にではなく厳格に審査するスタンスを明確にしたという点で意義があるが、この厳格審査を行うということ自体は、近時の判例の流れに沿ったものと評価される。[85]

　したがって、本決定は、ニッポン放送事件をはじめとする一連の買収防衛策に関する判例がなされた後の事案であるものの、本決定が、それまでの主要目的ルールの内容自体、あるいは、主要目的ルールの運用を変更させたとまではいえないように思われる。なお、いわゆる日本版ESOPの導入に伴う新株発行が不公正発行にあたるかが問題となったダイヤ通商事件高裁決定（前掲（注82）東京高決平成24・7・12）においても、従来の主要目的ルールが踏襲されたと評価されている。[86]

2　経営支配権争いと「経営判断原則」、主要目的ルール、そして「株主判断原則」

　取締役は、本来、経営判断原則の下、広い裁量を有しており、事業活動はもちろんのこと、会社法で認められた資金調達についても広い裁量をもってこれを行えるはずである。

　しかし、ひとたび、会社の経営支配権に争いが生じた場合、その裁量には変化が生じる。

85　清水俊彦「不公正発行を理由とする第三者割当の差止めをめぐる判例理論の展開（下）——平成20年6月のクオンツ事件を中心に——」金商1310号14頁参照。仮に、上記②・③の事実関係が存在しない場合でも、およそ事業活動を営む以上、ほとんどの会社で一般的な資金調達の必要性は存在するであろうから、裁判において、資金調達の必要性（支配権争いが行われている中で、借入や社債ではなく新株発行により資金調達を行う必要性）およびその合理性について、真にそのような必要性・合理性が認められるのかを表面的にではなく、厳格に行われなければならないのは当然であり、これが近時の裁判例の流れである。

86　弥永真生「判批」ジュリ1447号2頁。

〔第2部・第3章〕第3節　ホワイトナイトに対する新株等の第三者割当て

　以下においては、経営支配権争いと「経営判断原則」、主要目的ルール、そして「株主判断原則」の関係について整理する。

(1)　経営支配権争いと「経営判断原則」

　「経営判断原則」の具体的内容については若干裁判例の間においても「幅」があるものの、おおむね、①経営判断の前提となる事実認識において重要かつ不注意な誤りがなく、かつ②経営判断の意思決定の過程および内容が当該会社の属する業界における通常の経営者として著しく不合理でなければ、取締役の当該経営判断について善管注意義務違反は成立しないものと解される。[87]

　このように、わが国の「経営判断原則」においては、裁判所は、経営判断の「内容」についても審査の対象とするものの、一般に、「経営判断原則」が適用される場面では、取締役には広い裁量が認められ、法定事項を除けば、株主の意思をいちいち確認せずに行える行為の範囲は広範に及ぶ。

　しかし、これまでみてきたところから明らかなとおり、いったん経営支配権に争いが生じると、当該争いに関しては「経営判断原則」が適用される場面は限定される。

　経営支配権に争いが存在しない場面であれば、新株発行による資金調達についても、原則として「経営判断原則」の保護を受けることができる。

　また、経営支配権に争いが生じた場面であっても、取締役が、金融機関からの借入や社債の発行による資金調達を行う場合には、取締役はなお「経営判断原則」の保護を受けることができる。[88]

　しかし、経営支配権に争いが生じた場面で、取締役が、第三者割当増資による資金調達を行おうとする場合は事情が異なる。

　主要目的ルールが適用される新株発行差止仮処分申立事件では、直接的に

---

[87] 東京地判平成10・5・14判時1650号145頁、名古屋地判平成9・1・20判時1600号144頁、東京地判平成10・9・24判時1665号119頁ほか多数。
[88] 清水俊彦「不公正発行を理由とする第三者割当の差止めをめぐる判例理論の展開㊤――平成20年6月のクオンツ事件を中心に――」金商1309号7頁参照。

取締役の善管注意義務違反が問題とされるわけではなく、「経営判断原則」の適用の可否がダイレクトに争点となるわけではないものの、主要目的ルールの適用を受けるという意味で取締役の裁量は制限を受け、その限りでは「経営判断原則」は適用されないとも評価し得る。

　これは、買収防衛策の発動の是非が問題となる場合も同様である。この場合、取締役ではなく株主が、現経営陣と買収者のいずれに会社の経営を委ねるかの判断を行い、経営支配権の帰すうを決する（株主判断原則）。

　取締役は、株主がこの判断を行うための「お膳立て」を行うことはできるが、濫用的買収といった例外的な場合を除き、株主の意思を問うことなく経営支配権にダイレクトに影響を及ぼす行為を行うことは、現在の判例を踏まえると極めて困難である。

　このように、経営支配権に争いがひとたび生じると、経営支配権に影響を及ぼす行為に関しては、取締役の裁量は制限される。

(2) 主要目的ルールと「株主判断原則」

　ニッポン放送事件をはじめとする一連の買収防衛策に関する裁判例では、「取締役自身の地位の変動がかかわる支配権争奪の局面において、果たして取締役がどこまで公平な判断をすることができるのか疑問である」（ニッポン放送事件高裁決定（前掲（注49）東京高決平成17・3・23））との認識の下、「特定の株主による経営支配権の取得に伴い、会社の企業価値がき損され、会社の利益ひいては株主の共同の利益が害されることになるか否かについては、最終的には、会社の利益の帰属主体である株主自身により判断されるべきものである」（ブルドックソース事件最高裁決定（前掲（注17）最決平成19・8・7））とされている。

　この論理は経営支配権に争いがある場合に等しく妥当するはずであるから、これを推し進めると、経営支配権に争いがある場合には、取締役が経営支配権の帰すうを決定することとなる新株発行にも妥当し、株主の意思を問うことなく新株発行を行うことはできないということにもなりそうである。

より具体的にいえば、ベルシステム24事件では、実質的に議決権の4割超を保有していた大株主と経営陣との間に経営支配権の争いが生じている中で、取締役会が、その大株主の持株比率を一挙に約半分にし、その大株主とは別の新たな親会社を出現させてしまう大規模な新株発行について、資金調達の必要性と合理性が一応認められるとして、裁判所により容認されている。

しかし、業務提携に合理性があるという理由で支配権の交替に直結する新株発行が行えるということは、ニッポン放送事件をはじめとする一連の買収防衛策に関する判例が禁止ないし厳しく制限しているはずの、支配権争いにおいて誰が会社を経営すべきかを取締役会が決めることとほとんど同義のように思われる。[89]

ところが、裁判所は、一連の買収防衛策に関する判例が出された後も、上記で検討したとおり、新株発行に関しては変わらず主要目的ルールを適用している。

このような状況を整合的に理解しようとすれば、現在の判例法理は、資金調達目的の有無に伴い、支配権に関する決定を行う取締役会の権限が本質的に変わる、いわば「二重の基準」を採用しているといわざるを得ない。[90・91]

この「二重の基準」とは具体的には、次のとおりである。[92]

---

[89] 田中・前掲（注49・日本銀行金融研究所 Discussion Paper No. 2007-J-27）4頁、田中・前掲（注49・企業買収と防衛策）174頁。

[90] 田中・前掲（注49・日本銀行金融研究所 Discussion Paper No. 2007-J-27）54頁、田中・前掲（注49・企業買収と防衛策）174頁。なお、徳本穣「敵対的買収とその現代的課題(上)」Business Law Journal2013年1月号108頁以下も参照。

[91] なお、大杉謙一「ニッポン放送の新株予約権発行をめぐる法的諸問題」金法1733号14頁では、ベルシステム24事件とニッポン放送事件の各裁判例に言及したうえで、「以上によれば、判例ルールの合理的な解釈は次のようなものとなろう。新株や新株予約権の発行により特定株主の議決権が希薄化されることが明らかな事例においても、当該措置により企業価値が高まることが発行会社によって十分に疎明されれば、発行は差し止められない。ただし、前述の『支配権の移転』が生じる事案においては、企業価値の疎明は『市場のテスト』によることを要する」とされている。しかし、ベルシステム24事件においては、そもそも「企業価値が高まること」の疎明も判断もなされていない。この見解には賛成できない。

① まず、新株等の発行が、資金調達など会社法が本来制度の目的として予定している目的のために（かかる目的を併有して）実施される場合には、かかる目的を設定することが合理的であるか否か、および、当該目的達成の手段として新株等の発行という手段が合理性を有するものか否かが検証される。

② これに対して、新株等の発行が、支配株主等の経営権の維持・確保など会社法が制度目的として本来予定していない目的のために行われる場合には、敵対的買収者の経営支配によって株主全体の利益が害されるとの「特段の事情」が存するか否かだけが検証され、新株等の発行が買収の阻止を通じて最終的に対象会社の企業価値向上につながるものか否かについては裁判所は独自の検証を行わない。

それでは、なぜ、「資金調達など会社法が本来制度の目的として予定している目的」があれば、上記①が適用され、取締役は、自ら経営支配権の争いに決着をつけ得る新株発行を行うことができるということになるのであろうか。

この問題を考える際のヒントは、「商法上、取締役の選任・解任は株主総会の専決事項であり（254条1項、257条1項）、取締役は株主の資本多数決によって選任される執行機関といわざるを得ないから、被選任者たる取締役に、選任者たる株主構成の変更を主要な目的とする新株等の発行をすることを一般的に許容することは、商法が機関権限の分配を定めた法意に明らかに反するものである」というニッポン放送事件高裁決定の判示にあるように思われる。

すなわち、会社法は、非譲渡制限会社であり、かつ、取締役会設置会社においては、資金調達を目的とする新株発行を実施する権限を取締役会に与えている（会201条1項、199条1項・2項）。

---

92 太田洋「ニッポン放送新株予約権発行差止仮処分申立事件について」（太田洋＝中山龍太郎・敵対的M&A対応の最先端）383頁参照。

会社法自体が、機関権限の分配として、取締役会にこのような権限を付与しているのであり、このことは、経営支配権に争いがある場合であっても変わることはないのであるから、取締役会は、その必要性と合理性がある限り、資金調達を目的とする新株発行を実施することができる。

　経営支配権に争いがあるという事実は、資金調達を目的とする新株発行を実施するという取締役会に付与された権限まで奪うことはない。

　他方で、経営支配権の維持・確保という目的で新株発行を行うことは、そもそも会社法が予定しておらず、かかる権限を取締役会に付与していない。したがって、取締役会がかかる目的を主要な目的として新株発行を行う場合には、「特段の事情」が必要になる。

　このように考えると、現在の判例が採用していると思われる「二重の基準」について一応合理的な説明ができるように思われる。

（西本　強）

第4章

事後の責任追及

第1節 取締役の会社に対する責任

I 総論

1 責任の基本構造──任務懈怠とは何か

　役員等（取締役、会計参与、監査役、執行役または会計監査人）[1]は、会社に対し、その任務懈怠によって生じた損害を賠償する責任を負う（会423条1項）。取締役と会社の関係は委任契約であるから（同法330条）、取締役の会社に対する責任とは、会社との間の委任契約違反、すなわち任務懈怠に基づく責任である。

　では、この任務懈怠とは具体的には何を指すのか。取締役は、会社に対し、善管注意義務（会330条、民644条）および忠実義務（会355条。法令および定款並びに株主総会の決議を遵守し、会社のため忠実にその職務を行うべき義務であり、取締役に対してのみ課される）を負っている。したがって、取締役の会社に対する任務の懈怠とは、取締役の会社に対する善管注意義務・忠実義務違

---

1 特に断りのない限り、以下取締役について述べる。

反のことを指す。しかし、それでは、取締役の責任の基礎とするには抽象的にすぎるので、結局は、取締役にはいかなる「任務」があり、それをいかなる場合に「懈怠」したといえるかを具体的に明らかにする必要がある。

取締役の責任原因としての任務懈怠は、大きく4つの類型に分類することができる。まず、取締役自身の行為に起因するものとして、①法令・定款等の違反（忠実義務違反）と、②法令・定款違反がない場合における経営判断の誤り（善管注意義務違反）である。そして、他の取締役や従業員が行った違法行為に起因するものとして、③そのような個々の違法行為に対する監視義務違反と、④そうした違法行為そのものの発生を防止する内部統制システム構築義務違反の責任である。

下記II以降では、取締役の会社に対する責任について、責任類型ごとに義務違反とされる行為態様を事例別に整理しながら、その実相を概観する。また、訴訟戦略上留意しておくべき点もあわせて触れる。

2 責任の要件と立証責任

会社法423条1項に基づく取締役の対会社責任は、それが民法上の委任契約違反に基づくことから、民法の原則どおり過失責任であり、主として、①取締役の任務懈怠、②任務懈怠によって会社に損害が発生したこと、③取締役に帰責事由があることが要件となる。任務懈怠および損害の立証責任は請求者にあるが、主観的要素については、争いがあるが、帰責事由がないことについて取締役が立証責任を負うと解する。[2]

---

[2] 大和銀行株主代表訴訟担保提供命令申立事件抗告審決定（大阪高決平成9・12・8資料版商事166号138頁）は、株主代表訴訟における取締役の債務の不完全履行に基づく損害賠償請求権の要件としての「責めに帰すべき事由」の主張・立証責任について、「責めに帰すべき事由がないこと」を被告である取締役が主張・立証すべきとしている。永石一郎「株主代表訴訟における主張・立証責任の構造」金法1552号14頁、森本滋「会社法の下における取締役の責任」金法1841号10頁。善管注意義務違反の紛争においては、その主張・立証内容は、請求者からの義務違反行為の主張と取締役からの過失の不存在の主張とで事実上関連し重複してくる（類型別I・220頁以下）。

3 責任追及の方法

取締役の会社に対する責任追及の方法には、①監査役設置会社の場合は、監査役が代表者となって、会社が責任を追及する方法が原則であるが（会386条1項）、要件を満たせば、②株主が会社のために責任を追及する方法（株主代表訴訟）があり（同法847条）、また、③株主が取締役の違法行為差止めを請求する方法（同法360条1項）もある。②と③は、会社のために株主が請求を行うという構造をとる。

ちなみに、株主代表訴訟は、本来は、役員の会社に対する責任を株主が追及することにより、会社の被った損害を回復させる制度である。しかし、役員が現実に賠償できる金額は、認容賠償額よりはるかに低廉であることが多い。したがって、株主代表訴訟において、会社が被った損害の回復という意義は薄く、むしろ、適法かつ適正な経営を役員に促す機能、あるいは、株主の監督是正権の発動にその存在意義があるといってよい。[3]

II 法令・定款違反

任務懈怠の責任原因類型のうち、まず、法令・定款等の違反についてであるが、会社法355条に基づく遵守義務の対象である「法令」には、取締役を名宛人とした会社や株主の利益保護を目的とする規定だけでなく、会社を名宛人として会社がその業務を行うに際して遵守すべきあらゆる法令が含まれると解されている。したがって、会社が遵守すべきあらゆる法令の違反が対会社責任の原因となるということを、取締役はよく認識しておく必要がある。

最高裁判所も、野村證券損失補てん株主代表訴訟事件上告審判決（最判平成12・7・7民集54巻6号1767頁）において、旧商法266条の解釈として、「取

---

[3] 小林秀之＝近藤光男編『新版株主代表訴訟体系』361頁参照。

締役を名あて人とし、取締役の受任者としての義務を一般的に定める商法254条3項（民法644条）、商法254条ノ3の規定およびこれを具体化する形で取締役がその職務遂行に際して遵守すべき義務を個別的に定める規定が、本規定にいう『法令』に含まれることは明らかであるが、さらに、商法その他の法令中の、会社を名あて人とし、会社がその業務を行うに際して遵守すべきすべての規定もこれに含まれるものと解するのが相当である」（カッコ書省略。なお商法は、旧法である）と判示している。

また、取締役が遵守すべき「法令」には外国法令も含まれると判示した裁判例もあるので注意が必要である。すなわち、大和銀行株主代表訴訟事件判決（大阪地判平成12・9・20判時1721号3頁）は、「商法266条1項5号は、取締役に対し、我が国の法令に遵うことを求めているだけでなく、外国に支店、駐在事務所等の拠点を設けるなどして、事業を海外に展開するに当たっては、その国の法令に遵うこともまた求めている。外国法令に遵うことは、商法254条3項において準用する民法644条が規定する受任者たる取締役の善管注意義務の内容をなすからである」と判示している。

上述のように、いかなる法令の違反行為も取締役の対会社責任原因となるのであるから、当たり前のようだが、取締役にとっては、あらゆる法令の遵守こそが会社に対する責任を負わないための絶対条件である。

III 経営判断の誤り

任務懈怠に基づく責任が問題となる事案のうち、取締役の経営判断の誤りを責任原因とする場合においては、当該取締役の経営判断（あるいは当該経営判断に基づく業務執行）のうち、いつの時点におけるどのような行為が任務懈怠に該当するのかが、具体的に検討される。そのため、任務懈怠責任を追及された取締役は、自己が会社に対して具体的にいかなる義務を負っているのか、かかる義務の違反の有無はいかなる基準に基づいて判断されるのか、

とりわけ、過去の類似事案において、そのような義務違反がいかなる事実関係の下において認められてきたかを理解することが肝要である。

取締役は、積極的に法令違反行為を行わなかったとしても、経営判断を誤ることによって会社に損害を与える可能性はある。それゆえ、株式会社の本旨である営利追求を目指して取締役が果敢な経営を行おうとするならば、万一、ある経営判断が結果的に誤っていたとしても、それが任務懈怠にあたると判断されないように備えておくことが肝要であり、そのためには、実際に争われた具体的事例・判断が参考となろう。そこからうかがえる行為規範が念頭にあれば、善管注意義務違反を問われないためにどこまでの備えが必要かを見極めるための一定の指針となる。また、特定の経営判断がなされた後であっても、その経営判断が任務懈怠にあたり得るか否かについての弁護士の意見書を得ておくこと、またあわせて、関連証拠を早期に確保し分析しておくことは、株主代表訴訟における防御のために有用である。実際にも、そのような意見書の取得はしばしば行われている。

1　善管注意義務の内容

上述のように、取締役は、経営判断の誤りが善管注意義務違反にあたる場合、それによって会社が被った損害を賠償する責任がある。もっとも、ひと口に「経営判断」といっても、取締役が行う経営判断の態様は、会社が行う通常の事業活動についての判断ばかりではなく、多岐にわたる。すなわち、投機行為などの業務遂行上不可欠とはいいがたい行為についての判断や、組織再編・事業再編に関する判断等も、会社の事業に関連する活動であれば、やはり経営判断である。善管注意義務が尽くされたか否かの判断基準は、問題となる経営判断の態様が一様でない以上、その態様ごとにおのずと異なる。

では、善管注意義務が尽くされたか否かは、どのような基準の下に判断されるのか。

取締役の業務執行において善管注意義務が尽くされたか否かの判断におい

ては、以下に述べる経営判断の原則が妥当すると解されている。また、同原則の適用にあたり、大規模組織においては、いわゆる信頼の原則の適用が一般に認められている。そのような信頼の原則が妥当するためには、いわゆる内部統制システムが構築されていることが前提となる。それぞれの原則ないし義務の内容について、以下に若干の説明を加えておく。

(1) 経営判断の原則

元来取締役が会社の業務執行にあたって求められる経営判断は、企業を取り巻く流動的かつ不確実な市場動向の予測や、複雑な要素が絡む事業の将来性の判定の上に立って行われるものであるから、経営者の総合的・専門的な判断力が最大限に発揮されるべき場面であって、その広範な裁量を認めざるを得ない性質のものである。特に、企業は営利を目的とする存在である以上、その事業活動は必然的に一定のリスクを伴うものとならざるを得ない。リスクの規模およびその蓋然性とリターンとを比較してリターンが大きいと判断して行う経営判断であっても、そのようなリスクが現実のものとなり、失敗に至ることは当然あるが、そのような失敗に対する取締役への責任追及を恐れては、会社に利益がもたらされることはなくなってしまう。そこで、取締役が萎縮することなく経営に専念できるようにするためには、取締役の経営判断に広範な裁量を認めるべき必要性は強い。

したがって、多くの裁判例は、取締役の経営判断に善管注意義務・忠実義務違反があるかどうかを判断するために、当該経営判断がなされた当時における会社の状況および会社を取り巻く社会・経済・文化等の情勢の下において、当該会社の属する業界における通常の経営者の有すべき知見および経験を基準として、①経営判断の前提となった事実の認識に不注意な誤りがあったかどうか、②その意思決定の過程・内容に特に不合理・不適切な点があったかどうかを検討し、このような事実が認められた場合に限り、当該経営判断には裁量の範囲を逸脱した違法があると解する傾向にある（経営判断の原則）。判断の基準時は、行為当時の事情が基礎とされる。

III 経営判断の誤り

　経営判断の原則は、以下の裁判例の変遷を経て、徐々に確立され、数多くの裁判例で採用されており、ほぼ確立した原則であるといえる。

　長銀初島事件判決（東京地判平成14・4・25判時1793号140頁）においては、「取締役の判断に許容された裁量の範囲を超えた善管注意義務違反があるとするためには、判断の前提となった事実の認識に不注意な誤りがあったか否か、又は判断の過程・内容が取締役として著しく不合理なものであったか否か、すなわち、当該判断をするために当時の状況に照らして合理的と考えられる情報収集・分析、検討がなされたか否か、これらを前提とする判断の推論過程および内容が明らかに不合理なものであったか否かが問われなければならない」とされた。

　すなわち、取締役の経営判断を、判断の前提となる事実認識の過程と意思決定・判断の過程および内容に分けたうえで、前者の判断基準を後者の判断基準よりも厳しくするというものであり、このような判断基準が、実務的にほぼ確立していた。

　なお、経営判断の原則についての裁判所の判断基準を示した最初の判決と位置づけられている野村證券損失補てん株主代表訴訟事件第1審判決（東京地判平成5・9・16判時1469号25頁）においては、事実認識および意思決定過程といった判断過程に過誤や不合理性があれば、判断内容の当否にかかわらず、善管注意義務違反とするものであった。しかし、近年の下級審裁判例においては、この方式はあまり採用されなくなった。

　次いで、セメダイン事件判決（東京地判平成8・2・8資料版商事144号115頁）では、経営判断の過程のみならず、判断内容の合理性も考慮することとされた。[4]

　現在は、民事事件および刑事事件いずれにおいても、経営判断における取締役の裁量の範囲に言及した判例が出てきており（民事事件について、アパマ

4　松本伸也「経営判断の司法審査方式に関する一考察㈡」金商1370号5頁参照。

ンショップ株主代表訴訟判決（最判平成22・7・15判時2091号90頁）、刑事事件について、拓銀ソフィア（特別背任）事件判決（最決平成21・11・9刑集63巻9号1117頁））、最高裁判所も、経営判断の原則の考え方に一定の配慮をみせているものと評価できる。アパマンショップ株主代表訴訟判決において最高裁判所が採用した基準は、取締役の行った経営判断について、その「決定の過程、内容に著しく不合理な点がない限り、取締役としての善管注意義務に違反するものではない」という簡潔なものであるが、その評価については別項（後記2(2)(イ)）に譲る。

(2) 信頼の原則

　経営判断の原則によれば、取締役の経営判断に善管注意義務違反が認められるかどうかの検討にあたっては、経営判断の前提となった事実の認識に不注意な誤りがあったかどうか、すなわち、当該経営判断をするために当時の状況に照らして合理的と考えられる情報収集や分析・検討がされたかどうかが問われる。

　しかし、大規模組織においては、効率的な経営（広汎かつ専門的な業務の効率的な遂行）のために、職務の分担（分業と権限の委任）が不可欠である。取締役の行った情報収集・分析、検討などに不足・不備がなかったかどうかについては、大規模組織におけるそのような特質が考慮されるべきであり、下部組織が求める決裁について、意思決定権者が、自ら新たに情報を収集・分析し、その内容をはじめから検討し直すことは現実的ではない。そこで、取締役は、下部組織の行った情報収集・分析、検討を基礎として自らの判断を行うことが許されると考えられている（信頼の原則）。

　この信頼の原則の適用について明示したのが、長銀初島事件判決（前掲東京地判平成14・4・25）である。同判決後も、多くの裁判例で信頼の原則が採用されている。

　同事件は、大型リゾート施設の開発・運営プロジェクトに対して、当初の計画に支障が生じた段階で行った追加融資が、同プロジェクトの破綻により

回収不能となった事案で、この追加融資を担当した取締役の責任を認めた事案である。

判決は、取締役の善管注意義務違反の判断にあたって、上述の経営判断の原則を採用したうえで、「取締役の行なった情報収集・分析、検討などに不足や不備がなかったかどうかについては、分業と権限の委任により広汎かつ専門的な業務の効率的な遂行を可能とする大規模組織における意思決定の特質が考慮に入れられるべきであり、下部組織が求める決裁について、意思決定権者が、自ら新たに情報を収集・分析し、その内容をはじめから検討し直すことは現実的でなく、下部組織の行った情報収集・分析、検討を基礎として自らの判断を行なうことが許されるべきである。特に、原告のように専門知識と能力を有する行員を配置し、融資に際して、営業部店、審査部、営業企画部などがそれぞれの立場から重畳的に情報収集、分析および検討を加える手続が整備された大銀行においては、取締役は、特段の事情のない限り、各部署において期待された水準の情報収集・分析、検討が誠実になされたとの前提に立って自らの意思決定をすることが許されるというべきである。そして、上記のような組織における意思決定のあり方に照らすと、特段の事情の有無は、当該取締役の知識・経験・担当職務、案件との関わり等を前提に、当該状況に置かれた取締役がこれらに依拠して意思決定を行なうことに当然に躊躇を覚えるような不備・不足があったか否かにより判断すべきである」とした。

以上の判断基準を前提に、追加融資を行うにあたっての取締役においては、追加融資を実行することにより全体として利益が期待しうる場合のみ実行すべきであったにもかかわらず、採算可能性に関する情報収集・分析、検討に不足・不備がみられるところ、かかる不足・不備は、当該状況下におかれた取締役としてこれに基づき意思決定を行うことに当然に躊躇を覚えてしかるべきものであったとした。

(3) 内部統制システム構築義務

信頼の原則についての上述の議論を前提とすると、同原則の適用を受ける大企業の取締役は、下部組織の情報収集・分析、検討の内容にいかに重要かつ不注意な誤りがあったとしても、それが一見して明らかでない限り（すなわち、下部組織の情報収集・分析、検討の内容に依拠して意思決定を行うことに当然に躊躇を覚えるような特段の事情がない限り）、任務懈怠に基づく責任を負わないことになる。

しかし、その前提として、経営判断の前提となるべき情報収集・分析を行うため、専門知識と能力を有する従業員を配置した組織を設置し、適切かつ正確な情報を収集し、それを分析・検討できるような社内体制を構築しておくことが必要である。これが、内部統制システム構築義務といわれるものである。

このように、問題となっている各経営判断につき、仮に下部組織の収集・分析、検討した情報の内容に当然に躊躇を覚えるような特段の事情が認められず、それらの経営判断を行った取締役に善管注意義務違反が認められなかったとしても、その前提となるべき情報収集・分析、検討のための内部統制システムの構築あるいは運用に不備があったのではないかという点を別途検討することが必要となる。内部統制システム構築義務の具体的な内容については、別項（後記Ⅴ１(2)）で詳しく述べる。

2 注意義務違反の判断

以上のような判断基準に基づき、裁判所は、取締役の行った経営判断における善管注意義務違反をどのようにして認定しているのだろうか。営む業種によって取締役に要求される注意義務の内容が異なることから、その差異を強調されることが多い、金融機関の取締役の場合と事業会社の取締役の場合とに分けて概観する。

なお、業種の違いによって取締役の負う注意義務の内容に違いが生じるの

は当然のこととして、一歩踏み込んで、銀行の取締役の負う注意義務の程度と一般の営利企業の取締役が負う注意義務の程度を比較して、いずれが「重い」かを議論することには意味がないと考える見解もある[5]。もっとも、そのような見解を前提としても、金融機関の取締役がいかなる場合に注意義務違反とされるかを検証することは、取締役が従うべき行為準則の整理・類型化の観点からはなお有益であろう。

(1) 金融機関の取締役の経営判断の誤り

金融機関の取締役による融資判断も経営判断であるから、当該融資に係る債権が回収不能となった場合においては、その判断に対する責任が問われ得る。もっとも、そうであっても、あらゆる融資判断に対して責任が問われるわけではない。責任を問われるべきは、回収見込みのない融資を実行した場合など、一定の場合に限られよう。では、そのような責任追及の場面において、裁判所は、金融機関の取締役の行った経営判断におけるどのような事実関係に注目しているか。そして、注意義務を尽くしたといえるためには、具体的にどのような行為を要求しているのだろうか。

(ア) プロジェクト資金の融資

金融機関の取締役が経営判断における責任を追及される事案として典型的なものとして、取引先等に対する不正融資・乱脈融資があげられる。

いわゆるバブル経済による好況期に甘い不適切な融資を行った結果、バブル崩壊後に経営破綻を招き、そのような融資を行った金融機関の役員に対して、株主あるいは当該金融機関から債権譲渡を受けた株式会社整理回収機構により、数多くの責任追及訴訟が提起された。とりわけ、特定のプロジェクトに対する支援の一環としてなされた融資を決裁した銀行の取締役の注意義務違反が問われるケースが相次いだ。そこで、まずは、プロジェクト資金の

---

[5] 拓銀エスコリース事件控訴審判決（札幌高判平成18・3・2判時1946号128頁）参照。刑事事件であるが、前掲最決平成21・11・9は、銀行の取締役の注意義務の程度は、一般の取締役に比べて高いとする。

融資判断が問題となった裁判例を検討し、そのような判断における取締役の注意義務違反の有無を判断するにあたって裁判所が着目した事情を整理する。

拓銀ソフィア事件（札幌地判平成16・3・26判タ1158号196頁）は、都市型保養施設の開発計画に基づきホテルの建設資金として融資した資金、すなわちプロジェクト資金のための融資（第1融資）と、当該施設の運転資金として融資した資金、すなわち事業支援のための追加資金融資（第2融資）が、いずれも全額回収不能になった事案で、これらの融資を担当した取締役の責任を肯定した事案である。

第1融資（プロジェクト融資）については、プロジェクト資金の融資判断が合理的か否かを判断するにあたって、当該融資の回収可能性は、「単に融資先の事業の採算性だけにとどまらず、その背景にあるプロジェクトの成否、採算性によるところが非常に大きいのであるから、この点についての調査、検討が十分に尽くされたか否かが、当該融資決裁の当否を判断するにあたっての重要な要素を占める」とした。そして、プロジェクトの資金計画、採算性、融資先の経営能力、保全状況等について多くの問題点を抱えていたことから、融資を決裁するにあたっては、当該「問題点の解消に主眼を置いた、より詳細な調査、検討」が要求されるところ、回収不能に陥る危険が少なくないと容易に予測できたにもかかわらず、そのような調査、検討を行うことなく融資を実行したことは善管注意義務違反にあたると判断した。

第2融資は、既存融資の支払が遅滞に陥っており、その支払能力に重大な懸念が生じている状況において行った運転資金の追加融資である。融資の当否を検討するにあたって、裁判所は、「追加融資を行うことによって……損失極小化を図ることが確実に見込まれたか否か、そのための討議、検討が経営会議等の場において十分にされたかどうかが重要である」とした。結局、そのような損失最小化は見込めないものであったこと、融資にあたって綿密な検討がなされていたとはいえないことから、善管注意義務に違反すると判断した。

本事案は、刑事事件にもなっており、金融機関の取締役の経営判断の誤りがいかなる事情の下に刑事責任に至るのかをみるという観点からも見過ごすことのできない事案である。

 すなわち、拓銀ソフィア（特別背任）事件判決（前掲最判平成21・11・9）は、本件融資が、既存の貸付金の返済は期待できず、追加融資は新たな損害を発生させる危険性のある状況の下でなされたと認定し、特別背任罪における取締役としての任務違背を認めた。

 同判決が判示した、特別背任罪における金融機関の取締役の任務違背の要件は、取締役が会社に対して負う善管注意義務違反の一般的な判断に沿うものである。

 プロジェクト資金の融資責任が問題となった事案としては、ほかにも、拓銀カブトデコム事件、長銀初島事件等数多くある。

 拓銀カブトデコム事件判決（最判平成20・1・28判時1997号148頁）は、北海道拓殖銀行（以下、「拓銀」という）が、カブトデコム株式会社の上場資金およびプロジェクト資金の調達を目的として、第三者割当増資により引き受ける予定の同社関連企業の新株を担保として行う、同社の融資依頼に基づく融資（第1融資）、同社のプロジェクト資金の融資（第2融資）、そして、同社がもはや存続不可能と判断される状況で、同社の延命に最低限必要な資金の融資（第3融資）をそれぞれ行ったという事案である。

 本事案において、最高裁判所は、経営判断の原則といったような善管注意義務違反の有無に関する判断基準を示すことなく、当該事案における具体的な事実関係に基づいて善管注意義務違反の有無を直接判断し（事例判断）、これを肯定した。

 しかし、裁判所の当該判断にあたっては、融資判断の前提となった事実の認識に基づく意思決定の過程が銀行の取締役として著しく不合理なものでなかったかどうかという観点から検証が行われており、結局、実質的には経営判断の原則の適用がなされたものと理解される。[6]本件で判断の対象となった

第1および第3融資のうち、プロジェクト資金融資である第1融資について、取締役の責任を肯定するにあたって考慮された事実関係は以下のようなものである。

すなわち、①「融資に係る債権の回収は専らカブトデコムの業績および株価に依存するものであった」こと、すなわち、「株式は不動産等と比較して価格の変動幅が大きく、景気動向や企業の業績に依存する度合いが極めて高いものであること」、「融資先はいずれもカブトデコムの関連企業であり、いったんカブトデコムの業績が悪化した場合には、カブトデコムの株価すなわち担保価値の下落と融資先の業績悪化とが同時に生じ、たちまち債権の回収が困難となるおそれがある」こと、②「融資先が弁済期に担保株式を一斉に売却すれば、それによって株価が暴落するおそれがあることは容易に推測できたはずであるが、その危険性およびそれを回避する方策等について検討された形跡はない」こと、③「一般に、銀行が、特定の企業の財務内容、事業内容および経営者の資質等の情報を十分把握した上で、成長の可能性があると合理的に判断される企業に対し、不動産等の確実な物的担保がなくとも積極的に融資を行ってその経営を金融面から支援することは、必ずしも一律に不合理な判断として否定されるべきものではない」けれども、カブトデコムについては、その調査委員会において、「その財務内容が極めて不透明であるとか、借入金が過大で財務内容は良好とはいえないなどの報告がされていた」から、拓銀が当時採用していた企業育成路線の対象としてカブトデコムを選択した判断自体に疑問があること、④そのように「カブトデコムを企業育成路線の対象とした場合でも、個別のプロジェクトごとに融資の可否を検討するなどその支援方法を選択する余地は十分にあった」にもかかわらず、あえて第1融資のようなリスクの高い融資を行ったことである。

以上のような各判決における判断からうかがえる、金融機関の取締役がプ

6　清水真＝阿南剛「北海道拓殖銀行カブトデコム事件最高裁判決の検討」商事1896号36頁参照。

ロジェクト資金の融資判断において検討を求められる事項の例としては、以下のようなものがあげられよう。

① プロジェクトの実現可能性、採算性に問題がないこと。問題がある場合はその解消のための方策について十分に検討していること
② 債権回収が融資先ではなくプロジェクトに依存するものであること
③ 債権回収が危ぶまれる危険がある場合は、回避策等について十分に検討していること
④ 追加融資を行う場合は、損失極小化を図ることが確実に見込まれたか否かについて十分に検討していること

　(イ)　**系列企業・メインバンク関係にある取引先企業の救済・支援**

系列企業やいわゆるメインバンク関係にある取引先企業に対する救済・支援のための融資にあたっては、プロジェクト融資の場合と異なる判断要素が考慮されている。以下具体的事案をみてみよう。

長銀イ・アイ・イー事件第1次訴訟判決（東京地判平成14・7・18判時1794号131頁）は、取締役の責任が否定され、取締役が勝訴した事案である。

注意義務違反の判断基準としては、経営判断の原則についての上述の長銀初島事件判決と同様の判断基準を採用している。そのうえで、東京地方裁判所は、企業とメインバンクの関係に関する金融慣行の一般論を述べつつ、以下のように判示した。「原告（筆者注：日本長期信用銀行（以下、「長銀」という））は訴外会社（筆者注：株式会社イ・アイ・イーインターナショナル）のメインバンクとして、長期間の取引関係の中で組織的かつ継続的に訴外会社の経営情報等を収集・蓄積させるとともに経営監視を行ってきた……。当時においては、メインバンクは、借り手についての情報収集・蓄積および経営監視の面で他の債権者よりも優位な立場にあること、最大の融資者として借り手が経営難に陥った場合の危機管理にイニシアチブを発揮することから、これらに信頼・期待して他行は当該借り手企業への融資を引き受け、他方メインバンクは、借り手の預金、為替および社債管理業務などを独占的に引き受

ける関係が成立していたものと解される。……上記のような関係の中でメインバンクの動きを注視している他行に対して、訴外会社の経営が悪化しているという誤ったシグナルを送る行動を避ける必要があったのであり、このような観点から訴外会社の資金繰りの見通しおよび短期間の融資であることも勘案の上、次善の策として既に述べたような債権保全措置をとったものである。このことからすると、本件融資は、時間的制約がある中で原告が訴外会社との取引の過程で組織的かつ継続的に収集・蓄積してきた情報を関連部署において総合的に分析、検討した上、本件融資を行なう必要があり、債権保全措置をも勘案すると回収にも懸念はないとの結論に至ったものであり、その判断は、当時の具体的状況下においては、相応の裏付けを有するものであったというべきであり、本件融資が判断の前提となる事実認識および判断の内容に裁量の範囲を超えた誤りがあったと認めるに足りる証拠はない」などとし、このようなメインバンク論を重視して、取締役の善管注意義務違反、監視義務違反を否定した。

しかし、本件事案では、当面の資金繰り予定について「分析不十分な面は否めない」との意見が業務審査部から出ていた旨認定されており、本件事案における取締役にいわゆる信頼の原則の適用があるとしても、このような情報に依拠して意思決定を行うことについては、躊躇を覚えるような不備・不足があったと解される余地もある。

また、長銀は、内規に反して新たな担保を徴求しなかったが、これは、メインバンクが担保を徴求すれば他行が過敏に反応して債権回収に走るおそれがあったことから、これを回避するための政策的判断であったということである。しかし、内規違反の措置には経営判断の原則の適用はないと考えるならば、たとえ判旨のような政策的判断が可能であったとしても、なお善管注意義務違反に問うべきと考える余地は十分にあろう。[7]

---

[7] 清水忠之「判批」ジュリ1289号224頁参照。

いずれにせよ、中小企業はともかく、大企業においてはメインバンクとの取引関係が希薄になったといわれてきているようなので、そのような傾向が進展すれば、上述のような認定が今後もなされる保証はない。

反対に、拓銀エスコリース事件判決（前掲札幌高判平成18・3・2）は、長銀イ・アイ・イー事件第1次訴訟判決と異なり、取締役が責任論では敗訴した事例である。裁判所は、メインバンクであっても融資に合理性が必要であるとして、確実性の原則（回収が確実な融資を実行すべき原則）に反する融資を行った取締役の責任を肯定した。

なお、本件事案における経営判断にあたっては、弁護士の意見を聞き、大蔵省（当時）にも説明に行ったという事情が認められるが、札幌高等裁判所は、だからといってこれによって取締役の責任が免責されるものではないとした。

長銀ノンバンク支援事件判決（東京地判平成16・3・25判時1851号21頁）においては、メインバンク制のみならず、母体行責任を論じている。本事案では、複数の企業に対する融資が同時に判断されているが、経営判断の原則の基本的枠組みは当時の東京地方裁判所における同種事案（長銀初島事件、長銀イ・アイ・イー第1次訴訟、国民銀行事件）とほぼ同様である。しかし、本事案は、母体行が経営危機に陥った系列ノンバンクに対する支援を実施する場合の取締役の注意義務の内容を明示した点で特徴がある。一般の企業が、子会社等の系列企業を支援する場面における取締役の注意義務の内容を検討するうえで参考となる裁判例であるといえよう。

日債銀ノンバンク支援事件判決（東京地判平成16・5・25判タ1177号267頁）においては、救済融資の場合における責任論が明示されている。すなわち、「倒産の危機に至った企業に対し倒産の危険を回避するためにされる回収を

---

8 ただし、本件における拓銀は、「メインバンクに準じる銀行」という趣旨の「道義的メインバンク」であった。
9 消滅時効期間の経過によって消滅した損害賠償請求権を除く。

前提としない救済融資については、その額、総資産に占める割合、処分行為の態様および従来の取扱い等からみて重要な財産の処分に当たる場合には商法260条2項1号（筆者注：現会社法362条4項1号）に定める取締役会の決議を要する」として、そのような決議がなされていない通常の融資手続によって行われている場合は、貸出規定に反して回収の見込みの立たない融資判断を行った取締役は、善管注意義務違反を免れないとした。

以上のような裁判所の各判断を踏まえれば、系列企業や母体行責任・メインバンク関係を有する取引先企業の救済・支援のための融資において金融機関の取締役が行う融資判断における任務懈怠の有無を判断するにあたって重視された事情としては、安易には一般化できないにしても、以下のようなものがあげられる。

① 確実性の原則、収益性の原則、銀行業務の公共性に照らして、合理性を有する判断であること
② 支援により負担する損失を上回るメリットが得られること
③ 支援を行うこと自体が、銀行の経営の安定性を揺るがす場合でないこと
④ 支援の方法も、銀行業務の公共性に照らし社会的相当性を備えたものであること
⑤ 倒産の危険を回避するためにされる回収を前提としない救済融資については、重要な財産の処分にあたる場合がある
⑥ 監督官庁への照会は、取締役の責任の免責事由にはならないことがある

　　　(ウ)　単なる取引先企業の救済・支援

通常の取引先企業の救済・支援のための融資について、そのような融資判断を行った取締役の責任はどうか。

拓銀ミヤシタ事件控訴審判決（札幌高判平成18・3・2判タ1257号239頁）は、事業会社である株式会社ミヤシタに対して実行された総額35億5000万円の融

III 経営判断の誤り

資が子会社に転貸され、これを先物取引の資金として使用された挙げ句に、ミヤシタが経営破綻して融資が焦げついたという事案である。[10]

　まず、善管注意義務違反の判断基準について、札幌高等裁判所は、「銀行の取締役の注意義務違反の有無については、銀行の取締役一般に期待される知識、経験を基礎として、当該判断をするためにされた情報収集、分析、検討が当時の状況に照らして合理性を欠くものであったか否か、これらを前提とする判断の推論過程および内容が不合理なものであったか否かにより判断すべきである」という内容の判断基準を採用した。

　判決の文言からすると、経営判断における裁量の範囲を画するにあたっては、経営判断の推論過程・内容が「著しく不合理」か否かではなく、単に「不合理」か否かという、経営判断の内容の合理性の有無そのものを積極的に問題にしているようにみえる。もっとも、結局、あてはめにおいては、取締役の経営判断が「著しく」合理性を欠くと認定している。

　次に、札幌高等裁判所は、大規模組織における意思決定の特質を踏まえ、「取締役の情報収集、分析、検討に上記のような不足、不備があったか否かについては、分業と権限の委任を本質とする組織における意思決定の特質が考慮に入れられるべきであり、特に、拓銀のように融資の際に営業店、審査部、担当役員等がそれぞれの立場から重畳的に情報収集、分析、検討を加える手続が採られている銀行においては、取締役は、自らが担当していない融資案件については、担当部署が収集した情報に基づき、その分析、検討の結果を参考として自らの判断を行うことが許されるというべきである」といいながらも、「取締役は、他の取締役の職務の執行を監視する義務を負うものと解されるから、担当の他の取締役によって審議に付された融資案件につい

---

[10] なお、同事件の最高裁判決（最判平成20・1・28民集62巻1号128頁）においては、商法（平成17年法律第87号による改正前のもの）266条1項5号に基づく会社の取締役に対する損害賠償請求権の消滅時効は民法167条1項により10年と解すべきであるとした。旧商法266条1項5号と同様の責任を規定した会社法423条1項に基づく責任についても、かかる結論が同様に妥当するものと考えてよい。

て、当該担当取締役の意見をいわば鵜呑みにすることは許されず、自らの知識、経験、担当職務、案件との関わり等を前提としつつ、担当部署からもたらされた情報、分析、検討の結果に不合理な点がないかどうかを吟味し、自らその融資の是非を判断すべきものといわなければならない」と判示した。

担当外取締役としては、担当取締役からの意見を鵜呑みにしてはならないことはもちろんのこと、それだけでなく、もたらされた情報自体に不合理性がないかどうかについても、個々の取締役自ら、積極的に吟味する必要があるということである。いわゆる信頼の原則といわれている考え方が、各部署の情報収集や分析、検討に依拠することに当然躊躇を覚えるような不足・不備がある場合に限定するのが一般的であることからすると、上述の判断基準は、いささか厳しいものであるといえよう。

以上のような判断基準の下に、先物取引資金の融資を行った取締役の損害賠償義務を認めた。すなわち、裁判所は、「融資先が相場取引を行うための資金の融資が許されないとまではいえない」ものの、「融資判断が、専ら利息収入、取引機会の拡大、既存融資の回収可能性の増加、当該融資の回収可能性といった収益性と確実性の観点から、銀行の取締役一般に期待される知識、経験を基礎として合理性を欠くものではなかったかどうかという点が問われる」とした。もっとも、本件融資は、もっぱら利息収入を目的とした融資であると認定し、利息収入を得る見込みがあると合理的に判断され、少なくとも元本の回収が危ぶまれることはないという状況になければ、善管注意義務違反は免れないとした。そのうえで、融資の元利金を回収する合理的な見込みがあったというためには、そのための十分な担保が確保されていることが必要であるとした。本件では、それらのような状況がなかったとして、取締役の善管注意義務等に違反するとされた。

四国銀行株主代表訴訟判決（最判平成21・11・27判時2063号138頁）は、県の要請に基づき実施された融資についても、銀行の関与取締役に善管注意義務違反が認められた事案である。本判決は、健全な融資先とはいえない状況

の会社に対する融資実行に合理性が認められるのは、「回収不能となる危険性を考慮しても、全体の回収不能額を小さくすることができると判断することに合理性が認められる場合に限られる」とした。

　国民銀行事件判決（東京地判平成14・10・31判時1810号110頁）においても、長銀初島事件判決や長銀イ・アイ・イー事件第１次訴訟判決と同一の判断基準が用いられているものの、取締役の責任を否定した長銀イ・アイ・イー事件第１次訴訟判決と異なり、本事案では取締役の責任を肯定した。

　本事案においては、原告銀行がいわゆる第二地銀であって、貸出先が零細企業を含めた地元の中小企業を中心としており、十分な担保を有するとは限らないことから、地域とのつながりを活かしつつ、貸出先の収益性や将来性に対する慎重な審査、貸出条件の設定、貸出後のモニタリングを徹底することが求められていたという事情が勘案された。本事案においては、既存の融資が回収できなくなって損失が顕在化することを嫌って、不動産を時価より著しく高額で買い取らせる代わりに、買取資金の融資において本来なされるべき審査を不十分にしか行わなかったことや、破綻に瀕している大口融資先への融資について、不良債権処理等の問題のための具体的な方策を検討することなく、むしろ、その処理を漫然と先送りする目的で融資を継続したということが問題視されている。

　以上のような裁判所の各判断を踏まえれば、健全とはいえない取引先企業に対する融資の判断においては、以下のような事情の有無が検討されている。

① 　確実性の原則、収益性の原則、銀行業務の公共性に照らして、合理性を有する判断であること
② 　十分な担保が確保されていること
③ 　融資を実行したほうが、当該融資が回収不能となる危険性を考慮しても、全体の回収不能額を小さくすることができると判断されること
④ 　貸出後のモニタリングを徹底し、回収不能が見込まれる場合は、不良債権処理等の具体的な方策を検討すること

㈒ **不祥事の損害を減少させるための融資**

　不祥事が基になって債権保全を図る必要が出た場合において、そのような債権保全を目的として行う融資についても、確実性の原則が要求されるということは、他の融資の場合と同様である。

　拓銀栄木不動産事件判決（最判平成20・1・28判時1997号143頁）は、拓銀の千葉支店副支店長が、株式会社栄木不動産によって支払可能残高を超えて振り出された他行を支払銀行とする小切手について、これを交換にまわす前に即日入金のうえ払い戻す処理を繰り返すことによって（副支店長のかかる行為は、銀行にとって背任的行為である）、拓銀が、栄木不動産に対して多額の無担保債権を有することになったため、拓銀は、債権保全を図る目的で不動産の担保提供を受けようとしたが、栄木不動産からその条件として追加融資を求められてこれを実行したという事案である。要するに、本事案は、副支店長の背任的行為による損害を拡大しないようにするために、融資先からの要求に応じてなされた追加融資の事案である。

　最高裁判所の判断は事例判断であるが、上述の事案における融資判断の合理性の有無に関して一定の基準を掲げて判断している。最高裁判所は、取締役の融資判断が善管注意義務を尽くしたかどうかについて、「健全な貸付先とは到底認められない債務者に対する融資として新たな貸出リスクを生じさせる追加融資に応じるとの判断は、当該融資を確実に回収できるような担保余力（確実な担保余力）が見込まれる場合」に限り、合理性が認められるとした。そのうえで、最高裁判所は、拓銀の取締役の責任を認めているが、責任を肯定するにあたって、不動産の担保評価が「およそ実態とかけ離れたもの」であって、「栄木不動産自身による評価額についてもその根拠ないし裏付けとなる事実が示された形跡はうかがわれない」にもかかわらず、取締役は、「他に客観的な資料等を一切検討することなく、安易に本件不動産が本件追加融資の担保として確実な担保余力を有すると判断した」ことを考慮した。

なお、控訴審判決（札幌高判平成17・3・25資料版商事255号205頁）は、担保価値に対する検討の不十分さを正当化する事情として、時間が切迫していたことをあげている。しかし、最高裁判所は、「本件過振りが判明してから短期間のうちにその対処方針および本件追加融資に応じるか否かを決定しなければならないという時間的制約があったことを考慮しても、著しく不合理」と判断している。最高裁判所が、検討のための時間的制約をどのように「考慮」して本件融資は不合理であると結論づけたかは不明ではあるものの、そのような時間的制約が正当化事由になりうることを認めるかのようである。おそらく、当時確実な担保余力が見込まれる状態になかったという事情が重視されたため、「時間的制約の存否にかかわらず」取締役の追加融資の判断は著しく不合理と判断したものと思われ、最高裁判所は、時間的制約があったことによる免責を必ずしも認めないわけではないと考えられる。とはいうものの、時間がないのであれば追加融資を行うべきでなかったということもでき、時間的制約があったとしても、経営判断の前提となる事実の認識に係る必要な調査、検討を尽くさなければならない、といわざるを得ないのではなかろうか。[11]

(オ) 取締役個人の利益を図るための融資

取締役が、その地位を利用して、会社の犠牲において、自己または第三者の利益を図ってはならないという義務は、取締役の善管注意義務・忠実義務の内容となる。したがって、取締役が自らの利益を図るために行った行為によって会社に損害を与えた場合、そのような行為は、もはや経営判断とはいえない。

取締役が自らの利益を図るために迂回融資を行った取締役の責任について、東邦生命事件（東京高判平成16・12・21判時1907号139頁）は、東邦生命保険相互会社の代表取締役が、回収に懸念のある融資であることを認識しつつ、プ

---

11 清水真＝阿南剛「北海道拓殖銀行栄木不動産事件最高裁判決の検討」商事1895号10頁参照。

ライベート・カンパニーや自分自身の利益を図るために、自己の会社における地位を利用して、会社の事業目的とは無関係にその資金を流用すべく、会社をして融資を実行させたものとして、善管注意義務違反を認定しているが、当然の判断である。

(2) 事業会社の取締役の経営判断の誤り

事業会社の取締役が行った経営判断において誤りがあった場合の責任について、裁判所はどのような事実に着目し、どの程度の調査を尽くすことが必要であると判断しているか、次に概観する。

事業会社の取締役が行う経営判断は多岐にわたるが、そのうち、争いになりやすい事例として、債権を行使・回収しない旨の判断、子会社やグループ企業の救済に関する判断、事業再編に関する判断、政治資金の寄付に関する判断などがあげられよう。

(ア) 子会社・グループ企業の救済・支援

親会社が、当該親会社や企業グループ全体の信用を維持するために、子会社に融資等の支援を行って、実質的に子会社の債務を肩代わりするか否かという判断を迫られることがある。この場合、そのような「信用維持」という目的を達成する手段として、当該支援が適切か否かという判断はなかなか困難であるうえ、そのような支援は、緊急性が要求されたり、取締役の関係企業の救済でもあったりするため、親会社取締役のそのような判断の適法性が問疑されることになる。

清算型支援の合理性については、コスモ証券株主損害賠償訴訟事件判決（大阪地判平成14・2・20判タ1109号226頁）[12]がある。同事件は、コスモ証券が、

---

[12] ちなみに、本判決においては、一般論として、取締役の少数株主を含む全株主の利益に鑑みた忠実義務の存在を指摘している。すなわち、「コスモ証券は大和銀行の完全子会社ではないから、コスモ証券の取締役としては、コスモ証券の少数株主に対する配慮が欠かせないのであり、多数株主である大和銀行の利益を図るために少数株主の利益を犠牲にしてはならない。したがって、本件で問われているのは、コスモ証券の全株主の利益を図るという観点から見て、本件供与について、被告らに善管注意義務（忠実義務）違反があるか否かである」としている。

多額の債務超過に陥った関連会社（コスモ産業）を清算するにあたり、同社に対して多額の金銭を供与した事案である。大阪地方裁判所は、取締役の責任を否定したが、かかる判断のために認定した事情としては、次のような点である。①コスモ産業を清算することによって、これらを連結決算の対象とならないようにする必要性があったこと、②任意整理手続選択については、コスモ証券への信用不安を回避することに一応の合理性があること、③大株主たる大和銀行にとって利益となる金銭供与は、大和銀行の協力を得ることができ、コスモ産業の迅速かつ円滑な清算に資するもので、コスモ証券の利益という観点から一定の合理性を有すること、④金額の相当性も認められること、⑤コスモ証券は、本件供与の適法性および適法とされる負担の範囲等について、弁護士や学者に対して意見照会をしたことである。

日本信販株主代表訴訟判決（東京地判平成17・3・3判時1934号121頁）も清算型の支援であるが、コスモ証券株主損害賠償訴訟事件判決と同様、取締役の責任は否定されている。

子会社・関連会社を清算するにあたって行う経済的支援の合理性は、たとえば以下の事情が考慮されよう。

① 当該支援が、親会社に生じるリスクを回避するために、必要かつ合理的なものであること
② 当該リスクを回避するための手段は、当該支援以外になかったこと
③ 適法性および適法とされる負担の範囲等について、外部の専門家（弁護士や学者）の意見を聴取し、十分な審議・検討が行われたこと

再建型支援の合理性については、清算型の場合よりも経営判断の裁量に幅があるように思われる。

ロイヤルホテル株主損害賠償訴訟事件判決（大阪地判平成14・1・30判タ1108号248頁）は、取締役の責任を否定している。すなわち、ロイヤルホテルがグループ全体の再建計画を策定する前に関連会社に対して行った融資は、①当該関連会社が、資本関係、役員関係の双方において密接な関係を有する

グループ会社であること、②当該関連会社が倒産するようなことになれば、ロイヤルホテルの信用失墜、金融機関からの融資引揚げ等の大きな損失を被るおそれがあったこと、③融資の回収可能性について、回収不能となる危険が具体的に予見できる状況にあったとまでは認められないことから、善管注意義務違反なしとした。また、ロイヤルホテルがグループ全体の再建計画を策定した後に当該関連会社に対して行った融資および債権放棄については、①当該関連会社が倒産した場合、ロイヤルホテルは、グループ全体の信用が損なわれ、融資が引き揚げられる具体的な危険性があること、②融資・債権放棄の額が相当であることから、責任を否定した。

なお、本判決の事案では、ロイヤルホテルの代表取締役が上述の関連会社の代表取締役も兼務していたところ、上述の融資(別の資金管理会社を経由して関連会社に対して行われた)と債権放棄が、それぞれ利益相反取引に該当するか否かも問題となった。[13]

判決は、融資については、利益相反取引に形式的に該当しないとし、債権放棄については、形式的には利益相反取引に該当するものの、実質的に会社の利益を図る目的でなされたものであり、かつ取引の客観的な性質上利益相反をもたらすものではないから、損害賠償責任は発生しないとした。

会社法の制定前は、利益相反取引を行った取締役の責任は無過失責任であったので(旧商266条1項4号)、利益相反取引該当性の判断にあたっては、取引の実質面についても慎重に考慮されたものと思われる。これに対して、

---

[13] 法制審議会会社法制部会において平成24年8月1日に決定された「会社法制の見直しに関する要綱案」(以下、「要綱案」という)の取りまとめにあたっては、親子会社間の利益相反取引によって子会社が不利益を受けた場合に、親会社が責任を負う旨の規定を設けることが検討された。これは、親子会社間の利益相反取引は定型的に子会社に不利益を及ぼすおそれがあると考えられることから、子会社少数株主の保護のための法的規律を充実させることによって、子会社に対する合理的な投資インセンティブを確保すべきという観点から提案されたものである。しかし結局は、要綱案第二部第一の後注において、子会社少数株主の保護の観点から、親会社との利益相反取引について事業報告および監査報告で情報開示を行うべきことが盛り込まれるにとどまった(岩原紳作「会社法制の見直しに関する要綱案〔III〕」商事1977号11頁)。

会社法の下では、直接取引の相手方である取締役を除いて無過失責任は廃止され、過失責任となった。しかし、依然として任務懈怠は推定され（会423条3項）、しかもその推定は取締役会等の承認の有無に関係なくなされる（VI 2(1)参照）。そのため、会社法の下でも、取締役が子会社等の代表取締役を兼任している場合に当該子会社等との間で取引を行うにあたっては、利益相反取引に該当する可能性があることをよく認識して、取引実行の可否を慎重に判断する必要がある。

取締役の違法行為差止請求（会360条1項）がなされた事案である三菱重工優先株引受差止仮処分申立事件判決（東京地決平成16・6・23金商1213号61頁（確定））においては、取締役の責任が否定されている。[14]

本件においては、三菱重工業による経営不振企業である三菱自動車に対する優先株を引き受ける旨の支援決定の適法性が争点となった。このような経営不振企業に対する支援にあたっては、取締役としては、「支援をする企業と支援を受ける企業の関係、支援を受ける企業が支援を必要とするに至った原因、支援を必要とする企業が置かれている状況、支援を受ける企業の再建策の合理性等」を踏まえた総合判断が必要とされた。そしてそのような判断については、いわゆる経営判断の原則が適用されるとした。

そのような前提の下で、東京地方裁判所は、当該支援決定の必要性、支援決定の時期の相当性を検討し、①三菱自動車の破綻を防ぐためには支援を緊急に行うことが必要であること、②支援時期について、三菱自動車はリコール隠しによって市場からの信頼が失われつつあったが、リコール隠しに関する事実関係も三菱自動車の新経営陣の下で明らかにされつつあったこと、③支援決定における利害得失を考慮したことが一応認められることに鑑みて、

---

14 なお、本件は、取締役の違法行為差止請求の申立てであるところ、このような満足的仮処分においては、「本件申立てにおける被保全権利及び保全の必要性に関しては高度の疎明が要求される」、すなわち、「仮処分決定によって事前差止めを命じなければならないほどの明白な善管注意義務違反が認められるか否か」という観点からの検討が必要であるとされている点も注目される。

事実の認識過程は不合理とはいえず、当該事実認識に基づく判断過程が明らかに不合理なものではないとした。

　　(イ)　事業再編に関する判断

　子会社の完全子会社化や合併契約の締結など、事業再編にかかわる取締役の経営判断も、その経営上の効果は定量的でないから、その是非が争われる。

　アパマンショップ株主代表訴訟においては、発行済株式総数の3分の2以上を有する非上場子会社を完全子会社とするため、当該会社の株式を買い取る際に、適正価格の5倍の価格で買い取ることを決定した取締役の、当該価格の決定についての善管注意義務違反の有無が問題となった。

　第1審判決（東京地判平成19・12・4金商1304号33頁）は、取締役の善管注意義務違反を否定したが、控訴審判決（東京高判平成20・10・29金商1304号28頁）は、これを肯定した。

　第1審判決においては、非上場株式の取得価格の算定にあたっては、「当該株主から当該価格により株式を取得する必要性、取得する株式数、取得に要する費用からする会社の財務状況への影響、会社の規模、株主構成、今後の会社運営への影響等」の事情を考慮した総合判断が必要となるとしたうえで、結論としては、取締役の善管注意義務違反を否定した。かかる結論にあたっては、非上場子会社を完全子会社化する必要があったこと、子会社は設立から当時5年程度しか経過していない会社であること、グループ全体でフランチャイズ事業を営んでおり、加盟店との関係を良好に保つ必要性があること、完全子会社化にあたって株式交換の方法のみを選択した場合、反対株主からの買取請求権の行使や裁判所に対する価格決定の申立て（会786条2項）といった法的紛争に発展する可能性があること、このような紛争の発生により、加盟店が競合他社に移ることや、今後の加盟店の勧誘に支障が生じることも予想されること、親会社の企業規模に照らし、財務状況への影響は大きくないと認められること、経営会議に諮問し、顧問弁護士の意見を聴取したことといった事情が考慮された。

これに対し、控訴審判決においては、低い額では買取りが円滑に進まないといえるかどうかの調査や検討がされたことはなかったこと、親会社の利益額と買取代金総額とを比較すれば、株式買取りによる支出は同社の経営上かなり大きな影響があり得ると考えられること、取引当時、親会社は対象子会社の発行済株式総数の3分の2以上を保有している状態にあり、買取価格については、当時の状態を維持した場合に比較して完全子会社化が経営上どの程度有益な効果を生むかという観点からの、慎重な検討が十分に行われなかったことが考慮され、取締役の善管注意義務違反が肯定された。要するに、5倍もの金額で買い取ることについて、それに見合う有益な効果が認められるか否かについての検討が不十分であったということである。なお、買取価格の設定に関する上記事実関係の下では、弁護士の意見を聴取したからといって、被控訴人らの注意義務違反を否定することはできないとされた。

結局、上告審判決（前掲最判平成22・7・15）は、取締役の経営判断における広い裁量を認め、取締役の責任を否定した。かかる判断にあたっては、任意の合意に基づく買取りは円滑に株式取得を進める方法と認められること、子会社の設立から5年が経過しているにすぎないことからして、設立時の払込金額と同額の買取価格に相応の合理性がないわけではないこと、子会社の株主には事業の遂行上重要な加盟店等が含まれており、買取りを円満に進めてそれらの加盟店等との友好関係を維持することが今後のグループの事業遂行のために有益であったこと、事業再編の効果による子会社の企業価値の増加も期待できたこと、グループ企業各社の全般的な経営方針等を協議する機関である経営会議において検討され、弁護士の意見も聴取されるなどの手続が履践されていたことといった事情が考慮された。

最高裁判所の判断によれば、事業再編に関する取締役の経営判断に対する責任の有無について、以下のような事情が考慮されている。

① 買取りを円滑に進行させることが、事業遂行上有益であること
② 買取価格に相応の合理性が一応認められること

③ 事業再編の効果による子会社の企業価値の増加が期待できること

④ 上述のことを経営会議等の全体の経営方針等を協議する機関において検討され、弁護士の意見も聴取されたこと

加えて、本件について特に指摘しておくべきことは、本判決が、経営判断における取締役の裁量が認められる場合について、最高裁判所が初めて判断基準を定立した民事事件だということである。しかも、この点について、最高裁判所は、「経営判断に対する司法による介入は謙抑的であるべき」というスタンスをとっていることがうかがえる。

「経営判断の原則」というと、下級審レベルでは「判断の前提となった事実の認識に不注意な誤りがなく、意思決定の過程・内容が企業経営者として特に不合理・不適切なものといえない場合であれば、取締役の行為は善管注意義務に違反しない」という基準が実務的にある程度定着してきている。しかし、他方で、最高裁判所のとった基準は、取締役の行った「決定の過程、内容に著しく不合理な点がない限り、取締役としての善管注意義務に違反するものではない」というものであり、下級審において集積された上述の基準に比べて簡潔なものである。具体的には、多くの下級審が採用する基準では、事実認識については不注意な誤りがないことが要求されているが、最高裁判所の基準によれば、意思決定の「過程」と「内容」について「著しい」不合理性がなければ足り、最高裁判所は取締役の経営判断についてより広い裁量を認めているものと評価することができる。これは、経営の専門家でない裁判官が、事後的かつ余裕のある状況の下では、よほどの事情がない限り、現実に行われた経営判断を積極的に吟味すべきではないとの態度を表したものと評される。

経営者の経営判断について司法は謙抑的であるべき、という考え方は基本的には妥当なものである。取締役の経営判断について一定の裁量を認めなけ

---

15 刑事事件においては、拓銀ソフィア（特別背任）事件判決（前掲最決平成21・11・9）において、経営判断の原則について言及していた。

Ⅲ　経営判断の誤り

れば、経営は萎縮し、企業に収益がもたらされる可能性は低まる。そのような裁量が認められてこそ、経営者は、株主利益を追求すべく思いきった経営を実行できるし、ひいては、国民経済が発展するものであるといえよう。

　もっとも、現実の経営判断にあたっては、意思決定の前提となる情報を集積できるような社内体制と、それによって実際に集積した情報を経営会議等できちんと吟味できる体制を整え、場合によっては、弁護士等の専門家に意見を求めたうえで、後は、各自の経営者のリスク・リターン感覚の下で判断ができるという体制を整備しておくことが肝要である。また、当然のことながら、取締役が、自己または第三者のためでなく会社および株主のために行為したこと、そして、違法行為を行っていないことが前提である。[16]

　とりわけ、たとえ経営判断に広い裁量があるといっても、判断の前提となる調査や分析がいい加減なものであってはならない。他社を完全子会社化するとともに、子会社化した当該会社の増資を引き受けた親会社取締役の善管注意義務違反に関して、日本精密損害賠償請求事件判決（さいたま地判平成22・3・26金商1344号47頁）は、増資額相当の損害賠償を肯定したが、本件では、買収にあたっての事実調査および分析のための実査を十分に行わなかったという事例であった。

　　　(ウ)　債権を行使・回収しない旨の判断

　会社の有する債権、とりわけ損害賠償債権について、それを行使すべきか否かという判断は、コストや勝訴可能性との兼ね合いで難しい場合があり得る。どう考えればよいか。

　このような場合、三越株主代表訴訟事件判決（東京高判平成16・12・21判タ1208号290頁）が是認した原審（東京地判平成16・7・28判タ1228号269頁）の判旨にいうように、「債権の存在の確度、債権行使による回収の確実性、回収可能利益とそのためのコストとのバランス、敗訴した場合の会社の信用毀損

16　落合誠一「アパマンショップ株主代表訴訟最高裁判決の意義」商事1913号4頁。

のリスク等」を考慮して、それを行使・回収しないとの判断もあり得よう。そして、これには、専門的かつ総合的判断が必要となるから、取締役に一定の裁量が認められてよい。

同判決においては、訴訟提起を行わないとの判断について取締役の裁量の逸脱があったというためには、「取締役が訴訟を提起しないとの判断を行った時点において収集された又は収集可能であった資料に基づき、①当該債権の存在を証明して勝訴し得る高度の蓋然性があったこと、②債務者の財産状況に照らし勝訴した場合の債権回収が確実であったこと、③訴訟追行により回収が期待できる利益がそのために見込まれる諸費用等を上回ることが認められること」が必要であるとした。本事案では、訴訟提起しないことを決定した時点において収集された資料だけでなく、収集可能であった資料によっても損害賠償請求権の存在を証明できる蓋然性は認められないとして、取締役の責任は否定されている。

(エ) 政治資金の寄付

政治資金の寄付を行った取締役の判断は、その効果が定量化できないため、取締役の責任が問われる可能性を常にはらむ。

古くは、八幡製鉄事件（最大判昭和45・6・24民集24巻6号625頁）においてこの問題が問われたことがある。本件では、「取締役が会社を代表して政治資金の寄附をなすにあたっては、その会社の規模、経営実績その他社会的経済的地位および寄附の相手方など諸般の事情を考慮して、合理的な範囲内において、その金額等を決すべきであり、右の範囲を越え、不相応な寄附をなすがごときは取締役の忠実義務に違反する」とされた。

取締役勝訴の事例として、住友生命政治献金事件判決（大阪高判平成14・4・11判タ1120号115頁）や、熊谷組株主代表訴訟事件（名古屋高金沢支判平成18・1・11判時1937号143頁。原審である福井地判平成15・2・12判時1814号151頁では取締役敗訴であった）がある。

Ⅳ　違法行為・不祥事

　会社の役員や従業員が違法行為などの不祥事を行った場合において、取締役が負うべき責任の有無はどのような基準によって判断されるのか。そのような判断基準に基づき、どのような事実関係の下で注意義務違反とされるのか。不祥事のあった会社における取締役がとるべき行為規範とはどのようなものか。

　違法行為・不祥事が発生した場合、非関与役員の責任としてまず問われるべきは、他の取締役または従業員に対する監視・監督義務または監査義務である。しかし、役員が直接監視することが期待できない違法行為・不祥事もある。そのような違法行為・不祥事を防止すべき役員の義務こそが内部統制システム構築義務である。善管注意義務違反が争われる場面において問擬される内部統制システムの内実は、詰まるところリスク管理の仕組みであり、その重要な部分を不祥事発生の防止が占めているといってよい。

1　善管注意義務の内容

(1)　違法行為・不祥事を行った役員

　取締役は、法令および定款並びに株主総会の決議を遵守する義務があり（会355条）、これは取締役の任務の1つだから、違法行為を行った取締役は、その任務を怠ったとして会社に対する責任を負う（同法423条1項）。この点は、法令・定款または株主総会決議の遵守義務違反に関する箇所で、すでに詳しく述べた（前掲最判平成12・7・7〔野村證券損失補てん株主代表訴訟事件上告審判決〕参照）。

　取締役は違法行為を行うという裁量を有していないし、違法行為それ自体が会社に対する責任原因だから、違法行為に対しては経営判断の原則が適用される余地はない。

それでは、不祥事の隠ぺいあるいは非公表についてはどうか。経営者は、そのような不祥事を積極的に公表しないことによって、企業イメージの低下を防止するという経営判断もあり得るから、経営判断の原則が適用される、といいたいところかもしれないが、ダスキン株主代表訴訟事件控訴審判決（大阪高判平成18・6・9判時1979号115頁）において、そのような考え方は一刀両断に否定されている（後記2(3)）。

(2) 違法行為・不祥事の原因ではない役員

違法行為・不祥事の原因ではない役員の責任は、監視・監督義務違反型に分類される。この点については、後記Ⅴを参照されたい。

2　注意義務違反の判断

企業不祥事の類型にはさまざまある。不祥事の原因が従業員である場合、不祥事の原因が役員である場合、そして、そのような不祥事が起こった後に隠ぺい行為が行われた場合に整理できよう。

(1) 従業員の違法行為・不祥事

まず、違法行為・不祥事を働いたのが従業員である場合、役員の責任はどのように問われるだろうか。

従業員の招いた違法行為・不祥事に対する取締役の責任の有無は、当該従業員をきちんと監督していたか、そして、リスク管理体制を合理的な範囲で整備し、きちんと運用していたかという問題である。

後者については、たとえば、従業員がインサイダー取引をしたことにより、取締役の責任が追及された場合には、「情報管理体制」と「インサイダー取引防止に関する管理体制」が、従業員によるインサイダー取引を防止し得る程度に適切なものであったか否かが判断されるといった具合である。

従業員によるインサイダー取引があり、当該インサイダー取引を防止することを怠った取締役らの善管注意義務違反が問われた事例には、日本経済新聞社株主代表訴訟判決（東京地判平成21・10・22判時2064号139頁）がある。新

聞社の取締役は、先ほど述べた、一般的に予見できる従業員によるインサイダー取引を防止し得る程度の管理体制を構築する義務と、個別リスクの発生を防止するために指導監督義務を負うとされた。そのうえで、日本経済新聞社がインサイダー取引を防止するために構築していた具体的な管理体制（情報管理体制およびインサイダー取引防止に関する管理体制）は、一般的にみて合理的な管理体制であったということができるとして、結論としては、注意義務違反なしと結論づけられている。

(2) 役員の違法行為・不祥事

一部の役員による暴走が会社に大きな損害を招いた場合、担当役員および担当外役員の責任はどのように問われるか。

この点については、取締役の業務執行取締役に対する監視・監督義務と、内部統制システム構築義務が問題となり得る。これらの義務については、別項を参照されたい（監視・監督義務について、後記Ⅴ 1(1)、内部統制システム構築義務について、後記Ⅴ 1(2)参照）。

(3) 不祥事の隠ぺい

企業不祥事が発生した場合において、不祥事自体が招く損害もさることながら、そのような不祥事を隠ぺいしようとしたことが後になって露見して大問題となり、そのことによって会社の信用・評判の低下を招き、より大きな損害を招くことがある。

その典型事例であるといえるのは、ダスキン株主代表訴訟事件である。[17]

本件は、ダスキンが、その経営する「ミスタードーナツ」で、食品衛生法上使用が許されていない添加物を含んだ「大肉まん」の販売を故意に継続するという食品衛生法違反行為を行ったこと、当該事実を指摘した業者に6300万円もの「口止め料」を支払ったこと、さらに当時の代表取締役会長兼社長により隠ぺいがされたこと等の疑惑が大きく報道されたのであるが、それま

17　なお、同事案で別の株主によって提起された株主代表訴訟もある（大阪地判平成17・2・9判時1889号130頁、大阪高判平成19・1・18判時1973号135頁）。

で他の取締役は、本件混入や本件販売継続の事実が内部告発によりマスコミに流される危険を十分認識しながら、それには目をつむって、あえて、「自ら積極的には公表しない」という対応をとっていたという事案である。

　同事件の第1審判決（大阪地判平成16・12・22判時1892号108頁）は、職務分掌が定められているような会社は、特定の事業部門に関する事象は担当取締役が処理すれば足りるのが原則だが、食品衛生法違反の違法行為を早く（販売終了から9日後）に認識した取締役については、特段の事情が認められない限り、取締役会または代表取締役に報告する義務があったとして、当該取締役の義務違反を肯定した（責任の範囲については、寄与度に応じた因果関係の割合的認定を行った）。しかるに、事実関係を遅く（販売終了後から約半年後）に認識したその他の取締役については、その事実を積極的に公表する措置をとらなかったことによって会社に損害が発生したとはいえないとして、その責任を否定した。

　しかし、同事件の控訴審判決（前掲大阪高判平成18・6・9）は、食品衛生法違反の違法行為に直接関与していない担当外の取締役および監査役の責任が認められた。大阪高等裁判所は、種々の事実関係を認識した後において、当該事実を自ら積極的には公表しないと決定したことが経営判断というに値しない不合理なものであるとして善管注意義務違反を認めたものである。この判決は最高裁判所でも支持された（最決平成20・2・12判例集未登載）。

　大阪高裁判決では、不祥事が生じた際の危機対応として、示唆に富む判示を行っている。上述のような危機対応は、「本件混入や販売継続および隠ぺいのような重大な問題を起こしてしまった食品販売会社の消費者およびマスコミへの危機対応として、到底合理的なものとはいえない」とした。そして、「現代の風潮として、消費者は食品の安全性については極めて敏感であり、企業に対して厳しい安全性確保の措置を求めている。未認可添加物が混入した違法な食品を、それと知りながら継続して販売したなどということになると、その食品添加物が実際に健康被害をもたらすおそれがあるのかどうかに

かかわらず、違法性を知りながら販売を継続したという事実だけで、当該食品販売会社の信頼性は大きく損なわれることになる。ましてや、その事実を隠ぺいしたなどということになると、その点について更に厳しい非難を受けることになるのは目に見えている。それに対応するには、過去になされた隠ぺいとはまさに正反対に、自ら進んで事実を公表して、既に安全対策が取られ問題が解消していることを明らかにすると共に、隠ぺいが既に過去の問題であり克服されていることを印象づけることによって、積極的に消費者の信頼を取り戻すために行動し、新たな信頼関係を構築していく途をとるしかないと考えられる。また、マスコミの姿勢や世論が、企業の不祥事や隠ぺい体質について敏感であり、少しでも不祥事を隠ぺいするとみられるようなことがあると、しばしばそのこと自体が大々的に取り上げられ、追及がエスカレートし、それにより企業の信頼が大きく傷つく結果になることが過去の事例に照らしても明らかである。ましてや、本件のように6300万円もの不明朗な資金の提供があり、それが積極的な隠ぺい工作であると疑われているのに、さらに消極的な隠ぺいとみられる方策を重ねることは、ことが食品の安全性にかかわるだけに、企業にとっては存亡の危機をもたらす結果につながる危険性があることが、十分に予測可能であったといわなければならない」と断じた。それゆえ、「そのような事態を回避するために、そして、現に行われてしまった重大な違法行為によってダスキンが受ける企業としての信頼喪失の損害を最小限度に止める方策を積極的に検討することこそが、このとき経営者に求められていたことは明らかである。ところが、前記のように、一審被告らはそのための方策を取締役会で明示的に議論することもなく、『自ら積極的には公表しない』などというあいまいで、成り行き任せの方針を、手続き的にもあいまいなままに黙示的に事実上承認したのである。それは、到底、『経営判断』というに値しないものというしかない」と断じた。

　会社のリスクに対する対応を考えるにあたっては、違法行為が行われていない段階における対応（リスク・マネジメント）と、違法行為が実際に行わ

れてしまった段階における対応（クライシス・マネジメント）とに分けられる。

　ダスキン事件では、後者（クライシス・マネジメント）における取締役の危機管理のあり方が問われた。すなわち、本件での問題は、食品衛生法上の問題が発端であるにもかかわらず、食品の安全性などにおける企業の社会的責任に対する取締役の対応よりも、違法行為の事実を認識した後の会社としての対応をどうするか、そして、会社に対する顧客からの信頼の毀損の可能性をいかなる方法で防止するかという経営判断なのである。そのような経営判断においては、企業の信頼を損ねないために「積極的には公表しない」措置をとり、社会に知られないでことなきを得るほうに賭ける対応と、同じく企業の信頼を損ねないために「積極的に公表する」判断をとる場合とのいずれを選択するか、という判断が迫られることになる。

　このような判断は、実際に現場で経営を行っている取締役からしてみれば、微妙な舵取りであり、困難な選択であると考えるかもしれない。しかし、判決は、非公表策の考え方をはっきりと否定し、自ら積極的には公表しないという判断は、「あいまい」で「成り行き任せ」であり、とうてい「経営判断」というに値せず、そのような対応は「企業にとっては存亡の危機をもたらす結果につながる」と断じたのである。大阪高裁判決においては、「いわゆるクライシスマネージメントにおいて、公表を回避することによる不利益が強調され、早期公表・説明の重要性が説かれていることや、それを実証するような具体的なケースが多数存在することは明らかである」とも言っている。

　本件は、一般消費者の食の安全にかかわるもともとかなり影響力の大きい問題であるという特殊性があり、不祥事の公表対応にかかわる役員等の義務として一般化することは早計であろうが、上述の判示内容は、企業における危機管理のあり方として、経営者として十分留意しておくべきポイントである。

V 監視・監督義務、監査義務、内部統制システム構築義務違反

1 義務の内容

(1) 取締役の監視・監督義務

　取締役会は、代表取締役、業務執行取締役の職務執行を監督する義務を負う（会362条2項2号）。それゆえ、取締役会を構成する個々の取締役は、代表取締役を含む他の取締役の職務執行を監視すべき義務を負う。また、従業員の活動に対する監督義務も負う。

　最高裁判所（最判昭和48・5・22民集27巻5号655頁）は、「株式会社の取締役会は会社の業務執行につき監査する地位にあるから、取締役会を構成する取締役は、会社に対し、取締役会に上程された事柄についてだけ監視するにとどまらず、代表取締役の業務執行一般につき、これを監視し、必要があれば、取締役会を自ら招集し、あるいは招集することを求め、取締役会を通じて業務執行が適正に行なわれるようにする職務を有するものと解すべきである」としている。

　これは、他の取締役の違法行為等が現実に行われたときの、当該行為に対する監視義務である。

　なお、このような監視・監督は経営判断ではないので、経営判断の原則は適用されることはない。

(2) 内部統制システム構築義務

　それでは、他の取締役等の違法行為が存在しない、いわば平時の状態ではどうか。

　そのような平時であっても、健全な会社経営を行うためには、目的とする事業の種類・性質等に応じて生じる各種のリスクの状況を正確に把握し、適切に制御すること、すなわちリスク管理体制が欠かせず、会社が営む事業の

規模、特性等に応じたリスク管理体制を整備することが必要である。とりわけ、違法行為を発見しにくい大規模会社や、大規模でなくとも、考えられるリスクが複雑、特徴的または重大であるような会社については、そのようなリスク管理を行う体制が必要となってくる。

　会社法においては、内部統制に関する事項は取締役会の専決事項である（会362条4項）。だから、これを代表取締役に委任できない。とりわけ、取締役会設置の大会社においては、取締役の職務の執行が法令・定款に適合することを確保するための体制その他株式会社の業務の適正を確保するために必要な体制（大綱）に関して取締役会で決議する義務がある（同項6号・5項、会施規100条）。

　また、金融商品取引法においても、内部統制にかかわる義務がある。会社は、財務報告に係る内部統制についての報告書（内部統制報告書）を作成して、内閣総理大臣に提出しなければならない（金商24条の4の4第1項、財務計算に関する書類その他情報の適正性を確保するための体制に関する内閣府令（以下、「内部統制府令」という）3条）。これは、有価証券報告書の開示内容の信頼性を確保するために設けられた制度である。この内部統制報告書は、公認会計士または監査法人の監査を受けなければならず（金商193条の2第2項）、監査証明は内部統制監査報告書によって行われる（内部統制府令1条2項）。また、開示内容の適正性について経営者自らが確認した結果である確認書の提出も義務づけられている（金商24条の4の2、24条の4の8、24条の5の2）。

　これらの義務は、内部統制システムの構築義務そのものではない。すなわち、会社法上の義務は、内部統制システムに関する事項の決定（決議）を行う義務にすぎない。もっとも、当該決議にあたって、取締役会において会社の直面し得るリスク・アセスメントを行う契機にはなる。また、金融商品取引法上の義務は、開示書類が適正な過程の下に作成されていることを投資家に示すためのものにすぎない。とはいえ、監査を受けた内部統制報告書が出

されていれば、少なくとも、そのような内容の内部統制システムが構築されているものと認められる可能性は高い。しかし、後述するが、内部統制システム構築義務それ自体は、取締役の善管注意義務から導かれるものである。

個々の会社において、どのような内容の内部統制システムを構築しておく必要があるかは、当該会社の事業内容に基づくリスクおよびなすべき経営判断、あるいは、事業遂行における場面ごとのリスクおよびなすべき経営判断等に基づき千差万別であるということになるが、会社経営に大きな影響を与えかねないリスクは会社ごとにある程度特定されるはずである。

ともあれ、会社法上、このような会社経営に大きな影響を与えかねない重要なリスク管理体制の大綱については、取締役会で決定しなければならず、取締役会のメンバーたる各取締役はかかるリスク管理体制の大綱を決定するべき義務を負う。そして、業務執行を担当する代表取締役および業務担当取締役は、大綱を踏まえ、担当する部門におけるリスク管理体制を具体的に決定するべき職務を負い、担当外取締役は、業務担当取締役らが大綱に沿ったリスク管理体制を具体的に構築する義務を尽くしているかどうかを監視する義務を負う。さらに、業務担当取締役らは、自ら担当する部門において上記のとおり決定した具体的なリスク管理体制を適切に運用する義務を負っている。

また、このような内部統制システムの構築は、上述の業務執行取締役に対する監視義務のみならず、対従業員を含めた会社全体のリスク管理およびコンプライアンスに対する体制整備にかかわる問題であることに留意しなければならない。

内部統制システム構築義務の存在について判示したリーディングケースは、大和銀行株主代表訴訟事件判決（前掲大阪地判平成12・9・20）である。上述のように、内部統制システム構築義務については、事業ごとにリスクが異なるから、その管理体制もさまざまであるが、本事件は、銀行のリスク管理体制およびコンプライアンス体制について言及したものである。

本件では、大和銀行が直面しうるリスク、そして当該リスク管理の体制について、「健全な会社経営を行うためには、目的とする事業の種類、性質等に応じて生じる各種のリスク、例えば、信用リスク、市場リスク、流動性リスク、事務リスク、システムリスク等の状況を正確に把握し、適切に制御すること、すなわちリスク管理が欠かせず、会社が営む事業の規模、特性等に応じたリスク管理体制（いわゆる内部統制システム）を整備することを要する」とされた。

そして、「重要な業務執行については、取締役会が決定することを要するから（商法260条2項）、会社経営の根幹に係るリスク管理体制の大綱については、取締役会で決定することを要し、業務執行を担当する代表取締役および業務担当取締役は、大綱を踏まえ、担当する部門におけるリスク管理体制を具体的に決定するべき職務を負う。この意味において、取締役は、取締役会の構成員として、また、代表取締役または業務担当取締役として、リスク管理体制を構築すべき義務を負い、さらに、代表取締役および業務担当取締役がリスク管理体制を構築すべき義務を履行しているか否かを監視する義務を負うのであり、これもまた、取締役としての善管注意義務および忠実義務の内容をなす」（条文は、旧商法）とした。

また、コンプライアンス体制について、「取締役は、自ら法令を遵守するだけでは十分でなく、従業員が会社の業務を遂行する際に違法な行為に及ぶことを未然に防止し、会社全体として法令遵守経営を実現しなければならない。しかるに、事業規模が大きく、従業員も多数である会社においては、効率的な経営を行うため、組織を多数の部門、部署等に分化し、権限を部門、部署等の長、さらにはその部下へ委譲せざるを得ず、取締役が直接全ての従業員を指導・監督することは、不適当であるだけでなく、不可能である。そこで、取締役は、従業員が職務を遂行する際違法な行為に及ぶことを未然に防止するための法令遵守体制を確立するべき義務があり、これもまた、取締役の善管注意義務および忠実義務の内容をなすものと言うべきである。この

V 監視・監督義務、監査義務、内部統制システム構築義務違反

意味において、事務リスクの管理体制の整備は、同時に法令遵守体制の整備を意味することになる」とした。

同判決においては、財務省証券の保管残高の検査方法が不適切だったことについての責任を誰が負うかについて、役員の役割ごとに果たすべき注意義務の範囲を明示したうえで、義務違反の有無を個別に認定した。

また、神戸製鋼所株主代表訴訟事件における和解（平成14年4月5日和解成立）において示された神戸地方裁判所の所見（商事1626号52頁）においては、「神戸製鋼所のような大企業の場合、職務の分担が進んでいるため、他の取締役や従業員全員の動静を正確に把握することは事実上不可能であるから、取締役は、商法上固く禁じられている利益供与のごとき違法行為はもとより大会社における厳格な企業会計規制をないがしろにする裏金捻出行為等が社内で行われないよう内部統制システムを構築すべき法律上の義務がある」、「利益供与および裏金捻出に直接には関与しなかった取締役であったとしても、違法行為を防止する実効性ある内部統制システムの構築およびそれを通じての社内監視等を十分尽くしていなかったとして、関与取締役や関与従業員に対する監視義務違反が認められる可能性もあり得る」と述べられている。

では、取締役の会社に対する責任追及訴訟で内部統制システム構築義務の違反を主張する場合、原告としては何を主張しなければならないのか。この場合、原告は抽象的に違反主張を行うだけでは足りない。①法令遵守体制についての具体的な不備、②本来構築されるべき体制の具体的な内容、③これを構築することによる結果回避可能性について、具体的に主張・立証しなければならない。この点を明確にしたのが、三菱商事株主代表訴訟事件判決（東京地判平成16・5・20判時1871号125頁）である。このような主張・立証の負担は決して軽いものではないが、これを原告が負うことになる。[18]

---

18 訴訟審理構造の整理について、永石一郎「内部統制システム構築義務と訴訟審理構造」金法1696号1頁。

上述のように構築すべき内部統制システムの内容は千差万別であるとはいうものの、おおむねどのような内容なら問題なしとされるかについては、裁判例の蓄積によってある程度明らかにされている。

　ヤクルト本社株主代表訴訟控訴審判決（東京高判平成20・5・21判タ1281号274頁）は、「ヤクルト本社は、デリバティブ取引の内容を開示させた上、リスクの程度に応じてリスク管理体制を順次整備し、資金運用チーム、監査室、経理等担当取締役、常勤監査役、経営政策審議会、常務会、代表取締役、取締役会、監査法人等が互いに不足部分を補い合って有機的に連携し、……デリバティブ取引を実施する被控訴人 Y_{10} に対して、本件制約、本件常務会決定などの制約を課すなどして、デリバティブ取引のリスクを管理していた」と認定しているところ、「このようなリスク管理体制は、……他の事業会社において採られていたリスク管理体制に劣るようなものではなかった」として、当時のデリバティブ取引についての知見を前提にすると、ヤクルト本社においては、相応のリスク管理体制が構築されていたといっている。

　以上の裁判例でいわれているように、内部統制システムの構築に際しては、他の事業会社において採用されている水準であれば、善管注意義務を尽くしたとされる傾向にある。

　また、大和銀行株主代表訴訟事件（前掲大阪地判平成12・9・20）において、「整備すべきリスク管理体制の内容は、リスクが現実化して惹起する様々な事件事故の経験の蓄積とリスク管理に関する研究の進展により、充実していくものである。したがって、様々な金融不祥事を踏まえ、金融機関が、その業務の健全かつ適切な運営を確保するとの観点から、現時点で求められているリスク管理体制の水準をもって、本件の判断基準とすることは相当でない」と判示されているように、適切な内部統制システムの内容は、構築すべきとされる当時におけるものであればよい。

　さらに、後述する日本システム技術損害賠償請求事件上告審判決（最判平成21・7・9判時2055号147頁。会社法350条に基づく損害賠償請求の事案）は、

内部統制システム構築義務違反の有無について、事例判断ではあるものの最高裁判所が初めて判断を行った事案であるが、構築すべき内部統制システムが、どの程度のリスクを防止するものであれば足りるのかについて言及している。

すなわち、判決では、「本件不正行為当時、……上告人は、通常想定される架空売上げの計上等の不正行為を防止し得る程度の管理体制は整えていたものということができる。そして、本件不正行為は、……通常容易に想定し難い方法によるものであったということができる。また、本件以前に同様の手法による不正行為が行われたことがあったなど、……本件不正行為の発生を予見すべきであったという特別な事情も見当たらない」としている。

以上から、最高裁判所は、会社が構築すべき内部統制システムは、予見しうるすべてのリスクを回避しなければならないとは考えておらず、「通常想定される」ようなリスクを防止する程度のものであればよいと理解していることがうかがえる。同事件は、部長がその部下と共謀して文書偽造を行い故意に架空売上げを計上した事案であるが、最高裁判所は、構築された体制が通常想定されるリスクを防止できるものであればよく、他方で、いくらそのような内部統制システムを構築していても、故意の違法行為までは、通常想定できないリスクだと考えていると思われる。

しかし、通常想定されるリスクというからには、想定しようとすれば客観的にみて想定できるようなリスクは網羅しておかなければならないことはいうまでもない。あるリスクが「想定外である」ということと、通常想定されるリスクに目をつむり、これを「想定しようとしなかった」ということとは、明らかに異なるのである。

結局、具体的にどのような体制を構築すべきかという点は、各企業の業務内容や規模などによるものの、会社法や金融商品取引法が求める決議義務や報告義務の内容として掲げられた各項目などを踏まえて、個々の会社の実情に合致するようにブレイクダウンしていくことが1つのアプローチであろう。[19]

なお、大和銀行株主代表訴訟事件（前掲大阪地判平成12・9・20）においては、「どのような内容のリスク管理体制を整備すべきかは経営判断の問題であり、会社経営の専門家である取締役に、広い裁量が与えられていることに留意しなければならない」と判示されており、内部統制システムの構築が経営判断の問題とされるという考え方を採用している。

内部統制システムの構築においては、構築の範囲について取締役による判断の過程が入り得るものであり、また、構築それ自体やその運用に費用や手間がかかるから、取締役に一定の裁量を認めなければならない余地があるといえる。

(3) 監査役の監査義務

(ア) 取締役の業務執行に対する監査義務

本節ではもっぱら取締役の責任について説明してきたが、役員等に対する責任追及においては、監査役の監査義務違反も問われ得るので、この点についても言及しておく。

監査役は取締役の職務の執行を監査する権限を有する（会381条1項）。監査役による監査権限は、取締役会による取締役の職務執行の監督と異なり、原則として業務の適法性（法令・定款違反）の監査に限られ、妥当性監査には及ばないとされている。しかし、業務執行が著しく不当である場合には善管注意義務違反として違法となるから、この点も監査役の監査対象となる。

監査役も、会社に対し、善管注意義務を負っている（会330条、民644条）。したがって、取締役の業務執行に法令違反が認められた場合、あるいは取締役の行った経営判断につき善管注意義務違反が認められた場合には、かかる違法を看過した監査役についても、監査義務という任務を懈怠したという善管注意義務違反（監査義務違反）が問われることとなる。

---

19 内部統制システムの具体的な構築・運用にあたっては、経営法友会法務ガイドブック等作成委員会編『内部統制システム構築・運用ガイドブック』が参考になる。

(イ) 内部統制システムに対する監査義務

　前述したとおり、健全な会社経営を行うためには、会社が営む事業の規模、特性等に応じたリスク管理体制（いわゆる内部統制システム）を整備することが必要である。監査役は、そのようにして整備されたリスク管理体制の内容が相当なものかどうかを監査するべき義務を負う（監査役は、取締役会における内部統制システムの決定内容が相当でないと認めるときは監査報告にその旨記載して、株主に対して報告しなければならない。会施規129条1項5号、130条2項2号）。したがって、仮に取締役会においてリスク管理体制の大綱を決定していなかった場合、あるいは、決定内容が不相当なものであったと認められた場合には、これを看過した監査役について、監査義務違反が問われ得る。

　さらに、監査役は取締役の業務執行を監査するべき義務を負うから、かかる監査の一環として、業務執行を担当する代表取締役および業務担当取締役が大綱を踏まえて担当する部門におけるリスク管理体制を具体的に決定しているかどうか、さらには担当する部門において具体的なリスク管理体制を適切に運用しているかどうかを監査する義務を負う。したがって、業務担当取締役に内部統制システム構築・運用義務違反が認められた場合には、かかる違法を看過した監査役についても、監査義務違反が問われ得る。

(4) **親会社取締役の子会社に対する監視義務**

　福岡魚市場株主代表訴訟判決（福岡高判平成24・4・13金商1399号24頁）は、子会社であるフクショクにおいて「グルグル回し取引」とよばれる不適切な在庫処理が行われていた（当該取引の相手方には親会社である福岡魚市場も含まれていた）という事案で、親会社取締役には、「自ら、あるいは、福岡魚市場の取締役会を通じ、さらには、フクショクの取締役等に働きかけるなどして、個別の契約書面等の確認、在庫の検品や担当者からの聴き取り等のより具体的かつ詳細な調査をし、又はこれを命ずべき義務があった」と判示し、親会社取締役には子会社に対する監視義務があるとし、そのうえで当該義務違反が認められるとした原審（福岡地判平成23・1・26金商1367号41頁）の判

断を是認しているので、留意すべきである。[20]

2 義務違反の判断

監視・監督義務あるいは監査義務違反を問うためには、監視等の対象となる任務違反行為等を認識しまたは認識し得たことが前提となろう。[21]

監視・監督義務、監査義務および内部統制システム構築違反の具体的な判断の例としては、ヤクルト本社株主代表訴訟控訴審判決（前掲東京高判平成20・5・21）が参考になる。本件は、監査役の監査義務ばかりでなく、取締役における内部統制システム構築義務およびその運用、その運用に対する監視義務の内容に関して判示する重要な裁判例である。

本裁判例は、大規模な事業会社におけるリスク管理体制の構築義務の内容や、担当取締役のみならず、それ以外の取締役、監査役および代表取締役の善管注意義務の内容を、役員の職務ごとに丁寧に判断した判決である。事業

---

20 要綱案第2部第1の1の後注において、現行法上は会社法362条4項6号に基づく同法施行規則100条1項5号等に規定されている「株式会社及びその子会社から成る企業集団における業務の適正を確保するための体制」の整備が当該株式会社の取締役の職務に含まれることを、会社法本体に明記することとされた。これは、企業グループに関する内部統制システムの整備に関する規定が省令から法律に格上げになるということにすぎないが、当該要綱案の決定に至るまでの経緯は、親会社の子会社に対する管理責任に関する議論として参考になる。具体的には以下のとおりである。いわゆる多重代表訴訟に対しては経済界を中心に強い反対があったが、反対理由の1つは、子会社取締役等が不当な行為を行っても、親会社株主は親会社取締役の子会社管理・監督責任を問えばよいというものであった。他方、親会社取締役に子会社を監督する責任は原則として存在しない旨判示した下級審裁判例があったので（東京地判平成13・1・25判時1760号144頁）、子会社の管理・監督責任を問えばよいという上述の見解の下では、同裁判例のような考え方を明文で否定すべきとの指摘がなされた。当該指摘においては、親会社取締役は、相当の範囲で子会社の業務を監督し、子会社の業務を通じて子会社ひいては親会社の財産価値を維持・向上させる義務があると主張された。これに対し、「監督」という言葉によって、現行法上の取締役会の義務を超えたものが要求されるおそれがあり、重要でない子会社への積極的な監督が要求され得ること、子会社経営への過度の介入によって子会社の自主性が損なわれ、グループ経営に対する萎縮効果が懸念されること等を理由に強く反対する意見もあった。そこで結局、現行法上の義務を超えないものとして、現行の会社法施行規則100条1項5号等を会社法本体の規定とする旨が盛り込まれるにとどまった（岩原・前掲（注13）8頁）。
21 類型別Ⅰ・250頁、257頁。

V 監視・監督義務、監査義務、内部統制システム構築義務違反

会社の取締役会において、いかなる水準の内部統制システムを構築し、それをいかに運用すべきかを示唆している。

事案としては、乳酸菌飲料等の製造販売を主たる業とする株式会社ヤクルト本社が、投機性の高いいわゆるデリバティブ取引を行い、その結果、最終的に533億2046万8179円の損失を被ったという事案である。①当該デリバティブ取引を担当していた管理本部長兼取締役副社長については、当該取引が善管注意義務に違反するものであるか否か、②その他の取締役および監査役については、本件デリバティブ取引について、適切なリスク管理体制を構築して監視し、これを中止させるべき義務があったにもかかわらず、これを怠った善管注意義務違反があったか否かが問われた。同判決は、デリバティブ取引担当取締役の責任を認め、担当外取締役・監査役の責任は否定した。

本判決の認定によれば、ヤクルト本社における内部統制システムの構築およびその運用体制は、おおむね以下のとおりである。

①ヤクルト本社においては、担当取締役の決済により資金運用チームがデリバティブ取引を行い、デリバティブ取引の実現損益について、独立の勘定科目を設けて、月次損益計算書に表示し、毎月経営政策審議会に報告し、四半期、中間期、期末ごとに取締役会にも報告し、さらに、中間期および期末には、有価証券報告書、半期報告書、株主総会添付資料等により、投資家および株主にもこれを開示し、監査を行う監査室は、管理本部から社長直属に組織変更し、本件監査法人も、中間期および期末において、すべてのデリバティブ取引の契約書のコピーを提出させて、その内容等について監査を行うという体制がとられていた。その後、②平成7年頃、株価暴落によりデリバティブ取引の含み損額が増大したが、その際、監査法人による含み損額のシミュレーションの結果を踏まえて、ヤクルト本社においては、担当取締役に対し、想定元本額を増大させないこと等の制約（本件制約）を課し、さらに、資金運用チームに対し、個別取引報告書や含み損のシミュレーション結果を逐次報告させるようにした。さらに、③ヤクルト本社においては、株価の上

昇による含み損減少の状況の中で、経営政策審議会や常務会において、デリバティブ取引の継続の有無について審議し、平成8年11月、常務会において、デリバティブ取引等は2年程度で収束させること、資金運用に関する管理および決裁に関する規程を見直すこと、これまで行ってきたものと異なる資金運用については行わないこと等を決定し（本件常務会決定）、平成9年3月には、デリバティブ取引について、担当役員は社長の承認を得て想定元本限度枠および時価評価の限度枠を設定すること等を定める「スワップおよびオプション取扱規程」（本件規程）を平成9年3月25日付けで制定した。また、代表取締役社長は、デリバティブ取引がヤクルト本社の経営に与える影響等を直接監督するようになった。そして、④代表取締役社長は、平成9年8月以降の株価暴落後、含み損額が増大したので、デリバティブ取引の中止を決定し、取締役会の決議を経て、これを実行した。

　本判決は、まず、本件デリバティブ取引が法令および定款に違反する旨の主張を排斥した。

　次いで、リスク管理体制の不備に係る取締役らの善管注意義務違反に関しては、事業会社がデリバティブ取引を行うにあたっての、取締役の職務ごとの善管注意義務の内容を明示し、また、取締役あるいは監査役ごとの監視・監督義務の内容を明示した。

　そのうえで、前記の仔細な事実認定を踏まえ、判決は、「当時のデリバティブ取引についての知見を前提にすると」、ヤクルト本社においては、「相応のリスク管理体制が構築されていたといえる」として、内部統制システム構築義務違反に関する主張を排斥した。

　すなわち、デリバティブ担当取締役の善管注意義務違反に関する同取締役以外の役員の善管注意義務違反については、信頼の原則が適用されることを踏まえ、担当取締役が本件制約を遵守しているか否か直接監視する責務を負う役員については、この違反を看過したことにつき注意義務違反があったといえるかどうかという観点から、その他の役員については、担当取締役が本

V　監視・監督義務、監査義務、内部統制システム構築義務違反

件制約に違反する行為をしていることを疑わせる特段の事情が存したか否か、存したとしてこれを看過したことにつき注意義務違反があったかどうかという観点から、各役員の地位に応じて検討し、担当取締役以外の役員については、結局その善管注意義務違反をいずれも否定した。

次いで、デリバティブ取引を担当していた取締役については、ヤクルト本社の定めた「リスク管理の方針に沿ってなされたデリバティブ取引部分」については、取引にあたって同取締役のした判断に「明らかに不合理な点があったとは認め難い」として、善管注意義務違反は否定した。しかし、同取締役が「想定元本の限度額規制に反して行った平成9年2月以降のデリバティブ取引」については、ヤクルト本社から想定元本額を増大させないことなどの本件制約を課されていたことから、善管注意義務違反を認めた。

本判決が示す、①取締役における内部統制システム構築義務の内容、②その運用に関する義務の内容、③その運用に対する監視義務の内容、④その監視義務に関する信頼の原則の適用、および、⑤監査役の監査義務に関する信頼の原則の適用に関する各判断基準については、異論の余地はなかろう。

他方、本判決のあてはめにおいては、ヤクルト本社において、当時、相応のリスク管理体制が構築されていたと結論づけているが、「想定元本の限度額規制に反して行った平成9年2月以降」において、担当取締役の行った本件制約、本件常務会決定、社長の指示を逸脱するようなデリバティブ取引を行うようになったことについては、本当に問題がなかったのか、という疑問もあり得よう。社長は、担当取締役が本件常務会決定等に違反してデリバティブ取引を行っていたことを知り、デリバティブ取引等の資金運用の収束に向けての処理を担当取締役に委ねてきた従来の方針を変更せざるを得なくなったのであり、そうであるならば、担当取締役による内規等違反のデリバティブ取引を防止するシステムが整備されていたとはいいがたいとの評価もあり得る。[22]

しかし、リスクがあったのだからそれを回避する義務があった、と事後的

に評価してしまうならば、取締役の結果責任を問うことになってしまう。日本システム技術損害賠償請求事件上告審判決（前掲最判平成21・7・9）が示唆するように、回避すべきは、そのようなリスクが通常想定されるものに限ると理解するのが妥当である。そのような意味で、制約を超えて担当取締役が行った取引についてまで回避しなければならないとはいえないであろう。

本件事案においては、ヤクルト本社の取締役会等がデリバティブ取引の損失拡大防止のための種々の措置を講じ、そしてかかる措置に随時見直しをかけており、そのおかげで、デリバティブ取引を取り仕切った担当取締役を除いた役員には責任なしと判断されたと考えられる。

もちろん、収束に向けての処理を担当取締役に委ねることによって、多大な損失を被るに至ったのであり、この点に関するリスク管理体制の相当性については、より一層検証が必要であったということもできる。けれども、ヤクルト本社におけるリスク管理体制の構築およびその運用の実例は、内部統制システム構築のあり方としては大いに参考になる事例といえよう。

また、監査役の会社に対する責任については、農業協同組合の監事についての事例（株式会社の監査役にも同様にあてはまる）として、農協事件判決（最判平成21・11・27判時2067号136頁）の判示に留意すべきである。本件は、農業協同組合の代表理事が、資金調達方法について理事会に虚偽の報告をして進めた事業について、かかる報告に基づく事実関係を調査、確認することなく、同事業の進捗を放置した同組合の監事の任務懈怠責任が問われたものである。

最高裁判所は、監事の職責は、たとえ「代表理事が理事会の一任を取り付けて業務執行を決定し、他の理事らがかかる代表理事の業務執行に深く関与せず、また、監事も理事らの業務執行の監査を逐一行わないという慣行」が存在したとしても、そのような慣行自体適正なものとはいえないから、これ

22　受川環大「判批」金商1325号18頁。

によって軽減されないとしている。

VI 特別な責任原因

　取締役の会社に対する責任における責任原因によっては、任務懈怠が推定されたり、無過失責任とされる場合があるので注意が必要である。

　取締役の任務懈怠は、善管注意義務を尽くして職務を遂行するという取締役の債務の不完全履行にあたるが、任務懈怠の立証責任は、その違反を追及する原告側にある。任務懈怠の推定とは、そのような立証責任を取締役側に負わせるということである。

1　競業と任務懈怠

　グループ会社間で、あるいは、合弁会社を設立して、代表取締役を派遣する他社において会社の事業の部類に属する取引（競業）を行うことはままある。取締役が競業を行う場合は、取締役会設置会社においては、当該取引につき重要な事実を開示したうえで取締役会の承認を得る必要がある（会356条1項1号、365条1項）。事後報告も必要である（同法365条2項）。

　注意を要するのは、たとえ取締役会の承認を得ても、競業により会社に損害が生じれば任務懈怠責任を免れないということである。他方、取締役が取締役会の承認を得ないで競業を行い、会社に損害が生じた場合、これによって取締役あるいは第三者が得た利益の額は、賠償すべき損害の額と推定される（会423条2項）。

2　任務懈怠の推定等

　利益相反取引、違法な剰余金の配当、株主の権利行使に関する利益供与等を行った取締役の責任については、任務懈怠の証明責任を転換する等の特別の規律が存する。

任務懈怠の推定規定は、取締役に立証責任を分配することによって、会社による責任追及を容易にするものであり、取締役の側は、任務を怠らなかったことを立証できれば責任追及されない。

しかし、取締役に任務懈怠がなかったことをもってしても免責されない場合、あるいは、責めに帰することができない事由によるものであることをもって免責されない場合がいくつかあるので、注意を要する。

(1) 利益相反取引

子会社や関連会社を有して行うグループ会社経営において、取締役の兼任は日常茶飯事であるが、そのようなグループ会社経営においてあわせて注意すべきは、利益相反取引である。ある会社が、当該会社の取締役自身と取引をし、あるいは、同人が代表する他の会社と取引をすること（直接取引）が、利益相反取引の典型である。

取締役が利益相反取引を行う場合、取締役会設置会社においては、当該取引につき重要な事実を開示したうえで、取締役会の承認を得る必要がある（会356条1項2号・3号、365条1項）。

しかし、そのような承認を得たとしても、利益相反取引によって会社に損害が生じたときは、やはり会社に対して任務懈怠責任を負う。しかも、その場合、以下の取締役または執行役は任務懈怠が推定されてしまう（会423条3項）。任務懈怠が推定される者は、①直接取引または間接取引の相手方当事者である取締役または執行役、②株式会社が当該利益相反取引をすることを決定した取締役または執行役、③当該利益相反取引に関する取締役会の承認の決議に賛成した取締役である。利益相反取引について取締役会等の承認があっても、この任務懈怠の推定は働く。

あわせて留意すべきは、取締役が自己のために会社と取引（すなわち、会社法356条1項2号の取引のうち自己のためにする取引）をした場合における取締役等の任務懈怠責任は、無過失責任だということである（会428条1項）。

(2) 違法な剰余金の配当

取締役は、分配可能額を超える剰余金の配当をしてはならない（会461条）。これに違反すると、分配可能額を超える配当を受けた株主は、交付を受けた金銭の帳簿価額に相当する金銭の支払義務を負うが（同法462条1項）、職務上関与した取締役および株主総会または取締役会への議案を提案した取締役も同じ責任を負い（同項）、その責任を免れるのは、任務を怠らなかったことを証明した場合に限られる（同法461条2項）。[23]

(3) 株主の権利行使に関する利益供与

株式会社は、何人に対しても、株主の権利の行使に関し、当該株式会社またはその子会社の計算において財産上の利益の供与をしてはならない（会120条1項）。これに違反して利益供与を行った役員は、供与した利益の価額に相当する額を連帯して会社に支払う義務を負う（同条4項）。当該利益の供与をすることに「関与」した取締役・執行役（「関与」の定義は会社法施行規則21条に規定されている）は、任務懈怠がないことを証明すれば、その責任を免れるが（任務懈怠の証明責任の転換）、他方で、当該利益の供与をした取締役・執行役はそのような免責を受けることができない（任務懈怠がないことの反証を許さない。同項ただし書）。

いわゆる総会屋やグリーンメーラーが株主となり、取締役を脅して金銭の支払などの利益供与を求めてきた場合、取締役としては、そのような場面で適切な行動を期待することは困難と思われているむきもあることから、そのような利益供与を行う旨の判断を行った取締役の責任の有無が争われる。

蛇の目ミシン工業株主代表訴訟事件は、仕手筋として知られている者が大量に取得した会社の株式を暴力団関係者へ売却するなどと示唆して同社の取締役を脅迫したことを受けて、取締役がその者の要求に従って300億円もの巨額の金員を融資したという事例である。

---

23 会計規159条〜161条。

上告審判決（最判平成18・4・10民集60巻4号1273頁）において、最高裁判所は、「証券取引所に上場され、自由に取引されている株式について、暴力団関係者等会社にとって好ましくないと判断される者がこれを取得して株主となることを阻止することはできないのであるから、会社経営者としては、そのような株主から、株主の地位を濫用した不当な要求がされた場合には、法令に従った適切な対応をすべき義務を有するものというべきである」と判示し、旧商法266条1項5号（現会社法423条1項）の責任を負うとする事例判断を行った。結局、差戻審判決（東京高判平成20・4・23金商1292号14頁）[24]において、取締役を敗訴させた。

最高裁判所のいわんとすることは、要するに、たとえ反社会的勢力から不当な要求がなされ、それに対する対応が迫られるような局面であっても、それに屈して法令遵守をないがしろにすることは決して許されない、ということである。上場会社であれば、反社会的勢力等会社にとって明らかに好ましくない者が株主となる可能性はある。「企業防衛」の名の下に、あるいは、そのような事態に浮き足立ち、そのような者の不当な要求に安易に屈し、会社財産を毀損すれば、それは取締役の任務懈怠となるということである。

これに対し、グランド東京株主代表訴訟判決（東京高判平成22・3・24資料版商事315号333頁）は、取締役に荷担するグループによる株式取得代金を調達するために会社が保証を行ったことは、会社の経営の安定の実現のためであって、株主の権利の行使に関してなされた利益供与ではないとされた。また、旧商法下における裁判例であるが、日本信販株主代表訴訟事件判決（前掲東京地判平成17・3・3）においても、株主に対する特別清算手続における整理支援金の供与が株主である金融機関に対する間接的な利益供与にあたる

---

[24] なお、最高裁判所は、「会社から見て好ましくないと判断される株主が議決権等の株主の権利を行使することを回避する目的で、当該株主から株式を譲り受けるための対価を何人かに供与する行為は、上記規定（筆者注：旧商法266条1項2号）にいう『株主ノ権利ノ行使ニ関シ』利益を供与する行為というべきである」とした。

かどうかが争われ、否定された。上記裁判例からもうかがえるように、株主に対する会社からの支援にあたっては、経営の安定や資金の調達などといった会社自身の利益を追求する目的が考慮され得る。

東京証券取引所一部上場企業の株主総会決議が取り消された稀有な事案である、モリテックス株主総会決議取消請求訴訟判決（東京地判平成19・12・6判タ1258号69頁）は、利益供与の違法性が阻却される例外的な場合についての一般論が示されている。

すなわち、「株主の権利の行使に関して行われる財産上の利益の供与は、原則としてすべて禁止されるのであるが、……当該利益が、株主の権利行使に影響を及ぼすおそれのない正当な目的に基づき供与される場合であって、かつ、個々の株主に供与される額が社会通念上許容される範囲のものであり、株主全体に供与される総額も会社の財産的基礎に影響を及ぼすものでないときには、例外的に違法性を有しないものとして許容される場合がある」とした。

(4) 募集設立における財産不足額てん補責任

募集設立（会57条1項）の場合に限っては、出資された財産等の価額が不足する場合の財産不足額てん補責任（同法52条1項）について、任務懈怠がないことを証明した場合においても当該責任を免れることができないとされている（同法103条1項）。

VII 損害額の軽減

1 因果関係の割合的認定・過失相殺法理の類推

役員等の対会社責任は、複数の役員等が関与している場合が多いので、公平の観点から関与の度合いに応じて各役員等の賠償額を軽減すべきと考えられる。そのための理論構成として裁判例において採用された考え方には、因

果関係の割合的認定や過失相殺法理の類推適用がある。

　まず、因果関係の割合的認定を行った裁判例である大和銀行株主代表訴訟事件判決（前掲大阪地判平成12・9・20）は、罰金の対象となった本件有罪答弁訴因のうち被告らは一部の訴因に係る事実についてのみ責任を負うことを考慮して、「寄与度に応じた因果関係の割合的認定を行うのが合理的である」と判示し、各被告についての訴因および法定刑を斟酌した寄与度に応じて、賠償責任を損害額の一部に限定した。ダスキン株主代表訴訟事件第1審判決（前掲大阪地判平成16・12・22）も「寄与度に応じた因果関係の割合的認定を行うのが合理的」と明示している。他方、同事件の控訴審判決（前掲大阪高判平成18・6・9）はそのような手法をとらず、損害額の一部についてのみ相当因果関係を認めることによって、責任範囲に限定を加える手法をとった。なお、役員等の責任は連帯債務（会430条）であるところ、そうであるにもかかわらず、寄与度に応じて因果関係を割合的に認定するならば、原告は責任を負うべき全役員等を被告とする必要があり、また、現実の賠償が各役員の資力に影響されやすくなる。

　また、過失相殺法理（民418条）の類推適用については、拓銀ソフィア事件判決（前掲札幌地判平成16・3・26）が以下のように判示して、一般論として認めている。すなわち、「取締役の善管注意義務は、……会社と取締役との間の委任関係に由来するものであるところ、取締役が、このような善管注意義務に違反する行為をしたことについて、当該取締役に会社業務の遂行を委任した会社において何らかの責めに帰すべき事情があると認められるときには、これによって発生した損害につき会社にも応分の負担をさせるのが相当であるから、このような場合は、民法418条に規定する過失相殺の法理を類推して、上記会社側の事情をも斟酌した上で、取締役の損害賠償責任およびその金額を算定すべきである」とした。もっとも、事案の処理としては、被告らの善管注意義務違反の融資判断を行ったことについて拓銀に会社組織上の欠陥があるなどの責めに帰すべき事情があるとは認められないとして、

結論としては過失相殺の法理の類推を否定した。

　責任負担の公平化を斟酌するための理論構成についての最高裁判例はいまだ明らかではないものの、損害賠償請求を受けた役員等は、上述のような理論構成を検討のうえ、損害額の軽減を求めていくこととなる。

2　損益相殺

　役員等の任務懈怠によって会社が利益を得ている場合は、公平の観点から損益相殺を認めるべきである。損益相殺を認めた裁判例に、拓銀ミヤシタ事件控訴審判決（前掲札幌高判平成18・3・2）などがある。この場合、任務懈怠と相当因果関係にある利益の認定が困難な場合もあろうが、そのような場合でも、裁判所が相当な損害額を認定するにあたって（民訴248条）、会社の得た利益額も柔軟に認定されてよいと考える。

Ⅷ　株主代表訴訟における手続上の問題

　いったん株主代表訴訟において責任を追及されれば、実体面ばかりでなく、訴訟手続をめぐる問題についてもしっかり戦略を立ててのぞむ必要がある。もちろん、提訴側とて同様である。

　株主代表訴訟は、提訴側に直接的な経済的価値の回復がもたらされるわけではないから、提訴の動機はそれ以外の点にあり、場合によっては、売名、市民運動、不当要求の前段階、内紛の有利化などといった、代表訴訟本来の存在意義とはかけ離れた目的のために行われることがある。ケースによっては「濫訴」あるいは「不当訴訟」と評すべき場合もあろう。そういう動機からの不当あるいは濫用的に提起されたような代表訴訟に対しては、取締役は、実体的な主張のみならず、訴訟手続に関する手立てを最大限に活かしつつ、その不当性を明らかにするよう対応することが必要になってくる。

　本項では、現実の訴訟において問題となった点を中心に、株主代表訴訟に

おける手続上の問題を紹介する。また、株主代表訴訟における証拠収集手段についてもあわせて言及する。

1 当事者や代表者の問題

(1) 適法に会社を代表する者・提訴請求の名宛人

(ア) 提訴請求の名宛人に誤りがあった場合

株主が代表訴訟を提起するためには、まず会社に対して提訴請求を行わなければならない（会847条1項）。

監査役設置会社において、取締役（取締役であった者を含む。会386条1項）に対する責任追及の訴えは、監査役が会社を代表する（同条2項1号）。よって、提訴請求の名宛人は監査役である。[25]

取締役以外の役員等（監査役、会計参与および会計監査人）に対する責任追及の訴えは、原則どおり代表取締役が会社を代表する（会349条4項）。よって、提訴請求の名宛人は代表取締役である。

提訴請求の名宛人を間違った場合は、有効な提訴請求ではない。もっとも、会社側で訴訟を提起するかどうかの判断の機会があった場合は、提訴請求を不適法とすべきではないであろう。代表訴訟を提起しようとする株主が、会社の代表者として監査役ではなく代表取締役と記載した提訴請求書を会社に送付した場合、その後に提起された代表訴訟が適式な提訴請求を欠くため不適法か否かについて判断したものとして、農業協同組合の理事に対する代表訴訟についての事案であるが、最判平成21・3・31民集63巻3号472頁がある。

最高裁判所は、「農業協同組合の理事に対する代表訴訟を提起しようとする組合員が、農業協同組合の代表者として監事ではなく代表理事を記載した

---

[25] 公開会社でない監査役設置会社（監査役会設置会社または会計監査人設置会社を除く）においても、提訴請求は監査役が受ける。しかし、監査役の監査の範囲を会計に関するものに限定する旨を定款で定めている場合は、代表取締役が提訴請求を受ける（会389条7項）。

提訴請求書を農業協同組合に対して送付した場合であっても、監事において、上記請求書の記載内容を正確に認識した上で当該理事に対する訴訟を提起すべきか否かを自ら判断する機会があったといえるときには、監事は、農業協同組合の代表者として監事が記載された提訴請求書の送付を受けたのと異ならない状態に置かれたものといえるから、上記組合員が提起した代表訴訟については、代表者として監事が記載された適式な提訴請求書があらかじめ農業協同組合に送付されていたのと同視することができ、これを不適法として却下することはできない」とした。

　　(イ)　退任した取締役に対する訴えにおける原告会社の代表者

　株式会社がすでに退任した取締役に対して在任中に生じた責任を追及する訴えを提起する場合に、提訴請求の名宛人や会社の代表者は代表取締役か監査役か。かつてはこの点について争いがあったが、提訴請求の名宛人・会社の代表者は監査役である旨の定めが設けられたことにより、立法的解決をみた（会386条1項・2項1号）。ただし、退任取締役が監査役に就任した場合は、やはり原則どおり代表取締役が会社を代表すると解すべきであろう。[26]

　　(ウ)　提訴請求を経ない代表訴訟

　提訴請求を経ない代表訴訟は不適法である（ただし、会847条5項の場合を除く）。しかし、提訴請求を経ずに訴えを提起した後に提訴請求をした場合、提訴請求から60日以内に会社が訴えを提起しなければ瑕疵は治癒されるか否かについては、判断が分かれている。[27]

(2)　**原告適格の問題**
　　(ア)　株式代表訴訟の係属中に株式交換が行われた場合の原告適格[28]

　株式代表訴訟が係属している際に株式交換が行われ、完全子会社となった会社の株主が、当該株式交換によって当該会社の株主でなくなったとしても、

26　類型別Ⅰ・286頁。
27　治癒肯定説として、大阪地中間判昭和57・5・25判夕487号173頁。治癒否定説として、東京地判平成4・2・13判時1427号137頁。

当該完全子会社の取締役に対する株主代表訴訟の原告適格を喪失しない（会851条1項1号、会施規219条）。合併の場合も同様に、自己が消滅会社の株主であって、その後の合併によって存続会社または新設合併で設立された会社の株主となった場合であっても、原告適格を失わない（会851条1項2号）。

(ｲ)　100％減資に伴い株主の地位を喪失した者の原告適格

民事再生手続に伴う100％減資手続を内容とする民事再生計画が認可され、株主の地位を喪失した者の原告適格について、ジャパン石油開発株主代表訴訟事件（東京地判平成16・5・13判時1861号126頁）は、そのような原告適格は認められないとした。株式交換や合併の場合と異なり100％減資の場合、株主は、新たな株主としての地位を取得するわけではなく、当該会社とおよそ無縁の存在となるため、その結論は合理的なものといえよう。

(3)　会社の取締役に対する損害賠償請求権の債権譲渡

会社は、取締役の責任追及を回避するために、当該損害賠償請求権を第三者に譲渡することを考えるかもしれない。しかし、そのような回避方法は、会社の取締役に対する責任免除を厳格な要件を満たした場合に限って認めた趣旨を潜脱するものと考えられるので、避けるべきである。

この点について、東京地判平成17・5・12金法1757号46頁は、「会社の取締役に対する損害賠償請求権（商法266条1項各号の請求権）について、法は、その譲渡を禁止しておらず、また、その譲渡に関する特別の手続を定めていないから、会社は、その有する債権として、原則としてこれを第三者に譲渡することが可能であると解される。他方、会社による取締役に対する損害賠償請求権の免除について、商法上厳格な規制（商法266条5項から15項まで）が設けられていることを考慮すると、取締役に対する責任追及を回避する目

28　要綱案第2部第1の2では、株式交換等が効力を生じる以前に原因たる事実が生じた責任に係る株主代表訴訟であれば、株式交換等の効力発生以前に提訴していない場合であっても、株式交換等によって株主資格を失った者が株式交換等により完全親会社の株式を取得し所有し続けているときは株主代表訴訟を提起できるというように提訴資格が拡張されているので、注意が必要である（岩原・前掲（注13）9頁）。

的で取締役に対する損害賠償請求権の譲渡が行われた場合には、その譲渡は、法の趣旨を潜脱するものとして無効となると解すべきである。そして、株主代表訴訟が提起され、またはその提起が予定されている場合（商法267条1項に基づく提訴請求があった場合）において、会社が当該損害賠償請求権を譲渡した場合には、特段の事情のない限り、その譲渡は取締役に対する責任追及を回避する目的でされたものと推認されるというべきである」（条文は、旧商法）としたうえで、本件においては、会社が特別清算手続に入りその消滅が予定されていたことなどから、特段の事情が認められるとして、請求を棄却した。

2　対象となる責任の範囲

　株主代表訴訟によって株主が会社に代わって責任を追及できる役員の責任の範囲については、会社法に規定された取締役の地位に基づく責任に制限されるとする説（限定債務説）、取締役が会社に対して負担するに至った取引上の債務も含まれるとする説（取引債務包含説）、取締役が会社に対して負担するに至ったすべての債務であるとする説（全債務説）が対立している。

　最高裁判所は取引債務包含説をとる（最判平成21・3・10民集63巻3号361頁〔大阪観光株主代表訴訟事件上告審判決〕）。最高裁判所の結論からすると、取引と無関係な請求や不法行為に基づく損害賠償請求に対して代表訴訟は使えないけれども、取締役の取引債務についての責任追及は代表訴訟によって行うことが可能であるということになろう。

　しかし、提訴するか否かも会社の経営判断であって、そのような経営判断を尊重しない方向の解釈はできるだけ避けたほうがよい。会社がそのような提訴を行わないことが不当なのであれば、提訴しない経営判断を行った役員等の任務懈怠責任を追及するのが筋である。よって、株主代表訴訟で追及できる責任の範囲を会社法に規定された責任（それでも十分広い）から広げることには疑問なしとしない。

3 被告役員の対抗手段

(1) 担保提供命令

株主が代表訴訟を提起したときは、裁判所は、当該訴え提起が悪意によるものであることを疎明して行う被告取締役による申立てにより、当該株主に対し、相当の担保を立てるべきことを命ずることができる（会847条7項・8項）。

担保提供命令の申立ては、後述のように近年は容易には発令されない傾向にあるものの、取締役としては、株主代表訴訟に対抗するためにまずもって検討すべき手段の1つである。したがって、申立ての時期について制限はないが、現実には提訴後直ちに申立てをすることになる。

元来、担保は、提訴により相手方に生ずる可能性がある損害賠償請求権を確保するための訴訟上の担保であるところ、弁護士費用は不当訴訟による損害金に含まれ得るから、これも担保により確保できる可能性がある。[29]

担保提供命令の申立てをするには、被告役員は、原告の訴えの提起が「悪意」によるものであることを疎明しなければならない。

「悪意」が認められる要件については、蛇の目ミシン株主代表訴訟担保提供申立事件の2件の決定（東京地決平成6・7・22判時1504号121頁、同日判時1504号132頁）が、①不当訴訟要件と②不法不当目的要件のいずれかを満たす場合であるという基準を採用し、「蛇の目基準」とよばれている。①不当要件とは、[30] ㋐請求原因の重要な部分に主張自体失当の点があり、主張を大幅に補充あるいは変更しない限り請求が認容される可能性がない場合、㋑請求原因事実の立証の見込みが低いと予測すべき顕著な事由がある場合、あるいは㋒被告の抗弁が成立して請求が棄却される蓋然性が高い場合等に、そうした

---

[29] 不当な株主代表訴訟の提起により被告が被ると考えられる損害としては、弁護士費用や調査費用、社会的信用の低下に伴う慰謝料などが考えられ、実際には、担保金額として取締役1人あたり300万円から1000万円程度である例が多いようである。類型別Ⅰ・302頁。

事情を認識しつつあえて訴えを提起したものと認められる場合をいう。②不法不当目的要件とは、提訴者が代表訴訟を手段として不法不当な利益を得る目的を有する場合等、正当な株主権の行使と相容れない目的に基づく場合をいう。

　株主による会社に対する提訴請求の日から60日以内に会社が訴えを提起しないときは、その株主は、代表訴訟を提起することができる（会847条1項〜3項）。その場合、会社（監査役）は、訴えを提起しない理由を書面等で通知しなければならない（同条4項、会施規218条）。かかる不提訴理由通知には、取締役の責任の有無についての判断に対する理由が記載されているはずである。それゆえ、不提訴理由通知を行ったことによる法的効果は特に定められていないものの、不提訴理由が正当なものであれば、当該内容の通知を受領したにもかかわらず提訴すれば、被告になるべき取締役側としては、この不提訴理由通知を「悪意」の疎明に用いることができる可能性がある。

　もっとも、原告が提訴段階において自己の主張しようとする権利の事実的・法律的根拠をすべてにおいて明らかにするのは困難であるという実情に鑑みれば、とりわけ不当訴訟類型における高額な担保命令の安易な発令は、代表訴訟制度の自由な利用が阻害される結果となりかねない。そのような理解の下、近年では、担保提供命令は容易には発令されない傾向にある。

　株主側としては、担保提供命令申立てに対する判断において「悪意」の認

30　訴えの提起が不法行為となり得るのは、提訴者がその訴訟において主張した権利または法律関係が事実的、法律的根拠を欠くものであるうえ、同人がそのことを知りながらまたは通常人であれば容易にそのことを知り得たのにあえて提訴したなど、裁判制度の趣旨に照らして著しく相当性を欠く場合に限られる（最判昭63・1・26民集42巻1号1頁）。東京地方裁判所は、担保提供を請求が理由のないことを認識している場合に限れば、過失による不当訴訟の場合を一切除外するから妥当でないとして、本文⑦〜⑰の要件を掲げている。

31　不提訴理由通知に記載すべき事項は、①会社が行った調査の内容（②の判断の基礎とした資料を含む）、②請求対象者の責任または義務の有無についての判断およびその理由および③請求対象者に責任または義務があると判断した場合において、責任追及等の訴え（会847条1項）を提起しないときは、その理由、である（会施規218条）。

定を受けないためにも、後述のような採証手段を駆使して証拠収集を十分に行っておく必要はある。

(2) 提訴請求権の濫用の主張

責任追及等の訴えが、①提訴株主もしくは第三者の不正な利益を図り、または、②当該会社に損害を加えることを目的とする場合（たとえば、売名目的や嫌がらせ、恐喝目的など）は、そのような提訴請求は不適法となり、それゆえ、会社法847条3項に定める訴訟要件を充足しておらず、却下される（会847条1項ただし書）。

代表訴訟がこのような濫用的なものである場合は、被告取締役としては、提訴請求権の濫用を主張しておくことも必須である。もっとも、担保提供命令における不法不当目的要件の立証と同じく、会社法847条8項の要件である原告の主観的事情の立証は容易ではない。

(3) 訴訟参加・補助参加

株主または株式会社は、共同訴訟人として、株主代表訴訟に参加することができる（会849条1項）。馴れ合い訴訟防止のためである。[33]

また、株主が取締役に対して訴えを提起した場合、会社は、法律上の利害関係を有するか否かにかかわらず、取締役側に補助参加することができる[34]（会849条1項）。ただし、その場合には監査役全員の同意が必要である（同条2項1号）。

---

32 とりわけ、大阪高決平成9・8・26判時1631号140頁は、「悪意」とは、代表訴訟の提起が不法行為となる場合のうち過失によるものを除き、故意による悪質な訴権濫用にあたるものだけに限定するとの見解をとる。

33 類型としては、株主が提起した訴訟に会社や他の株主が参加する場合と、会社が提起した訴訟に株主が参加する場合とがあり得るが、これは共同訴訟参加（民訴52条1項）であると解される（東京高判平成6・8・29金商954号14頁）。もっとも、いったん株主代表訴訟が提起されると、提訴していない株主は訴訟物に係る当事者適格を失っていると考えるならば、株主がすでに別の株主または会社によって提起された訴訟に参加する場合は、いわゆる共同訴訟的補助参加であるはずである。

34 相澤哲編著『立案担当者による新・会社法の解説』（別冊商事法務295号）219頁は、会社法849条1項の「利害関係」が民事訴訟法42条に規定する利害関係を指すとしている。

被告取締役は、たとえ在任中であっても、代表訴訟においてはあくまでも個人としての立場である。しかし、会社の協力なしには証拠資料等の提出の面で限界がある。確かに、株主代表訴訟において、原告株主は会社を代表しており、原告株主と会社の利害は一致するかのようであるが、積極的に不提訴の判断を行った会社としては、取締役に責任がないと考えたという場合もある。そのような場合、会社としては、むしろ、取締役を補助することによって、円滑な会社経営を希求すべき場面であるといえる。裁判所としても、主張・立証活動の充実によって、的確かつ迅速な審理が期待できる。そういうわけで、会社は、代表訴訟において、被告取締役側に補助参加することができるのであるが、これも、取締役としては、代表訴訟に対する対抗手段となる可能性がある。もっとも、会社の代理人が取締役の代理人を兼任することや会社が取締役の費用を肩代わりすることは避けるべきとされており、また、取締役の行う立証活動について会社が協力することはあってもそれは補助参加による必要がないので、会社による補助参加が具体的意義を有する場面は実は少ない。

訴訟参加を容易にするために、原告株主は会社に対して遅滞なく訴訟告知をし（会849条3項）、会社は遅滞なくその旨を公告または株主に通知しなければならない（同条4項）。非公開会社の場合は通知で足りる（同条5項）。

なお、被告取締役としても、他の取締役を訴訟に引き込むべく、これらの者に対して訴訟告知を行うことも検討の余地がある。

(4) 株主に対する損害賠償請求

株主代表訴訟の被告となった役員等が、代表訴訟の提起自体が不法行為にあたるとして提訴株主に対して損害賠償請求することも考えられるが、認められるためのハードルは高い。

4 証拠収集の手段・方法

株主代表訴訟において、重要な書証は、会社が保有しており提訴側の株主

にないということが多く、その意味で医療過誤訴訟などと同様、被告側に証拠が偏在しているという構造にある。その意味で、原告側株主による証拠収集の巧拙が、代表訴訟の帰すうを左右するといっても過言ではない。

また、原告側株主が、きちんとした調査を行うことなく、安易に株主代表訴訟を提起した場合、被告役員から、当該訴え提起が「悪意」によるものであるとして担保提供命令の申立て（会847条7項・8項）を受けたり、不当訴訟として不法行為に基づく損害賠償請求（民709条）を受けたりする可能性がある。

商事事件は民事事件と異なる手続が多く、もともと事案が複雑なので、適正・迅速な手続によって審理を充実させることが事案の整理に不可欠であろう。[35]そのような前提があって初めて、取締役の責任の有無という中心問題が早期に浮かび上がるというものである。したがって、証拠収集については周到な準備が必要であり、また、そのような前提の下で、現実の訴訟追行の過程では、適切な認否を行うことが求められよう。

(1) 提訴株主側の証拠収集

提訴前の証拠収集は、一般公開情報や会社法に基づく収集方法を活用すべき場面であり、提訴後は、これに民事訴訟法上の収集方法が加わる。また、弁護士が受任した後は弁護士会照会制度も活用できる。

(ア) 一般公開情報

会社の経営上の問題や役員の違法行為の疑いは、マスコミによる報道や個人的なつながりに基づく情報が端緒となって浮上することがほとんどである。場合によっては内部通報からわかることもある。[36]

そのような情報をきっかけに代表訴訟の提起が検討されるが、まずはじめに必要となる被告の特定には、会社の商業登記簿を参照することになる。

そして、責任原因の検証のためには、公開会社の株主であれば、金融商品

---

[35] 訴訟運営のなされ方について、大阪地方裁判所商事法研究会「訴訟類型に着目した訴訟運営——会社関係訴訟——」判タ1107号13頁参照。

取引法に基づく公開情報（有価証券報告書、臨時報告書、四半期報告書（半期報告書）など）や、証券取引所における投資家向け情報を入手する方法がある。

さらに、国に対して情報公開を求めることもできる。すなわち、行政機関に対して、会社に対する行政処分などについての情報を得たいと考えれば、「行政機関の保有する情報の公開に関する法律」によることになる。

関連民事訴訟や刑事事件における訴訟記録も有用だが、民事事件における訴訟記録については、誰でも閲覧が認められており（民訴91条1項）、当事者および利害関係を疎明した第三者は謄写もできる（同条3項）。刑事事件の事件記録については、終結後の記録に限って誰でも閲覧できる建前になっている（刑訴53条1項、刑事確定訴訟記録法4条等）。

(イ) **会社法上の手段**

(A) 計算書類の閲覧・謄写請求権

株主は、会社の過去5年分（取締役会設置会社の場合、定時株主総会の日の2週間前の日から5年間）の計算書類・事業報告およびこれらの附属明細書を閲覧・謄写することができる（会442条3項）。

(B) 会計帳簿の閲覧・謄写請求権

総株主の議決権の3％以上を有する少数株主は、会社の会計帳簿またはこれに関する資料の閲覧・謄写を請求することができる（会433条1項）。ただし、会社側の拒否事由があることに注意しなければならない（同条2項）。訴訟においては、裁判所は、申立てまたは職権により、会計帳簿の提出を命

---

36 公益社団法人日本監査役協会「内部統制システムに係る監査の実施基準」（平成23年3月10日最終改正）によれば、法令等遵守体制、損失危険管理体制、情報保存管理体制および企業集団内部統制に対する監査においては、内部通報システムなどこれらの体制に関する状況が業務執行ラインから独立して把握されるシステムが構築・運用されているかという内部通報制度の設置の有無がチェックポイントとして例示されている。また、財務報告に係る内部統制に関しては、企業会計審議会「財務報告に係る内部統制の評価および監査に関する実施基準」（平成23年3月30日改訂）においても、内部通報制度が内部統制の基本的要素の1つにあげられており、内部通報制度の有無が財務報告に係る内部統制に関する評価項目の一例とされている。

じることができる（同法434条）。

(C) 定款・議事録等の閲覧・謄写請求権

　株主は、会社の基本的事項に関する書類を閲覧・謄写（または謄本の請求）ができる。具体的には、定款（会31条2項）、株主名簿（同法125条2項）、新株予約権原簿（同法252条2項）、社債原簿（同法684条2項、会施規167条）、総会の日から3カ月間については株主総会委任状（同法310条7項）・議決権行使書面（同法311条4項。なお、同法312条5項）、過去10年分の株主総会議事録（同法318条4項。なお、319条3項）である。

　また、株主は、株主の権利を行使するために必要があるときは、裁判所の許可を得て、会社の過去10年分の取締役会議事録の閲覧・謄写を請求することができる（会371条2項・3項）。監査役会議事録（同法394条2項）についても同様である。取締役会は会社の業務執行に関する意思決定をなす機関であるから、取締役による経営事項に関する資料として、その議事録は極めて重要である。もっとも、大規模な会社の場合は、経営会議や常務会のような会議体のほうが、より実質的な審議・決定がなされることが多く、その議事録のほうが重要な情報が記載されていることもある。

(D) 検査役の選任申立て

　総株主の議決権の3％（または発行済株式の3％）を有する少数株主は、会社の業務執行に関し、不正の行為または法令もしくは定款に違反する重大な事実があることを疑うに足りる事由があるときは、当該株式会社の業務および財産の状況を調査させるため、裁判所に対し、検査役の選任の申立てをすることができる（会358条1項）。検査役は、必要な調査を行い、当該調査の結果を記載した書面等を裁判所に提供して報告する（同条5項）。実務では、中立の弁護士が選任されることが多く、必要に応じて公認会計士や税理士の補助の下に調査を実施することになる。なお、株主は、この「疑うに足りる事由」を立証する必要があるから、本申立ては、事実関係を一定程度把握した後に用いることが可能となるものだといえよう。

(ウ) 弁護士法に基づく照会制度

代表訴訟について弁護士が受任した際は、弁護士会照会（弁護士法23条の2）を活用できる。弁護士は、所属弁護士会に対し、公務所または公私の団体に照会して必要な事項の報告を求めることを申し出ることができる。照会先は団体のみであり、また、報告させる強制力はないが、有用な情報が得られる可能性はある。

(エ) 訴訟法上の手段

株主代表訴訟を提起した後に証拠を収集する手段としては、訴訟法上の手段が加わることになる。

まず、提訴前も含めて、証拠保全の申立て（民訴234条以下）は可能である。

訴訟提起後の調査として、調査嘱託（民訴186条）、文書送付嘱託（同法226条）を活用することもできる。調査嘱託は、裁判所が、公私の団体に必要な調査を嘱託することができる制度であり、文書送付嘱託は、文書の所持者に任意にその提出を求める制度である。

また、当事者照会（民訴163条）も可能である。これは、訴訟の係属中、相手方に対し、主張または立証を準備するために必要な事項について、相当の期間を定めて、書面で回答するよう、書面で照会をすることができる制度である。

さらに、文書提出命令（民訴220条）による証拠収集も用いられる。これには、提出を求める文書の表示、趣旨、所持者、証明せんとする事実、提出義務の原因を明らかにして行わなければならない（同法221条）。この制度も、存在すら知り得ない文書（稟議書等）については、提出を求めることは困難であるものの、不提訴理由書など、会社側から出される書類の記載を端緒に特定可能な書面については、活用可能であろう。前提となる文書提出義務（同法220条）の有無については、株主代表訴訟であるからといって、他の類型の訴訟における場合と別異に解すべき理由はないように思われる。

(2) 取締役側の事実調査

代表訴訟を提起された役員としても、防御のために事実関係を調査しておく必要があることはいうまでもない。

責任の原因と主張されている具体的行為に関連する証拠書類については、社内・社外のいずれに存するものかを問わず、収集していく必要がある。これには、契約書等の会社に保管されている書類のみならず、電子メールやメモ等まで調査・収集の必要がある。また、当該行為に関する意思決定にかかわる書類（議事録、稟議書など）も整理しておく必要がある。かかる証拠書類収集にも資することであるが、関係者からの事情聴取を行い、記録化しておくべきである。また、時系列表の作成も必須であろう。

(3) 会社側の事実調査

会社としては、監査役において提訴・不提訴の決定を行うにあたって、事実関係の調査が必要となる。調査内容としては、上述した役員における事実関係の調査に加えて、提訴請求において責任追及の対象とされた取締役の意見についても十分に聴取しなければならず、これらについて、いずれも記録化しておくべきである。

5 責任免除・和解

(1) 責任免除

役員等の会社に対する責任は、総株主の同意があれば免除することができる（会424条、120条5項、462条3項ただし書、464条2項、465条2項）。

また、会社法423条1項の責任については一部免除も可能である。すなわち、役員等が職務を行うにつき善意かつ無重過失である場合、①株主総会の特別決議による方法（会425条）[37]、②定款の定めに基づき取締役会決議による方法（同法426条）、③社外取締役に限っては、定款の定めに基づく責任限定契約を締結する方法（同法427条）により、それぞれの方法において定められた額を責任の上限とするように賠償額の一部を免除することが可能である。

(2) 訴訟上の和解

　株主代表訴訟における訴訟上の和解は、①会社が和解の当事者である場合（会社が和解の利害関係人である場合も含む）[38]かつ、②会社の承認がある場合には可能である（会850条1項）。株主代表訴訟の和解においては、それが役員等の責任を免除するものであるにもかかわらず、総株主の同意（同法424条など）が不要であることが明定されている（同法850条4項）。

　会社が和解の当事者となっていない場合は、裁判所は会社に対して和解の内容を通知し、2週間以内に異議がなければ当該通知の内容で和解することを承認したものとみなされる（会850条2項・3項）。

IX 費用等の負担

　原告株主が勝訴した場合は、原告株主は、会社に対して、訴訟費用を除いた費用と弁護士報酬のうち「相当と認められる額」[39][40]の支払を請求することができる（会852条1項）。訴訟上の和解の場合も勝訴株主は会社に費用等を請求できると解されている[41]。

37　責任の一部免除は責任の存在を認めたうえで賠償額を軽減する手続であるから、いつ決議を行うかについては困難な判断である。責任が裁判で確定するのを待っていては経営の萎縮を招くが、責任が確定する前だと取締役が有責であることを会社が自認したことになり（江頭・450頁）、後者は、責任がないことを主張している被告役員にとっては訴訟上不利な材料の1つとなる。第1審判決において被告役員が敗訴したことに伴う控訴後に決議し、当該決議後に控訴取下げを行うという流れが現実的であろうか。北村雅史「取締役の責任軽減と株主代表訴訟」民商126巻4・5号578頁。

38　類型別Ⅰ・307頁。

39　民事訴訟法61条によって敗訴者負担とされる。

40　大阪地判平成22・7・14判時2093号138頁は、旧商法268条の2第1項にいう「相当ナル額」とは、「株主代表訴訟において株主から訴訟委任を受けた弁護士が当該訴訟のために行った活動の対価として必要かつ十分な程度として社会通念上適正妥当と認められる額をいい、その具体的な額は、当該訴訟における事案の難易、弁護士が要した労力の程度および時間、認容された額、判決の結果当該会社が回収した額、株主代表訴訟の性格その他諸般の事情を総合的に勘案して定められるべきものと解するのが相当である」としている。

513

被告役員が勝訴した場合について、会社法は特段の定めをおいていない。この点については、役員等は会社との委任契約に基づき、委任事務を処理するために無過失で損害を受けたときにあたると解して、民法650条3項に基づき相当額の応訴費用の支払を請求できると解する見解が有力であり[42]、実務においてもそのような運用がなされている[43]。もっとも、民法650条3項が無過失を要件としていることから、一部勝訴や和解の場合においては会社負担を容認できないのではないかとの懸念はある[44]。

X 会社役員賠償責任保険（D&O保険）

役員等の職務遂行に関する損害賠償の場合に備えて、会社役員賠償責任保険（D&O保険）がしばしば利用される。

D&O保険は、会社を保険契約者とし、会社の全役員を被保険者として締結される保険契約であり、基本契約たる「会社役員賠償責任保険普通約款」に種々の特約が付帯される形式をとる[45]。とりわけ、普通約款上、会社からなされた損害賠償請求は免責事由としててん補の対象とならないことから、そのような場合に役員が被った損害をてん補するための特約条項である「株主代表訴訟担保特約条項」が自動的に付帯される。D&O保険により、有価証

---

[41] 東京高判平成12・4・27金商1095号21頁は、株主代表訴訟を提起した株主が勝訴した場合の中には、「株主と取締役らの間に訴訟上の和解が成立し、右取締役らが会社に対して損害賠償金を支払う旨を約束した場合も含まれる」と判示している。

[42] 吉戒修一『平成五年・六年改正商法』171頁、江頭・466頁。ただし、これを認める明文の規定がないことを理由に消極に解する見解もある。山下丈「独立役員の会社役員責任賠償保険（D&O保険）（下）」商事1924号36頁参照。

[43] 江頭憲治郎＝中村直人編『論点体系会社法6 組織再編II外国会社・雑則・罰則』227頁〔澤口実〕。

[44] 江頭＝中村・前掲（注43）227頁〔澤口実〕。

[45] 保険約款の条文は、保険会社ごとに異なるものの（新木伸一＝高柳奈緒子「会社役員賠償責任の最新事情と再検討」月刊監査役575号46頁）、山下友信編『逐条D&O保険約款』、資料「会社役員賠償責任保険普通保険約款」金法1381号22頁参照。

券報告書等の虚偽記載等に基づく損害賠償請求における賠償責任や防御費用を役員が負担して被る損害もてん補される[46]。もっとも、有価証券報告書等に記載される内容の一部は告知義務の対象となっており、粉飾決算の場面においては告知義務違反と判断される可能性があるので、留意が必要である。

D&O保険によっててん補される役員の損害は、役員としての業務に基づき行った行為（不作為も含む）に起因して保険期間中に当該役員に損害賠償請求がなされたことにより被る損害であるところの、法律上の損害賠償金（判決または和解によって支払うべきものとされるもの。罰金や課徴金は含まない）および争訟費用（弁護士費用等）である。

D&O保険によっててん補されない場合である免責事由としては、違法行為に起因する損害賠償責任などがある。なかでも注意しておかなければならない免責事由は、法令に違反することを被保険者が認識しながら（認識していたと判断できる合理的な理由がある場合を含む）行った行為に起因する損害賠償請求や、保険期間の開始日において、役員に対する損害賠償請求がなされるおそれがある状況を役員が知っていた場合（知っていたと判断できる合理的な理由がある場合を含む）に、その状況の原因となる行為に起因する損害賠償請求である。

また、契約締結時に保険会社が告知を要求した事項（告知事項）について、故意または重過失により告知を怠った場合または不実の事項を告知した場合は、保険会社は保険契約を解除することができる。D&O保険は毎年契約更新がなされるが、会社または役員はそのたびに告知義務が課される。会社や役員が保険の対象となるような損害賠償請求がなされるおそれのある状況を知った場合の通知義務の存在にも注意が必要である。

保険料のうち、役員自身によって負担することが予定されている、役員の会社に対する損害賠償責任に関する保険料を会社が負担してよいか否かは問

---

[46] 山下（友）・前掲（注45）28頁。

題であるが、有能な人材を確保するために当然会社が負担してよいとの見解もあり、その考え方そのものは首肯できる。しかし、役員報酬についてもそのような考え方は妥当するから、役員報酬の場合と同様に定款・株主総会決議を要すると考えるのが無難であろう。[47]

第2節　取締役の第三者に対する責任

I 総論

1 責任の基本構造

役員等（取締役、会計参与、監査役、執行役または会計監査人）[48]が、その職務を行うについて悪意または重過失があったときは、これによって第三者に生じた損害を賠償する責任を負う（会429条1項）。

取締役は、会社との間の委任契約に基づき（会330条）、その任務懈怠によって生じた損害を賠償する責任を負う（同法423条1項）。しかし、取締役が「その職務を行うについて」悪意または重過失があったときに、そのような委任関係にない第三者に対してまで責任を負うのはなぜか。

最高裁判所は、この点について、「法は、株式会社が経済社会において重要な地位を占めていること、しかも株式会社の活動はその機関である取締役の職務執行に依存するものであることを考慮して、第三者保護の立場から、……当該取締役が直接に第三者に対し損害賠償の責に任ずべきことを規定し

---

[47] 江頭・455頁。なお、山下丈「独立役員の会社役員責任賠償保険（D&O保険）(上)」商事1923号28頁）、同・前掲（注42）35頁参照。
[48] 特に断りのない限り、以下取締役について述べる。

たのである」と述べた（最大判昭和44・11・26民集23巻11号2150頁）。このように、取締役等の第三者に対する責任は、第三者を保護するために設けた法定責任であると考えられている。

この悪意または重過失による任務懈怠の態様についても、会社に対する責任と同様、4つの類型に分類できよう（第1節Ⅰ1参照）。加えて、取締役の第三者に対する責任に関しては、責任の有無ばかりでなく、その範囲も問題となる。つまり、取締役の第三者に対する責任が第三者の保護にあるとしても、取締役の悪意または重過失による任務懈怠によって第三者に生じたあらゆる「損害」が賠償の対象になるのか、また、そもそもそのような「第三者」には誰が含まれるのかという問題である。とりわけ、代表訴訟制度があるのに、株主の間接損害（会社が損害を被った結果として第三者に生じた損害）まで賠償の対象にしてよいのかという問題は重要である。なぜなら、この問題は、代表訴訟以外の取締役に対する責任追及のアプローチを株主に与えてよいのかどうかという問題であり、株主にとっては、代表訴訟以外の別訴を提起できるか否かという訴訟戦略にかかわるからである。

取締役の第三者に対する責任は、悪意または重過失による任務懈怠に基づく責任のほかに、不実の情報開示に基づく責任（会429条2項）がある。軽過失の場合も責任を負うこととされており、また、過失がないことの立証責任が役員等の側にある。

なお、代表取締役がその職務を行うにつき第三者に損害を与えた場合は、会社も不法行為責任を負う（会350条）。

2　責任の要件と立証責任

会社法429条1項に基づく取締役の対第三者責任は、主として、①取締役の任務懈怠、②任務懈怠によって第三者に損害が発生したこと、③任務懈怠について取締役に悪意または重過失があることが要件となる。対会社責任と異なり、いずれの立証責任も請求者側にある。[49]

II　責任の有無に関する判断基準

　取締役の第三者に対する責任のうち、悪意または重過失による任務懈怠に基づく責任（会429条1項）における、任務懈怠行為があったか否かの判断基準については、会社に対する責任の場合と同様の基準が妥当すると考えられる。対第三者責任の任務懈怠と対会社責任の任務懈怠の内容や判断基準を区別する理由は特にみあたらない。

　不実の情報開示に基づく責任（会429条2項）に基づく責任については、対象となる行為が条文上比較的明確であるから、会社法429条2項に基づく責任の有無の判断基準について、本節では特に紙幅を割かない。

III　義務違反の判断

　取締役の第三者に対する責任の有無について、任務懈怠の類型ごとに、近時の裁判例において対第三者責任について争われた事例のうち、特徴的なものにおける判断内容をみておく。

1　法令・定款違反

　取締役は、職務の遂行にあたって法令を遵守することもその任務に含まれるので、悪意または重過失によって職務上違法な行為を行えば、それによって損害を被った第三者に対して損害賠償の責任を負う。

　この点に関し、プリンスホテル・日教組大会会場等使用拒否事件判決（東

49　会社法423条1項の責任の実質は、委任契約の受任者である取締役の債務不履行責任であるから、債務者の帰責事由の不存在が抗弁事由とされている（類型別Ｉ・220頁）。他方、取締役の対第三者責任において、取締役と第三者との間にはそのような関係はないので、取締役の悪意または重過失は請求原因事実となる（新谷勝『会社訴訟・仮処分の理論と実務〔第2版〕』446頁）。

京地判平成21・7・28判時2051号3頁）は、仮処分命令に違反して宴会場の使用拒否を行った行為につき、ホテルの取締役の責任を認めた。本判決は、「本件使用拒否は、本件各宴会場の使用を拒否した点において、かかる民事保全制度の基本構造を無視するものであって、民事保全法の予定しない違法な所為である」として、仮処分命令に反する行為が違法であって、そのような法令違反について悪意の取締役の会社法429条1項責任を認めた。また、本判決は同時に、宴会場を使用する利益を侵害したという加害行為について故意があったとして、会社に対する不法行為責任（会350条）も認めている。

また、東京地判平成4・9・1判時1463号154頁は、法定の手続を経ることなく特に有利な発行価額で新株を発行した点等につき、当該違法な新株発行を行った取締役について株主に対する責任を認めた。

2 経営判断にかかわる責任

(1) 典型事例

放漫経営によって会社を倒産させたことにより会社債権者に損害を与えたというような事例（東京高判昭和58・3・29判時1079号92頁など）は、第三者たる債権者における間接損害に対する会社法429条1項に基づく取締役の責任の典型例である。会社の倒産によって損害を被った会社従業員もそのような責任追及が可能である。これらの場合は、会社に対する任務懈怠を観念しやすいが、経営判断の原則も比較的適用されやすいと考えられる。

他方、客観的には履行できる見込みがないにもかかわらず債務を負担したことによって債権者に損害を与えたというような事案（最判昭和47・9・21判時684号88頁など）は、第三者たる債権者における直接損害に対する同責任の典型例である。この場合は、何が会社に対する任務懈怠かについて慎重な考慮を要する。また、そのような債務負担に経営判断の原則が適用される可

50　江頭・471頁。

能性はかなり低いと思われる。

(2) 株主共同利益に配慮する義務の違反

取締役の任務には、MBOにおいて取締役が負う善管注意義務の一環としての株主の共同利益に配慮することも含まれよう。

この点について、レックス・ホールディングス事件（東京地判平成23・2・18金商1363号48頁）は、「営利企業である株式会社にあっては、企業価値の向上を通じて、株主の共同利益を図ることが一般的な目的となるから、株式会社の取締役は、上記義務の一環として、株主の共同利益に配慮する義務を負っている」とした。

もっとも、MBOは、基本的には、株主の利益を代表すべき取締役が当該株主から株式を取得するスキームであることから、構造的な利益相反状況と情報の非対称性の問題を内包している。そのため、善管注意義務違反の判断においては、取締役の業務執行において認められる裁量に一定の制限が認められると考えるべきであろう。

レックス・ホールディングス事件地裁判決も、「MBOにおいては、本来、企業価値の向上を通じて株主の利益を代表すべき取締役が、自ら株主から対象会社の株式を取得することになり、必然的に取締役についての利益相反的構造が生じる上、取締役は、対象会社に関する正確かつ豊富な情報を有しており、株式の買付者側である取締役と売却者側である株主との間には、大きな情報の非対称性が存在していることから、対象会社の取締役が、このような状況の下で、自己の利益のみを図り、株主の共同利益を損なうようなMBOを実施した場合には、上記の株主の共同利益に配慮する義務に反し、ひいては善管注意義務または忠実義務に違反することになるものと考えられる」と述べている。

そのうえで、「MBOが、取締役の株主の共同利益に配慮する義務に違反するかどうかは、当該MBOが企業価値の向上を目的とするものであったことおよびその当時の法令等に違反するものではないことはもとより、当該

MBOの交渉における当該取締役の果たした役割の程度、利益相反関係の有無またはその程度、その利益相反関係を回避あるいは解消するためにどのような措置がとられているかなどを総合して判断するのが相当である」との判断基準を示したうえで、取締役の責任を否定した[51]。

なお、シャルレ事件第1審判決（東京地判平成23・7・7判時2129号114頁）は、MBOにおいて利益相反行為の存否およびその適切な開示の有無が争点となった事案であるので、あわせて言及しておく。本件は、任務懈怠行為たる利益相反行為とMBO公表時に株主でない投資者における損害発生との間に因果関係がない旨の判断がなされた事案である。裁判所は、「MBOは、取締役による自社の株式の取得という取引の構造上、既存株主と買収側取締役の間で利益相反状態を生じ得るものの、MBO公表時に株主でない者（投資者）との関係では、上記利益相反状態にあること自体が問題となることはない。したがって、MBOの買収側取締役に利益相反行為が存したとしても、このことから直ちに、投資者がMBOの実施を踏まえた投資によって被った損失に関して、買収側取締役の義務違反を認めるのは相当でない。当該利益相反行為につき、買収側取締役が、投資者の株式評価を含む投資判断のために重要な事項について虚偽の事実を公表したといえる場合、又は公表すべき重要な事項若しくは誤解を生じさせないために必要な重要な事実の公表をしなかったといえる場合に、上記損失に関して買収側取締役の義務違反を認め得るというべきである（金融商品取引法24条の4参照）」として、取締役の責任を否定した。

3　監視・監督義務、監査義務違反

会社法429条1項に基づく取締役の対第三者責任における任務懈怠には、

51　池永朝昭ほか「MBO（マネジメント・バイアウト）における株主権」商事1282号2頁、十市崇「レックス・ホールディングス事件最高裁決定とMBO実務への影響(上)(下)」商事1325号8頁、1326号2頁参照。

取締役の監視・監督義務違反や監査役の監査義務違反が含まれる（前掲最大判昭和44・11・26など）。取締役の監視・監督義務違反の有無に関する判断基準は、対会社責任と同様と考えてよい。また、監査役の監査義務違反についても、取締役の監視・監督義務違反に伴って肯定される場合がある。特に問題となる場面について、説明を加える。

(1) 名目的取締役、登記簿上の取締役、事実上の取締役の監視・監督義務違反

監視・監督義務については、名目的取締役の監視・監督義務が問題になる場合が多い。

外国為替証拠金取引について従業員が違法な勧誘を行っていた場合の、名目的取締役の投資者に対する責任について、東京地判平成22・4・19判タ1335号189頁は、「株式会社の取締役は、代表取締役の業務執行の全般についてこれを監視し、取締役会を通じて業務の執行が適正に行わせるようにするべき職責を有するものであり、このことは名目的な取締役についても同様と解する」とし、そのような義務は、名目的な取締役に限らず、名目的な代表取締役や監査役についても同様であるとして、一部の取締役や監査役の責任を認めた。

就任承諾していないものの取締役として登記することを承諾した取締役（登記簿上の取締役）の責任については、「故意または過失によって不実の事項を登記した者は、その事項が不実であることをもって善意の第三者に対抗することができない」との会社法908条2項の規定を類推し、第三者に対する責任を免れることはできないとした判例がある（最判昭和47・6・15民集26巻5号984頁）。[52]

なお、監視・監督義務違反の類型の場合であるとは限らないが、就任承諾

---

[52] 江頭・474頁は、その後の判例においては、中小企業において会社の業務に全く関与せず単に人数合わせのため取締役として名義を貸した者に責任を認めることには慎重な傾向がみられる、と指摘する。

も登記することも承諾していないものの実質的に取締役として振る舞う取締役（事実上の取締役）について、会社法429条1項を類推適用すべきか否かも争われることがある。取締役としての任務を負っていない者にまで任務懈怠に基づく責任を認める理論構成には疑問があるが、そのような理論を認めて事実上の取締役の責任を認める裁判例が散見されるので、注意が必要である。[53]

(2) 監査役の対第三者責任

違法行為を自ら実行した取締役や実行者の監督責任を負う取締役に対第三者責任が認められた裁判例は多い。しかし、監査役の対第三者責任においては、監査役として何をすれば結果を回避できたのか、という具体的な義務の内容が特に問題となる。

ジーオー元監査役損害賠償事件判決（東京地判平成17・11・29判タ1209号274頁）は、そのような監査役に対する対第三者責任が認められた一例である。本件では、監査役としては、取締役の職務執行の監査を通じて、違法行為に関する調査を行ったうえで、取締役会で意見を述べ、または取締役会に報告し、もしくは取締役会の招集を請求するなどして、かかる違法行為を是正させ、詐欺被害の発生を防止するべき義務があったとして、約3年4カ月の間、監査役の地位にあり、その間月額10万円の役員報酬を受けていながら、取締役の職務の執行について何らの監査も行わなかったから、被告には重大な過失があり、名目的監査役であった事情は考慮されない旨判示した。

農協の監事の責任を認めた事例として、前掲最判平成21・11・27がある。代表理事に明らかに善管注意義務違反があることをうかがわせる事情がある場合においては、監事である被告は、理事会に出席し、当該代表理事に対して必要な調査、確認する義務があったにもかかわらず、当該調査、確認を行わなかったから、その任務を怠ったものとされた（原審はいずれも監事の任務懈怠を認めなかった）。

---

53 東京地判平成2・9・3判時1376号110頁は、旧商法266条ノ3第1項を類推適用して、事実上の代表取締役の責任を認めた。

4　内部統制システム構築義務違反

　取締役は、内部統制システム構築義務違反を理由に、会社による違法行為の被害者に対し、直接責任を負うことがあり得る。

　日本システム技術損害賠償請求事件上告審判決（前掲最判平成21・7・9）は、事例判断ではあるが、リスク管理体制構築義務違反の有無について、最高裁判所が初めて判断を行った事案である。

　本件では、東京証券取引所二部上場の株式会社の事業部長が、部下と共謀して、売上げの架空計上を恒常的に行ったことにより、有価証券報告書虚偽記載があったとして上場廃止となったケースにおいて、代表取締役が、従業員の不正行為を防止するためのリスク管理体制を構築すべき義務に違反したとして、株主が、株価下落の損害を被ったと主張して、会社法350条に基づき会社に対して損害賠償を請求した。

　判決では、従業員が巧妙な偽装工作を行ったことを考慮して、リスク管理体制構築義務違反の過失はないとされた。本事案の詳細はすでに述べたとおりであるから（第1節Ⅴ1(2)参照）、詳しくは当該箇所を参照されたい。

　有価証券報告書等を提出する会社およびその取締役は、その提出にあたって重要な事項について虚偽記載がないよう配慮する義務がある（詳細は第3節を参照）。そのような規模の会社においては、開示書類の記載にあたっての適切な内部統制システムを構築し、それを適正に運用する必要がある。

　しかるに、本判決は、財務報告に係る内部統制の有効性を評価する内部統制報告書の提出の義務づけ（金商24条の4の4[54]、内部統制府令3条）やこれに対する外部監査（内部統制監査）の義務づけ（金商193条の2第2項）よりも前になされた決算に関する事案である。現在の状況下では、内部統制システム構築義務の水準は過去に比べて高いものであるとみられ、内部統制システム

---

[54]　かかる金融商品取引法の規定は、平成20年4月1日以後に開始する事業年度から適用される（同法附則（平成18年6月14日法律第65号）15条）。

構築義務はより厳しく認定されていくのではあるまいか。そうであっても、かかる水準は、他の役員や従業員の不祥事について取締役に結果責任を負わせるようなものであってはならないであろう。

　旧商法下における認容例として、フォーカス事件判決（大阪地判平成14・2・19判タ1109号170頁）がある。裁判所は、「取締役は、取締役会の構成員として株式会社の運営上重要な役割を果たすところ、その業務を行うに際しては、株式会社外の第三者に対しても会社の活動によって損害を与えることのないよう注意すべき義務を負うと解される。そして、出版・報道という企業活動は、その性質上、他者の社会的評価や名誉感情を侵害する危険性を常に有しているところであるから、出版ないし報道を主要な業務とする株式会社の取締役は、その業務を執行するに際して、自社の出版・報道行為が会社外の第三者に対する権利侵害を生じないように注意すべき義務を負うと解すべきである」と判示し、そのうえで、各取締役の職務内容ごとに、具体的な注意義務の範囲を示した。

　まず、代表取締役は、「会社業務全般についての執行権限を有するから、従業員による違法行為を防止すべき注意義務を負う……。少なくとも本件写真週刊誌による違法行為の続発を防止することができる社内体制を構築・整備する義務があった」とした。その他の取締役については、「日常における業務内容、記事内容の判断に関する能力および適正、業務分担の合理性という観点から、代表取締役および本件写真週刊誌の担当役員による前記義務の履践（体制の整備等）を妨げないという消極的な義務を負うに留まる」とした。そのうえで、代表取締役の任務懈怠を肯定し、他の取締役の任務懈怠は否定した。

Ⅳ　責任追及できる主体・損害の範囲

　取締役の対第三者責任においては、義務違反の判断基準に加えて、誰がど

こまでの損害を賠償請求できるかについても鋭く争われる。

1　損害賠償の範囲

まず、損害賠償の範囲の点につき、最高裁判所によれば、取締役の任務懈怠の行為と第三者の損害との間に相当因果関係がある限り、①取締役の悪意または重過失による任務懈怠行為から会社が損害を被り、その結果として第三者が損害（間接損害）を被る場合であると、②当該任務懈怠行為によって会社が損害を被ることなく、直接第三者が損害（直接損害）を被る場合であるとを問わないとされる（前掲最大判昭和44・11・26）。

直接損害を第三者に与える場合とは、典型的には、返済できる見込みがないのに借入れを行い、借入先に損害を与えるような事案があげられる。当該取締役の行為の何が会社に対する任務懈怠なのかについては、慎重な検討を要する。[55]

直接損害の場合は、取締役に対する一般不法行為責任（民709条）も請求できよう。とはいえ、取締役の対第三者責任の場合は、任務懈怠についての故意・重過失を問題にするから、第三者に対する加害行為が任務懈怠にあたるといえるなら、会社法に基づく対第三者責任を問うことには固有の意味がある。

また、会社財産が減少することなく株式価値が低下すれば、会社が損害を被ることなく株主が損害を被っているという状況だということになるが、このような株主の損害も「直接損害」である。この場合にも、株主から取締役に対する直接の損害賠償請求は認められてよい。

55　江頭・471頁。

2 責任追及の主体——保有株式が無価値となったことに対する損害賠償

すでに述べたように、責任追及の主体については、株主が「第三者」として取締役に対する責任を追及できるかという問題が重要である。

会社財産の減少による株式価値の低下について、株主から取締役に対して直接損害賠償請求がなされることがある。すでに述べたように、取締役の任務懈怠から会社が損害を被り、その結果、株主が被った損害も、「第三者」（会429条1項）の損害（間接損害）といえるならば、株主は、代表訴訟とは別に、これを取締役から回復することが可能となろう。しかるに、株主の被る間接損害の救済は代表訴訟によるべきであるから、株主は「第三者」にあたらず、株主によるそのような損害賠償請求を認めるべきではないと解する見解が有力である。

そのような間接損害の事例として、経営の悪化を理由として解散した上場会社の取締役に対して保有株式が無価値となったことについて損害賠償請求がなされた事案である雪印食品損害賠償請求事件判決（東京高判平成17・1・18金商1209号10頁）においても、そのような請求が否定されている。

事案は、会社が製造販売した乳製品を喫食した消費者に食中毒を発症する事故が続発したことを原因として、雪印ブランドの信用が低下し、当該会社およびその子会社で肉食製品の加工製造販売等を業とする雪印食品株式会社が販売する食製品の売上げが減少し、その経営状態が悪化した。その後、雪印食品は、牛海綿状脳症の国内発生に伴う牛肉販売不振対策として立てられた救済買上制度を悪用して対象外の牛肉も対象牛肉であると偽って売却する牛肉偽装事件を起こし、これが発覚したため、販売する食製品の売上げが極端に減少し、経営危機に陥った。雪印食品は、解散して清算会社となり、その株式は無価値となった。このような事情の下で、雪印食品の株主が同社の取締役に対しその違法行為を原因として直接株価の下落による損害賠償を求

めたというものである。

　裁判所は、「株式が証券取引所などに上場され公開取引がなされている公開会社である株式会社の業績が取締役の過失により悪化して株価が下落するなど、全株主が平等に不利益を受けた場合、株主が取締役に対しその責任を追及するためには、特段の事情のない限り、商法267条に定める会社に代位して会社に対し損害賠償をすることを求める株主代表訴訟を提起する方法によらなければならず、直接民法709条に基づき株主に対し損害賠償をすることを求める訴えを提起することはできない」（条文は、旧商法）とした。

　理由は、「①上記の場合、会社が損害を回復すれば株主の損害も回復するという関係にあること、②仮に株主代表訴訟のほかに個々の株主に対する直接の損害賠償請求ができるとすると、取締役は、会社および株主に対し、二重の責任を負うことになりかねず、これを避けるため、取締役が株主に対し直接その損害を賠償することにより会社に対する責任が免責されるとすると、取締役が会社に対して負う法令違反等の責任を免れるためには総株主の同意を要すると定めている商法266条5項と矛盾し、資本維持の原則にも反する上、会社債権者に劣後すべき株主が債権者に先んじて会社財産を取得する結果を招くことになるほか、株主相互間でも不平等を生ずることになること」（条文は、旧商法）をあげる。

　以上のことを考慮して、「株式会社の取締役の株主に対する責任については、商法266条が会社に対する責任として定め、その責任を実現させる方法として商法267条が株主の代表訴訟等を規定したものと解すべきである。そして、その結果として、株主は、特段の事情のない限り、商法266条の3や民法709条により取締役に対し直接損害賠償請求することは認められない」（条文は、旧商法）とする。

　他方、「株式が証券取引所に上場されるなどして公開され多数の株主が市場で株式を売買している公開会社においては、株主は、特段の事情のない限り、いつでも自由に市場において株式を処分することができるので、取締役

の過失により株式会社の業績が悪化して株価が下落しても、適時に売却することにより損失を回避ないし限定することができるから、株主に個別に取締役に対する損害賠償請求を認める必要も少ない。もっとも、株式が公開されていない閉鎖会社においては、株式を処分することは必ずしも容易ではなく、違法行為をした取締役と支配株主が同一ないし一体であるような場合には、実質上株主代表訴訟の遂行や勝訴判決の履行が困難であるなどその救済が期待できない場合も想定し得るから、このような場合には、前記の特段の事情があるものとして、株主は民法709条に基づき取締役に対し直接株価の下落による損害の賠償をすることもできると解すべきである」とした。

このように、上場会社の場合は、株主の被る間接損害の救済を取締役の対第三者責任に求めることは消極に解してもよいが、裁判例において指摘されているように、閉鎖会社については、実効的な救済を期すために、株主の被る間接損害に対しても損害賠償請求を認めてよいと思われる。

第3節　有価証券報告書等の虚偽記載に基づく責任

I　総論

上場会社をはじめとした有価証券発行会社であれば、有価証券報告書、四半期報告書（または半期報告書）、臨時報告書の提出、すなわち、継続開示を行う義務を負っている（金商24条1項）。そのような流通市場における開示規制を守らず、有価証券報告書等に虚偽の記載を行えば、それを原因として株価下落などの損害を被った株主は、提出会社やその役員等に対して、その損害の賠償を求めることができる。これも会社訴訟の重要な類型である。

上場会社の株式の売買にあたって、有価証券報告書等の記載はそのような売買を行う投資判断の前提となる重要な情報である。しかし、その情報の内容に虚偽があった場合において、そのことで株価が下落したことによる損害の賠償を認める裁判例は、長らくほとんどみられなかった。しかし、上場会社にとって、株価は会社経営の最も重要な指標の1つである。同時に、株主にとっては、株価の騰落はその損益に直結している。そのため、近年は、粉飾決算による株価下落につき、提出会社やその役員の損害賠償責任が追及されるケースが増えてきた。

開示書類の虚偽記載が発覚した場合は、上場廃止等のサンクションを受けるおそれから、株価下落、資金調達の困難、役員の刑事訴追などにより、会社運営に重大な影響を与える可能性がある。また、虚偽記載による責任追及訴訟の結果いかんによっては、その影響はさらに大きくなる。そこで、いざ虚偽記載が発覚した際の訴訟への対応が重要になってくる。

II 責任追及の主体・相手方による分類

有価証券報告書等の開示書類の虚偽記載における責任追及の主体は主として有価証券を取得した第三者であるが、有価証券報告書等の提出会社の場合等もあり得る。また、責任追及の相手方は、提出会社の場合と役員の場合とがあり得る。

1 有価証券の取得者に対する会社の責任

(1) 金融商品取引法に基づく責任

平成16年証券取引法改正前は、有価証券の取得者に対する提出会社の損害賠償責任を特別に定めた同法の規定はなかった。しかし、金融商品取引法21

---

56 なお、有価証券の取得者以外の者が虚偽記載を理由として会社に損害賠償請求をすることもあるが、その場合は、不法行為責任（民709条、会350条）を追及することとなる。

条の2は、有価証券報告書等の虚偽記載等についての提出会社の損害賠償責任を定めるに至った。

　金融商品取引法21条の2は、平成16年12月1日以降に提出された有価証券報告書等の虚偽記載等に適用がある（附則（平成16年法律97号）5条、1条3号）ので、同日より前に提出された書面には適用がないが、近年は同条の適用事案が増えている。

　金融商品取引法21条の2に基づく提出会社の対第三者責任の詳細な内容は後述するが、これは、不法行為構成と異なり、提出会社の責任に主観的要件がない無過失責任であり（同条1項）、また、当該虚偽記載等の事実の公表がされた日の前後の株価の差、すなわち公表による株価の下落そのものを損害額とすることができる（同条2項）などの特徴を有する。

(2) 民法・会社法に基づく責任

　株式会社は、代表取締役その他の代表者がその職務を行うについて第三者に加えた損害を賠償する責任を負う（会350条）ので、代表取締役が民法709条に基づき有価証券の取得者に対して責任を負う場合、会社も当該不法行為責任を負う。

　虚偽記載等について、有価証券の取得者が提出会社に対して損害賠償責任を問うためには、提出会社自体の不法行為（民709条）に基づく場合が考えられる。しかし、法人たる提出会社に、不実記載といった「行為」や、故意・過失といった「主観」が存在すると認定することは、なかなか難しい。それゆえ、代表取締役の行為についての会社による対第三者責任（会350条）や使用者責任（民715条）を問うほうが、提訴側における主張・立証の観点からは直接的であると思われる。

2　有価証券の取得者に対する役員の責任

(1) 金融商品取引法に基づく責任

　他方、虚偽表示における有価証券の取得者に対する役員等の負うべき金融

商品取引法上の責任は、同法24条の4、22条1項、21条1項1号に基づく。各規定に基づく責任の詳細な内容は後述する。

(2) 民法・会社法に基づく責任

虚偽記載を行った役員等は、故意または過失がある場合、それによって損害を被った第三者に対して責任を負う（民709条）。

また、虚偽記載を行った役員等は、その職務を行うについて悪意または重過失がある場合、それによって損害を被った第三者に対して責任を負う（会429条1項）。

加えて、有価証券報告書等についても虚偽記載がある場合は、計算書類等にも虚偽記載があることが多いであろう。そのようにして計算書類等に虚偽記載を行った役員等は、情報開示の重要性およびその虚偽の場合の危険性に鑑み、当該取締役には任務懈怠があるとみなされ、かつ、会社法429条1項の場合と異なり立証責任が転換され、注意を怠らなかったこと（過失がないこと）についての立証責任を当該役員等が負う（同条2項）。また、取締役は、軽過失の場合にも責任を負う。

3 提出会社に対する役員の責任

虚偽記載を行った役員等は、それが任務懈怠にあたる場合、提出会社に対して責任を負う（会423条）。虚偽記載に伴い違法な剰余金の配当を行った役員等は、分配可能額を超える配当額の支払義務を負い（同法462条1項）、注意を怠らなかったことを証明した場合に限り、その義務を免れる（同条2項）。

57　相澤哲ほか編著『論点解説新・会社法』355頁。

III 責任の根拠となる法律構成に特有の問題

このように、開示書類の虚偽記載に基づく損害賠償の法的根拠としては、虚偽の記載を含む有価証券報告書等の書面の公表時期によって、不法行為構成と金融商品取引法違反構成とがある。不法行為構成の場合は、因果関係のある損害をどうとらえるのかという点が問題となり、また、金融商品取引法によっても、同法21条の2第4項・5項に基づく減免をどの範囲まで認めるかが問題となってくる。

1 不法行為構成（西武鉄道事件まで）

まず、不法行為構成の事案として、有価証券報告書の虚偽記載により上場廃止となった場合の提出会社および役員等の投資者に対する責任に関する西武鉄道株式についての事件をみてみる。

本件は、複数の原告から別々に訴訟が提起されているが、共通の事実関係は次のとおりである。西武鉄道が、コクドが実質的に所有する他人名義株式（このように、株式名義人を偽った株式を「名義株」という）が昭和32年頃より存在していたことから、その数量は株式の分布状況に係る上場廃止基準に定める要件（少数特定者持株数比率80％以下）に抵触する状態であったのに、株式名義人を偽った有価証券報告書を提出していた。西武鉄道は、平成16年10月13日、有価証券報告書にこのような虚偽記載があったことを公表した。このことをきっかけとして、結局、同年12月17日、同社株式は、東京証券取引所の上場廃止規準に該当するとして、上場廃止となった。虚偽記載公表までの間に、西武鉄道の株を買い付けた株主が、同社および同社の取締役等に対して不法行為に基づく損害賠償を請求した。

不法行為構成で問題となるのは、株主の被った損害とは何かということであるが、整理すると2つのアプローチがみられる[58]。すなわち、①株式を取得

したこと自体が損害である（取得自体損害説）という考え方、②取得価格と虚偽記載がなかったと仮定した場合の想定価格との差額が損害であるという考え方（取得時差額説）である。また、②と同じ発想の下にとられる考え方として、③虚偽記載の公表による株価下落分が損害であるから、虚偽記載の公表直前の株価と株式処分価格との差額（の全部または一部）が損害であるという考え方（市場下落説）もある。

まず、①の考え方は、株式持ち合いのために取得した場合など、仮に虚偽記載等がなかったならば、株式を取得することはなかったであろうと評価できる場合に採用されるべき考え方である。その場合でも、取得時から公表時までの株価の下落は虚偽記載等とは無関係なので損害から控除され、また、株式の売却によって得られた金額がある場合も控除を要することになる。

他方、②の考え方は、仮に虚偽記載等がなかったならば、虚偽記載等がな

---

58 黒沼悦郎「有価証券報告書の虚偽記載と損害との間の因果関係」法の支配157号29頁、黒沼悦郎ほか「不適切開示をめぐる株価の下落と損害賠償責任(下)」商事1908号18頁、近藤光男「有価証券報告書の虚偽記載に基づく損害賠償責任(上)」商事1951号12頁。
59 全日空対プリンスホテル（旧コクド）事件第1審判決（東京地判平成19・9・26判時2001号119頁）では、一般投資家事件においては、原告が市場から買い付けた一般投資家であったのと異なり、株式売買取引が株式持ち合いのためであったことを重視して、株式取得そのものが相当因果関係のある損害であるという見解を採用した。
60 虚偽記載がなければ少なくともそのような価格では取得しなかったであろうということは、虚偽記載が重要なものであれば、ほとんどの場合にあてはまるであろうことから、虚偽記載がなかったならばそうなったであろうという想定価格と、取得価格との差額を損害額とする考え方である。
61 取得時における差額説の欠点として、想定価格を厳密に算定することは困難なので、それに近似する数値をもって損害とすることが考えられる。公表後に下落した額が取得価格と想定価格の差額に近似すると考えるのである。近藤・前掲（注58）15頁。
62 前掲（注59）東京地判平成19・9・26は、取得自体損害説を採用したものの、実際の認容額は、取得価格より、本件取引時から公表直前までの価格変動分（原告が自ら引き受けるべき通常の価格変動リスクであるとして、原告が請求からもともと控除している）および本件株式の売却によって得られた金額を控除した金額であるとされていることに注意が必要である。本判決の枠組みに基づけば、取得価格そのものが損害ということになるから、個々の事案において原告が被告に対して請求しうる損害として控除すべき金額がある場合については、被告の側が主張・立証しなければならないことになると思われる。

III　責任の根拠となる法律構成に特有の問題

いと仮定した場合における想定価額（より安い価額）で取得したであろうと評価できる場合に採用されるべき考え方である。株式を保有している間に、当該株式の株価が上昇すれば、当該上昇分は損害が事後的に回復されたとの認定を受けることになる。[63]

③の考え方は、虚偽記載等があったから株式を処分したという株主について採用される傾向にある。また、株式を処分するかしないかは株主の判断によるので、処分時は株価が低い状態であったが、もし処分しなければ株価が回復していたという場合には、損害額を減額すべきとする考え方をとる裁判例もある。[64]

また、後述（2）する金融商品取引法21条の2が適用される事案では、株価が取得時差額相当分を超えて値下りした場合における当該値下りも「虚偽記載等によって生ずべき当該有価証券の値下り」（同条4項・5項）ととらえ、当該値下り分についてまで、会社に対する損害賠償請求を認めてよいかどうかという問題がある。[65]

---

[63] 一般投資家を原告とする事件である、西武鉄道株式損害賠償請求事件〔一般投資家①〕判決（東京地判平成19・8・28判タ1278号221頁）、同〔一般投資家②〕判決（東京地判平成19・10・1判タ1263号331頁）では、原告株主の請求が棄却された。これらの事案は、株式を保有し続けた株主（保有株主）による請求であって、その後の株価の回復により損害がないとされた。

[64] 西武鉄道株式損害賠償請求事件〔一般投資家③〕判決（東京地判平成20・4・24判時2003号10頁）では、上場廃止されることを知って売却した株主（処分株主）の損害につき、違法行為とそのような売却との間には相当因果関係があるとして、虚偽記載が公表された当日の株価と売却価格の差額について損害賠償を認容した。ところが、一般投資家③の控訴審（東京高判平成21・2・26判時2046号40頁）においては、原審と異なる判断がなされた。すなわち、東京高等裁判所は、虚偽記載が公表され、上場廃止が予定されても、株式を売却するか保有し続けるかは、当該株主が諸般の事情を考慮して決断すべきことであるところ、上場廃止後の西武鉄道株式の株価（評価額）は回復していた。そのため、西武鉄道株式の売却を選択した者に、虚偽記載公表当時の株価と個別の売却価格との差額を、すべて相当因果関係のある損害と認めることはできないとされた。そのうえで、損害額を客観的に把握するに足りる証拠はないけれども、民事訴訟法248条を適用して1株につき160円（平成16年10月13日の虚偽記載公表直前の株価1081円の約15％相当額）を損害額と認定した。

[65] この点につき、白井正和「ライブドア事件最高裁判決の検討(下)――有価証券報告書の虚偽記載に基づく発行会社の損害賠償責任――」商事1972号17頁参照。

取得自体損害説（①）の立場からは、虚偽表示等によって株主の被る損害は、取得時差額相当分の値下りに限られず、有価証券報告書等の虚偽記載等と相当因果関係のある値下りのすべてであるといいやすく、株価の下落分についての損害賠償請求は認められやすい。取得時差額説（②）の立場は、取得時差額相当分の値下りのみが損害であるという考え方であり、取得時差額相当分を超える株価の下落は株主としての地位に基づいて一般的に被る損害にすぎないと解するならば、株価の下落分の損害賠償請求は認められにくいことになる。他方、市場下落説（③）は、取得時差額相当分の値下りのみが損害であるとの発想が前提となっているにもかかわらず、株価下落分の損害賠償を認めてよいという考え方であるといえる。

以上のように、損害の算定にあたってはさまざまな考え方が採用されているが、①の場合については、虚偽記載がなかったならば株式を取得しなかったであろうといえるか否か、②の場合については、虚偽記載がなかったならば生じていたであろう金額の算定方法、③の場合については、虚偽記載が発覚したことと株主が自ら処分したこととの因果関係が問題となる。

そのため、不法行為構成における訴訟においては、上述の仮定を含んだ事情の立証において、専門家の意見書等を徴求する必要が出てこようから、早期の手配が必要となる。

なお、この点について、最高裁判所は、西武鉄道株式損害賠償請求事件判決（最判平成23・9・13民集65巻6号2511頁）[66]において、「有価証券報告書等に虚偽の記載がされている上場株式を取引所市場において取得した投資者が、当該虚偽記載がなければこれを取得することはなかったとみるべき場合、当該虚偽記載により上記投資者に生じた損害の額、すなわち当該虚偽記載と相

---

[66] 原審を同〔一般投資家③〕判決（前掲（注64）東京高判平成21・2・26。第1審は前掲（注64）東京地判平成20・4・24）とするもの。同旨のものとして、同〔企業年金連合会等・機関投資家〕判決（東京高判平成22・4・22判時2105号124頁。第1審は東京地判平成21・3・31判時2042号127頁）も公表されている。

III 責任の根拠となる法律構成に特有の問題

当因果関係のある損害の額は、上記投資者が、当該虚偽記載の公表後、上記株式を取引所市場において処分したときはその取得価額と処分価額との差額を、また、上記株式を保有し続けているときはその取得価額と事実審の口頭弁論終結時の上記株式の市場価額(上場が廃止された場合にはその非上場株式としての評価額……)との差額をそれぞれ基礎とし、経済情勢、市場動向、当該会社の業績等当該虚偽記載に起因しない市場価額の下落分を上記差額から控除して、これを算定すべきものと解される」と判示した。そのうえで、「虚偽記載が公表された後の市場価額の変動のうち、いわゆるろうばい売りが集中することによる過剰な下落」は、虚偽記載と相当因果関係にある損害であるとした。

すなわち、最高裁判所は、「虚偽記載がなければこれを取得することはなかったとみるべき場合」においては、取得自体を損害と認める旨判示したということである。

そのような場合でなく、たとえば、虚偽記載があってもより安い価格であれば取得したなどという場合については、最高裁判所は何も判示していないので、虚偽記載の場合における民法709条に基づく損害の算定にあたっての最高裁判所の考え方がこれですべて明らかになったわけではない。

また、最高裁判所は、投資者が自らの判断でその保有を継続していた間に生ずる虚偽記載とは無関係な要因に基づく市場価額の変動のリスクは、投資者が自ら負うべきとして、そのような要因には、「経済情勢、市場動向、当該会社の業績等」をあげていることに注意を要する。会社としては、虚偽記載以外の値下り事情としてそのような事情の存在を立証することによって、損害額を軽減することができる可能性がある。

最後に、金融商品取引法21条の2の規定との関係について触れておくが、後述するライブドア株式損害賠償請求事件〔機関投資家〕判決(最判平成24・3・13判時2146号33頁)において、同条は、上記投資者の保護の見地から、一般不法行為の規定の特則として、その立証責任を緩和した規定であり、同

条1項にいう「損害」とは、一般不法行為の規定に基づきその賠償を請求することができる損害と同様に、虚偽記載等と相当因果関係のある損害をすべて含むものであることが最高裁判所によって明らかにされた。西武鉄道株式損害賠償請求事件判決（前掲最判平成23・9・13）において、同事件固有の事案との関係で採用された取得自体損害説の立場は、ライブドア株式損害賠償請求事件〔機関投資家〕判決（前掲最判平成24・3・13）の結論と親和的だが、同判決の結論には反対意見があり、また批判もある。[67]

2　金融商品取引法違反構成（ライブドア事件以降）

平成16年12月1日以降に提出された有価証券報告書等の不実記載についての発行会社および役員の損害賠償責任については、金融商品取引法21条の2および24条の4の適用がある（附則（平成16年法律97号）5条、1条3号）。

(1)　提出会社の責任

金融商品取引法21条の2は、提出者である会社の責任を規定している。有価証券報告書等のうちに、「重要な事項について虚偽の記載があり、または記載すべき重要な事項若しくは誤解を生じさせないために必要な重要な事実の記載が欠けているとき」は、当該書類を提出した会社は、当該書類が金融商品取引法25条1項の規定により公衆の縦覧に供されている間に、同社が発行者である有価証券を募集または売出しによらないで取得した者に対し、同法19条1項の規定の例により算出した額を超えない限度において、虚偽記載等により生じた損害を賠償する責めに任ずるものと規定している。

金融商品取引法21条の2の特徴は、①有価証券報告書等に虚偽記載等をした発行会社に対し、無過失であっても損害賠償責任を負わせるという、一般不法行為責任の特則を設けていること（1項）、②因果関係および損害額に関する推定規定を設け、当該虚偽記載等の事実の「公表」がなされた日の前

---

[67]　白井・前掲（注65）20頁。

後の株価の差(公表日前1カ月の株価の市場価額の平均額から公表日の後1カ月の株価の市場価額の平均額を控除した額)、すなわち「公表」による株価の下落そのものを損害額とすることができるとされていること(2項・3項)、③発行会社に対し、当該虚偽記載等以外の事情により株価が下落したことを立証したときは2項の損害賠償額の減免を認めること(4項)、④そのような下落に係る事情が認められた場合であって、その額の立証ができない場合にも、裁判所による裁量的減免を認めていること(5項)である。なお、損害賠償額は、同法19条1項に定める金額(取得金額から損害賠償請求時における市場価額(あるいは処分推定価額)またはそれまでに有価証券を処分した場合は処分価額を控除した金額)を超えない限度とする旨の上限が設けられている(1項)。

有価証券報告書の虚偽記載を行った会社が、虚偽記載とは別の事実(偽計・風説の流布)に基づいて強制捜査の対象となったことが報道されたことにより、同社の株価が暴落したことから、株主が、同社とその役員に対し、本件虚偽記載により株価が暴落した損害を被ったとして、金融商品取引法21条の2に基づき損害賠償を求めた事案であるライブドア株式損害賠償請求事件〔機関投資家〕判決(前掲最判平成24・3・13)において、最高裁判所は、ライブドアが提出した有価証券報告書に虚偽記載があることを前提として、同条の要件について次のように判断した。[68]

まず、金融商品取引法21条の2にいう「公表」の意義に関して、検察官は、

---

[68] ライブドア株式損害賠償請求事件〔機関投資家〕第1審判決(東京地判平成20・6・13判時2013号27頁)、同控訴審判決(東京高判平成21・12・16金商1332号7頁)の上告審。なお、金融商品取引法21条の2に基づく請求に関する他の事業として、同〔東洋製作所〕判決(東京地判平成21・6・18時2049号77頁)、同〔一般投資家①〕判決(東京地判平成21・5・21判時2047号36頁)、同〔一般投資家②〕判決(東京地判平成21・7・9判タ1338号156頁)、同〔一般投資家③〕判決(東京地判平成21・7・23判例集未登載)参照。また、アーバンコーポレイション株式損害賠償請求債権査定異議事件①判決(東京地判平成22・1・12判タ1318号214頁)、同②判決(東京地判平成22・3・9判時2083号86頁)、同③判決(東京地判平成22・3・26金法1903号115頁)も参照。

同条3項にいう「当該提出者の業務若しくは財産に関し法令に基づく権限を有する者」にあたるとし、「虚偽記載等に係る記載すべき重要な事項」について「多数の者の知り得る状態に置く措置」がとられたことによって同条3項によって「公表」があったというためには、「虚偽記載等のある有価証券報告書等の提出者等を発行者とする有価証券に対する取引所市場の評価の誤りを明らかにするに足りる基本的事実について上記措置がとられれば足りる」とした。そのうえで、検察官が報道機関に対して虚偽記載の容疑がある旨の情報を伝達したことは、「公表」にあたると認定した。

次に、金融商品取引法21条の2第5項に基づいて推定損害額（同条2項）からの減額の可否を検討するにあたっては、以下のように判示したうえで、虚偽記載およびその発覚によって生じた諸事情に基づいて売り注文が殺到して株価が大幅に値下がりしたこと（ろうばい売りによる株価の下落）も、虚偽記載と相当因果関係があると判示し、このようなろうばい売りによる下落分を損害額から控除することはできないとした。[69]

最高裁判所は、「有価証券報告書等の虚偽記載等によって損害を被った投資者は、民法709条など一般不法行為の規定に基づき損害賠償を請求することが可能であるところ、金商法21条の2は、上記投資者の保護の見地から、一般不法行為の規定の特則として、その立証責任を緩和した規定であると解される。そして、……同法21条の2第1項にいう『損害』とは、一般不法行為の規定に基づきその賠償を請求することができる損害と同様に、虚偽記載等と相当因果関係のある損害を全て含むものと解されるところ、同条2項は、同条1項を前提として、虚偽記載等により生じた損害の額を推定する規定であるから、同条2項にいう『損害』もまた虚偽記載等と相当因果関係のある損害を全て含むものと解するのが相当であって、これを取得時差額に限定すべき理由はない。

---

[69] 前掲最判平成23・9・13〔西部鉄道株式損害賠償請求事件最高裁判決〕においても同旨の判示がなされている。

Ⅲ　責任の根拠となる法律構成に特有の問題

そして、金商法21条の2第5項が同条2項を前提とした規定であることからすれば、同条5項にいう『虚偽記載等によって生ずべき当該有価証券の値下り』とは、取得時差額相当分の値下がりに限られず、有価証券報告書等の虚偽記載等と相当因果関係のある値下がりの全てをいうものと解するのが相当である」とした。

なお、子会社の計算書類等の虚偽記載によって親会社の有価証券報告書等の記載内容に重大な影響を与えた場合、子会社の取締役がそれによって当該親会社の有価証券を取得して損害を被った者に対して民法所定の不法行為による損害賠償責任を負うと判示した裁判例があるので、注意が必要である[70]（東京高判平成23・4・13金商1374号30頁〔ニイウスコー株主代表訴訟控訴審判決〕）。

(2) 役員等の責任

他方、金融商品取引法24条の4は、虚偽記載における役員等の責任を定めている。「有価証券報告書のうちに重要な事項について虚偽の記載があり、または記載すべき重要な事項若しくは誤解を生じさせないために必要な重要な事実の記載が欠けている場合」は、当該書類を提出した会社のその提出の時における役員等（取締役、会計参与、監査役もしくは執行役またはこれらに準ずる者）[71]は、そのような虚偽記載等を知らないで、同社が発行者である有価

---

[70] なお、子会社が虚偽の会計処理を行ったことによって親会社の有価証券報告書に虚偽記載があることになった場合において、子会社が責任を負うべき場合は限定的な場合である旨判示するのは、ライブドア株式損害賠償請求事件〔一般投資家①〕判決（前掲東京地判平成21・5・21）。同判決は、「連結対象の子会社が虚偽の会計処理をした結果、親会社が作成した連結財務諸表が虚偽の内容となり、これを掲載した結果、有価証券報告書に虚偽記載があることになっても、当該子会社が当該親会社と共同で当該連結財務諸表ひいては有価証券報告書を作成したと評価できるような特段の事情がない限りは、投資家に対する直接の責任は、連結財務諸表およびこれを掲載した有価証券報告書を作成、提出した当該親会社およびその取締役等が負うべき」と判示した。

[71] この「これらに準ずる者」の意義について、ライブドア株式損害賠償請求事件〔一般投資家①〕判決（前掲東京地判平成21・5・21）は、「その者に、会社の全般についての業務執行決定および業務執行の監督を行う取締役会の一員である取締役とほぼ同等の地位や権限が与えられていることを要すると解するのが相当である」と判示している。

証券を取得した者に対し、虚偽記載等により生じた損害を賠償する責めに任ずるものとされる。

　有価証券報告書等の開示書類を作成するにあたっては、会社の担当部署が実際の作成にあたっており、役員はそういった作成実務に関与していないことが多いであろう。そのような場合における、開示書類の虚偽記載については、役員等はどのようにすれば、注意義務を尽くしたといえるのだろうか。

　一般論としては、通常の善管注意義務違反の場合と同様、役員の役割に応じて決まるといえよう。すなわち、経理担当取締役は、開示書類の適正な作成を確保する注意義務がある一方で、その他の取締役は、自己の担当業務における記載や特定の専門性や能力を期待されている点に関係する記載を除けば、信頼の原則の下、開示書類の作成に係る内部統制システムが適正に構築されている限り、取締役会等において得られた情報に基づいて判断すれば、注意義務を尽くしたといえよう。

　しかし、金融商品取引法に基づく責任の免責要件（金商24条の4、22条2項、21条2項1号）は、「相当な注意を用いたにもかかわらず知ることができなかったこと」とされている。そのため、仮に確認したとしても虚偽記載を発見できなかったというような事案においても、信頼の原則の下に、記載内容について現実に確認を行わなかったという場合は、「相当な注意」を用いていなかったとして、役員は責任を負うことになってしまう。そうなると、取締役会で決議をしないで有価証券報告書を提出しているような会社は、免責が非常に困難となろう。したがって、開示書類の確認方法については、内部統制システムの一環としてきちんと整備しておく必要がある。このような理解の下、上述の金融商品取引法上の役員責任の免責要件は、会社法上の善管注意義務違反の有無に関する判断とは異なる、独自の注意義務を構成するとする評価もある[72]。また、総会直後に有価証券報告書を提出している会社は、

---

[72]　黒沼悦郎ほか「不適切開示をめぐる株価の下落と損害賠償責任㊤」商事1906号17頁。

総会前提出が許容された今でもまだまだ多いが、そのような会社で、社外から選任された新任役員については「相当の注意」をどのように判断すべきか、という問題もある。

(3) 提出会社の対応

提出会社において開示書類の虚偽記載が発覚した際の金融商品取引法21条の2に基づく訴訟への対応にあたっては、次のような点に留意すべきであろう。

まず、金融商品取引法21条の2においては、虚偽記載の事実の公表日が重要な要件である。というのも、同条2項の損害額の推定規定は、公表日の前1年以内に取得した者が対象であり、また、公表日が損害額推定の基礎となる（推定額は、公表日前1カ月の株価の市場価額の平均額から公表日の後1カ月の株価の市場価額の平均額を控除した額である）からである。

会社側からは何も発表がないうちに、捜査当局からマスコミに流れた情報が元で株価が大きく変動することがあり得る。そのような場合、「公表」の解釈いかんによっては、推定損害額に大きな影響を与えてしまう。「公表」は、損害額を推定するための要件にすぎないとしても、会社としては自己に有利な時点が採用されるに越したことはない。会社が正確な事実関係を把握しないうちは、明確性のある公表はできないのはやむを得ない。しかし、会社が公表をしないうちに、マスコミや捜査機関に情報をリークされれば、虚偽記載の事実のみならず、その対応に対する会社への不信感も手伝って、株価の下落に拍車をかけることになりかねない。そういう事態にならないように、虚偽記載の事実が発覚した場合には、早急に社内調査を開始し、正確な情報を早期に会社側から開示することができるように、迅速な対応を行う必要がある。そして、内容の訂正、虚偽記載に至った原因や今後の対応などもあわせて発表し、これを強調することによって、株価への影響を最大限抑える必要がある。

また、有価証券を取得した者がその取得の際に虚偽記載等について悪意で

あった場合は、金融商品取引法21条の2は適用されない（同条1項ただし書）。提出会社は、虚偽記載をできるだけ早く開示することによって、その後に有価証券を取得した者を悪意にすることができる。そのためにも、提出会社としては、虚偽記載の疑いが発覚したら、情報収集・概要調査を早期かつ迅速に行い、可能な限り正確な情報を速やかに開示できるようにしたい。

　加えて、金融商品取引法21条の2が適用され得る場面においては、推定された損害額の裁量的減免を得る必要のある場面が多いと思われるが、その場合、「虚偽記載等によって生ずべき当該有価証券の値下り以外の事情」の存在、そして、当該事情により生じた損害額を立証していくことになる。したがって、そのような反証の準備としての証拠収集を早期に行う必要もある。そのような事情が株価に与える影響は、仮に虚偽記載がなかったらという仮定に基づく判断であるから、客観的証拠による立証は容易ではなく、不法行為構成の場合と同様、意見書による必要が出てこようから、早期の準備開始が欠かせない。

（松山　遙／中川直政）

第5章
組織再編無効・
詐害行為取消し

はじめに

　本章では、会社法828条に定める会社の組織に関する行為の無効の訴えのうち、会社の吸収合併（1項7号）、新設合併（同8号）、吸収分割（同9号）、新設分割（同10号）、株式交換（同11号）および株式移転（同12号）（以下、総称して「組織再編」という）の無効の訴え（以下、総称して「組織再編無効の訴え」という）について取り扱う。

　以下では、まず、第1節において各組織再編無効の訴えの訴訟要件・無効原因について判例を中心に概観したうえで、第2節においてこれらの組織再編無効の訴えに共通する実務上の留意点について言及する。

　さらには、第3節および第4節において、近時紛争が増えているスクィーズ・アウトおよび濫用的会社分割について特に個別に取り上げて、それぞれ実務上の留意点について解説する。

第1節　組織再編無効の訴え

I　各組織再編無効の訴えの概要

　各組織再編の効力が発生した場合、当該組織再編行為を前提に新たな権利関係が形成され利害関係人も多数に及ぶことから、当該組織再編の手続等に重大な瑕疵があり、これを無効とすべき場合において、その処理を民法の一般原則に委ねると多数の関係者との間で複雑な権利処理を要し、取引の安全や法的安定性を害する。

　そこで、会社法は、各組織再編の無効は、組織再編の効力が生じた日から6カ月以内に、組織再編無効の訴えによってのみ主張することができると整理した（会828条1項）うえで、その提訴権者を限定し（同条2項）、また、無効の効力も将来効のみに限定し（同法839条）、法律関係の画一的確定、遡及効の阻止および無効主張の可及的制限を図っている。

II　訴訟要件

1　原告適格

　組織再編無効の訴えを提起するにあたって最初に注意を要すべきは、原告適格である。

　会社法は、各組織再編無効の訴えについて、以下のとおり原告適格を定める。

① まず、合併無効の訴えについては、合併の効力が生じた日において合併をする会社の株主等もしくは社員等であった者または存続会社もしく

は新設会社の株主等、社員等、破産管財人もしくは合併について承認しなかった債権者に限定している（会828条2項7号・8号）。ここで、「株主等」とは、株主、取締役または清算人をいうが、監査役設置会社にあっては株主、取締役、監査役または清算人をいい、委員会設置会社にあっては株主、取締役、執行役または清算人をいう（以下同じ）。また、「社員等」とは、社員または清算人をいう（以下同じ）。

② 会社分割については、会社分割の効力が生じた日において当事会社の株主等もしくは社員等であった者または当事会社の株主等もしくは社員等、破産管財人もしくは会社分割について承認しなかった債権者に限定している（会828条2項9号・10号）。

③ 株式交換については、株式交換の効力が生じた日において当事会社の株主等もしくは社員等であった者または当事会社の株主等、社員等、破産管財人もしくは株式交換について承認しなかった債権者に限定している（会828条2項11号）。

④ 株式移転については、株式移転の効力が生じた日において当事会社の株主等であった者または株式移転により設立する株式会社の株主等に限定している（会828条2項12号）[1]。

以下、各原告類型ごとに詳説する。

(1) 株主が原告の場合

会社法828条2項各号の規定から明らかなとおり、組織再編の効力が生じた日において組織再編当事会社の株主であった者は、訴訟係属前に株主でなくなった場合であっても、組織再編の無効を主張し、株主たる地位を回復するために原告適格が認められる。この場合、組織再編対価の柔軟性が認めら

---

[1] 株式交換の場合と異なり、株式移転においては、条文上、債権者に原告適格が認められていないが、株式移転においても完全子会社の新株予約権者には、株式移転の無効の訴えを提起する利益が認められるから、会社法828条2項11号の規定を類推適用すべきとの見解がある（江頭・881頁、大隅健一郎ほか『新会社法概説〔第2版〕』512頁）。

れたことを理由に当該株主が訴訟係属中に株主でなくなったとしても原告適格を失わないと解されているが、他方で、消滅会社や完全子会社の株主に対して存続会社や完全親会社の株式が対価として交付された場合において、当該株主がその後に任意に当該株式を譲渡した場合には、当該株主はもはや組織再編無効につき利害関係を有していないことから原告適格を有しないと解される余地もあるように思われる。したがって、組織再編の効力発生日において組織再編当事会社の株主であったとしても、自ら任意に存続会社や完全親会社の株式を譲渡した場合にまで依然として原告適格が認められるか否かは定かではなく、留意が必要であろう。

他方で、組織再編当事会社の株主ではなかったが、その後存続会社・新設会社の株主となった者も、経営監督機能の観点から原告適格が認められる。この場合において訴訟係属中に株主でなくなったときに原告適格が失われるか否かは実務上明らかではないが、失われると解される可能性があることに注意を要する。

また、組織再編決議に反対し、株式買取請求権を行使している者も、その保有する株式の移転は組織再編の効力発生日（吸収合併における消滅会社、株式交換における株式交換完全子会社の場合）、代金支払日（吸収合併における存続会社、会社分割における分割当事会社、株式交換における株式交換完全親会社の場合）、設立会社の成立の日（＝設立登記の日。新設合併および株式移転の場合）に効力を生ずることから（会786条5項、798条1項・5項、807条5項）、

---

2 相澤哲編『一問一答新・会社法〔改訂版〕』237頁、類型別Ⅱ・702頁。
3 小林秀之編著『新会社法と会社訴訟の実務』77頁〔土田亮〕。類型別Ⅱ・702頁も、株主が自らの意思によりその株式のすべてを処分し喪失した場合に原告適格を認めるべきかは、疑問の余地があるとする。
4 江頭憲治郎ほか編『会社法大系(4)組織再編・会社訴訟・会社非訟・解散・清算』388頁〔佐々木宗啓〕は、合併の効力発生日において株主であった者と存続会社または新設会社の株主とを区別することなく、いずれの株主についても、訴え提起時から判決確定時まで引き続き株主であることを要するかのように述べる。
5 相澤・前掲（注2）237頁は、原告適格を失うと明言する。

548

効力発生日において株主であった者として提訴権者となり得る[6]。この場合であっても、従前は株主の地位を喪失すると原告適格が失われると一般的に解されていたが[7]、上記のとおり、会社法下においては、組織再編の効力発生日において組織再編当事会社の株主であった者は、その後株主の地位を喪失しても原告適格を失わないと解されるのであれば、会社法下においては原告適格を失わないと解する余地もあるかもしれない。かかる解釈が可能であれば、組織再編当事会社の株主は、1次的には組織再編無効の訴えを提起し、保険として2次的に株式買取請求権を行使しておくという争い方をすることができよう。

また、株主は、株主名簿に記載されていなければその地位を会社に対抗することができないから、名義書換未了の株主は組織再編無効の訴えの原告適格を有しない。株式交換の訴えの原告適格について、会社法130条1項を根拠に「実質的な株主であっても株主名簿の書換えを行っていなければ、株主たることを会社に対抗することができず、株主としての原告適格を認めることもできないというべきであるとして、消極に解した下級審裁判例（名古屋地一宮支判平成20・3・26金商1297号75頁）がある。ただし、同判決は、「会社が従前、当該名義書換未了株主を株主として認め、権利行使を容認してきたなどの特段の事情が認められる場合には、訴訟において会社が名義書換の欠缺を指摘して株主たる地位を争うことが、信義則（禁反言）に反して許されないと判断されることがあり得る」とも述べており、名義書換をしていない株主を代理する原告代理人としては、かかる特段の事情を主張・立証することが肝要となる。かかる判決に対しては、株主名簿制度と原告適格をリンクさせることについて有力な批判もなされているものの[8]、株主総会決議取消訴

---

6 類型別Ⅱ・702頁。
7 江頭ほか・前掲（注4）388頁〔佐々木宗啓〕、上柳克郎ほか編『新版注釈会社法⒀』247頁〔小橋一郎〕、山口和男編『会社訴訟非訟の実務〔改訂版〕』600頁。
8 弥永真生「判批」ジュリ1365号92頁。

訟に関して、名義書換未了株主が原告適格を有するかについて、裁判例は否定的に解してきたことに鑑みれば（大阪地判昭和35・5・19下民集11巻5号1132頁、東京地判昭和63・1・28判時1269号144頁）、組織再編無効の訴えに関しても名義書換未了株主は原告適格を有しないという方向で実務上は定着すると思われる。

さらに、株式を相続により準共有するに至った共同相続人は、会社法106条本文（旧商203条）に基づき株式の権利を行使する者を定め、その旨の会社に対する通知を行わなければ、特段の事情のない限り、合併無効の訴えについて原告適格を有しない（最判平成3・2・19判タ761号160頁）。最高裁判所は、特段の事情がある場合として、共同相続人の準共有に係る株式が合併当事会社の一方または双方の会社の発行済株式総数の過半数を占めているにもかかわらず、合併契約の承認決議がなされたとして合併登記がなされた事案はこれに該当し、合併当事会社の株式を準共有する共同相続人間において権利行使者の指定および会社に対する通知がなくとも、当該共同相続人は原告適格を有するとする。このような場合は、特別決議を要求する合併承認決議が有効に成立するはずがないことが明らかであるから、かかる場合に、原告適格を争うということは、当該株主総会の瑕疵を自認し、また、本案における自己の立場を否定するものにほかならず、訴訟上の防御権を濫用して著しく信義則に反して許されないからである。

株主が原告である場合に主張できる無効原因については、自己が株主であった会社に係る事由のみを無効原因として主張することができ、他方の当事会社の手続違背を無効原因として主張することはできないと解されている[9]。

(2) 取締役・監査役が原告の場合

旧商法下においては、小会社の監査役の権限は、会計監査権限に限定されており、小会社の監査役は、組織再編無効の訴えの提訴権限を有しなかった

---

9 江頭・823頁、商事関係訴訟・342頁。

(商特25条)。会社法においては、小会社なる概念を廃止し、監査役会設置会社、会計監査人設置会社および公開会社でない株式会社は、定款により監査役の権限を会計監査権限に限定することを認めた（会389条1項）が、会社法828条2項の文言上、会計監査権限しか有しない監査役も原告適格を認められているようである。

なお、取締役、監査役、清算人および破産管財人は、原告としてすべての組織再編無効原因を主張することができると解されている[10]。

(3) 債権者が原告の場合

組織再編を承認しない債権者とは、①債権者保護手続において異議を述べた債権者と、②会社に知れた債権者であるにもかかわらず会社から異議申立ての催告を受けなかった債権者を意味するが、これらの債権者も弁済を受ければ債権者でなくなるから提訴権を失い、担保の提供・弁済のための信託がなされたときは訴えの利益がなくなると解されている[11]。この点、新設分割無効の訴えの原告適格については、会社法828条2項10号の「承認をしなかった債権者」とは、新設分割に異議を述べることができる債権者（会810条1項2号）と解されており（東京高判平成23・1・26金商1363号30頁）[12]、そもそも異議を述べることができない債権者は、原告適格を有しないことに留意する必要がある。

なお、組織再編を承認しない債権者は、債権者保護手続の瑕疵を理由としてのみ合併無効の訴えを提起することができ、他の理由をもって提起することはできないと解されている[13]。

(4) 労働者の原告適格（会社分割の場合）

会社分割を行うにあたっては、分割会社は、分割計画または分割契約書を

10　江頭・822頁。
11　上柳ほか・前掲（注7）249頁〔小橋一郎〕。
12　相澤哲ほか編著『論点解説新・会社法』723頁。
13　上柳ほか・前掲（注7）249頁〔小橋一郎〕。

本店に備え置くべき日まで分割に伴う労働契約承継に関して労働者と協議しなければならないところ（平成12年法律90号。商法等の一部を改正する法律（平成17年法律87号による改正前のもの）附則5条1項）、会社が労働者との協議を一切しなかった場合には、会社分割は無効であるとの見解が立法担当官から示されていたこともあり[14]、労働者との事前協議なしに会社分割が実施された場合に労働者が会社分割無効の訴えを提起することができるかが問題となっていた。会社法の文言上、労働者に原告適格が認められていない以上消極に解すべきとされており[15]、いわゆる日本IBM事件の高裁判決もそのような解釈を当然の前提としている（東京高判平成20・6・26判時2026号150頁）。なお、未払いの労働者については、「分割を承認しない債権者」に該当する場合には、当該地位において会社分割無効の訴えの原告適格が認められるものの、賃金の支払を受けた場合には訴えの利益が消滅するので、かかる点に原告適格を求めても実務的にはあまり意味がない。

2　出訴期間

組織再編無効の訴えは、組織再編の効力が生じた日から6カ月以内に提訴しなければならない（会828条1項7号～12号）。

なお、株主総会決議取消しの訴えに関する最判昭和51・12・24民集30巻11号1076頁に準じて、原告は、出訴期間経過後に合併無効原因を新たに追加主張することができないと解する説が有力であるため、原告は提訴時に可能な限り無効原因を主張しておくことが肝要である[16]。

---

[14] 原田晃治「会社分割法制の創設について㈩――平成12年改正商法の解説――」商事1565号10頁。
[15] 類型別Ⅱ・758頁。
[16] 江頭ほか・前掲（注4）395頁。

III　無効原因

　会社法は、旧商法と同様に、組織再編無効の原因となる事由について具体的な規定をおかず、解釈に委ねている。以下、代表的な無効原因ごとに詳説する。

1　組織再編当事会社が法定適格を欠く場合

　会社法施行前は、存続会社または新設会社が株式会社である場合、合併当事会社の双方が有限会社であってはならず（有限59条1項）、また、有限会社と株式会社が合併する場合において、存続会社または新設会社が株式会社であるときは、裁判所に認可を受けなければ効力を有しない（同法60条2項）等、合併当事会社の適格性に種々の制限が課され、以上のような制限に対する違反は合併無効原因になると解されていた。[17]

　これに対して、会社法では、解散した持分会社の合併については存続会社は他の当事会社でなければならないとの制限があるのみである（会643条1号）。このような制限に違反する合併は合併無効原因が認められるが、会社法下においては、合併当事会社の法定適格の不備を理由とする合併無効の場面は極めて限定的になろう。

　なお、旧商法下では、債務超過の会社を当事会社とする合併は認められないと解されていたが（昭和56・9・26民事4第5707号民事局4課長回答）、会社法下では可能と解されているため、合併無効原因とならないことに留意を要する。[18]

　また、吸収分割や新設分割をすることができる会社は、株式会社および合同会社に限られ（会757条）、株式交換において完全親会社になることができ

17　上柳ほか・前掲（注7）243頁〔小橋一郎〕。
18　相澤ほか・前掲（注12）672頁。

る会社は、株式会社および合同会社に限られている（同法767条）ので、これらに違反する場合は無効原因となる。

2　組織再編契約の瑕疵

旧商法下では、合併契約は要式契約であり、合併契約書が作成されていない場合、法定の最低必要記載事項の記載が欠けまたはその記載が違法な場合、任意に記載した事項のため合併契約書の内容が合併の本質に反する場合、合併は無効であると解されていた。[19] 判例として、合併契約書に昭和25年改正前商法409条2項所定の事項の記載を欠く場合、たとえ株主総会または社員総会の承認があったとしても、その合併契約は無効とする大判昭和19・8・25民集23巻524頁がある。

これに対して、会社法は、合併契約を要式契約と位置づけるのをやめていることから、合併契約の必要的記載事項（会749条1項、751条1項、753条1項、755条）の記載もれ自体は旧商法下とは異なり合併の無効を来すものではないが、真実、合併契約の必要的な決定事項を欠如している場合は合併の無効を来すと解される。[20] また、分割契約において会社法758条、760条所定の事項を、分割計画において会社法763条、765条所定の事項を欠く場合、株式交換契約において会社法768条所定の事項を欠く場合はそれぞれ無効原因となる。

3　機関決議の瑕疵

会社が組織再編を行うには、各組織再編に係る契約または計画は、原則として、各組織再編当事会社の株主総会によって承認されなければならない（会783条1項、795条1項、804条1項）。したがって、この株主総会決議がなく、または無効、取消しがなされた場合には組織再編無効原因になると解さ

19　上柳ほか・前掲（注7）243頁〔小橋一郎〕。
20　江頭ほか・前掲（注4）382頁〔佐々木宗啓〕。

れている。なお、株主総会決議取消しの訴え、決議不存在・無効確認の訴えと組織再編無効の訴えの関係については、後記第2節IIで触れる。

　また、取締役会設置会社の場合、組織再編に係る契約の締結は、「重要な財産の処分および譲受け」ないし「重要な業務執行」として取締役会決議を経ることが必要である（会362条4項柱書・1号）。この取締役会決議が不存在または無効である場合、当該組織再編に係る契約は、株式会社の代表取締役が、取締役会決議を要する対外的な取引行為を取締役会決議を経ずに行った場合は、当該取引行為は、相手方において取締役会決議を経ていないことを知りまたは知ることができたときでない限り、有効であるとする判例法理（最判昭和40・9・22民集19巻6号1656号）により処理される。しかし、組織再編に係る契約の締結について取締役会決議がなされなかったとしても、組織再編承認総会の招集に関する取締役会決議により、組織再編に係る契約書の要点について承認決定したと認められるときは、取締役会決議の瑕疵は治癒されると解される。

4　組織再編契約上の意思表示の瑕疵

　組織再編契約が錯誤・詐欺・強迫によるものとして無効でありまたは取り消されたときは、組織再編無効原因になると考えられるが、「発起人は、株式会社の成立後は、錯誤を理由として設立時発行株式の引受けの無効を主張し、または詐欺もしくは強迫を理由として設立時発行株式の引受けの取消しをすることができない」旨を定める会社法51条2項類推適用により、効力発生後は組織再編無効を主張し得ないという説も有力に唱えられている。

　この点に関しては、会社法施行後に行われた吸収合併について、吸収合併

21　上柳ほか・前掲（注7）244頁〔小橋一郎〕、江頭ほか・前掲（注4）384頁、401頁、409頁、416頁〔佐々木宗啓〕。
22　上柳ほか・前掲（注7）44頁〔今井宏〕。
23　上柳ほか・前掲（注7）243頁〔小橋一郎〕。
24　江頭ほか・前掲（注4）383頁〔佐々木宗啓〕、山口・前掲（注7）597頁。

の効力発生後も錯誤により無効である旨を認めた下級審裁判例（名古屋地判平成19・11・21金商1294号60頁）がある。この事案の概要は以下のとおりである。

消滅会社が遊技場（パチンコホール）の運営上必要不可欠である風俗営業等の規制及び業務の適正化等に関する法律（以下、「風営法」という）上の許可を有していたところ、同法によれば、合併の場合において存続会社が消滅会社の風俗営業者たる地位を承継するためには、あらかじめ合併について公安委員会の承認を受ける必要があった。しかし、合併当事会社の関係者は当該手続が必要となることを知らなかったためにかかる手続を経ずに合併が行われた。さらには、消滅会社が経営していた3店舗のうち1店舗については周辺環境の変化により新たに風営法上の認可を取得することは不可能という事情もあった。そこで、存続会社の取締役が、合併契約は要素の錯誤により無効である旨を主張し存続会社に対して合併無効の訴えを提起した。

裁判所は、風営法上の認可が承継されないことについて錯誤があったことを認めたうえで、会社法51条2項の類推適用については、同項の目的は、究極的には、他の株主、会社債権者を含めた関係者の保護にあると解したうえで、被告が合法にパチンコホールを経営することができず、かつ1店舗については、今後も営業許可を取得することは困難であるという事情があるにもかかわらず、会社法51条2項の類推適用により錯誤無効を主張することは、被告の営業価値を著しく毀損する結果につながることは明らかであり、合併前の各会社の株主はもとより、各会社の債権者にも重大な損害を発生させることになるとして、当該事案においては、会社法51条2項を類推適用すべきではなく、合併契約の錯誤無効を主張することは許される旨判示した。

上記名古屋地判は、会社法51条2項の趣旨に照らして前提となる事実関係に鑑みれば類推適用すべきではないと判断していることから、合併契約の錯誤無効の主張について一般的に会社法51条2項の類推適用を否定したものとは考えがたいとの評釈もあり[25]、これをもって合併契約の錯誤は実務上一般的

に合併無効原因になると扱われるということは困難であろう。

5 組織再編条件の不公正

　組織再編条件の不公正が無効原因となるか否かは、学説上は、合併に関して中心に議論が展開されており、否定説と有力説のいずれも存するが、実務上は、最判平成5・10・5資料版商事116号196頁により決着したといえよう。すなわち、合併比率が著しく不当かつ不公正であることは合併無効事由となる旨の原告の主張に対して、「合併比率が不当であるとしても、合併契約の承認決議に反対した株主は、会社に対し、株式買取請求権を行使できるのであるから、これに鑑みると、合併比率の不当または不公正ということ自体が合併無効事由になるものではないというべきである」と判示した第1審判決（東京地判平成元・8・24判時1331号136頁）を支持した控訴審判決（東京高判平成2・1・31資料版商事77号193頁）の判断は正当であるとして、最高裁判所は上告棄却の判決を下した。したがって、実務上は、合併比率や合併条件の不公正は無効原因にはならないことを前提とすべきである。

　ただ、前掲最判平成5・10・5の射程距離に関して、合併比率が「著しく不公正」な場合には裁判所の立場は未定であると解する説もあり[26]、また、上記最高裁判決後に「合併比率が不当で、被吸収会社の株主に対しその資産内容等に比して過当な存続会社株式の割当が行われたとした場合、……合併無効の原因となることはありうる」と述べる下級審裁判例も現れている（東京地判平成6・11・24資料版商事130号89頁）ことに鑑みれば、原告代理人としては、合併条件の不公正あるいは著しい不公正を理由として合併無効の訴えを起こすことも考えられる。その際には、株主としてとどまりながら不公正な合併の是正を望む者にとっては、株式買取請求権制度による救済は図られないことを強調することになろう。

25　玉井裕子ほか編『合併ハンドブック』277頁、遠山光貴「判批」金商1299号9頁。
26　垣内正「判批」判タ762号233頁、早川勝「判批」判タ948号205頁。

これに対して、被告を代理する者は、①新株の有利発行は、既存株主の有する持分価値の一部が新株主に移転するにもかかわらず、株主総会の特別決議により行うことが認められていること、②それとのバランスからいえば、不公正あるいは著しい不公正な合併比率を内容とする合併契約書が承認された場合であっても、当該承認決議が、適切な情報開示の下に、かつ、特別利害関係人の関与なしに成立したのであれば、一方当事会社の株主によるその有する持分価値の一部の処分を認めない理由はないはずであること、③会社法においては、株主総会の特別決議を得て全部取得条項付種類株式を用いて少数株主を締め出すことが認められており、当該締出しにあたっては正当な事業上の目的等が必要とは解されていないこと（東京地判平成22・9・6判タ1334号117頁参照）、などを反論することになろう。

さらに進んで、特別利害関係人が議決権を行使したことにより著しく不公正な組織再編比率を内容とする組織再編契約の承認決議が成立した場合については、株主総会決議の取消事由（会831条1項3号）を構成し、組織再編の効力発生後は、これを理由に組織再編無効原因となる[27]。

6 債権者保護手続の不履践

組織再編においては、当事会社は、債権者に対する異議申述の公告および催告をし（会789条2項、799条2項、810条2項）、異議を述べた債権者に対しては、原則として弁済その他の必要な措置を講じなければならない（同法789条5項、799条5項、810条5項）。かかる債権者保護手続がとられなかったときは、組織再編無効原因になると解されている[28]。ただし、吸収合併、吸収分割および株式交換においては債権者保護手続が終了していない場合は、そもそも効力発生日において包括承継の効果が発生しない（会750条6項、759条6項、769条6項）。

---

27 江頭・794頁。
28 類型別Ⅱ・711頁、山口・前掲（注7）597頁、江頭ほか・前掲（注4）387頁〔佐々木宗啓〕。

なお、債権者に対する異議申述の公告期間は1カ月を下ることができないが（会789条2項、799条2項、810条2項）、株主総会による合併や会社分割決議の日から2週間以内に公告を行うことを要求していた旧商法と異なり、会社法下では、株主総会による組織再編承認決議に先行して公告を行うことができるので、株主総会による組織再編承認決議の翌日を効力発生日とすることも可能になっている。このように設計された場合、組織再編承認決議の瑕疵を理由に仮処分を起こすことが事実上不可能となることに留意する必要がある。[29]

7 法定書類の瑕疵・不実記載、非開示

組織再編においては、組織再編当事会社の株主が組織再編条件の公正等を判断し、また、債権者が組織再編に対して異議を述べるべきか否かを判断するための資料を提供するため、一定の期間、当該組織再編に係る契約または計画の内容や組織再編対価の相当性等に関する事項等を記載した書面を本店に備え置かなければならない（会782条、794条、803条、811条）。これらの書面における記載の欠缺、不実記載、不開示も組織再編無効原因になると解されている。[30]

判例としては、吸収合併存続会社において、①合併対価の相当性に関する事項を記載した書類（会施規191条1号）、②吸収合併消滅会社の最終事業年度に係る計算書類等の内容を記載した書類（同条3号イ）、③吸収合併の効力発生日以後における吸収合併存続会社の債務の履行の見込みに関する事項を記載した書類（同条6号）、④吸収合併消滅会社における反対株主の株式買取請求等および債権者異議に関する手続の経過を記載した書類（同規則200条2号）、⑤吸収合併存続会社における反対株主の株式買取請求等および債権者異議に関する手続の経過を記載した書類（同条3号）、および、吸収合併

---

29 相澤ほか・前掲（注12）664頁、686頁。
30 江頭ほか・前掲（注4）386頁、400頁、411頁、417頁〔佐々木宗啓〕。

〔第2部・第5章〕第1節　組織再編無効の訴え

消滅会社において、⑥吸収合併の効力発生日以後における吸収合併存続会社の債務の履行の見込みに関する事項を記載した書類（同規則182条1項5号）が、被告たる吸収合併存続会社において備置されていたとは認められず、これらの書類は、株主が合併条件の公正等を判断し、または会社債権者が合併に対して異議を述べるべきか否かを判断し、合併手続の適正な履行を間接的に担保するのみならず、合併無効の訴えを提起すべきか否かを判断するための資料となり得る重要なものであることからすれば、これらの書類の不備置は合併無効原因になるものと認められるとして、合併無効の請求を認容したものとして、東京地判平成22・1・29判例集未登載（LLI/DB判例秘書IDNo.06530097）がある。

8　会社分割特有の無効原因——事業譲渡の欠如・債務の履行の見込みの不存在

旧商法においては、「営業ノ全部又ハ一部ヲ……承継セシムル」（旧商373条、374条の16）が会社分割の内容とされており、ここにいう「営業」とは、営業譲渡の営業と同じ意味と解されていたことから、営業の譲渡をその内容としていないことは、会社分割の無効原因と解されていた。しかし、会社法においては、「事業に関して有する権利義務の全部または一部を……承継させる」（会2条29号・30号）を会社分割の内容としているため、事業譲渡を伴わなくても会社分割の無効原因とはならないことに留意する必要がある。[31]

また、旧商法においては、会社分割を行うにあたっては、債務の履行の見込みのあることおよびその理由を記載した書面を開示しなければならず（旧商374条の2第1項3号、374条の18第1項3号）、分割後のいずれの会社も債務の履行の見込みのあることが会社分割の要件と解され、債務の履行の見込みがないことは会社分割無効原因と解されていた（名古屋地判平成16・10・29判

---

[31] 江頭ほか・前掲（注4）400頁〔佐々木宗啓〕。

時1881号122頁)。しかし、会社法においては、事前開示事項が「債務……の履行の見込みに関する事項」(会施規183条6号、192条7号、205条7号)に変更されており、立法担当者は、当該改正により、債務の履行の見込みの存在は会社分割の効力要件ではなくなったとし、債務の履行の見込みが存在しなくても、事前備置書面にその旨を記載すれば足り、それが無効原因になることはないと説明する。これに対して、会社法の下でも債務の履行の見込みがないことは無効原因と解する説も有力であるが[32]、上記のとおり、異議を述べることができない債権者は無効の訴えの原告適格を有せず、また、異議を述べることができる債権者も異議を述べなかったときは承認したものとみなされる結果(会789条4項)、原告適格を失うことから留意が必要である[33]。

9 その他

その他一般に組織再編無効原因に該当すると解されているものとして、①略式組織再編・簡易組織再編の要件(会784条1項、796条1項・3項、805条)の不備、②私的独占の禁止および公正取引の確保に関する法律上の制限に違反して組織再編がなされた場合(独禁9条〜11条、15条、15条の2、18条)などがある。

---

32 相澤哲=細川充「組織再編行為」商事1769号19頁、相澤ほか・前掲(注12)674頁。
33 江頭・840頁、田中亘「判批」ジュリ1327号143頁。

561

第2節　組織再編無効の訴えの留意点

I　遡及効を有しないこと

　上記のとおり、組織再編無効の訴えについては明文で遡及効が認められていない（会839条）。原告代理人は、この点を常に念頭において依頼者の獲得目標が何であるかを確認する必要がある。遡及効を有しないということは、組織再編無効の訴えの判決が確定するまでの間に行われた存続会社等あるいは消滅会社等の行為は有効であって、その効力をさかのぼって覆すことはできないことを意味する。したがって、原告代理人は、依頼者は、会社の姿が組織再編前の姿に戻りさえすればよいのか、それともそれでは不十分であって組織再編の効力発生後に行われる存続会社等や消滅会社等のさまざまな行為を防ぎたいのかを見極める必要があろう。後者の場合には、単に組織再編無効の訴えを提起するのでは依頼者の目的を達成することはできない。したがって、原告代理人は、組織再編無効の訴えの審理が係属している間に消滅会社等が起こす次の行為を止めるために、他にとり得る代替手段がないかを検討する必要がある。

　また、依頼者の獲得目標が組織再編を無効にすることのみであったとしても、上記のとおり、各組織再編無効原因は完全に解釈に委ねられており、また、無効判決が対世効を有し、各利害関係者に与える影響が大きいことから、一般的に無効原因は狭く解される傾向にある。依頼者からの依頼が組織再編無効の効力発生日前である場合には、かかる観点から、やはり他にとり得る手段を検討する必要がある。

II　株主総会決議取消し・決議不存在確認の訴えとの関係

　組織再編に関する株主総会決議に瑕疵があることを無効原因として組織再編無効の訴えを提起する場合、組織再編無効の訴えと株主総会決議の取消しの訴えまたは無効確認・不存在確認との訴えの関係が問題となる[34]。

　この点については、会社法が特に合併無効の訴えを設けたのは、合併という法律関係の画一的な確定を図るために、合併の無効原因となる合併手続の瑕疵を独立の訴えとして提起することを排斥する趣旨であると考えられるとして、組織再編の効力発生後は、株主総会の決議の瑕疵を主張する訴えは、組織再編無効の訴えに吸収されて独立には提起できないとする吸収説が多数説となっている[35]。かかる見解からは、組織再編の効力発生前に提起された組織再編決議の取消しの訴えまたは不存在確認・無効確認の訴えは、組織再編の効力発生後は、組織再編無効の訴えに訴えの変更（民訴115条）をすることを要し、変更をしない場合には訴えの利益を失うと解されている。

　裁判例も、農業協同組合に関するものではあるが、合併について、「合併の効力が生じた場合には、合併無効の訴えによってのみその効力を争うことができるというべきであり、したがって、合併にかかる決議の取消訴訟の係属中に合併の効力が生じた場合には、訴えの利益を欠くものと解するのが相当である」（千葉地判平成14・5・29判例集未登載（LLI/DB 判例秘書 IDNo.05750663））、株式交換について、「株式交換承認決議の不存在や取消訴訟の認容判決が確定しても、それにより株式交換が無効になるものではないから、株式交換承認決議の不存在確認訴訟および取消訴訟は、株式交換の日以降においてはその実益を失い、訴えの利益を欠くというべきである」（東京地判

---

[34] この点については、従来、合併無効の訴えとの関係において中心に議論されてきたものの、他の組織再編の無効の訴えについても同様のことが妥当すると考えられる。
[35] 江頭ほか・前掲（注4）392頁〔佐々木宗啓〕。

平成16・10・18判例集未登載（LLI/DB 判例秘書 IDNo.05934132））としており、実務上は吸収説で運用されている。

したがって、組織再編の効力発生日以降は、遡及効を有しない組織再編無効の訴え以外の手段によりその効力を争うことは実務上困難な状況である。

III 代替手段の検討

以上のように遡及効を有しない組織再編無効の訴えでは依頼者の目的を適えることができない場合には、代替手段を検討する必要がある。代替手段として検討し得るのは、仮処分と取締役に対する責任追及による牽制である。後者は、違法な組織再編手続を強行した場合には、会社法429条1項に基づき役員の損害賠償責任を追及するとして、あらかじめ取締役および監査役に対して警告することにより、事実上組織再編手続を進めさせない手法である。

これに対して仮処分手続は、以下のとおり複数考えられる。

1 組織再編決議取消訴訟を本案とする組織再編執行禁止の仮処分

まず、第1に、組織再編承認決議取消しの訴えまたは組織再編承認決議無効・不存在確認の訴えを本案として、民事保全法23条2項に基づく仮の地位を定める仮処分により、組織再編の差止めを行うことが考えられる[36]。たとえば、合併については、合併決議の違法性が十分に疎明され、かつ、合併手続が完了することによって、仮処分債権者たる株主、会社、その他の利害関係者に不測の損害が生じるおそれがあり、不当な結果を招来する可能性が大きい場合には、合併決議の効力を直ちに停止して合併自体を阻止することも許されると解されており[37]、他の組織再編についても同様と考えられる。裁判例

---

[36] 新谷勝『会社訴訟・仮処分の理論と実務〔第2版〕』555頁、相澤ほか・前掲（注12）699頁。
[37] 新堂幸司「仮処分」（石井照久ほか編・経営法学全集⑲経営訴訟）151頁。

としては、合併決議に取消原因があるとして、株主総会決議取消しの訴えを本案として、合併承認決議の効力を停止する仮処分を認めた例がある（甲府地決昭和35・6・28判時237号30頁）。

2 取締役・執行役の行為の差止め

組織再編に無効原因がある場合は法令に違反している場合が多いであろうから、会社法360条または422条に基づく取締役に対する差止請求を行うことが考えられる。そして、多くの場合は、組織再編の効力発生までそれほどの時間がないであろうから、この差止請求権を本案として仮処分を求めることになろう。もっとも、この場合、被保全権利として、株式会社に「著しい損害」または「回復することができない損害」を疎明する必要があり立証の難易度が高いことから、この点について十分準備する必要がある。

3 募集株式の差止めの類推適用

公刊された裁判例はみあたらないものの、組織再編に伴い株式の発行または自己株式の処分が行われる場合には、募集株式の発行等の差止請求権（会210条）を類推適用する方法が考えられよう[38]。ただし、株式の発行を行わない消滅会社等の株主の救済策とはなり得ない。

IV 吸収説の再考

上記の仮処分の申立ては、当然のことながら、組織再編承認決議がなされてから組織再編の効力発生日までに仮処分の審理を行うに足るだけの十分な期間があることが前提となる。

吸収説が議論されていた当時は、債権者保護手続や株券提出手続は株主総

---

38 株式交換・株式移転につき、神田秀樹『会社法〔第15版〕』358頁。

会承認決議の後に行われていたため、株主総会承認決議から効力発生日までに最低1カ月の期間があり、株主等はその間に上記の仮処分命令を得てその効力の発生を阻止することができた。したがって、組織再編の効力発生により、遡及効を有する決議取消しの訴えが遡及効のない組織再編無効の訴えに吸収されたとしても特段の支障はなかったといえる。

ところが、会社法下においては、組織再編における債権者保護手続や株券発行会社における株券提出手続は、株主総会による組織再編承認決議に先行して行うことができるため、株主総会承認決議の翌日を組織再編効力発生日とすることが可能となっており、上記の仮処分を行うことが事実上不可能な場合が出てきている。そして、会社分割、株式交換および株式移転のように効力発生により複数の会社ができる場合に、遡及効のない救済しか認められないとすると、違法決議を主導した者が無効判決確定前に株主等を排除した側の会社で何を行っても、株主等は何ら打つ手がない事態が生ずることとなる。

このような場合には、組織再編の効力発生後も、決議取消しの訴え等は、組織再編無効の訴えに吸収されずに存続すると解し（併存説）、決議の瑕疵について善意の者の権利を害することはできないと解する見解が現れており[39]、傾聴に値する。かかる見解を採用した公刊された裁判例はいまだみあたらないものの、結論の妥当性からすればかかる見解には十分説得力があり、上記のような不当な事例において裁判所がどのような解釈を行うのか今後注目されるところである。

---

39 江頭・350頁〜351頁。

第3節　スクィーズ・アウト

I　少数株主の締め出し（スクィーズ・アウト）

　会社法が施行された日から1年後の平成19年5月1日、合併等対価の柔軟化が解禁された。これにより、吸収合併において、存続会社は、消滅会社の株主に対して存続会社の株式ではなく現金を交付することにより、消滅会社の株主を締め出すことが可能になった。また、株式交換においても、従前は、完全子会社となる会社の株主に対しては完全親会社の株式を交付する必要があり、資本関係を完全に断つことはできなかったが、合併等対価の柔軟化が解禁されたことにより、完全子会社となる会社の株主に対して現金を交付することにより、完全親会社グループとの資本関係を断つことが可能となった。また、会社法の施行に伴い導入された全部取得条項付種類株式を用いることにより、少数株主の締出しが可能になった。

　現在の日本の実務において用いられているスクィーズ・アウトの主な手法は、以下の2点のようである。[40]

① 公開買付けの後に、買収者と対象会社の間で対象会社が消滅会社となる現金交付合併または対象会社が完全子会社となる現金交付株式交換等を行い、少数株主に対して現金を交付する手法

② 公開買付けの後に、対象会社が全部取得条項付種類株式の全部取得を利用して少数株主に対して1株未満の株式のみを割り当て、会社法上の端数処理規定（234条）を利用して少数株主に対して現金を交付する手法

---

[40] 長島・大野・常松法律事務所編『アドバンス新会社法〔第3版〕』112頁。

なお、株式併合により端株を作出して少数株主を締め出す手法も従来行われたことがあったが、上記の2つの手法と異なり、反対株主の株式買取請求権または取得価格決定の申立てなどの反対株主の保護制度が存在しないことから、無効とされるリスクが高いとして現在は敬遠されている。[41]

以下では、上記の2つの手法によるスクィーズ・アウトの効力を争うことの可否について検討する。

II 現金交付合併・現金交付株式交換を用いたスクィーズ・アウト

まず、現金を対価とする合併または株式交換を用いたスクィーズ・アウトについてであるが、会社法が明文で現金を対価とすることを認めている以上、対価が現金であることのみをもって、合併・株式交換の効力を争うことはできない。そうすると問題は、交付される現金の額が対価として適正かという問題になる。上記にみたとおり、合併・株式交換条件の不公正は無効原因にならないと解されていることから、これを理由として合併・株式交換の効力を争うのは難しい。

もっとも、合併・株式交換条件が著しく不当であり、特別利害関係人が議決権を行使したことにより合併承認決議が成立した場合は、会社法831条1項3号により株主総会決議取消事由を構成し、これを介して合併無効原因となり得る。[42]

---

41 経済産業省「企業価値の向上及び公正な手続確保のための経営者による企業買収（MBO）に関する指針（平成19年9月4日）」13頁参照。

42 山田純子「合併比率の不公正と合併無効原因」（家近正直編・現代裁判法大系(17)会社法）411頁、江頭・794頁。

III 全部取得条項付種類株式を用いたスクィーズ・アウト

　全部取得条項付種類株式は、旧商法においては、100％減資を行うためには総株主の同意がなければならないと解されていたのを、経済界からの要望を受けて、「会社法制の現代化に関する要綱試案」においては、会社が債務超過である場合に限り、株主の多数決で、その株式の全部を無償で取得することを認める方向で検討するとされていた。その後、債務超過の判定方法の問題や、立法技術上の問題もあり、現行法に規定するとおりの全部取得条項付種類株式が導入されたという経緯がある[43]。かかる経緯に鑑みて、少数株主を締め出す目的で全部取得条項付種類株式を用いることが許されるかが問題となっていた。

　この全部取得条項付種類株式を用いたスクィーズ・アウトについて、締め出された株主が株主総会決議の取消し・無効確認を求めて総会決議の効力が争われた裁判例として、前掲東京地判平成22・9・6がある。この事案は、上場企業の子会社である被告が、全部取得条項付種類株式を用いて当該上場企業の完全子会社となることを目的として、株主総会において、被告を種類株式発行会社とする旨の定款変更決議、被告の普通株式に全部取得条項を付する旨の定款変更決議および全部取得条項付種類株式の取得決議を行い、かつ、普通株主による種類株主総会において、被告の普通株式に全部取得条項を付することを内容とする定款変更決議を行ったところ、これを不服とする株主らが原告となって、株主総会における取締役の説明義務違反および特別利害関係人による議決権行使により著しく不当な決議が行われたことを理由とする株主総会の決議取消しを、また、全部取得条項付種類株式制度の趣旨

---

[43] 酒巻俊雄ほか編『逐条解説会社法（第2巻）株式1』91頁〔松尾健一〕。

の逸脱等を理由として株主総会決議の無効確認を求めた事案である。

裁判所は、特別利害関係人の議決権行使による著しく不当な決議といえるかについては、その不当性の要件について、「全部取得条項付き種類株式制度を規定した会社法108条1項7号、2項7号、171条ないし173条が、多数決により公正な対価をもって株主資格を失わせることを予定していることに照らせば、単に会社側に少数株主を排除する目的があるというだけでは足りず、同要件を満たすためには、少なくとも、少数株主に交付される予定の金員が、対象会社の株式の公正な価格に照らして著しく低廉であることを必要とすると解すべきである。なお、少数株主は、価格決定の申立てにおいて価格の公正さを争う機会を有しているものの、権利行使に必要な手続的要件の具備や、価格決定手続に要する費用・時間を考慮すると、当該決議の効力自体を争う途を閉ざすことは相当でない」とした。

また、全部取得条項付種類株式制度の趣旨の逸脱の点については、「全部取得条項付種類株式制度については、倒産状態にある株式会社が100％減資する場合などの『正当な理由』がある場合を念頭に導入が検討されたという立法段階の経緯があるにしても、現に成立した会社法の文言上、同制度の利用に何らの理由も必要とされていないこと、取得決議に反対した株主に公正な価格の決定の申立てが認められていること（会社法172条1項）に照らせば、多数決により公正な対価をもって株主資格を失わせること自体は会社法が予定しているというべきであるから、被告に少数株主を排除する目的があるというのみでは、同制度を規定した会社法108条1項7号、2項7号、171条ないし173条の趣旨に違反するとはいえない」とした。

このように、裁判所は、少数株主を締め出す目的で全部取得条項付種類株式を用いること自体から直ちに当該スクィーズ・アウトは無効とはならないものの、その対価が著しく低廉であるなどの事情がある場合は、特別利害関係人が議決権を行使したことにより不当な決議がなされたことを理由に、株主総会決議取消事由を構成し得るとした。本判決は下級審裁判例にすぎない

が、その説示しているところはおおむね妥当なものであり、実務上はこの方向で動いていくのではないかと思われる。

第4節 濫用的会社分割への対応──詐害行為取消し・法人格否認等

I 問題の所在

　倒産状態にある株式会社が、事業を継続しながら債権者への支払を免れるために、債権者の同意を得ることなく、会社分割の手法を利用する事例が増加している。本節では、このような「会社分割の濫用」というべき事例において、債権者がいかなる法的方策をとりうるかについて検討を加える。その際には、濫用的な会社分割によってその権利利益が最も危険にさらされるおそれのある、会社分割以後に新設会社または吸収分割承継会社に対する債権を取得しない債権者（以下、「残存債権者」ともいう）のとりうる方策について中心的に検討することとする。

　また、法制審議会が策定した「会社法制の見直しに関する要綱」において、「詐害的な会社分割等における債権者の保護」に関する内容が盛り込まれたことから、当該内容についても記載する。

II 債権者の類型

　会社分割に利害関係を有する債権者には、①吸収分割承継会社（新設会社）に対してのみ債権を有することとなる債権者、②吸収分割承継会社（新設会社）および吸収分割会社（新設分割会社）のいずれに対しても債権を有

することとなる債権者、③吸収分割会社（新設分割会社）に対してのみ債権を有することとなる債権者が存在する。

　このうち、①の債権者は、会社法789条1項2号および810条1項2号に基づき、会社分割につき異議を述べることができるとともに、会社法828条1項9号・10号に基づき、会社分割無効の訴えを提起することもできる。

　次に、②の債権者は、異議を述べることはできないものの、会社分割の効力発生後も分割会社および承継会社（新設会社）のいずれに対しても債権を有しているから、濫用的な会社分割によって債権保全に危険が生じるおそれはない。

　これに対して、③の債権者は、異議を述べることができず、また、以下に述べるとおり会社分割無効の訴えを提起することもできないと解されるため、吸収分割会社（新設分割会社）の資力いかんによっては債権保全に危険が生じることが想定され、そのような事態を解消する方策を検討することに特別の意義がある。

　そこで、以下では、③の類型の債権者（なかでも新設分割が行われた場合に分割会社に対してのみ債権を有する債権者。「残存債権者」）が債権保全のためにとりうる方策について検討する。具体的には、従前の裁判例等に現れているとおり、会社分割無効の訴え（Ⅲ）、取締役の責任追及（Ⅳ）、詐害行為取消権（否認権行使）（Ⅴ）、会社法22条1項の類推適用（Ⅵ）、法人格否認（Ⅶ）の各方法を概観したうえ、最後に各方策の特徴につき検討する（Ⅷ）。

Ⅲ　会社分割無効の訴え

　第1節Ⅱにおいて述べたとおり、会社分割後も引き続き分割会社に対して債務の履行を請求することができる債権者は債権者保護手続の対象外とされており、異議を述べることができないため（会810条1項2号）、会社法828条2項10号所定の「承認をしなかった債権者」に該当せず、新設分割無効の訴

えの原告適格を有しない。したがって、残存債権者は会社分割の無効の訴えの原告適格を有しないから（前掲東京高判平成23・1・26）、会社分割無効の訴えは残存債権者の救済手段としては機能しない。

IV 取締役の責任追及

　残存債権者の債権を保全するための第2の方策として、新設会社に移転された事業を過小に評価したことにより分割会社ひいては残存債権者に損害が生じたとして、会社法429条に基づき、分割会社の取締役らに対して損害賠償請求を行うことが考えられる。

　この場合、残存債権者が主張・立証するべき要件事実は、①分割会社の取締役らに会社に対する任務懈怠が認められること、すなわち、法令違反を含む善管注意義務違反の行為が行われたこと、②①についての悪意または重過失、③損害の発生およびその数額、④①と③との間の因果関係である。

　濫用的会社分割が行われた場合に取締役の責任追及を中心に据えて請求を行った例は、少なくとも公にされた裁判例等には見出すことができないものの、以下に述べる詐害行為の要件が認められる事案（一般財産の減少という詐害性が認められ、かつ、債権者を害するものであることを認識しているという詐害意思が認められる事案）においては、取締役の職務遂行における任務懈怠および悪意または重過失の主張・立証が奏功する余地も十分にあると思われる。

　もっとも、この方法はあくまで取締役個人の責任を追及するものであるから、取締役個人が残存債権者の債権額を上回る程度の十分な資力を有している場合でなければ実効性がなく、救済方法としては限界がある。

V　詐害行為取消権（否認権行使）

　残存債権者の債権を保全するための第3の方策として考えられる詐害行為取消権（否認権）の行使については、会社分割が組織法上の行為であることや会社分割無効の訴えという制度が別途定められていることとの関係などから、会社分割が詐害行為取消権（否認権）の対象となるか否かにつき、肯定説および否定説の両論が存在する。以下の1においてまずこの点を検討した後、会社分割を対象とする詐害行為取消請求訴訟において当事者が主張・立証すべき要件事実を概観し、さらに、取消しの対象および原状回復の方法について述べる。

1　裁判例の状況および両説の根拠

　詐害行為取消権の会社分割への適用に関しては、従前、否定説に立つ裁判例（東京地判平成17・12・20金法1924号58頁）および学説が存在する一方、近時の複数の裁判例（大阪地判平成21・8・26金法1916号113頁、東京地判平成22・5・27金法1902号144頁およびその控訴審である東京高判平成22・10・27金法1910号77頁）においてはこれを認める判断が示されているという状況にあった。

　否定説の根拠は、主として、①会社分割は組織法上の行為であり、取引行為を対象とする詐害行為取消権の対象とならないこと、②会社分割が詐害行為取消権の対象となることを認めれば、本来、会社分割無効の訴えによらなければならない会社分割無効の主張を、詐害行為取消訴訟において主張することを許容することになることである。

　他方、肯定説は、主に、①「新設分割が会社法に基づく組織法上の法律行為であるとしても、新設分割は、新設分割会社がその事業に関して有する権利義務の全部または一部を新設分割設立会社に承継させる法律行為であって

財産権を目的とする法律行為というべきであり、また、法人格の取得という点に着目して新設分割による会社設立をいわば身分上の行為であるということができるとしても、そのことによって新設分割が財産権を目的とする法律行為でなくなるものではない」(前掲東京高判平成22・10・27)、②「新設分割無効の訴えと詐害行為取消権は要件および効果を異にする別個の制度であり、新設分割無効の訴えの制度があること、あるいは新設分割による新設分割設立会社に新たな法律関係が生じていることなどによって、新設分割により害される債権者の詐害行為取消権の行使が妨げられると解すべき根拠はない」(前掲東京高判平成22・10・27)と述べる。

このような状況の下、最高裁判所は、前掲大阪地判平成21・8・26の上告審判決(最判平成24・10・12金商1402号16頁)において、「財産権を目的とする法律行為としての性質を有する以上、会社の組織に関する行為であることを理由として直ちに新設分割が詐害行為取消権の対象にならないと解することはできない」、「会社法上新設分割無効の訴えが規定されていることをもって、新設分割が詐害行為取消権行使の対象にならないと解することはできない」と述べて、会社分割が詐害行為取消権行使の対象となり得ることを認める判断を示した。

2 当事者が主張・立証すべき事項

原告となる残存債権者が詐害行為取消訴訟において主張・立証するべき事実は、①被保全債権の発生原因事実(債権者が債務者に対して債権を有していること)、②債務者が被保全債権の発生後に債務者の財産権を目的とする法律行為をしたこと、③②の法律行為が取消権者を害すること(②の法律行為により、債務者の一般財産が減少し、債権の共同担保に不足を生じ、債権者に完全な弁済をする資力がなくなること(大判大正10・3・24民録27巻657頁))、④③についての債務者の悪意(「債務者が債権者を害することを知ってした」にあたること)である。

他方、被告である新設会社は、抗弁として、②の行為が債権者を害することを知らなかったこと（受益者の善意）や事実審の口頭弁論終結時までに資力が回復したこと等を主張・立証することになる。

以下では、これらの要件につき、裁判例における判断を踏まえ、内容を検討する。

(1) **被保全債権の発生原因事実（債権者が債務者に対して債権を有していること）**

被保全債権は金銭債権に限らず特定物債権も含まれるが、取消権を行使するまでに金銭債権に転じていることが必要となる。また、被保全債権は詐害行為以前に発生したものであることが要件となる。

(2) **債務者が被保全債権の発生後に財産権を目的とする法律行為をしたこと**

会社分割が「財産権を目的とする法律行為」といいうるかとの点は、上記1において述べたとおりである。

(3) **②の法律行為が取消権者を害すること（②の法律行為により、債務者の一般財産が減少し、債権の共同担保に不足を生じ、債権者に完全な弁済をする資力がなくなること）**

行為の詐害性が認められるための一般的な要件は一般財産が減少することであるところ、会社分割の場合、分割会社から新設会社に対して権利だけでなく義務も承継されているほか、承継させた権利義務の対価として新設会社の株式を受領するため、計算上は会社分割の前後において分割会社の財産には増減がないこととなり、行為の詐害性は認められないのではないかとの考え方もあり得る。

この点について、前掲大阪地判平成21・8・26および同東京地判平成22・5・27は、「詐害行為となるか否かについては、単に当該法律行為の前後において、計算上一般財産が減少したか否かという観点からだけではなく、たとえ計算上は一般財産が減少したとはいえないときでも、一般財産の共同担

保としての価値を実質的に毀損して、債権者が自己の有する債権について弁済を受けることがより困難となったと認められる場合には、詐害行為に該当すると解するのが相当である」と判示している。

具体的には、会社分割の結果、分割会社の保有するほとんどの無担保の残存資産と負債の一部が新設会社に承継された一方、分割会社は、非上場株式会社の一般的には流動性の乏しい株式を対価として取得したにすぎない場合には、「一般財産の共同担保としての価値を実質的に毀損して、その債権者である原告が自己の有する本件被保全債権について弁済を受けることがより困難になったといえるから、本件会社分割には詐害性が認められる」（前掲東京地判平成22・5・27）。

(4) ③についての債務者の悪意（「債務者が債権者を害することを知ってした」にあたること）

債務者たる分割会社が、会社分割を行うことにより、同社の債権者が有する債権について、一般財産から弁済を受けることがより困難となり、債権者が害されるとの認識を有していたと認められることが必要となる。なお、かかる認識を有しているべき時点は、詐害行為の対象となる行為が行われた時点、すなわち、会社分割の効力が発生した時点である。

前掲東京地判平成22・5・27では、「債務超過にあった同被告の一般財産から弁済を受けることがより困難となり、債権者が害されるとの認識を有していたこと、すなわち、詐害の意思を有していたものと認めることができる」と判示され、また、前掲大阪地判平成21・8・26は、「これらの事情によれば、本件新設分割の主たる目的は、本件不動産を含むZの資産を被告およびFに移転することによって上記保証債務による強制執行を免れることにあったと推認するのが相当である」と述べたうえ、「本件会社分割の際に、Zには詐害意思があったといえる」と判示している。

(5) ②の行為が債権者を害することを知らなかったこと（受益者の善意）

　受益者である新設会社の善意をいかなる主体について判断するかということが問題となりうるが、新設会社の代表取締役について判断するべきとの見解によれば、新設分割の手続を進めるのは分割会社の代表取締役であるから、分割会社に詐害の意思があれば新設会社も詐害につき悪意であると判断されるのが一般的であると思われる。

　他方、新設会社の新株主の保護という観点から、新株主の意思をもって受益者の意思とするべきとの見解も主張されている。[44]

(6) 事実審の口頭弁論終結時までに資力が回復したこと

　事実審の口頭弁論終結時までに、債権の共同担保に不足が生じず債権者に完全な弁済をすることが可能となる程度にまで分割会社の資力が回復したことを新設会社が主張・立証した場合には、詐害行為取消権に基づく請求は認められないこととなるが、濫用的会社分割が行われた場合にかかる立証が奏功するという事態は考えがたい。

3　取消しの対象および原状回復の方法

　詐害行為取消しの対象をいかに設定するかという点および原状回復の方法については以下のとおりである。

(1) 詐害行為取消権行使の対象

　被保全債権が詐害行為の目的となる財産の価額に満たず、当該財産が可分である場合には、被保全債権の範囲内でしか取消権を行使することができないものの、詐害行為取消権の対象が不可分であるときは、詐害行為の全部を取り消すことができるとされている。

　詐害行為取消権行使の対象をいかに選択するかという点については、①会

---

[44] 弥永真生「株式会社の新設分割と詐害行為取消し――東京高判平成22.10.27を契機として」金法1910号37頁。

社分割自体、②新設会社に承継された権利義務、③新設会社に承継された権利（資産）という考え方があり得るところである。学説には、会社分割を全体として取り消すべきであるとの見解がある一方、新設会社に承継された権利（資産）を取消しの対象とするべきとの見解も主張されている。[45]

なお、前掲東京地判平成22・5・27は、「詐害行為となる本件会社分割の目的物である上記資産（金銭債権および固定資産）が、可分であることは明らかである。したがって、本件会社分割を詐害行為として取り消す範囲は、詐害行為の目的物が可分である場合として、債権者である原告の本件被保全債権の額、すなわち、1911万5040円を限度とするというべきである」と判示し、また、前掲大阪地判平成21・8・26は「原告は、詐害行為取消権に基づき、本件会社分割のうち、本件不動産の承継に係る部分の取消を求めることができる」と判示し、いずれも承継された権利を詐害行為取消しの対象としている。

また、前掲最判平成24・10・12は、「詐害行為取消権を行使して新設分割を取り消すことができると解される」としたうえで、「この場合においては、その債権の保全に必要な限度で新設分割設立株式会社への権利の承継の効力を否定することができる」と判示している。

(2) 賠償の方法（現物賠償か価額賠償か）

詐害行為取消権に関する一般的な理解を前提とすると、債権者は取消しとともに原状回復請求を行うことができるところ、原状回復の方法としては可能であれば現物返還を認めるべきであり、これが不可能または著しく困難な場合にこれに代えて価額賠償をさせるという取扱いが原則ということになる。しかし、会社分割について詐害行為取消しを求める債権者は、現物返還よりも価額賠償を求めていると考えられること、現物賠償を認めると新設会社（受益者）の事業の継続に多大な影響を与えるおそれがあることから、会社

---

[45] 座談会「会社分割をめぐる諸問題——判例を材料に派生論点を考える——」金法1923号70頁以下。

分割に関する賠償の方法は、価額賠償を原則とするべきであるとの見解も有力に主張されている。[46]

前掲東京地判平成22・5・27は、「本件会社分割が詐害行為として取り消されたときの原状回復の方法としては、本件会社分割により承継させた資産を現物返還させることが可能であればできるだけこれを認めるべきであるが、本件会社分割により承継させた資産は、別紙4承継権利義務明細表に記載されたとおりに特定されるのみで、個別の権利として特定されておらず、さらに、本件会社分割の後、被告クレープハウス・ユニ（新設分割設立会社）が事業を継続していることからすると、上記資産に変動が生じていることは容易に推測できるのであり、債権者である原告にとって、承継された上記資産を特定してこれを返還させることは著しく困難であると認めることができる。したがって、原告は、同被告に対し、逸出した財産の現物返還に代えてその価格賠償を請求することができる」と判示して、逸出した財産の現物返還に代えてその価額賠償を命じた。

なお、前掲大阪地判平成21・8・26では、債権者が詐害行為取消権に基づき会社分割のうち不動産の承継に係る部分の取消しを求めた（抹消登記手続請求を行った）事案において、「本件不動産について設定された各抵当権は、本件会社分割の後に消滅しておらず、逸出した財産自体の回復を認めるべきである」と述べ、抹消登記手続請求を認容する判断が示された。また、上告審判決である前掲最判平成24・10・12も当該判断を維持している。

VI　会社法22条1項の類推適用

会社法22条1項は、事業譲渡が行われた場合に、譲受会社が譲渡会社の商号を引き続き使用しているときには譲受会社も譲渡会社の事業によって生じ

---

[46] 座談会・前掲（注45）71頁以下、難波孝一「会社分割の濫用を巡る諸問題『不患貧、患不均』の精神に立脚して」判タ1337号20頁。

た債務を弁済する責任を負うとの規定であり、その趣旨は、事業主体が依然として譲渡会社であるかのような外観、または、債務引受けにより債務が譲受会社に移転したかのような外観を信頼した債権者を保護する点にある。

残存債権者としては、会社法22条1項に基づき、分割会社に対する債権を新設会社に請求するという方法が考えられる。

1 適用の有無・裁判例

当該規定が会社分割の場合にも類推適用されるか否かが問題となるところ、従前の学説においては、これを肯定する見解[47]と、原則的に否定する見解[48]とがあった。判例および裁判例においては、以下に述べるとおり、会社分割への類推適用を肯定する判断が示されている。

まず、最判平成20・6・10判タ1275号83頁は、会社分割に伴いゴルフ場の事業を承継した会社が預託金会員制のゴルフクラブの名称を引き続き使用している場合において、「このことは、ゴルフ場の事業が譲渡された場合だけではなく、会社分割に伴いゴルフ場の事業が他の会社または設立会社に承継された場合にも同様に妥当する」と述べ、会社分割の場合にも会社法22条1項が類推適用されるとの判断を示している。また、東京地判平成22・7・9判時2086号144頁は、会社分割に伴い飲食店の直営事業を承継した会社が当該店舗の名称を引き続き使用している場合において、「①分割会社が経営する店舗の名称をその事業主体を表示するものとして用いていた場合において、②会社分割に伴い当該店舗の事業が新設会社に承継され、③新設会社が当該店舗の名称を引き続き使用しているときは、④新設会社は、会社分割後遅滞なく債権者に債務引受けをしない旨通知したなど免責を認めるべき特段の事情がない限り、会社法22条1項の類推適用により、分割会社が債権者に対して同事業により負担する債務を弁済する責任を負うと解される」と判示し、

---

[47] 座談会「会社分割に関する改正商法への実務対応」商事1568号28頁。
[48] 江頭憲治郎編『会社法コンメンタール1』218頁〔北村雅史〕。

会社分割への会社法22条1項の類推適用を肯定している。このほか、大阪地判平成22・10・4金法1920号118頁も、「新設分割の事例においても、新設会社が分割会社の商号を続用している場合には、会社法22条1項を類推適用する根拠があると解される」と判示している。

以上のとおり、会社法22条1項が会社分割にも適用されることについては、近時の判例および裁判例において基本的に肯定されているといってよい。

上述のとおり、会社法22条1項の趣旨は、譲受会社が譲渡会社の商号を続用する場合には、譲渡会社の事業上の債権者は事業主の交代を知らないか、または知っていても譲受会社が債務を引き受けていると誤信するのが通常であるから、そのような外観を信頼した債権者を保護する趣旨であると説明されている[49]。そこで、仮に残存債権者が、そのような外観について悪意である場合（譲受会社が商号を続用していることを知っていた場合）、または、真実を知らないことにつき重大な過失が認められる場合には、譲受会社は責任を負わないことになる。

また、類推適用が否定される「特段の事情」としては、「新設会社が会社分割後遅滞なく分割会社のゴルフクラブ会員のゴルフ場施設の優先的利用権を拒否した事情」（前掲最判平成20・6・10）、「新設会社が会社分割後遅滞なく債権者に債務引受をしない旨を通知したなど免責を認めるべき特段の事情」（前掲東京地判平成22・7・9）などが判示されている。前掲大阪地判平成22・10・4は、会社分割に際し、残存債権者に対して、新設会社が事業を承継するが、残存債権者らの債務は承継しないと説明し、会社分割直後に残存債権者らに対し分割計画書等の資料を送付した事案において、特段の事情を認め、会社法22条1項の類推適用を否定した。

---

49 江頭・前掲（注48）210頁〔北村雅史〕。

2　主張にあたっての問題点

以上に述べたとおり、濫用的会社分割が行われた場合、残存債権者は会社法22条1項の類推適用によって救済される余地があるが、①新設会社が商号(ないし名称)を続用している場合にしか利用できないこと、②会社分割に際して、新設会社が債務を弁済する責任を負わない旨の登記または通知を行うことにより、会社法22条2項に基づき、同条1項の適用を免れることができることから、救済策として十分であるとはいいがたい。

Ⅶ　法人格否認

法人格否認の法理は、最判昭和44・2・27民集23巻2号511頁において初めて認められたものであり(形骸化の事例)、その後、最判昭和48・10・26民集27巻9号1240頁は、倒産の危機にある会社が強制執行免脱・財産隠匿のため新会社を設立し業務を継続する場合に、両会社の法人格の異別性を否定し、旧会社債権者の新会社に対する支払を認めている。その際、要件として、①支配要件(法人格が支配的株主により意のままに道具として利用され支配されていること)および②目的要件(違法または不当目的によって利用されていること)が必要となる旨の判断が示されている。

残存債権者としては、法人格否認の法理に基づき、分割会社に対して有する債権を新設会社に請求することが考えられる。

1　適用の有無・裁判例

倒産時に新設分割の手法を用いて新設会社で営業を続け、分割会社に残した残存債権者の債務の支払をしないという濫用的会社分割の事案において、法人格否認の法理を適用して、残存債権者から新設会社に対する支払請求が認められるかという点について、まず、福岡地判平成22・1・14金法1910号

88頁は、信義則違反を理由とする法人格否認の法理の適用を認め、新設会社の責任を肯定した。判決は、債務超過状態にある会社が会社分割を実行するに先立ち、特定の債権者と事業再生に向けて継続的に協議するなど特別に密接な関係に入った場合、会社は、当該債権者の利益や期待を著しく損なうことのないよう合理的な配慮をする信義則上の義務を負うと述べたうえ、本件会社分割は、その後の株式譲渡と増資を含む一連の手続により、債権者との関係で、分割会社の責任財産を不当に逸出させ、債権回収を困難にするものであり、債権者の利益を著しく損なうものであると判断した。そして、原告との間では、分割会社と新設会社とを同一視し、その限りで、新設会社が分割会社と異なる法人格であることを否認し、新設会社につき、分割会社が負担するものと同様の法的責任を認めている。

　また、福岡地判平成23・2・17判タ1349号177頁は、旧商法下で行われた会社分割が問題とされた事案において、「本件会社分割前の国際企画と本件会社分割後の被告らでは、その事業態様や支配実態は実質的に変化がないと評価せざるをえず、法人格が支配者……により意のままに道具として支配されている（支配要件）というべきである」と判断して支配要件の充足を認定したうえ、「国際企画は、債権者のうち原告に対する債務支払を恣意的に免れることを意図して、会社分割制度を形式的に利用あるいは濫用して再建スキームを実行したといわざるをえず、違法または不当な目的を有していた（目的要件）というべきである」と述べて目的要件の充足も認定し、結論として法人格否認の法理の適用を認めて新設会社に対する請求を認容した。

　他方、前掲大阪地判平成22・10・4は、会社分割について「目的の要件」が推認できるのは、①倒産状況にないにもかかわらずこれを偽装して行われた、②会社分割の内容が実質的にみても債権者平等の原則の要請に著しく反する、③会社分割の内容が分割会社の債権者に対する配当の見込みを明らかに減少させる、④会社分割の手続において、財産状況等について明らかに虚偽の説明を行った等、特段の事情がある場合というべきであるものの、本件

では目的要件を推認するには足りないと判断し、法人格否認の法理の適用を否定した。具体的には、会社分割前における分割会社の一般債権者の配当率は３％程度であるところ、会社分割により分割会社の一般債権者の配当率が下がることが立証されていないとして、法人格否認の法理の適用を否定したものである。

2　主張にあたっての問題点

法人格否認の法理の主張には期間の制限がないため、前掲福岡地判平成23・2・17のようにすでに会社分割無効の訴えの出訴期間が徒過している場合において、有効な残存債権者救済策となり得る。

他方、前掲大阪地判平成22・10・4の事案のように、根拠となる証拠の状況によっては、目的要件の主張・立証に成功しないことも考えられるほか、一般法理に基づく主張であるため他のとり得る方策がある場合にはそちらを優先すべきとの考え方もある。

また、法人格否認の法理の適用が認められ、残存債権者により新設会社に対する履行請求が認められたとしても、会社分割自体の効力が否定されることにはならない。したがって、仮に残存債権者が複数名存在する場合において、履行請求を行った者が新設会社への請求を認められたとしても、その他の残存債権者は、先陣を切って請求した債権者の訴訟に加わらない限り、直接的には債権保全の効果を享受することができないこととなる。

Ⅷ　各方策の特徴

前掲福岡地判平成22・1・14において、原告たる債権者は、主位的に法人格否認による契約責任を主張するとともに、予備的に不法行為または詐害行為取消権に基づく請求を行っていたところ、裁判所は主位的請求を認容した。

このように、上記の方策のうち複数のものに基づいて請求を行うことも可

能であり、その場合には、各方策の得失を考慮したうえで当該事案に適した方策を選択することが求められる。各方策の主な特徴をまとめると〈表１〉のとおりである。

〈表１〉 濫用的会社分割への方策の特徴

方　策	特　徴
会社分割無効の訴え	・残存債権者には原告適格なし ・効力発生から６カ月の出訴期間制限
取締役の責任追及	・実効性は取締役の資力に依存する ・10年の消滅時効期間に服する
詐害行為取消権	・会社分割への適用の有無につき議論あり ・２年または20年の期間制限
会社法22条１項類推	・新設会社が商号等を続用している場合に限定される ・登記または通知による適用回避が容易
法人格否認の法理	・一般法理ゆえ立証のハードルが高い ・吸収分割の場合は利用できない ・提訴期間に制限なし

IX　会社法制の見直しに関する要綱の内容

　法制審議会の策定した「会社法制の見直しに関する要綱」においては、濫用的会社分割に対応するため、以下の内容が盛り込まれている（第２部第５・１①）。
　「吸収分割会社又は新設分割会社（以下「分割会社」という。）が吸収分割承継会社又は新設分割設立会社（以下「承継会社等」という。）に承継されない債務の債権者（以下「残存債権者」という。）を害することを知って会社分割をした場合には、残存債権者は、承継会社等に対して、承継した財産の価額

を限度として、当該債務の履行を請求することができるものとする。ただし、吸収分割の場合であって、吸収分割承継会社が吸収分割の効力が生じた時において残存債権者を害すべき事実を知らなかったときは、この限りでないものとする」。

 残存債権者に対して、新設会社等の承継会社に債務の履行を請求する権利を与えるものであり、上記内容の立法が実現した場合には、濫用的会社分割により残存債権者の権利利益が不当に侵害される場面は解消されると考えられる。

 なお、要綱は、上記の債務を履行する責任は、分割会社が残存債権者を害することを知って会社分割をしたことを知った時から2年を経過した場合または会社分割の効力が生じてから20年を経過した場合には消滅するものとも規定している（第2部第5・1②）。

 承継した財産の価額を限度としている点、承継会社が分割によって残存債権者が害されることを認識していたことが要件となっている点、請求権行使期間が残存債権者を害することを知って会社分割が行われたことを知ってから2年または会社分割が効力を生じてから20年に限定されている点において、要綱の内容は、残存債権者に対して詐害行為取消権の行使を認めた場合と類似しているということができる。

（野宮　拓／小川尚史）

第6章 非訟

第1節 会社非訟事件の意義と実務上の展開

　会社非訟事件とは、会社法の規定による非訟事件である（会非訟規1条参照）。

　会社法上、会社は法人であり[1]（会3条）、持分会社である合名会社、合資会社、および合同会社と、株式会社とが認められている（同法2条1号）[2]。非訟事件とは、私人の保護、助成ないし監督という国家の目的を達成するために、裁判所が国家機関として有する形成機能を発動して、私人の権利関係の変更に乗り出す事件であり（広島高判昭和36・5・26高民集14巻3号243頁）、終局的に事実を確定し、当事者の主張する権利・義務の存否を確定するための訴訟手続によるべき裁判を除く、その余の裁判事件をいう（最大判昭和35・7・6民集14巻9号1657頁）。

　したがって、会社非訟事件の意義は、複数の私人が参加することが想定されている会社における、会社に参加する複数の私人の利害の対立し得る権利関係に関し、私人の保護、助成または監督という国家の目的を達成するため

---

[1] 会社法上は明文の規定はないが、一種の社団法人であると解されている（江頭・24頁）。

[2] 会社法施行前に設立された有限会社が特例有限会社として存在するが、有限会社制度自体は会社法の施行により廃止され、その実体は株式会社に包摂されているので、以下においても、会社は、持分会社である合名会社、合資会社、および合同会社と、株式会社のみとして論を進めたい。

に必要となる会社制度の秩序を確保することを目的として、裁判所が国家機関として有する形成機能を発動して会社における私人の権利関係の調整を行う点にあるといえよう。

このような意義があるといえる会社非訟事件であるが、実務上、それほど件数が多いわけでもなく、ある特定の局面で特定の申立てがなされているという傾向が指摘できる。会社非訟事件の申立てがなされる局面としては、具体的には、①会社の設立の局面、②株式をめぐる局面、③社債の発行後の管理の局面、④会社の業務執行、基礎の変更の局面、⑤会社清算の局面があげられる。そこで、第2節では、これらの各局面において実務上比較的多く申し立てられている事件を取り上げ、実務で取り組むうえで理解が必要な事項について、弁護士実務の観点から概観することとする。なお、会社の設立の局面における会社非訟事件として検査役選任申立てがあげられるが、検査役選任申立ては、株式、新株予約権の発行の局面や会社の業務執行等の局面においても問題となるので、会社の設立の局面で検査役選任申立てについて検討するにあたっては、他の局面での検査役選任申立てについても言及する。

ところで、会社法976条から979条は会社法違反の過料について規定しており、過料の制裁を科する手続には刑事訴訟法の適用がなく、非訟事件手続法の規定（非訟119条）が適用されるので、選任懈怠（会976条22号）や登記懈怠（同条1号）の過料事件は会社非訟事件に分類されるべきこととなるが、これらについては紙幅の関係から、割愛することとする。

第2節　会社非訟事件の実務的観点からの概観

I　各種の会社非訟事件を取り組むうえで共通する実務上の留意点

1　根拠法令

　会社非訟事件には、他の法令に別段の定めがある場合を除き、会社法第7編第3章（会868条～906条）、非訟事件手続法および会社非訟事件等手続規則（平成18年最高裁判所規則1号）の規定が適用される。

2　管　轄

　管轄は、原則として会社本店所在地の地方裁判所とされる（会868条1項）。

3　申立て等の方法等

　申立て、届出および裁判所に対する報告は、原則として書面によらなければならない（会非訟規1条）。申立書には、次の事項を記載し、記名・押印すべきものとされている（同規則2条1項・2項）。

① 　申立ての趣旨および原因並びに申立てを理由づける事実（会非訟規2条1項柱書）
② 　当事者の氏名または名称および住所並びに法定代理人の氏名および住所（会非訟規2条1項1号）
③ 　社債を発行した会社の商号および本店の所在地並びに代表者の氏名（会非訟規2条1項2号）
④ 　代理人（上記②の法定代理人を除く）の氏名および住所（会非訟規2条

2項1号)

⑤　申立てに係る会社が外国会社であるときは、当該外国会社の日本における営業所の所在地（日本に営業所を設けていない場合にあっては、日本における代表者の住所地）（会非訟規2条2項2号）

⑥　申立てを理由づける具体的な事実ごとの証拠（会非訟規2条2項3号）

⑦　事件の表示（会非訟規2条2項4号）

⑧　附属書類の表示（会非訟規2条2項5号）

⑨　年月日（会非訟規2条2項6号）

⑩　裁判所の表示（会非訟規2条2項7号）

⑪　申立人または代理人の郵便番号および電話番号（ファクシミリの番号を含む）（会非訟規2条2項8号）

⑫　その他裁判所が定める事項（会非訟規2条2項9号）

申立書には、申立てに係る会社の登記事項証明書を添付することを要し（会非訟規3条1項）、申立人に法定代理人がいる場合には代理権限を証明する書面、申立人が法人である場合には代表権を証明する書面を提出しなければならない（同規則9条、民訴規15条、18条）。申立ての原因となる事実についての証拠書類があるときは、その原本または謄本を添付しなければならない（会非訟規3条2項）。

なお、会社非訟事件は、対審構造にないが、裁判所から、事件の種類によっては、申立書の副本および証拠書類の副本の提出を求められる場合がある。

4　申立手数料その他の費用

非訟事件手続における費用は、他の法令に定めるもののほか、民事訴訟費用等に関する法律の定めるところによる（民訴費1条）。

申立手数料は1000円であり（民訴費3条1項、別表第1の16項）、申立書に収入印紙を貼付する方法によって納める（同法8条）。

裁判所は、申立手数料のほかに非訟事件手続に要する費用を申立人に予納

させる（民訴費11条1項1号・2項）。裁判所は、予納義務者が予納しない場合には予納命令を発することもできるほか（同法12条1項）、予納がない場合には、裁判所は当該費用を要する行為を行わないことができる（同条2項）。なお、裁判所は、郵便物の料金に充てるために、必ず、郵便切手を予納させるので、受付時には、その準備も必要である（民訴費1条〜13条）。

5　審　問

審問は原則として非公開であり、裁判所が相当と認めた者のみが傍聴できる（非訟30条）。

非訟事件の手続の期日は、職権で、裁判長が指定するとされるが（非訟34条1項）、裁判所は、職権で口頭弁論期日を指定する必要はないと解される（東京高判昭和29・5・20東高民時報5巻5号117頁）。

非訟事件の手続の期日について、原則として、調書を作成しなければならないとされているが、証拠調期日以外の期日については、裁判長においてその必要がないと認めるときは、その経過の要領を記録上明らかにすることをもって、これに代えることができるとされている（非訟31条）。

6　証拠調べ

裁判所は、職権で事実の調査をし、かつ、申立てによりまたは職権で、必要と認める証拠調べをしなければならない（非訟49条1項）。当事者は、適切かつ迅速な審理および裁判の実現のため、事実の調査および証拠調べに協力するものとされ（非訟49条2項）、疎明は、即時に取り調べることができる資料によってしなければならない（同法50条）。

また、裁判所は、他の地方裁判所または簡易裁判所に事実の調査を嘱託することができる（非訟51条1項）。

裁判所は申立人に対し、資料の提出を求め、裁判所書記官に調査を行わせることができるが（会非訟規4条、5条）、事件の関係者に証拠調べに立ち会

う権利を認める必要はないとされているので（大判昭和3・6・29民集7巻592頁）、事件の関係者であっても、裁判所の証拠調べに立ち会うことを求めることはできない。

7 裁　判

　裁判所は、非訟事件の手続においては、決定で、裁判をするとされ（非訟54条）、非訟事件が裁判をするのに熟したときは、終局決定をするとされており（同法55条1項）、非訟事件の一部が裁判をするのに熟したときは、その一部について終局決定をすることもでき、手続の併合を命じた数個の非訟事件中その一が裁判をするのに熟したときも、同様である（同条2項）。

　終局決定（申立てを却下する決定を除く）は、裁判を受ける者（裁判を受ける者が数人あるときは、そのうちの1人）に告知することによってその効力を生じ、申立てを却下する終局決定は、申立人に告知することによってその効力を生ずる（非訟56条2項・3項）。

　なお、裁判所が終局決定後にその決定を不当と認めたときは、申立てを却下した決定と即時抗告できる裁判を除き、職権で取消しまたは変更することができる（非訟59条1項）。

8 不服申立て

　非訟事件の終局決定については、終局決定により権利または法律上保護される利益を害された者は、その決定に対し、即時抗告をすることができるが（非訟66条1項）、会社非訟事件の一定の裁判については、不服申立てが制限されている（会874条）。

　申立てを却下した終局決定に対しては、申立人に限り、即時抗告をすることができる（非訟66条2項）。

　終局決定に対する即時抗告は、原則として、裁判の告知を受けた日を進行する2週間の不変期間内にしなければならないが、その期間前に提起した即

時抗告の効力は妨げられない（非訟67条）。

　終局決定に対する即時抗告は、特別の定めがある場合を除き、執行停止の効力を有しないが、抗告裁判所または原裁判所は、申立てにより、担保を立てさせて、または立てさせないで、即時抗告について裁判があるまで、原裁判の執行の停止その他必要な処分を命ずることができる（非訟72条）。

　会社非訟事件の裁判については、個別に即時抗告の可否が定められている（会872条）。即時抗告については、一部を除き執行停止効がある（同法873条）。

II　会社設立の局面その他検査役選任申立てに関する事件

1　種　類

　株式会社の社員である株主は出資の限度の有限責任のみを負う。したがって、会社の債権者の引当ては原則として会社固有財産のみであるため、株式会社については、制度上、資本充実の原則があり、その制度の一環として、会社法28条に規定されている変態設立事項については、発起人の職権濫用を防止し、会社の財産的基礎を確保するため、裁判所の選任する中立公正な機関である検査役の調査を要するとされている。

　具体的には、次のとおりである。

①　会社設立時の現物出資に関する検査役選任申立て（会33条1項、28条1号）

②　会社設立時の譲受財産に関する検査役選任申立て（会33条1項、28条2号）

③　会社設立時の発起人報酬その他の特別利益に関する検査役選任申立て（会33条1項、28条3号）

④　会社設立時の費用に関する検査役選任申立て（会33条1項、28条4号）

同様に、資本充実の原則の適用がある新株等の発行の局面においても、新株等の発行時の現物出資に関しては、取締役の職権濫用を防止し、会社の財産的基礎を確保するため、裁判所の選任する中立公正な機関である検査役の調査を要するとされている（会207条1項、284条1項）。

　これらの検査役の選任は、必要的なものとされており、発起人や取締役の職権濫用を防止して資本充実を図る目的を検査役の調査を要せずに実現可能な例外的な場合[3]を除き、検査役の選任を申し立てなければならないとされている。会社の運営の前提となる財産的基礎を確保することがまず必要だからである。

　これに対し、資本充実がなされ、会社の運営の前提となる財産的基礎が確保された場合には、所有と経営の分離の観点から、会社の運営は原則として取締役に委ねられるため、会社の運営において取締役等の職権濫用を防止する観点から、一定の要件が認められる場合に限り、検査役の選任を申し立てることができるとされているにすぎない。

　まず、会社の実質的所有者である株主の意思を会社の経営に反映させることができる唯一の場である株主総会が適正に運営されなければ、そもそも、所有と経営の分離の前提が崩壊するから、会社または総株主（株主総会において決議をすることができる事項の全部につき議決権を行使することができない株主を除く）の議決権の100分の1[4]（これを下回る割合を定款で定めた場合にあっては、その割合）以上の議決権を有する株主（公開会社である取締役会設置会社の場合には、当該議決権を6カ月（これを下回る期間を定款で定めた場合にあっては、その期間）前から引き続き有する株主に限られる）[5]は、株主総会に係

---

[3] 設立時の現物出資および財産引受けの対象となる財産並びに新株発行時における現物出資の目的である財産について、その価格等が相当であることにつき、弁護士等の証明を受けた場合には、検査役の選任を裁判所に請求することを要しない（会33条10項3号、207条9項4号）。さらに、この弁護士等の証明も、①定款に記載された財産の総額が500万円以下の場合（同法33条10項1号）、②市場価格のある有価証券で、定款にも記載された価格が市場価格を超えない場合（同2号）は不要とされている。

る招集の手続および決議の方法を調査させるため、当該株主総会に先立ち、裁判所に対し、検査役の選任の申立てをすることができるとされる（会306条）。なお、法律上、検査役選任を必要とする事由の存在は求められていない（岡山地決昭和59・3・7商事1003号52頁、東京高決昭和59・7・20判タ540号317頁）が、申立てが権利濫用に該当する場合には、裁判所は、申立てを却下することができる（前掲岡山地決昭和59・3・7）。

さらに、会社の業務の執行に関して不正の行為または法令・定款に違反する重大な事実があることを疑うに足りる事由があるときは、①総株主（株主総会において決議をすることができる事項の全部につき議決権を行使することができない株主を除く）の議決権の100分の3（これを下回る割合を定款で定めた場合には、その割合）以上を有するか、または②発行済株式（自己株式を除く）の100分の3（これを下回る割合を定款で定めた場合には、その割合）以上の数の株式を有する株主は、会社の業務および財産状況の調査のため、裁判所に検査役の選任を申し立てることができる（会358条1項）。なお、ここでいう「業務の執行」とは、広く会社の経営を意味し（同法348条1項、362条2項1号参照）、申立人は、業務について不正の行為または法令・定款に違反

---

4 申立人が複数人に及ぶ場合には、保有議決権数は申立人全員の保有する株式の議決権の合計数とし、議決権のない株式は議決権の割合の母数には含めない。議決権の100分の3の持株要件については、申立て時（公開会社にあっては、その6カ月前）に満たしていたとしても、その後、会社が新株を発行したことにより、当該株主が100分の3未満の割合しか有しないものとなった場合には、会社が申立人の申立てを妨害する目的で新株を発行したなどの特段の事情のない限り、当該申立ては、申立人の適格を欠くものとして不適法となる（最決平成18・9・28民集60巻7号2634頁）。

5 請求者が複数人の場合には、保有期間の要件は請求者のすべてが満たしている必要があると解される。

6 申立人が複数人に及ぶ場合には、保有議決権数や持株数は申立人全員の保有する株式の合計数とし、議決権の割合の母数には議決権のない株式を含めない。議決権の100分の3の持株要件については、申立て時に満たしていたとしても、その後、会社が新株を発行したことにより、当該株主が100分の3未満の割合しか有しないものとなった場合には、会社が申立人の申立てを妨害する目的で新株を発行したなどの特段の事情のない限り、当該申立ては、申立人の適格を欠くものとして不適法となる（前掲最決平成18・9・28）。

する重大な事実の存在までは立証する必要はないが、これを疑うべき事由を立証することが必要となると解される。不正の行為または法令・定款に違反する重大な事実については、具体的に特定されていることを要するところ、不正の行為または法令・定款に違反する重大な事実は会社の利益を害するものでなければならないと解され、重大性の判断については、取締役等の解任や取締役等に対する損害賠償請求等の措置をとることを相当とする程度のものかどうかが1つの基準となり得ると解されている。[7]

2 検査役の選任

　検査役の選任が会社法上必要とされている場合（会33条、207条、284条）はもちろんのこと、それ以外の場合でも、裁判所は、検査役選任の申立てを不適法として却下する場合を除き、検査役を選任しなければならない（同法306条3項、358条2項）。検査役の資格に制限はないが、実務上は、弁護士を選任するのが通例である。事案に応じて、公認会計士、不動産鑑定士等が補助者として選任される場合もある。

　なお、申立人が申立てにあたって検査役の候補者を推薦したとしても、裁判所が申立人による推薦者を選任する必要はないとされる。[8]

　検査役選任の裁判は決定により（非訟54条）、理由を付すことを要しない（会871条2号）。検査役選任の決定については、不服を申し立てることができないが（同法874条1号）、検査役の選任の申立てを却下した決定に対しては、申立人は即時抗告をすることができる（非訟66条2項）。

　検査役選任の裁判は、裁判を受ける者である申立人および選任された検査役に告知をすることによって効力が生じる（非訟56条2項・3項）。なお、株主が申し立てた場合には、会社は「裁判を受ける者」ではないので、検査役

---

[7] 東京地裁商事研究会『商事非訟・保全事件の実務』503頁、江頭憲治郎＝門口正人編『会社法大系(4)組織再編・会社訴訟・会社非訟・解散・清算』507頁〔髙山崇彦〕。
[8] 江頭＝門口・前掲（注7）505頁〔髙山崇彦〕。

選任の裁判の効力発生のためには、法律上、会社に対して告知することを要しないが、実務上は会社に対しても告知がなされている。[9]

3 検査役の地位、職務、権限、責任等

検査役の地位については、大別すると、会社の機関的地位にあると解する説と、検査役の行為そのものを会社の行為とみることには疑問があり、検査役の報告義務は裁判所に対してのみのものであり、発起人に対してはないことを理由として、特別清算の場合の清算人のような地位を有する一種の公的機関と解する説とに分かれているが、検査役が会社に対して責任を負うかどうかについては、いずれにしても、検査役は会社に対して善管注意義務を負[10]い、任務を懈怠した場合には、善管注意義務違反として損害賠償責任を負うと解されており、両説に対立はない。

検査役は、調査結果を書面または電磁的記録により裁判所に報告する義務があり（会33条4項、207条4項、284条4項、306条5項、358条5項）、また、裁判所は、検査役の報告について、その内容を明瞭にし、またはその根拠を確認するため必要があると認めるときは、検査役に対し、さらなる報告を求めることができる（同法33条5項、207条5項、284条5項、306条6項、358条6項）。この場合、裁判所は、検査役が調査の結果を報告すべき期限を定めることができる（会非訟規10条）。検査役が調査結果の報告を裁判所に対して行った場合、発起人、会社または申立人に対しても、報告書の写し等を交付しなければならない（同法33条7項、207条6項、284条6項、306条7項、358条7項）。

4 検査役の報酬

検査役の報酬は会社が支払うべきものとされるが、その額は、会社および

---

9 江頭＝門口・前掲（注7）505頁〔髙山崇彦〕。
10 上柳克郎ほか編『新版注釈会社法(2)』154頁〔田中昭〕。

検査役の陳述を聞いたうえで（会870条2号）、裁判所が決定する（同法33条3項、207条3項、284条3項、306条4項、358条3項）。この決定については理由を付することを要しない（同法871条1号、870条2号）。会社および検査役は即時抗告をすることができるが（同法872条4号）、即時抗告により原裁判の執行停止の効力は生じない（同法873条1号、870条2号）。

5 検査役の調査

(1) 調査の対象事項

検査役の調査は事実の調査に尽きる。

すなわち、検査役の調査の対象は、具体的には、会社法28条に規定されている変態設立事項については、会社設立時の現物出資を出資する者の氏名または名称、当該財産およびその価額並びにその者に対して割り当てる設立時発行株式の数等（会33条1項、28条1号）、会社設立時の譲受財産およびその価額並びにその譲渡人の氏名または名称（同法33条1項、28条2号）、会社設立時の発起人報酬その他の特別利益およびその発起人の氏名または名称（同法33条1項、28条3号）や会社設立時の費用（同法33条1項、28条4号）といった事実である。

また、会社法207条および284条に規定されている現物出資財産については、その価額である（同法207条1項、284条1項）。

株主総会に係る招集の手続および決議の方法については、招集手続および決議方法に違法がないかどうかを判断するための基礎となる事実である（会306条1項）。

会社の業務および財産状況（会358条1項）についても、業務について不正の行為または法令・定款の違反がないかどうかを判断するための基礎となる事実である。

以上のように、それらの事実を評価して違法かどうかなどの法的判断までは求められていないのである。

ただし、検査役が調査事項について裁判所に対して虚偽の申述を行い、事実を隠ぺいした場合、および職務に関して不正の請託を受けて財産上の利益を収受するなどした場合には厳罰の制裁がある（会963条3項、967条1項1号、960条1項8号）。

(2) 調査の進捗

　裁判所は、選任決定とともに検査役が調査の結果を報告すべき期限を定めることができるが（会非訟規10条）、それに付随して、検査役の選任決定後、検査役と調査の具体的手順等の打合せを行う実務が定着している。特に、会社設立時の変態設立事項や増資時の現物出資財産の価額の調査のように調査事項が個々具体的に特定されている場合は格別、株主総会に係る招集の手続および決議の方法についての調査（会306条1項）や会社の業務および財産状況（同法358条1項）の調査は、違法、不正行為または法令・定款の違反の評価根拠事実が調査の対象とされており、調査対象が抽象的である。そのため、当該事案において特に調査を希望する事項がある場合には、事前に申立人から書面の提出を受けるなどして、調査の対象をある程度特定するといった調査の実効性を上げるための実務上の取組みが必要とされ、そうした取組みがなされている[11]。

(3) 会社の協力

　取締役等が検査役の調査を妨害した場合には、過料に処せられる（会976条5号）。会社が検査役の選任申立てをした場合は当然ながら、株主などの会社以外の申立人が検査役の調査を行った場合にも、会社は調査への協力義務を負うものと解すべきである。

11　江頭＝門口・前掲（注7）505頁、〔髙山崇彦〕、東京地裁商事研究会・前掲（注7）228頁。

6　検査役の報告後における裁判所の対応措置

(1)　変態設立事項または現物出資財産の変更

　会社法28条に規定されている変態設立事項や会社法207条または284条に規定されている現物出資財産の価額についての検査役の調査においては、検査役は、調査完了後、その結果について書面または電磁的記録をもって報告し（会33条4項、207条4項、284条4項）、裁判所は、その報告につき、内容を明瞭にし、または根拠を確認するために必要があると認めるときは、検査役に対し、さらに報告を求めることができる（同法33条5項、207条5項、284条5項）。裁判所が検査役の報告を受けて、検査役の調査を経た変態設立事項や現物出資財産の価額を不当と認めたときは、これを変更する決定をしなければならない（同法33条7項、207条7項、284条7項）。なお、裁判所は、この裁判をなすに先立って、設立時取締役、現物出資をなす者および財産の譲渡人の意見を聴取しなければならず（同法870条5号・7号）、この裁判をなすにあたり理由を付した決定によることが必要とされる（同法871条）。

(2)　株主総会の招集

　株主総会に係る招集の手続および決議の方法の調査のための検査役選任の申立てや会社の業務および財産状況の調査のための検査役選任の申立てによる検査役の調査においては、裁判所は、検査役の報告があった場合において、必要があると認めるときは、取締役に対し、①一定の期間内に株主総会を招集すること、②検査役の調査の結果を株主に通知することという措置の全部または一部を命じなければならない（会307条1項、359条1項）。

　取締役は上記①の措置を命ぜられた場合には、裁判所が定めた期間内に株主総会を招集しなければならず、これを怠たると過料に処せられる（会976条18号）。

　取締役が裁判所の命令に従って株主総会を招集した場合には、取締役は、検査役の報告の内容を当該株主総会において開示しなければならない（会

307条2項、359条2項）。さらに、取締役（監査役設置会社にあっては、取締役および監査役）は、検査役の報告の内容を調査し、その結果を当該株主総会に報告しなければならない（同法307条3項、359条3項）。

なお、会社法は、「必要があると認めるとき」について具体的な規定をおいていない。

上記②の措置については、会社の費用で調査を行う以上、その結果を会社の実質的な所有者である株主に通知する必要性は原則として認められると解されるので、特段の事情がない限り上記②の措置は命ぜられるべきと考えられる。ただ、上述のとおり、上記①の措置が命ぜられた場合には、取締役等により検査役の報告の内容の開示等が招集された株主総会においてなされるので（会307条2項・3項、359条2項・3項）、裁判所は、上記②の措置を重ねて命じる必要はないと解される。

これに対し、裁判所が上記①の措置を命じる場合の「必要があると認めるとき」については、その調査の対象ごとに異なると考えられる。まず、株主総会に係る招集の手続および決議の方法の調査後に上記①の措置を命じる場合には、調査対象の株主総会決議に取消事由、無効事由または不存在の事由があることが明白であり会社に決議のやり直しをさせるのが妥当な場合と考えられる。[12]他方、会社の業務および財産状況の調査後に上記①の措置を命じる場合には、現在の取締役の業務執行や財産管理の是非を問うために、現在の取締役の解任議案や新しい取締役の選任議案を付議して株主総会で審議せしめることが妥当な場合に限定されると考えられる。単に、株主に対して情報を提供し、取締役の責任を追及する代表訴訟の提起その他の株主権の行使を検討する機会を株主に提供するためであれば、上記②の措置を命じれば足りるからである。

なお、この裁判の終局決定に対しては、取締役は即時抗告ができる（非訟

---

[12] 江頭＝門口・前掲（注7）506頁〔髙山崇彦〕、上柳克郎ほか編『新版注釈会社法(5)』130頁〔森本滋〕。

66条1項)。

7　その他の検査役選任申立ての手続上の留意点

(1)　申立ての利益

　検査役の選任が会社法上必要とされる場合を除き、会社または一定の株主に対して申立権が認められている株主総会に係る招集の手続および決議の方法の調査のための検査役選任の申立てや会社の業務および財産状況の調査のための検査役選任の申立ては、これを行う申立ての利益が存在することが必要とされる。たとえば、特定の株主総会に係る招集の手続および決議の方法を調査させるための検査役選任の申立てにおいては、その対象となる株主総会の開催前に申し立てなければならず、申立て後の審理中に当該株主総会が終了したときは、申立ての利益がなくなり、申立ては却下される（前掲東京高決昭和59・7・20）。申立要件の有無の判断や検査役候補者の人選等に相当の期間を要することから、申立てはできる限り早期にするよう留意が必要である。

(2)　予納金の準備

　検査役の報酬は最終的には会社が負担することになるが、実務上は、予納金から支弁し、申立人が株主の場合には、事後に会社に対して求償することになる。裁判所は、検査役選任決定を行うにあたり、申立人に対し、予納命令を発することができ、予納がない場合には、裁判所は当該費用を要する行為を行わないことができる（民訴費12条2項）。したがって、裁判所は、検査役選任決定を行うにあたり、申立人に対し、検査役選任に係る費用として検査役報酬相当額の予納命令を発することが通例であるが、かかる命令に従った予納が申立人によりなされない場合には、裁判所は検査役選任を行わないことができる。そのため、検査役の選任申立てにあたっては検査役の報酬相当額の予納の準備が必要となるので、実務上留意すべきである。

III 株式に関する事件

1 種 類

　株式とは、一般的に株式会社における社員の地位を意味するものと解され、株式を所有する者は株主とよばれる。[13] 言い換えれば、株式は、株式会社における社員である株主が会社との間で有する種々の法律関係（権利・義務関係）の総体ということができるが、均一の割合的単位の形をとっており（持分均一主義（会109条1項、308条1項本文））、[14] 株主側が1株をそれ以下に細分化することはできないものの、単位である株式を数人で共有することは認められ（同法106条）、また、各株主が、その株式を複数所有することが認められている（持分複数主義）。[15] かかる株式をもって、株式会社は、株主との間の法律関係を規律し、多数の者が社員として参加しても、株式によって会社と株主との間の集団的法律関係を数量的に簡便に処理することができる。

　このように、株式は、会社と株主の間の集団的法律関係を数量的に簡便に処理する法技術であるが、株式の性質である持分均一主義や持分複数主義との兼ね合いなどにより、公平中立な裁判官が対立する利害関係を調整するべき局面がある。

　まず、株式は、会社と株主の法律関係を規律する基礎となる割合的単位であるから、株主にとって、株式の価格が重要な意味を有するが、会社と株主との法律関係においては、その価値をいかにとらえるべきかにおいて利害が対立する場合があり、公平中立な裁判官が対立する利害関係を調整するべき局面がある。そうした局面における手続として、会社法は、次のとおり、さ

13　江頭憲治郎＝門口正人編『会社法大系(2)株式・新株予約権・社債』6頁〔周剣龍〕。
14　江頭・117頁。
15　ただし、株式の内容は常に均一ではない（会108条、109条2項）。

まざまな非訟手続を用意している。
　① 譲渡制限株式の会社または指定買取人による買取りにおける株式の売買価格の決定の申立て（会144条）
　② 株式譲渡制限・全部取得条項を設定する定款変更に係る株主総会決議等反対株主の株式買取請求における株式価格の決定の申立て（会117条2項、119条2項）
　③ 種類株主に損害を及ぼすおそれのある株式の併合等に係る株主総会決議等反対株主の株式買取請求における株式価格の決定の申立て（会117条2項）
　④ 全部取得条項付種類株式の取得に際しての価格の決定の申立て（会172条）
　⑤ 単元未満株式等買取価格決定の申立て（会193条）
　⑥ 事業譲渡等に係る株主総会決議等反対株主の株式買取請求における株式価格の決定の申立て（会469条）
　⑦ 合併、会社分割、株式交換、株式移転に係る株主総会決議等反対株主の株式買取請求における株式価格の決定の申立て（会778条、786条、798条、807条、809条）
　また、端数合計の株式の処分、所在不明株主の株式の処分、株式発行無効判決、新株予約権発行無効判決による払戻しといった株式をめぐるすべての株主のために会社が事務処理を行う局面において、公平中立な裁判所が会社による事務処理を監督するべき場合があり、会社法は、そうした場合における非訟事件も、用意している。具体的には、次のようなものがある。
　⑧ 所在不明株主の株式の任意売却許可の申立て（会197条2項）
　⑨ 端数株式任意売却許可の申立て（会234条2項）
　⑩ 新株発行無効判決、新株予約権発行無効判決による払戻増減の申立て（会840条2項、842条2項）
　以下では、これらのうち、弁護士実務になじみが深いものをいくつか取り

上げて実務上の留意点などを検討していきたい。

2 譲渡制限株式買取請求における株式売買価格決定申立て

(1) 意　義

　株式会社においては、出資の払戻しが認められていない。そのため、その出資単位である株式の譲渡が株主にとっての唯一の投下資本の回収手段となっていることから、株式は自由に譲渡できるのが原則である（会127条）。しかし、家族経営の会社など人的な信頼関係のある少数の株主のみによって経営される株式会社のために、定款により、会社が発行する全部の株式の内容として（同法107条1項1号・2項1号）、あるいは、特定の種類の種類株式の内容として（同法108条1項4号・2項1号）、譲渡による株式の取得について会社の承認を要する旨を定めることができるとされている。会社は、譲渡による株式の取得にあたり、会社の承認取得手続（同法136条～145条）を通じて、会社にとって好ましからざる者が株主として経営参加することを事前に防止することができる。しかし、投下資本の回収を図りたい株主としては、とりわけ、譲渡制限株式（同法2条17号）の取得を希望する者を探索することは容易ではない場合も多く、そうした場合の株式の投下資本回収の途を確保しておく必要がある。そこで、会社法は、譲渡制限株式の譲渡が行われる場合において、当該譲渡について会社が承認しない旨の決定（同法140条1項）をしたときは、会社は、譲渡等承認請求（同法138条）に係る譲渡制限株式（以下、「対象株式」という）の全部を買い取らなければならないと定めるとともに（同法140条1項）、会社は、対象株式の全部もしくは一部を買い取る指定買取人（同条4項）を定めることができるとしたうえで（同条）、譲渡等承認請求（同法138条）をした株主または株式取得者である譲渡等承認請求者（同法139条2項）と会社または指定買取人（同法140条4項）は、会社または指定買取人による株主に対する買取りの通知があった日から20日以内に、裁判所に対し、株式売買価格決定の申立てをすることができるとした（同法

144条2項・7項)。

(2) 必要手続

株式売買価格決定の申立要件は、次の各手続が会社または指定買取人による株主に対する買取りの通知があった日から20日以内になされていることが必要とされる。

① 株主または株式取得者からの譲渡等承認請求（会138条）

② 会社による譲渡不承認決定の通知（会139条2項）

③ 会社または指定買受人による買取りの通知（会141条1項、142条1項）

④ 会社または指定買受人による供託証明書の交付（会141条2項、142条2項）

⑤ 対象株式が株券発行会社の株式である場合には、譲渡等承認請求者による株券を供託した旨の通知（会141条3項、142条3項）

⑥ 会社の本店所在地の地方裁判所（会868条1項）に対する書面による申立て（会非訟規1条）

(3) 対象株式の売買価格の決定

(ア) **価格協議**

会社法では、「対象株式の売買価格は、株式会社と譲渡等承認請求者との協議によって定める」と定めるのみで（会144条1項）、かかる協議が調わなかったことは申立要件とされていない。旧商法（204条ノ4）では、「協議が調わない」ことも申立ての要件とされていたが、協議が拒否された場合等において期間の徒過を待たずして売買価額の決定の申立てができないとすることは不都合であり、また、協議をせずに申立てがされる場合は、通常は当事者に協議をする意思がない場合が多いと思われ、事前の協議を義務づける実益が乏しいと考えられたためである[16]。

価格協議は、売買価格の決定申立てがなされた場合でも、継続して差し支

---

16 江頭＝門口・前掲（注7）495頁〔髙山崇彦〕。

えないが、以前は非訟事件手続においては和解が認められないと一般的に解されていたことから、会社と譲渡等承認請求者の間において売買価格について合意が成立した場合には、実務上は、その合意の内容を審尋調書に記載したうえで、手続自体は申立ての取下げによって終了させてきたが、現在は、和解が認められ（非訟65条）活用が進むであろう。

(イ)　裁判所が定めるべき売買価格

申立てにより裁判所が定めた額が対象株式の売買価格とされる（会144条4項）。では、裁判所が定めるべき売買価格とはいかにとらえるべきであろうか。

裁判所は、対象株式の売買価格の決定をするには、譲渡等承認請求の時における株式会社の資産状態その他一切の事情を考慮しなければならない（会144条3項・7項）。売買価格の決定にあたり考慮されるべき要素は極めて複雑多岐にわたらざるを得ないが、会社法が、価格決定の基準について格別規定していないうえ、「売買価格」とのみ定め、「公正な価格」（同法116条1項、118条1項、469条1項、777条1項、785条1項、787条1項、797条1項、806条1項、808条1項）とも定めていないことに鑑みると、売買価格の決定については完全に裁判所の裁量に委ねているものと解することができる（最決昭和48・3・1民集27巻2号161頁参照）。ただ、実際には、会社法は、対象株式の売買価格は、会社と譲渡等承認請求者との協議により定めることを原則としつつ（同法144条1項）、その一方で、申立期間内に申立てがないとき（当該期間内に会社と譲渡等承認請求者の間の協議が調った場合を除く）は、1株あたり純資産額に対象株式の数を乗じて得た額をもって当該対象株式の売買価格とする旨が定められていることとの権衡から、1株あたり純資産額に対象株式の数を乗じて得た額を基準としつつ、会社と譲渡等承認請求者の双方が合意し得る価額を公正中立な手続過程において模索することとなろう。

会社や譲渡等承認請求者がそれぞれ専門家に依頼して株式価値の算定書を取得して裁判所に提出してきた場合、それに依拠して売買価格の決定をする

ことも考えられるが、一方の算定書のみに依拠すると、公正さにもとるとの誹りを免れ得ないおそれがあり、会社と譲渡等承認請求者の双方が合意し得る売買価格の決定が困難な場合もある。そこで、裁判所が主導して、売買価格の決定の基礎となる対象株式の価格算定について専門的知見を要する者を用いて鑑定を行う場合も多い。なお、この場合における価格算定の方法等については、後記4(3)(ウ)以下に詳述する。

　鑑定が行われる場合、裁判所が鑑定人を選任するが、その際に、会社や譲渡等承認請求者がそれぞれ専門家に依頼して株式価値の算定書を取得して裁判所に提出している場合は、裁判所は、それらの算定書を作成した公認会計士や監査法人などの利害関係のある者以外の者を選任するべきであり、仮に、会社や譲渡等承認請求者がそれぞれ候補者を指名しても、それらに拘束されないと解される。[17]ただ、裁判所の選任による鑑定人により鑑定が行われる場合でも、裁判所や鑑定人の独断で一方的に鑑定がなされることはなく、鑑定の基礎となる数値を当事者間で確定するなど鑑定の時間と費用の省力化のための試みが当事者の意見を聴取しつつ裁判所の主導で行われる。具体的には、鑑定に用いる財務上の数値を会社の作成した財務諸表を基準とするか、会社の作成した財務諸表を用いる場合におけるその作成基準日をいつにするか、会社の作成する財務諸表を用いずに別途会社の資産評価をする場合における資産評価の基準や方法をどのようにするかなど、鑑定にあたり、会社や譲渡等承認請求者のそれぞれの意見を聴取して確定できる範囲で可能な限り鑑定の基礎となる数値を確定する。鑑定にあたり、その基礎となる会社の財産をすべて時価で個別に評価するとなると、長期間を要するのみならず鑑定費用が膨大となり当事者の経済的負担が重くなるからである。

　対象株式は譲渡制限株式であるから、市場価格のない株式であるため、鑑

---

[17] ただし、会社や譲渡等承認請求者が合意した候補者がいる場合には、その合意に係る候補者を鑑定人に選任することを妨げられるものではなく、実務的にも、会社と譲渡等承認請求者の間で鑑定人候補者について合意することができるかどうかが裁判所から確認されることも多い。

定における対象株式の評価方法が問題となる。株価算定の手法としては、後記4(3)(ウ)に詳しいが、後述するとおり、画一的な評価理論が確立されているとはいいがたく、実務上は、単一の方式のみに依拠して算定されることは稀で、複数の方式により算定したうえで、会社の事業内容、資産内容、事業規模、対象株式の数と経営権の異動の有無や議決権割合の変動状況等の諸事情を勘案して、これらの評価方法のいくつかを併用し、それぞれについてウェートづけをするなどして事案ごとに調整して株価を算定するのが一般的である。

裁判所は、売買価格の決定をする場合には、会社や譲渡等承認請求者の陳述を聞かなければならない（会870条6号）。売買価格の決定（非訟54条）は、理由を付さなければならない（会871条）。かかる決定に対して、会社や譲渡等承認請求者は即時抗告することができ（同法872条4号）、即時抗告には執行停止の効力が認められる（同法873条柱書本文）。

(ウ) 鑑定費用

鑑定費用は、当事者の申立てによる場合には、申立人の負担になるとも考えられるが（非訟26条1項、民訴費11条2項）、株価が算定されれば双方にとって利益となるから、一方当事者だけに費用を負担させることは相当でないとして、実務上は、それぞれが主張する株価と、裁判所が決定した株価との乖離度に応じて費用を負担するという裁判をするのが通例となっている（非訟26条2項）。ただ、鑑定費用も非訟事件手続における費用であり、他の法令に定めるもののほか、民事訴訟費用等に関する法律の定めるところによるとされていることから（民訴費1条）、裁判所は、鑑定にあたり鑑定料を定め（民訴費11条1項1号・2項）、その金額を鑑定の申出人に予納させている（同法12条1項）。そして、裁判所は、鑑定の申出人がこれを予納しない場合には予納命令を発することでき（同法12条1項）、予納がない限り、裁判所は鑑定を行わないことができるが（同条2項）、予納義務者が予納命令に従わないとしても、売買価格決定の申立てを却下することはできない。

なお、実務上は、当事者双方から鑑定の申出がされ、鑑定料を折半して予納させる取扱いが一般的である。

3 相続人等に対する譲渡制限株式の売渡請求における株式売買価格決定申立て

(1) 意　義

　株式会社は、相続その他の一般承継により当該株式会社の譲渡制限株式（以下、「対象株式」という）を取得した者（以下、「一般承継者」という）に対し、当該対象株式を当該株式会社に売り渡すことを請求することができる旨を定款で定めることができる（会174条）。そして、株式会社による売渡しの請求があった場合には、株式会社および一般承継者は、その請求があった日から20日以内に、裁判所に対し株式売買価格決定の申立てをすることができるとされている（同法177条2項）。上述のとおり、会社法は、株式会社であっても株主を人的な信頼関係のある者に限定したいとするニーズがあることに応えて、全部または一部の種類の株式の譲渡の取得について株式会社の承認を必要とする譲渡制限株式を認めているが（同法2条17号）、株主の相続その他の一般承継により株式の譲渡を経ずに株式が移転する場合においても、株主を人的な信頼関係のある者に限定したいという会社側のニーズと株式の一般承継者の承継財産の換金のニーズとの調整を図るべく、かかる制度を用意したのである。

(2) 必要手続

　売買価格の決定の申立要件は、次の各手続が、会社による売渡請求（会176条）があった日から20日を経過するまでにすべてなされていることが必要とされる。なお、会社による売渡請求自体も会社が相続その他の一般承継があったことを知った日から1年以内になされなければならない（同条1項ただし書）。

① 相続その他の一般承継により対象株式を取得した者に対し、当該対象

株式を会社に売り渡すことを請求することができる旨の定款の定めの規定化（会174条）
② 会社の売渡請求に係る株主総会決議（会175条）
③ 会社の本店所在地の地方裁判所（会868条1項）に対する書面による申立て（会非訟規1条）

(3) 売買価格の決定

(ア) 価格協議

会社法では、売買価格は、株式会社と一般承継者との協議によって定めると規定するのみで（会177条1項）、かかる協議が整わなかったことは申立要件とされていない。譲渡制限株式の会社または指定買取人と株主の協議と同様であるが、協議が拒否された場合等において期間の徒過を待たずして売買価額の決定の申立てができないとすることは不都合であり、また、協議をせずに申立てがされる場合は、通常は当事者に協議をする意思がない場合が多いと思われ、事前の協議を義務づける実益が乏しいという点でも同様だからであろう。

価格協議は、売買価格の決定申立てがなされた場合でも、継続して差し支えないが、以前は非訟事件手続においては和解が認められないと一般的に解されていたことから、会社と一般承継者の間において売買価格について合意が成立した場合には、実務上は、その合意の内容を審尋調書に記載し、手続自体は申立ての取下げによって終了させてきたが、現在は、和解が認められ（非訟65条）活用が進むであろう。

(イ) 裁判所が定めるべき売買価格

申立てにより裁判所が定めた額が対象株式の売買価格とされる（会177条4項）。では、裁判所が定めるべき売買価格とはいかにとらえるべきかについては、前記2(3)(イ)において言及した譲渡制限株式の買取価格決定申立ての場合と同様に考えられる。すなわち、裁判所は、対象株式の売買価格の決定をするには、売渡請求の時における株式会社の資産状態その他一切の事情を

考慮しなければならない（同条3項）。売買価格の決定にあたり考慮されるべき要素は極めて複雑多岐にわたらざるを得ないが、会社法が、価格決定の基準について格別規定していないうえ、「売買価格」とのみ定め、「公正な価格」（同法116条1項、118条1項、469条1項、777条1項、785条1項、787条1項、797条1項、806条1項、808条1項）とも定めていないことに鑑みると、売買価格の決定については完全に裁判所の裁量に委ねているものと解することができる（前掲最決昭和48・3・1参照）。ただ、実際には、会社法は、対象株式の売買価格は、会社と一般承継者との協議により定めることを原則としつつ（同法177条1項）、1株あたり純資産額に対象株式の数を乗じて得た額を基準とし、会社と一般承継者の双方が合意し得る価額を公正中立な手続過程において模索することとなろう。

会社や一般承継者がそれぞれ専門家に依頼して株式価値の算定書を取得して裁判所に提出してきた場合における取扱いや裁判所が行う鑑定の場合の留意点等は、前記2(3)において言及した譲渡制限株式の買取価格決定申立ておおむね同様であるので、参照されたい。

裁判所は、売買価格の決定をする場合には、会社や一般承継者の陳述を聞かなければならない（会870条6号）。売買価格の決定（非訟54条）は、理由を付さなければならない（会871条）。かかる決定に対して、会社や一般承継者は即時抗告することができ（同法872条4号）、即時抗告には執行停止の効力が認められる（同法873条柱書本文）。

4 株式等価格決定申立事件

(1) 意　義

株式会社においては、所有と経営の分離による経営の合理化を図るため、資本多数決による意思決定が徹底されている。そのため、少数株主の意思が会社の経営に反映されない場合もある。多数株主による会社の経営に不満な少数株主は、出資の払戻しが認められていないため、その出資単位である株

式の譲渡により投下資本の回収を図ることもできるが、かかる株主が会社へ資本投下した前提となった会社の基礎が多数株主により変更されるような場合、当該株主に投下資本の回収を図る機会を与えるべきであるものの、とりわけ、譲渡制限株式（会2条17号）の取得を希望する者を探索することは容易ではない場合も多く、そうした場合の株式の投下資本回収の途を確保しておく必要がある。

そこで、会社法は、株主の会社への資本投下の前提となったような会社の基礎が変更される場合、たとえば、①譲渡制限株式（会107条1項1号）についての定めを設ける定款変更をする場合（同法116条1項1号・2号）、②株式全部取得条項（同法108条1項7号）についての定めを設ける定款変更をする場合（同法116条1項2号）、③事業譲渡等（同法469条1項本文）、吸収合併等（同法785条1項）、新設合併等（同法806条1項）においては、これを会社が機関決定をしたとき、かかる機関決定に反対する一定の要件を有する株主がその有する株式を公正な価格で買い取ることを会社に対して請求することを認め、かかる請求に基づき会社と株主の間で買取価格について合意が成立しないときは、かかる請求を行った株主および会社は、裁判所に対し、株式買取価格決定の申立てをすることができるとした（同法117条2項、119条2項、470条2項、778条2項、786条2項、788条2項、798条2項、807条2項、809条2項）。

(2) 申立要件

株式の価格決定の申立要件は、次の各要件が具備されていることが必要とされる。

① 申立人が会社、反対株主または新株予約権者であること
② 会社と株主または新株予約権者との間の協議が法定の協議期間（各手続につき定められた起算日から30日）が満了するまでに調わないこと
③ 会社と株主との間の法定の協議期間の満了の日から30日以内に会社の本店所在地の地方裁判所（会868条1項）に対する書面による申立て（会

非訟規1条）がなされること

　ここでいう「反対株主」とは、おおむね、株主の会社への資本投下の前提となったような会社の基礎を変更するために株主総会（種類株主総会を含む）の決議を要する場合には、次のいずれかの株主をいい、それ以外の場合には、すべての株主をいうものとされている（会116条2項、469条2項、785条2項、797条2項、806条2項）。

　㋐　当該株主総会に先立って当該行為に反対する旨を当該株式会社に対し通知し、かつ、当該株主総会において当該行為に反対した株主（当該株主総会において議決権を行使することができるものに限る）
　㋑　当該株主総会において議決権を行使することができない株主

　なお、反対株主が株式買取請求を行うためには、株主総会の決議の時から、株式買取りの効果が発生する時まで継続して買取りの対象たる株式を保有している必要がある（継続保有要件）[18]。そこで、MBOなどのスクィーズアウト事案において全部取得条項付種類株式の導入に係る定款変更と全部取得条項付種類株式の全部取得を同時に行う場合には、反対株主の価格決定申立が事実上できなくなるという問題が生ずる。すなわち、現在の実務においては、米国における証券法の規制への配慮などから、全部取得条項付種類株式への定款変更の効力発生時期を当該株式の取得日と同一の日とするのが一般的である[19]。しかるに、会社法116条に基づく株式買取請求を行うためには、定款変更の効力発生日の20日前の日から効力発生日の前日までに買取請求を行い（会116条5項）、請求後、効力発生日をまたいで会社との間で協議を行うこととされているから（同法117条2項）、反対株主が、会社との間で協議を行っている途中に、定款変更の効力発生日＝取得日が必然的に到来することになり、取得日には株主はその保有する株式を会社から強制的に取得されてしま

---

[18]　落合誠一編『会社法コンメンタール12』109頁〔柳明昌〕。なお、この点に関しては、株券電子化の施行前には争いがあったものの、株券電子化施行後は争いがないようである。
[19]　水野信次＝西本強『ゴーイング・プライベート（非公開化）のすべて』218頁。

うのである（同法173条1項）。

したがって、全部取得条項付種類株式を用いてスクィーズアウトされる場合、上記の継続保有要件を必然的に充足することができなくなり、株式買取請求における買取価格決定申立てを裁判所に対して行うことができなくなるのではないかと思われるのである。[20]このような懸念もあって、実務では、全部取得条項付種類株式を用いたスクィーズアウトがなされる場合、反対株主は、ほぼ例外なく、会社法116条に基づく株式買取りの価格決定申立てではなく、会社法172条の取得価格決定申立てを行い、価格を争っていたが、最高裁判所（最決平成24・3・28民集66巻5号2344頁）も、かかる実務に沿った判断をした。[21]

なお、上記の要件に加え、上場会社においては、社債、株式等の振替に関する法律（以下、「振替法」という）147条4項に定義される「少数株主権等」の行使の際の個別株主通知（社債株式振替154条3項）が適式になされている

---

20 水野＝西本・前掲（注19）419頁以下に詳しい。
21 この点に関し、最決平成24・3・28は、次のように職権で判断した。
　「会社法172条1項が全部取得条項付種類株式の取得に反対する株主に価格の決定の申立て（以下「取得価格決定の申立て」という。）を認めた趣旨は、その取得対価に不服がある株主の保護を図ることにあると解され、他方、同法116条1項が反対株主に株式買取請求を認めた趣旨は、当該株主に当該株式会社から退出する機会を付与することにあるから、当該株主が取得対価に不服を申し立てたからといって、直ちに当該株式会社から退出する利益が否定されることになるものではなく、また、当該株主が上記利益を放棄したとみるべき理由もない。したがって、株主が取得価格決定の申立てをしたことを理由として、直ちに、当該株式についての株式買取請求が不適法になるものではない。
　しかしながら、株式買取請求に係る株式の買取りの効力は、同請求に係る株式の代金の支払の時に生ずるとされ（同法117条5項）、株式買取請求がされたことによって、上記株式を全部取得条項付種類株式とする旨の定款変更の効果や同株式の取得の効果が妨げられると解する理由はないから、株式買取請求がされたが、その代金支払までの間に、同請求に係る株式を全部取得条項付種類株式とする旨の定款変更がされ、同株式の取得日が到来すれば、同株式について取得の効果が生じ（同法173条1項）、株主は、同株式を失うと解される。そして、株式買取請求及び買取価格の決定の申立ては、株主がこれを行うこととされており（同法116条1項、117条2項）、株主は、株式買取請求に係る株式を有する限りにおいて、買取価格の決定の申立ての適格を有すると解すべきところ、株式買取請求をした株主が同請求に係る株式を失った場合は、当該株主は同申立ての適格を欠くに至り、同申立ては不適法になるというほかはない」。

ことが必要である。振替法上の「少数株主権等」とは、「株主の権利（会社法124条1項に規定する権利を除く。）」と定義されており、基準日株主が行使することができる権利（会社法124条1項に規定する権利）以外の株主の権利をいうところ（社債株式振替154条3項）、価格決定申立権は、通常は、基準日が設定されて行使できる株主が確定される権利ではないため、会社法124条1項に規定される権利以外の権利として「少数株主権等」に該当するからである。

　反対株主の株式買取請求自体は、振替法上の「少数株主権等」（社債株式振替154条3項）に該当すると解され、会社に対して買取請求を行うに際しては、個別株主通知を行う必要があることに異論はないであろう[22]。さらに、裁判所に対して、買取請求の価格決定申立を行うに際しても、別途個別株主通知が必要となるかについては争いがあるようであるが[23]、最高裁判所は、これを必要とし（最決平成22・12・7民集64巻8号2003頁）、そのことは振替株式について株式買取請求を受けた株式会社が同請求をした者が株主であることを争った時点ですでに当該株式について振替機関の取扱いが廃止されていた場合であっても、異ならないとしている（前掲最決平成24・3・28）。

　したがって、株主の取得価格決定申立てを行う権利が振替法上の「少数株主権等」に該当するとすれば、その権利行使（申立て）の前に個別株主通知を行う必要があることとなる。ただし、個別株主通知は、会社に対する対抗要件であって、訴訟要件ではないことから、これを欠く申立ても直ちに不適法ということにはならず、買取価格の決定の申立てに係る事件の審理において、会社が対抗要件の欠缺を争った場合に初めて審理の対象となり[24]、その審理終結までの間に個別株主通知がなされれば足りる（前掲最判平成22・12・

---

[22] 葉玉匡美＝仁科秀隆『株券電子化ガイドブック〔実務編〕』338頁、浜口厚子「少数株主権等の行使に関する振替法上の諸問題」商事1897号36頁。

[23] 葉玉＝仁科・前掲（注22）338頁は必要であるとし、浜口・前掲（注22）36頁は「別途個別株主通知を要しないようである」とする。

[24] 浜口・前掲（注22）34頁。

(3) 株式等の価格の決定

(ア) 価格協議

　前記(2)②に記載のとおり、会社と反対株主との協議が調わなかったことが申立要件とされている。

　しかし、価格協議は、価格の決定申立てがなされた場合でも、継続して差し支えない。ただし、以前非訟事件手続においては和解が認められないと一般的に解されていたことから、会社と反対株主または新株予約権者の間において価格について合意が成立した場合には、実務上は、その合意の内容を審尋調書に記載したうえで、手続自体は申立ての取下げによって終了させてきたが、現在は、和解が認められ（非訟65条）活用が進むであろう。

　なお、複数の株主が買取請求をした場合に、会社が各株主と協議をし、結果として株主ごとに買取価格が異なったとしても、個々の株主との間に合意があることから問題ない（株主平等原則にも反しない）[25]。

(イ) 裁判所が定めるべき価格

　決定の対象は、「公正な価格」（会116条1項、118条1項、469条1項、777条1項、785条1項、787条1項、797条1項、806条1項、808条1項）である。会社法には、この「公正な価格」の具体的な算定方法が規定されていないため、その意義が問題となる。

　下級審裁判例ないし学説上、おおむね、①組織再編によるシナジーを適切に反映した価格もしくは客観的価値、または、②組織再編に係る決議がなかったとすればその株式が有していたであろう価格もしくは客観的価値を基礎として算定すべきであるとの理解がされているが[26]、最高裁判所は、「反対株主に『公正な価格』での株式の買取りを請求する権利が付与された趣旨は、吸収合併等という会社組織の基礎に本質的変更をもたらす行為を株主総会の

25　酒巻俊雄＝瀧田節編『逐条解説会社法(2)株式1』157頁〔岡田昌浩〕。

多数決により可能とする反面、それに反対する株主に会社からの退出の機会を与えるとともに、退出を選択した株主には、吸収合併等がされなかったとした場合と経済的に同等の状況を確保し、さらに、吸収合併等によりシナジーその他の企業価値の増加が生ずる場合には、上記株主に対してもこれを適切に分配し得るものとすることにより、上記株主の利益を一定の範囲で保障することにある。以上のことからすると、裁判所による買取価格の決定は、客観的に定まっている過去のある一定時点の株価を確認するものではなく、裁判所において、上記の趣旨に従い、『公正な価格』を形成するものであり、また、会社法が価格決定の基準について格別の規定を置いていないことからすると、その決定は、裁判所の合理的な裁量に委ねられているものと解される（最高裁昭和47年(ク)第5号同48年3月1日第一小法廷決定・民集27巻2号161頁参照）」とし、「上記の趣旨に照らせば、吸収合併等によりシナジーその他の企業価値の増加が生じない場合には、増加した企業価値の適切な分配を考慮する余地はないから、吸収合併契約等を承認する旨の株主総会の決議がされることがなければその株式が有したであろう価格（以下『ナカリセバ価格』という。）を算定し、これをもって『公正な価格』を定めるべきである。そして、消滅株式会社等の反対株主が株式買取請求をすれば、消滅株式会社等の承諾を要することなく、法律上当然に反対株主と消滅株式会社等との間に売買契約が成立したのと同様の法律関係が生じ、消滅株式会社等には、その株式を『公正な価格』で買い取るべき義務が生ずる反面（前掲最高裁昭和48年

26　下級審裁判例として、「TBS株式買取価格決定に対する抗告棄却決定に対する許可抗告事件」の原々決定（東京地決平成22・3・5判時2087号12頁）、原決定（東京高決平成22・7・7判時2087号3頁）、東京地決平成21・4・17金商1320号31頁〔協和発酵キリン事件〕、東京地決平成22・3・31金商1344号36頁〔テクモ事件〕、大阪地決平成24・2・27金商1396号43頁〔パナソニック事件〕などがある。学説としては、藤田友敬「新会社法における株式買取請求権制度」（江頭憲治郎先生還暦記念・企業法の理論(上)）282頁、田中亘「『公正な価格』とは何か」法学教室350号64頁、弥永真生「反対株主の株式買取請求権をめぐる若干の問題」商事1867号9頁、江頭・778頁、809頁などがあるが、これらは、その具体的な適用場面については見解が分かれているようである。

3月1日第一小法廷決定参照)、反対株主は、消滅株式会社等の承諾を得なければ、その株式買取請求を撤回することができないことになる(会社法785条6項)ことからすれば、売買契約が成立したのと同様の法律関係が生ずる時点であり、かつ、株主が会社から退出する意思を明示した時点である株式買取請求がされた日を基準日として、『公正な価格』を定めるのが合理的である。仮に、反対株主が株式買取請求をした日より後の日を基準として『公正な価格』を定めるものとすると、反対株主は、自らの意思で株式買取請求を撤回することができないにもかかわらず、株式買取請求後に生ずる市場の一般的な価格変動要因による市場株価への影響等当該吸収合併等以外の要因による株価の変動によるリスクを負担することになり、相当ではないし、また、上記決議がされた日を基準として『公正な価格』を定めるものとすると、反対株主による株式買取請求は、吸収合併等の効力を生ずる日の20日前の日からその前日までの間にしなければならないこととされているため(会社法785条5項)、上記決議の日から株式買取請求がされるまでに相当の期間が生じ得るにもかかわらず、上記決議の日以降に生じた当該吸収合併等以外の要因による株価の変動によるリスクを反対株主は一切負担しないことになり、相当ではない。

　そうすると、会社法782条1項所定の吸収合併等によりシナジーその他の企業価値の増加が生じない場合に、同項所定の消滅株式会社等の反対株主がした株式買取請求に係る『公正な価格』は、原則として、当該株式買取請求がされた日におけるナカリセバ価格をいうものと解するのが相当である」(最決平成23・4・19民集65巻3号1311頁〔TBS株式買取価格決定に対する抗告棄却決定に対する許可抗告事件〕)としている。

　これによれば、反対株主がした株式買取請求に係る「公正な価格」は、吸収合併等によりシナジーその他の企業価値の増加が生じない場合には原則として、当該株式買取請求がされた日における「ナカリセバ価格」を基準として定められることとなる。

(ウ) 価格算定

では、反対株主がした株式買取請求に係る「公正な価格」に関して、当該株式買取請求がされた日における「ナカリセバ価格」はどのように算定するべきか。株式価格を算定する方法は、一般的に、大きくインカム・アプローチ、ネットアセット（コスト）・アプローチおよびマーケット・アプローチの3つに分類されている。

(A) インカム・アプローチ

インカム・アプローチは、企業価値を算定する場合の「原則的評価方法」とされるアプローチであり、将来期待される一連の経済的利益（ベネフィット）をその利益が実現するのに見込まれるリスク等を反映した割引率で現在価値に割り引いて企業価値を算定する方法である[27]。

インカム・アプローチは、一般的に、企業が将来獲得することが期待される利益やキャッシュフローに基づいて評価することから、将来のあるいは将来期待される収益獲得能力を評価結果に反映することができ、さらにはM&A取引におけるシナジー効果を企業価値の算定に取り込むことができる点ですぐれているといえる。また、対象会社独自の収益性などを基に価値を測定することから、対象会社がもつ固有の価値を示すとされる[28]。

他方で、インカム・アプローチでは、会社の経営陣が策定した事業計画などの将来情報をベースとして企業価値を算定することから、経営陣の恣意性を排除することが困難である、というより、完全に恣意性を排除することは不可能に近い。

インカム・アプローチは、前記のとおり、企業価値を算定する場合の「原則的評価方法」であるとされ、M&A取引における買い手にとってはインカム・アプローチが評価方法としては最も合理的な評価方法ともされているが[29]、

---

27 枡谷克悦『企業価値評価の実務〔新版〕』81頁。
28 日本公認会計士協会「企業価値評価ガイドライン（平成19年5月16日）」〈http://www.hp.jicpa.or.jp/specialized_field/pdf/2-3-32-2-20070516.pdf〉24頁。

上記のような評価の客観性に疑義があることから、裁判所は、後述のとおり、上場会社が非公開化を行う際の株式価値算定方法としては、インカム・アプローチではなく、マーケット・アプローチを採用する傾向にある。

以下、インカム・アプローチの主な算定手法の内容等を概観する。[30]

(i) ディスカウンテッド・キャッシュ・フロー（DCF）法

DCF法は、将来のフリー・キャッシュ・フロー（＝企業の事業活動によって得られた収入から事業活動維持のために必要な投資を差し引いた金額）を見積り、年次ごとに割引率を用いて求めた現在価値の総和を求め、当該現在価値に事業外資産を加算したうえで企業価値を算出し、負債の時価を減算して株式等価値を算出して株主が将来得られると期待できる利益（リターン）を算定する方法である。インカム・アプローチの中で最も広く利用されている算定方法である。

非上場会社の株価算定が問題となった事例では、このDCF法のみにより株式価値を算定した近時の裁判例がある（東京地決平成20・3・14判タ1266号120頁〔第1次カネボウ事件決定〕）。[31]

(ii) 配当還元方式

配当還元方式は、株主への直接的な現金支払である配当金に基づいて株式価値を評価する算定方法である。この方法においては、株主における直接的な現金の受取額である配当金の期待値を割り引くことによって株式価値が直接に計算される。したがって、企業の配当政策や企業の成長ステージによっても大きく評価結果が左右される。たとえば、多額の欠損が生じているために当面において配当できない企業、配当が見込めないベンチャー企業につい

---

29 枡谷・前掲（注27）81頁〜82頁。
30 ここでは詳述しないが、枡谷・前掲（注27）85頁〜87頁に、各評価方法のメリット・デメリットがわかりやすくまとめられている。
31 このほか、非上場株式の株式売買価格決定申立事件において、DCF方式を3、純資産価額法を7の割合で併用すべきとした裁判例（福岡高決平成21・5・15金商1320号20頁〔ホスピカ事件〕）がある。

ては株式価値の計算が困難であり、また、配当が低位安定しているような企業は過小評価がされやすい。[32]

そのため、企業成長に伴う配当成長を予測する評価方法が考案され、実務でも採用されている。

この方式は、ゴードンモデル法ともよばれ、非上場会社の株式売買価格決定の申立事件において、DCF方式とゴードンモデル法を1対1で加重平均した価格が相当であるとした裁判例（広島地決平成21・4・22金商1320号49頁〔ミカサ事件〕）もある。

(iii) 収益（利益）還元法

収益還元法は、会計上の純利益を一定の割引率で割り引くことによって株式価値を計算する手法である。

この手法では、投資リスクを反映させた還元率を設定することによってリスクを反映させた評価が可能となるが、将来成長率の変化が反映できず、かつ、将来利益の算定に買付者となる取締役や支配株主の恣意が入る可能性がある。

(B) ネットアセット（コスト）・アプローチ

ネットアセット（コスト）・アプローチは、主として会社の貸借対照表上の純資産に着目して企業価値の算定を行うアプローチであり、本来的には、個々の資産の価値を再取得コストに基づいて算出し、その総額から個々の負債の時価総額を控除して株式価値を算出する方法である。[33]

実際上、評価対象会社のすべての資産、特に無形資産の再取得コストを算定することは困難な場合が多いことから、実務上は、評価対象会社の貸借対照表上の重要な資産・負債を時価に引き直して純資産を算出する修正簿価純資産額を時価純資産額として採用されることが多い。従来、この時価純資産法は、わが国で株式価値を算定する方法として多用されており、現在も税務

---

32 前掲（注28）企業価値評価ガイドライン35頁。
33 枡谷・前掲（注27）82頁。

上は重要な評価方法とされている。

しかし、ネットアセット（コスト）・アプローチは、これによっては企業にとって重要なのれんをはじめとする無形資産の価値が反映されないという特徴を有しており、非常に「静態的な」評価方法である。

したがって、この評価方法は、企業の清算を前提として株式価値を算定する場合には合理的な評価方法といえるが、継続企業（ゴーイング・コンサーン）を前提として株式価値を算定する場合には適しておらず、実際、裁判例[34]においても、このアプローチは、継続企業を前提とする場合の算定方法としては明確に否定されている（東京高決平成20・9・12金商1301号28頁〔レックス・ホールディングス事件〕など）。

(i) 簿価純資産法

簿価純資産法とは、会計上の純資産額に基づいて1株あたり純資産の額を計算し、これをもって1株あたりの株式の価値とする手法である。

会計上の帳簿価額を基礎とした計算であるので、客観性にすぐれているが、各資産の時価は簿価と乖離していることが多いため、簿価純資産法をそのまま企業価値の評価に使用するケースは、時価純資産法との差異に重要性がない場合の簡便法として使用される場合を除き、少ない[35]。

(ii) 時価純資産法（修正簿価純資産法）

時価純資産法とは、貸借対照表の資産負債を時価で評価し直して純資産額を算出し、1株あたりの時価純資産額をもって株式価値とする手法である。すべての資産負債を時価評価するのは実務的に困難なことから土地や有価証券等の主要資産の含み損益のみを時価評価することが多い。この時価純資産法には、①再調達時価純資産法（個別資産の再調達時価を用いて1株あたり純資産の額を算出する方法）や、②清算処分時価純資産法（個別資産の処分価額を用いて1株あたり純資産の額を算出する方法）がある。

---

34 枡谷・前掲（注27）83頁。
35 前掲（注28）企業価値評価ガイドライン45頁。

(C) マーケット・アプローチ

マーケット・アプローチは、マーケット（市場）における価値を基準として評価するアプローチであり、具体的には、評価対象会社の株式が市場で取引されている場合には、その株価を基準として企業価値を算定し、市場で取引されていない場合には、評価対象会社または評価対象取引を類似公開会社や類似取引と比較分析することによって企業価値を算定し、もって株式価値を算定するアプローチである。[36]

マーケット・アプローチは、市場または第三者間で実際に取引されている株価を基準に算定する相対的な評価アプローチであるため、評価対象会社の経営陣による恣意的な数字操作の余地が少なく、市場での取引環境の反映や評価の客観性にはすぐれている。他方で、評価対象会社が比較の対象となる企業とは異なる成長ステージにあるようなケースや、そもそも類似する上場会社がないようなケースでは評価が困難で、また、評価対象となっている会社の将来収益など固有の事情を反映させられないという短所もある。[37]

評価対象会社の経営陣または支配株主と少数株主との間の構造的利益相反が介在し、評価対象会社の経営陣または支配株主の恣意が外形的に働きやすい状況にある非公開化に際しての企業価値評価を行うに際して、裁判所は、評価対象会社の経営陣または支配株主の恣意が働く余地が相対的に低いマーケット・アプローチを重視する傾向にあると指摘できるのは既述のとおりである。

以下、マーケット・アプローチの主な算定手法の内容等を概観する。

(i) 市場株価法

市場株価法とは、金融商品取引所に上場している会社の市場株価を基準に評価する方法である。[38] マーケット・アプローチの典型的な評価手法であり、株式取引の相場価格そのものを基準に評価を行う。

---

36 枡谷・前掲（注27）81頁。
37 前掲（注28）企業価値評価ガイドライン24頁。

一般に、株式市場においては、投資家による一定の投機的思惑など偶然的要素の影響を受けつつも、多数の投資家の評価を通して、企業を取り巻く経済環境下における、個別企業の資産内容、財務状況および収益力等が考慮され、市場株価が形成されることから、市場株価には、企業の客観的価値が反映されているといえる。

　また、市場株価には、特段の事情がある場合を除き、会社の取締役や支配株主の恣意が働きにくいことから、最も客観性の高い評価手法であるといえる。

　一般に、市場相場のある上場企業同士の合併比率や株式交換比率の算定に利用されるが、この手法を唯一の評価方法として採用する近時の裁判例を受けて、非公開化においてもほぼすべての事例で用いられている。

　算定する際に参照すべき期間について、株式市場が効率的であると仮定できるのであれば、一定の評価基準日における株式価値を形成する情報は完全に当該日の株価にすべて織り込まれており、「公正な価格」＝「評価基準日時点の株価」ということになる。しかし、現実的には、前記のとおり、市場株価は、投資家による一定の投機的思惑など偶然的要素の影響を受けているのであり、株式市場が完全に効率的であると仮定することはできない。

　したがって、実務上は、評価基準日当日の株価のみではなく、評価基準日を含む一定期間の市場平均株価を参照するのが一般的で、平均株価を参照する期間に関しては、①1カ月、3カ月、6カ月といった期間を参照期間として、その平均値を用いる手法と、②決算発表や業績予想の修正といった株価に重大な影響を与えるイベントが公表された日から評価基準日までを参照期

38　前掲（注28）企業価値評価ガイドライン40頁。なお、店頭登録市場が存在するのであれば、当該市場における市場価格も参照されるが、現在、わが国においては店頭登録市場が存在しないため、実際上は、金融商品取引所における市場株価のみが参照されることとなる。
39　ここでいう「効率的な市場」とは、情報処理において効率的な市場、すなわち、会社により公表され、市場において入手可能な会社の情報がすべて現在の株価に織り込まれた市場を意味する（セミストロングフォームの効率的資本市場仮説）。

間とし、その平均値を求める手法とがある。

　実務においては、上記①の考え方により参照期間を複数用いて株価を算定するのが一般的であるが、あるイベントの公表が株価に重大な影響を与えたような場合には、上記②が適している場合もある。裁判例においては、上記①の考え方をベースとする傾向にあるが、その期間は、事案ごとの事実関係を前提にケースバイケースで決められている。

　平均株価の考え方についてであるが、一定の期間を参照してその平均株価を求める場合においても、いかなる平均株価を用いるかによって、微妙に価格が異なってくる。

　平均株価とひと口にいっても、終値の単純平均株価を用いるのか、各営業日に成立した価格を出来高で加重平均することによって求める出来高加重平均価格（VWAP）を用いるのか、あるいは終値を出来高で加重平均することによって求めるのかによって、微妙に価格が異なってくるのである。

　この点、裁判例においては、終値の単純平均株価を用いるものと、終値の出来高加重平均値を用いるものとがある。最近では、VWAPを用いるものも出てきている（札幌地決平成22・4・28金商1353号58頁）。

　出来高で加重平均することにより、実際の市場における取引実態に近づけて価格を算定するのであれば、終値の出来高加重平均値を用いるよりは、取引価格ごとに出来高で加重平均するVWAPのほうがすぐれているといえる。というのも、終値は偶然的な事情によって左右されやすく、少なくともアノマリーが認められるからである[40]。

　(ii)　類似会社比較法

　類似会社比較法とは、事業内容や規模等が類似する上場会社の市場株価と比較し、一定の指標に基づく倍率（EBITDA倍率、営業利益倍率、純資産倍率など）を利用して株式を評価する方法である。具体的には、事業内容や規模

---

[40]　弥永真生「判批」ジュリ1399号113頁参照。

等が類似する上場会社を複数選定し、当該上場会社と評価対象会社の1株あたり利益や純資産などの財務数値を比較し、その指標の倍率を計算して株式価値を評価する。

この方法は、実際に株式市場において取引された株価に基づいて株式価値を評価し、かつ、上場会社の監査済み財務諸表を利用して比較することから、客観性が比較的高いといえる。

しかし、事業内容や事業規模が評価対象会社と類似する上場会社を選定するのが困難な場合があるし（特に評価対象会社がさまざまな事業を複合的に行っている場合は顕著である）、選定した類似上場会社との間の相違点の調整などの際に恣意が介入する余地がある。

　　　(iii)　類似取引比較法

類似取引比較法とは、類似のM&A取引の売買価格と評価対象会社の財務数値に関する情報に基づいて評価する手法である。

この手法は、具体的な取引事例に基づいて株式価値が算定されるため、取締役等の恣意が介入しにくく、客観性に富む手法ということができる。

しかし、評価対象会社と事業内容および事業規模が類似した会社が過去に同様の取引を行った事例を選定するのが困難である場合が多く、この手法を採用できる取引は、ゴルフ場やパチンコホールなど、特定の業界において、ある時期に頻繁にM&A取引が行われるような場合を除き、それほど多くない。[41]

　　　(D)　小　括

以上のとおり、株価算定の手法において、画一的な評価理論は確立されているとはいいがたく、実務上は、単一の方式のみに依拠して算定されることは稀で、複数の方式により算定したうえで、会社の事業内容、資産内容、事業規模、対象株式の数と経営権の異動の有無や議決権割合の変動状況等の諸

41　たとえば、平成22年4月19日に公開買付けが開始された東京美装興業株式会社のMBOなど。

事情を勘案して、これらの評価方法のいくつかを併用し、それぞれについてウェートづけをするなどして事案ごとに調整して株価を算定するのが一般的である。

とりわけ、市場価格のない株式についての「公正な価格」に関して、「ナカリセバ価格」を定める場合には、鑑定が必要となるものと考えられるが、その場合の留意点等は、前記2(3)において言及した譲渡制限株式の買取価格決定申立てとおおむね同様である。なお、市場価格のない株式について、その算定評価方法について述べた最高裁判例はなく、また、学説も見解が分かれており定説はないことは既述のとおりであるが、下級審裁判例では、さまざまな算定方式のうち、評価の対象となる会社の特性に応じて各方式を併用する手法がとられる場合が多く、これまでみてきたものを含め、概観すると次のとおりである。[42] 市場価格のない株式の算定評価方法として、多くの裁判例が〈表2〉のとおり複数の方式を併用しているが、その根拠については納得できる説明がなされているとはいえない。[43]

〈表2〉 **市場価格のない株式の算定評価方法**

	算定方式	事案	裁判例	出典
株式買取請求の事例	純資産方式と類似会社比準方式（1対1）	商法349条により株主から買取請求のあった株式の価格の決定事例（中野産業株式会社事件）	高松高決昭50.3.31	判タ325号220頁 判時787号109頁
	配当還元方式、収益還元方式および純資産方式（3対3対4）	非公開株式の買取請求において、収益還元方式、配当還元方式、純資産方式の3方式を3対3対4の割合で併用して株価を定めた事例（南紡績株式会社事件）	大阪高決昭60.6.18	判時1176号132頁 金商727号23頁 商事1063号1371頁

---

42 類型別Ⅱ・575頁および576頁。

	収益還元方式と純資産方式（1対1）		最二小判昭63.1.29	別冊商事101号214頁
譲渡制限株式の買取請求	類似会社比準方式による収益還元方式	譲渡制限株式の売買価格決定のための株価の算定例（静岡マツダ株式会社事件）	東京高決昭46.1.19	判タ261号343頁 金商502号40頁 判時618号77頁
	純資産方式のみ	商法204条の4により株式の売買価格が決定された事例（大成産業株式会社事件）	東京高決昭47.4.13	判時667号78頁
	相続税財産評価基本通達の類似業種比準方式を85％の比率で用いる	賀茂鶴酒造株式会社事件	広島地決昭51.3.5 広島高決昭55.3.28	判例集未登載
	収益還元方式と純資産	商法204条の4第2項による株式価格の決定にあたっ	東京高決昭51.12.24	判タ349号248頁 金商524号13頁

43　金子勲「非公開会社株式の評価」判タ814号76頁。なお、支配株式を評価する場合と非支配株式を評価する場合とでは、採用される算定方式が異なる傾向があるとの分析がなされている（宍戸善一「紛争解決局面における非公開株式の評価」406頁、類型別Ⅱ・576頁、金子・前掲75頁）。すなわち、前者のように経営支配権を有する株式の場合には（特に小規模・中規模の閉鎖会社の場合には）、株式が会社資産を化体したものであることを理由に、純資産方式がとられる傾向がある一方で、後者のように一般投資家としての性格を有する株式の場合には、会社の経営・支配に関与しない非支配株主が期待できるのは利益（余剰金）の配当のみであるという理解の下に、配当額が株価決定の主要な要因となる配当還元方式ないし類似会社比準方式がとられる傾向が指摘でき、他方、非支配株主の株価の評価を配当還元方式による場合には、株式が他の方式によるものに比べて多数派の配当政策に対する支配等により相当低く算定される結果となるというのである。

III　株式に関する事件

譲渡制限株式の買取請求	方式（1対1）	て、いわゆる収益還元方式と時価純資産方式とを複合し、これを同等の比重で適用して株式価格を決定するのを相当と認めた事例（宏和工業株式会社事件）		判時846号105頁
	相続税財産評価基本通達の配当還元方式を考慮しつつ、純資産方式、営業成績、流通価格（類似業種の市場価格、取引先例価格等）を総合した併用方式	非上場会社の株式の売買価格は、純資産価格、営業成績、流通価格を総合した併用方式によって算定するのが相当とされた事例（名古屋芸妓株式会社事件）	名古屋高決昭54.10.4	判タ404号147頁 判時949号121頁
	配当還元方式	中野製薬株式会社事件	京都地決昭56.7.24	金商685号23頁
	ゴードンモデル方式、純資産方式および類似会社比準方式の併用方式（2対1対1）	譲渡制限のある非上場会社の株式の売買において配当還元方式、純資産価額方式および類似業種比準方式を加重平均して株価が算定された事例（中野製薬株式会社事件）	大阪高決昭58.1.28	金商685号16頁 商事1001号1283頁

631

譲渡制限株式の買取請求	純資産方式のみ	譲渡制限株式の売買価格の決定につき、いわゆる純資産評価方式を採用し、純資産額を発行済株式で除した金員をもってその売買価格と認定した事例（株式会社飯田橋ニューハウス事件）	東京高決昭59.6.14	判時1125号164頁 金商703号3頁 商事1026号1319頁
	純資産方式と類似会社比準方式（1対1）	譲渡制限株式の売買価格の決定にあたり純資産価格方式および類似業種比準方式を併用して算定するのが相当であるとされた事例（ライト印刷株式会社事件）	東京高決昭59.10.30	判時1136号141頁 金商710号13頁 商事1034号1332頁
	純資産方式、類似会社比準方式、収益還元方式および配当還元方式（2対1対1対1）	純資産方式、類似業種比準方式、収益還元方式、配当還元方式の4方式を2対1対1対1の割合で併用して、非公開株式の株価を定めた事例（甲野織物株式会社事件）	京都地決昭62.5.18	判時1247号130頁 金商778号41頁 商事1128号1463頁
	配当還元方式を基礎とし類似会社比準方式と収益還元方式の併用方式	譲渡制限のある非上場会社の株式の売買において配当還元方式を基礎として株価が算定された事例（株式会社福岡魚市場事件）	福岡高決昭63.1.21	判タ662号207頁 金商788号13頁 金法1201号26頁 商事1149号1492頁
	純資産価額方式が妥当	商法204条ノ2第2項により譲渡の相手方と指定され	仙台高判昭63.2.8	判タ664号199頁 判時1272号136頁

III 株式に関する事件

譲渡制限株式の買取請求	であると判示	た者が同法204条の3第1項により株式売渡請求権を行使した場合とその撤回の許否		商事1153号1496頁
	ゴードンモデル方式	商法204条の4第2項による株式売買価額の決定において、配当還元方式を単独採用した事例	大阪高決平元.3.28	判タ712号229頁 金商825号18頁 判時1324号140頁 商事1196号1557頁
	配当還元方式、薄価純資産価額方式および収益還元方式（6対2対2）	商法204条の4による株式売買価格の算定事例	東京高決平元.5.23	判タ731号220頁 金商827号22頁 判時1318号125頁 商事1196号1557頁
	配当還元方式と時価純資産方式（7対3）	譲渡制限株式の売買価格について配当還元方式と時価純資産価額方式とを7対3の割合で併用するのが相当であるとした事例	東京高決平2.6.15	金商853号30頁
	配当還元方式と純資産方式（1対1）	商法240条の4による非上場会社の株式の売買価格の決定につき、配当還元方式による株式価格と純資産価額方式による株式価格の平均値をもって定めるのが相当であるとした事例	千葉地判平3.9.26	判タ773号246頁 判時1412号140頁 商事1293号1683頁
	配当還元方式と純資産	株式会社が自らを譲渡制限株式の先買権者に指定した	札幌高決平17.4.26	判タ1216号272頁

633

譲渡制限株式の買取請求	方式および収益還元方式（1対1対2）	場合の当該株式の売買価格について、配当還元方式、純資産方式、収益還元方式の3方式を25対25対50の割合で組み合わせる併用方式により決定するのが相当であるとした事例		

（条文は旧商法）

　これに対し、市場価格のある株式についての「公正な価格」に関して、「ナカリセバ価格」を定める場合には、必ずしも鑑定が必要とされない。「一般に、市場株価には、当該企業の資産内容、財務状況、収益力、将来の業績見通しなどが考慮された当該企業の客観的価値が、投資家の評価を通して反映されているということができるから、上場されている株式について、反対株主が株式買取請求をした日のナカリセバ価格を算定するに当たっては、それが企業の客観的価値を反映していないことをうかがわせる事情があれば格別、そうでなければ、その算定における基礎資料として市場株価を用いることには、合理性が認められる」（前掲最決平成23・4・19〔TBS株式買取価格決定に対する抗告棄却決定に対する許可抗告事件〕）からである。

　そして、「反対株主が株式買取請求をした日における市場株価は、通常、吸収合併等がされることを織り込んだ上で形成されているとみられることからすれば、同日における市場株価を直ちに同日のナカリセバ価格とみることは相当ではなく、上記ナカリセバ価格を算定するに当たり、吸収合併等による影響を排除するために、吸収合併等を行う旨の公表等がされる前の市場株価（以下「参照株価」という。）を参照してこれを算定することや、その際、上記公表がされた日の前日等の特定の時点の市場株価を参照するのか、それとも一定期間の市場株価の平均値を参照するのか等については、当該事案における消滅株式会社等や株式買取請求をした株主に係る事情を踏まえた裁判

所の合理的な裁量に委ねられているものというべきである。また、上記公表等がされた後株式買取請求がされた日までの間に当該吸収合併等以外の市場の一般的な価格変動要因により、当該株式の市場株価が変動している場合に、これを踏まえて参照株価に補正を加えるなどして同日のナカリセバ価格を算定するについても」同様と解される（前掲最決平成23・4・19〔TBS株式買取価格決定に対する抗告棄却決定に対する許可抗告事件〕）。

しかし、「吸収合併等により企業価値が増加も毀損もしないため、当該吸収合併等が消滅株式会社等の株式の価値に変動をもたらすものではなかったときは、その市場株価は当該吸収合併等による影響を受けるものではなかったとみることができるから、株式買取請求がされた日のナカリセバ価格を算定するに当たって参照すべき市場株価として、同日における市場株価やこれに近接する一定期間の市場株価の平均値を用いることも、当該事案に係る事情を踏まえた裁判所の合理的な裁量の範囲内にある」（前掲最決平成23・4・19〔TBS株式買取価格決定に対する抗告棄却決定に対する許可抗告事件〕）と解される。

(エ) 裁判所の裁判

裁判所の公正な価格の裁判は決定による（非訟54条）。したがって、価格の決定をする場合には、会社や反対株主もしくは新株予約権者の陳述を聞かなければならず（会870条6号）、価格の決定（非訟54条）は、理由を付さなければならない（会871条）。かかる決定に対して、会社や反対株主もしくは新株予約権者は即時抗告することができ（同法872条4号）、即時抗告には執行停止の効力が認められる（同法873条柱書本文）。

(オ) 裁判の効果（相対効）

会社法の下では、株式買取価格決定の申立ては個々の株主ごとになされるものであり、裁判所の価格決定の効力に対世効は認められておらず、決定の効力は申し立てた株主に対してしか及ばない（会877条、878条参照）。

したがって、複数の株主が申立てを行った場合、株主ごとに「公正な価

格」が異なることもあり得る。

　しかし、申立ては、会社の本店所在地を管轄する地方裁判所（会868条1項）に会社との法定の協議期間の満了した日から30日以内に行わなければならず（同法117条2項、786条2項、798条2項、470条2項）、同一の地方裁判所に数個の事件が係属することとなるので、そのような場合には、特段の事情がない限り、一般的には審問および裁判は併合して行われるため[44]、実際は、そうした事態が生ずることが回避される。

(4)　手続上の留意点

(ア)　申立てと全部取得条項付種類株式の取得の効果

　全部取得条項付種類株式の取得の効果は取得日に発生し（会173条1項）、反対株主の買取請求に係る株式も会社によって取得されてしまうところ、反対株主の株式買取請求の価格決定の申立ては、定款変更の効力発生日＝（スクィーズアウトの場合）取得日よりも前に行うことは法律上できないことから、そもそもスクィーズアウトの手法として全部取得条項付種類株式の全部取得が用いられた場合に係る申立てが適格を欠くに至り、不適法になることはすでに述べた。

(イ)　買取りの効力発生日

　反対株主の買取請求に係る株式の会社への移転の効力が生じるのは、基本的には、会社からの株式代金の支払時である（会117条5項、786条5項、798条5項、807条5項、470条5項）。ただし、吸収合併および新設合併における消滅会社、株式交換および株式移転の完全子会社の株主から買取請求がなされた場合に、当該株主に対して、存続会社または完全親会社の株式が割り当てられないことを明らかにするため（旧商法下ではこの点が明らかでなかった）、この場合には、当該組織再編の効力発生日に株式買取りの効力も生ずることが明確にされている（会786条5項、807条5項）。

---

[44] 類型別会社非訟・111頁。

したがって、株主は、買取請求を行ったからといって直ちに株主たる地位を失うのではなく、買取請求に係る株式が会社に移転するまでは自由に譲渡または質権設定を行うことが可能である。

(ウ) 前払いの可否

実務上、反対株主からの株式買取請求が行われ、全部取得条項付種類株式の全部取得または組織再編の効力発生日（取得日）の前に買取価格について協議が調うことがあり、その場合に、当該全部取得または組織再編の効力発生日（取得日）より前に買取請求に係る株式の代金を支払いたいという要請があり得る。年6分の利息を支払う必要があるからである（会117条4項、786条4項、798条4項、807条4項、470条4項）。

この場合、効力発生日（取得日）よりも前に買取代金を支払うことについては、特にこれを禁止する規定はなく、したがって、かかる支払を行うことは可能である。[45]

(エ) 撤　回

株式買取請求をした後は、株主は、会社の承諾がある場合に限って請求を撤回できる（会116条6項、785条6項、797条6項、806条6項、469条6項）。

とりあえず株式買取請求権を行使しておき、「決議がなかりせば有すべかりし価格」を取得できるオプションを有しながら、その後の株価の動向をみて市場で株式を売却するのが有利な場合には、株式買取請求を撤回し、市場で売却するといった投機的行動を防止するためである。

ただし、定款変更または組織再編の効力発生日から60日以内に、会社も株主も価格決定の申立てを裁判所に行わないときは、当該期間の満了後はいつでも株式買取請求を撤回できる（会117条3項、786条3項、798条3項、807条3項、470条3項）。

---

[45] 郡谷大輔ほか「株式買取請求と遅延利息の発生時期」商事1818号44頁。ただし、この論考は、代金支払後に組織再編が中止された場合の株式の取扱いなど実務上不明確な点があることから、組織再編の効力発生日後に代金の支払をするほうが無難かもしれないと指摘している。

(オ) 失　効

　会社が、全部取得条項を付する定款変更や組織再編を中止したときは、反対株主の株式買取請求は、その効力を失う（会116条7項、785条7項、797条7項、806条7項、469条7項）。ここにいう「中止」には、株主総会の決議をもって当初の決議を撤回する場合のみならず、総会決議の無効・取消しがあった場合も含む。ただし、代金の支払によりすでに株式が会社に移転した後に「中止」されたとしても、さかのぼって買取請求が失効することはない。[46]

5　取得価格決定申立事件

(1)　意　義

　全部取得条項付種類株式（会社法108条1項7号に掲げる事項についての定めがある種類の株式をいう。以下同じ）を発行した種類株式発行会社は、株主総会の決議によって、全部取得条項付種類株式の全部を取得することができる（会171条）。会社法上、全部取得条項付種類株式については、会社が取得する場合の取得対価の算定方法はあらかじめ定款に定められず、取得を決定する株主総会決議において初めて定められるものとされている（同条1項本文参照）。このため、株主総会決議において定める取得対価が公正なものである保証がなく、不当な対価により会社が株式を取得するという重大な効果が生じる危険があるので、会社法172条1項は、反対株主に対して取得対価の決定の申立ての権利を保障していると解される（会社法立案担当者などの見解）。[47]

(2)　申立要件

　取得価格決定の申立要件は、次の各要件が具備されていることが必要とされる。

　① 申立人が次に掲げるいずれかの株主（以下、「反対株主」という）であ

46　酒巻＝瀧田・前掲（注25）150頁〔岡田昌浩〕。

ること（会172条）
㋐　当該株主総会に先立って当該株式会社による全部取得条項付種類株式の取得に反対する旨を当該株式会社に対し通知し、かつ、当該株主総会において当該取得に反対した株主（当該株主総会において議決権を行使することができるものに限る）
㋑　当該株主総会において議決権を行使することができない株主
②　当該株主総会の日から20日以内に、会社の本店所在地の地方裁判所

47　山下友信編『会社法コンメンタール４』103頁〔山下友信〕、相澤哲編著『立案担当者による新・会社法の解説』（別冊商事法務295号）43頁〔相澤哲＝豊田裕子〕。なお、裁判所は、次のように判旨したものがある。この株主保護のあり方について、レックス・ホールディングス事件高裁決定とサイバードホールディングス事件地裁決定はほぼ同様の理解であるが、最高裁決定の田原裁判官補足意見を考慮し、「反対株主等の有する経済的価値を補償することにより」株主保護を図ると明示したサイバードホールディングス事件地裁決定のほうがより丁寧である。他方で、サンスター事件高裁決定には、下記判示のとおりその書き振りに誤りがある。同決定も株主保護を制度趣旨ととらえていることは明白であるから、本質的な問題とはいえないが、「公開買付けの価格に不服があるときに」株主を保護するというのは語弊がある。実務上は、全部取得条項付種類株式を取得する際の対価を公開買付価格と同額にするが、これは論理必然のものではない。正確にいえば、「全部取得条項付種類株式の取得の対価に不服があるときに」ということになる。
①　レックス・ホールディングス事件（前掲東京高決平成20・9・12）
　　「この取得価格の決定申立の制度は、上記決議がなされると、全部取得条項付種類株式を発行している種類株式発行会社が、決議において定められた取得日に、これに反対する株主の分も含め、全部取得条項付種類株式を全部取得することになるため（同法171条1項、173条1項）、その対価に不服のある株主に、裁判所に対して自らが保有する株式の取得価格の決定を求める申立権を認め、強制的に株式を剥奪されることになる株主の保護を図ることをその趣旨とするものである」（下線筆者。以下、判旨部分の下線につき同じ）。
②　サンスター事件（大阪高決平成21・9・1判タ1316号219頁）
　　「会社法172条1項による全部取得条項付株式の取得価格決定の申立は、株主総会の決議により取得日に株式を強制的に取得される株主に対し、公開買付けの価格に不服があるときに、現実の経済的価値との乖離について、経済的調整を図ることを目的とするものである……」。
③　サイバードホールディングス事件（東京地決平成21・9・18金商1329号45頁）
　　「この取得価格の決定申立制度は、上記決議がされると、全部取得条項付種類株式を発行している種類株式発行会社が、決議において定められた取得日に、これに反対する株主の分も含め、全部取得条項付種類株式を全部取得することになるため（同法171条1項、173条1項）、その対価に不服のある株主に、裁判所に対して自らが保有する株式の取得価格の決定を求める申立権を認め、反対株主等の有する経済的価値を補償することにより、強制的に株式を剥奪されることになる株主の保護を図ることをその趣旨とするものである」。

（会868条1項）に対する書面による申立て（会非訟規1条）がなされること

なお、上記の要件に加え、上場会社においては、振替法147条4項に定義される「少数株主権等」の行使の際の個別株主通知（社債株式振替154条3項）が適式になされていることが必要である。振替法上の「少数株主権等」とは、「株主の権利（会社法124条1項に規定する権利を除く。）」と定義されており、基準日株主が行使することができる権利（会社法124条1項に規定する権利）以外の株主の権利をいうところ（社債株式振替154条3項）、価格決定申立権は、通常は、基準日が設定されて行使できる株主が確定される権利ではないため、会社法124条1項に規定される権利以外の権利として「少数株主権等」に該当するからである。

したがって、株主の取得価格決定申立てを行う権利が振替法上の「少数株主権等」に該当する以上、その権利行使（申立て）の前に個別株主通知を行う必要があることとなる。ただし、個別株主通知は、会社に対する対抗要件であって、訴訟要件ではないことから、これを欠く申立ても直ちに不適法ということにはならず、会社が対抗要件の欠缺を争った場合に初めて審理の対象となる。[48]

(3) 取得価格の決定

(ア) 価格協議

株式買取請求における株式買取価格の決定申立てと異なり、会社と反対株主との協議が調わなかったことが申立要件とされていない。

---

[48] 浜口・前掲（注24）34頁。なお、対抗要件たる個別株主通知の欠缺が会社に争われた事件（メディアエクスチェンジ事件）において、東京高等裁判所の異なる3つの部が、それぞれ異なる内容の決定（東京高決平成22・2・18金商1337号32頁、東京高決平成22・1・20金商1337号24頁および東京高決平成22・2・9金商1337号27頁）を行い、実務が混乱していたが、前掲最決平成22・12・7が、全部取得条項の買取価格決定の申立ては少数株主権にあたるということから、個別株主通知が必要であるとしたうえで、会社が株主であることを争った場合に、審理終結までに個別株主通知がされれば足りるとして議論の決着をつけた。

なお、価格協議は、価格の決定申立てがなされた場合でも、継続して差し支えないが、以前は非訟事件手続においては和解が認められないと一般的に解されていたことから、会社と反対株主の間において価格について合意が成立した場合には、実務上は、その合意の内容を審尋調書に記載したうえで、手続自体は申立ての取下げによって終了させてきたが、現在は、和解が認められ（非訟65条）活用が進むであろう。

　(イ)　裁判所が定めるべき価格
　　　(A)　「公正な価格」とは
　会社法172条は、反対株主等の株式買取価格の決定申立てと異なり、「公正な価格」と明確に規定していないが、同じく、裁判所が定めるべき価格は「公正な価格」と解される。[49]会社法には、この「公正な価格」の具体的な算定方法が規定されておらず、裁判所の裁量に委ねられているものと解せられるが（前掲最決昭和48・3・1参照）、ここでいう「公正な価格」の構成要素はいかに考えられるべきであろうか。レックス・ホールディングス事件最高裁決定（前掲（注49）最決平成21・5・29）田原睦夫裁判官補足意見は、次のように述べる。

　「取得価格決定の制度が、経営者による企業買収（MBO）に伴いその保有株式を強制的に取得されることになる反対株主等の有する経済的価値を補償するものであることにかんがみれば、取得価格は、①MBOが行われなかったならば株主が享受し得る価値と、②MBOの実施によって増大が期待される価値のうち株主が享受してしかるべき部分とを、合算して算定すべきもの

---

[49] レックス・ホールディングス事件の最高裁決定（最決平成21・5・29金商1326号35頁）における田原睦夫裁判官補足意見は、「会社法上、株主が株式買取請求権を行使する場合における買取価格は、公正な価格と定められている（469条1項、785条1項、797条1項、806条1項）ところ、上記の場合において、当事者間で協議が調わないときは、当事者の申立により裁判所がその価格を決定することとされている（470条2項、786条2項、798条2項、807条2項）。そして、裁判所が決定する上記価格は、上記各条に定める公正な価格をいうものと一般に解されており、取得価格も、裁判所が決定するものである以上、上記の株式買取請求権行使の場合と同様、<u>公正な価格を意味するものと解すべきである</u>」と述べている。

と解することが相当である。

　原決定が『公正な価格を定めるに当たっては、取得日における当該株式の客観的価値に加えて、強制的取得により失われる今後の株価の上昇に対する期待を評価した価額をも考慮するのが相当である』とする点は、……実質的には上記と同旨をいうものと解することができる」。

　田原裁判官補足意見のこの整理は、「企業価値の向上及び公正な手続確保のための経営者による企業買収（MBO）に関する指針」[50]（以下、「MBO指針」という）の影響を強く受けているものと思われる。すなわち、MBO指針においては、「MBOに際して実現できる価値」は、㋐MBOを行わなければ実現できない価値と、㋑MBOを行わなくとも実現可能な価値に区別して考えられるとされ、後者は基本的には株主が受けるべきものであるが、前者については、MBOを実施する取締役は自らリスクをとってこれを実施するものである以上、MBOによって実現される価値については、かかる取締役と株主の双方が受けるべきであるとされている[51]。そして、田原裁判官補足意見の①は、MBO指針の上記㋑に相当し、田原裁判官補足意見の②は、MBO指針の上記㋐に相当する[52]。

　そして、その後に出されたサイバードホールディングス事件（前掲（注47）東京地決平成21・9・18）においては、「公正な価格」は、まず、①取得日における当該株式の客観的価値、および、②強制的取得により失われる今後の株価の上昇に対する期待を評価した価額としたうえで、「言い換えると」として、「公正な価格」は、①MBOが行われなかったならば株主が享受し得る価値、および、②MBOの実施によって増大が期待される価値のうち株主が享受してしかるべき部分から構成されるとしている。

---

[50] 経済産業省「企業価値の向上及び公正な手続確保のための経営者による企業買収（MBO）に関する指針（平成19年9月4日）」〈http://www.meti.go.jp/policy/economy/keiei_innovation/keizaihousei/pdf/MBOshishin2.pdf〉。
[51] MBO指針7頁～8頁。
[52] 加藤貴仁「レックス・ホールディングス事件最高裁決定の検討(下)」商事1877号24頁参照。

これらを踏まえれば、「公正な価格」は、次の2つの構成要素からなると整理できると考えられる。[53]

> ① MBOが行われなかったならば株主が享受し得る価値＝取得日における当該株式の客観的価値
> ② MBOの実施によって増大が期待される価値のうち株主が享受してしかるべき部分＝強制的取得により失われる今後の株価の上昇に対する期待を評価した価額

これらの構成要素について、裁判所の「合理的な裁量」により算定していくこととなる。前記のとおり、裁判所は、「公正な価格」を、① MBOが行われなかったならば株主が享受し得る価値（取得日における客観的価値）と、② MBOの実施によって増大が期待される価値のうち株主が享受してしかるべき部分（株価上昇期待権）とに分けて考えているが、この①および②を算定する際しては異なる算定方法を用いている。

そこで、以下においては、上記①②のそれぞれの具体的算定方法につき検討する。

　　　　(B)　MBOが行われなかったならば株主が享受し得る価値（取得日における客観的価値）の具体的算定方法

　　(i)　算定手法

上場会社がその銘柄に係る株式の全部を取得する場合、取得日の前に上場廃止となる。[54] つまり、取得日の時点では、その会社の市場株価は存在しない。

しかし、全部取得条項付種類株式の全部取得を理由とした上場廃止の場合、取得日の直前まで株式市場において株式は流通し、市場株価が形成されてい

---

[53] これらは、概念的には理解することができるが、この①と②が具体的に意味するものについては、水野＝西本・前掲（注19）50頁以下に詳しい。

[54] 上場廃止日は、東京証券取引所の有価証券上場規程601条1項18号および有価証券上場規程施行規則604条10号により、上場廃止決定日の翌日の1カ月後となる。

ることからすれば、市場株価を基準として取得日の公正な価格を算定することには合理性がある。

そこで、取得価格決定申立ての裁判例において、裁判所は、おおむね、株式市場の完全な効率性までは認めないものの、市場株価は、企業の客観的価値を表していることを前提として、「MBOが行われなかったならば株主が享受し得る価値」、すなわち取得日における株式の客観的価値の具体的算定方法として、市場株価法を採用している。[55]

なお、株式価値の算定方法には、マーケット・アプローチの代表的手法である市場株価法以外にも、さまざまな算定方法があり、裁判においては市場株価法以外の算定方法が採用されるべきといった主張が必ず一方当事者からなされる。しかし、市場株価法には客観性に極めて富んでおり、算定の計算も容易であって鑑定の必要性もないなどの利点があり、市場株価法が採用できる場合は、これにより客観的な株式価値を算定するのが妥当であり、他の方法により算定する必要性はないといえる。

逆に、他の算定方法による場合には、看過できない弊害が伴うことが多い。

---

[55] レックス・ホールディングス事件（前掲（注49）最決平成21・5・29）田原裁判官補足意見は、「取得日における客観的価値の算定につき、採用すべき具体的算定方法について述べているわけではないが、レックス・ホールディングス事件東京高裁決定につき、『現決定は、本件MBOにおける上記の事実経過を踏まえた上で、取得日における本件株式の価値を評価するに際し、①抗告人の主張する市場株価方式と純資産方式（修正簿価純資産法）および比準方式（類似会社比準法）とを併用すべきであるとの点については、抗告人主張の純資産方式および比準方式による各試算額が、本件公開買付価格と著しく乖離していることや、旧レックスが様々な事業を展開しており、その業態、事業形態に照らし、その企業価値は収益力を評価して決せられる部分が多いことなどから適切ではないとし、②旧レックスが平成18年8月21日に公表した『同年12月期の業績予想の下方修正は、企業会計上の裁量の範囲内の会計処理に基づくものとはいえ、既に、この段階において、相当程度の確実性をもって具体化していた本件MBOの実現を念頭において、特別損失の計上に当たって、決算内容を下方に誘導することを意図した会計処理がされたことは否定できない』とした上で、本件公開買付けが公表された前日の6ヶ月前である平成18年5月10日から同公表日の前日である同年11月9日までの市場株価の終値の平均値をもって取得日における本件株式の価値とした」と認定したうえで、「取得価格の算定方法に裁量権の逸脱はないものというべきである」としている。これによれば、田原裁判官補足意見は、少なくとも、「取得日における客観的価値」の算定を市場株価法により算定することが裁量権の逸脱ではないと解している。

たとえば、DCF法による場合、将来の事業計画の策定に恣意が介入するおそれが払拭できず、非流動性ディスカウントやスモールビジネスディスカウントなど各種のディスカウントを用いることの是非や適切なディスカウントレートの選択に困難がつきまとう。実際、シャルレのMBOにおいては、価格算定方法としてDCF法が採用されたが、その基礎となった利益計画の策定手続において、買付者となる創業者一族のアドバイザーから交渉自由の原則により認められる合理的範囲を超える介入があり、かつ、同社の社外取締役らもこれを受け入れたとみられる状況にあったと評価できるから、利益計画の承認に関する意思決定過程における透明性・公正性に問題があったという指摘が、同社が設置した第三者委員会よりなされ、大阪証券取引所から改善報告書を徴求されている[56]。[57]

また、類似会社比較法を用いるに際しても、事業内容等において類似し、比較に適した上場会社を選定することに困難が伴う場合が多い。修正簿価純資産法といったネット・アセット・アプローチは、本来的に、会社の清算価値（解散価値）を算定する場合に用いられるものであり、継続企業（ゴーイング・コンサーン）を前提とする場合においてかかるアプローチを採用することは妥当でない。近時の裁判例でも、継続企業の算定評価方法としては、その採用が否定されている。具体的には、レックス・ホールディングス事件において最高裁判所が是認した前掲東京高決平成20・9・12や、前掲（注47）大阪高決平成21・9・1〔サンスター事件〕（確定）等においては、純資産方式の採用は明示的に否定されている。すなわち、上記のレックス・ホールディングス事件高裁決定においては、取得価格の算定方式の選定に関して、「本件においては、継続企業としての旧レックスの企業価値を評価すべ

---

[56] シャルレ第三者委員会の平成20年10月31日付け調査報告書12頁。ただし、シャルレ検討委員会による平成20年11月18日付け報告書によれば、シャルレにより策定された利益計画は、「不合理であるとはいえない」と結論されている。

[57] 大阪証券取引所の平成20年11月18日付けプレスリリース。

きであって、解散・清算を予定して、その企業価値を評価するわけではないこと」を理由として、純資産方式の採用が明示的に否定されているのである。[58]

また、上記のサンスター事件高裁決定においても、「純資産法も本件が清算価値の算定を目的とするものではないから、いずれも本件では採用することができない」と純資産方式の採用が明示的に否定されている。

このほかにも、前掲東京地決平成20・3・14〔カネボウ事件〕および東京地判平成21・5・21判時2047号36頁〔ライブドア株式一般投資家損害賠償請求事件〕等においても同趣旨の判示がなされているなど枚挙に暇がない。

さらにいえば、これらの算定方法による場合、一義的に株価が計算できるというわけではないので、鑑定を行う必要性が高い。しかるに、鑑定を行うとなれば、それだけ審理に時間を要することになるのみならず、株主が鑑定費用の一部の負担を裁判所により命ぜられる可能性も、現状の裁判例（前掲東京地決平成20・3・14[59]〔カネボウ事件〕）からすれば低くはない。つまり、株主は、裁判には勝訴しても、鑑定費用を負担させられることにより、それだけ得られる経済的保障が目減りするのであり、これが、反対株主の訴訟提起の意欲を阻害する要因にもなりかねない。

---

[58] 前掲東京高決平成20・9・12〔レックス・ホールディングス事件〕は、「本件においては、継続企業としての旧レックスの企業価値を評価すべきであって、解散・清算を予定して、その企業価値を評価するわけではないこと、……その業態、事業形態に照らし、その企業価値は、収益力を評価して決められる部分が大きく、純資産価額は、旧レックスの企業価値を適正に反映するものとはいえないものというべきであって、本件株式の客観的価値を算定するに当たって、純資産方式を併用することには、その合理性を認めることができない」と判示し、前掲（注49）最決平成21・5・29は、この点をも含めて是認している。
[59] 同決定は、鑑定費用の負担につき、「本件手続における鑑定費用の負担については、申立が適法と判断された申立人（株主）らと相手方（会社）との間においては、各申立人（株主）らの持株数と本件株式の価格についての申立人（株主）らと相手方（会社）それぞれの主張額と当裁判所が決定する額との乖離率に応じて各当事者が負担」すべきとされた。つまり、株主は、自らが適当な価格であると主張した株価と裁判所が認定した公正な価格との乖離が大きければ大きいほど多くの鑑定費用を負担させられることになるのである。

(ii) 「MBOが行われなかったならば株主が享受し得る価値」の算定起算日

取得日における株式の客観的価値を市場株価法で算定する場合、その起算日および算定の基礎とする期間が問題となる。

裁判例は、おおむね、公開買付公表日以降、上場廃止日までの株価を参照せず、公開買付公表日の前日を取得日における株式の客観的価値を算定する際の起算日とする点で一致している。公開買付けの公表があれば、看過できない株価への影響が生ずることを前提にして公表後の株価を参照しないこととしている。公開買付けが公表されれば、公開買付価格をいわば「上限（キャップ）」として市場株価が公開買付価格に拘束される形で推移するからである。ただし、対抗的公開買付者が現れることが期待されているような場合には、この経験則が必ずしも機能しない場合がある。このような場合、公開買付期間中の株価の推移は、当該株式の客観的価値を表しているというよりも「思惑買い」による影響が強く、上記期間中の株価は客観的価値の算定に際しては参照するに値しないものと思われる。いずれにしても、公開買付け公表後の株価の推移を一応認定したうえで、参照期間から除くといったレックス・ホールディングス事件高裁決定（前掲東京高決平成20・9・12）の手法が参考となる。

(iii) 「MBOが行われなかったならば株主が享受し得る価値」の算定期間とその期間における業績下方修正の評価

市場株価法で株式価値を算定する場合、その算定期間の長短が最終的な株式価値の高低に大きな影響を及ぼす。

したがって、算定期間の長さをいかに考えるかについては極めて重要であるが、裁判例からは、この算定期間の長短は、個々の事案の特性に応じて決定される傾向がうかがわれ、確定的な基準を導くことは難しい。

ただ、東京地方裁判所においては算定期間を1カ月間とするという事例が集積されているところであり、ほぼ確定しつつあるといえよう。時々刻々と企業をめぐる環境が変化し、企業価値も刻々と変化する中で、公開買付けが

開始される１年前の株価を参考にしても意味がなく、基準日現在の企業価値と乖離した価格が客観的価値とされる危険性が高まるという意味で不適切であるし、また、投資家による一定の投機的思惑など偶然的かつ短期的な市場株価の変動要素を除外するためには、１カ月間というのは十分な期間であると考えられるから、こうした運用は合理的であると解される[61]。なお、会計基準上、「その他有価証券」の決算時の時価は、原則として、期末日の市場価格に基づいて算定された価額とされているものの、期末前１カ月の市場価格の平均に基づいて算定された価額を用いることもできるとされている[62]。これは、企業価値評価の場面ではないものの、会計基準上も、短期的な市場株価の変動要素を除外するための期間としては１カ月で十分であると認識されていることがうかがえる。

　　(iv) 「MBOが行われなかったならば株主が享受し得る価値」の算定期間における業績下方修正等イベントの評価

　算定期間において業績予想の下方修正等の株価に影響するイベントがあるとき、こうしたイベントが算定結果に大きな影響を及ぼす可能性がある[63]。

　たとえば、レックス・ホールディングス事件（前掲（注49）最決平成21・5・29）田原裁判官補足意見は、「旧レックスが平成18年８月21日に公表した『同年12月期の業績予想の下方修正』は、企業会計上の裁量の範囲内の会計処理に基づくものとはいえ、既に、この段階において、相当程度の確実性を

60　なお、全部取得条項付種類株式の取得価格決定申立事件に関する前掲札幌地決平成22・4・28でも１カ月間の算定期間が採用されている。

61　北川徹「MBOにおける価格決定申立事件再考――サイバードホールディングス事件東京地裁決定を手掛かりに――(下)」商事1890号９頁も同旨。

62　企業会計基準委員会「（企業会計基準第10号）金融商品に関する会計基準」（平成20年３月10日最終改正）〈https://www.asb.or.jp/asb/asb_j/documents/docs/fv-kaiji/fv-kaiji.pdf〉第18項に付された脚注７。

63　レックス・ホールディングス事件（前掲（注49）最決平成21・5・29）において、業績予想の下方修正に対する評価が結論を左右したのはほぼ間違いない。判断を分けた「業績下方修正の評価」について、レックス・ホールディングス事件の審級の分析は水野＝西本・前掲（注19）70頁以下。

III　株式に関する事件

もって具体化していた本件MBOの実現を念頭において、特別損失の計上に当たって、決算内容を下方に誘導することを意図した会計処理がされたことは否定できない』とした上で、本件公開買付けが公表された前日の6カ月前である平成18年5月10日から同公表日の前日である同年11月9日までの市場株価の終値の平均値をもって取得日における本件株式の価値とした」と認定し、「取得価格の算定方法に裁量権の逸脱はないものというべきである」としている。

　これに対し、サイバードホールディングス事件において、東京地方裁判所は、公開買付けが公表される約6カ月前になされたのれんの減損処理等により、相手方の市場株価が実態価値以上に売り込まれたかについては、減損処理等による市場株価の変動後の市場株価こそが企業の客観的価値を反映した株価というべきであるとしたうえで、「のれんの減損処理によって相手方の市場株価が実態価値以上に売り込まれたと認めるべき的確な根拠はない」と判示した（前掲（注47）東京地決平成21・9・18）。

　(v)　「MBOが行われなかったならば株主が享受し得る価値」の算定期間における平均値の種類

　市場株価法による株価の算定を行う場合、一定期間の平均値を求めて算定されることが多いが、裁判例によって用いられる平均値が現状では異なっている。

　レックス・ホールディングス事件最高裁決定（前掲（注49）最決平成21・5・29）田原裁判官補足意見は、東京高裁決定につき、「市場株価の終値の平均値をもって取得日における本件株式の価値とした」と認定したうえで、「取得価格の算定方法に裁量権の逸脱は認められない」とした。なお、レックス・ホールディングス事件高裁決定（前掲東京高決平成20・9・12）は、「終値の平均値」、すなわち終値の単純平均値を用いているが、同事件の東京地方裁判所は、終値の①売買高加重平均値および②単純平均値の双方を用いている（東京地決平成19・12・19判時2001号109頁）。これに対し、サンスター

事件（前掲（注47）大阪高決平成21・9・1）のように、「1年前の株価に『近似』する」価格が客観的価値であるとされて、平均値の算定自体が行われていないということもある。なお、サイバードホールディングス事件（前掲（注47）東京地決平成21・9・18）では、「終値による出来高加重平均値」が用いられている。

このように、裁判例においては、おおむね、終値の単純平均値と終値の出来高（売買高）加重平均値のいずれかが採用されているようであるが、終値の単純平均値を用いるのであれば、それはそれで1つの「割り切り」といえるものの、取引の実態に近づけるために、出来高加重平均値を用いるのであれば、終値の出来高加重平均値ではなく、VWAPを採用すべきと解される[64]。

東京地方裁判所では、レックス・ホールディングス事件およびサイバードホールディングス事件のほかにも、協和発酵キリン事件（前掲（注26）東京地決平成21・4・17）やTBS事件（前掲（注26）東京地決平成22・3・5）においても、終値の出来高加重平均値が採用されており、東京地方裁判所では、この方向で固まりつつあるともいえるが、この点は必ずしも妥当とはいえない。なお、全部取得条項付種類株式の取得価格決定申立事件に関する前掲札幌地決平成22・4・28は、終値の単純平均値に加え、VWAPによる価格もあわせて認定している。

  (C) プレミアム（MBOを行わなければ実現できない価値）の具体的算定

  (i) プレミアム（MBOを行わなければ実現できない価値）の考え方

レックス・ホールディングス事件（前掲（注49）最決平成21・5・29）田原裁判官補足意見は、「MBOの実施に際しては、MBOが経営陣による自社の株式の取得であるという取引の構造上、株主との間で利益相反状態になり得ることや、MBOにおいては、その手続上、MBOに積極的ではない株主に

---

[64] 具体例による検証が、水野＝西本・前掲（注19）85頁以降になされているので、参照されたい。なお、弥永・前掲（注40）113頁も結論において同旨と考えられる。

対して強圧的な効果が生じかねないことから、反対株主を含む全株主に対して、透明性の確保された手続が執られることが要請されている」として、企業価値研究会「企業価値の向上及び公正な手続確保のための経営者による企業買収（MBO）に関する報告書」（平成19年8月2日）を参照し、「それ故、裁判所が取得価格を決定するに際しては、当該MBOにおいて上記の透明性が確保されているか否かとの観点をも踏まえた上で、その関連証拠を評価することが求められている」とした。

そのうえで、①「本件MBOは、上記改正（筆者注：証券取引法（当時）の平成18年改正）による規制の対象外であり、法令上その義務を負うものではないものの、本件MBOにおいては、『買付け等の価格の算定に当たり参考とした第三者による評価書、意見書等』は公開されなかった。なお、MBO報告書によれば、事業計画や株価算定評価書等を開示した上で、買付価格の合理性について株主らに検討する機会を与えることが望ましいとされている」とし、さらに、②「MBOの実施に際しては、株主に適切な判断機会を確保することが重要であり、MBOに積極的ではない株主に対して強圧的な効果が生じないように配慮することも求められるところ、本件MBOにおける公開買付者のプレスリリースや抗告人に吸収合併された旧株式会社レックス・ホールディングスの株主あてのお知らせには、公開買付けに応じない株主は、普通株式の1株に満たない端数しか受け取れないところ、当該株主が株式買取請求権を行使し価格決定の申立を行っても、裁判所がこれを認めるか否かは必ずしも明らかではない旨や、公開買付けに応じない株主は、その後の必要手続等に関しては自らの責任にて確認し、判断されたい旨が記載されており、MBO報告書において避けるべきであるとされている『強圧的な効果』に該当しかねない表現が用いられている」としたうえで、プレミアム部分に関する東京高裁決定（前掲東京高決平成20・9・12）が、「原決定は、

---

65 http://dl.ndl.go.jp/view/download/digidepo_1009768_po_mbo.pdf?contentNo=1

相手方らの度重なる要請にもかかわらず、抗告人が、MBO後の事業計画や、公開買付者において旧レックスにつきデューディリジェンスを実施した上で作成した株価算定評価書を提出しなかったことを踏まえ、本件MBOに近接した時期においてMBOを実施した各社の事例を参考に、上記の本件株式の価値に、本件MBOにおいて強制取得の対象となる株主に付加して支払われるべき価値部分として、その20％を加算し、これをもって取得価格と定めるのが相当であるとした」と判示する点を引用し、「取得価格の算定方法に裁量権の逸脱は認められない」とした。

MBOにおいては、バイアウトされる対象会社が、特に他の事業会社等とM&A取引を行うのではなく、基本的には、会社の物的資産に変動はなく、現在の事業を継続することから、企業結合等におけるようなシナジーは発生しない。[66]

しかし、対象会社の経営陣がMBOを行うのは、MBOを行うことによって対象会社の企業価値が向上すると考えているからにほかならない。

つまり、MBOにおいても、企業結合等と同様、当該取引を行うことによって、その対象会社の企業価値の増大が見込まれるのであるが、そもそも「公正な価格」の構成要素とされる「MBOにより増大する価値」とはいったいどのような価値なのであろうか。まず、MBOを通じて非公開化し、スクィーズアウトによって一般株主が存在しなくなることにより、開示コストなどの上場コストや株主管理費用の削減など、目に見える形でのメリットがあげられる。

しかし、より本質的な「MBOにより増大する価値」は他のところにあるように思われる。

すなわち、前記のとおり、MBOを実施したからといって、会社の物的資産が変更されることは基本的にはない。

---

66 MBO指針7頁。

III 株式に関する事件

　コスト削減等を除いてMBOを契機として変わるものとしては、それは、所有と経営が一致することによりエージェンシー問題が解決され、取締役が株主の利益を犠牲にして自己の利益を図るインセンティブがなくなることや、企業価値の向上に失敗すれば自らの取締役としての地位も失いかねないというリスクを負担して、企業価値増大のリターンも享受できるようになることといった取締役のインセンティブ構造の変化があげられる。そして、この高まった企業価値増大に向けたインセンティブに裏打ちされた将来の業績改善への経営者の自信や努力こそが対象会社の将来の付加価値の増大の源泉となる[68]。

　そうであるとするならば、経営者が自ら資金を拠出し、多大なリスクをとって得られる価値の増大を既存株主に分配する必要があるのであろうか。

　確かに、前記のとおり、「MBOによる価値の増大」は、MBOに参加する経営者が自らリスクを負担し、企業価値の向上によるリターンを得ようとする経営者の自信や努力に起因するといえることから、かかる取締役の努力によって得られることが見込まれる価値の増大を既存株主に分配する必要性は必ずしもないように思われる。

　しかし、経営者が自らリスクをとって努力し、企業価値を向上させてリターンを得るといっても、経営者が全くゼロの状態から起業するのではなく、

67　MBOとはいっても、MBOに参加した取締役の地位が保証されるわけではない。むしろ、支配株主はファンドなどの金融機関となるため、MBO実施時の事業計画未達の場合、ファンドから退任を迫られることがある。実際にも、MBOを実施したすかいらーくの創業家社長が、MBO実施後に2期連続して最終赤字を出し、再建の見込みが立たないと投資会社に判断され、株主総会で解任された（平成20年8月18日付け日本経済新聞朝刊）。

68　北川徹「マネジメント・バイアウト（MBO）における経営者・取締役の行為規整(2)」成蹊法学68＝69号57頁以下を参照した。ただし、同・前掲（注61）7頁〜8頁では、「MBOにおける企業価値増大部分の源泉は、将来への自信に基づき、リスクを負担した経営者等、買収者の経営努力によるものである。それゆえ、MBO実施前に確定していない将来の企業価値の増大部分を、既存の株主に対して保証してしまうことは、かえって不公平であるとともに、経営者等がMBOを提案するインセンティブを阻害することになる」として、経営陣の努力による企業価値増大部分を既存の株主に対して事前に分配することに反対している。

653

既存の経営資源を活用して行うものである以上、かかるリターンの土台の相当部分は、MBO実施前の会社の経営資源に依拠するものといわざるを得ない。[69]

また、レックス・ホールディングス事件高裁決定（前掲東京高決平成20・9・12）が指摘するように、株式を継続して保有することにより実現する可能性のある株価の上昇に対する期待を株主は有しており、この株主の期待は、株式の有する本質的な価値として、法的保護に値するものであるところ、MBOにおいてスクィーズアウトされる場面では、少数株主は、その保有する株式を強制的に取得される。

このように、少数株主は、MBOによって企業価値の増大が見込まれるにもかかわらず、株式を保有し続けることはできず、強制的に株式を取得されるのであるから、他の企業結合等において生じるシナジーと同様、MBOによって実現される価値の公正な分配を保証されてしかるべきである。[70]

　(ⅱ)　プレミアム（MBOを行わなければ実現できない価値）の算定方法

上述のとおり、「MBOによる価値の増大」の源泉は、主としてインセンティブ構造が変化する経営者の自信や努力にあると考えられるところ、この価値の増大はMBO実施後の対象会社の事業計画や収益予想に反映されることになる。

しかるに、MBOの場合、MBOの公表と同時に公開買付けの実施が公表され、その直後に公開買付けが開始されるのが通例であるため、MBOによる企業価値の増加分を反映した市場価格は存在しない。

そのため、裁判所が、公開買付価格が「公正な価格」ではないとの判断に至り、公開買付価格とは異なる価格を独自に算定する場合、裁判所としては、

---

[69] サイバードホールディングス事件地裁決定（前掲（注47）東京地決平成21・9・18）が「増大が期待される価値も、その土台の相当部分は既存の株主全員の保有していた株式に由来するものである」と指摘するのも同様の趣旨なのではないかと思われる。
[70] 加藤・前掲（注52）26頁、池永朝昭ほか「MBO（マネージメント・バイアウト）における株主権」金商1282号9頁。

MBOによる企業価値増加分は、対象会社から情報の提供を受けたうえで、裁判所が選任した鑑定人による鑑定に依拠するほかない。[71]

そして、この企業価値増加分を買収者たる経営陣と株主とでどのように分配するかについては、ある程度の割り切りが必要となるにしても、買収者たる経営陣がMBOに際してどの程度のリスクをとっているか、MBOの過程において手続の不公正はなかったかなどの個別の事情に基づいて決定されるべきものではないかと思われる。なお、企業価値の増加分については、取締役と株主とで1対1の割合で分配することを基本とし、取引の不公正を示す徴表があれば、裁判所の裁量でその分配を株主に有利に変更できるとする有力な見解がある。[72]

各裁判例においても、「MBOによって増大する価値」に株主へ分配すべき部分があること自体は一致している。

しかし、その算定についてはまさに裁判所の裁量が大きく作用する部分であるということもあり、裁判所の価値判断が具体的事案における、強圧性、株価算定書・事業計画などの情報開示の状況、公開買付けへの応募状況、対抗的買収提案の有無、直近事例のプレミアムの状況の特殊性を反映して色濃く現れてくるといってよい。[73]

実務では、レックス・ホールディングス事件において最高裁判所が是認し

---

71 加藤・前掲（注52）26頁。なお、実際には、サンスター事件地裁決定（大阪地決平成20・9・11金商1326号27頁）やサイバードホールディングス事件地裁決定（前掲（注47）東京地決平成21・9・18）が指摘するように、MBOの実施後に増大が期待される価値のうち既存株主に対して分配されるべき部分を客観的かつ一義的に算出する方法はいまだ確立されているとはいいがたいが、この場合、鑑定人は、MBO実施後の事業計画や収益予想などに基づき、DCF法などによって対象会社の企業価値を算定し、これとMBOを実施しなかった場合の事業計画や収益予想などに基づいて算定した企業価値とを比較して「MBOによって増大する価値」を算定することになろう。

72 田中亘「MBOにおける『公正な価格』」金商1282号21頁、伊藤靖史「判批」重判解〔平成20年度〕111頁。

73 各裁判例があげたプレミアムの算定に際しての考慮要素について具体的な検討として、水野＝西本・前掲（注19）101頁以下が詳しい。

た前掲東京高決平成20・9・12が、レックス・ホールディングスのMBOに近接した時期においてMBOを実施した各社の事例を参考にしてプレミアムを20％としたことを踏まえて、当該MBOに近接した時期においてMBOを実施した各社の事例を参考にしてプレミアムを算定する手法がほぼ確立している。そのため、近時の事例の傾向が重要となるが、各年に実施されたMBOのプレミアムの年平均は、〈表3〉のとおり、わが国の株式市場の低迷を受けて上昇の傾向があったが、平成21（2009）年頃から下降に転じ、公表前営業日ベースでおおむね50％前後を推移している。

〈表3〉 MBOのプレミアムの年平均　　　　　　　　　　（2012（平成24）年）

届出日	公開買付者	対象会社名	公表前営業日	公表前1ヶ月平均	公表前3ヶ月平均	公表前6ヶ月平均
12/17	株式会社TNC	株式会社野田スクリーン	66.20	69.70	76.00	74.00
11/27	レッドオスカーキャピタル株式会社	株式会社セレブリックス	4.00	0.70	8.60	▲14.20
8/15	株式会社ビー・ホールディングス	株式会社アイ・エム・ジェイ	66.67	61.52	64.04	62.95
8/9	株式会社シモノコーポレーション	アテナ工業株式会社	50.90	49.30	50.40	49.80
8/6	株式会社ダイショー	ソントン食品工業株式会社	42.90	46.20	46.70	44.70
7/12	株式会社吉田フードプランニング	株式会社鐘崎	42.86	38.64	38.64	31.28
5/14	AAホールディングス株式会社	株式会社アルク	32.15	19.84	33.73	51.94
4/16	株式会社ACコーポレーション	株式会社エイブル＆パートナーズ	35.20	37.10	44.30	45.40

III 株式に関する事件

3/16	株式会社Kアソシエイツ	株式会社ベンチャーリパブリック	34.60	34.10	37.30	44.70
			41.72	39.68	44.41	46.55

(2011（平成23）年)

届出日	公開買付者	対象会社名	公表前営業日	公表前1ヶ月平均	公表前3ヶ月平均	公表前6ヶ月平均
12/21	株式会社NAホールディングス	株式会社ワオ・コーポレーション	96.00	105.90	102.50	92.50
12/19	有限会社青春社	株式会社ホリプロ	67.50	67.50	61.00	55.60
12/6	株式会社アイエムホールディングス	株式会社アップガレージ	23.00	26.00	34.00	38.00
12/5	株式会社村田商事	株式会社三條機械製作所	130.54	123.92	123.92	136.36
11/8	株式会社KKT	カラカミ観光株式会社	64.40	55.80	36.40	27.70
10/24	株式会社森川企画	ヤマトマテリアル株式会社	49.23	50.82	41.62	47.15
9/20	エヌ・シー・ホールディングス株式会社	株式会社日本医療事務センター	65.63	67.01	59.08	51.35
9/15	トラベラー・ホールディングス、レッドホース・ホールディングス・リミテッド	RHトラベラー株式会社	記載なし	記載なし	記載なし	記載なし
9/5	株式会社TMコーポレーション	株式会社バルス	47.50	49.50	44.20	35.20
8/31	株式会社レヴァーレ	立飛企業株式会社	57.11	56.00	46.67	39.94
8/31	株式会社レヴァーレ	新立川航空機株式会社	103.92	101.53	67.21	52.09

657

届出日	公開買付者	対象会社名	公表前営業日	公表前1ヶ月平均	公表前3ヶ月平均	公表前6ヶ月平均
8/9	エイチエフホールディングス株式会社	東山フイルム株式会社	29.30	32.00	29.20	33.80
8/1	株式会社はしやま	マスプロ電工株式会社	63.40	63.40	65.10	47.40
7/11	株式会社Gプランニング	株式会社ゴトー	77.13	79.55	78.73	77.13
3/7	株式会社ヨシキホールディングス	株式会社ビジネストラスト	46.10	47.00	46.60	44.30
2/8	田中ホールディングス株式会社	田中亜鉛鍍金株式会社	41.84	43.63	47.55	47.35
2/7	CTトータルトランスポート株式会社	アートコーポレーション株式会社	38.80	38.80	41.80	35.60
2/4	株式会社MMホールディングス	カルチュア・コンビニエンス・クラブ株式会社	32.70	27.80	35.30	48.20
2/3	バッカス株式会社	エノテカ株式会社	47.10	68.10	89.80	93.80
2/1	株式会社WPKホールディングス	株式会社ワークスアプリケーションズ	34.15	30.63	43.40	43.10
1/11	TKMホールディングス株式会社	株式会社イマージュホールディングス	10.20	17.20	26.10	22.20
			56.28	57.60	56.01	53.44

(2010（平成22）年)

届出日	公開買付者	対象会社名	公表前営業日	公表前1ヶ月平均	公表前3ヶ月平均	公表前6ヶ月平均
12/16	株式会社JFK	ユニコムグループホールディングス株式会社	52.58	57.07	53.85	47.78
12/3	株式会社MBKP2	株式会社インボイス	19.00	37.00	37.70	33.00

III 株式に関する事件

11/22	株式会社 AHA	株式会社サザビーリーグ	43.99	38.89	45.35	43.78
11/10	パインホールディングス株式会社	コンビ株式会社	46.20	51.06	44.51	44.93
11/5	パシフィック・アライアンス・グループ・ホールディングス・リミテッド	セキュアード・キャピタル・ジャパン株式会社	26.28	22.39	17.62	11.54
11/1	株式会社 TK ホールディングス	株式会社幻冬舎	50.20	47.60	49.10	46.70
8/16	R ホールディングス株式会社	株式会社 VSN	39.57	40.96	43.82	39.92
8/13	株式会社 J ホールディングス	JST 株式会社	106.20	100.00	92.00	80.30
6/21	株式会社 F ホールディングス	フジフーズ株式会社	88.00	90.80	59.20	44.10
5/17	OCH5株式会社	マークテック株式会社	52.20	52.30	48.50	42.60
4/19	ティービーホールディングス株式会社	東京美装興業株式会社	33.10	33.90	34.30	34.50
4/16	株式会社ギャロップ	株式会社ジェイ・エー・エー	53.01	56.51	51.59	52.02
3/23	株式会社ユニマットレインボー	株式会社ユニマットライフ	43.92	48.51	48.84	48.19
			50.30	52.08	48.18	44.12

659

(2009（平成21）年)

届出日	公開買付者	対象会社名	公表前営業日	公表前1ヶ月平均	公表前3ヶ月平均	公表前6ヶ月平均
12/25	興和紡株式会社	興和紡績株式会社	106.56	114.29	91.49	79.49
12/15	フジスター株式会社	三共理化学株式会社	71.73	70.16	66.67	61.49
11/27	須田忠雄	株式会社やすらぎ	97.86	90.72	65.92	68.95
11/9	株式会社エフ・ディー	チムニー株式会社	44.59	48.59	42.32	37.39
11/4	BTホールディングス株式会社	バンクテック・ジャパン株式会社	76.04	78.62	78.54	74.71
8/18	ひまわり株式会社	株式会社オオゼキ	21.75	29.71	39.25	45.91
8/11	ビックアイ株式会社	パブリック株式会社	41.51	48.03	66.67	記載なし
7/28	株式会社幸進	株式会社リオチェーンホールディングス	21.52	36.36	53.35	50.00
5/18	株式会社双樹コーポレーション	株式会社ASK PLANNING CENTER	25.71	41.94	38.38	88.57
3/23	SGインベストメンツ株式会社	株式会社ユー・エス・ジェイ	28.53	30.17	33.60	24.72
3/12	ゲート株式会社	セキテクノトロン株式会社	210.22	203.92	181.82	記載なし
2/27	株式会社NMCファンド14	南部化成株式会社	300.00	190.00	196.00	155.00
2/2	ウェーブロックインベストメント株式会社	ウェーブロックホールディングス株式会社	記載なし	70.00	67.30	44.30
1/29	株式会社JOY	株式会社パワーアップ	103.00	102.00	83.50	65.30

届出日	公開買付者	対象会社名				
1/15	パイン株式会社	三光ソフランホールディングス株式会社	51.22	55.00	72.22	55.00
1/14	ACAグロース1号投資事業有限責任組合、MCPシナジー1号投資事業有限責任組合	株式会社ウィーヴ	記載なし	164.39	180.39	85.39
			85.72	85.87	87.34	66.87

(2008（平成20）年)

届出日	公開買付者	対象会社名	公表前営業日	公表前1ヶ月平均	公表前3ヶ月平均	公表前6ヶ月平均
10/22	株式会社小野寺事務所	株式会社LEOC	342.50	256.40	195.90	164.50
10/16	株式会社ケーエヌ	株式会社教研	記載なし	44.00	40.63	32.85
10/14	トオカツ・ホールディングス株式会社	トオカツフーズ株式会社	62.22	39.05	32.49	記載なし
10/7	UHホールディングス株式会社	株式会社ユニバーサルホーム	記載なし	96.20	82.10	64.20
9/30	有限会社弘林	日本工業検査株式会社	記載なし	39.00	39.00	42.00
9/25	株式会社ステップス	株式会社イーシー・ワン	98.28	106.00	68.00	58.00
9/25	エーエスホールディングス株式会社（現：株式会社あきんどスシロー）	株式会社あきんどスシロー	記載なし	65.50	記載なし	記載なし
9/22	有限会社サザンイーグル（現：有限会社G&L）	株式会社テン・アローズ（現：株式会社シャルレ）	記載なし	54.80	50.70	49.60
9/18	株式会社ミカサ	三笠製薬株式会社	53.85	48.70	40.60	34.30

9/4	タカハシ計画有限会社	日本ジャンボー株式会社	124.00	117.00	105.00	99.00
9/2	Blue River 株式会社	新輝合成株式会社	記載なし	98.00	95.00	88.00
8/5	パレス・キャピタル・パートナーズ株式会社(現：NCS ホールディングス㈱)	日本コンピュータシステム株式会社	記載なし	31.70	30.40	34.00
5/28	アイ・ディー・エス・ビー株式会社	株式会社オークネット	56.72	63.30	74.56	45.23
5/7	大倉物産株式会社	日本土建株式会社	62.60	62.93	71.67	68.42
4/1	株式会社報徳管財	伊田テクノス株式会社	記載なし	113.00	112.00	92.00
			114.31	115.25	68.04	67.08

※公衆縦覧に供されている公開買付届出書より

(ウ) 裁判所の裁判

裁判所の公正な価格の裁判は決定による（非訟54条）。したがって、価格の決定をする場合には、会社や反対株主の陳述を聞かなければならず（会870条6号）、価格の決定（非訟54条）は、理由を付さなければならない（会871条）。かかる決定に対して、会社や反対株主は即時抗告することができ（同法872条4号）、即時抗告には執行停止の効力が認められる（同法873条柱書本文）。

(エ) 裁判の効果（相対効）

会社法の下では、取得価格決定の申立ては個々の株主ごとになされるものであり、裁判所の価格決定の効力に対世効は認められておらず、決定の効力は申し立てた株主に対してしか及ばない（会878条参照）。[74]

---

[74] 相澤哲ほか編著『論点解説新・会社法』85頁。

したがって、複数の株主が申立てを行った場合、株主ごとに「公正な価格」が異なることもあり得る。

しかし、申立ては、会社の本店所在地を管轄する地方裁判所（会868条1項）に全部取得条項付種類株式の全部取得を決議した株主総会の日から20日以内に行わなければならず（同法172条1項柱書）、同一の地方裁判所に数個の事件が係属することとなるので、そのような場合には、特段の事情がない限り、一般的には審問および裁判は併合して行われるため、実際は、そうした事態が生ずることが回避される。[75]

Ⅳ 社債に関する事件

1 種 類

社債とは、会社法の規定により会社が行う割当てにより発生する当該会社を債務者とする金銭債権であって、会社法676条各号に掲げる事項についての定めに従い償還されるものをいう（会2条23号）。社債は、会社が負担する金銭債務であるという意味で、買掛金や借入金と異なるところはないが、一般公衆を含む、不特定多数の者が社債権者となることが予定されているため、社債権者の保護を図るとともに、株主の利益保護との調整を図る必要性が高く、厳格な規制が必要とされ、公平中立な裁判所が後見的な役割を果たすことが期待される局面が多い。そのような局面において、会社法は、次のような非訟手続を用意している。

① 社債管理者による発行会社の業務財産状況調査許可申立て（会705条4項、706条4項）
② 社債管理者に関する特別代理人の選任申立て（会707条）

---

[75] 類別型会社非訟・111頁。

③　社債管理者辞任許可申立て（会711条3項）

④　社債管理者解任請求申立て（会713条）

⑤　承継社債管理者選任許可申立て（会714条1項後段）

⑥　承継社債管理者選任申立て（会714条3項）

⑦　社債権者集会招集許可申立て（会718条3項）

⑧　社債権者集会決議認可申立て（会732条）

⑨　社債権者異議期間の伸長の申立て（会740条1項後段）

⑩　社債管理者に関する報酬・費用の許可申立て（会741条1項）

⑪　社債権者集会費用の負担申立て（会742条2項）

2　手　続

　社債に係る非訟事件の申立ては、いずれも社債を発行した会社の本店所在地を管轄する地方裁判所に対し（会868条1項）、書面で申し立てることを要する（会非訟規1条）。申立書に一般的記載事項を記載することは他の会社非訟事件と異ならない。各手続の申立人、証拠による疎明の要否、陳述聴取対象者など手続の概要を〈表4〉にまとめた。

〈表4〉　社債に係る非訟事件の申立手続の概要

	申立人	疎明	陳述聴取	裁判	不服申立て
①社債管理者による発行会社の業務財	社債管理者（会705条4項、706条4項）	社債管理者がその管理の委託を受けた社債につき、次の行為をするために必要があることについて疎明が必要（会869条）。 1. 社債権者のために社債に係	―	理由付記決定（会871条）。ただし、許可の申立てを認容する裁判についてはこの限りでない（同条2号）。	申立てを却下する終局決定については申立人に限り即時抗告することができる（非訟66条2項）。 許可の申立てを認容する裁

産状況調査許可申立て		る債権の弁済を受け、または社債に係る債権の実現を保全するために必要な一切の裁判上または裁判外の行為（会705条4項） 2. 当該社債の全部についてするその支払の猶予、その債務の不履行によって生じた責任の免除または和解（次号に掲げる行為を除く）（会706条1項1号） 3. 当該社債の全部についてする訴訟行為または破産手続、再生手続、更生手続もしくは特別清算に関する手続に属する行為（第1号の行為を除く）（会706条1項2号）				判について不服申立てができない（会874条4号）。
②	社債権者集	―		―	理由付記決定	申立てを却下

社債管理者に関する特別代理人の選任申立て	会（会707条)			(会871条)。ただし、特別代理人の選任または選定の裁判についてはこの限りでない（同条1号・2号)。	する終局決定については申立人に限り即時抗告することができる（非訟66条2項)。特別代理人の選任または選定の裁判について不服申立てができない（会874条1号)。
③社債管理者辞任許可申立て	社債管理者（会711条3項)	社債管理者にやむを得ない事由があることについて疎明が必要（会869条、711条3項)。	—	理由付記決定（会871条)。ただし、許可の申立てを認容する裁判についてはこの限りでない（同条2号)。	申立てを却下する終局決定については申立人に限り即時抗告することができる（非訟66条2項)。許可の申立てを認容する裁判について不服申立てができない（会874条4号)。
④社債管理	会社または社債権者集会（会713	—	社債管理者（会870条1項2号)	理由付記決定（会871条)	申立人または社債管理者は即時抗告がで

Ⅳ 社債に関する事件

者解任請求申立て	条)				きる(会872条4号、870条1項2号)(注1)。
⑤承継社債管理者選任許可申立て	会社(会714条1項後段)	社債管理者が次のいずれかに該当すること、社債権者集会の同意を得るためにこれを招集したこと、その同意を得ることができなかったことについて疎明が必要(会869条、会714条1項) 1. 銀行、信託会社その他法務省令で定める資格者でなくなったとき。 2. 辞任したとき。 3. 解任されたとき。 4. 解散したとき。	―	理由付記決定(会871条)。ただし、許可の申立てを認容する裁判についてはこの限りでない(同条2号)。	申立てを却下する終局決定については申立人に限り即時抗告することができる(非訟66条2項)。 許可の申立てを認容する裁判について不服申立てができない(会874条4号)。
⑥承継社債	利害関係人(会714条3項)	―	―	理由付記決定(会871条)。ただし、承継	申立てを却下する終局決定については申

667

管理者選任申立て				社債管理者の選任または選定の裁判についてはこの限りでない（同条1号・2号）。	立人に限り即時抗告することができる（非訟66条2項）。承継社債管理者の選任または選定の裁判については不服申立てができない（会874条1号）。
⑦社債権者集会招集許可申立て	社債総額10分の1以上の社債権者（会718条1項・3項）。	左記の社債権者であること、会社または社債管理者に対して招集請求をしたことのほか、以下のいずれかの場合であることについて疎明が必要（会869条、718条1項・3項）。 1. 招集請求の後遅滞なく招集の手続が行われない場合 2. 招集請求があった日から8週間以内の日を	—	理由付記決定（会871条）。ただし、許可の申立てを認容する裁判についてはこの限りでない（同条2号）。	申立てを却下する終局決定については申立人に限り即時抗告することができる（非訟66条2項）。許可の申立てを認容する裁判について不服申立てができない（会874条4号）。

IV 社債に関する事件

		社債権者集会の日とする社債権者集会の招集の通知が発せられない場合			
⑧社債権者集会決議認可申立て	社債権者集会の招集者（会732条）	—	利害関係人の陳述（会870条1項7号）	理由付記決定（会871条）。	申立人および利害関係人は即時抗告ができる（会872条4号、会870条1項7号）（注2）
⑨社債権者異議期間の伸長の申立て	利害関係人（会740条1項）	—	申立てを認容する裁判については、会社の陳述（会870条1項8号）	理由付記決定（会871条）。	申立てを却下する終局決定については申立人に限り即時抗告することができる（非訟66条2項）。申立人および会社は申立てを認容する裁判について即時抗告ができる（会872条4号、会870条1項8号）（注1）

669

⑩社債管理者に関する報酬・費用の許可申立て	社債管理者、代表社債権者または決議執行者（会741条2項）	報酬、事務処理のために要する費用およびその支出の日以後における利息並びに事務処理のために自己の過失なくして受けた損害の賠償額について疎明が必要（会869条、741条1項）	会社の陳述（会870条1項9号）。	理由付記決定（会871条）。ただし、許可の申立てを認容する裁判についてはこの限りでない（同条2号）。	申立人および会社は即時抗告ができる（会872条4号、870条1項9号）（注2）許可の申立てを認容する裁判について不服申立てができない（会874条4号）
⑪社債権者集会費用の負担申立て	会社その他利害関係人（会742条2項）（注3）	―	―	理由付記決定（会871条）	申立てを却下する終局決定については申立人に限り即時抗告することができる（非訟66条2項）。

（注1） この即時抗告は、執行停止の効力を有しない（会873条ただし書）。
（注2） この即時抗告は、執行停止の効力を有する（会873条本文）。
（注3） 裁判所は職権で定めることもできる（会742条2項ただし書）

V　その他の会社の設立、業務、組織等に関する事件

1　種類

　株式会社については、所有と経営の分離の観点から、会社の運営は原則と

して取締役に委ねられるため、会社の実質的所有者である株主が会社の運営における取締役の業務執行を監督する必要性がある。また、株主は出資の限度の有限責任のみを負うにすぎないため、会社の債権者の引当ては原則として会社固有財産のみであり、会社運営における取締役の業務執行による会社財産の流失を監督する必要性がある。しかし、かかる必要性により安易に株主や債権者による取締役の業務執行の監督権を認めると、その権利の濫用がなされた場合に効率的な業務執行が阻害され、所有と経営の分離による効率的経営の確保という株式会社制度の目的が没却される。そこで、その調整を図るため、公平中立な裁判所が株主や債権者の権利行使とそれに対する会社の対応について後見的立場からこれに介入すべき局面があり、会社法は、次のような非訟手続を定めている。

① 株主による株主総会招集許可申立て（会297条4項）
② 株主・債権者・親会社社員による取締役会議事録閲覧謄写の許可申立て（会371条3項・4項）
③ 親会社社員による子会社の株主総会議事録等の閲覧謄写の許可申立て（会318条5項、319条4項）
④ 一時取締役等選任申立て（会346条2項）
⑤ 職務代行者常務外行為許可申立て（会352条）
⑥ 親会社社員による子会社の会計帳簿等の閲覧謄写の許可申立て（会433条3項）
⑦ 合名会社・合資会社の持分差押債権者による保全申立て（会609条3項）
⑧ 合併無効判決確定による負担部分・持分決定申立て（会843条4項）
⑨ 会社分割無効判決確定の場合の分割会社の債務負担部分決定の申立て（会843条4項）

以下では、これらのうち、弁護士実務になじみが深いものをいくつか取り上げて実務上の留意点などを検討していきたい。

2 株主による株主総会招集許可申立事件

(1) 意 義

株主総会は、①取締役会設置会社においては、取締役会が招集を決定し、代表取締役（委員会設置会社では代表執行役）が業務執行として招集を行い（会296条3項、298条4項）[76]、②取締役会設置会社以外の会社においては、取締役が招集を決定し（取締役が2名以上ある場合には取締役の過半数で決定する（同法348条2項））、取締役が招集を行う（同法296条3項、298条1項）のが原則とされる。

このような原則にもかかわらず、役員の選任等の法定決議事項その他重要な事項について株主総会が招集されない場合には、会社法は例外として、少数株主が裁判所の許可を得て株主総会を招集することを認め（会297条4項）、必要な決議ができるようにしている。

すなわち、総株主の議決権の100分の3（これを下回る割合を定款で定めた場合にあっては、その割合）以上の議決権を6カ月[77]（これを下回る期間を定款で定めた場合にあっては、その期間）[78]前から引き続き有する株主は、取締役に対し、株主総会の目的である事項（当該株主が議決権を行使することができる事項に限る）および招集の理由を示して、株主総会の招集を請求することができる（会297条1項）[79]。しかし、かかる請求に従い、取締役が適時かつ適式に株主総会の招集を行わないおそれがあることから、会社法は、さらに、①か

---

[76] 江頭・301頁、これと異なる見解として相澤ほか・前掲（注74）468頁。
[77] 請求者が複数人に及ぶ場合には、持株数は請求者全員の保有する株式の合計数とし、議決権のない株式は議決権の割合の母数には含めない。議決権の100分の3の持株要件については、申立時に満たしていたとしても、その後、会社が新株を発行したことにより、当該株主が100分の3未満の割合しか有しないものとなった場合には、会社が申立人の申立てを妨害する目的で新株を発行したなどの特段の事情のない限り、当該申立ては、申立人の適格を欠くものとして不適法となる（前掲最決平成18・9・28）。
[78] 請求者が複数人の場合には、保有期間の要件は請求者のすべてが満たしている必要があると解される。

かかる請求の後遅滞なく招集の手続が行われない場合、または②一定の期間内の日を株主総会の日とする株主総会の招集の通知が発せられない場合には、当該請求をした株主は、裁判所の許可を得て、自ら株主総会を招集することができるとした（会297条4項）。

(2) 株主総会招集許可の決定

申立ては、会社の本店所在地を管轄する地方裁判所に対し（会868条1項）、書面でなされることを要するが（会非訟規1条）、裁判所は、かかる申立てが会社法297条に基づき株主総会の招集請求が可能な株主（以下、便宜上「少数株主」という）によってなされた場合、次の形式的要件を満たしていれば、権利濫用と認められる場合を除き、申立てを許可しなければならない。[80] 単に株主総会において決議の成立する可能性がないという理由だけでは権利濫用にあたるということはできない（東京地決昭和63・11・2判時1294号133頁）。[81]

① 少数株主により事前に適法な総会招集請求がされていること

　少数株主は、裁判所に対する株主総会招集許可申立ての前に取締役に対して、㋐株主総会の目的である事項、および、㋑招集の理由を示して、株主総会の招集を請求していることを要する（会297条1項・4項）。

② 少数株主による株主総会招集請求後に、㋐遅滞なく招集の手続が行われない場合、または、㋑請求があった日から8週間（これを下回る期間を定款において定めた場合は、その期間）以内の日を株主総会の日とする株主総会の招集の通知が発せられない場合であること

　㋐「遅滞なく招集の手続が行われていない場合」とは、総会の招集に関する取締役（会）の決定や招集通知の発出など総会の招集に必要な各

79　申立人の株主権自体が争われ、その確定が困難であるような場合には、仮に株主総会の招集が許可されたとしても、その決議に瑕疵があるとして、後に当該決議の効力が争われることが予想されるので、まず株主権確認の訴え等によって保有株式数を確定させることが望ましい。

80　形式的要件の充足については疎明を要する（会869条）。実務上、その疎明方法としては、他の株主や役員の陳述書等が用いられている。

81　上柳ほか・前掲（注12）116頁〔河本一郎〕。

段階の手続がそれぞれ遅滞なくとられていないことをいうが、招集通知は株主の請求後直ちに発せられたものの、それが請求の日から8週間を超えるような将来の日を会日とするのであれば、やはり遅滞なく招集手続をとったことにはならないと解されている[82]。その意味で、上記㋐㋑の各要件は、それぞれ別個独立のものではなく、上記㋑の要件は上記㋐の要件を①より明確にしたものと解することができる[83]。

裁判は決定による（非訟54条）。許可決定には理由を付さなくてもよいが、却下決定には理由を付さなければならない（会871条）。却下決定に対しては、申立人のみが即時抗告をすることができるが（非訟66条2項）、許可決定に対する不服申立ては認められない（会874条4号）。

許可決定があったときは、会社は同一事項を議題とする株主総会の招集権限を喪失し、少数株主は自らの名義で総会を招集することとなり、招集および開催に要した費用は合理的な範囲で会社の負担になると考えられる。

(3) 手続上の留意点

㋐ 株主総会の目的である事項の限界①（法令上の限界）

少数株主が、取締役に対し、招集の理由を示して、株主総会の招集を請求することができる「株主総会の目的である事項」（会297条1項）は、当該少数株主が議決権を行使することができる事項に限られるため（同項カッコ書参照）、裁判所に対する許可申立てにおいても、株主総会の目的である事項は、その制約に当然服することとなるが、さらに、少数株主が株主総会を招集できる総会の目的事項には会社法に基づく想定手続上の制約による限界があると考えられる。たとえば、計算書類の承認を株主総会の目的である事項として招集請求することはできないと解される。なぜなら、計算書類が株主総会に提供されるには、まず、計算書類を作成する職務を担当する取締役・執行役等によって作成されたものを監査役、監査委員または会計監査人が監

---

[82] 坂巻俊雄＝龍田節編『逐条解説会社法(4)機関1』51頁〔潘阿憲〕。
[83] 坂巻＝龍田・前掲（注82）51頁〔潘阿憲〕、上柳ほか・前掲（注12）114頁〔河本一郎〕。

査し、取締役会を設置している場合には取締役会による承認を経て株主総会に提供されることが会社法上必要とされており（同法435条～438条）、少数株主が自ら計算書類を作成してこれを株主総会に提供することは認められないからである。[84] このように、会社法が想定する手続が株主以外の者の行為を予定している場合には、かかる行為を前提とする株主総会の目的である事項をもって少数株主が株主総会の招集を請求することは、それを認めうる特段の事情が疎明されない限り（会869条参照）、認められないと考えられる。それを認めうる特段の事情が疎明されれば、招集請求を認めても差し支えないし、その疎明ができない場合には、株主総会の目的である事項の前提とされている株主以外の者の行為に係る任務懈怠によりその者の責任を追及すれば足りるからである。

　(イ)　**株主総会の目的である事項の限界②（請求の目的事項による拘束）**

　裁判所に対する許可申立てにおける目的である事項（以下、「申立ての目的事項」という）が取締役に対する株主総会招集請求において記載した「株主総会の目的である事項」（以下、「請求の目的事項」という）に拘束され、申立ての目的事項が請求の目的事項と一致しない場合には、裁判所は、それのみを理由として許可申立てを却下できるかが問題となる。

　上述のとおり、少数株主により事前に適法な総会招集請求がなされていることが申立ての許可要件の1つとされているところ、当該総会招集請求が異なる株主総会の目的である事項についてなされていたものであっても当該要件が具備されるとすれば、当該要件を求めた法の趣旨が没却されてしまうから、原則として、申立ての目的事項は請求の目的事項に拘束され、申立ての目的事項が請求の目的事項と一致しない場合には、裁判所は、それのみを理

84　以上につき、江頭＝門口・前掲（注7）487頁〔髙山崇彦〕。これに対し、すでに計算書類が作成されていたり、会社が対応する可能性があることを理由として、そのことのみをもって目的である事項とすることはできないとすることに否定的な見解として、上柳ほか・前掲（注12）107頁・108頁〔河本一郎〕。

由として許可申立てを却下できると解される。ただし、厳密な一致を求めるべきではなく、許可の目的事項が請求の目的事項に含まれていることが推認される場合には、裁判所は、些細な不一致を理由として申立てを却下できないと解される。たとえば、取締役会設置会社において、請求の目的事項が「取締役の改選」であるのに対し、申立ての目的事項が「取締役甲乙の任期満了による後任取締役ABの選任の件」とされている場合についてみると、招集する株主総会の時期と取締役の任期の定め等から、請求の目的事項が任期満了を退任事由とするものと推認できるときは、各取締役の任期から対象となる取締役は明らかであり、また、「改選」という用語から後任の取締役選任をも議題とするものと解することができるので、申立ての目的事項における会議の目的である事項の記載として許容されると考えられる。なお、「後任取締役をABとする事項」は、議題ではなく議案であるから、裁判所の許可決定においては、会議の目的である事項の記載を「取締役甲乙の任期満了による後任取締役2名選任の件」とすべきである。

　これに対し、招集する株主総会の時期と取締役の任期の定め等から、請求の目的事項が任期満了を退任事由とするものと推認できないときは、会議の目的である事項がどのような退任事由に基づくものか不明であるから、特定を欠くものとして不適法というべきである。

　また、取締役会設置会社（取締役の人数について定款に特段の定めはない）の取締役が3名であった場合において、請求の目的事項が「取締役甲の解任」であるのに対し、申立ての目的事項が「取締役甲の解任とその後任取締役の選任の件」とされている場合は、甲が解任となれば取締役の法定員数を満たさないこととなり、当然に後任取締役の選任が必要であることは明らかであるから、上記の請求の目的事項の記載の場合でも、上記の申立ての目的事項の記載による申立てでも適法なものとして取り扱うことができると考えられる。

　これに対して、取締役が4名であった場合において、請求の目的事項が

「取締役甲の解任」であるのに対し、申立ての目的事項が「取締役甲の解任とその後任取締役の選任の件」とされている場合は、甲を排除して取締役の員数を3名にするという趣旨の場合もあり得るところであり、後任取締役を選任して取締役の員数を4名に維持する趣旨であることが必ずしも推認されないから、「後任取締役の選任」を会議の目的とする部分は請求の目的事項の範囲を超えるため、それを会議の目的とする招集許可の申立ては少数株主により事前に適法な総会招集請求がされているとはいえず不適法なものとして許可されないと考えられる。ただし、この場合において、「取締役甲の解任」を会議の目的とする部分に限り招集を許可することは許容されると考えられる。[85]

3 株主・債権者・親会社社員による取締役会議事録閲覧・謄写許可申立事件

(1) 意 義

取締役会設置会社では、取締役会の議事について、会社法施行規則101条で定めるところにより、議事録を作成したうえ、議事録が書面をもって作成されているときは、出席した取締役および監査役はこれに署名し、または記名押印しなければならず（会369条3項）、議事録が電磁的記録をもって作成されているときは、会社法施行規則225条1項6号で定める署名または記名押印に代わる措置をとらなければならない（会369条4項）。

取締役会設置会社の株主は、その権利を行使するため必要があるときは、原則として、会社の営業時間内は、いつでも取締役会議事録の閲覧または謄写等の請求をすることができるとされている（会371条2項）。ただ、監査役設置会社または委員会設置会社においては、業務監査権限を有する監査役がいるため、各株主に強い監視権限を付与する必要はなく、取締役会議事録の

---

85 以上の具体例の処理につき、江頭＝門口・前掲（注7）487頁〔髙山崇彦〕。

閲覧・謄写の請求をするには、裁判所の許可を得なければならないとされている（同条3項）。

また、取締役会設置会社の債権者は、役員または執行役の責任を追及するため必要があるときは、裁判所の許可を得て、取締役会議事録の閲覧または謄写等の請求をすることができる（会371条4項）。

さらに、取締役会設置会社の親会社社員も、その権利を行使するため必要があるときは、裁判所の許可を得て、取締役会議事録の閲覧または謄写等の請求をすることができる（会371条5項）。

(2) 取締役会議事録閲覧・謄写請求許可の決定

申立ては、会社の本店所在地を管轄する地方裁判所に対し（会868条1項）、書面で申し立てることを要する（会非訟規1条）。

裁判所は、裁判をするにあたり、会社（代表取締役）の陳述を聞かなければならない（会870条2項1号）。この審問の方式は書面でもよいとされるが、東京地方裁判所では、通常、当事者双方対席の審問期日が設けられている[86]。

裁判は決定により（非訟54条）、理由を付さなければならない（会871条）。申立人および会社は、即時抗告をすることができる（会872条4号、870条2項1号）。かかる即時抗告は執行停止の効力を有する（同法873条）。

なお、許可決定には狭義の執行力がないため、直接強制をするには、別途、訴訟手続が必要となるが、許可決定に基づく閲覧・謄写の請求を会社が拒んだ場合には、役員等は過料に処せられる（会976条4号）。また、株主、債権者および親会社社員は、当該役員等に対して損害賠償責任（同法429条）を追及することもできよう。

(3) 手続上の留意点

(ア) 株主の権利を行使するための必要性

株主は、許可申立てを行うにあたり、申立書には、申立ての原因と申立て

---

86 類型別会社非訟・6頁。

を理由づける事実として「株主権を行使するための必要性」を記載して（会非訟規2条1項）、これを疎明することを要するが（会869条）、漠然と「株主権を行使するため」とするのでは十分でなく、行使しようとする権利の内容を具体的に記載して、その行使の必要性を疎明することが必要とされている。すなわち、①法が単に株主であることにとどまらず、株主の権利行使のために必要であることを求めていること、②議事録の閲覧を認めることは会社の運営のうえで重大な事柄に属することから手続は慎重になされるべきこと、③株主の権利行使に必要があっても、企業秘密等の会社の利益を害するときには閲覧を認めることができないとされており（会371条6項）、議事録の閲覧により株主が得られる利益と企業秘密を保持する会社の利益の調整を図ることが求められていることから、漠然と、株主総会で質問するため、議決権を行使するためなどと主張するだけでは不十分であって、行使しようとする権利の種類のほか、知ろうとする事実、閲覧謄写の必要性を根拠づける事実等を具体的に記載したうえで、権利を行使するために閲覧謄写が必要であることを客観的に明らかにする必要があるとされている[87]。ただ、ここにいう「株主の権利」とは、およそ株主としての資格において会社に対して有する権利であれば足り、共益権のみならず自益権も含まれる[88]。したがって、議決権の行使、取締役・監査役の責任追及、代表訴訟の提起、取締役の解任の訴え、業務検査役の選任、株主総会における発言や動議の提出等もこれに含まれるので、その記載や疎明に窮することは実務上ほとんどないであろう。ただ、①株式を譲渡しようとする株主がその価額の適否を判断するために請求するような場合、②株主の地位とは関係のない訴訟の証拠資料の収集を目的とする場合、③労働契約上の権利や取引契約上の権利を有利に行使すること

---

87 類型別会社非訟・5頁、6頁。なお、具体的事実の主張・疎明の程度は、行使しようとする株主の権利内容・権利行使の必要性、会社に発生するおそれのある損害の内容・程度等に関連して、個別の事件ごとに判断されることになろう。
88 上柳克郎ほか編『新版注釈会社法(6)』126頁〔堀口亘〕、江頭＝門口・前掲（注7）〔髙山崇彦〕484頁。

を目的とする場合等は、株主の資格に基づくものというよりは株主の個人的利益を図るものであるから、これにはあたらないと考えられる[89]。また、権利行使のための必要性については、当該権利を行使するかどうかの判断をするために請求する場合でもよく[90]、たとえば、すでに代表訴訟が提起されていたり、提起することが可能であることまでの疎明は不要であると解されるが、株主の取締役会議事録の閲覧・謄写請求の要件として、株主の権利行使の合理的必要性がなければならないとされる（大阪地決平成12・4・28判時1738号116頁）[91]。

(イ) 親会社社員の権利を行使するための必要性

親会社社員も、許可申立てを行うにあたり、申立書には、申立ての原因と申立てを理由づける事実として「親会社社員の株主権を行使するための必要性」を記載して（会非訟規2条1項）、これを疎明することを要することは（会869条）、株主の申立てと同様であり、また、ここにいう「親会社社員の株主権」とは、およそ株主としての資格において親会社に対して有する権利をいい、これには共益権のみならず自益権も含まれるという点でも同様であると解され、また、権利を行使するか否かを判断するために請求する場合でも許容されると解される[92]。したがって、親会社における議決権の行使、親会社の取締役・監査役の責任追及、親会社における代表訴訟の提起、親会社の取締役の解任の訴え、親会社の業務検査役の選任、親会社の株主総会における発言や動議の提出等もこれに含まれると解される。また、①親会社株式を譲渡しようとする親会社株主がその価額の適否を判断するために請求するような場合、②親会社株主の地位とは関係のない訴訟の証拠資料の収集を目的とする場合、③親会社や子会社における労働契約上の権利や取引契約上の権

---

89 これらを否定する見解として、江頭＝門口・前掲（注7）484頁〔高山崇彦〕がある。これに対し、①については、肯定する見解として、坂巻＝龍田・前掲（注82）592頁〔早川勝〕がある。
90 類型別会社非訟・5頁。
91 江頭＝門口・前掲（注7）484頁〔高山崇彦〕。
92 池田浩一郎ほか『会社非訟申立ての実務＋申立書式集』49頁。

利を有利に行使することを目的とする場合等は、親会社の株主の資格に基づくものというよりは親会社社員の個人的利益を図るものであるから、これにはあたらないと考えられる点も同様と解される。また、権利行使のための必要性については、当該権利を行使するかどうかの判断をするために請求する場合でもよく、たとえば、すでに代表訴訟が提起されていたり、提起することが可能であることまでの疎明は不要であるが、株主の取締役会議事録の閲覧・謄写請求の要件として、親会社社員の権利行使の合理的必要性がなければならないと解されることも同様であろう。

(ウ) **債権者が役員等の責任を追及するための必要性**

会社債権者は、許可申立てを行うにあたり、申立書には、申立ての原因と申立てを理由づける事実として「取締役または執行役の責任を追及するための必要性」を記載して（会非訟規2条1項）、これを疎明することを要する（会869条）。ここでいう「取締役または執行役の責任を追及するため」とは、会社債権者として、会社法429条に基づき取締役または執行役に対して損害賠償責任（同法429条）を追及する場合のみならず、会社が一般的に取締役または執行役に対して損害賠償請求権を有する場合にこれを代位行使する場合のことをいうと解され[93]、特別背任罪、業務上横領罪その他の刑事責任を告発するためというような場合は含まれないと解される。

取締役または執行役の責任を追及するための必要性については、会社債権者が債権者たる地位に基づいて役員等の責任を追及するためのみならず、かかる責任を追及するか否かを調査するために必要である場合も含まれると解される[94]。また、すでに取締役または執行役に対する損害賠償請求訴訟が提起されていたり、提起することが可能であることまでは不要であると解される。ただ、債権者の取締役会議事録の閲覧・謄写請求の要件として、責任追及の合理的必要性がなければならないと解される。

---

93 坂巻＝龍田・前掲（注82）593頁〔早川勝〕。
94 池田ほか・前掲（注92）45頁。

(エ) 対象となる取締役会議事録の範囲

　取締役会設置会社は、取締役会の日から10年間、議事録等（会社法369条3項の議事録、同法370条の意思表示を記載し、もしくは記録した書面、もしくは電磁的記録）をその本店に備え置かなければならないとされているにすぎない（会371条1項）。

　したがって、会社が任意に10年を超えて取締役会議事録を保存していたとしても、これらは閲覧・謄写請求の対象とならない（東京地決平成18・2・10判時1923号130頁）。

(オ) 取締役会議事録の内容・日時の特定の必要性

　申立ての趣旨として具体的に記載する必要があることから（会非訟規2条）、閲覧・謄写を求める取締役会議事録の内容・日時の特定を要するとされている[95]。もっとも、株主、親会社社員や会社債権者は、会社の内部事情は知り得ず、具体的な取締役会の開催日程や具体的な議事の内容までは知り得ないのが通常である。

　したがって、申立書における閲覧・謄写を求める取締役会議事録の内容・日時の記載は、ある程度は包括的な記載であったとしても許容され、議事録の閲覧・謄写の範囲をその他の部分と識別できる程度でよいとされている[96]（前掲東京地決平成18・2・10）。

(カ) 会社等に著しい損害を及ぼすおそれ

　会社またはその親会社もしくは子会社に著しい損害を及ぼすおそれがあると認める場合、裁判所は、許可決定をすることができない（会371条6項）。会社またはその親会社もしくは子会社に著しい損害を及ぼすおそれがあると認める場合とは、取締役会議事録の閲覧・謄写によって企業秘密が漏洩し、その結果、会社が著しい損害を被るおそれがある場合が典型例であるが、顧客情報その他の営業秘密などの企業秘密の漏洩に限られるものではないと解

---

[95] 類型別会社非訟・4頁。
[96] 江頭＝門口・前掲（注7）484頁〔髙山崇彦〕、坂巻＝龍田・前掲（注82）593頁〔早川勝〕。

される。[97]

なお、損害の程度として、「著しい」とはどの程度か、その基準が問題となるが、そもそも相対的な概念であり、個別具体的事情から判断せざるを得ない。たとえば、会社が損害を被るとしても、閲覧・謄写を認めることにより株主共同の利益になるような場合には、著しい損害を被るおそれがあるとまではいえないと解されよう。[98]

VI 清算に関する事件

1 種 類

株式会社が解散すると、合併によって解散した場合および破産手続開始の決定により解散した場合であって当該破産手続が終了していない場合を除き、清算が開始される（会475条1号）。また、設立無効の訴えに係る請求認容判決が確定した場合（同2号）および株式移転無効の訴えに係る請求認容判決が確定した場合（同3号）にも、清算が開始される（同条柱書）。

株式会社の清算は、大まかにいうと、会社の資産を換金したうえで、会社の債務を弁済し、残余財産を株主に分配することであるが、会社を取り巻く多数の法律関係を清算することから、株主、債権者その他の会社を取り巻く利害関係人の利害調整を図るため、公平中立な裁判所が後見的立場からこれに介入すべき局面があり、会社法は、次のような非訟手続を定めている。

① 清算人選任申立て（会478条2項）

② 清算人解任申立て（会479条2項）

③ 債務弁済許可申立て（会500条2項）

④ 債権評価の鑑定人選任申立て（会501条1項）

---

97 類型別会社非訟・6頁。
98 江頭＝門口・前掲（注7）484頁・485頁〔髙山崇彦〕。

⑤　帳簿資料保存者選任申立て（会508条2項）
⑥　外国法人の内国財産の清算命令申立て（会822条1項）
⑦　会社解散命令申立て（会824条1項）
⑧　外国法人の営業所閉鎖命令申立て（会827条）

以下では、これらのうち、弁護士実務になじみが深いものをいくつか取り上げて実務上の留意点などを検討していきたい。なお、特別清算については、その性格上、とりわけ裁判所の関与の必要性が高いが、紙幅の関係で検討を割愛する。

2　清算人選任申立事件

(1)　意　義

前述のとおり、会社が解散した場合（合併によって解散した場合および破産手続開始の決定により解散した場合であって当該破産手続が終了していない場合は除く（会475条1号））には清算が開始される（同条柱書）。

清算をする株式会社（清算株式会社。会476条）の清算事務は、清算人が行う（同法477条1項、481条、482条）。定款に清算人となる者の定めがある場合または株主総会の決議によって取締役以外の者を清算人に選任した場合を除き、取締役が清算人となるが（同法478条1項）、これらの所定の選任方法により清算人となる者がいない場合もあり得る。そこで、そのような場合には、利害関係人の申立てにより、裁判所が清算人を選任することとされている（同条2項）。[99]

(2)　清算人選任の決定

申立ては、会社の本店所在地の地方裁判所に対し（会868条1項）、利害関

---

[99] 設立無効の訴えまたは株式移転無効の訴えの認容判決の確定により清算すべき場合は利害関係人の申立てにより、解散命令または解散判決によって解散した場合は、利害関係人または法務大臣の申立てまたは職権により、裁判所が清算人を選任することとされている（会478条3項・4項）。なお、紙幅の関係から、以下では、会社法478条2項に基づく清算人選任申立事件についてのみ言及する。

係人により、書面で申し立てることを要する（会非訟規1条）。

　ここでいう「利害関係人」につき、会社法は明確な定めをおいていないが、清算株式会社の株主、債権者、担保権者などがあげられる。清算株式会社の所有する不動産の買受希望者は、これから契約当事者となる者にすぎず、原則として利害関係を有する者とはいえないと解される[100]。申立てにあたり、申立人は、自己がかかる利害関係人であることを疎明することが必要となる（会869条）。また、清算人となる者がいないことも疎明されることが必要となる（同条）。具体的には、定款に清算人に関する定めがないこと、株主総会で選任された清算人がいないことおよび清算人となるべき取締役がいないことを申立人は疎明する必要がある（同条）。

　清算人選任の裁判は決定により（非訟54条）、選任決定には理由を付す必要はないが、却下決定には理由を付さなければならない（会871条2号）。却下決定に対しては申立人のみが即時抗告をすることができ（非訟66条2項）、選任決定に対する不服申立ては許されない（会874条1号）。

　なお、清算人を選任する場合において、会社法では、定款で清算人会を設置する旨を定めた場合には、清算人会設置会社として清算人を少なくとも3名は選任しなければならないとされている（会477条2項、478条6項、331条4項）。

(3) **申立手続上の留意点**

　(ア) **清算人の人数**

　上述のとおり、会社法では、定款で清算人会を設置する旨を定めた場合には、清算人会設置会社として清算人を少なくとも3名は選任しなければならないとされているので（会477条2項、478条6項、331条4項）、その場合には、裁判所が清算人を少なくとも3名選任できるよう、申立書において、3名の清算人候補者を記載することとなるが、そうでなければ、申立人が清算業務

100　江頭＝門口・前掲（注7）490頁〔髙山崇彦〕。

の内容等を考慮して1名以上候補者を記載する（会477条1項）。

　申立てにあたり、清算人を選任するに際しては、定款に清算人会を設置する旨の定めがあるかどうかを確認するため、定款の提出が求められるが、実務上は、解散後長期間が経過し、定款が失われていたりして、利害関係人がこれを入手できない場合もある。そのような場合には、清算人会設置会社であると否とにかかわらず、清算業務の内容等により清算人が1名でも足りると認められる限り、申立てに基づき、清算人を1名だけ選任することもやむを得ないとされ、また定款の不提出により清算人会設置会社であるかどうかが不明である場合にも、常に3名以上の清算人の選任が必要とされたり、申立却下の決定がなされなければならないわけではないと解される。[102]

　　(イ)　スポット選任

　利害関係人が裁判所に清算人の選任を申し立てる場合は、清算株式会社の財産全部の換価と債務の弁済等の清算事務全体を清算人が行うことを求めるものではなく、たとえば、破産手続の終了後の会社に対する債権の譲渡通知を受領する機関を設けるために債権の譲渡人が破産会社の清算人の選任を求めたり、破産管財人が財団から放棄した担保権付不動産を競売ではなく任意売却で処理するために担保権者が破産会社の清算人の選任を求めたりする場合など申立てに係る特定の職務を清算人により行うことが必要であるために清算人の選任が必要とされている場合が多い。

　このような申立てに係る特定の職務のみを行うことを前提に清算人を選任した場合には、その特定の職務が終了すると職権で選任取消決定（非訟59条1項）をする運用がなされている。[103]

　　(ウ)　破産手続継続中の清算人選任の可否

　会社法では、清算の開始原因に関する規定が新たに設けられたが、会社が

101　類型別会社非訟・45頁。
102　以上につき、江頭＝門口・前掲（注7）492頁〔髙山崇彦〕。
103　難波孝一「商事部における実務の現状と課題」ひろば61巻7号16頁参照。

「破産手続開始の決定により解散した場合であって当該破産手続が終了していない場合」は、清算をしなければならない場合から除かれている（会475条1号カッコ書）。そのため、当該会社は清算株式会社にあたらず（同法476条）、清算人を選任することはできないかが問題となる。

破産手続上は、破産者の財産のうち換価できるものは破産管財人がすべて換価するので、破産財団から放棄されたものはおよそ換価可能性はないはずである。しかし、その後の経済情勢の変化等により、破産財団の放棄物件についても買受人が現れるという、法が本来予定していない場合もあり得るが、このような場合には、特別代理人では対応できない。

会社法475条1号のカッコ書の趣旨は、株式会社が同時破産廃止の決定を受けた場合になお残余財産があるときは、旧商法417条1項但書の場合を除き、同条2項により、利害関係人の請求によって、裁判所が清算人を選任すべきであるとする最高裁判例（最判昭和43・3・15民集22巻3号625頁）の趣旨が条文上明らかでなかったことから、この点を明確にしたものにすぎないと考えられる。[104] 株式会社が破産し、破産財団から放棄された財産を目的とする別除権につき別除権者が放棄の意思表示をする相手方は、利害関係人の請求により裁判所が選任する清算人である（最決平成16・10・1判時1877号70頁）として、破産手続係属中であっても、利害関係人の請求により裁判所が清算人を選任することができるとされていることに鑑みれば、会社法475条1号は、破産手続係属中の会社について清算義務が生じないことを明らかにしたものにすぎず、任意に清算することまでをも否定するものではないと解せられる。

したがって、破産手続開始の決定により解散した場合であって当該破産手続が終了していないときでも、利害関係人の申立てにより、清算人を選任することができると解され、裁判所は、そのことを理由として、利害関係人の

---

104 江頭＝門口・前掲（注7）491頁〔髙山崇彦〕。

(エ)　清算人の交代

　いったん、清算人が就任したが、その後、死亡または所在不明になるなどして清算人が欠け、株主総会において新たな清算人を選任することができない事情がある場合には、一時清算人の選任の手続をとることとなる（会479条4項、346条）。

　清算人が単に職務を怠っているような場合は、株主総会で清算人を解任するか（会479条1項）、重要な事由があるときは裁判所に清算人の解任を申し立てたうえで（同条2項）、株主総会で後任者を定めることができない事情があれば一時清算人の選任を申し立てることとなる。

　　　(オ)　登記申請上の留意点

　清算人の就任登記の申請には、当該会社が清算人会設置会社でないことを証明するために定款の添付が義務づけられている（商登73条1項）。しかし、実務上は、解散後長期間が経過し、定款を紛失している場合が少なくなく、また、利害関係人がこれを入手することが困難であるのが通例であるので、定款を添付することが不可能な場合には、清算人が調査するも定款を入手することができなかったことおよび平成18年5月1日の会社法施行以降、清算人会を設置する旨の定款変更がされた形跡がない旨の上申書の提出で定款に代えるという運用がなされている。[105]

3　少額債権等弁済許可申立事件

　　(1)　意　義

　清算株式会社（清算持分会社に同じ。会660条1項、661条）は、清算の開始原因（同法475条）に該当することとなった後、遅滞なく、当該清算株式会社の債権者に対し、一定の期間（2カ月を下ることができない）内にその債権を

105　江頭＝門口・前掲（注7）494頁〔髙山崇彦〕。

申し出るべき旨を官報に公告し、かつ、知れている債権者には、各別にこれを催告しなければならない（同法499条1項）。この場合、原則として、清算株式会社は、上記期間（以下、「債権申出期間」という）内は、債務の弁済をすることができない（同法500条1項）。

　会社法500条1項が、債権申出期間内の弁済を原則として禁止した趣旨は、会社清算の過程で債務超過の事態の生じ得ることを予想して、その際に債権者の公平な弁済を保障しようとする点にあるが、そのような趣旨が及ばない場合にまで、かかる原則を徹底する必要はない。そこで、会社法は、かかる趣旨が及ばない例外的場合として、①少額の債権、②清算株式会社の財産につき存する担保権によって担保される債権、③その他これを弁済しても他の債権者を害するおそれがない債権に係る債務については、清算株式会社は、債権申出期間内であっても、裁判所の許可を得て、その弁済をすることができるとした（会500条2項）。

(2) 弁済許可の決定

　申立ては、清算株式会社の本店所在地を管轄する地方裁判所に対し（会868条1項）、書面で申し立てることを要するが（会非訟規1条）、債権申出期間内になされなければならない（会500条2項前段・1項）。債権申出期間の起算点は公告の翌日であるが（昭和41・6・8法務省民事局第4課長回答）、債権申出期間経過後に申立てがされた場合は、弁済禁止の効力が消滅しているので、許可申立ての必要性を欠くこととなる。

　清算人が2名以上あるときは、申立てについてその全員の同意が必要となり、申立人は、それを疎明する必要がある（会500条2項後段）。また、申立てにあたり、申立書には、弁済禁止の例外債権である、①少額の債権、②清算株式会社の財産に設定されている担保権によって担保されている債権、③弁済しても他の債権者を害するおそれがない債権に係る債務であること（同前段）の記載が必要とされ、その疎明も必要とされる（同法869条）。ここでいう「弁済しても他の債権者を害するおそれがない債権」の例としては、租

税債権、労働債権や清算事務に必要な費用に係る債権等の実体法上の優先権を有する債権（民306条）があげられる。

　裁判は決定により（非訟54条）、許可決定には理由を付さなくてもよいが、却下決定には理由を付さなければならない（会871条2号）。却下決定に対して申立人のみが即時抗告をすることができるが（非訟66条2項）、許可決定に対する不服申立ては認められない（会874条4号）。

(3) 手続上の留意点

(ア) 資産残存の可能性

　会社法500条1項が債権申出期間内の弁済を原則として禁止した趣旨は、会社清算の過程で債務超過の事態の生じ得ることを予想して、その際に債権者の公平な弁済を保障しようとする点にあるのは既述のとおりだが、そのような趣旨が及ばない場合にまで、かかる原則を徹底する必要はないため、例外的に裁判所の許可を得て弁済が認められている（会500条2項）。

　したがって、弁済禁止の例外債権である、①少額の債権、②清算株式会社の財産に設定されている担保権によって担保されている債権、③弁済しても他の債権者を害するおそれがない債権に係る債務（会500条2項前段）であっても、当該債務の弁済により、清算業務を遂行するうえで必要な資産が枯渇する場合には、弁済が認められるべきでないから、清算業務を遂行するうえで必要な資産が弁済後も清算株式会社に残ることの疎明が必要と解される。[106]

(イ) 弁済の必要性

　上述のとおり、会社法500条1項が債権申出期間内の弁済を原則として禁止した趣旨は、会社清算の過程で債務超過の事態の生じ得ることを予想して、その際に債権者の公平な弁済を保障しようとする点にある。

　かかる趣旨からすれば、当該債権に係る債務を弁済しないと清算事務に支障を来し、債権者全体の利益を損なうといった弁済の必要性の疎明を要する

106　類型別会社非訟・4頁、60頁、江頭＝門口・前掲（注7）494頁〔髙山崇彦〕。

と考えられる[107]。

(水野信次)

107　江頭＝門口・前掲（注7）494頁〔髙山崇彦〕。

第3部

会社訴訟の要件事実と裁判

第1章 会社の組織に関する訴訟

第1節 訴訟の類型

　会社法は、第7編（雑則）第2章（訴訟）第1節「会社の組織に関する訴え」において、①会社の組織に関する行為の無効の訴え（会828条）、②新株発行等の不存在の確認の訴え（同法829条）、③株主総会等の決議の不存在または無効の確認の訴え（同法830条）、④株主総会等の決議の取消しの訴え（同法831条）、⑤持分会社の設立の取消しの訴え（同法832条）、⑥会社の解散の訴え（同法833条）に関する訴訟について特則規定を設けている。これは、上記のような会社の組織に関する訴訟は、通常の民事訴訟事件に比して関係する当事者が多数に及ぶため法的安定性を確保する必要性が高いこと等に鑑み、民事訴訟法の特則として、訴訟要件、審理手続、裁判の効力等について、会社法において特別の定めを設けたものである。

　なお、旧商法では、法定準備金の減少の無効の訴えという訴訟類型が存在したが、準備金の減少は、資本金の減少とは異なり、登記がされず、かつ、債権者保護手続が行われない場合もあり、債権者がその減少を一切知ることができない事態が起こり得るため、提訴期間を設けて提訴を制限することは適当ではないこと等を理由として、会社法においては廃止された。[1]

　また、旧有限会社法においては、有限会社の設立取消しの訴えが認められ

---

[1] 相澤哲編著『立案担当者による新・会社法の解説』（別冊商事法務295号）214頁。

ていたが、設立の取消しの訴えは所有と経営の分離を基本とする株式会社の性質には必ずしもそぐわないことから、会社法では取締役会非設置会社も含め、機関構成にかかわらず設立取消しの訴えは認めないこととされた。[2]

第2節　訴えの提起

I　訴訟要件

1　管　轄

(1)　概　要

　会社の組織に関する訴えの管轄は、被告となる会社の本店の所在地を管轄する地方裁判所に専属する（会835条1項）。もっとも、会社分割、株式交換、株式移転の無効の訴えにおいては、複数の当事会社がそれぞれ被告適格を有することになるため、2以上の地方裁判所が管轄権を有することがあり得る。このような場合には、先に訴えの提起があった地方裁判所が管轄し（同条2項）、必要に応じ他の管轄裁判所に移送することができるものとされている（同条3項）。なお、旧商法では、完全親会社となる会社の本店所在地を管轄する地方裁判所の管轄に専属するものとされていたが、会社法においては、組織再編の対価の柔軟化により、必ずしも株式交換の場合に完全子会社の株主であった者が完全親会社の株主になるとは限らないことから、完全親会社となった会社または完全子会社となった会社の本店所在地を管轄する地方裁判所のいずれにも管轄を認めることとされた。[3]

2　相澤・前掲（注1）217頁。

695

(2) 「本店の所在地」の意味

　会社の組織に関する訴えの管轄における「本店の所在地」の解釈については、実質的な営業の本拠地ととらえるか（実質説）、定款で定められ登記がされた本店の所在地ととらえるか（形式説）に分かれており、いずれの立場に立った裁判例も存在する（東京高決平成10・9・11判タ1047号289頁、東京高決平成11・3・24判タ1047号292頁）。[4]

　そもそも、会社の本店所在地を管轄する地方裁判所の専属管轄とされた趣旨は、この種の訴訟は同一の原因に基づいて複数の者から提起されることがあり得るところ、これらの訴訟の弁論および裁判を併合して行うことにより判断が区々になることを防止することにある。このような趣旨を図る観点からは、管轄の判断は形式的・画一的な基準であることが望ましく（前掲東京高決平成11・3・24）、また、現実の企業活動は、さまざまな要素が絡み合って複雑な実態を有しており、当該企業の複数の機能（たとえば、管理機能と営業機能）ごとにその本拠となる場所が異なっていることも現実にあることからすれば、管轄地の判断は、一義的に画することができる形式説が妥当であると考えられる。

(3) 各 論

(ア) 本店移転に関する定款変更決議の取消し等の訴えの管轄

　会社の組織に関する訴えの管轄は、前記のとおり、会社の本店の所在地を管轄する地方裁判所に専属する。しかし、本店移転の定款変更を決議した株主総会決議の取消しまたは不存在もしくは無効確認の訴えにおいては、請求が認容されるか否かによって会社の本店の所在地が変わり得るため、この場合の「本店の所在地」をどのように解すべきかが問題となる。

　「本店の所在地」を実質的な営業の本拠地であるとする考え方（実質説）からは、定款変更決議の有無にかかわらず、実質的な営業の本拠地を管轄す

3　相澤・前掲（注1）215頁。
4　商事関係訴訟・12頁、類型別Ⅰ・5頁。

る地方裁判所が管轄裁判所となる（前掲東京高決平成10・9・11）。これに対し、形式説からは、①認容判決が確定するまでは一応決議が有効に存在していること、また、②決議不存在または無効確認の訴えの場合は、管轄は訴え提起時に定めるとされていること（民訴15条）を重視して、最終的に定款変更決議が不存在または無効となったとしても、訴え提起時の登記簿上の本店所在地を管轄地とする見解がある一方で、裁判例には、原告は定款変更決議が不存在であるとして争っており、当該決議が存在することは本案訴訟において被告会社が立証責任を負う事項であるから、本案について審理していないのに当該決議が存在するものとして取り扱うことはできないとして、定款変更前の本店所在地に管轄があるとしたものも存在し（前掲東京高決平成11・3・24）、見解が分かれている。

(イ) 取締役会決議不存在または無効確認の訴えの管轄

取締役会決議不存在または無効確認の訴えについては、会社法に特段の規定は設けられていないことから、民事訴訟法の管轄に関する規律に従うようにも思える。しかし、取締役会決議不存在または無効確認訴訟の認容判決には対世効があると解されていることからすれば、既判力の矛盾抵触が生じないようにするために、会社法835条1項を類推適用し、会社の本店の所在地を管轄する地方裁判所に専属管轄が認められると解すべきであろう。

2　当事者適格

(1)　原告適格

(ア)　概　要

会社の組織に関する訴えにおいて原告適格を有する者は、〈表5〉のとおりである（会828条2項、829条から833条まで）。

5　商事関係訴訟・51頁。
6　類型別Ⅱ・560頁。

697

〈表5〉 会社の組織に関する訴えにおける原告適格者

訴えの類型	原告適格を有する者
会社の設立の無効の訴え	①設立する株式会社の株主等 ②設立する持分会社の社員等
株式会社の成立後における株式の発行の無効の訴え	株主等
自己株式の処分の無効の訴え	株主等
新株予約権（新株予約権付社債に付されたものである場合には、当該新株予約権付社債についての社債を含む）の発行の無効の訴え	①株主等 ②新株予約権者
株式会社における資本金の額の減少の無効の訴え	①株主等 ②破産管財人 ③資本金の額の減少について承認をしなかった債権者
会社の組織変更の無効の訴え	①当該行為の効力が生じた日において組織変更をする会社の株主等または社員等であった者 ②組織変更後の会社の株主等、社員等、破産管財人または組織変更について承認をしなかった債権者
会社の吸収合併の無効の訴え	①当該行為の効力が生じた日において吸収合併をする会社の株主等または社員等であった者 ②吸収合併後存続する会社の株主等、社員等、破産管財人または吸収合併について承認をしなかった債権者
会社の新設合併の無効の訴え	①当該行為の効力が生じた日において

	新設合併をする会社の株主等または社員等であった者 ②新設合併により設立する会社の株主等、社員等、破産管財人または新設合併について承認をしなかった債権者
会社の吸収分割の無効の訴え	①当該行為の効力が生じた日において吸収分割契約をした会社の株主等または社員等であった者 ②吸収分割契約をした会社の株主等、社員等、破産管財人または吸収分割について承認をしなかった債権者
会社の新設分割の無効の訴え	①当該行為の効力が生じた日において新設分割をする会社の株主等または社員等であった者 ②新設分割をする会社または新設分割により設立する会社の株主等、社員等、破産管財人または新設分割について承認をしなかった債権者
株式会社の株式交換の無効の訴え	①当該行為の効力が生じた日において株式交換契約をした会社の株主等または社員等であった者 ②株式交換契約をした会社の株主等、社員等、破産管財人または株式交換について承認をしなかった債権者
株式会社の株式移転の無効の訴え	①当該行為の効力が生じた日において株式移転をする株式会社の株主等であった者 ②株式移転により設立する株式会社の株主等

新株発行等の不存在の確認の訴え	制限なし
株主総会等の決議の不存在または無効の確認の訴え	制限なし
株主総会等の決議の取消しの訴え	①株主等（当該株主総会等が創立総会または種類創立総会である場合にあっては、株主等、設立時株主、設立時取締役または設立時監査役） ②当該決議の取消しにより取締役、監査役または清算人（当該決議が株主総会または種類株主総会の決議である場合にあっては会社法346条1項（479条4項において準用する場合を含む）の規定により取締役、監査役または清算人としての権利義務を有する者を含み、当該決議が創立総会または種類創立総会の決議である場合にあっては設立時取締役または設立時監査役を含む）となる者
持分会社の設立の取消しの訴え	①社員が民法その他の法律の規定により設立に係る意思表示を取り消すことができるときは当該社員 ②社員がその債権者を害することを知って持分会社を設立したときは当該債権者
会社の解散の訴え	①総株主（株主総会において決議をすることができる事項の全部につき議決権を行使することができない株主を除く）の議決権の10分の1（これを下回る割合を定款で定めた場合に

| | あっては、その割合）以上の議決権を有する株主
②発行済株式（自己株式を除く）の10分の1（これを下回る割合を定款で定めた場合にあっては、その割合）以上の数の株式を有する株主 |

上記の「株主等」とは、会社の機関構成に応じ、下表の意味を有する。なお、「監査役設置会社」には、監査役の監査の範囲を会計に関するものに限定する旨の定款の定めがある会社は含まれないため（会2条9号）、会計に関する監査の権限のみ有する監査役は「株主等」に含まれないことに留意する必要がある。

監査役設置会社	株主、取締役、監査役、清算人
委員会設置会社	株主、取締役、執行役、清算人
上記以外	株主、取締役、清算人

また、「社員等」とは、社員または清算人を意味する。

(イ) 株主としての地位

株主として原告適格を有するとされている場合には、株主の地位は、訴えの提起時から口頭弁論終結時または判決確定時まで継続して維持されていることが必要である。[7]

訴えを提起した株主が死亡して包括承継が生じた場合には、相続により持分を取得した相続人が当該訴訟上の原告たる地位をも承継し訴訟手続を受け継ぐことになるが、譲渡等の特定承継が行われた場合には、承継人に原告の地位は承継されず（最大判昭和45・7・15民集24巻7号804頁参照）、訴えは却下される。なお、株主の地位が継続しているというためには、訴訟終了の時に株主でありさえすれば足り、訴え提起時と同一の株式を有していることま

---

[7] 株主総会決議取消しの訴えおよび新株発行無効の訴えについて、口頭弁論終結時まで株主としての地位を継続して有している必要があるとした裁判例として、東京地判平成16・10・14判タ1221号294頁がある。

では要しない。[8]

また、株主名簿に記載されていない株主は、株主としての地位を会社に対抗することができないため、原告適格を有しないが、株主名簿に記載されていない場合であっても、株主として権利行使が認められる場合（会社が株主として認める場合等）には原告適格が認められると考えられる。反対に、株主名簿上の株主であっても、すでに全株式を譲渡しており、単に名義書換がされていないという場合のように、株主としての地位を失っている場合には原告適格は失われると考えられる。[9]

株式が共有されている場合は、権利を行使する者を定めて会社に対して通知しなければ当該株式についての権利を行使することができないため（会106条）、当該通知がされていないときは、特段の事情がない限り、原告適格がないものとして訴えが却下される（最判平成2・12・4民集44巻9号1165頁、最判平成3・2・19判タ761号160頁）。[10]

(ウ) 株主等であった者

旧商法においては、「株主、取締役、監査役、清算人、破産管財人又ハ合併ヲ承認セザル債権者」と規定されていたため、合併により株主ではなくなった者は原告適格を失うと解するのが一般的であった。しかし、消滅会社の株主は、合併による権利関係の変動の影響を直接受けた者であり、合併等の瑕疵を主張する利益を有すると考えるのが相当であることから、会社法では、[11]

---

8 大隅健一郎＝今井宏『会社法論中巻〔第3版〕』120頁。
9 類型別Ⅰ・363頁。
10 もっとも、これらの最高裁判例は、発行済株式の全部または過半数を準共有する株主が株主総会決議不存在確認の訴えまたは合併無効の訴えを提起したという事案において、いずれも、「会社は、本来、右訴訟において、発行済株式の全部を準共有する共同相続人により権利行使者の指定及び会社に対する通知が履践されたことを前提として株主総会の開催およびその総会における決議の成立を主張・立証すべき立場にあり、それにもかかわらず、他方、右手続の欠缺を主張して、訴えを提起した当該共同相続人の原告適格を争うということは、右株主総会の瑕疵を自認し、また、本案における自己の立場を否定するものにほかならず、右規定の趣旨を同一訴訟手続内で恣意的に使い分けるものとして、訴訟上の防御権を濫用し著しく信義則に反して許されない」として、特段の事情が認められるとしている。

合併その他組織再編行為（組織変更を含む）の無効の訴えについては、当該行為の効力が生じた日において株主等であった者にも原告適格が認められることとされた。

そうすると、たとえば、株式を対価とする合併に係る合併無効の訴えについては、合併前から合併の当事会社の株主であった者は、①合併の当事会社の株主（株主であった者）の地位に基づき訴えることも、②合併後の存続会社（または新設会社）の株主としての地位に基づいて訴えることも可能となる。この場合に、①として訴えたときは、提訴後、存続会社（または新設会社）の株主としての地位を失っても原告適格は維持されるのに対し、②として訴えたときには、提訴後、存続会社（または新設会社）の株主としての地位を失うと原告適格も喪失するという違いがあることに留意する必要がある。[12]

なお、株主代表訴訟については、訴訟の係属中に株式交換または株式移転によって当該会社の株主ではなくなった場合であっても、完全親会社となる会社の株式を取得した場合には原告適格を失わないとされた（会851条1項1号）ものの、株主総会決議取消しの訴えについてはこのような手当てはされていない。もっとも、この場合にも、当該規定を類推適用すべきであるとする有力な見解がある。[13]

　㈐　各　論

　　(A)　会社の設立無効の訴え

会社の設立無効の訴えの原告適格は、前記のとおり、株主等または社員等に限定されているが、会社設立と認めるべき行為がなく、会社が不存在の場合には、誰もが設立無効の訴えによらずに会社の不存在を主張し得る（大判

11　相澤・前掲（注1）215頁。
12　相澤哲編著『一問一答新・会社法〔改訂版〕』236頁。
13　江頭・458頁。なお、「会社法制の見直しに関する要綱」〈http://www.moj.go.jp/content/000102013.pdf〉においては、株式交換等の以前から株主であり、株式交換等によって当該会社の株主ではなくなった者が責任追及等の訴えの提起を請求することができるようにすることが提案されている（第2部第1・2）。

昭和12・9・2判例集未登載)。また、株主が株主総会に出席し、または利益配当を受けたとしても、設立無効を主張する権利は失われない（大判昭和12・7・14新聞4166号15頁)。

　　　(B)　株主総会決議取消しまたは不存在・無効確認の訴え
　(i)　解任された取締役等

　旧商法においては、解任決議によって解任された取締役または監査役や旧商法258条1項により取締役としての権利義務を有する者についても、株主総会決議取消訴訟の原告適格を認める裁判例があった（大阪地判昭和52・2・2金商539号54頁、京都地判昭和62・8・27金商787号48頁）が、会社法においては、これらの者にも明文で原告適格が認められている（会831条1項）。株主総会決議不存在または無効確認の訴えについても、再選されなかった取締役および解任された取締役は、判決により自己の地位が回復される場合には訴えの利益があるといえ、原告適格を認め得るが、それ以外の場合には在任中の決議の効力を争うことについて法律上の利益を有することを特に主張・立証しなければ原告適格を有しないと考えられる。

　(ii)　決議の取消しにより株主となる者

　株主総会決議取消しの訴えについて、決議の取消しにより株主となる者が原告適格を有するかについては、株主総会決議取消判決の確定前に株主ではないと扱われるのは株主総会決議取消訴訟を形成訴訟として構成したという法技術の結果にすぎないのであって、株主総会決議取消判決の確定により株主の地位を回復する可能性がある以上は、原告適格を有すると解するのが相当である。たとえば、全部取得条項付種類株式の全部取得の効力が発生し、株主たる地位を失った場合であっても、当該全部取得を決議した株主総会決議（会171条1項）が取り消された場合には、当該全部取得の効力は否定され、当該全部取得によって株主たる地位を失った者は、株主たる地位を回復することになるため、そのような者は、当該株主総会決議の取消しの訴えの原告適格を有するとすべきである（東京高判平成22・7・7判時2095号128頁、東京

地判平成22・9・6判タ1334号117頁)。なお、前記(注13)「会社法制の見直しに関する要綱」では、株主総会等の決議の取消しにより株主となる者も、訴えをもって当該決議の取消しを請求することができるものとされており、立法的な解決が提案されている(第2部第2・4)。

(iii) 決議がされた後に株主となった者

株主総会決議の時には株主ではなかったが、その後に株式を譲り受けるなどし、株主となった者についても原告適格が認められると解されている[14]。株主総会決議不存在または無効確認の訴えについても、確認の利益が認められる限りは、これを否定する理由はないように思われる[15]。なお、反対に、訴訟係属中に全株式を譲渡するなどして株主としての地位を失った場合には原告適格が失われることは前記のとおりである。

(iv) 無議決権株式の株主

株主総会決議取消しの訴えの提訴権は、議決権があることを前提とする共益権であるとの理由で、譲渡制限の定款変更決議等を除き、議決権のない株主は、当該議決権を有しない決議事項に係る決議取消しの訴えの原告適格を有しないとするのが通説である[16]。これに対して、法令・定款に従った会社経営を求める株主の権利実現のために議決権なき株式に係る株主も決議内容の瑕疵に関しては株主総会決議取消しの訴えを提起できるとする見解も有力である[17]。前記のとおり、株主総会決議後に株式を取得した株主にも原告適格が認められていることや、種類株主総会の決議について、他の種類の株式に係る株主にも原告適格が認められていることとの平仄という意味では、後者の見解のほうが整合的である。なお、前者の見解に立った場合には、完全無議決権株式ではなく、議決権制限株式である場合には、議決権を行使すること

---

14 大隅=今井・前掲(注8)120頁。
15 類型別Ⅰ・360頁。
16 江頭・347頁。
17 上柳克郎ほか編『新版注釈会社法(5)』245頁〔菅原菊志〕。

ができる事項についての定め（会108条2項3号イ）または議決権の行使の条件の定め（同ロ）に照らし、当該株主総会の決議事項について実際に議決権を行使することができたか否かによって原告適格を有するかどうかが分かれることになると思われる。

株主総会決議不存在または無効確認の訴えについては、確認の利益を有する限り、何人でも提起できるため、無議決権株式の株主も確認の利益があれば原告適格を有する。[18]

(v) 種類株主総会の決議における他の種類の株式に係る株主

種類株主総会については、当該種類株式以外の株式に係る株主にも原告適格が認められている。これは、種類株主総会の決議がなければ効力が生じない行為等があり、当該決議の効力の有無が当該種類株式に係る株主以外の株主の利害にかかわることが想定されるためである。[19]

(vi) 合併により会社が消滅した場合

株主総会決議により株主としての地位を奪われた株主が株主総会決議取消しの訴えを提起したところ、当該決議後に会社が吸収合併により消滅したという事案において、「総会決議後に会社に組織再編があって、これを原因として会社が消滅したり、株主が組織再編前後の会社の株主資格を失ったりする場合には、当該株主の決議取消訴訟に関する利害関係は、組織再編の効力を適法に争っているかどうかを始めとして、種々の事情により千差万別であるから、一律に原告適格を失うものと扱うのは適当でなく、当該株主は原告適格を有するものと扱った上で、個別の事案に即して当該株主にとっての訴えの利益の有無を検討するのが適当である」とした裁判例がある（前掲東京高判平成22・7・7）。もっとも、当該事案の結論としては、原告が合併無効の訴えを出訴期間内に提起していなかったことから合併の効力は確定しており、株主総会決議を取り消したとしても、原告に回復すべき利益がなかった

---

18 類型別Ⅰ・362頁。
19 相澤・前掲（注1）216頁。

Ⅰ 訴訟要件

ことから、確認の利益を欠くものとしている。

(C) 新株発行等の無効の訴え

(ⅰ) 新株発行等の後に株主となった者

新株が発行された後に株式を譲り受けるなどして株主となった者であっても、これを原告となるべき者から除外する規定がないことから、新株発行等の無効の訴えの原告適格は認められる。[20]自己株式の処分の無効の訴えについても同様であると考えられる。反対に、訴訟係属中に株式を譲渡するなどして株主としての地位を失った場合には原告適格が失われることは前記のとおりである。

(ⅱ) 無議決権株式に係る株主

募集株式の発行等がされると、議決権の希釈化だけではなく、剰余金の配当や残余財産の分配等に影響を及ぼすことからすれば、無議決権株式に係る株主についても、その権利保護の観点から、原告適格を認めるべきであると考えられる。[21]

(ⅲ) 株式交換等により株主たる地位を失った場合

株主代表訴訟については、その係属中に株式交換等によって当該会社の株主たる地位を失ったとしても原告適格は失われない（会851条）とされているのに対し、新株発行等の無効の訴えについては、このような手当てがされていない。しかし、募集株式の発行等が無効であるかどうかは、株式交換または株式移転後の完全親会社の株主としての地位に直接影響を及ぼすことからすれば、新株発行等の無効の訴えについても会社法851条を類推適用するのが相当であると考えられる。

(D) 合併等の無効の訴え

(ⅰ) 「承認をしなかった債権者」の意義——異議を述べなかった債権者

合併等の組織再編の無効の訴えにおいては、当該組織再編について「承認

---

20 類型別Ⅱ・594頁。
21 上柳克郎ほか『新版注釈会社法(7)』292頁〔近藤弘二〕。

707

をしなかった債権者」にも原告適格が認められる（会828条2項）。異議申立期間内に異議を述べなかった債権者は、合併等を承認したものとみなされる（同法789条4項、799条4項、810条4項）ことから、「承認をしなかった債権者」とは、合併等に積極的に異議を述べた者に限られる。もっとも、個別催告の対象となる債権者（会社に知れている債権者）でありながら催告を受けなかった者については、異議を申し立てる機会が奪われているので、「承認をしなかった」債権者に含まれると解される[22]。

　この点、会社分割においては、分割会社（吸収分割株式会社・新設分割株式会社）の不法行為債権者に対し、会社に知れていない場合も個別催告を行わなければならないとする見解が有力であるところ[23]、会社に知れていない不法行為債権者に対しては個別催告を行うことは通常はできないため、分割会社の不法行為債権者は会社分割の無効の訴えを提起し得ると考えられる[24]。

　また、前記のとおり、「承認をしなかった債権者」とは、合併等に積極的に異議を述べた者に限られることから、そもそも、合併等に対して異議を述べることができる債権者（会789条1項、799条1項、810条1項参照）であることが前提となる。裁判例においても、新設分割において、承継の対象とならなかった債務に係る債権者が会社分割の無効の訴えを提起した事案において、

---

[22] 山口和男編『会社訴訟非訟の実務〔改訂版〕』600頁。
[23] 会社法789条3項カッコ書および810条3項カッコ書において、不法行為債権者に対しては個別催告の省略が認められない旨が規定されているため、かかる規定を根拠に、不法行為債権者保護の観点から、不法行為債権者については会社に知れていない場合であっても個別催告を行わなければならないと解する説が有力である（森本滋編『会社法コンメンタール(17)』342頁〔神作裕之〕、奥島孝康ほか編『新基本コンメンタール会社法3』252頁〔中東正文〕）。
[24] 相澤哲ほか編著『論点解説新・会社法』693頁は、「分割会社の不法行為により損害を受けた者が、会社分割の時点で、加害者が分割会社であることを知らないまたは損害が発生していることを知らない場合には、自己が分割会社の債権者であるという認識を欠く以上、789条4項を適用する前提を欠き、そのような債権者は、会社分割の承認をしたものとはみなされないものと解すべきである」とするが、この見解によった場合も、不法行為債権者は、会社分割の承認をしたものとはみなされない以上、「承認をしなかった債権者」として原告適格が認められることになろう。

「『新設分割について承認しなかった債権者』とは、新設分割の手続上、新設分割について承認するかどうか述べることができる債権者」であるとして、原告適格を否定したものがある（東京高判平成23・1・26金商1363号30頁）。

(ii) 新株予約権者

条文上は明らかではないが、違法な取扱いを受けた新株予約権者は、予約権という債権を有する者として「承認をしなかった債権者」にあたることから、合併等の無効の訴えを提起できると考えられる。[25]

(2) **被告適格**

(ア) **概　要**

会社法834条は、訴訟類型ごとに、被告となるべき者を〈表6〉のとおり定めている。

〈表6〉　会社の組織に関する訴訟における被告となるべき者

訴えの類型	被告適格を有する者
会社の設立の無効の訴え	設立する会社
新株発行の無効の訴え	株式の発行をした株式会社
自己株式の処分の無効の訴え	自己株式の処分をした株式会社
新株予約権の発行の無効の訴え	新株予約権の発行をした株式会社
資本金の額の減少の無効の訴え	資本金の額の減少をした株式会社
会社の組織変更の無効の訴え	組織変更後の会社
会社の吸収合併の無効の訴え	吸収合併後存続する会社
会社の新設合併の無効の訴え	新設合併により設立する会社
会社の吸収分割の無効の訴え	吸収分割契約をした会社
会社の新設分割の無効の訴え	新設分割をする会社および新設分割に

---

[25] 江頭・822頁。

	より設立する会社
株式会社の株式交換の無効の訴え	株式交換契約をした会社
株式会社の株式移転の無効の訴え	株式移転をする株式会社および株式移転により設立する株式会社
新株発行の不存在確認の訴え	株式の発行をした株式会社
自己株式処分の不存在確認の訴え	自己株式の処分をした株式会社
新株予約権発行の不存在確認の訴え	新株予約権の発行をした株式会社
株主総会決議の不存在または無効確認の訴え	当該株式会社
株主総会決議の取消しの訴え	当該株式会社
会社法832条1号の規定による持分会社の設立の取消しの訴え	当該持分会社
会社法832条2号の規定による持分会社の設立の取消しの訴え	当該持分会社および同号の社員
株式会社の解散の訴え	当該株式会社
持分会社の解散の訴え	当該持分会社

(イ) 法定されている以外の者を被告とすることの可否

　被告適格を有する者が法定されている以上、これらの者を被告としない訴えの提起は不適法なものとして却下を免れないことは当然であるが、法定された者に加えて、法定されていない者をも被告とすることの可否については議論がある。

　具体的には、たとえば、取締役の選解任を決議した株主総会の決議取消しまたは不存在・無効確認の訴えにおいて、会社だけでなく、当該取締役をも被告とすることの可否が問題となる。[26]

株主総会決議取消しまたは不存在・無効確認の訴えにおいて被告となるのは当該会社に限られているため、選解任された取締役であっても、共同訴訟参加することはできない。もっとも、当該決議の効力いかんによりその地位の存否が直接に影響を受けることに鑑みれば、被告である当該会社に共同訴訟的補助参加をすることができると解される。

3　出訴期間

(1) 概　要

会社の組織に関する訴えの一部には出訴期間が設けられている。これは、会社の組織に関する訴えの対象が多数の者の利害にかかわることから法律関係の早期の確定を図るためである。この期間は除斥期間であり、期間経過後は、裁判所は、被告による援用がなくても、職権によって訴えを却下しなければならないと解されている。[28]

出訴期間については、訴えの類型ごとに〈表7〉のとおり規定されている（会828条1項、831条1項、832条）。

〈表7〉　会社の組織に関する訴えにおける出訴期間

訴えの類型	出訴期間
会社の設立の無効の訴え	会社の成立の日から2年以内
新株発行の無効の訴え	株式の発行の効力が生じた日から6カ

26　小林秀之『新会社法と会社訴訟の実務』86頁〔畑宏樹〕。
27　なお、取締役選任決議の取消しまたは無効確認請求については、会社法834条16号・17号の規定にかかわらず、当該取締役と会社を共同被告としなければならない（固有必要的共同訴訟）との見解もある（新堂幸司『新民事訴訟法〔第5版〕』774頁）。
28　相澤哲「株主総会決議取消しの訴えと取消事由の追加・株主総会決議不存在確認の訴えから決議取消しの訴えへの変更」（門口正人編・新・裁判実務大系(11)会社訴訟・商事仮処分・商事非訟）30頁。もっとも、この期間の法的性質を除斥期間であると解したからといって、裁判所が、被告による援用がなくても、必ず職権によって訴えを却下しなければならないかは自明ではない。会社の組織に関する訴訟についてのものではないが、裁判例には、除斥期間の効果を当事者の援用にかからしめるようなものも複数存在する（大阪高判平成13・4・27判タ1105号96頁）。

	月以内（公開会社でない株式会社にあっては、株式の発行の効力が生じた日から1年以内）
自己株式の処分の無効の訴え	自己株式の処分の効力が生じた日から6カ月以内（公開会社でない株式会社にあっては、自己株式の処分の効力が生じた日から1年以内）
新株予約権の発行の無効の訴え	新株予約権の発行の効力が生じた日から6カ月以内（公開会社でない株式会社にあっては、新株予約権の発行の効力が生じた日から1年以内）
資本金の額の減少の無効の訴え	資本金の額の減少の効力が生じた日から6カ月以内
会社の組織変更の無効の訴え	組織変更の効力が生じた日から6カ月以内
会社の吸収合併の無効の訴え	吸収合併の効力が生じた日から6カ月以内
会社の新設合併の無効の訴え	新設合併の効力が生じた日から6カ月以内
会社の吸収分割の無効の訴え	吸収分割の効力が生じた日から6カ月以内
会社の新設分割の無効の訴え	新設分割の効力が生じた日から6カ月以内
株式会社の株式交換の無効の訴え	株式交換の効力が生じた日から6カ月以内
株式会社の株式移転の無効の訴え	株式移転の効力が生じた日から6カ月以内

新株発行の不存在確認の訴え	なし
自己株式処分の不存在確認の訴え	なし
新株予約権発行の不存在確認の訴え	なし
株主総会決議の不存在または無効確認の訴え	なし
株主総会決議の取消しの訴え	株主総会等の決議の日から3カ月以内
会社法832条1号の規定による持分会社の設立の取消しの訴え	持分会社の成立の日から2年以内
会社法832条2号の規定による持分会社の設立の取消しの訴え	持分会社の成立の日から2年以内
株式会社の解散の訴え	なし
持分会社の解散の訴え	なし

以上のうち、新株発行の無効の訴えは、旧商法では6カ月以内であったものが、会社法においては、公開会社以外の会社については1年以内に延長された。これは、閉鎖型の会社においては、募集株式の発行等の後、最初に開催される株主総会において株主が初めて募集株式の発行等の事実に気づくのが通常であるという事情を考慮したものである[29]。

出訴期間に関する定めは強行法規であり、当事者間の合意によって延長することはできず、会社の定款の規定によって延長することもできない[30]。

(2) 訴えの変更との関係

株主総会決議取消しの訴え等（先行訴訟）から当該決議に係る行為の無効の訴え（後行訴訟）への移行の可否は、当該株主総会決議の瑕疵が当該決議に係る行為の無効原因となるかが判断基準になると考えられるが、では、移

---

29 相澤・前掲（注12）247頁。
30 以上につき、相澤・前掲（注28）29頁。

行（訴えの変更（民訴143条1項））が認められる場合に、後行訴訟の出訴期間の経過後に訴えを変更することができるか。

最判昭和61・2・24民集40巻1号69頁は、「変更前後の請求の間に存する関係から、変更後の新請求に係る訴えを当初の訴えの提起時に提起されたものと同視することができる特段の事情があるときは、出訴期間が遵守されたものとして取り扱うのが相当である」と判示する。そして、最判平成5・12・16民集47巻10号5423頁は、上記判決のいう「特段の事情」について、「新株発行差止請求の訴えが新株発行無効の訴えにその出訴期間経過後に変更された場合であっても、右新株発行差止請求の訴えが、持株比率の減少等の不利益を受けると主張する株主によって、新株発行を阻止する目的の下に新株発行差止めの仮処分命令を得た上で提起されたものであるなどの判示の事実関係の下においては、」出訴期間の遵守に欠けるところがないとして、「特段の事情」の存在を認めた。

上記の判例からすれば、「特段の事情」が認められるための考慮要素としては、①当初の訴えにより、将来起こりうる事由を理由として効力を争う意思をも表明していると認められることおよび②出訴期間を遵守できなかったことに帰責事由がないこと[31]等が考えられる。

(3) 各　論

(ア) 設立無効の訴え

定款記載の目的が不法であるなど公序良俗に反するような場合には、無効確認の利益が存在する限りは、出訴期間に限られず、いつまでも設立無効の訴えを提起できるとする見解もある[32]。しかし、無効原因にかかわらず一律に出訴期間が設けられていることからすれば（会828条1項1号）、上記のような場合であっても、出訴期間経過後は、設立無効の訴えではなく解散命令

31　中島弘雅「訴えの変更と出訴期間遵守の効力」（服部栄三先生古稀記念・商法学における論争と省察）665頁。
32　上柳克郎ほか編『新版注釈会社法(13)』353頁〔山口賢〕。

（同法824条1項）によって対応すべきであると考えられる。[33]

(イ)　新株発行等の無効の訴え

(A)　起算日

出訴期間の起算日は「株式の発行の効力が生じた日」（会828条1項2号）である。したがって、募集事項として払込期日を定めた場合には払込期日に、払込期間を定めた場合には払込みを行った日が起算日となる（同法209条）。訴えを提起する株主が新株発行等の事実を知り得なかったとしても、この「株式の発行の効力が生じた日」の解釈により、実質的に6カ月または1年という期間を伸長するような取扱いはできない（東京高判昭和61・8・21判時1208号123頁）。

(B)　無効原因の追加

出訴期間の経過後に新たな無効事由を追加して主張することを認めると、募集株式の発行等に伴う複雑な法律関係を早期に確定しようとした趣旨を没却することになる。したがって、新たな無効原因の追加的な主張は出訴期間経過後は許されない（最判平成6・7・18裁判集民172号967頁）。

(ウ)　新株発行等の不存在確認の訴え

新株発行等の不存在確認の訴えには、新株発行等の無効の訴えに関する出訴期間の規定は類推適用されず（最判平成15・3・27民集57巻3号312頁）、出訴期間の制限はない。

(エ)　株主総会決議の取消しの訴え

株主総会決議の取消しの訴えにおいても、早期の法的安定性を確保するために出訴期間が設けられた趣旨から、出訴期間経過後に新たな取消事由を追加主張することは許されない（最判昭和51・12・24民集30巻11号1076頁）。もっとも、株主総会決議の無効確認の訴えにおいて、決議無効原因として主張された瑕疵が決議取消原因にも該当し、決議無効確認の訴えが出訴期間経過前

33　山口・前掲（注22）136頁。

に提起されているときは、決議取消しの主張が決議取消しの訴えの出訴期間経過後にされたとしても、当該決議取消しの訴えは決議無効確認の訴え提起時から提起されていたものと同様に扱われる（最判昭和54・11・16民集33巻7号709頁）。この場合は、前記(2)の「特段の事情」が認められる場合といえよう。

4　訴えの利益

(1)　設立無効の訴え

(ア)　解散後または破産手続開始決定後の設立無効の訴えの可否

　会社が解散した場合には、設立無効の訴えは訴えの利益を失うようにも思われるが、判例は、解散後においても訴えの利益を認め、清算人が会社の代表機関になるとする（大判昭和13・12・24民集17巻2713頁）。会社が解散した場合には、株主総会の決議によって、なお会社を継続することができるのに対し（会473条）、設立無効の判決が確定すれば、会社の継続が認められなくなるという点で異なるため、会社が解散した場合であっても設立無効の訴えにおける訴えの利益は認められると考えられる。また、清算人に設立無効の訴えの原告適格が認められていることから（同法828条2項1号）、会社法も会社の解散により一律に訴えの利益が失われるという前提には立っていない。

　破産手続開始の決定を受けた会社についても、一定の場合には会社継続が認められる点では異ならないため（破219条）、解散後の設立無効の訴えと同様に、訴えの利益が認められると考えられる。

(イ)　新設合併、新設分割、株式移転により設立された会社

　新設合併、新設分割または株式移転により設立された会社については、会社の設立手続に無効原因がある場合に、それぞれ新設合併無効の訴え（会828条1項8号）、新設分割無効の訴え（同10号）または株式移転無効の訴え（同12号）によることが想定されていることから、設立無効の訴えによって新設合併、新設分割、株式移転の無効を主張することはできないと考えられ

る。[34]

(2) 新株発行等の不存在確認の訴え

新株発行等の不存在確認の訴えは、新株発行等の無効の訴えとは異なり、原告適格に制限はない。しかし、株主でない者は、通常は、新株発行等の不存在を求める訴えの利益がないと考えられる。株主の地位確認を求めた別訴で株主ではないと判断された者が新株発行の不存在確認の訴えを提起した事案において、「他に格別の利益を有するものとはうかがわれないから」訴えの利益がないとされている（最判平成4・10・29判時1454号146頁）。これに対し、たとえば、株式の質権者は、募集株式の発行等により、自己が質権を有する既存の株式の価値が下落するような場合には、新株発行等の不存在の確認を求めることについて訴えの利益があると考えられる。

(3) 株主総会決議の取消しまたは不存在・無効の確認の訴え

(ア) 募集株式の発行等に係る株主総会決議の取消しまたは不存在・無効確認の訴え

募集株式の発行等がなされた後は、新株発行等の無効の訴えを提起しない限り当該募集株式の発行等を無効とすることはできないため、募集株式の発行等に係る株主総会決議無効確認の訴えは訴えの利益を欠き、また、新株引受権に係る株主総会の決議の瑕疵は新株発行の効力に影響を及ぼさないとして、新株発行の効力発生後の、株主総会決議無効確認の訴えの利益を否定するとともに、新株発行無効の訴えへの移行も否定される（最判昭和40・6・29民集19巻4号1045頁）。株主総会決議の取消しの訴えや不存在確認の訴えについても同様であると考えられる（株主総会決議の取消しの訴えについて、最判昭和37・1・19民集16巻1号76頁）。

組織再編や資本金の額の減少等の無効についても、その効力発生後は組織再編等の無効の訴えを提起すべきであり、株主総会決議の取消しまたは不存

---

[34] 弥永真生『リーガルマインド会社法〔第13版〕』350頁。

在・無効確認の訴えについては訴えの利益を欠くことになると考えられる。もっとも、これらの行為を行うための手続の瑕疵は当該行為の無効事由になると解されていることからすれば、当該決議に係る行為の無効の訴えへの移行を認める実益があることから、決議取消しの訴え等がすでに提起されている場合には、当該行為の無効の訴えへの移行が認められると考えられる。[35]

(イ) 取締役選任決議の取消しまたは不存在・無効確認の訴え

取締役を選任する株主総会決議について、その取消しまたは不存在・無効確認の訴えが提起された後、訴訟の係属中に当該選任に係る者の任期が満了し、当該者を重任する(あるいは、後任者を選任する)株主総会決議が行われることがある。このような場合には、一般的には訴えの利益を欠くことになるが、かかる訴えが個人的な利益ではなく、当該取締役の在任中の行為について会社が受けた損害を回復するという会社自体の利益を目的とする等の特別の事情が立証された場合には訴えの利益は失われない(最判昭和45・4・2民集24巻4号223頁)。株主総会決議に取り消されるべき違法があることを立証し、役員でないものが役員として得た報酬等を会社に返還させることは会社自体の利益を目的とするものであるとして、上記の特別の事情を認めた裁判例がある(東京高判昭和60・10・30判時1173号140頁)。

もっとも、先行する株主総会決議が取り消された場合には、後行の株主総会は無権限者によって招集されたことになり、招集手続自体に瑕疵があることになるため、後行の株主総会決議が全員出席総会であるなどの事情がない限りは、先行する株主総会決議の取消しの訴えの利益は失われないと考えられる。[36]判例も、先行する取締役等の選任決議が不存在であるために、後任者の選任に係る株主総会決議は無権限者の招集によるものであり不存在であると主張された事案において、先行する決議の不存在確認を求める訴えに後行の決議の不存在確認を求める訴えが併合されているときは、後者について確

---

35 前田庸『会社法入門〔第12版〕』716頁。
36 類型別Ⅰ・381頁。

認の利益があることはもとより、前者についても確認の利益が存するとする（最判平成11・3・25民集53巻3号580頁）。

(ウ) 取締役等の選・解任に係る株主総会決議の取消しまたは不存在・無効確認の訴えと会社の破産

会社に対して破産手続開始の決定がされた場合における取締役の地位については、委任関係は当然に終了し、従前の取締役は退任するという見解（当然終任説）と、当然には取締役たる地位は失われないとする見解（非終任説）とがあるが、判例（最判平成21・4・17判時2044号142頁）は非終任説に立つ。したがって、取締役または監査役の選任または解任を内容とする株主総会決議の瑕疵を争う訴えの係属中に会社が破産手続開始の決定を受けても、破産財団に関する管理処分権限と無関係な会社組織に係る行為等は破産管財人の権限に属さず、破産者たる会社が自ら行うことができることから、会社と取締役または監査役との委任関係は直ちに終了するものではなく、訴えの利益は当然には消滅しないとする。

(エ) 会社の債権者による株主総会決議の不存在または無効確認の訴え

株主総会決議の不存在または無効確認の訴えについては、法令上、原告適格の制限はないことから、会社の債権者であっても、訴えの利益を有する限り、訴えを提起することができる。では、いかなる場合に訴えの利益が認められるかであるが、特定の決議について、会社の債権者一般に訴えの利益を肯定する見解がある一方で、訴えの利益が認められるのは、原則として、会社内部関係者である債権者に限られるとする見解も存する。[37]

裁判例としては、会社に対して土地の所有者として建物収去土地明渡請求訴訟を提起している者が、当該訴訟において当該会社を代表する者を確定するために当該会社の役員選任に係る株主総会決議の不存在確認の訴えを提起

---

[37] 上柳克郎ほか編『会社法演習Ⅱ』112頁〔谷口安平〕は、利益配当については、会社債権者に是正介入権が認められているため（旧商290条2項（会463条2項））、会社債権者は、配当決議の無効・不存在確認を求め得るとする。

した事案において、当該株主総会決議によってその権利または利益を害されたものともいえず、特に独立の訴えによって対世的にその不存在確認を求めるだけの法的利益を有しないとして、当該土地の所有者には株主総会決議不存在確認の訴えを提起する法律上の利益はないとしたものがある（名古屋地判昭和61・10・27判時1251号132頁）。

(オ) 否決された決議の取消しまたは不存在・無効確認の訴え

議案が否決された決議について株主総会決議の不存在確認の訴えが提起された事案において確認の利益を認めた裁判例もあるものの（山形地判平成元・4・18判時1330号124頁）[38]、議案が否決された場合には、「決議」が成立しなかったということであり、取消しや確認の対象を欠くため、訴えの利益・確認の利益はないと考えるべきである[39]。このことは、原告が株主提案権を行使しており、否決された決議が取り消されれば会社法304条ただし書の規定により3年以内に同一の理由で再提案することが妨げられなくなるという事情がある場合であっても異ならない（東京地判平成23・4・14資料版商事328号64頁）。

(カ) 法的効力がない決議の取消しまたは不存在・無効確認の訴え

近年、買収防衛策などに関連して、その決議自体からは法的効果が生じない決議（いわゆる勧告的決議）が行われることがある。この場合には、そもそも、法的な意味での株主総会決議が存在しないため、株主総会決議の取消しまたは無効確認の訴えとの関係ではその対象を欠き、不存在確認の訴えとの関係では訴えの利益を欠くと考えられる。もっとも、株主総会議事録に株

---

[38] 株主提案に係る議案であったため、株主総会決議が不存在であったとすると、会社はあらためて株主総会を招集して当該議案を審議し、公正な方法により決議を行わなければならない義務を負うため、かかる公正な審議の場を求めることについて、法律上の利益がないとはいえないとしている。かかる見解は、株主総会決議不存在確認の訴えが認容された場合、決議の成立という事実が否定されるだけではなく、議案を上程したことや審議・採決を行ったことも不存在となることが前提になっているように思われるが、そのような前提は必ずしも自明のことではないように思われる。

[39] 類型別Ⅰ・379頁。

主総会決議があった旨の記載があることをもって訴えの利益が認められると解する立場からは、法的効果が生じない決議（法的な意味での株主総会決議ではない決議）が株主総会議事録に記載されていることについて、訴えの利益が認められることになろう。

(キ) **計算書類承認の株主総会決議の取消しまたは不存在・無効確認の訴えの係属中に後年度の計算書類が承認された場合**

計算書類等の承認の株主総会決議取消しの訴えの係属中にその後の事業年度の計算書類等が承認された場合であっても、取消しを求める訴えの利益は失われない（最判昭和58・6・7民集37巻5号517頁）。この点は、ある事業年度に係る計算書類が確定していない場合に、その後の事業年度に係る計算書類が確定するかという問題と密接に関連するが、上記判例は、ある事業年度に係る計算書類が未確定である場合には、それを前提とするその後の事業年度の計算書類の記載内容も不確定なものになるとする。以上については、株主総会決議の不存在・無効確認の訴えについても同様であると考えられる。

なお、訴えの対象となった決議と全く同内容の決議が再度なされた場合には、訴えの利益・確認の利益は失われる。これに類似するものとして、訴えの対象となった決議（第1決議）の取消判決が確定した場合にはさかのぼって効力を生じるものされている別の決議（第2決議）が有効に成立しているときは、第1決議についての取消しの訴えの利益は消滅するとされている（最判平成4・10・29民集46巻7号2580頁）。もっとも、新たな決議の効力を遡及させることができるのは、これによって第三者の法律関係を害さない場合に限られると考えられ、新たな決議に遡及効を認めることができない場合には、当該追認により訴えの利益が消滅すると解することもできない（東京地判平成23・1・26判タ1361号218頁）。

(ク) **他の株主に対する招集手続の瑕疵**

株主総会決議の取消しの訴えを提起することができる株主について制限が設けられていないことから、株主は、自己に関するもののみならず、他の株

主に対する招集手続の瑕疵を理由としても総会決議の取消しの訴えを提起することができる（最判昭和42・9・28民集21巻7号1970頁）。株主総会決議の不存在・無効確認の訴えについても、決議の成立によって自己の権利が害される場合には確認の利益が認められると考えられる。[40]

(4) 合併無効の訴え

合併無効の訴えにおいては、当該合併を承認しなかった債権者には原告適格が認められるが（会828条2項7号・8号）、当該債権者が合併の効力発生後に弁済を受けた場合には、訴えの利益がなくなると考えられる。このことから、実務上は、少額の債権者については債権者異議の個別催告をせず、異議を述べたり、合併等の無効の訴えを提起してきた場合に弁済することで対応する例が多い。[41]

(5) 取締役会決議不存在または無効確認の訴え

(ア) 代表取締役選定の取締役会決議について当該代表取締役の任期が満了した場合

代表取締役選定の取締役会決議についての不存在または無効確認の訴えの係属中に当該代表取締役が任期満了により退任した場合には、通常は訴えの利益は失われると考えられる。もっとも、新たな代表取締役が選定されず、当該退任した者が代表取締役の権利義務者となるような場合（会351条1項）は、訴えの利益は失われない。[42]

これに対して、任期満了後、次の株主総会で、当該代表取締役が取締役に再任され、取締役会決議で引き続き代表取締役に選定された場合において、選定決議の効力が争われている代表取締役が当該株主総会を招集しているときは、当初の選定決議が不存在または無効となれば権限のない者によって株主総会が招集されたことになり、当該株主総会は不存在となるため、当該株

40　類型別Ⅰ・361頁。
41　江頭・646頁。
42　類型別Ⅱ・550頁。

主総会における取締役の選任（その後の取締役会における代表取締役の選定）にも瑕疵があることになる。したがって、当初の取締役会決議の不存在または無効確認の訴えの確認の利益は失われないと考えられる。

　(イ)　**代表取締役選定の取締役会決議の瑕疵を争う訴えが取締役選任を内容とする株主総会決議の瑕疵を争う訴えと同時に提起された場合**

　取締役として選任する株主総会決議の効力が否定されれば、その者は、当然、代表取締役としての地位を失うことになるため、取締役選任を内容とする株主総会決議の取消しまたは不存在・無効の訴えに係る認容判決に加えて、代表取締役選定の取締役会決議の不存在または無効確認の認容判決を得る実益はない。したがって、この場合には訴えの利益は認められないと考えられる。[43]

5　訴権濫用

(1)　概　要

　一般に権利の濫用は許されないとされているところ（民1条3項）、訴えの提起自体が権利濫用の問題を生じさせることがある。[44] このような場合を訴権の濫用というが、会社の組織に関する訴訟においても訴権の濫用が生じ得る。訴権の濫用と認められる場合には、権利保護の必要性を欠くものとして、他の訴訟要件をすべて満たしていたとしても訴えは却下される。

(2)　各　論

　(ア)　**設立無効の訴え**

　発起人として設立に深く関与し、会社の成立後は取締役として1年以上常勤して報酬の支払も受けていた者が、創立総会の不開催を理由に設立無効の訴えを提起した事案において、原告が設立無効を主張することは権利の濫用に該当し、許されないとして請求を棄却した裁判例がある（名古屋地判昭和

43　類型別Ⅱ・939頁。
44　谷口知平＝石田喜久夫編『新版注釈民法(1)〔改訂版〕』214頁〔安永正昭〕。

53・12・19判時921号121頁)。当該事案においては、訴えの提起自体が権利濫用にあたり許されないものとして却下されたのではなく、設立無効の主張が権利濫用にあたり許されないものとして請求を棄却したものである。

(イ) 株主総会決議の取消しまたは不存在・無効確認の訴え

旧有限会社法における判例として、有限会社の経営の実権を握っていた者が第三者に自己の社員持分全部を相当の代価で譲渡し、経営を事実上当該第三者に委ねてから約3年が経過し、当該譲渡の当時社員総会の承認を受けることが極めて容易であった場合に、譲渡人が持分譲渡を承認する社員総会決議等の不存在確認を求める訴えを提起するのは訴権の濫用であるとして許されないとした判例がある（最判昭和53・7・10民集32巻5号888頁）。さらに、名目的取締役であった原告が、実際には存在しない株主総会決議を仮装することに加担していたにもかかわらず、後になって、自己に都合が悪い決議だけを取り上げて、その不存在確認請求を行うことは訴権の濫用であるとして却下した裁判例（鹿児島地判昭和62・7・29判時1259号122頁）や、原被告間の過去の不動産売却をめぐる紛争の経緯、無効確認の対象である株主総会決議に対するこれまでの原告の対応・姿勢などから、いったん解決をみた紛争を蒸し返そうとするものであるとして、訴権の濫用に該当するとして却下した裁判例などがある（東京地判平成23・5・26判タ1368号238頁）。

なお、長期間にわたって株主総会を開催せずに議事録のみを作成して株主総会決議を行ったこととしていた同族会社において、自らも取締役であった者が、代表取締役の死亡後、その遺産分割に関する紛争で自らに有利にするために株主総会決議の効力を争った事案について、権利の濫用に該当するとして請求を棄却した裁判例があるが（広島高判昭和43・12・17判時552号76頁)、訴権の濫用であれば不適法なものとして却下すべきであったようにも思われる。

II　請求原因

　会社の組織に関する訴えにおいて、請求の原因となる事実は〈表8〉のとおりである。

〈表8〉　会社の組織に関する訴えにおける請求の原因となる事実

訴えの類型	請求の原因
会社の設立の無効の訴え	①原告適格を基礎づける事実 ②会社が設立されたこと ③訴えの提起が会社の成立から2年以内であること ④会社の設立に無効原因があること
会社の成立後における募集株式の発行等の無効の訴え	①原告適格を基礎づける事実 ②払込期日に払込みがされ、募集株式の発行等がされたこと ③訴えの提起が募集株式の発行等の効力が生じた日から6カ月（非公開会社においては1年）以内であること ④募集株式の発行等に無効原因があること
新株予約権（新株予約権付社債に付されたものである場合には、当該新株予約権付社債についての社債を含む）の発行の無効の訴え	①原告適格を基礎づける事実 ②新株予約権が発行されたこと ③訴えの提起が新株予約権の発行等の効力が生じた日から6カ月（非公開会社においては1年）以内であること ④新株予約権の発行に無効原因があること

資本金の額の減少の無効の訴え	①原告適格を基礎づける事実 ②訴えの提起が資本金の額の減少の効力が生じた日から6カ月以内であること ③資本金の額の減少に無効原因があること
組織変更の無効の訴え	①原告適格を基礎づける事実 ②訴えの提起が組織変更の効力を生じた日から6カ月以内であること ③組織変更に無効原因があること
合併等の無効の訴え	①原告適格を基礎づける事実 ②合併等が効力を生じた日から6カ月以内に訴えを提起していること ③合併等に無効原因があること
募集株式の発行等の不存在の確認の訴え	①原告適格を基礎づける事実 ②募集株式の発行等の外観があること ③実際には払込みの事実がないこと
株主総会等の決議の不存在の確認の訴え	①原告適格を基礎づける事実 ②株主総会決議がされたとの外観があること ③当該株主総会決議が存在しないこと
株主総会等の決議の無効の確認の訴え	①原告適格を基礎づける事実 ②株主総会決議がされたこと ③当該株主総会決議の内容が法令に違反すること
株主総会等の決議の取消しの訴え	①原告適格を基礎づける事実 ②訴えの提起が株主総会決議の日から3カ月以内であること ③株主総会決議がされたこと

	④当該株主総会決議に取消事由が存在すること
持分会社の設立の取消しの訴え	①原告適格を基礎づける事実 ②持分会社が設立されたこと ③訴えの提起が持分会社の成立から2年以内であること ④以下のいずれかの事由（設立取消事由）があること ・社員が民法その他の法律の規定により設立に係る意思表示を取り消したこと ・社員が債権者を害することを知って持分会社を設立したこと
会社の解散の訴え	①原告適格を基礎づける事実 ②やむを得ない事由があること ③以下のいずれかの事由があること ・株式会社が業務の執行において著しく困難な状況に至り、当該株式会社に回復することができない損害が生じ、または生じるおそれがあること ・株式会社の財産の管理または処分が著しく失当で、当該株式会社の存立を危うくすること

III 担保提供命令

　会社の組織に関する訴えを提起した原告が敗訴した場合において、原告に悪意または重過失があったときは、原告は、被告に対して、連帯して損害賠

償責任を負う（会846条）。そこで、このような損害賠償責任を担保するとともに、濫訴を防止することを目的として、裁判所は、被告の申立てにより、提訴株主（債権者）に対して相当の担保の提供を命ずることができる（同法836条1項・2項）。

　被告は、担保提供命令の申立てをするには、原告の訴えの提起が悪意によるものであることを疎明しなければならない（会836条3項）。ここにいう「悪意」とは、原告が被告を害することを知っていれば足りるとする見解（悪意説）と、不当に被告を害する意思を有していることを要するとする見解（害意説）があるが、株主代表訴訟における担保提供命令については悪意説が通説であるのに対し、株主総会決議の取消しの訴えまたは無効・不存在確認の訴えについては、害意説が通説であるとされる。[45]

　裁判例の傾向としては、かつては、害意説に立つものが多く、たとえば、株主としての正当な権利利益を擁護・確保するという目的からではなく、会社を困惑させるとともに、自己の個人的・心理的満足を得るために行ったものと推認し得る訴えの提起や、会社法が株主に提訴権を規定した趣旨に照らし、これを著しく逸脱している場合などに「悪意」にあたるとされていたが（東京地判昭和63・1・26判時1268号139頁）、近時の傾向としては、「悪意」の意味をより広くとらえ、①請求原因の重要な部分に主張自体失当の点があり、主張を大幅に補充または変更しない限り請求が認容される可能性がない場合、②請求原因事実の立証の見込みが低いと予測すべき顕著な事由がある場合、③被告の抗弁が成立して請求が棄却される蓋然性が高い場合等に、そうした事情を認識しつつあえて訴えを提起したものと認められるときは、「悪意」に基づく提訴として担保提供を命じ得るとする見解が主流になりつつあるといえる（東京地決平成6・7・22判時1504号121頁）。[46]

　なお、旧商法では、株主が提起した株式会社の設立無効の訴えおよび株式

---

[45] 中島弘雅「株主代表訴訟における担保提供の申立て(上)——特に担保提供が認められるための要件について——」商事1354号41頁。

会社の解散の訴え、債権者が提起した合名会社等の設立取消しの訴えについては、原告が敗訴した場合の損害賠償責任は認められていたものの、担保提供命令の対象とはされていなかった。そこで、会社法では、上記の場合についても、担保提供を命じることができるものとされている（会836条1項・2項）。

第3節　審　理

I　弁　論

1　必要的併合

同一の請求を目的とする会社の組織に関する訴えに係る訴訟が数個同時に係属するときは、その弁論および裁判は併合して行わなければならない（会837条）。これは、会社の組織に関する訴えの認容判決は対世的効力を有することから（同法838条）、裁判所の判断を統一する必要があるためである。

なお、旧商法においては、裁判の合一確定を図る目的から、出訴期間経過後でなければ口頭弁論を開始することができないとされていたが（旧商105条2項）、会社法においては、裁判の迅速化等の要請から、このような規制は廃止された。[47]

---

[46]　江頭憲治郎ほか編『会社法大系(4)組織再編・会社訴訟・会社非訟・解散・清算』458頁〔名島享卓〕。ただし、害意説を採用するかつての裁判例の多くは、株主代表訴訟以外の訴訟類型におけるものであったのに対し、悪意の意味をより広くとらえる近時の裁判例は株主代表訴訟におけるものが中心であることから、株主代表訴訟以外の訴訟類型においても悪意の意味をより広くとらえる傾向が顕著であるとまではいえないように思われる。

[47]　相澤・前掲（注1）211頁。

裁判所が併合せずに判決をし、その内容が矛盾する場合であっても、直ちに判決が無効になるわけではないが（大判昭和18・3・10民集12巻462頁）、後行の判決が前に確定した判決と抵触する場合には再審の訴えが許容されることになる（民訴338条1項10号）。[48]

2　処分権主義・弁論主義の適用制限

(1) 概　要

会社の組織に関する訴えを認容する判決には対世的効力が認められることから（会838条）、馴れ合いなどによる不当な訴訟追行が行われた場合には利害関係人が不利益を被るおそれがある。そこで、会社の組織に関する訴えに係る裁判においては、以下のとおり、通常の民事訴訟手続において原則とされる処分権主義・弁論主義をそのまま適用することはできないと考えられている。

(2)　請求の認諾および訴訟上の和解

請求の認諾については、当事者が訴訟物に係る係争利益を実体法上任意に処分することができないこと等から、判決に対世的効力のある会社の組織に関する訴えに関しては認められないとする見解が有力である[49]（東京地判昭和46・2・22判時633号91頁等）。また、訴訟上の和解の可否についても同様の議論がされており、請求の認諾を認めない立場からすれば、請求の放棄または訴えの取下げを内容とする和解の範囲に限って認められると考えられる。なお、再訴を遮断する効果がない訴えの取下げや、対世的効力がなく第三者の利益を害することがない請求の放棄は、このような制限を受けない。

48　上柳克郎ほか編『注釈会社法(1)』441頁〔小橋一郎〕。
49　人事訴訟や行政訴訟のような公益性はなく、また、職権探知の裏付けもないのに認諾を否定しても実質上は何の意味もないこと等から、請求の認諾を認める見解もある（大隅健一郎編『株主総会』533頁〔今井宏〕）。

(3) 自白の拘束力

裁判例には自白の拘束力を認めたものもあるが（前掲東京地判昭和46・2・22等）、判決の対世的効力に鑑み、訴訟物に関して当事者に処分権が認められないことから請求の認諾を否定する見解からは、自白の拘束力についても認められないとするのが整合的である。もっとも、自白をしたという事実を弁論の全趣旨（民訴247条）として認定することは可能であると考えられる。[50]

したがって、被告が請求原因事実を自白したとしても、なお、原告は証拠によってこれを立証する必要があるが、原告の立証活動のみでは請求原因の証明があったと認めることができず、利害関係のある第三者の言い分を聞いて事実を解明しなければ請求を認容することができないと裁判所が判断した場合には、裁判所が原告に対して、当該第三者の人証申請や訴訟告知の予定の有無について求釈明することもあり得る。[51]

II 訴訟参加

1 役員選任決議取消しの訴えへの取締役の訴訟参加

株主総会決議の取消しまたは無効・不存在確認の訴えに係る訴訟ついて、訴えの対象となった株主総会において選任された取締役は、訴訟の結果に利害関係を有する。もっとも、共同訴訟参加（民訴52条）するためには当事者適格が必要であるところ、株主総会決議の取消しまたは無効・不存在確認の訴えの被告適格は会社に限定されているため（会834条16号・17号）、共同訴訟参加することはできない（最判昭和36・11・24民集15巻10号2583頁）。そこで取締役としては、補助参加（民訴42条）をするか、独立当事者参加（同法47条）をすることが考えられる。[52]

---

50 類型別II・784頁。
51 商事関係訴訟・18頁。

2 株主総会決議取消しまたは無効確認の訴えへの株主の補助参加

補助参加（民訴42条）が認められるためには、参加申出人が訴訟の結果について利害関係を有する第三者であることを必要とするが、株主は、当該会社の最高意思決定機関である株主総会の決議の結果が維持されるか否かという点に関して利害関係を有しているといえる。したがって、株主でありさえすれば、被告会社側に対する補助参加は常に認められると考えられる（山形地判昭和38・3・18判時330号41頁）。

III 承継

株主総会決議の取消しまたは無効確認の訴えの係属中に、当該訴訟の原告たる株主から株式を相続により取得した相続人は当該訴訟の原告たる地位を承継する（前掲最大判昭和45・7・15）。ただし、株式を共同相続した場合は、遺産分割がされるまでは共同相続人の準共有となるところ、原告適格が認められるためには、原則として権利行使者の指定（会106条）が必要であるため、訴訟係属中に権利行使者を指定する必要がある。他方、特定承継の場合には、原告適格は承継されない。[53]

会社が合併により消滅した場合は、一般論としては、合併によって設立された会社または存続する会社に当事者たる地位は承継される（民訴124条1項2号）。新株発行の無効の訴えにおいて会社が合併した場合について、当該訴えは存続会社に承継されるとした裁判例がある（福岡高判昭和41・7・18判時457号59頁）。

---

[52] 山本克己「判批」会社法判例百選102頁。なお、独立当事者参加については最判昭和45・1・22民集24巻1号1頁も参照。
[53] 江頭・347頁。

Ⅳ　主張方法

　会社の組織に関する行為の無効の訴えは、訴えの方法でしか主張することができない（会828条1項）。これに対し、たとえば、株主総会決議の無効の主張は、必ずしも訴えによることを要せず、訴訟上の抗弁その他いかなる方法で主張するかは主張者の自由であるとされている（東京地判昭和30・11・11判時70号5頁）。新株発行等の不存在の確認の訴えについても同様であると考えられる。[54]

Ⅴ　立証責任

1　株主総会決議取消しまたは不存在・無効確認の訴え

　株主総会決議取消しの訴えおよび無効確認の訴えにおいては、原告が原告適格および取消し・無効事由を主張・立証しなければならない。これに対して、株主総会決議の不存在確認の訴えについては、①外形上は株主総会決議として行われたものが存在するものの、招集手続等の違法性が著しく、法的な意味における株主総会決議の存在を認めることができない場合と、②株主総会決議を行った事実が全くない場合が考えられるところ、①の場合は原告が当該違法性を根拠づける事実を主張・立証する必要があるのに対して、②の場合は被告である会社が決議の存在を主張・立証する必要がある（東京地判昭和38・2・1判時141号154頁）。もっとも、②の場合であっても、原告は、争点を明確にするために、株主総会不存在を裏付ける事由を主張すべきである。

---

[54]　江頭・712頁。

2　新株発行等の無効の訴え

　原告は、原告適格を基礎づける事実、募集株式の発行等があったことおよび無効原因について主張・立証しなければならない。ただし、たとえば、募集株式の発行等の際に通知・公告がされていないような場合には、通知・公告がないことを立証するのは著しく困難であるため、被告である会社が通知・公告の存在を立証すべきであろう。[55]また、募集株式の発行等の際に通知・公告がされていないような場合には、瑕疵の重大性に鑑み、原告がその点を主張した場合には、被告である会社において他に新株発行差止事由が存在しないことを主張・立証すべきであるとされている（最判平成9・1・28民集51巻1号71頁）。

3　新株発行等の不存在確認の訴え

　募集株式の発行等が不存在とされるのは、たとえば、募集株式の発行等の手続が全くなされていないにもかかわらず、登記のみがされていたり、株券が発行されている場合などが考えられる。このような場合は、被告である会社において、募集株式の発行等の事実を主張・立証する必要があろう（原告は、争点を明確にするために募集株式の発行等の不存在を裏付ける事由を主張する必要がある）。

4　合併等の組織再編の無効の訴え

　原告は、原告適格を基礎づける事実、合併等の組織再編の存在、その無効事由を立証する必要がある。無効事由については、それに該当する具体的事実を主張・立証しなければならず、無効事由の内容や性質に応じて、原告が主張・立証すべき請求原因（または再抗弁）なのか、被告が主張・立証すべ

55　類型別Ⅱ・604頁。

き抗弁等なのかが決まる[56]。たとえば、合併承認決議の取消しを合併無効原因として主張する場合には、請求原因として、取り消されるべき株主総会決議の存在と取消原因となるべき事実を主張・立証することになる。

第4節 裁　判

I　和解と判決

1　和解の可否

会社の組織に関する訴えにおいては、訴訟上の和解の可否について議論があり、請求の放棄または訴えの取下げを内容とする和解の範囲に限って認められるとする考え方があり得るのは前述のとおりである。

2　裁量棄却

(1)　株主総会決議取消しの訴えにおける裁量棄却

株主総会決議に取消事由が存在する場合であっても、裁判所は、①その違反する事実が重大でなく、かつ、②決議に影響を及ぼさないものであると認めるときは、請求を棄却することができる（会831条2項）。①と②の双方を満たす必要があるため、たとえば、決議に影響を及ぼさない場合であっても、違反が重大であれば裁量棄却の対象にならないことに留意する必要がある。

裁判例には、会社が株主総会で議決権行使した株主にQuoカードを贈呈したことが会社法120条1項の禁止する利益供与に該当するものと判断され

56　大江忠『要件事実商法(上)』186頁。

た事案において、株主の権利行使に関する利益供与禁止違反の事実は重大であり、当該事案においては、Quoカードの贈呈が株主による議決権行使に少なからず影響を及ぼしたことがうかがわれることから、裁量棄却することはできないとしたものがある（東京地判平成19・12・6判タ1258号69頁）。

(2) 他の訴訟類型における裁量棄却

かつては、合併等の無効の訴えについても裁量棄却の制度があったが、昭和25年改正の際に廃止され、その後、昭和56年改正の際に、株主総会決議取消しの訴えについてのみ再度設けられたという経緯がある。このような立法の経緯に鑑みれば、会社法においても、明文の規定が存在する株主総会決議取消しの訴え（会831条2項）以外の訴えにおいては、裁量棄却は認められないと解される。

II　判決の効力

1　概　要

会社の組織に関する訴えを認容する確定判決は、第三者に対してもその効力を有する（対世的効力、会838条）。また、会社の組織に関する訴えを認容する判決が確定したときには、当該判決において無効とされ、または取り消された行為は、将来に向かってその効力を失う（同法839条）。なお、当該行為によって株式または新株予約権が交付された場合にあっては、当該株式または新株予約権にもその効力が及ぶと考えられる。たとえば、自己株式処分や吸収合併・吸収分割・株式交換等において自己株式が交付された場合には、処分された当該株式自体も無効となる[57]。

---

[57] 相澤・前掲（注1）215頁。

2　各　論

(1)　設立無効判決の効力

　設立無効の判決が確定した場合には、会社は解散の場合に準じて清算することを要し、清算の目的の範囲において存続するものとみなされることになるため、判決により当然に法人格が消滅するわけではない（最判昭和32・6・7裁判集民26号839頁）。

(2)　新株発行等の無効判決の効力

　新株発行等の無効の訴えに係る請求を認容する判決が確定したときは、会社は、当該判決の確定時における、当該株式に係る株主に対して、払込みを受けた金銭または給付を受けた現物出資財産に相当する金銭を支払わなければならない。なお、会社が株券発行会社である場合には、当該金銭の支払と引換えに、無効となった株券を返還することを請求することができる（会840条1項）。自己株式の処分の無効判決および新株予約権の発行の無効判決についても同様である（同法841条、842条）。

(3)　合併または会社分割の無効判決の効力

　合併や会社分割を無効とする判決が確定した場合には、存続会社や承継会社（新設会社）が合併や会社分割の効力発生日以後に負担した債務については当該行為をした会社の連帯債務となる（会843条1項）。また、存続会社等が取得した財産は、当該行為をした会社の共有に属する（同条2項）。この場合に、債務の負担部分や財産の共有持分については各会社の協議によって定めるものとされるが、協議が調わないときは各会社の申立てにより、裁判所が、合併等の効力が生じた時における各会社の財産その他一切の事情を考慮して定めることとなる（同条3項・4項）。

(4)　株式交換・株式移転の無効判決の効力

　株式交換・株式移転を無効とする判決が確定した場合には、当該株式交換・株式移転により完全親会社となった会社が当該株式交換・株式移転に際

して株式を交付したときは、判決の確定時における当該株式に係る株主に対して、当該株式交換・株式移転の際に当該株式の交付を受けた者が有していた完全子会社となった会社の株式を交付しなければならない（会844条1項）。旧商法においては、完全子会社となった会社の株式を交付すべき相手方が規定上明らかではなかったが、会社法では、判決確定時の株主であることが定められた。

なお、当該株式交換・株式移転にあたって、完全子会社となった会社の株主に対して完全親会社となった会社の株式以外の金銭その他の財産を交付した場合には、不当利得の法理に従い、金銭その他の財産を交付した相手方に対して、完全子会社となった会社の株式を返還するとともに、交付した金銭その他の財産の返還を受けることになる。[58]

(5) 株主総会決議の取消判決の効力

株主総会決議の取消しの訴えにおいて、決議取消しの判決が確定すると、決議は当初から無効となる。この場合において、当該取り消された決議に基づいて行われた行為のうち、会社と株主との間のものは無効となるが、取締役が当該決議の執行として第三者となした行為はその効力に影響を受けない（大判昭和6・6・5民集10巻698頁）。

(6) 解散判決の効力

会社の解散の訴えにおいて、解散を認める判決が確定すると、会社は当然に解散したものとして清算手続に入る。清算人は、会社法641条7号による解散として、利害関係人もしくは法務大臣の申立てによりまたは職権で裁判所が選任することとなる。

(7) 取締役会決議の不存在または無効確認判決の効力

株主総会決議の瑕疵を争う訴訟とは異なり、法律上特別の定めがないことから、一般の既判力によることになり、対世的効力はないとする見解が多い。[59]

---

58 相澤・前掲（注1）216頁。
59 類型別Ⅱ・548頁。

しかし、代表取締役の選定決議等の、画一的な確定の要請があるものについては、会社法838条を類推適用して取締役会決議の不存在または無効確認の訴えに係る請求認容判決に対世的効力を肯定すべきであると考えられる。[60]

III　登記嘱託

1　概　要

　会社の組織に関する訴えのうち、①会社の設立の無効の訴え、②新株発行の無効の訴え、③新株予約権発行の無効の訴え、④株式会社における資本金の額の減少の無効の訴え、⑤新株発行の不存在確認の訴え、⑥新株予約権発行の不存在確認の訴え、⑦株主総会等の決議取消しまたは不存在・無効確認の訴え（株主総会等で決議した事項についての登記があった場合）、⑧持分会社の設立の取消しの訴え、⑨会社の解散の訴えに係る請求認容判決が確定した場合には、裁判所書記官は、職権で、遅滞なく、会社の本店の所在地を管轄する登記所にその登記を嘱託しなければならない（会937条1項1号）。

　また、〈表9〉の訴えに係る請求認容判決が確定した場合には、裁判所書記官は、職権で、遅滞なく、会社の本店の所在地を管轄する登記所に、〈表9〉の内容の登記を嘱託しなければならない（会937条3項）。この場合に、支店の所在地における登記がなされている場合には、会社の支店の所在地を管轄する登記所にも同様の登記を嘱託しなければならない（同条4項）。

〈表9〉　請求認容判決確定に伴う登記の内容

訴えの内容	登記の内容
組織変更の無効の訴え	・組織変更後の会社についての解散の登記 ・組織変更をする会社についての回復の登記

60　江頭・397頁。

吸収合併の無効の訴え	・吸収合併後存続する会社についての変更の登記 ・吸収合併により消滅する会社についての回復の登記
新設合併の無効の訴え	・新設合併により設立する会社についての解散の登記 ・新設合併により消滅する会社についての回復の登記
吸収分割の無効の訴え	吸収分割をする会社および承継会社についての変更の登記
新設分割の無効の訴え	・新設分割をする会社についての変更の登記 ・新設分割により設立する会社についての解散の登記
株式交換の無効の訴え	株式交換完全子会社(新株予約権の承継に関する定めがある場合に限る)および株式交換完全親会社についての変更の登記
株式移転の無効の訴え	・株式移転をする株式会社についての変更の登記(新株予約権の承継に関する定めがある場合に限る) ・株式移転により設立する株式会社についての解散の登記

2 和解調書

登記実務上、和解調書では登記嘱託ができないので、登記にかかわる訴訟については、その点に留意する必要がある。[61]

(髙山崇彦／宮下　央)

61　商事関係訴訟・16頁。

第2章 会社に対する役員等の責任の追及訴訟

第1節 会社による訴えと株主代表訴訟

I 会社自身による訴え

1 訴訟法上の特則

　会社自身による役員等の責任追及訴訟については、訴訟法上は、第2節Iのとおり管轄と代表者に関する特則があるほか、訴訟参加（会849条）、再審の訴え（同法853条）に関する規定の適用があるが、その他の点は通常の訴訟と同様である。問題点の多くは実体法の解釈に関する事柄であり、この点については会社自身による訴えと株主代表訴訟との間に特に違いはないといえる。以下では、実体法上の点について、取締役の責任を中心に述べることとする。

2 役員等の責任の概要

　旧商法266条1項においては、取締役の会社に対する責任について、違法

な利益配当・中間配当（1号）、株主の権利行使に関する利益供与（2号）、他の取締役に対する金銭の貸付け（3号）、利益相反取引（4号）、法令・定款違反行為（5号）が列挙して規定され、これらのうち、法令・定款違反行為は過失責任と解されていたが（最判昭和51・3・23裁判集民117号231頁）、その他はいずれも無過失責任と解されていた。

　会社法では、上記各責任について、①剰余金の配当等に関する責任（会462条1項）、②株主の権利行使に関する利益供与による責任（同法120条4項）、③任務懈怠による責任（同法423条1項）に整理され、おおむね、旧商法266条1項1号の責任については会社法462条1項が、旧商法266条1項2号の責任については会社法120条4項が、旧商法266条1項3号から5号までの責任については会社法423条1項がそれぞれ対応する関係にある。

　①の剰余金の配当等に関する責任については、職務上の注意義務を怠らなかった場合には責任を負わない旨の規定が設けられ（会462条2項）、旧商法の無過失責任が過失責任に改められた（無過失の立証責任は役員側が負う）。また、②の株主の権利行使に関する利益供与による責任については、当該利益供与をした取締役は無過失責任を負うが、それ以外の者は職務上の注意義務を怠らなかった場合には責任を負わない（無過失の立証責任は役員側が負う）旨の規定が設けられた（会120条4項）。さらに、③の任務懈怠による責任については、利益相反取引によって会社に損害が生じた場合における任務懈怠の推定規定（同法423条3項）、自己のために会社と取引をしたことにより会社に損害が生じた場合における無過失責任の規定（同法428条1項）が設けられた。なお、任務懈怠による責任は、委任契約上の義務違反による責任であって、債務不履行責任の一種であるから、通常の債務不履行に基づく損害賠償請求訴訟の場合と同様に過失の不存在は抗弁であり、無過失の主張・立証責任はもともと役員側が負っている。このことから、上記の任務懈怠の推定規定は、当然のことを確認的に規定したもので、特別の意味は認められない旨の指摘がある。

会社法上の上記①から③までの各責任のうち、訴訟実務上問題となることが多いのは、③の任務懈怠による責任であろう。旧商法266条1項5号の法令・定款違反による責任にいう「法令」には、個別的な法令（取締役を名宛人とし、取締役がその職務遂行に際して遵守すべき義務を個別的に定める規定のほか、会社を名宛人とし、会社がその業務を行うに際して遵守すべきすべての規定が含まれる。最判平成12・7・7民集54巻6号1767頁）のほか、善管注意義務（民644条）と忠実義務（旧商254条ノ3）が含まれると解されており、実際上も法令違反による責任では善管注意義務違反が問題となることが多かった。会社法においても、役員は会社と委任関係にあるから、善管注意義務違反やその他の法令違反行為をした場合には、当然に受任者としての任務を怠ったことになり、③の任務懈怠による責任を負うことになる。このように、旧商法266条1項5号の法令・定款違反による責任と③の任務懈怠による責任は、実質的には同じ内容のものであるといえ、旧商法266条1項5号の法令・定款違反による責任に関する多数の判例や学説は、③の任務懈怠による責任についても同様に妥当すると考えられる。

3　責任の免除

　責任の免除について、旧商法では、利益相反取引（旧商266条1項4号）による責任は発行済株式総数の3分の2以上の多数により免除することができるが（同条6項）、それ以外の責任は総株主の同意がなければ免除することができないとされていた（同条5項）。この規定は、単独株主権である株主代表訴訟提訴権の実質的な保障を目的としたものであったが、上場会社等の大企業では責任免除が事実上不可能であるとの指摘がされていた。このような指摘を受けて、平成13年の議員立法（法律第149号）により、旧商法266条1項5号の法令・定款違反による責任について、株主総会の特別決議（同条

1　新谷勝『会社訴訟・仮処分の理論と実務〔第2版〕』306頁。

7項)、定款の定めに基づく取締役会の決議(同条12項)、定款に定めた範囲であらかじめ締結された契約(社外取締役に限る。同条19項)による賠償責任額の制限規定が設けられた。

　会社法においては、総株主の同意による免除(会120条5項、424条、462条3項(ただし、分配可能額を限度とする))が定められているほか、上記議員立法により設けられた規定を基本的に引き継いで、①株主総会の特別決議(同法425条)、②定款の定めに基づく取締役会の決議等(同法426条)、③定款の定めに基づく責任限定契約(社外取締役等に限る。同法427条)による賠償責任額の制限規定が設けられている。

II　株主代表訴訟

1　追及することができる責任の範囲

　旧商法下において株主代表訴訟によって追及することができる取締役等の責任の範囲については、大別して、①取締役等が会社に対して負担するに至った一切の債務が含まれるとする見解(全債務包含説)と、②責任免除の困難または不可能な取締役等の責任(旧商法266条の責任、280条ノ13の資本充実責任)など特に重要である取締役等の会社に対する責任に限定されるとする見解(限定債務説)があるとされ、裁判例も分かれていた。

　このうち、全債務包含説に対しては、取締役がその職務とは無関係に会社に対して負担した債務についてまで株主代表訴訟による責任追及を認めることは広汎にすぎるとの批判がされ、殊に、使用人から取締役に就任した者について使用人であった時期に発生した責任を株主代表訴訟により追及できるのは疑問であるなどの指摘がされていた(東京地判平成10・12・7判時1701号161頁、東京地判平成20・1・17判タ1269号260頁参照)。他方で、限定債務説に対しては、役員間の親密な関係から責任追及が懈怠されるおそれがあるのは、

旧商法266条の責任等の取締役の地位に基づく責任が追及される場合に限らないこと、会社と取締役間の直接取引に基づく契約上の責任について当該取締役以外の取締役らは株主代表訴訟による責任追及を受けるのに、当該取締役自身の契約上の責任について株主代表訴訟による責任追及ができないのは均衡を失することなどが批判されていた。

　この点について最高裁判所は、株主代表訴訟の対象となる旧商法267条1項にいう「取締役ノ責任」には、同法266条1項各号所定の責任など取締役の地位に基づく責任のほか、取締役の会社に対する取引上の債務についての責任も含まれるが、これらのいずれにもあたらないものについては、株主代表訴訟の対象とならないと解すべきである旨の判断を示した（最判平成21・3・10民集63巻3号361頁）。この事案は、株主である原告が取締役である被告に対して、会社の買い受けた土地について被告名義に所有権移転登記がされていると主張して、①主位的には、会社の取得した上記土地の所有権に基づき、②予備的には、上記土地の取得に際して会社と被告間で締結された被告名義の借用契約の終了に基づき、会社への真正な登記名義の回復を原因とする所有権移転登記手続を求めたものである。最高裁判所は、主位的請求である所有権に基づく移転登記請求は、取締役の地位に基づく責任を追及するものでも、取締役の会社に対する取引上の債務についての責任を追及するものでもないから、株主代表訴訟の対象とならないが、予備的請求である被告名義の借用契約の終了に基づく移転登記請求は、取締役の会社に対する取引上の債務についての責任を追及するものであるから、株主代表訴訟の対象となると判示した。

　上記見解（取引債務包含説）は、全債務包含説と限定債務説との折衷的な見解であり、限定債務説に対する前記のような批判を考慮しつつ、株主代表訴訟の対象を一定範囲に限定したものとして、実務上も受け入れられやすいものと思われる。また、前掲最判平成21・3・10は、登記義務のような金銭債務以外の責任も株主代表訴訟の対象となることを当然の前提としており、

この点においても意義を有するものと考えられる。

2　被告の範囲

会社法は、株主代表訴訟の被告となる者について、発起人、設立時取締役、設立時監査役、取締役、執行役、監査役、会計参与、会計監査人、清算人、株主の権利行使に関し利益供与を受けた者、不公正な払込金額で募集株式を引き受けた者および不公正な払込金額で新株予約権を引き受けた者と規定している（会847条1項、423条1項、120条3項、212条1項、285条1項）。これらの者のうち取締役等の会社関係者は、現職の者に限定されず、退任・退職後であっても株主代表訴訟の被告となる（同法849条2項）。

株主代表訴訟において追及される責任は、財産上の債務であるから、訴訟係属中に被告が死亡した場合には、当該債務を相続した相続人が訴訟を承継することになる。そして、このこととの均衡からも、被告となるべき者がすでに死亡している場合には、その相続人を被告として株主代表訴訟を提起することができると解されており、実務上もそのように運用されている。

第2節　訴えの提起

I　訴訟要件

1　管　轄

責任追及等の訴えには、会社自身による会社法423条1項等に基づく訴えと、株主による同法847条に基づく訴え（株主代表訴訟）とがあるが、いずれも同法848条により会社の本店所在地の地方裁判所の管轄に専属する。

その趣旨は、会社または株主が訴訟に参加することを容易にするためとされる。すなわち、会社自身が提起した訴えの場合には株主が、株主が提起した訴えの場合には会社または他の株主が、共同訴訟人または補助参加人として訴訟に参加することができるが（会849条1項）、いずれの訴えについても会社の本店所在地の地方裁判所の専属管轄とすることにより、会社または株主が訴訟に参加することが容易になるからである。

2　会社の代表者

会社とその取締役との間において訴訟が追行される場合には、会社の利益よりも相手方である取締役の利益を優先させる、いわゆる馴れ合い訴訟により会社の利益が害されるおそれがあることから、このような場合に会社を代表する者について、特則が設けられている。

取締役会非設置会社については、株主総会において会社代表者を定めることとされ（会353条）、取締役会設置会社については、株主総会において会社代表者を定めた場合を除き、取締役会において会社代表者を定めることとされている（同法364条）。また、監査役設置会社については、監査役が会社代表者となり（同法386条1項）、委員会設置会社については、監査委員会が選定する監査委員が会社代表者となる（同法408条1項2号）。ただし、監査役設置会社（監査役会設置会社および会計監査人設置会社を除く）であっても、定款により監査役の監査の範囲が会計に関するものに限定されている非公開会社の場合には、会社法389条1項・7項により386条の適用が排除されるから、代表取締役が会社代表者となる。

なお、旧商法下では、旧商法275条ノ4前段（会社法386条に対応する）の「取締役」に退任取締役が含まれるかどうかについて、否定説と肯定説があったが、判例（最判平成15・12・16民集57巻11号2265頁）は、否定説に立って退任取締役に対する訴えに係る代表権限は代表取締役が有するとしていた。会社法は、この点について、取締役には退任取締役が含まれることを明文で

規定し、上記判例とは逆の立場をとることを明らかにしている。

3　株主代表訴訟の提訴権者

　株主代表訴訟の提訴権は単独株主権であるから、1株のみを有する株主であっても、訴えを提起することができる。また、株主代表訴訟の提訴権は、会社の構成員であることを根拠とするものであり、議決権を前提とする権利ではないから、議決権のない株式のみを有する株主であっても、訴えを提起することができる。

　単元未満株式については、議決権のみが排除されているにすぎず（会308条1項ただし書）、議決権とはかかわりのない共益権は認められると解されているから、単元未満株式のみを有する株主であっても、訴えを提起することができる。ただし、会社は、単元未満株式について会社法189条2項各号に列挙された権利以外の権利を行使できない旨を定款で定めることができ、株主代表訴訟の提訴権は同号に列挙された権利にはあたらないから、定款により単元未満株式のみを有する株主を排除することができる（同法847条1項カッコ書）。

　株主代表訴訟の提訴権を有する株主であるというためには、会社に対する関係で株式を保有していることを要するから、単に株式を実質的に保有しているのみでは足らず、株主名簿に株主として記載されていることが必要である。

4　6カ月保有の要件

　株主代表訴訟を提起する株主は、6カ月間引き続いて株式を保有している者に限られる。会社は、定款によりこの期間を短縮することができるが、これを伸長することは許されない。この6カ月間の株式保有の要件は、旧商法267条1項の規定を引き継いだものであり、旧商法に株主代表訴訟制度が設けられた際の政府提出の原案では要求されていなかったが、株主代表訴訟が

会社荒らしの道具として悪用されるのではないかとの危惧から、衆議院における修正により加えられたものである。なお、株式の譲渡制限のある会社においては、6カ月間引き続いて株式を保有している必要はない（会847条2項）。

　前述のとおり、株主代表訴訟の提訴権を有する株主であるというためには、株主名簿に記載されていることを要するから、この6カ月保有の要件についても、株主名簿に6カ月前から引き続いて株主として記載されていることが必要である。相続や合併等の包括承継によって株式を取得した場合には、被承継人の保有期間と承継人の保有期間とを通算して6カ月間あれば足りる。会社の設立後まだ6カ月が経過していない場合には、設立後引き続いて株主であればよいと解される。なお、6カ月前から引き続いて株式を保有しているのであれば、必ずしも同一の株式を保有している必要はない。

　この6カ月の期間の計算の基準時は、会社に対して提訴請求をする時であり、提訴請求をすることなく直ちに訴えを提起する場合（会847条5項）には、訴え提起の時である。なお、基準時において6カ月保有の要件を満たしていなかった場合には、その後時間の経過により6カ月間株式を保有するに至ったとしても、これによる瑕疵の治癒を認めると、結局のところ6カ月保有の要件を要求しないのとほとんど同じ結果になってしまうから、瑕疵の治癒は認められるべきではない。

　株主代表訴訟を提起するには、基準時の6カ月前から引き続いて株式を保有していれば足り、取締役の責任原因となる違法行為の当時からすでに株式を保有していたことは必要でない。株主代表訴訟は総株主の利益を目的とする訴えであり、原告自身の利益を目的とするものではないから、違法行為の当時から株主であったことは必要でなく、取締役の違法行為があったことを知って株式を取得した者であっても、そのことから直ちに株主代表訴訟の提起が許されなくなるものではない。

5 会社に対する提訴請求

(1) 提訴請求の手続

　株主が株主代表訴訟を提起するには、原則として、会社に対し、書面等をもって責任追及等の訴えの提起を請求しなければならない（会847条1項）。この書面等は、会社に対して具体的な訴えの提起を求めるものであるから、単に訴えの提起を請求する旨の記載があるだけでは不十分であって、被告となるべき者、請求の趣旨および請求を特定するのに必要な事実の記載が必要とされ（会施規217条2号）、これらの事項が記載されていない場合には、有効な提訴請求があったとはいえない。この書面等が会社に到達した日から60日以内に会社が訴えを提起しないときに、提訴請求をした株主は、初めて株主代表訴訟を提起することができることになる（会847条3項）。

(2) 提訴請求の相手方

　提訴請求の相手方は、取締役または執行役以外の役員等に対する責任追及等の訴えについては、会社代表者である代表取締役（会349条4項）または代表執行役（同法420条3項）であるが、取締役または執行役に対する責任追及等の訴えについては、監査役の設置の有無等によって相手方が異なる。監査役設置会社においては監査役が相手方となり（同法386条2項1号）、委員会設置会社においては各監査委員が相手方となるが（同法408条3項1号）、監査役設置会社（監査役会設置会社および会計監査人設置会社を除く）であっても、定款により監査役の監査の範囲が会計に関するものに限定されている非公開会社では、会社法389条1項・7項により386条の適用が排除されるので、代表取締役が相手方となる。また、監査役非設置会社においても、提訴請求の相手方は代表取締役である。

　なお、委員会設置会社において、取締役または執行役を退任して監査委員に就任した者について、取締役または執行役在任中の行為に係る責任追及等の訴えの提訴請求をする場合には、その者自身に対して提訴請求をしても適

正な判断を期待することはできないから、そのような監査委員は提訴請求の相手方から除外されている（会408条3項1号カッコ書）。監査役設置会社においては、取締役を退任して監査役に就任した者についてこのような明文の規定は設けられていないが、同様の趣旨から、他に監査役がいればその者に対して、他に監査役がいない場合には原則に戻って代表取締役に提訴請求をすべきであると解される（旧商法下の事案であるが、大阪地判平成12・9・20判時1721号3頁参照）。

　提訴請求の相手方を誤った場合には、原則として有効な提訴請求にはあたらないが、提訴請求を受ける権限を有する者において、提訴請求の書面等の記載内容を正確に認識したうえで訴訟を提起すべきか否かを自ら判断する機会があったといえるときには、適式な提訴請求の書面等があらかじめ会社に送付されていたのと同視され、有効な提訴請求があったものとして扱われる（最判平成21・3・31民集63巻3号472頁）。提訴請求の相手方を監査役や代表取締役等とせず、単に会社名のみを記載した場合についても、同様に考えることが可能であろう。ただし、このような会社内部の事情についての審理・判断は、必ずしも容易でないことが多いと考えられるので、提訴請求の相手方に誤り等があることが明らかになったときには、提訴請求のやり直しをするのが実務上は適切と思われる。

(3) 提訴請求が不要な場合

　この原則の例外として、60日の経過を待っていると会社に回復不可能な損害が生ずるおそれがある場合には、株主は、提訴請求の手続を経ることなく、直ちに株主代表訴訟を提起することができる（会847条5項）。たとえば、債権の消滅時効の完成が切迫しているときや提訴請求がされたことを知った取締役等が財産を隠匿するおそれが高いときなどがこれに該当すると考えられる。

(4) 提訴請求の手続を経ずに株主代表訴訟を提起した場合

　会社に回復不可能な損害が生ずるおそれがないにもかかわらず、提訴請求

の手続を経ることなく株主代表訴訟が提起されたときには、その訴えは不適法であって却下を免れないと解されるが、一定の場合には瑕疵の治癒が認められることがある。旧商法下の裁判例であるが、提訴請求を経ることなく提起された株主代表訴訟において会社が原告側に参加した場合につき、瑕疵の治癒を認めたものがある（東京地判昭和39・10・12判タ172号226頁）。このような場合には、会社の訴訟参加が共同訴訟参加のときには、株主代表訴訟のみを不適法却下しても会社の提起した訴えが存続するのであるから却下する意味が乏しく、会社の訴訟参加が補助参加のときには、株主代表訴訟の却下によって会社の訴訟参加も消滅してしまい、かえって会社や株主全体の利益にも反するから、会社が原告側に参加することによって株主代表訴訟の提起を追認したものと解して、瑕疵の治癒を認めるのが妥当であろう。

(5) 株主代表訴訟の提起後に提訴請求の手続が履践された場合

会社に回復不可能な損害が生ずるおそれがないにもかかわらず、有効な提訴請求がされないまま株主代表訴訟が提起され、その後提訴請求の手続が履践された場合については、旧商法下でも裁判例の対立があり、会社法下においても同様に見解が分かれると考えられる。思うに、この場合の瑕疵の治癒については、会社が提訴請求後60日以内に自ら訴えを提起したか否かにより、場合を分けて考えるべきではないだろうか。提訴請求を受けた会社には、係属中の株主代表訴訟に参加する方法のほか、自ら別訴を提起する方法も保障されるべきであるから（提訴株主のそれまでの訴訟追行が不適切であるときには、会社にとって別訴を提起するほうが有利であろう）、提訴請求後60日以内に会社が別訴を提起した場合には、株主代表訴訟と二重起訴の関係にあるこの別訴が優先されるべきであり、したがって、株主代表訴訟の瑕疵は治癒されず、却下を免れないと解される。他方で、提訴請求がされたにもかかわらず会社が60日以内に訴えを提起しなかった場合には、このような場合にまでいったん訴えが却下された後に再訴を提起すべきことを株主に要求するのは株主に無用の負担を求めるものと思われること、前掲最判平成21・3・31の判旨に

従えば提訴請求の有効性についての判断が微妙となる事案も少なくないと考えられるところ、このような事案については提訴請求のやり直しを許すのが訴訟経済にも適うことなどから、この場合には瑕疵の治癒を認めるのが妥当と思われる。

(6) 提訴請求後期間経過前に株主代表訴訟が提起された場合

有効な提訴請求後60日が経過する前に株主代表訴訟を提起した場合については、提訴請求の趣旨は一応満たされており、瑕疵が軽微であることからすれば、60日以内に会社が別訴を提起したときを除き、期間の経過により瑕疵が治癒されるものと解される。このような訴えが提起された場合には、裁判所は、直ちに訴えを却下するのではなく、期間の経過を待つのが妥当であろう。

(7) 会社が訴えを提起しない場合におけるその理由の通知

会社が提訴請求後60日以内に訴えを提起しない場合には、当該請求をした株主等から請求を受けたときは、会社はその者に対して遅滞なく訴えを提起しない理由を書面等により通知しなければならない（会847条4項、会施規218条）。この制度は、会社法において新設されたものであり、役員等の馴れ合いにより提訴をしない事態をけん制し、株主等が株主代表訴訟を遂行するうえで必要な訴訟資料の収集を可能とする趣旨のものとされている。[2]

6 二重起訴

従来からの通説によれば、株主代表訴訟は、取締役等に対する会社の請求権についての訴訟追行権が原告株主に与えられた法定訴訟担当（民訴115条1項2号参照）の1つとされている。したがって、会社または株主による責任追及等の訴えが適法に提起されると、同一の訴訟物について他の者（会社または株主）が別訴を提起することは、二重起訴の禁止（同法142条）により許

---

[2] 相澤哲編著『一問一答新・会社法〔改訂版〕』250頁。

されないから、訴えを提起しようとする者は、第3節IIのとおり、すでに提起されている責任追及等の訴えに共同訴訟参加すべきことになる（会849条1項本文）。

　同一の訴訟物について会社または株主から複数の責任追及等の訴えが提起された場合には、2番目以降に提起された訴えを二重起訴として却下するのは相当ではなく、当該訴えを提起した原告の意思に反しない限りこれを共同訴訟参加の申立てとして取り扱い、最初に提起された訴えに併合して審理するのが相当と考えられる。

II　担保提供命令等

1　担保提供命令

　株主が株主代表訴訟を提起したときは、裁判所は、被告の申立てにより、相当の担保を立てることを命ずることができる（会847条7項）。被告が担保提供命令の申立てをするには、株主代表訴訟の提起が悪意によるものであることを疎明しなければならない（同条8項）。この制度は、株主代表訴訟の提起が被告に対する不法行為にあたる場合に備えて、被告の株主に対する損害賠償請求権を担保し、株主代表訴訟の濫用を防止しようとするものであり、現実には、濫訴防止策として機能している。担保提供命令の申立てをした被告は、原告である株主が担保を立てるまで応訴を拒むことができ、原告である株主が命じられた担保を提供しないときは、訴えは、口頭弁論を経ないで判決で却下される（民訴81条、75条4項、78条）。請求額が多額である場合には、担保額も多額になる傾向があるとされ、平成初期には、株主代表訴訟に対する被告側の主要な対抗策として用いられていた。このように、上記当時には担保提供命令が実務上重要な意味をもっていたことから、その要件である「悪意」の意義についてさまざまな裁判例が相次いだ。

「悪意」の意義については、学説上、原告である株主が被告に損害が生ずることを認識していれば足りるとの認識説と株主に被告を害する意図（害意）があることが必要であるとの害意説とがあり、前者が通説であるとされる[3]。害意説に拠った裁判例として、株主において、被告たる取締役が会社に対して負うべき責任のないことを知りながら、もっぱら被告たる取締役を害する企図をもって提起した訴えであることが必要であると判示したものがある（名古屋地決平成6・1・26判時1492号139頁）。同じ頃、東京地方裁判所における蛇の目ミシン工業の担保提供命令申立事件で、①請求原因の重要な部分が主張自体失当であり、主張を大幅に補充もしくは変更しない限り請求が認容される可能性がないとき、請求原因事実の立証の見込みが低いと予想すべき顕著な事由があるとき、または被告の抗弁が成立して請求が棄却される蓋然性が高いとき等に、そのような事情を認識しながらあえて株主代表訴訟を提起したと認められる場合、または、②原告が株主代表訴訟の制度の趣旨を逸脱し、不当な目的をもって被告を害することを知りながら訴えを提起した場合には、悪意があるとする判断が示され（東京地決平成6・7・22判時1504号121頁）、いわゆる「蛇の目基準」として、これと同旨の裁判例が続いた。その後、悪意とは、株主が取締役の責任に事実的・法律的根拠がないことを知りながら、または不法不当な目的で、あえて訴えを提起した場合をいうとの裁判例が現れた（大阪高決平成9・8・26判時1631号140頁、同平成9・11・18判時1628号133頁）。この裁判例に対しては、悪意の意義を厳しくとらえたとの見方が多いようで、この裁判例が出された後には、担保提供命令の申立てが減少したといわれている。

前述のとおり、この制度は、株主代表訴訟の提起が不法行為を構成する場合における被告の株主に対する損害賠償請求権を担保するものであるから、「悪意」の意義についても、訴えの提起がどのような場合に不法行為にあた

---

[3] 菊池洋一「株主代表訴訟における株主の悪意」（門口正人編・新・裁判実務大系(11)会社訴訟・商事仮処分・商事非訟）146頁。

るかを踏まえて検討する必要があろう。このような観点からすると、「訴えの提起は、提訴者が当該訴訟において主張した権利または法律関係が事実的、法律的根拠を欠くものである上、同人がそのことを知りながらまたは通常人であれば容易にそのことを知り得たのにあえて提起したなど、裁判制度の趣旨目的に照らして著しく相当性を欠く場合に限り、相手方に対する違法な行為となる」こと（最判昭和63・1・26民集42巻1号1頁）に照らし、担保提供命令の判断時点までの原告たる株主の主張・立証活動等を考慮して、訴えの提起が上記最判の要件を満たし不法行為にあたると認められる場合には、「悪意」が認められると考えられる。

　株主代表訴訟の提起の背景として、原告たる株主に会社の経営方針や役員に対する個人的な不満等があることも少なくないが、そのような場合であっても、被告に対する請求に理由がないとはいえないときには、不当な目的を達成するための手段として提訴されたことから直ちに「悪意」を認めることは相当でないと考えられる。後述のとおり、会社法847条1項ただし書において会社に損害を加える等の不当な目的による株主代表訴訟の提起を制限する制度が新設されたことに鑑みると、担保提供命令の要件である「悪意」とは、訴えの提起が被告に対する不法行為を構成するか否かを問題とすべきであり、当該提訴が株主代表訴訟制度の趣旨を著しく逸脱し、被告に対しても不法行為を構成するような場合を除いては、請求に理由がないとはいえないときには、「悪意」にあたらないと解するのが妥当であろう。

2　株主代表訴訟の提起の制限

　株主代表訴訟が、当該株主もしくは第三者の不正な利益を図りまたは会社に損害を与えることを目的とする場合は、提訴請求をすることができないとされている（会847条1項ただし書）。これに該当する場合には、当該株主は提訴請求をすることができず、仮に提訴請求をしても有効な提訴請求とは認められないから、当該株主が提起した株主代表訴訟は、訴訟要件を欠くもの

として却下されることになる。

　担保提供命令の制度は、前述のとおり、株主代表訴訟の提起が被告に対する不法行為にあたる場合（いわゆる「不当訴訟」にあたる場合）に備えて、被告の株主に対する損害賠償請求権を担保し、株主代表訴訟の濫用を防止しようとするものであり、被告である取締役等の権利保護を直接の目的とする。これに対し、この制度は、訴えの提起が不当訴訟にあたるかどうかとは別に、株主代表訴訟の提起が会社に損害を与えること等の不当な目的の達成手段であるかどうかという観点から、訴えの提起を制限するものであって、会社の権利保護を直接の目的とするものということができる。したがって、請求に理由がないとはいえず不当訴訟にあたるとはいいがたい場合であっても、上記のような不当な目的があると認められるときには、訴えが不適法却下されることになる。

　どのような場合がこれにあたるかについては、旧商法下の事案であるが、個人的利益を目的とする訴えであると認定され、訴権の濫用にあたるとして株主代表訴訟が却下された裁判例（長崎地判平成3・2・19判時1393号138頁）等はこれに該当するものと考えられる。

　なお、この制度は、従来訴権の濫用とされていたものの一部について、不適法であることを明示的に規定したものであり、これ以外の濫用的な訴訟について、訴権の濫用の法理を排除する趣旨のものではないとされる。[4]旧商法下の事案であるが、会社と意思を通じた株主が訴え提起の手数料を節約するため（会847条6項参照）、株主代表訴訟を提起して取締役の責任を追及しようとした事案について、訴権の濫用にあたるとして訴えを却下した裁判例（東京地判平成8・6・20判時1578号131頁）は、「当該株主もしくは第三者の不正な利益を図りまたは会社に損害を与えることを目的とする」訴訟にあたらないものにつき、訴権の濫用にあたると判示したものである。

---

[4] 相澤・前掲（注2）243頁。

第3節 審理

I 弁論の進行

　株主代表訴訟は、紛争の実態によっていくつかの類型に分類することが可能であるが、類型によって原告の意図や手持ち証拠の有無等が異なっており、このため訴訟運営の方針が異なるので、事件の類型分けが重要と考えられる。実態からみた事件の類型分けについては、①市民運動型（上場企業のような大規模会社で新聞に報道されるような不祥事が生じた場合に、一般株主が取締役等の民事上の責任を追及するもの）、②内部告発型（従業員または役員であった者がその在職中に知った経営の失敗事例について取締役等の責任を追及するもの）、③内紛型（親族の多くの者が株主または役員の形で会社経営に参加している小規模閉鎖会社において親族内の紛争が生じた場合、少数派株主が多数派である取締役等を訴えるもの）、④濫訴型（原告の提訴の目的が、株主代表訴訟の提起によって会社または取締役等を困惑させるため、あるいは、金銭の獲得など個人的な利益を追求するため等、代表訴訟の提起が正当な株主権の行使と評価できないもの）に分類できるとされる。[5]

　内部告発型および内紛型の場合には、具体的な事実関係を原告が把握していることが多く、主張の根拠となる資料自体を所持していることもある。また、所持していなくても、これを具体的に指摘して、被告に証拠の開示を求めることができる場合もあるため、被告の違法行為が具体的に主張されることが多いとされ、このような類型では、裁判所は、会社自らが責任追及の訴えを提起した場合と同様に、訴訟運営について特段の配慮を払う必要もない

---

[5] 菅原雄二＝松山昇平「株主代表訴訟における訴訟運営」（門口正人編・新・裁判実務大系(11)会社訴訟・商事仮処分・商事非訟）110頁。

と思われる。

これに対して、市民運動型の場合には、原告は、訴状作成の段階では新聞記事等しか資料を有しないまま訴訟を提起し、請求原因事実も不明確な場合が多い。この場合、原告は、訴訟提起後に被告や会社等に対して資料の任意提出を求めたり、後述のように文書提出命令の申立てをするなどして資料を入手し、請求原因事実を具体的に特定するとともに、その根拠となる証拠を提出することになるが、被告が請求原因の特定を先に行うよう求めて資料の任意提出を拒んだ場合には、審理が進行しないことになる。市民運動型では、証拠が偏在しており、原告株主が被告である役員等の責任の原因について具体的な主張をすることは容易ではないが、訴えを提起した以上、原告株主がさまざまな証拠収集方法を活用して、できる限り具体的な主張・立証を行うことが求められており、資料の任意提出や文書提出命令等の手段が功を奏せず、原告が主張を具体的に特定できない場合には、主張自体失当として請求が棄却されることもやむを得ないと考えられる。

また、濫用型の場合には、「悪意の株主」にあたるとして担保提供命令の対象となるほか、会社法847条1項ただし書により、または訴権の濫用にあたることを理由に訴えが却下されることになろう。

II 訴訟参加

1 旧商法下での議論の状況

旧商法では、会社または株主は株主代表訴訟を含む取締役の責任追及の訴えに参加することができると規定されていた（旧商286条2項本文）。この規定は、原告である会社または株主と被告である取締役が馴れ合うことにより会社の利益が害されるおそれがあることから、これを防止するため設けられたものであるが、その文言が簡潔にすぎたこともあって、①参加の法的性質

は何か、②会社の被告側への参加は許されるのか、③会社が参加する場合の代表者は誰か等の問題点をめぐり、議論が錯綜していた。このうち実務上特に問題となっていたのは、株主代表訴訟における会社の被告側への補助参加の可否であり、裁判例も分かれていたが、最高裁判所は、取締役会の意思決定が違法であるとして提起された株主代表訴訟において、会社は特段の事情がない限り取締役を補助するため訴訟に参加することが許される旨の判断を示した（最決平成13・1・30民集55巻1号30頁）。

その後、平成13年の議員立法（法律第149号）により、会社が被告側に補助参加するには監査役全員の同意を得ることを要する旨の旧商法268条8項が新設された。なお、前掲最決平成13・1・30に対しては、会社からの訴訟資料の提出により審理の充実が図れるなどの積極的な評価が一般的であったが、コーポレートガバナンスの観点等からの消極的な評価もあったほか、補助参加の利益の有無についての争いが生ずる場合もあるとの指摘もされていた。

2 会社法の規定

このような議論を踏まえて、会社法は、株主または会社が共同訴訟人または補助参加人として訴訟に参加できること（会849条1項本文）、会社が被告を補助するため訴訟に参加するには、監査役設置会社においては監査役全員の、委員会設置会社においては監査委員全員の同意を得なければならないこと（同条2項）を定め、訴訟参加に関する規定を整備した。立法担当者の説明によれば、会社法849条1項本文の規定は、裁判の迅速性や訴訟経済の観点から、補助参加の利益の有無にかかわりなく、株主または会社が責任追及等の訴えに参加することができるようにしたものであるとされている。[6]

他方で、会社法849条1項本文の規定については、立法担当者の見解はともかく、規定の文言からは、民事訴訟法の補助参加の特則として責任追及等

---

6 相澤・前掲（注2）251頁。

の訴えにおいては補助参加の利益を必要としないとまでは読み取ることができない旨の指摘もある。確かに、同項本文の規定の文言からは、①株主代表訴訟の原告株主に会社が共同訴訟参加または補助参加すること、②株主代表訴訟の原告株主に他の株主が共同訴訟参加または補助参加すること、③会社が提起した責任追及等の訴えの原告会社に株主が共同訴訟参加または補助参加すること、④株主代表訴訟の被告に会社が共同訴訟参加または補助参加すること、⑤株主代表訴訟の被告に他の株主が共同訴訟参加または補助参加すること、⑥会社が提起した責任追及等の訴えの被告に株主が共同訴訟参加または補助参加することがいずれも許容されることになり、このうち④の補助参加についてのみ、会社法849条2項によって監査役の同意等が必要とされている。しかし、④において共同訴訟参加を認めることや、⑤および⑥においてそもそも参加を許容することは、その必要性や妥当性等から疑問の余地がある。

　会社法849条1項本文の規定に対する上記のような批判や問題点、同条1項本文および2項の規定ぶり、立法担当者の見解、さらには前掲最決平成13・1・30の判旨等を総合的に考慮すれば、同条1項本文の規定は、馴れ合い訴訟防止の趣旨から当事者適格を有しない株主または会社についても共同訴訟参加を認めた民事訴訟法の特則と解して、責任追及等の訴えに補助参加をするためには通常と同様に補助参加の利益が必要であるが、取締役会の意思決定が違法であるとして提起された株主代表訴訟において、会社は特段の事情がない限り被告への補助参加の利益を有し、被告に補助参加することができ、その場合には監査役の同意等の手続を経ることを要すると考えるのが合理的ではないだろうか。このような見解をとるならば、④から⑥における共同訴訟参加は上記趣旨に照らし認められず、また、⑤および⑥における補助参加は通常の場合には補助参加の利益を欠き許されないことになる。

7　新谷・前掲（注1）408頁〜409頁。

上記のとおり、会社が被告に補助参加するには、監査役設置会社においては監査役全員の同意を得なければならないとされるが、監査役設置会社（監査役会設置会社および会計監査人設置会社を除く）であっても定款により監査役の監査の範囲が会計に関するものに限定されている非公開会社では、監査役の権限は会計監査に限られ、補助参加の同意に関する権限を有しないと考えられるから、監査役全員の同意は不要と解される。また、監査役設置会社または委員会設置会社以外の会社の場合には、会社法849条2項は適用されないから、原則どおり、代表取締役が特に制限なく会社を代表して補助参加の申出をすることができる。[8]

3　参加人たる会社の代表者

　会社が株主代表訴訟に参加する場合の代表者は、原告に参加する場合と被告に参加する場合とで異なると考えられる。会社が原告に参加する場合については、会社法849条3項の訴訟告知（この制度が設けられている趣旨は、馴れ合い訴訟の防止の観点から会社に訴訟参加の機会を与えるためとされる）を受ける者が、監査役設置会社においては監査役（会386条2項1号）、委員会設置会社においては監査委員（同法408条3項2号）とされていること、民事訴訟法の一般原則として原告に共同訴訟参加する者は被告に対する請求を定立すべきと解されていることなどからして、第2節Ⅰ2において述べた責任追及等の訴えにおける会社代表者と解される。これに対して、会社が被告に参加する場合については、上記のとおり原則として監査役の同意等の手続を経ることが要求されていることを考慮すれば、代表取締役または代表執行役と解される。

8　類型別Ⅰ・297頁〜298頁。

III 訴訟承継

1 原告株主の株式譲渡等

　株主代表訴訟の提起後、原告株主について死亡や合併等の包括承継があったときには、相続人その他の包括承継人が株主代表訴訟を承継することになる（最大判昭和45・7・15民集24巻7号804頁参照）。これに対し、原告株主が株式全部を譲渡して株主の地位を喪失した場合には、原告は当事者適格を喪失するので、訴えは不適法として却下される。この場合に、株式の譲受人が民事訴訟法49条または51条により株主代表訴訟を承継することは、譲受人は譲渡人が有していた訴訟上の原告の地位をも承継するものではないこと、公開会社においても譲受人が6カ月を待たずに株主代表訴訟を追行できることとなり、6カ月保有の要件を実質的に潜脱するおそれがあることからして、許されないと解される。

　このように、株主代表訴訟の係属中に原告が株主でなくなった場合には、原則として当事者適格を失うが、例外として、株式交換等により原告が会社の完全親会社の株主になったときには、当事者適格を失わない（会851条1項）。すなわち、①原告が、株式交換または株式移転により当該会社の完全親会社の株式を取得したとき、②原告が、会社を消滅会社とする合併により新設会社または存続会社もしくはその完全親会社の株式を取得したときには、係属中の株主代表訴訟の当事者適格を喪失せず、したがって、訴えが却下されることはない。このような規定が設けられたのは、旧商法では、原告株主が株式交換等により完全親会社の株主となった場合であっても当事者適格を失うという見解が有力であり、同旨の裁判例も存在していたが、この見解に対しては、原告株主は完全親会社の株主として代表訴訟の結果について間接的に影響を受けるにもかかわらず、それまでの訴訟活動がすべて水泡に帰し

てしまうのは妥当ではないとの批判があったためとされる[9]。

なお、株式交換や合併の対価が金銭や他の会社の株式であるため、原告が完全親会社や存続会社等の株主にならなかった場合には、上記例外に該当しないので、原告は株主代表訴訟の当事者適格を失うことになる。このような場合には、原告は代表訴訟の結果について間接的にも影響を受けることはないので、当事者適格を失うこととなってもやむを得ないものといえる。

2 倒産手続等の開始

(1) 破産手続の場合

会社が破産手続開始決定を受けると、破産財団の管理処分権は破産管財人に専属するから（破78条1項）、破産財団に関する訴えについては、破産管財人が当事者適格を有することになり（同法80条）、その反面、会社は訴訟追行権を失う。役員等に対する責任追及等の訴えも破産財団に関する訴えであるから、破産手続開始決定後は会社は訴えを提起することができなくなる。株主代表訴訟の提起に際して会社に対する提訴請求の手続が要求されていることからも明らかなように、株主代表訴訟における株主の訴訟追行権は会社のそれに由来するものであるから、破産手続開始決定により会社自身の訴訟追行権が失われると、株主も代表訴訟を提起することができなくなると考えるべきである。実質的にみても、破産管財人は、裁判所の監督の下に公平誠実に職務を遂行する責任を負うから、役員等の責任追及を行って会社の利益を害するおそれもなく、株主代表訴訟を認めるべき必要性もないといえる（東京地判平成7・11・30判タ914号249頁参照）。株主代表訴訟の係属中に会社が破産手続開始決定を受けた場合には、債権者代位訴訟の係属中に債務者が破産手続開始決定を受けたときと同様に、株主代表訴訟は中断し、破産管財人はこれを受継することができると解される（同法45条1項・2項。東京地決

---

[9] 相澤・前掲（注2）247頁。

平成12・1・27金商1120号58頁参照)。

(2) 会社更生手続の場合

同様に、会社につき会社更生手続が開始された場合も、会社財産の管理処分権は管財人に専属するから（会更72条1項）、会社の財産関係の訴えについては、管財人が当事者適格を有することになり（同法74条1項）、会社は訴訟追行権を失う。そして、管財人は、裁判所の監督の下に公平誠実に職務を遂行する責任を負うから、破産手続開始決定がされた場合と同様に、株主は代表訴訟を提起することができなくなると考えるべきである（大阪高判平成元・10・26判タ711号253頁参照）。株主代表訴訟の係属中に会社につき会社更生手続が開始された場合にも、同様に株主代表訴訟は中断し、管財人はこれを受継することができると解される（同法52条の2第1項・2項）。

(3) 特別清算手続・民事再生手続の場合

会社につき特別清算手続および民事再生手続が開始された場合についてはどうか。このうち民事再生手続において管理命令（民再64条1項）が発せられた場合には、財産の管理処分権は管財人に専属し（同法66条）、財産関係の訴えについては管財人が当事者適格を有することになり（同法67条1項）、管財人は、裁判所の監督の下に公平誠実に職務を遂行する責任を負うこととされているから、株主は代表訴訟を提起することはできず、係属中の株主代表訴訟は中断し、管財人はこれを受継することができると解される（同条2項・3項）。それ以外の場合には、これらの手続においては、会社から独立して職務を行う管財人の制度が設けられておらず、会社の財産関係の訴えの当事者適格は従前どおり会社が有しているので、株主代表訴訟は影響を受けないと考えるべきである。したがって、これらの手続が開始されても、株主は、株主代表訴訟を提起することができ、また、係属中の株主代表訴訟を追行する権限を失わないと解される。

(4) 預金保険法に基づく財産管理処分手続の場合

預金保険法2条1項が規定する銀行または長期信用銀行について金融整理

管財人による管理を命ずる処分（預金保険法74条1項）がされた場合も、特別清算手続が開始された場合と同様と解される。金融整理管財人は、被管理金融機関を代表し、業務の執行並びに財産の管理および処分を行うのであり（同法77条1項）、被管理金融機関がその財産等に対する管理処分権を失い、金融整理管財人が被管理金融機関に代わりこれを取得するものではない。そして、預金保険法は、訴訟手続における当事者適格、中断および受継に関する会社更生法52条、52条の2、74条等の規定を準用しておらず、これらに関する規定は預金保険法にはない。したがって、管理を命ずる処分がされても、株主は、株主代表訴訟を提起することができ、また、係属中の株主代表訴訟を追行する権限を失わないと解される（最判平成15・6・12民集57巻6号640頁参照）。

Ⅳ 証拠方法

1 証拠の収集方法全般

前述のとおり、株主代表訴訟においては証拠が偏在していることが多く、殊に市民運動型の場合にはこの傾向が顕著であって、提訴後に文書提出命令等の方法により証拠（書証）の収集が行われることも少なくない。このような場合における証拠の収集手段としては、①一般的な証拠収集方法（マスコミ情報、商業・不動産登記簿、有価証券報告書、別件事件の訴訟記録、弁護士法23条による照会制度等）、②会社法の規定による証拠収集方法（計算書類の閲覧・謄本等交付請求、株主総会関係書類の閲覧・謄本等交付請求、取締役会議事録等の閲覧謄写請求、業務検査役の選任請求等）、③民事訴訟法一般の証拠収集方法（調査嘱託、文書送付嘱託、当事者照会、文書提出命令等）があるとされる。[10]

10　小林秀之ほか編『株主代表訴訟大系〔新版〕』215頁。

2　文書提出命令

　これらの方法のうち、文書提出命令は、平成10年に施行された現行の民事訴訟法においてその対象範囲が拡大されたこともあって、提訴後における証拠収集の方法として特に重要な意味をもっている。旧民事訴訟法312条は、文書提出義務が認められる場合について限定列挙主義をとっていたが、現行の民事訴訟法220条は、新設された4号において文書提出義務を一般義務化し、文書の所持者は当該文書が4号イからホまでのいずれかに該当しない限り、文書の提出義務を免れないものとした。このため、現行民事訴訟法の施行後、稟議書や通達文書等の内部文書について、4号文書に該当するとして文書提出命令を申し立てる事案が、株主代表訴訟はもとより通常の訴訟事件においても目立つことになった。

　文書提出命令の申立てに対し、文書の所持者は、当該文書が4号ニの「専ら文書の所持者の利用に供するための文書」（自己利用文書）にあたるとして提出義務を争うのが通例であったが、銀行の作成した貸出稟議書が自己利用文書にあたるか否かが問題となった事案（ただし、この事件は株主代表訴訟ではなく通常の訴訟事件である）について、最高裁判所は、①もっぱら内部の者の利用に供する目的で作成され、外部の者に開示することが予定されていない文書であること、②開示されると個人のプライバシーが侵害されたり個人ないし団体の自由な意思形成が阻害されたりするなど、開示によって所持者の側に看過しがたい不利益が生ずるおそれがあること、③自己利用文書の該当性を否定する特段の事情がないことを自己利用文書の要件とする旨の判断を示した。そして、貸出稟議書は、もっぱら銀行内部の利用に供する目的で作成され、外部に開示することが予定されていない文書であって、開示されると銀行内部における自由な意見の表明に支障を来し銀行の自由な意思形成が阻害されるおそれがあり、本件において上記特段の事情の存在はうかがわれないとして自己利用文書にあたるとし、文書提出義務を否定した（最決平

成11・11・12民集53巻8号1787頁)。

　また、株主代表訴訟の規定が準用される信用金庫の会員代表訴訟において、会員から貸出稟議書について文書提出命令の申立てがされた事案について、最高裁判所は、文書提出命令の申立人がその対象である貸出稟議書の利用関係において所持者である信用金庫と同一視することができる立場に立つ場合には前記特段の事情があるといえるが、会員代表訴訟を提起した会員は、信用金庫と同一視することができる立場に立つものではないとして、特段の事情の存在を否定し、文書提出命令の申立てを却下した (最決平成12・12・14民集54巻9号2709頁)。その後、特殊な事案であるが、破たんした信用組合から営業を譲り受けた株式会社整理回収機構が所持する当該信用組合作成の貸出稟議書について、特段の事情があることを肯定し、文書提出義務を認めた判例 (最決平成13・12・7民集55巻7号1411頁) がある。

　他方で、銀行の本部の担当部署から各営業店長等に宛てて発出されたいわゆる社内通達文書について、その内容は、一般的な業務遂行上の指針を示し、あるいは、客観的な業務結果報告を記載したものであり、取引先の顧客の信用情報や銀行の高度なノウハウに関する記載は含まれておらず、その作成目的は上記の業務遂行上の指針等を銀行の各営業店長等に周知伝達することにあるものについて、開示により個人のプライバシーが侵害されたり銀行の自由な意思形成が阻害されたりするなど、開示によって銀行に看過しがたい不利益が生ずるおそれがあるということはできないとして、自己利用文書にあたらないとし、文書提出義務を肯定した (最決平成18・2・17民集60巻2号496頁)。

　さらに、銀行が、法令により義務づけられた資産査定の前提として、監督官庁の通達において立入検査の手引書としてされている「金融検査マニュアル」に沿って、債務者区分を行うために作成し、保存している資料について、監督官庁による資産査定に関する検査において、資産査定の正確性を裏付ける資料として必要とされているものであるから、銀行以外の者による利用が

予定されているものということができるとして、自己利用文書にあたらないとし、文書提出義務を肯定した（最決平成19・11・30民集61巻8号3186頁）。

　これらの判例を総合すると、自己利用文書にあたるというためには、前記①ないし③の3要件を満たすことが必要であり、㋐所持者自身による利用以外に公益目的による行政庁の利用も予定されている文書は、①の要件を満たすということはできない、㋑貸出稟議書のように、法人の意思形成過程において作成された文書で、法人の内部でも基本的には決裁ルートにある限定された者のみにしか開示が予定されていないものは、①および②の要件を満たすが、社内通達文書のようにその意思決定事項を組織内に周知伝達する目的で作成されたものは、少なくとも②の要件を満たすということはできない、㋒株主代表訴訟において株主から会社の所持する貸出稟議書の文書提出命令の申立てがされたからといって、直ちに③の要件を満たすということはできないということになる。

　現行民事訴訟法の立法担当者は、自己利用文書を提出義務の対象文書から除外した趣旨について、個人的な日記、備忘録のようなものや、もっぱら団体の内部における事務処理上の便宜のために作成される稟議書のようなものは、およそ外部の者に開示することを予定しておらず、このような文書についてまで一般的に提出義務を負うものとすると、文書の作成者の自由な行動を妨げるおそれがあり、著しい不利益を受けるおそれがあるためとしている[11]。上記各最決は、このような立法担当者の意図に沿いつつ、自己利用文書の対象を限定して、現行民事訴訟法が文書提出義務を一般義務化したことにも配慮したものということができるであろう。

11　法務省民事局参事官室編『一問一答新民事訴訟法』251頁。

第4節　訴訟の終了と執行

I　和　解

1　利　点

　役員の責任追及等の訴えの審理にあたっては、善管注意義務や忠実義務の内容や程度、経営判断の原則の適用の可否、損害額の確定等について、複雑かつ困難な問題が通常の民事事件と比較して相当に多く、これら個々の問題について判決による厳格な解決を図ることは、当事者にとって時間と費用の面で相当な負担となる場合も多く、判決によって認容された金額が履行困難な高額となることも少なくない。殊に株主代表訴訟については、後述のとおり強制執行の可否についての問題点もあることから、判決によるのではなく、和解によって賠償額を適当な金額に抑えるとともに、履行確保のための措置を講ずることが関係者の利益に適うともいえる。したがって、株主代表訴訟においては、和解により事件の解決を図ることが、通常の民事事件と比較して、なお一層有効かつ適切な場合が多いと思われる。

2　和解の可否

　このように和解には多くの利点があるが、旧商法下においては、株主代表訴訟の原告株主に和解権限があるかどうかについて、会社の権利に対する実体法上の処分権限を株主に認めることができるか、取締役の責任免除に総株主の同意を要するとする旧商法266条5項の規定との関係をどのように理解すべきか等の問題点があり、和解の可否についての議論は混沌とした状況にあり、立法的な解決が求められていた。そのような状況の下で、平成13年の

議員立法（法律第149号）において、和解をするための手続や和解をする場合に旧商法266条5項の規定の適用がないこと等が規定され、株主代表訴訟を含む取締役の責任追及の訴えにおける和解の可否について、立法的な解決が図られた。会社法は、上記議員立法により設けられた和解に関する規定を基本的に引き継いでいる。

3 当事者

(1) 和解当事者

　会社法850条1項は、責任追及等の訴えについて、和解調書が確定判決と同一の効力を有するとする民事訴訟法267条の規定は、会社が和解当事者でない場合には、会社の承認がある場合を除いて適用しない旨規定する。この規定は、株主には会社の権利に対する実体法上の処分権限がないことから、会社の承認を得ることなく、会社の権利の処分を含む内容の和解をしても、会社にその効力が及ばないことを明らかにしたものである。そして、会社が和解当事者でない場合に原告株主と被告との間で和解をするときは、裁判所が会社に対し、和解内容を通知するとともに、和解に異議があれば2週間以内に異議を述べるべき旨を催告しなければならないとされている。

　この通知および催告を受ける者は、提訴請求の相手方と同様であって、監査役設置会社においては監査役（会386条2項2号。ただし、定款により監査役の監査の範囲が会計に関するものに限定されている非公開会社を除く）、委員会設置会社においては各監査委員（同法408条3項2号）であり、定款により監査役の監査の範囲が会計に関するものに限定されている監査役設置会社および監査役非設置会社においては代表取締役である。会社が上記期間内に書面等により異議を述べない場合には、和解を承認したものとみなされ、この場合には責任免除に関する会社法424条の規定の適用はない旨規定されている（同法850条4項）。もし、会社が異議を述べた場合には、上記のとおり株主には会社の権利についての処分権限がないから、会社の権利の処分を含む内容

の和解をしても、会社にその効力は及ばない。

(2) 会社が被告に補助参加している場合

　上記の「和解当事者」には、会社が被告に補助参加している場合の補助参加人会社は含まれないとされ、この場合にはあらためて和解において会社を代表すべき者に対して、通知および催告の手続を要するとされる[12]。第3節II3のとおり、この場合に補助参加人である会社を代表している者は代表取締役であるから、監査役等に対して通知および催告の手続をとるべきであろう。同様に、利害関係人として会社が和解に参加する場合には、会社を代表すべき者は上記の通知および催告を受ける者と同一と考えるべきである。

II 判　決

　役員の責任追及等の訴えの請求認容判決の主文は、会社が訴えを提起した場合には通常の場合と異ならないが、株主代表訴訟の場合には、原告株主に給付を受領する権限がないことから、たとえば金銭の支払を求める訴訟においては、「被告は、株式会社○○に対し、金○○円を支払え。」となる。

　なお、複数の株主の追行する株主代表訴訟は、類似必要的共同訴訟と解されているが、一般に、必要的共同訴訟においては、共同訴訟人の一部の者が上訴すれば、その効力は民事訴訟法40条1項により他の共同訴訟人に及ぶため、上訴しなかった者も上訴人の地位につくことになる（最判昭和58・4・1民集37巻3号201頁、最決平成23・2・17裁判集民236号67頁参照）。しかし、株主各人の個別的な利益が直接問題となってはいない株主代表訴訟において、すでに訴訟を追行する意思を失った者に対してその意思に反してまで上訴人の地位につくことを求めることは相当でないうえ、提訴後に共同訴訟人たる株主の数が減少しても、その審判の範囲、審理の態様、判決の効力等には影

12　浜田道代編『キーワードで読む会社法』251頁。

響がない。このため、複数の株主が共同して追行する株主代表訴訟において、共同訴訟人である株主の一部の者のみが上訴をした場合には、上訴をしなかった者は上訴人とはならないが、上訴をしなかった者に関する部分も含めて原判決の全体について確定が妨げられ、訴訟の全体が上訴審に移審するとともに、上訴審の判決の効力は上訴をしなかった者にも及ぶとされている（前掲最判平成12・7・7参照）。

III　執　行

　株主代表訴訟において原告株主が勝訴した場合には、会社は、民事執行法23条1項2号の「債務名義に表示された当事者が他人のために当事者となった場合のその他人」にあたるから、当該勝訴判決により強制執行をすることができる。なお、この場合には、債務名義である当該勝訴判決について、民事執行法27条2項のいわゆる承継執行文（交替執行文とよばれることもある）の付与を受けることが必要である。

　会社が強制執行をしない場合に、原告株主が強制執行の申立てができるか否かについては、前記のとおり原告株主に給付受領権限がないことから、否定説と肯定説とに見解が分かれている。否定説は、株主代表訴訟においては訴訟追行権のみが原告株主に与えられており、給付受領権限を有しないから、訴訟の当事者ではあるが執行債権者適格を欠くこと、原告株主に執行債権者適格を認めた場合には、執行方法について問題が生ずることなどを根拠とする。これに対して、肯定説は、原告株主は民事執行法23条1項1号の「債務名義に表示された当事者」にあたること、実質的にみても、会社自身による強制執行を期待することは困難であり、原告株主による強制執行の申立てを認めるのが株主代表訴訟制度の趣旨に沿うことを論拠とする。執行実務上も

13　伊藤眞「株主代表訴訟の原告株主と執行債権者適格(上)(下)」金法1414号6頁、1415号13頁。

肯定説による運用が行われており、債権執行において第三債務者の過誤払いを防止するための配慮が払われているとされる。[14]

　会社法は、原告株主の訴訟追行権に関しては種々の規定を設けているが、執行手続については何の規定もおいていない。しかし、原告株主による強制執行を許すことは、株主代表訴訟の制度趣旨に沿うものであって、決してこれに反するものではないことからすれば、会社法は、原告株主による強制執行を許さない趣旨で規定をおかなかったのではなく、これを肯定したうえで具体的な手続については執行手続に関する法の定めや解釈に委ねたものと解される。[15] なお、強制執行の申立権者について定めた民事執行法23条1項1号の規定は、執行債権者に給付受領権限がある通常の場合を念頭においたものと考えられるから、株主代表訴訟の債務名義のような特殊な場合についてまで、同号の規定を根拠に執行債権者適格を肯定するのは妥当ではないであろう。

　私見としては、原告株主による強制執行を肯定するのが株主代表訴訟の制度趣旨に照らし合理的と考えるが、民事執行法はこのように執行手続上の債権者と実体法上の債権者が分離することを想定していないので、肯定説をとった場合にさまざまな問題点が生じることは避けられない。たとえば、東京地方裁判所民事執行センター・前掲（注14）では、執行債権者である原告株主に取立金の受領権限がないことを明らかにするため、債権差押命令に「本件差押命令に基づく取立ては、請求債権者（受領権者）に対して支払をさせる方法によってのみ行うことができる。」と記載するものとされているが、執行費用については原告株主に取立権限があるはずであり（民執42条2項）、この点についてどのように対応すべきか、さらに、取立訴訟が提起された場合や転付命令が発せられた場合はどうか、第三債務者が執行抗告を提起する

14　東京地方裁判所民事執行センター「民事執行手続で買い受けた不動産にかかる所有権等移転登記に要する登録免許税の軽減措置（さんまエクスプレス第10回）」金法1653号54頁。
15　法務省民事局参事官室編『一問一答平成5年改正商法』31頁。

場合にいずれを相手方とすべきかなどが問題となる。また、第三者異議の訴え、請求異議の訴え、配当異議の訴え等の当事者適格は、原告株主と会社のどちらにあるのか、さらには、これらの執行法上の訴え、殊に請求異議の訴えについて会社に当事者適格を認めた場合の馴れ合いのおそれについてはどのように対処すべきかなども問題となろう。肯定説をとるときは、このような執行法上の問題点についても実務的な観点からの慎重な検討が必要である。

(市原義孝)

第3章
その他の会社訴訟

第1節　役員の解任訴訟

I　取締役の解任訴訟

1　概　要

　取締役は、いつでも、かつ、事由のいかんを問わず、株主総会の決議によって解任することができるのが原則である（会339条1項、341条、会施規78条）。

　しかし、取締役の職務の執行に関し不正の行為または法令もしくは定款に違反する重大な事実があったにもかかわらず、当該取締役を解任する旨の議案が株主総会において否決されたとき（種類株主総会の決議で取締役を選任する種類株式を発行している場合には、当該取締役の選任権限を有する種類株主総会で解任の決議が否決された場合）、または、当該取締役を解任する旨の株主総会・種類株主総会の決議がされたにもかかわらず、当該決議のほかに、取締役の解任について特定の種類株主総会の決議を要する旨の定めがある種類株式が発行されており、その種類株主総会において取締役の解任の決議がされないために株主総会の解任の決議が効力を生じない場合には、一定の少数株主は、当該株主総会の日から30日以内に、訴えをもって当該取締役の解任

を請求することができる（会854条）。

　この訴えの性質は、会社と取締役との間の会社法上の法律関係の解消を目的とする形成訴訟であり、かつ、会社と取締役の双方を共同被告とする固有必要的共同訴訟である。

　取締役解任の訴えの制度は、昭和25年の商法の改正により解任の決議要件が特別決議とされたことに伴い、非行のある取締役を解任し得ないという不都合が生じないようにすることを目的として設けられたことに由来する[1]。

　後述のとおり、解任議案の否決が訴訟要件であるため、少数株主がその訴えを提起するためには、自ら株主提案権（会303条）を行使するか、または少数株主の株主総会招集権（同法297条）を行使することにより、当該議案を株主総会に付議することが必要になることが多いであろう。

2　訴　訟

(1)　訴訟要件

　取締役解任の訴えは、当該株式会社の本店の所在地を管轄する地方裁判所の管轄に専属する（会856条）。訴額は160万円である（民訴費4条2項）。

　訴えは、解任議案が株主総会において否決された日から30日以内に提起しなければならない。取締役を解任する旨の株主総会の決議が、取締役解任について特定の種類株主総会の決議を要する旨の定めのある種類株式（拒否権付種類株式）が発行されている場合において、当該種類株主総会で取締役解任の決議がされないためその効力を生じないとき（会323条）は、30日の期間の起算日は、取締役の解任決議がされた株主総会の日である（同法854条1項柱書）。

　取締役解任の訴えを提起することができる株主は、①総株主の議決権の100分の3以上の議決権、または②発行済株式の100分の3以上の数の株式を、

---

[1]　上柳克郎ほか編『新版注釈会社法(6)』73頁〔今井潔〕。

〔第3部・第3章〕第1節　役員の解任訴訟

それぞれ6カ月前から引き続き有する株主である。①、②の持株割合および保有期間の要件は、定款によって軽減することができる。(会854条1項1号・2号)。

ただし、①の「総株主」からは、当該取締役を解任する旨の議案について議決権を行使することができない株主（会854条1項1号イ）および当該請求に係る取締役である株主（同ロ）が除外され、②の「発行済み株式」からは、当該株式会社である株主（同2号イ）および当該請求に係る取締役である株主（同ロ）の有する株式は除外され、かつ、これらの除外された株主は、取締役解任の訴えの原告適格も認められない。もっとも、②（会854条1項2号）の類型の株主にあたる場合には、解任決議につき議決権を有しない株主にも、訴えの原告適格は認められる。

上記の持株要件は、単独で有する必要はなく、数人が合同して持株要件を満たすこととなる場合には、その数人が合同して訴えを提起することができる。

解任の決議に賛成しなかった株主（評決に参加しなかった株主に限らず、評決に参加し反対の議決権を行使した株主も含む）であっても、その原告適格を否定すべき根拠はなく、また、取締役の解任議案を提案した株主に限られるものでもない。

保有期間の6カ月の起算点は、訴え提起の時である。

訴えを提起した株主は、所定の割合の株式を判決確定の時まで保有することを要し、訴え係属中に持株要件を欠くに至った場合には、新株の発行により持株比率が減少したときを除き、原告適格を欠くことになるとするのが通説である。もっとも、最決平成18・9・28民集60巻7号2634頁は、旧商法下

2　江頭・374頁。
3　山口和男編『会社訴訟非訟の実務〔五訂版〕』545頁、類型別Ⅰ・7頁。
4　上柳ほか・前掲（注1）75頁〔今井潔〕、類型別Ⅰ・9頁。
5　通説。上柳ほか・前掲（注1）75頁〔今井潔〕、類型別Ⅰ・7頁。

における少数株主権たる検査役選任の申請事件につき、株主が当該申請をした時点では法定の持株割合を有していたが新株発行により法定の持株割合に足りないものとなった場合には、会社が当該株主の申請を妨害する目的で新株を発行したなどの特段の事情のない限り、上記申請は、申請人の適格を欠くものとして不適法であり却下を免れないとの判断を示している。検査役選任の申請事件は非訟事件ではあるが、上記最判の趣旨は取締役解任の訴えにも及ぶと解する余地があろう。

取締役解任の訴えにおける被告は、当該株式会社および解任の目的とされる取締役の双方であり（会855条）、その訴えは固有必要的共同訴訟（民訴40条）である（最判平成10・3・27民集52巻2号661頁）。旧商法下では、取締役解任の訴えの被告適格につき、当該取締役とする説、会社とする説、会社と当該取締役の双方を共同被告とする説が対立していたが、会社法は、上記最判の見解を採用し、被告適格につき明文の規定をおいたものである。取締役解任の訴えの係属中に当該取締役が退任した場合には、当該訴えは、訴えの利益を欠くことになる。退任後に当該取締役が引き続き再任された場合でも、あらためて株主の信任を得たことにより、特別の事情がない限り、訴えの利益を欠くに至り[7]（神戸地判昭和51・6・18下民集27巻5～8号378頁）、または、再任後にその解任議案が否決された事実がない以上、退任により訴えは目的を喪失し、訴えの利益を欠くに至る（大阪高判昭和53・4・11判時905号113頁）とされる。上記の特別の事情として、たとえば訴えの原因たる違法行為が再任後も継続している場合がある[8]。

取締役解任の訴えの係属中に会社が解散し、当該取締役が終任した場合にも、訴えの利益を欠くに至る（東京地判昭和31・4・13下民集7巻4号961頁）。

---

6 上柳ほか・前掲（注1）76頁〔今井潔〕、山口・前掲（注3）545頁。訴訟要件の欠缺を来す場合であるから、裁判所は訴え却下の判決をすべきである。
7 江頭・373頁～374頁。
8 上柳ほか・前掲（注1）79頁〔今井潔〕。

大阪地判平成5・12・24判時1499号127頁は、訴訟上会社の解散の請求を受け、解散判決がされることが確実視される会社の取締役に対し解任の訴えが提起されている場合について、当該取締役は、解散判決が確定しても、清算人となって会社の清算業務に携わることになるから、解任の訴えの利益はなお存在するとする。

会社法346条1項に基づき退任後もなお会社の取締役としての権利義務を有する者の職務の執行に関し不正の行為または法令もしくは定款に違反する重大な事実があった場合に、同法854条を類推適用して株主が訴えをもって当該取締役権利義務者の解任請求をすることはできない（最判平成20・2・26民集62巻2号638頁）。解任の請求を取締役権利義務者について許容する規定は存在しないし、上記のような場合には、株主は、同法346条2項により仮取締役の選任を申し立てることにより、取締役権利義務者の地位を失わせることができる（取締役権利義務者は新たに選任された取締役が就任するまで取締役としての権利義務を有するのであり、仮取締役も、上記にいう新たに選任された取締役に含まれる）からである。

少数株主が仮取締役のような暫定的な措置にとどまることに満足しないのであれば、株主総会の招集請求権（会297条）を行使して、新たな取締役の選任を求め、会社がそれに応じない場合には、裁判所の許可を得て、取締役の選任を議題とする株主総会を招集することもできる（同条4項）。

(2) 実体的要件

取締役解任の訴えが認容されるためには、①被告取締役の職務の執行に関して、不正の行為または法令もしくは定款に違反する重大な事実があったにもかかわらず、②当該取締役を解任する旨の議案が否決されたことが裁判所によって認定されなければならない。原告は、上記①、②の事実（主要事実）の存在を基礎づける間接事実の存在について、主張・立証責任を負う。

(ア) 被告取締役の職務の執行に関して、不正の行為または法令もしくは定款に違反する重大な事実があったこと

 (A) 意　義

「職務の執行に関し」とは、職務執行自体についてのみならず、その遂行に直接間接に関連してされた場合、たとえば競業避止義務（会356条1項1号、365条）の違反のようなものも含む。[9]

「不正の行為」とは、会社財産を私消する行為が典型であり、取締役が故意によって取締役としての義務に違反し、会社に損害を生じさせる行為である。前掲大阪地判平成5・12・24は、取締役が自己と会社の現金出納を全く区別せず、公私を混同した会計処理をしていたことにつき、会社収入は当該取締役の私的な用途に費消されたものと推定されるとして、不正の行為（旧有限会社法31条ノ3第1項）の存在を認め、解任請求を認容している。

「法令もしくは定款に違反する重大な事実」とは、過失によるものを含むが、それは重大な違反であることを要する。軽微な違反にまで訴訟を通じて裁判所の介入を許すと、株主総会の自治を侵すことになるし、取締役を萎縮させることにもなりかねないからである。元来私的な存在である株式会社のありようを決定する株主総会の意思を覆す場面であるから、この重大性についての裁判所の判断は慎重に行われなければならない。経営判断の尊重は、この解任請求についても、取締役の会社に対する責任（善管注意義務）を判断する場合と同様に重視されるべきである。[10] 客観的には定款で定められた目的の範囲内の行為であっても、取締役が主観的・具体的に会社の目的を達成するためにしたものでないことが明らかな場合には、取締役の忠実義務に違反するものとして、解任の対象となり得る（前掲神戸地判昭和51・6・18）。

 (B) 判　例

東京地判昭和28・12・28判タ37号80頁は、会社の設立以来2年半以上の期

9　上柳ほか・前掲（注1）74頁〔今井潔〕。
10　上柳ほか・前掲（注1）74頁〔今井潔〕。

間、特段の事由がないのに一度も株主総会を招集しなかった取締役について、法令・定款に違反する重大な事実があると認めた。他方、前掲神戸地判昭和51・6・18は、繊維工業製品の製造等を事業目的とする親会社がボーリング場を建築・所有し、これを子会社に賃貸してその経営にあたらせたが、子会社の経営不振のため1億7000万円余の債権放棄を余儀なくされた場合の親会社の取締役について、経営をボーリング事業に拡大したことは、当時の繊維業界等の動向に照らしまことにやむを得ない経営上の判断であり、取締役の忠実義務違反を問うことはできないとして、解任請求を棄却した。

高松高決平成18・11・27金商1265号14頁は、取締役の解任を議題とする株主総会が開催されたものの、当該取締役の妨害行為により決議に至らず流会となった事案について、当該取締役の解任議案が否決された後に生じた不正行為または法令もしくは定款に違反する重大な行為をもって取締役解任の訴えの解任事由とすることはできないが、当該取締役解任議案が否決された（上記流会も否決の場合にあたるとされたことについては後述）時点までに生じた解任事由については、当該訴えの解任事由とすることができるとの判断を示し、当該取締役の上記妨害行為は、法令（会341条等）に違反する重大な事実に該当するとして、解任事由の存在を認めた。当該解任議案において解任事由として掲げられていなかった事由も、解任の訴えにおいて解任事由とすることができることを認めたものである。また、同決定は、当該取締役が、営業年度の決算書につき、定時総会を招集してその承認を受けることを怠ったことにつき、これも法令（同法296条1項、438条1項）に違反する重大な事実にあたり、解任事由になるとしている。

(C) 提訴期間経過後の新たな解任事由の追加・変更

適法に取締役の解任訴訟を提起した後、提訴期間（30日）の経過後に新たな解任事由を追加・変更することができるか。訴え提起後の追加・変更であるから、解任議案にも明示されていなかった事由であろう。解任事由の単なる追加の場合はこれを認めてもあまり問題はないように思われるが、解任事

由の差替えの場合には、訴状（解任議案）に掲げられていた事由を撤回し別の解任事由を持ち出すのであるから、やや問題である。前掲高松高決平成18・11・27が述べるとおり、当該解任事由は解任議案が否決された時点までに生じたものでなければならないことは当然であるが、同決定の趣旨を敷衍すれば、訴訟を著しく遅延させるものでない限り（民訴157条参照）、攻撃方法の追加・変更として許容し得るものと解することになろう。もっとも、取締役の解任決議が否決された場合に取締役解任の訴えを認めるのは、株主総会の自浄能力に期待することができないことが明らかな場合にあたるという建前によるものであるから、株主総会において取締役解任の事由として取り上げられなかった事由を解任の訴えにおける解任事由とすることには、株主総会としての判断がされていないことからして、問題があり得るとする指摘もある。[12]

(イ) 当該取締役を解任する旨の議案が否決されたこと

(A) 「議案の否決」の範囲

取締役の解任が認められるためには、上記(ア)の事実があったにもかかわらず、株主総会において当該取締役を解任する議案が否決されたことを要する。国家機関たる裁判所の介入を最後の手段として、第1次的には取締役の違法行為の処理を株主総会の自治に期待したためである。[13]この場合の否決の意義については、議題とされた解任の決議が成立しなかった場合を意味し、定足数に達する株主の出席がないため流会となった場合を含むとするのが通説である。[14]そうでなければ、解任取締役側に立つ多数株主はことさらに総会に出席せず、また、多数決をもって議案を議事日程より削除することにより、解任の訴えを阻止することができることになることを理由とする。[15]前掲高松高

---

11 新谷勝『会社訴訟・仮処分の理論と実務〔第2版〕』220頁も同旨。
12 川島いずみ「判批」金商1271号12頁。
13 酒巻俊雄『取締役の責任と会社支配』73頁。
14 上柳ほか・前掲（注1）74頁〔今井潔〕。
15 山口・前掲（注3）544頁。

決平成18・11・27は、いったんは取締役の解任を議題として開催された株主総会が、一連の紛争の過程で先行して示された裁判所の判断にも従わず法をも無視した当該取締役の妨害行為により流会となり解任の議案の表決に至らなかった場合について、このような場合も議案が否決された場合にあたるとした。これに対し、解任の訴えをもって解任の議案を否決した総会決議の是正救済の措置とする趣旨を厳格に解する立場から、取締役の解任の議案が表決の結果否決された場合であることを要するとする反対説がある[16]。反対説の考え方は、株主総会の自治の尊重を重視するものであり、明文の規定振りにも適い、また、司法判断の介入を許す場合の基準としての明確性の点でもすぐれ、傾聴すべきものがある。しかし、前掲高松高決平成18・11・27の事案のように、取締役の解任を議題とする株主総会が流会となり議案の評決が行われずに終わったことについて、当該取締役に強い帰責性が認められるような場合（当該妨害行為自体が取締役の解任事由にあたるとされている）にも司法的な救済措置の介入を許さないとする理由はないように思われる。そうすると、議題とされた解任の決議が成立しなかった場合のすべてを当該決議が否決された場合にあたるとする通説は、解任の訴えを認める要件として広きにすぎるというべきであるが、議案が表決されなかったことが、表決により否決された場合と同視し得る事情が存在する場合には解任の訴えの提起が認められるものと解すべきである。東京地判昭和35・3・18下民集11巻3号555頁は、上記とほぼ同旨を述べ、単なる流会は否決と同視し得る場合にあたらないとする。結局、流会等の場合が表決による否決と同視し得る場合にあたるか否かは、個々の事案ごとに当時の状況を総合考慮したうえで個別具体的に検討することが必要となろう[17]。

16　大隅健一郎ほか『取締役会および代表取締役（総合判例研究叢書商法(4)）』81頁、西本寛一「取締役の解任」愛知学院法学10巻1号31頁。
17　岩井伸晃「取締役の解任」（門口正人編・新・裁判実務体系(11)会社訴訟・商事仮処分・商事非訟）49頁。

(B) 緊急動議による「否決」の場合

　株主総会の議題とされていなかったにもかかわらず、取締役解任の議案が緊急動議として上程され、否決された場合にも、会社法854条1項にいう解任の議案が否決された場合にあたるとして、取締役解任の訴えを提起することができるか。

　この点は、取締役会設置会社と取締役会非設置会社とで分けて検討する必要がある。取締役会設置会社（会2条7号）にあっては、株主総会は、招集する場合に定められた株主総会の目的事項（同法298条1項2号）以外の事項については決議をすることができない（同法309条5項）。旧商法下においても、株主総会は招集通知に記載された会議の目的以外の事項について決議をすることはできず、これに違反する決議は決議の取消事由になると解されていた。会社法は、取締役会設置会社について、決議事項の制約を上記のとおり明定したものである。旧商法下においては、このような違法な決議は解任の否決決議ということはできないとする見解と、決議の取消事由にとどまり、結果において否決された以上はこれを別異に取り扱う必要はないとする見解[18]とがあり、後者が通説であった。会社法における解釈としても、旧商法下における通説の理解と同様、解任の決議が決議取消しの訴え（会831条1項1号）によって取り消されない限り、取締役解任の訴えを提起し得ると解すべきである。[19]

　他方、取締役会非設置会社の場合には、株主総会の権限に属する決議事項は、取締役会設置会社の場合より広く、強行規定または株式会社の本質に反しない限り、株式会社の組織、運営、管理その他株式会社に関する一切の事項に及ぶものとされ（会295条1項）、かつ、招集通知に記載された株主総会の目的である事項以外の事項についても決議することができるとされている（同法309条5項対照）から、緊急動議で上程された議題について決議しても

18　塩田親文「取締役の解任をめぐる若干の問題（二・完）」立命館法学22号33頁。
19　上柳ほか・前掲（注1）75頁〔今井潔〕。

何らの問題はなく、したがって、それが取締役解任議案の否決であった場合には、少数株主は取締役解任の訴えを提起することができる。

(C) 種類株主総会における「否決」の場合

株主総会において取締役を解任する旨の決議が成立した場合において、取締役解任について特定の種類株主総会の決議を要する旨の定めのある種類株式（拒否権付種類株式）が発行されており、当該種類株主総会で取締役解任の決議がされないため株主総会の解任決議がその効力を生じないとき（会323条）も、少数株主は取締役解任の訴えを提起することができる（同法854条1項柱書）。この場合は、株主総会における取締役の解任議案の可決と拒否権付種類株主総会における当該解任決議の不存在とが要件となる。

(3) 審理

取締役の解任訴訟は、会社および取締役を共同被告とする固有必要的共同訴訟であり、共同訴訟人の全員について合一にのみ確定することを要する（民訴40条1項）。

原告は、まず自己が訴訟についての原告適格を満たす株主であることを立証したうえ、解任を求められている者が被告会社の取締役たる地位にあること、被告取締役の職務執行に関し、不正の行為または法令もしくは定款に違反する重大な事実があること、提訴からさかのぼって30日以内に開催された株主総会で取締役解任の議案が否決されたこと、または、株主総会の解任決議が会社法323条の規定により効力が生じないことを立証しなければならない。上記のうち取締役の非違行為は、非定型的な事実であり、定型的な証拠はない。

東京地方裁判所商事部が認識している取締役の解任訴訟についての基本的な書証は、次のとおりである。[20]

会社法854条1項・3項の株主であることを証する書面は、①株券が発行

---

20 類型別Ⅰ・18頁。

されている場合は、株券の写しであり、②株券不発行の場合は、株主名簿、定款、同族会社の判定明細書、株式引受申込書、株式の払込みに関する書証等である。

　解任を求められている者が被告会社の取締役たる地位にあることを証する書面は、登記事項証明書、同人を取締役に選任することを決議した株主総会議事録である。

　被告取締役の職務執行に関して、不正の行為または法令もしくは定款に違反する重大な事実があることを証する書面としては、定型的な書証はなく、事案に応じて当事者から提出される。

　提訴からさかのぼって30日以内に開催された株主総会で取締役解任の議案が否決されたこと、または、株主総会の解任決議が会社法323条の規定により効力が生じないことを証する書面は、①株主総会で取締役解任の議案が否決された場合は、株主総会議事録、議事録が作成されていない場合は陳述書等であり、②種類株主総会で取締役解任決議がされない場合は、当該取締役を解任する旨の決議がされた株主総会の議事録（議事録が作成されていない場合は陳述書等）、取締役解任について特定の種類株主総会決議を要する旨の定めのある種類株式が発行されていることを確認することができる登記事項証明書または定款、当該取締役の解任議案が否決された種類株主総会の議事録（議事録が作成されていない場合は陳述書等）である。

(4)　判　決

　取締役解任の判決は、会社と取締役との間の会社法上の法律関係の解消を目的とする形成判決であり（前掲最判平成10・3・27）、解任判決が確定すると、会社における解任のための手続を要せず、当然に解任の効果を生じ、当該取締役の地位をその残存期間につき将来に向かって失わせる（前掲大阪高判昭和53・4・11）。解任の判決が確定したときは、裁判所書記官が職権で遅滞なく会社の本店の所在地を管轄する登記所にその登記を嘱託する（会937条1項1号ヌ）。　解任判決は、取締役となる資格（同法331条）を失わせるも

のではないから、後の株主総会で取締役に再び選任されることを妨げるものではない[21]。立法論的には、解任された取締役は一定期間中は再び取締役に就任することができない旨の規定を設けるべきであるとの見解も少なくない[22]。

取締役解任の訴えを認容する確定判決には、対世効はない（会社の組織に関する訴えに係る請求を認容する確定判決には、会社法838条により、対世効が認められている）。もっとも、この訴えは、前述のとおり、取締役と会社の双方を共同被告とする固有必要的共同訴訟であるから、対世効が認められなくても、特に不都合は生じないであろう。

II その他の役員（監査役および会計参与）の解任訴訟

株主総会の決議による解任および解任の訴えに関する手続は、監査役および会計参与についても、取締役と同様に適用される（会339条1項、341条、会施規79条（会計参与の場合）、80条（監査役の場合）、会854条）。ただし、監査役の解任決議の要件は株主総会・種類株主総会の特別決議とされ（会343条4項、309条2項7号、324条2項5号）、取締役および会計参与よりもその地位の強化が図られている。

監査役および会計参与に対する解任の訴えの要件も、取締役の場合と同様であるが（会854条）、それぞれの職責に対応して、職務の執行に関する不正の行為または法令・定款に違反する重大な事実の内容は異なる。

監査役の職務は、取締役（会計参与設置会社にあっては、取締役および会計参与）の職務の執行を監査することである（会381条）。ただし、全株式譲渡制限会社（監査役会設置会社（同法2条10号）および会計監査人設置会社（同条11号）を除く）では、定款の定めにより、監査役の監査の範囲を、取締役が

---

21 上柳ほか・前掲（注1）79頁〔今井潔〕。
22 酒巻・前掲（注13）76頁。

株主総会に提出しようとする会計に関する議案、書類その他法務省令で定めるもの（同法389条3項、会施規108条）を調査し、その調査の結果を株主総会に報告すること（会計監査）に限定することができる（会389条1項）。

会計参与の職務は、代表取締役（委員会設置会社においては、取締役会が選定した執行役）と共同して、計算書類（臨時計算書類（会441条）・連結計算書類（同法444条）を含む）およびその附属明細書を作成し、法務省令（会施規102条）で定めるところにより、会計参与報告を作成することである（会374条1項・6項）。

取締役の場合と異なり、監査役または会計参与に対し解任の訴えが提起される例は極めて少なく、特に会計参与は、平成18年施行の会社法によって創設された機関であり、これまでのところ、その解任訴訟の事例は公刊物において報告されていない。

第2節　その他の訴訟

I　株主権の存否・行使をめぐる訴訟

1　概　要

株式とは、株式会社の社員である株主の株式会社に対する法律上の地位である。会社法において、株式については大幅な改正がされたが、株主権の存否・行使をめぐる訴訟との関連で特に重要な改正点を概観すると、次のとおりである。

まず、株主としての地位を表象する株券については、旧商法とは原則と例外を逆転させ、株式会社が定款によって株券を発行する旨を定めた場合に限

って株券を発行することとし（会214条、215条）、それ以外の場合は、株券を発行することは不要とされる。

株式を譲渡する場合には、株券発行会社においては、株券の交付が必要であり（会128条1項本文）、株主名簿の名義書換は会社に対する対抗要件であるが（同法130条2項）、株券不発行会社においては、当事者間の意思表示のみによって譲渡がされ、株主名簿の名義書換が会社その他の第三者に対する対抗要件とされる（同条1項）。

株式の譲渡制限は、旧商法においては全株式を対象としなければならなかったが、会社法の下では、一部の株式についてのみ譲渡を制限することが可能となった（会108条1項4号）。また、譲渡承認の機関は、株主総会（取締役会設置会社にあっては取締役会）であるが、定款により別段の定めをすることもできる（同法139条1項）。ただし、取締役会より下位の機関を譲渡承認の機関とすることは想定されていない（同法416条4項1号参照）。

株式の名義書換は、利害関係人の利益を害するおそれがないものとして法務省令（会施規22条）で定めた場合を除き、株式の譲渡人と譲受人とが共同して請求することにより行うのが原則であるが（会133条2項）、株券発行会社においては、譲受人が単独で会社に対し株券を提示して行う（同法133条2項、会施規22条2項1号）。譲渡制限株式を取得した者は、譲渡承認を受けた場合等を除き、名義書換の請求をすることができない（会134条）。

2 訴訟

原告の株主としての地位に争いがある場合に、原告は、原告の株主権を争う者を被告として、株主権確認請求訴訟を提起することができる。原告の地位を争う者を被告とすれば足り、常に会社を被告とする必要はない（旧有限会社の持分権確認訴訟についての最判昭和35・3・11民集14巻3号418頁参照）。判決の効力を会社にも及ぼす必要がある取締役の地位の存否の確認訴訟（後述）とは異なる。

I　株主権の存否・行使をめぐる訴訟

　株主権確認訴訟は通常の民事訴訟であるから、管轄裁判所は、会社が被告である場合には会社の主たる事務所または営業所の所在地を管轄する地方（簡易）裁判所（民訴4条1項・4項）であり、第三者（個人）が被告である場合には被告の住所を管轄する地方（簡易）裁判所（同条1項・2項）である。訴額は、1株の株価（上場会社については市場価格、非上場会社については資本金の額を発行済株式総数で除した額）に株式数を乗じた額とするのが実務上の取扱いである。[23]

　原告たる株主が請求原因として主張すべきことは、①原告が株主であること、②被告が原告の株主たる地位を争っていることである。原告が株主であることの要件事実は、株券不発行会社では株式の取得原因事実である。株券発行会社においては、株券の交付が権利移転の効力要件であるから（会128条1項本文）、原告は、取得原因事実のほか、株券の交付を受けたこと（現実の引渡しのみならず、簡易の引渡し、占有改定または指図による占有移転でもよい）を主張・立証しなければならない。もっとも、株券の占有者は株式についての権利を適法に有するものと推定されるから（同法131条1項）、株券の交付を受けた旨（株券を占有している旨）を主張・立証すれば、適法な取得原因事実の存在は推定されることになる。この推定規定は、株式の譲渡当事者間においても適用されるか。積極に解する裁判例（東京高判平成元・2・27判時1309号137頁）もあるが、最判昭和35・3・1民集14巻3号327頁は、権利推定規定である民法188条の規定は占有権原の設定当事者間にあっては適用されない（占有の権利推定規定はその占有を伝来的に取得した前主に対して効力を有しない）としており、この見解に従えば、株式の譲渡当事者間においては、原告は、株券を所持している場合でも株式の取得原因事実を主張・立証すべきことになる。

　株主名簿の名義書換を了していることは、株券発行会社では会社に対する

23　類型別Ⅱ・790頁、819頁。

対抗要件であり、株券不発行会社では会社その他の第三者に対する対抗要件であるから（会130条1項・2項）、原告が請求原因において主張する必要はなく、被告による名義書換未了の対抗要件欠缺の抗弁を待って、再抗弁（会社に対し適法に名義書換を請求したにもかかわらず会社がこれを拒否したことなど）を主張する等の対応をすれば足りる。

II 取締役の地位に関する訴訟

1 概　要

　取締役の地位は、取締役選任決議（会329条1項）および任用契約の締結（監査役についての最判平成元・9・19裁判民157号627頁参照）により会社と取締役との間に生じる法律関係に基づくものである。取締役は、任期（同法332条1項・3項）の満了、辞任（民651条1項）、取締役の死亡・破産手続開始決定・後見開始の審判による委任の終了、欠格事由（会331条1項）該当、訴えによる解任（同法854条）により、その地位を失う。取締役の地位に関する訴訟は、取締役の地位不存在の確認請求訴訟と取締役の地位の確認請求訴訟に大別することができる。取締役の地位に関する訴訟については、取締役解任の訴えのような訴訟に関する特別の規定はない。管轄裁判所についての規定もないが、取締役の地位の存否を確認する確定判決には対世効があると解されるから（医療法人の理事等の地位不存在確認の確定判決に対世効を認める東京高判平成6・5・23判時1544号61頁、宗教法人の役員の地位確認の確定判決に対世効を認める最判昭和44・7・10民集23巻8号1423頁参照）、会社法835条1項を類推して、会社の本店の所在地を管轄する地方裁判所に専属すると解すべきである。数人が訴えを提起した場合には、類似必要的共同訴訟となる。訴額は160万円である（民訴費4条2項）。取締役の地位の存否の確認請求と取締役の地位の得喪に係る登記手続請求訴訟が併合して提起されている場合

でも、各請求で主張する経済的利益は共通であると解されるから、訴額は全体として160万円である。

2 取締役の地位不存在の確認請求訴訟

(1) 類型と当事者適格

　取締役の地位不存在確認請求訴訟については、①会社の取締役ではないにもかかわらず取締役として扱われている者が、会社に対し提起する場合、②会社の取締役ではないにもかかわらず取締役として行動している者に対し、会社が提起する場合、③第三者が取締役の地位不存在確認請求訴訟を提起する場合が想定される。③の場合には、当該第三者に訴えについての確認の利益（当該取締役の地位についての法律上の利害関係の存在）が認められなければならないが、株主については、当然に原告適格が認められる。また、誰が被告となるかが問題となる。㋐会社と当該取締役の双方を被告とする固有必要的共同訴訟であるとする見解（京都地判昭和47・9・27判時694号84頁）、㋑当該会社のみに被告適格があり、当該取締役個人に対する訴えは不適法却下されるとする見解（東京高判平成5・3・24判タ839号241頁、前掲東京高判平成6・5・23）とがあるが、東京地方裁判所商事部は、取締役の地位不存在確認の確定判決には対世効が認められることから当該取締役を被告としなくても当該取締役に判決の効力が及ぶこと等を理由として、後者の見解を採用している。[24]

(2) 確認の利益と対世効

　取締役の地位不存在の確認請求訴訟の係属中に、被告が主張する当該取締役の選任日を前提としても、当該取締役の任期が満了してしまった場合には、確認の利益を欠くことになる。ただし、当該取締役の退任により法律または定款で定めた取締役の員数を欠くことになる場合には、当該者がなお取締役

---

[24] 類型別Ⅰ・39頁。

としての権利義務を有するので（会346条1項）、原告は、訴えを取締役としての権利義務を有しないことの確認請求に変更して、さらに争うことが可能である。

取締役の地位不存在確認の確定判決には対世効があると解すべきこととの関係で、処分権主義や弁論主義の適用があるか否かが問題となる。訴えの取下げが可能であることには異論がなく、それとの関係で、請求の放棄（対世効はない）も可能とする見解が有力である。東京地方裁判所商事部は、判決に対世効が認められる会社関係訴訟において、当事者が馴れ合いにより認容判決を得ようとしているのではないかと疑われる事案が少なくないことに鑑み、認諾、自白および和解を認めることには消極である。[25]

取締役の地位不存在確認の確定判決には対世効があるといっても、それによって会社の登記申請の意思表示が擬制されるのではないから、会社以外の原告が判決をもって取締役退任登記手続等をすることはできない。したがって、訴訟の結果が商業登記に反映されることを望む原告は、その旨の登記請求訴訟もあわせて提起する必要がある。

3 取締役の地位確認請求訴訟

会社の取締役に就任したにもかかわらず、その地位に争いがある場合には、原告は会社を被告として、自らが取締役の地位にあることの確認の請求訴訟を提起することができる。理論的には、第三者や会社も原告となり得るが、実務ではほとんど例をみない。[26] 原告の主張によれば会社の代表取締役となるべき者は原告であっても、訴訟において被告たる会社を代表するのは、会社における手続により代表取締役に選任された者である。[27] その他の論点については、取締役の地位不存在の確認請求訴訟に準じて考察すればよい。

25　類型別Ⅰ・55頁。
26　類型別Ⅰ・63頁。
27　類型別Ⅰ・64頁。

III　会計帳簿等開示請求訴訟

1　計算書類等の閲覧等請求訴訟

(1)　概　要

　会社法は、株式会社に対し、各事業年度に係る計算書類（貸借対照表、損益計算書その他株式会社の財産および損益の状況を示すために必要かつ適当なものとして法務省令で定めるもの）および事業報告並びにこれらの附属明細書を作成したうえ（会435条2項）、上記各書類（監査報告、会計監査人設置会社にあっては会計監査報告を含む）を、定時株主総会の1週間前（取締役会設置会社にあっては2週間前）の日から5年間本店に、その写しを3年間支店に備え置くべきことを義務づけている（同法442条1項1号・2項1号）。臨時計算書類を作成した場合（同法441条1項）も、同様である（同法442条1項2号・2項2号）。

　さらに、会計参与を設置した会社にあっては、会計参与は、各事業年度に係る計算書類およびその附属明細書並びに会計参与報告を定時株主総会の日の1週間前（取締役会設置会社にあっては2週間前）の日から5年間、臨時計算書類および会計参与報告を臨時計算書類を作成した日から5年間、法務省令で定めるところにより、当該会計参与が定めた場所に備え置かなければならない（会378条1項）。

　株主および債権者は、会社の営業時間内はいつでも、会社または会計参与に対し、上記各書類またはその写しの閲覧を請求することができ、さらにその謄本または抄本の交付を請求することができるが、謄本または抄本の交付を請求する場合には会社または会計参与の定めた費用を支払わなければならない（会442条3項本文および1号・2号、378条2項本文および1号・2号）。代理人によって請求することも可能であり、補助者を使用してもよい。

会社または会計参与が備え置くべき上記各書類が電磁的記録をもって作成されているときは、当該電磁的記録に記録された事項を法務省令で定める方法により表示したものの閲覧を請求することができ、さらに上記電磁的記録に記録された事項を電磁的方法であって会社の定めたものによる提供またはその事項を記載した書面の交付を請求することができるが、後者の提供または交付を請求する場合には会社または会計参与の定めた費用を支払わなければならない（会442条3項本文および3号・4号、378条2項本文および3号・4号）。

株式会社の親会社の社員は、その権利を行使するために必要があるときは、裁判所の許可を得て、上記各書類の閲覧等を請求することができる（会442条4項、378条3項）。この許可申請事件は、非訟事件であり、当該株式会社の本店の所在地を管轄する地方裁判所の管轄に属する（同法868条2項）。

(2) 訴　訟

(ア) 訴訟要件

手続は、民事訴訟（給付訴訟）の一般原則による。

会社が被告となる場合には、会社の主たる事務所または営業所の所在地を管轄する地方裁判所の管轄に属する（民訴4条1項・4項）。

会計参与が被告となる場合は、①会計参与が自然人の場合には、その住所地を管轄する地方裁判所の管轄に、②会計参与が法人の場合には、その事務所または営業所の所在地を管轄する地方裁判所の管轄に属する（民訴4条1項・2項・4項）。訴額は160万円である（民訴費4条2項）。

原告適格は、当該株式会社の株主または債権者に認められる。株主については、持株数、株式保有期間、保有株式の種類にかかわらず、1株以上を有していれば足りる。ただし、単元未満株式の株主は、会社が定款で定めた場合には、排除される（会189条2項）。これに対し、旧商法下における解釈として端株主・単位未満株主にも閲覧権等を認めるべきであるとした見解に従えば、定款により制限することはできないと解することになろう。[28]

株主は訴え提起の時から判決確定の時まで1株以上の株式を保有することを要するが、確定判決に基づき現実に閲覧権等を行使する時点でも株式を保有していることを要する。債権者の債権の内容については、限定はなく、非金銭債権者であっても差し支えない。

　被告となるのは、請求先に対応する会社または会計参与である。

　(ｲ)　**実体的要件**

　計算書類等の閲覧等の請求権を行使するにあたり、正当な理由が存在することは要件とされていないから、原告たる株主・債権者は、正当な理由の存在を主張・立証する必要はない。もっとも、閲覧等請求権は、会社の経営に直接関与することができない株主の利益や会社財産のみを引当てとする債権者の利益を保護するためのものであるから、閲覧権等の行使が制度の趣旨から逸脱したものである場合には、権利の濫用とされることもあり得る。その主張・立証責任は被告側にある。

　訴訟提起に先立って、閲覧権等を行使し会社・会計参与に拒否されたことも要件とはされていない。しかし、会社・会計参与による拒否を経て訴訟提起に至るのが通常想定される成行きであろう。会社・会計参与に対して請求しても拒否されることが明らかであるというような事情が存在する場合は別として、いきなり訴訟が提起されたときには、原告の意図が疑われる場合もあるといえよう。

　備置期間の5年を経過した計算書類等の閲覧等を請求することはできない。[29]

　計算書類等の閲覧等を請求し得るのは、当該書類が作成されて現存する場合に限られるから、いまだその書類が作成されていないときは、作成懈怠について取締役等の責任が別途追及されることがあるのは格別、当該書類の作成を請求することはできない。[30]　閲覧等請求権の内容に、謄写請求権は含ま

28　上柳克郎ほか編『新版注釈会社法(8)』72頁〔倉沢康一郎〕。
29　上柳ほか・前掲（注28）74頁〔倉沢康一郎〕。
30　類型別Ⅱ・641頁。

797

れない[31]。株主・債権者は、謄本または抄本の交付を請求すれば足りる。

　　　(ウ)　審　理

　計算書類等の閲覧等請求訴訟の審理については、特に複雑な問題はない。前述のとおり、会社・会計参与が閲覧等請求を拒否したことは訴訟提起のための要件ではないから、原告は閲覧等請求を拒否されたことを主張・立証する必要はない。もっとも、原告は、会社・会計参与が閲覧等請求を拒否したことを必ず訴状に記載するであろう。仮に、会社・会計参与が閲覧等請求に応じる義務を履行しているのであれば、被告は、抗弁としてその旨を主張・立証することになる。

　原告の当事者適格が認められ、被告が閲覧等請求に応じる義務を履行したことが認められなければ、原則として請求は認容されることになる。原告の請求が権利の濫用と評価されれば、請求は棄却されるが、その点についての主張・立証責任は被告にある。

　訴訟の係属中に、被告が書証として請求に係る計算書類等の全部または一部を提出した場合には、その部分については原告は閲覧等の目的を達し、会社は義務の履行を終えたものとして、請求は棄却される（東京地判昭和55・9・30判タ434号202頁、東京高判昭和58・3・14判時1075号156頁）。この点につき、原告は目的を達したといえるが、会社が計算書類等を書証として提出したことをもって、請求棄却の判決をし得るかについては疑問があるとする見解がある[32]。会社が仮処分決定の執行により計算書類等を提供し、事実上閲覧等の目的が実現されたと同様の状態が事実上達成されているとしても、それはあくまでも仮のものにすぎないから、本案訴訟において斟酌されるべきものではない（最判昭和35・2・4民集14巻1号56頁、最判昭和54・4・17民集33巻3号366頁）。株主名簿閲覧・謄写請求事件について同旨を述べたものとして、山形地判昭和62・2・3判時1233号141頁がある。

31　上柳ほか・前掲（注28）72頁〔倉沢康一郎〕。
32　新谷・前掲（注11）585頁。

東京地方裁判所商事部が閲覧等請求訴訟の基本的な書証として認識しているものは、原告が株主である場合において、株券が発行されているときは株券の写し、株券不発行のときは株主名簿、定款、同族会社の判定明細書、株式引受申込書、株式の払込みに関する書証等であり、原告が債権者である場合には、契約書等の会社に対し債権を有することを証明する書証であり、被告が会計参与である場合には、被告が会計参与として登記されている登記事項証明書である。[33] 以上の書証は、いずれも、当事者適格を証明するための証拠である。

　　(エ) 判　決

通常の民事訴訟（給付訴訟）における判決と同じであり、認容判決に対世効はない。財産権上の請求ではないから、認容判決に仮執行宣言が付されることはない（民訴259条参照）。

2　会計帳簿等の閲覧・謄写請求訴訟

(1) 概　要

総株主の議決権の100分の3以上の議決権を有する株主または発行済株式の100分の3以上の数の株式を有する株主は、株式会社の営業時間内はいつでも、会計帳簿またはこれに関する資料（以下、「会計帳簿等」という）の閲覧または謄写を請求することができる。この請求は、その理由を明らかにしてしなければならない。会計帳簿等が電磁的記録をもって作成されているときは、閲覧・謄写の対象は、当該電磁的記録に記録された事項を法務省令で定める方法により表示したものとなる（以上、会433条1項）。代理人によって請求することも可能であり、補助者を使用してもよい。ただし、代理人または補助者について会社法433条2項3号ないし5号の拒否事由が認められたときは、会社は閲覧・謄写を拒否することができる。[34]

33　類型別Ⅱ・644頁。
34　上柳克郎ほか編『新版注釈会社法(9)』223頁〔和座一清〕。

株主は、取締役の違法行為の差止請求（会360条）、取締役の責任を追及する代表訴訟（同法847条）、取締役の解任請求（同法854条1項）等の直接に会社業務の運営を監督し是正する権利を有するが、これらの権利を適切に行使するためには、会社経理の状況を会計帳簿等によって正確に知る必要があり、そのために閲覧・謄写請求権が認められたものである。[35]

　会計帳簿等の内容は会社の秘密事項にも及び、その閲覧・謄写権が濫用されると、会社に著しい損害が生じるおそれもあるので、一定の持株比率や請求についての理由の明示を求めるとともに、会社が請求を拒むことができる事由を定めている（会433条2項）。

　株式会社の親会社の社員は、その権利（親会社の社員としての権利）を行使するため必要があるときは、裁判所の許可を得て、子会社の会計帳簿等の閲覧・謄写を請求することができる（会433条3項、868条2項）。子会社を利用した取締役の不正行為等を防止する必要があるからである。[36] 持株数等の要件は定められていないが、立法担当者の解説[37]によれば、親会社の社員の閲覧・謄写権の実質は、旧商法293条ノ8と同じであるとされているし、上記立法趣旨に照らしても、親会社の社員は親会社の議決権の100分の3以上または100分の3以上の出資を保有することを要すると解すべきである。[39]

(2) 訴　訟

　(ア) 訴訟要件

　管轄、訴額とも、計算書類等の閲覧等請求訴訟において会社が被告とされた場合と同じである（上記1(2)(ア)）。

　原告適格は、当該株式会社の総株主の議決権の100分の3以上の議決権を有する株主または発行済株式の100分の3以上の数の株式を有する株主に認

35　上柳ほか・前掲（注34）201頁〔和座一清〕。
36　江頭・648頁。
37　相澤哲編著『一問一答新・会社法〔改訂版〕』145頁。
38　同条は「親会社ノ株主ニシテ其ノ総株主ノ議決権ノ百分ノ三以上ヲ有スルモノ」と規定する。
39　江頭・648頁、奥島孝康ほか編『新基本法コンメンタール会社法2』342頁〔出口正義〕。

められる。上記「総株主」からは株主総会において決議をすることができる事項の全部につき議決権を行使することができない株主が除かれ、上記「発行済株式」からは自己株式が除かれる。会社は、定款で上記100分の3を下回る割合を定めることも可能である（会433条1項柱書）。

数人が共同して上記持株比率を満たした場合は、共同して請求することも可能である。

持株要件は、訴え提起の時のみならず、実際に閲覧・謄写をする時点まで満たしていなければならない。訴え係属中に原告が持株要件を欠くに至った場合の取扱いは、取締役解任の訴えにおける少数株主の場合と同様である（上記第1節Ⅰ2⑴）。

被告は、当該閲覧・謄写請求をする相手方たる株式会社である。

(ｲ) **実体的要件**

(A) 会計帳簿等の範囲

閲覧・謄写請求の対象となる会計帳簿等（会計帳簿またはこれに関する資料）の範囲については、旧商法当時から、争いがある。多数説および裁判例[40]（東京地決平成元・6・22判時1315号3頁、横浜地判平成3・4・19判時1397号114頁、大阪地判平成11・3・24判時1741号150頁）は、ここにいう「会計帳簿」とは、会社計算規則59条3項にいう「会計帳簿」、すなわち計算書類およびその附属明細書の作成の基礎となる帳簿（総勘定元帳、日記帳、仕訳帳、補助簿等）をいい、「これに関する資料」とは、その会計帳簿作成の材料となった書類その他会計帳簿を実質的に補充する書類をいうとする（限定説）。限定説は、検査役による会社の業務・財産状況の調査（会358条）との対象の振分け等を根拠とする。これに対し、有力な反対説（非限定説）は、会計帳簿等の意義を定款の定めにより監査範囲が限定された監査役および会計監査人の閲覧・謄写権の対象となる「会計帳簿またはこれに関する資料」（同法

40　上柳ほか・前掲（注34）209頁〔和座一清〕。

389条4項、396条2項)と異なるものと解すべき理由はないとして、会社の会計に関する限り一切の帳簿・資料が会計帳簿の閲覧権の対象に含まれるとする。[41]

　裁判上争われた事例は法人税確定申告書(控・案)が多く、裁判例はこれに対する閲覧・謄写請求を斥けている。会社法施行後における裁判例の蓄積が待たれる。

　　　(B)　会計帳簿等の範囲の特定

　次に、原告が閲覧・謄写を求めるにあたり、対象たる会計帳簿等の範囲を特定する必要があるか否かが問題となる。この点については、①株主において、請求する会計帳簿を具体的に特定する必要があると解する見解と、②株主は対象となる会計帳簿を特定する必要はなく、当該会計帳簿が不必要であることの主張・立証責任を会社が負担すると解する見解があり、①の立場をとる裁判例として、仙台高判昭和49・2・18判時740号97頁(単に「会計の帳簿および書類」の閲覧・謄写を求めた請求を不適法として却下)、高松高判昭和61・9・29判時1221号126頁(「貴社の会計帳簿および書類」の閲覧・謄写を求めた請求を棄却)がある。東京地方裁判所商事部は、請求の適法性にかかわる特定の要請との関係では、「被告会社のすべての会計帳簿および資料」という申立てであっても、これを不特定として不適法却下するのは困難であるが、株主は、会計帳簿等の閲覧・謄写の請求をするにあたっては請求の理由を明らかにする必要があり、その関係で閲覧・謄写の対象と請求理由との関連性を主張・立証する責任があり、その結果として、請求理由と関連性のある会計帳簿等を特定して閲覧・謄写を請求することになろうが(その意味で、閲覧・謄写の対象たる会計帳簿等の範囲についての限定説・非限定説の対立は意味がないとする)、このように、対象の特定を関連性の主張・立証責任の問題としてとらえるならば、対象物が全く特定されていない請求であっても、請

41　稲葉威雄『会社法の解明』497頁、江頭・649頁等。

求理由が具体的に記載されていれば、対象不特定のみを理由として全部が棄却（または却下）されることはなく、請求理由と関連性がない会計帳簿等に係る請求が、関連性についての主張・立証がないことを理由に棄却されるにすぎないとの見解を示している。[42]

東京地方裁判所商事部の見解によっても、株主は、認容判決を得るためには、請求理由と関連する会計帳簿等を特定して請求する必要があるが、株主が訴え提起の段階から会計帳簿等の名称等を詳細に特定することは困難である。東京地方裁判所商事部が掲げる請求の趣旨の記載例は、「被告は、原告に対し、その営業時間内のいつにても、別紙目録記載の会計帳簿またはこれに関する資料を閲覧させよ（謄写させよ）。」であり、別紙目録の記載としては、「○○関係について元帳を補充するため作成している帳簿」、「○○帳簿の○○欄の記入材料となった資料」という程度で足りるとする。[43]

(C) 会社からの閲覧・謄写請求拒否の要否

訴訟提起に先立ち会社から閲覧・謄写請求を拒否されたことを要しないのは、計算書類等の閲覧等請求の場合と同じである（上記1(2)(イ)）。

(D) 保存期間経過後の会計帳簿等

保存期間の10年（会432条2項）を経過した会計帳簿等は閲覧・謄写の対象とならないとするのが多数説、裁判例（前掲東京地判昭和55・9・30）[44]であるが、近時の東京地方裁判所商事部の見解は、会社法は会計帳簿等の閲覧・謄写請求について期間的な制限を付していないこと、保存期間と閲覧・謄写請求期間とが連動しているとは直ちには解し得ないこと等を理由として、保存期間を経過した後の書類であっても、現存する限り、閲覧・謄写の対象となる（ただし、現存することの主張・立証責任は株主が負う）とする。[45]

42　類型別Ⅱ・671頁。
43　類型別Ⅱ・657頁、675頁。
44　山口・前掲（注3）846頁等。
45　類型別Ⅱ・670頁。

(E) 閲覧・謄写の理由の明示

　会計帳簿等の閲覧・謄写を請求するにあたっては、その理由を明らかにしなければならない。理由は、具体的に明示する必要がある（最判平成2・11・8判時1372号131頁、最判平成16・7・1民集58巻5号1214頁）が、請求理由を基礎づける事実（たとえば、取締役が違法な貸付けを行っていることの具体的事実）が存在することを立証する必要はない（前掲最判平成16・7・1）。

　前述のとおり、請求理由を明らかにすることとの関連で、閲覧・謄写の対象となる会計帳簿等の範囲は限定されることになり、会社は、請求理由との関係で不必要な会計帳簿等の閲覧・謄写請求を拒否することができる。

(F) 請求原因

　株主は、請求原因において、閲覧・謄写を求める理由およびその対象となる会計帳簿等を明示し、これに対し、会社は、会社法433条2項各号の拒否事由を抗弁として主張する。拒否事由中、1号および2号は株主の権利の行使に関する一般的原理を宣明したものであり、3号以下はそれを敷衍して具体例を規定したものである。この拒否事由は制限列挙であり、会社の定款でそれ以外の拒否事由を追加することはできない。[47]

(G) 閲覧・謄写請求を拒否できる場合

　株主がその権利の確保または行使に関する調査以外の目的で請求を行ったときは、会社は請求を拒むことができる（会433条2項1号）。株主が会社に対して有する権利であっても、売買契約や労働契約による権利等の株主としての地位を離れて有する権利が上記の株主の権利に含まれないことは明らかであるが、株主の権利のうちの自益権が上記の株主の権利に含まれるか否かについては、会計帳簿等の閲覧・謄写権の法的性質（共益権か、共益権・自益権とは別の中間的権利か）の理解とも絡んで、争いがある。前掲最判平成16・7・1は、株式の譲渡制限の定めのある会社において、株式を他に譲渡

46　江頭・651頁、上柳ほか・前掲（注34）219頁〔和座一清〕。
47　上柳ほか・前掲（注34）218頁〔和座一清〕。

しようとする株主が株式の適正な価格を算定する目的でした閲覧・謄写請求は、特段の事情が存しない限り、拒否事由にあたらないとしており、肯定説をとっているものと解される。

　株主が会社の業務を妨げ、株主の共同の利益を害する目的で請求を行ったとき（会433条2項2号）および株主が会社の業務と実質的に競争関係にある事業を営み、またはこれに従事するものであるとき（同項3号）にも、会社は請求を拒むことができるが、後者の場合には、株主に競業関係利用の主観的意図があることを要しない（名古屋高決平成8・2・7判タ938号221頁）。

　(ウ)　審　理

　株主は、原告適格を基礎づける少数株主の持株要件を立証したうえ、閲覧・謄写を求める理由を明示し、その関係で求める会計帳簿等の範囲を明らかにする。前述のとおり、請求理由を基礎づける事実が存在することを立証する必要はない。

　会社が請求に係る会計帳簿等の存在を否認した場合には、株主はその存在を立証しなければならない。もっとも、当該会計帳簿が法律によって備置きを義務づけられているものである場合や、企業会計上一般に作成されているものであれば、その存在が事実上推定され、会社側において不存在であるとの反証を示さなければならない。[48]

　会社は、閲覧・謄写の理由と当該会計帳簿等との関連性を争い、また、抗弁としての閲覧・謄写の拒否事由を主張・立証する。

　訴訟係属中に会社が書証として当該会計帳簿等を提出した場合には、会社が義務を履行したものとして、株主の請求は棄却される。

　会計帳簿等の閲覧・謄写請求訴訟における基本的書証は、持株要件を満たしていることを証する書面（取締役解任の訴えの場合と同じ）、訴訟提起前に書面で閲覧・謄写請求をしている場合には、その請求書であるが、訴状をも

---

[48]　類型別Ⅱ・670頁。

っていきなり閲覧・謄写を請求する場合は、訴状に請求理由が記載されることになる。

閲覧・謄写請求の拒否事由は、非定型的であり、会社は必要に応じ、これを立証するための書証、人証等を提出する。株主による反証活動も当然あり得る。

(エ) 判 決

東京高判平成18・3・29判夕1209号266頁は、閲覧・謄写の範囲は、これが曖昧であるときは、その履行強制にも問題を残すことになるから、判決の主文において客観的に明確でなければならないとする。訴訟提起段階では、株主には会計帳簿等の内容についての情報が乏しい場合が多いであろうから、その特定の仕方が多少厳密を欠くことが許されるとしても、訴訟の審理を経た最終段階では、強制執行において問題を残さない程度に特定していることを要するものというべきである。

判決は、通常の民事訴訟（給付訴訟）における判決と同じであり、認容判決に対世効はない。財産権上の請求ではないから、認容判決に仮執行宣言が付されることはない（民訴259条参照）。

3 株主名簿等の閲覧・謄写請求訴訟

(1) 概　要

株主名簿は、株主とその持株等に関する事項を記録するため、株式会社に作成が義務づけられた帳簿である（会121条）。株券発行会社（同法117条6項、214条）の株式でも振替株式（社債株式振替128条1項）でもない株式については、株式取得者は、株主名簿の名義書換をしなければ、会社その他の第三者に対し権利の移転を対抗することができない（会130条1項、147条1項）。株券発行会社では、株式取得者は、株主名簿の名義書換をしなければ、会社に対し権利の移転を対抗することができない（同法130条2項）。

株主および債権者は、株式会社の営業時間内はいつでも、①株主名簿が書

面をもって作成されているときは、当該書面の閲覧または謄写の請求、②株主名簿が電磁的記録をもって作成されているときは、当該電磁的記録に記録された事項を法務省令で定める方法により表示したものの閲覧または謄写の請求をすることができる（会125条2項）。代理人によって閲覧・謄写請求をすることも可能である。[49]ただし、代理人について会社法125条3項3号ないし5号の拒否事由が認められるときは、会社は閲覧・謄写を拒否することができる。代理人を株主に限るとする定款の定めは無効である。[50] 閲覧または謄写の請求であるから、計算書類等の場合のように謄本または抄本の交付を請求することはできない。会社が株主名簿管理人をおいた場合には（同法123条）、閲覧・謄写の場所は、株主名簿管理人の営業所である（同法125条1項）。

　株式会社の親会社社員も、その権利を行使するため必要があるときは、裁判所の許可を得て（非訟事件）、当該株式会社の株主名簿の閲覧・謄写請求をすることができる（会125条4項）。

(2) 訴　訟

(ア) 訴訟要件

　管轄、訴額および当事者適格は、計算書類等の閲覧等請求訴訟において会社が被告とされた場合と同じである（上記1(2)(ア)）。ただし、定款の定めによっても、単元未満株主について株主名簿の閲覧・謄写請求権がないものとすることはできない（会189条2項6号、会施規35条1項3号）。株主名簿管理人（履行補助者）をおいた場合でも、被告となるのは会社である。

(イ) 実体的要件

　株主名簿の閲覧・謄写を請求するにあたっては、その理由を明らかにしなければならない（会125条2項柱書後段）。理由を具体的に明示する必要があることは、会計帳簿等の閲覧・謄写請求の場合と同様である。訴え提起前に

49　上柳ほか・前掲（注1）201頁〔山口幸五郎〕。
50　類型別Ⅱ・655頁。

807

会社から閲覧・謄写を拒否されたことは要件ではない。株主名簿の閲覧・謄写請求権は、自益権と共益権の双方の性質をもつものと解され、これを行使する理由としては、①自己または他の株主に関する株主名簿の記載が正確であるか否かを確認する場合、②他から株式を譲り受けるため、株主が誰であるかを確認する場合、③株主総会において発言権を増すように歩調を同じくする同志を募るため、株主が誰であるかを確認する場合、④少数株主権行使の要件を充足するように同志を募るため、株主が誰であるかを確認する場合があげられる[51]。請求理由を基礎づける事実が存在することまで立証する必要がないことも、会計帳簿等の閲覧・謄写請求の場合と同様である。

　株主名簿の閲覧・謄写請求についても、会社がこれを拒否することができる事由が明示されており（会125条3項）、その内容は会計帳簿の閲覧・謄写請求の拒否事由（同法432条2項）と同じである。そのうち、125条3項3号（競業関係）については、立法論として削除すべきであるとする有力な見解[52]がある。

　　　　　　　　　　　　　　　　　　　　　　　　　　　（大谷禎男）

---

[51] 佐藤修市「判批」判タ735号256頁。
[52] 江頭・196頁。

第4章
会社関係仮処分

はじめに

　違法な手続によって株主総会が招集された場合や、著しく不公正な新株発行が行われた場合には、後に訴訟によってその効力を争うことができるが、本案訴訟の決着がつくまで待っていたのでは回復できない損害が生じることがある。そこで、このような類型の事件においては仮処分の方法が用いられることが多い。会社関係仮処分は、会社法上に一定の関連規定をもつものもあるが、基本的には民事保全法上の仮処分として位置づけられており、そのほとんどが民事保全法23条2項に定める仮の地位を定める仮処分であって、かつ、満足的仮処分に分類される、権利実現の度合いの高く、原状回復の余地もないものであることが特徴である。また、買収防衛策としての新株発行の差止めにかかわる事例等、社会の耳目を集め、あるいは法的な見解が十分に定まらないホットイシューが裁判所にもち込まれることがある一方で、同族会社における親族間の争いのように、形式的には会社法上の争いとなっていても、実質的には親族間の反目が紛争の根本にある人事事件そのものといったものも数多くあることも特徴といえよう。

　以下、比較的多く利用される仮処分の類型のうち、代表的なものを概観したうえで、その手続、裁判について、概説する。なお、ここで説明する実務の運用については、筆者がかつて商事事件を専門的に扱う東京地方裁判所民事8部（商事部）に在籍していた当時に行っていた経験に基づくものであっ

て、すべての裁判所において同様に扱われるものではなく、また、その取扱いも変更されることがあることをお断りしておきたい。

第1節　利用される仮処分の種類

I　職務執行停止・代行者選任の仮処分

1　意　義

　職務執行停止・代行者選任の仮処分（以下、「職務執行停止等仮処分」という）は、取締役の選任決議の効力等、取締役の地位に争いがある場合において、このような取締役による業務執行が行われた後に、当該取締役の地位が訴訟によって否定された結果、それまでに行われた業務執行行為の効力に関して複雑な法律関係が生じることを防止するために認められたものである。この仮処分は、民事保全法23条2項の仮の地位を定める仮処分であって、権利関係に争いがあるために債権者に生じている現在の不安や危険を除去するため、本案判決確定による解決に至るまでの間の暫定的な措置として、現状を維持し、または現在の不安や危険の除去を実現することを目的として行われるものである。

2　申立ての趣旨

1　債務者会社において、債務者甲は、取締役の職務を執行してはならない。
2　債務者会社における取締役職務代行者として、
　（住所）

> 乙
> を選任する。

　職務執行停止の期間について、「本案判決に至るまで」といった期間の限定はつけないものとしている。これは、職務執行停止の期間の終期を明確にするために、事情変更による取消しを行うまでは、代行者の権限があるものと扱うのが相当であるとの考えに基づいている。

3　被保全権利（本案訴訟）

　取締役の選任に係る株主総会決議取消しの訴え、株主総会決議無効確認の訴え、株主総会決議不存在確認の訴えが本案訴訟となり得ることに争いはない。また、取締役解任の訴えについても本案訴訟となり得るものとされているが、この場合、次の2点が問題となる。1点目は、取締役解任の訴え自体が、株主総会で解任決議が否決されることが要件とされていることから、株主総会で解任決議が否決される前であっても、この仮処分ができるか否かという点である。この点については、株主総会解任決議が否決される前であることを理由に直ちに却下はせず、審理の過程における推移をみて判断することとしているが、現実に仮処分を発令する時点までには、解任決議が否決されていることを要するというべきである。したがって、申立ての段階においても、近々株主総会が開催されること（開催の予定がない場合には、株主総会の開催を求める手続を行っていること）、株主総会に取締役解任決議を提案する予定であること、しかし、この提案は否決される見込みであること等を疎明することが必要であると解される。2点目は、判例上、取締役の任期を満了したいわゆる権利義務取締役については、取締役解任の訴えを提起することはできないことである（最判平成20・2・26民集62巻2号638頁）。このような場合には、非訟事件として仮取締役選任の申立て（会346条1項）を行うべきである。

その他、取締役の地位不存在確認の訴え、設立無効の訴え、代表取締役についての職務執行停止を求める場合の代表取締役選任に係る取締役会決議無効確認の訴えについても、学説上争いのあるところであるが、実務では本案訴訟となり得るものとして扱われている。

　職務執行停止等仮処分は、経営権の争奪の手段として利用されており、そのほとんどが同族会社であることから、株主総会開催にあたって会社法上の手続が履践されていないことも少なくなく、被保全権利そのものの疎明は容易なことが多い。

4　保全の必要性

　かつて、被保全権利の立証があれば、保全の必要性は事実上推定されるなどとして、保全の必要性の疎明は事実上必要ないとする見解も示されていた[1]。現在では、この仮処分が民事保全法23条2項に定める仮の地位を定める仮処分として位置づけられることもあって、保全の必要性についても疎明が必要であり、むしろ、職務執行停止仮処分等が認容されるかどうかについては、前述のとおり被保全権利の立証が比較的容易なケースが多いこともあって、この保全の必要性の疎明いかんにかかわっているといえる。

　保全の必要性については、職務執行停止仮処分等の本案訴訟が、いずれも会社の利益を目的として、株主の共益権等に基づいて提起されるものであることから、民事保全法23条2項の「仮の地位を定める仮処分命令は、争いがある権利関係について『債権者』に生ずる著しい損害又は急迫の危険を避けるためにこれを必要とするとき」との要件のうち、「債権者」の部分を「会社」に読み替えたうえで、会社に損害が生じるか否かの観点から、保全の必要性を考えることとされている。したがって、債権者において損害が生じるとしても会社に損害が生じない限りは、保全の必要性は認められない。

1　長谷部茂吉『裁判会社法』228頁、山口和男編『会社訴訟非訟の実務〔改訂版〕』471頁。

会社に損害が生じる場合とは、一般に、会社の信用が、従前の代表取締役個人の信用に基礎をおいており、現在の自称取締役では対外的信用が失墜するおそれがある場合、現在の自称取締役に経営能力がない場合、現在の自称取締役が会社の重要な財産を自己または第三者の利益のために処分しようとしている場合などとされている。実務上、これらの事情について、主張はされているものの、具体的な疎明に欠けることも少なくない。

　また、保全の必要性を否定すべき事情としては、取締役の選任に係る株主総会決議に瑕疵があるが、再度、適法に株主総会を招集して取締役の選任を行えば株式保有割合との関係で同一の選任決議がなされることが明白な場合があげられる。これに関連して、本案訴訟において対象となっている株主総会決議が、取締役の再選にかかわるものである場合には、仮に本案訴訟において株主総会決議が取り消されるなどしたとしても、当該取締役は、その前の株主総会における選任決議の効力により、取締役として権利義務を有することになるため、このような場合に職務執行停止等仮処分を認めることは本案判決以上の効力を認める結果になり妥当でないとして、このような事情がある場合には保全の必要性を否定すべきとする見解がある。[2]しかし、現在の東京地方裁判所商事部では、再選取締役であるからといって保全の必要性が一律にないとすると、不当な結果が生じるおそれもあることから、直ちに保全の必要性がないとは取り扱わず、他の事情と総合して判断することとしている。もっとも、再選取締役の場合には、それまで当該会社の経営に携わってきたのであるから、経営能力等に問題がある場合は少ないと考えられ、保全の必要性を疎明することは困難な場合が多いと思われる。

5　当事者

　債権者については、各本案訴訟の原告適格を有するものが該当することに

2　本間健裕「職務執行停止・代行者選任の仮処分」金法1409号28頁。

争いはない。[3]

　債務者については、取締役と会社の双方とするのが実務である。この場合、債務者である会社と取締役の関係は、必要的共同訴訟の関係にあるとされている。なお、職務執行停止等仮処分が発令された後に、本案訴訟の被告である会社を代表するのは、職務代行者である（最判昭和59・9・28民集38巻9号1121頁）。そして、職務執行停止がされた取締役は、この訴訟に共同訴訟的補助参加ができるものとされている。

6　代行者の選任

　東京地方裁判所商事部では、代行者を選任するにあたって、当事者からの推薦は一切受け付けておらず、中立的な第三者として弁護士を選任している。職務代行者は、中立・公正な立場で職務を遂行することから、必ずしも申立人の希望に沿った会社運営がなされることはないが、この点を誤解して申し立てている場合もあるため、審理の途中で申立人に念を押すようにしている。

　また、職務代行者の選任人数については、必ずしも職務の執行を停止する取締役の人数と同数にする必要はなく、職務執行を停止しなかった取締役の人数と合わせて、取締役会を有効に開催し、決議が行える人数を選任することとしている。たとえば、取締役の人数を3名とする会社の場合において、2名の取締役の職務執行を停止する場合、職務執行を停止されなかった取締役に1名を加えれば、2名で取締役会を構成して取締役会決議を有効に行いうるため、職務代行者の人数は1名となる[4]。

　なお、代表取締役の職務執行停止をする場合、取締役職務代行者を選任し

---

[3] このほか、当該会社が上場会社の場合において、株主が債権者となって仮処分を申し立てる場合には、少数株主権の行使に該当することから、社債、株式等の振替に関する法律154条の個別株主通知を要する点に注意が必要である（最決平成22・12・7民集64巻8号2003頁。最決平成24・3・28民集66巻5号2344頁参照）。この点については、取締役の職務執行停止等の仮処分だけではなく、他の仮処分についても同様である。
[4] 東京地裁商事研究会『商事非訟・保全事件の実務』345頁。

たうえで、取締役会で代表取締役を選任するのではなく、代表取締役職務代行者を選任することとしている。これは、取締役職務代行者は、あくまでも取締役ではないことから、取締役会で代表取締役として選任することはできないと考えられているからであって、登記先例もこの立場であるとされる。

また、代行者の選任にあたっては、代行者の報酬に相当する額の費用の予納が必要であるが、これについては、後記第3節を参照されたい。

7　役員の仮の地位を定める仮処分

株主総会で、すべての役員等を解任し、新しい役員等を選任したとして、その登記申請をするに際し、その添付書類等に、従来の役員等の署名・押印等は求められていないため、会社の役員が何も知らないうちに、全くの第三者が、上記のような株主総会があったとして、役員等の全部を入れ替えてしまう登記が行われてしまうことがあり得る。

そこで、法務局は、全役員解任の登記申請があった場合の運用を次のとおりとしている。すなわち、従来の代表者の住所地に宛ててその旨の登記申請があったことを通知し、この通知に対して、従来の代表者が、当該登記の申請者である新代表取締役と称する者は適法に代表取締役に選任されたものではなく、その旨の仮処分の申立てをしている旨を上申してきた場合には、一定期間、上記登記申請に基づく登記の記載を留保する。そのうえ、上記仮処分命令が発令された場合には、申請者に代表権がないとの理由で、上記登記申請を却下するものとしている[5]（平成15・5・6付民商1405号民事局商事課長通知）。

このようなケースにおいては、上記のとおり、新代表取締役として登記申

---

[5] 平成19・8・29付民商1753号民事局商事課長通知では、会計参与を除く全役員の解任、選任の事例においても同様に考えるべきであるとされているほか、登記申請から相応の短期間内に、解任されたとされる代表者から仮処分申立てを行った旨上申書（仮処分申立書の写しを添付）が提出された場合には、当該申立てに係る決定等が行われるまでは登記を留保することが相当であるとされている。

請を行っている者等について代表取締役（取締役）が、仮にその地位にないことの確認および従来の代表取締役（取締役）が仮にその地位にあることの確認を求める仮処分が活用されている。

このような役員の仮の地位を定める仮処分については、基本的に上記の取締役の職務執行停止等の仮処分における議論がおおむねそのまま妥当する。しかし、職務執行停止等の仮処分の場合には、紛争からは中立の立場にある職務代行者が暫定的な一種の管財人として取締役の職務を行うものであって、その権限も原則として常務に限られているのに対し、役員等の仮の地位を定める仮処分の場合には、紛争の一方当事者である従来の取締役等にそのままその職務を行わせることになるため、より高度な保全の必要性の疎明が必要であると解されている。

また、職務執行停止等の仮処分については、裁判所からの登記嘱託によって登記が行われるのに対し、役員等の仮の地位を定める仮処分の場合には、申立人が自ら登記手続を申請しなければならない。よって、上記通達が予定している事例以外の場合には、仮処分を登記に反映させることは困難であり、実効性がない場合もあり得るので、役員の仮の地位を定める仮処分については、申立てにあたっても慎重な判断が求められるところである。[6]

II 新株発行等の差止めの仮処分

1 意 義

会社法上、非公開会社（会2条5号）については、株主総会において新株発行に係る決議を行うものとされている（同法199条2項）のに対し、公開会社の場合には、特に有利な価額で第三者に株式を割り当てる場合を除き、取

---

[6] 役員の仮の地位を定める仮処分について、詳しくは岡部弘＝布目貴士「役員の地位を仮に定める仮処分について」判タ1338号58頁、類型別II・917頁を参照されたい。

締役会の決議によって行うものとされている（同法201条1項）。これは、新株発行によって株主の会社に対する地位・影響力に大きな変動が生じる一方で、会社としては、機動的に資金を調達する必要性があることから、会社の性質に応じて、発行権限を分配したものと解されている。いずれの場合においても、株主に与える影響は大きく、その一方で、一度発行されてしまうと、もはや差し止めることはできないばかりでなく、新株発行無効または不存在確認の訴えによってその効力を争うことが可能であるものの、判例上、無効原因および不存在事由については限定的に解されていることから、新株発行等の差止めは、もっぱら仮処分の形式で申し立てられ、この手続中において解決が図られることになる。

なお、新株引受権の発行や、新株引受権付社債の発行の差止めについても同じ手続で争われるが、以下、新株発行等差止めの場合を中心に説明する。

2　申立ての趣旨

> 債務者が平成〇年〇月〇日の取締役会決議に基づく発行手続き中の普通株式〇株の新株発行は仮に差し止める。

発行決議等によって差止めの対象となる新株発行を特定する。したがって、発行手続が進行していない段階における、一般的な新株発行の差止めを求めることは許されない。

3　被保全権利

新株発行等の差止めは、当該新株発行が①法令または定款に反する場合（会210条1号）、または②著しく不公正な発行に該当する場合（同条2号）に求めることができる。

(1) 法令または定款に反する場合

①法令または定款に反する場合に該当するものとして、実務上多く申し立てられているのは、公開会社において適法な新株発行に係る取締役会決議がない場合、非公開会社において新株発行に係る株主総会決議を欠く場合、公開会社において第三者への有利発行につき株主総会における特別決議がない場合（会199条3項、201条1項、309条2項5号）である。

このうち、第三者への特に有利な価額による発行に該当するか否かが争われる場合には、仮処分の審理期間が限定されているだけに判断が困難になることがある。まず、上場企業の場合には、時価を基準として考えることになり（最判昭和50・4・8民集29巻4号350頁参照）、一般的には、いわゆる証券業協会の自主ルールを1つの目安として判断することが多い。これに対し、非上場株式については、株価の算定方法についても多様な方法があるため、一概に述べることは難しいが、当該発行手続中において、客観的な資料を基にした株価の算定を行っているかどうか、その算定結果を踏まえて発行価額を決定しているかどうか等の検討過程や会社の資産・営業状況等を踏まえて判断することになるであろう。また、現実に相場が存在しない新株引受権および新株引受権付社債の発行についても、同様にその発行価額の検討過程を踏まえて判断することになろう。

転換社債型新株引受権付社債の有利発行が問題となったオートバックスセブン事件（東京地決平成19・11・12金商1281号52頁）においては、新株の発行につき対価を求めない転換社債型新株引受権の実質的な対価は、特段の事情のない限り、当該新株予約権付社債について定められた利率とその会社が普通社債を発行する場合に必要とされる利率との差に相当する経済的価値であり、また、当該新株予約権の公正な価値は、現在の株価、権利行使価額、行使期間、金利、株価変動率等の要素を基にオプション評価理論に基づき算出された新株予約権の発行時点における価額であるとしたうえで、「こうして算出された当該新株予約権の実質的な対価と当該新株予約権の公正な価値を

比較し、当該新株予約権の実質的な対価が公正な価値を大きく下回るときは、当該新株予約権付社債の発行は、会社法238条3項1号にいう『特に有利な条件』による発行に該当すると解するべきである」旨を判示した。当該事案における新株予約権の公正な価値の判断にあたっては、発行会社である債務者の発行にあたっての評価を検討し、不合理なものとはいえないことを認定したうえで、有利発行に該当しないとの判断がなされている。

　法令・定款違反が争われる他のケースの場合には、比較的手続の瑕疵が明らかなことも多い。このような場合には、債務者としても、強引に発行手続を行って紛争を長引かせるよりも、再度発行手続をやり直したほうがより簡明であることが多いため、債務者において発行を中止し、これを確認して債権者が仮処分申立てを取り下げるケースも少なくない。

　　(2)　**著しく不公正な発行に該当する場合**

　一方、②著しく不公正な発行に該当するか否かについては、判例上、いわゆる主要目的ルールによって判断されることが多い。

　　　(ア)　主要目的ルール

　主要目的ルールとは、新株発行の主要な目的が、資金調達ではなく、取締役の経営権の維持を目的とするものであると判断される場合には、著しく不公正な発行に該当するというものである。この点について、実務は、資金調達目的が認められれば、著しく不公正な発行に該当しないとする傾向が強いとの指摘があるが[7]、会社の経営方針について主要な株主と取締役会との間に軋轢が生じている背景には、会社の経営が芳しくないことが影響している場合も多く、一般的な資金調達の必要性は多くの事例で否定できないため、単に資金調達の必要性があるだけでは不十分というべきである。やはり、具体的な資金調達の必要性、緊急性と、当該新株発行等によって調達し得る資金、使途との関係をみて判断すべきであると思われる（東京地決平成20・6・23金

---

[7] 江頭・708頁。

819

商1296号10頁〔クオンツ事件〕)。

　また、会社法124条4項では、株主総会の基準日後に新株を発行する場合であっても、当該株式の引受人に株主総会の議決権を与えることができるとされている。しかし、この方法を用いることにより、株主総会決議の行方に不当な影響を与えることも可能となるため、このような場合には、会社において、新株の引受人に議決権を与えることについての理由を疎明する必要があるとともに、理由が明らかでない場合には、不公正な目的による発行を推認させる事情として考慮することになるとされている（前掲東京地決平成20・6・23〔クオンツ事件〕のほか、さいたま地決平成19・6・22金商1270号55頁)。

　　　(イ)　買収防衛策による新株発行
　また、敵対的買収に対する買収防衛策として新株あるいは新株引受権が発行される場合においても、著しく不公正な場合に該当するかが争われることがある。ニッポン放送事件の高裁決定（東京高決平成17・3・23判時1899号56頁）は、①買収者が真に会社経営に参加する意思がないにもかかわらず、ただ株価をつり上げて高値で株式を会社関係者に引き取らせる目的で株式の買収を行っている場合（いわゆるグリーンメーラーである場合)、②会社経営を一時的に支配して当該会社の事業経営上必要な知的財産権、ノウハウ、企業秘密情報、主要取引先や顧客等を当該買収者やそのグループ会社等に委譲させるなど、いわゆる焦土化経営を行う目的で株式の買収を行っている場合、③会社経営を支配した後、当該会社の資産を当該買収者やそのグループ会社等の債務の担保や弁済減資として流用する予定で株式の買収を行っている場合、④会社経営を一時的に支配して当該会社の事業に当面関係していない不動産、有価証券など高額資産等を売却処分させ、その処分利益をもって一時的な高配当をさせるかあるいは一時的な高配当による株価の急上昇の機会を狙って株式の高値売り抜けをする目的で株式買収を行っている場合など、当該会社を食い物にしようとしている場合には、濫用目的をもって株式を取得

した当該敵対的買収者を放置すれば、他の株主の利益が損なわれることが明らかであるから、取締役会は、対抗手段として必要性や相当性が認められる限り、経営支配権の維持・確保を主要な目的とする新株発行を行うことが正当なものとして許されるとしており、この判断基準は実務上おおむね受け入れられているところである[8]（事前警告型買収防衛策を導入している企業では、防衛策の発動要件として、上記の4要件に加えて、⑤当該買収防衛策において定められた、買収者に対する買収目的、買収後の経営方針等に関する開示請求等の手続に従わない場合を加える例も多いようである[9]）。

　また、最高裁判所は、買収防衛策として差別的行使条件付新株引受権を株主に割り当て、買収者についてはその行使を認めない代わりに新株引受権に相当する価額を支払うものとする防衛策を株主総会決議によって導入した事例（最決平成19・8・7民集61巻5号2215頁〔ブルドックソース事件〕）において、株主総会において株主共同の利益に対する判断を行うことが可能であり、特定の株主による経営支配権の取得に伴い、会社の存立、発展が阻害されるおそれが生ずるなど、会社の企業価値が毀損され、会社の利益ひいては株主の共同の利益が害されることになるような場合には、その防止のために当該株主を差別的に取り扱ったとしても、当該取扱いが衡平の理念に反し、相当性を欠くものでない限り、これを直ちに株主平等原則の趣旨に反する者ということはできず、そして、特定の株主による経営支配権の取得に伴い、会社企業価値が毀損され、会社の利益ひいては株主の共同の利益が害されるか否かについては、最終的には、会社の利益の帰属主体である株主自身により判断されるべきものであるところ、株主総会における特別決議要件を充足する

---

[8]　もっとも、4要件のうち、③については、レバレッジド・バイアウト全般を否定するものであってはならないし、④も、遊休資産を処分し株主に分配すること自体は経済的合理性を有する行為であるから、効率的な買収をも阻害する結果にならないように配慮する必要があると指摘されている（伊藤靖史ほか『会社法〔第2版〕』413頁。田中亘「買収防衛策の限界を巡って——ニッポン放送事件の法的検討」金融研究26巻法律特集号1頁、16頁〜26頁）。
[9]　宍戸善一監修『会社法実務解説』678頁参照。

圧倒的多数の賛成決議が行われたことをもって、株主共同の利益に反するとの判断をしたものであって、この判断を尊重すべきものとし、法令等に違反しない、ものと判断した。もっとも、最高裁判所の判断は、特定の事例における判断であって、株主共同の利益に反するか否かについては常に株主総会の（特別）決議を要すると判断したものではないものと思われる。このような買収防衛策としての新株発行等の有効要件について実務的に確立した判断基準が認められるためには、さらなる事例の集積が必要であると思われる。[10]

4 保全の必要性

後述のとおり、新株発行差止めを求めることができるのは、新株発行により不利益を被るおそれのある株主であるから、被保全権利が認められるのであれば、保全の必要性は通常認められるところである。

5 当事者

新株発行差止権を有するのは、不利益を受けるおそれのある株主に限られている（会210条）。この場合の不利益については、会社法上、公開会社（同法2条5号）においては、授権資本制度の下で（同法37条、113条）、取締役会に認められた経営判断の行使として、第三者割当てによる募集株式の発行をすることができる（同法201条1項）ことから、単に、既存株主の持ち株比率が低下しても、それによって直ちに株主が不利益を受けるものということはできないため、従来、新株発行の結果、会社に対する支配権を失う場合や、少数株主権を行使できなくなる場合を指すものと解されていた。[11]

しかし、このような場合に限らず、たとえば、大株主が存在しない中において、新株発行の結果、支配権を有する株主が出現するなど、以後の経営に

---

10 企業価値研究会「近時の諸環境を踏まえた買収防衛策の在り方」（平成20年6月30日）〈http://www.meti.go.jp/report/downloadfiles/g80630a01j.pdf〉参照。
11 山口・前掲（注1）670頁。

大きな影響を与える場合には、不利益を被るおそれを肯定してよいものと思われる（前掲東京地決平成20・6・23〔クオンツ事件〕）。

　また、新株発行差止権は、株主総会における議決権の行使に与える影響を考えるものであるから、無議決権株式の株主は行使できないものと考えられるが、株式の持合い等の結果、議決権を行使できない場合には、一時的に持合い状態にあることから議決権が停止されているにすぎず、早晩、議決権を行使しうる可能性もあることを考慮すると、このような株式の株主の場合は、新株発行差止権を行使しうるものというべきであると解される（前掲東京地決平成20・6・23〔クオンツ事件〕）。

III　株主総会開催禁止、議決権行使禁止の仮処分

1　意　義

　株主総会は、株式会社の最高意思決定機関であり、取締役会非設置会社においては、会社の組織、運営、管理その他株式会社に関する一切の事項を決定する権限を有しており（会295条1項）、取締役会設置会社においても、株式会社の組織、運営、管理等に関する基本事項および役員等の任免等の事項を決定する権限を有している（同条2項）。しかし、株主間において、会社の経営・方針に関して深刻な争いがあり、相互の信頼関係が破壊されてしまっている場合には、その紛争自体が株主総会の場に持ち込まれ、その結果、招集手続、決議方法、決議内容などについて法令・定款に違反した株主総会が開催されることがある。このような株主総会が開催された場合には、後に株主総会決議取消し、同決議無効確認、同決議不存在確認訴訟が提起されることになるが、一度決議が行われてしまった場合には、当該決議に従って株式会社の経営が行われていくことから、後に原状回復などを行うことは困難である場合も多く、前述のような訴訟の判決の確定を待っていたのでは収拾

のつかない事態が生じることになりかねない。そこで、このような違法・不当な株主総会決議が行われるのをあらかじめ差し止める必要がある。その方法としては、株主総会の開催そのものの禁止を求める方法と、特定の決議の禁止を求める方法があり得るが、それぞれの要件を満たす場合には、どちらの仮処分を求めることも可能であると解されている。

また、株主総会そのものの開催および決議を行うこと自体には問題がないが、株式の帰属、発行済み株式総数などについて争いがあることから、特定の株式について議決権の行使の禁止を求める仮処分も許容されている。

2 態　様

株主総会開催禁止または株主総会決議禁止の仮処分の態様としては、大まかに、①株主総会の招集権者（通常は代表取締役）が債権者となって、招集権限を有しないものによって開催されようとしている株主総会の開催禁止を求めるもの、②株主または監査役が債権者となって、一部株主に対する総会招集通知の欠缺・瑕疵などの法令・定款に違反する招集手続が行われたこと、あるいは著しい不公正のある株主総会が行われる見込みであることなどを理由に株主総会の開催禁止等を求めるもの、③株主または監査役が債権者となって、招集通知に記載された議題が法令または定款に反するとしてその決議の禁止を求めるものがある。

また、議決権禁止に関する仮処分の態様としては、④株式の帰属について株主間に争いがある場合に、一方が他方の議決権の行使禁止を求めるもの、⑤会社の発行した新株の効力に争いがある場合に、当該新株の株主とされているものの議決権行使を禁止しようとするものがある。

3 申立ての趣旨

株主総会開催禁止の仮処分および議決権行使禁止の仮処分の申立ての趣旨の記載例を下記にあげる。

〈株主総会開催禁止の仮処分〉

> 債務者甲は、平成○年○月○日付けで招集した平成○年○月○日を会日とする別紙目録記載の会議の目的である事項のための乙株式会社（本店所在地を記載）の定時株主総会を開催してはならない。

〈議決権行使禁止の仮処分〉

> 債務者Y_1は、平成○年○月○日午前○時開催の債務者Y_2（会社）の株主総会において、別紙目録記載の各株式について、議決権の行使をしてはならない。
> 債務者Y_2は、上記株主総会において、上記株式についての債務者Y_1の議決権行使を許してはならない。

4　被保全権利

上記2①の類型の場合には、株主総会招集権者の招集権限に基づく妨害排除請求権を被保全権利とすることが考えられている。また、②および③の類型の場合には、取締役の違法行為差止請求権（株主につき会社法360条、監査役につき同法385条1項）を被保全債権とする。

④の類型の場合には、株主が、株主権に基づく妨害排除請求権を被保全債権とすることに問題はないが、⑤の類型の場合の被保全債権については議論があり、実務上は、新株発行等無効請求権を被保全権利とし、本案訴訟は新株発行等無効の訴え（会828条1項2号・3号）、新株発行等不存在確認の訴え（同法829条1号・2号）であると解されている。なお、この場合には、新株発行無効原因が制約されていることとの関係で、仮処分が発令される場合も限定されることになる。

5 当事者

　上記2①の類型の場合、債権者は株主総会招集権者であり、通常は代表取締役であると解されるが、株主も非訟事件手続において株主総会の開催の招集許可を受けた場合（会297条4項）には、この類型の仮処分を求めることができると解されている。一方、債務者は当該株主総会を開催しようと招集手続を行っている者ということになろう。②および③の類型の場合、債権者は6カ月前（これを下回る期間を定款で定めた場合には、その期間）から引き続き株式を有する株主（非公開会社の場合には株主）または監査役（その権限が会計監査に限定された監査役を除く）になり、債務者は株主総会を開催しようと招集手続を行っている者（通常は代表取締役）ということになる。被保全権利との関係で、会社は債務者にはならないと解されている。

　④の類型では、株主が債権者となって、議決権を行使しようとする株主を債務者として仮処分を申し立てることになる。会社としては、株主名簿に従って株主に議決権を行使させれば足りることから、特に④の類型の場合には利害関係をもたないこともあるが、最終的に株主総会を主催するのは会社であり、会社において議決権の行使を認めるか否かが問題となる仮処分であり、仮処分の実効性という観点からも、実務上、会社自体を債務者とする申立ても許容されている。⑤の類型では、本案訴訟に従い、原告適格のあるものが債権者となり、債務者は会社となる。会社の組織に関する訴えに係る判決に対世効がある（会838条）ことからすると、特に議決権を行使しようとする者を債務者とする必要性はないと解される。

6 保全の必要性

　株主総会開催禁止の仮処分における保全の必要性としては、当該株主総会の開催を許すと、決議の成否を左右しうる議決権を有する株主が決議から違法に除外されることになる等のために、違法もしくは著しく不公正な決議が

されることになる等の高度の蓋然性があって、その結果、会社に回復困難な重大な損害を被らせ、これを回避するために開催を禁止する緊急の必要性があることが要求されるものと解されている（東京高決平成17・6・28判タ1209号279頁、東京地決平成17・11・11金商1245号38頁）。具体的には、開催されようとしている株主総会における決議事項の重要性と緊急性が考慮されるとともに、決議の瑕疵の種類・軽重なども考慮要素とされている。

議決権行使禁止の仮処分についても、同様に考えるべきであろう。また、株式の帰属が争われる場合に、議決権行使禁止の仮処分とあわせて、債権者に議決権の行使を許す仮処分が申し立てられることがあるが、この場合は、現状変更の禁止を求めるにとどまらず、債権者等の欲する内容の議案の可決を可能にするという積極的な効果を生じるものであって、会社の経営に与える影響が大きいから、より高度の保全の必要性が要求される。

7　仮処分の効力

株主総会開催禁止または決議禁止の仮処分並びに議決権行使禁止の仮処分に反して株主総会が開催され、決議が行われた場合の株主総会の決議の効力については争いのあるところである。株主総会開催禁止または決議禁止の仮処分命令が出され、かつ、少なくとも、会社が債務者となった場合においては、当該株主総会の招集手続に瑕疵がある（招集権限が仮処分により停止されている状況において招集が行われた）ものとして、決議取消事由になると解するべきであろう。

また、議決権行使禁止の仮処分に反して株主総会における議決権が行使された場合についても、会社が債務者となっている場合には、議決権の行使を認めるべきでない者に議決権を行使させたことになり、総会の決議方法に瑕疵があるものとして、決議取消事由になると解すべきである。

IV 計算書類、株主名簿、会計帳簿等の閲覧仮処分

1 意　義

　これらの仮処分は、いずれも一定の書類の閲覧を求める仮処分であるが、閲覧の結果がもたらす影響等に鑑みて、その法令上・解釈上の要件は異なる。また、これらの閲覧を求める仮処分も、その性質上いわゆる満足的仮処分に属するものであり、後記のとおり、本案判決を待つことができない保全の必要性が認められる場合に限って発令されている。なお、上場企業の場合には、金融商品取引法上、有価証券報告書により、計算書類よりもさらに詳しい情報の開示が行われているほか、計算書類自体をインターネット等の手段で公表していることが多いため、計算書類の閲覧の仮処分の申立てがあること自体が稀であり、あったとしても、保全の必要性は認められない。また、監査役非設置会社および監査役の監査権限の範囲を会計監査に限定している会社においては、株主の経営監視権限が拡大されていることから、計算書類等の閲覧にあたっては訴訟自体の必要がなく、非訟事件手続において行われることとされている。

2 請求の趣旨

　これら閲覧を求める仮処分の請求の趣旨の記載例を下記にあげる。
〈計算書類等の閲覧等仮処分〉

> 　債務者（会社）は、債権者又はその代理人に対し、平成△△年度から平成○○年度までの、債務者会社の貸借対照表、損益計算書、株主資本と右変動計算書、個別注記表、事業報告及び附属明細書を、債務者会社本店において、営業時間内に限り、閲覧させ、又はその謄本を交付しなければならない。

IV 計算書類、株主名簿、会計帳簿等の閲覧仮処分

〈株主名簿の閲覧等仮処分〉

> 債務者（会社）は、債権者又はその代理人に対し、債務者会社の株主名簿を、債務者会社の本店において、営業時間内に限り、閲覧及び謄写させなければならない。

〈会計帳簿等閲覧等仮処分〉

> 債務者会社は、債権者又はその代理人に対し、別紙目録記載の帳簿及び資料を、債務者会社本店において、営業時間内に限り、閲覧及び謄写させなければならない。

3 被保全権利

　計算書類の閲覧請求権は会社法442条3項、株主名簿の閲覧請求権は会社法125条2項、会計帳簿の閲覧請求権は会社法433条に規定があり、これらの規定に基づく閲覧請求権が被保全権利となる。債権者についても、これらの被保全債権を有する者が債権者となり、債務者については、会社（ただし、計算書類については、会計参与設置会社の場合、会計参与。会378条1項）が債務者となる。

　計算書類の閲覧請求権に関しては要件が特になく、権利濫用に該当する場合を除き、被保全権利に問題はないが、株主名簿の閲覧請求、会計帳簿の閲覧請求については、会社の側から閲覧拒絶事由を主張されることがあり、そのため、会社がその理由をみて拒否事由の存否を判断しうる程度に具体的な理由を記載する必要がある（株主名簿につき会社法125条2項、会計帳簿等につき同法433条1項）。実務上は、この閲覧拒絶理由について争われることが多い。

　会計帳簿の閲覧請求については、会社法433条2項各号に規定された拒否

事由は制限列挙であり、債務者会社は定款でこれ以外の拒否事由を追加することはできないが、債務者会社は、各拒否事由に該当することを疎明することにより、閲覧を拒むことができ、各拒否事由に加えて、債権者が閲覧謄写により得た情報を正当な目的以外に利用しようとしているとの主観的意図まで立証することは要しない。また、債権者の側で、上記のような主観的意図を有しないことを疎明して、閲覧謄写を求めることもできないとされている（最決平成21・1・15民集63巻1号1頁）。

　一方、株主名簿の閲覧請求権に関し、会社法125条2項各号の拒否事由に係る文言は計算書類の場合と同じであって、同様に制限列挙事由と解されているが、特に3号の拒否事由について、委任状争奪戦を阻害する結果を招来しかねないことから、上記の主観的意図の関係では、異なる解釈をとるのが一般的である。会社法125条2項3号の拒否事由に該当する事例において、3号の拒否事由は、立証責任の転換を図った推定規定であり、株主の側において、不当な利用をする目的でないことを疎明した場合には、閲覧等請求権が認められるとした決定（東京高決平成20・6・12金商1295号12頁）や、3号にいう「請求者が当該株式会社の業務と実質的に競争関係にある事業を営み、又はこれに従事する者であるとき」とは、株主名簿に記載されている情報が業者に知られることによって不利益を被るような性質、態様で営まれている事業について、請求者が当該株式会社と競業関係にある場合に限られるとして、限定解釈を行った決定（東京地決平成22・7・20金商1348号14頁）などがあり、学説も、このような結論を支持する見解が多い[12]。なお、平成24年9月7日開催の法制審議会で取りまとめられた「会社法制の見直しに関する要綱」では、会社法125条2項3号および252条3項3号の削除が提案されている。

12　江頭・196頁。

4 保全の対象の特定

閲覧等を求める保全の対象は特定されることを要する。この点、計算書類や株主名簿についての特定は容易であるが、会計帳簿等については、明確に特定されていない場合には発令されたとしても実効性に欠けることになるため、慎重な特定を要するものというべきである。

また、仮処分の内容としては、上記申立ての趣旨のとおり閲覧等を認めている。証拠保全的な措置として執行官保管を命じることの可否について、これを肯定した例もある（東京地決平成18・3・9判例集未登載〔平成電電事件〕）が、このような仮処分自体の許容性については、異論もあり、慎重に検討すべきである。[13]

5 保全の必要性

前記のとおり満足的仮処分であることから、保全の必要性の判断についても慎重に行う必要がある。一般に、閲覧等を求める側において、本案判決による解決ではまかなえない緊急性、著しい損害発生の蓋然性と、開示による会社の不利益とを比較衡量し、やむを得ないと認められる程度に被保全利益が重大でありかつ緊急である場合に限り認容されている。[14]もっとも、閲覧等を求める対象が計算書類である場合、株主名簿である場合、会計帳簿やその附属書類である場合とで、開示による会社の不利益の程度は大きく異なるものと考えられ、結局は、具体的な事案に応じて保全の必要性の有無を判断すべきである。株主名簿の閲覧等の請求の場合において、予定されている株主総会の前に委任状勧誘を行うために必要であるという場合には、保全の必要性が認められることが多いであろう（前掲東京高決平成20・6・12）。

---

[13] 竹下守夫「株主の書類帳簿閲覧謄写権と満足的仮処分」ジュリ272号99頁、清水研一「帳簿・会計書類・株主名簿閲覧謄写仮処分」金法1409号34頁。
[14] 大隅健一郎「株主権に基づく仮処分」（中田淳一編・保全処分の体系(下)) 667頁等。

〔第3部・第4章〕第2節 手 続

第2節 手 続

I 受付・審尋期日の指定

1 債権者面接

　東京地方裁判所商事部の場合、商事部の弁論係窓口で会社仮処分の受付を行っている。その際、一般的には受付時における債権者面接は行っていない。これは、①会社仮処分の場合、記録の分量もある程度多くなっており、事案も複雑なことが少なくないため、裁判官が記録を読むのに一定の時間が必要であること、②会社仮処分は、前記のとおり、民事保全法23条2項にいう「仮の地位を定める仮処分」に該当し、必要的審尋事件であるため、審尋期日において必要な事項を確認すれば足りること、また、③商事部の処理体制として、仮処分事件に専従する裁判官・書記官はおらず、各裁判官とも、他の職務（会社訴訟、会社非訟、会社更生、特別清算等）を担当しているため、たとえば、法廷に入っていることがあるなど、常に債権者面接を行える体制ではないことが理由である。もっとも、特に必要がある旨の申出がある場合など、柔軟に対応している。

2 申立費用・件数

　申立てにあたっては、1件につき2000円の手数料がかかる。
　申立ての件数については、本案訴訟の訴額の算定の場合に準じて考えており、たとえば、取締役の職務執行停止等の仮処分の場合において、本案訴訟が株主総会の決議取消訴訟であるときには、取消しの対象となる決議が1個であれば、債権者・債務者（取締役）の人数にかかわらず1件として数える

832

のに対し、取締役解任の訴えを本案訴訟とするときには、債権者の人数にかかわりなく、会社および取締役1名につき1件とし、会社または取締役が増えるごとに1件と数えている。

3 管　轄

管轄については、本案訴訟の管轄のある裁判所が仮処分についても管轄を有すると解されるところ、会社関係訴訟においては、会社法835条1項、848条、858条等専属管轄が定められていることが多いため、注意が必要である。

したがって、本案訴訟を提起したことを理由に、当該受訴裁判所に対して仮処分を申し立てたとしても、本案訴訟について他の裁判所に専属管轄がある場合には、本案訴訟自体、移送の必要があるため、仮処分についての審理・判断も行い得ないことになる。

4 審尋期日の指定

受付後、上記の点等について書記官および裁判官のチェックを経て、当事者に必要な補正を行ってもらった後、審尋期日を指定する。通常、相手方の呼出しのために必要な期間を考慮して、10日から14日後に審尋期日を指定している。また、この間に申立人側に必要な資料等の追加を求めることがある。

5 仮処分の要件を満たさないケース

申立人適格を満たさない、あるいは管轄がない（専属管轄の定めに反する）など、申立書の記載からみても仮処分の要件を満たさないことが明らかなケースについては、あらためて要件を満たしてから申立てをやり直すように、この段階で取下げを勧告している。このような勧告に応じない場合には、審尋期日を開くことなく却下することになる。

II　審尋期日

　審尋期日の進行の仕方は、裁判官によって異なるものと思われるが、おおむね、1件につき1時間程度の時間をかけて審尋を行うことが多い。また、審尋の際には、単に要件事実に関する事項のみを聞くのではなく、紛争の実態についても聴取し、適切な解決を図れるように調整することが少なくない。たとえば、取締役の職務執行停止等の仮処分の場合、認容するとしても、それまでの会社の経営者の協力を得ることができなければ、代行者による会社の経営がスムーズに進まなくなるため、発令の要件があることが明らかな場合であっても一定の時間をかけて現在の経営陣に理解を求めることがある。また、仮処分保証金の額の決定や、代行者に支払うべき費用の予納金の額を決定するために、会社の経営状況や役員への報酬の支給額等、周辺の事情についても聴取しておく必要がある。このような事情があることから、民事保全法23条4項ただし書に基づいて、無審尋で発令することはほとんどないといってよい。

　なお、審尋調書は通常作成せず、当事者から聴取した事項のうち、記録に残しておきたいものについては、当事者に準備書面を作成して提出するように求めている。

　審尋の課程において、たとえば、新株発行差止めの事件で適法な取締役会における発行決議を経ていないなど、差止め事由が存在することが明らかなケースもあり、このようなケースの場合には、前述のとおり、会社側に説明し、新株発行を中止するよう求め、中止を確認した後に、仮処分は取り下げてもらうという形で決着がつくことが多い。

　その他、仮処分の段階で和解をすることもある。和解の内容についてはケースバイケースであるが、暫定的な会社の運営方法について定めるケースや、会社の支配権について争いがある場合に、一方が他方の株式を買い取るとい

った解決方法をとることがある。

III 要急事件

　新株発行差止め事件、株主総会開催禁止事件など、一定の期日までに発令しなければならない事件類型があり、特に、会社法において、非公開会社の場合には、株主総会の開催通知を1週間前にすれば足りる（会299条1項）とされたこともあって、仮処分申立ての段階では、差止めの対象となる当該株主総会までに1週間を切っている場合もある。このような類型の事件については、上記の通常事件とは異なる扱いをせざるを得ない。

　東京地方裁判所商事部の場合、このような要急事件の申立てがあったときには、呼出状を郵便により送達するのでは間に合わないため、書記官が相手方会社の法務部・総務部等の担当部署に直接電話をかけて、仮処分の申立てがあったことや審尋期日が指定されたことを連絡し、あわせて申立書を裁判所まで取りにくる（交付送達をできるようにする）ように伝えるといった方法で対処している。なお、その際、なるべく早く顧問弁護士に相談するようにも伝えている。筆者が担当した事例の中には、期間が極めて切迫しており、相手方に早急に仮処分に対応してもらう必要があったため、申立書を裁判所に取りにきてもらう前に、ファクシミリで申立書を参考送付するとともに、疎明資料については、申立人からバイク便で直送してもらった例がある。

　このような要急事件の場合には、審尋期日は申立日の当日や翌日を指定することが多い。したがって、相手方が代理人を選任した場合に、当初指定した審尋期日に都合がつかないことがあるが、そのような場合には、通常、当事者双方がそろうように、時間帯を変更するなどして柔軟に対応している。

　最初の審尋期日においては、今後の主張、疎明資料の追加の予定等について当事者双方の意見を聞きながら、審理計画を立てるようにしており、複数回審尋期日を開く必要があるときには、双方代理人の都合を確認し、あらか

じめ必要な回数の審尋期日を指定するようにしており、ケースによっては、同一の日の午前中と午後に審尋期日を指定することもある。審理計画を定める中で、発令予定日までに比較的余裕がある場合には、発令までの審理に十分な時間をかけるほうが望ましいのか、あるいは保全抗告審または保全異議審の判断を仰ぐことを希望するのかについても確認したうえで審理計画を定めている。なお、後述のとおり、仮処分を発令する場合には、担保を立てる必要があり、そのためには少なくとも通常は1日（1営業日）程度必要であることを考慮すると、たとえば、新株発行差止めの仮処分の場合、遅くとも払込期日の2日前には、仮処分が発令されている必要がある。さらに、裁判所の決定の起案にも1日程度は必要であることからすると、審尋にかけられる時間は限定されたものになる。審理期間の確保のため、代理人としてこのような要急事件の申立てを行う場合には、なるべく早く準備していただけるよう、また、申立て後も時間の融通を優先してつけていただけるよう希望するところである。

第3節　裁　判

I　担　保

　担保の金額は、仮処分の類型、個々の事例の具体的事情によってさまざまであり、特に基準はない。たとえば、取締役の職務執行停止等の仮処分の場合には、おおむね100万円から500万円の間で決められることが多いように思われる。新株発行差止めの仮処分の場合には、差止めによって会社が得る不利益が大きいことが多いため、高額になることが多い。[15]公表されている決定例をみると、普通株式770万株を1株につき発行価額330円で発行するとの新

株発行に係る事件（東京地決平成16・6・1金商1201号15頁〔宮入バルブ事件〕）では1000万円、普通株式4444万4000株を1株につき発行価額9円で発行するとの新株発行に係る前掲東京地決平成20・6・23〔クオンツ事件〕では4000万円、新株予約権4270個（行使によって、1個あたり1万株を取得）を1個あたり336万2731円で発行するとの新株予約権発行に係る前掲東京高決平成17・3・23〔ニッポン放送事件〕では5億円となっている。

担保を立てさせる場合において、当事者の一方または双方が複数であるときには、各債権者が各債務者のために個別に担保を立てる扱いをするのが原則である。通常、担保を立てるための期間は5日から7日程度としているが、前述のとおり要急事件の場合には1日程度しかないこともあるため、申立ての段階から、担保の準備をしていなければ間に合わないことになるであろう。

また、通常の仮処分の場合、担保を立てたこと自体を仮処分発令の要件とするのが一般的であるが、要急事件の場合には、担保を立てたことを執行の要件として、仮処分発令を先行させることがある。

なお、監査役が、監査権限に基づき、取締役の違法行為差止請求権を被保全債権として仮処分を求めた場合には、担保を立てさせる必要がないことに注意を要する（会385条2項）。

II　費用の予納

取締役の職務執行停止等の仮処分において、代行者に対する報酬は、最終的には会社が負担することになるものの、その担保として報酬の6カ月ないし1年分に相当する額を、発令前に申立人に予納するように求めている（民訴費12条、民執14条）。代行者に対する報酬額は、職務の執行を停止される取締役の報酬を参考に、職務内容に応じて決定することが多いが、これも事案

15　無担保で発令された事例として、東京地決平成18・6・30金商1247号6頁〔サンテレホン事件〕があるが、例外的にとらえるべきである。

ごとに異なり、明確な基準はない。

東京地方裁判所商事部としては、費用の予納の際には、仮処分費用について不足が生じ、追納の必要がある場合（追納命令が出た場合）には、直ちに予納するとともに、予納できない場合には本件申立てを取り下げる旨の誓約書の提出を求めている。[16] もちろん、このような誓約書の提出は法律上の要件ではないが、取締役の職務執行停止等の仮処分の場合には、発令によってすべての手続が終了するものではないため、その後の手続を円滑に進めるために、当事者に協力を求める趣旨で求めているものである。

III 決　定

会社仮処分は、前記のとおり必要的審尋事件であり、当事者双方から複数回にわたって事情を聞くことが多く、また当事者間の対立も激しいことが少なくないこと、また、社会に与える影響も大きいことがあるため、決定にあたっては、通常、詳細な理由を付する運用を行っている。もっとも、発令までに時間がない事例においては、特に詳細な理由を付さずに決定することもあるほか、決定後、相手方に決定正本の送達を行うことが困難であることが予想される事例等、特殊な場合には、調書決定（民保規10条1項）を活用することがある（東京地決平成20・12・3資料版商事299号337頁〔春日電機株主総会禁止仮処分事件〕参照）。

上場企業における新株発行差止め仮処分の場合など、仮処分の内容いかんによっては市場に多大な影響を与える可能性がある事件については、市場が閉まった後の時間帯（午後5時頃）に発令するようにしている。

16　誓約書には、同時に、職務代行者が中立であることを理解し、その方針に従う旨も記載されている。これは、前述のとおり、職務代行者の地位は中立であって、債権者の意向に従ってその職務を行うものではないことを確認する趣旨である。

Ⅳ 登記

取締役の職務執行停止等、商業登記に記録する必要がある事件では、書記官が職権で嘱託を行う。[17] なお、前述の役員の仮の地位を定める仮処分の場合には、嘱託による登記を行うことはできないため、仮処分決定の正本をもって、申立人自らが法務局に行って登記を行うことになる。

Ⅴ 発令後の手続（取締役職務代行者の地位）

1 取締役職務代行者を選任した場合

取締役職務代行者を選任した場合には、その職務内容を管理するため、職務代行者に対し、3カ月に1度程度の割合で事務報告書を提出するよう求めている。

2 職務代行者の権限

職務代行者の権限は常務に限られ、常務外の行為を行う場合には裁判所の許可が必要になる（会352条1項等）。いかなる行為が常務に該当するのか判断は難しい場合もあるが、①会社が訴訟当事者となっている場合の請求の放棄、訴えの取下げ、和解、②臨時株主総会の招集（最判昭和39・5・21民集18巻4号112頁、最判昭和50・6・27民集29巻6号879頁参照。定時株主総会の場合でも、議題が取締役の解任や定款の変更等の場合の招集は常務とはいえない）、③工場の取得、店舗の取得のための手形の振出し、借入れ等、④従業員の採用、解雇については、常務外の行為であるとして許可が必要であると解されてい

---

17 登録免許税がかかるため、その費用の予納が必要である。

る。職務代行者において疑問がある場合には、裁判所に相談するよう求めている。

　常務外行為の許可申請は、非訟事件として申立てが必要である。常務外行為を許可するか否かについては、一般的には、当該常務行為の必要性と会社の業務・財産に及ぼす影響を比較衡量して決めるべきであろう。[18]

3　職務代行者の任務の終了

　任務終了時については、前記のとおり、仮処分の効力の終期について定めないこととしている関係から、本案訴訟が終了したとしても、職務代行者が当然にその地位を失うのではなく、保全命令の取下げまたは保全取消しの申立てに基づく原決定の取消しがあった段階で、初めてその地位を失うものとして取り扱っている。

　もっとも、本案訴訟の認容判決が確定したときは、本案訴訟の担当書記官において保全命令の基礎となった株主総会決議の取消し・無効・不存在等の登記嘱託を行い、これにより当該株主総会で選任された取締役等（すなわち職務執行停止を受けている取締役等）の登記は抹消されるので、それに伴い、登記官が職務代行者の登記を職権で抹消することになる（職務執行停止を受けた取締役の選任登記がなくなることにより、従前の取締役等の登記が復活する（権利義務取締役の地位が回復する）ので、職務代行者の登記の基礎を欠くことになるため）。この場合でも、本案訴訟の終了と保全事件の終了とは別個であることから、債権者に対し、保全命令の取下書の提出を求めている。

　これに対し、原告（債権者）敗訴の判決が確定したときは、債権者から保全命令の取下書を提出してもらうか、または債務者から事情変更による保全取消しの申立てをしてもらって取消決定を行い、事件を終了させている。事件の終了を受けて、書記官が職務執行停止、職務代行者選任の登記の抹消登

18　東京地裁商事研究会・前掲（注4）359頁。

記を職権で行う。[19]

　任務終了に伴い、職務代行者には、新代表者への事務の引き継ぎを行ってもらうほか、最終報告書の提出を求めている。最終報告書においては、会社と職務代行者との間で、すでに会社等から報酬を受け取っている場合には、報告書中に「会社等と債権債務はない」旨を記載してもらい、その報告により債権者に予納金を返還する。何らかの理由で報酬を受け取っていないときは、予納金から報酬を支払い、残額を債権者に還付する。

Ⅵ　不服申立て

　通常の民事保全決定の場合と同様、申立てを却下する決定に対しては、即時抗告をすることができる。これに対し、申立てを認容する決定に対しては、保全異議を申し立てることができる。

　なお、前記のとおり、要急事件においても、期限となる日の2日前に決定を出すことが多いため、却下決定に対しても不服申立てを行う時間的余裕があるようにみえるが、実際に担保を立てる時間を考慮すると、このような場合に即時抗告をしても実効性に乏しいというべきである。

（金澤秀樹）

---

[19] 仮処分発令時と同様に、抹消登記にあたっても登録免許税がかかるため、その費用の予納が必要である。債権者が保全命令の申立ての取下書を提出する際にあわせて予納するよう求めているが、取下書を提出しない場合には、債務者が事情変更による保全取消しの申立てを行った際に、予納を求めている。

第5章
会社関係非訟

第1節 総論

I 総説

　会社非訟事件とは、非訟事件(裁判所が判断作用をすることを目的とする事件で訴訟事件以外のもの)のうち、会社法の規定によるものをいう。[1]

　会社法制定前は、平成17年法律第87号による改正前の非訟事件手続法第3編に商事非訟事件の手続が規定されており、主として事件の種別ごとに、管轄、疎明すべき事由、関係者に対する必要的陳述聴取、裁判に対する理由付記の要否、即時抗告、即時抗告の執行停止効、不服申立ての制限等の規定がおかれていたが、会社法においては、①手続の種別ごとに整理した規定を会社法第7編第3章におき、②管轄、事由の疎明、必要的陳述聴取等について、事件の種別間の整合性を図り、また、③平成17年法律第87号による改正前の非訟事件手続法第3編を削除し、会社非訟事件手続に関する必要な事項について、最高裁判所規則への委任規定が設けられた(会876条。会社非訟事件等

1　会社非訟事件の実務の取扱いについては、東京地裁商事研究会編『商事非訟・保全事件の実務』、山口和男編『会社訴訟非訟の実務〔改訂版〕』、東京地方裁判所商事研究会編『類型別会社非訟』、山口和男編『裁判実務大系(21)会社訴訟・会社非訟・会社整理・特別清算』、門口正人編『新・裁判実務大系(11)会社訴訟・商事仮処分・商事非訟』に詳しく、本稿もこれらの文献に負うところが多い。

手続規則)。さらに、平成23年法律第53号による改正前の非訟事件手続法（以下、「旧非訟事件手続法」という）の見直しがされて、非訟事件の手続の通則を定める非訟事件手続法（平成23年法律第51号。以下、「非訟事件手続法」という）が制定されるとともに、非訟事件手続法及び家事事件手続法の施行に伴う関係法律の整備等に関する法律（平成23年法律第53号。以下、「非訟事件手続法等整備法」という）により、会社非訟事件のうち一定の事件（株式等の価格決定に係る事件等）について、手続保障の観点から、申立書の写しの送付、審問の期日における申立人等の必要的陳述聴取、審理の終結、裁判をする日の定め等の規律を新たに会社法に設けるなどの改正がされた（非訟事件手続法（平成23年法律第51号）および非訟事件手続法等整備法（同年法律第53号）は、平成23年5月19日に成立し、同月25日に公布され、平成25年1月1日から施行された。なお、経過措置等について、非訟事件手続法附則2項、非訟事件手続法等整備法2条参照)。

II 事件の種類

　会社非訟事件の種類としては、①機関に関する事件、②清算に関する事件、③株式に関する事件、④検査役に関する事件、⑤社債に関する事件等に分類される。①としては、取締役会議事録閲覧謄写許可申立事件、少数株主の株主総会招集許可申立事件、仮役員等選任申立事件等、②としては、清算人選任申立事件、少額債権等弁済許可申立事件、帳簿資料保存者選任申立事件等、③としては、株式価格決定申立事件、端数相当株式任意売却許可申立事件、所在不明株主の株式売却許可申立事件等、④としては、業務検査役選任申立

2　相澤哲編著『一問一答新・会社法』264頁。
3　非訟事件手続法の概要および会社法等の整備の内容を紹介するものとして、金子修ほか「新非訟事件手続法の概要と会社法等の整備の解説」商事1939号68頁参照。
4　江頭憲治郎＝門口正人編集代表『会社法大系(4)組織再編・会社訴訟・会社非訟・解散・清算』483頁〔髙山崇彦〕参照。

事件、総会検査役選任申立事件等、⑤としては、社債権者集会決議認可申立事件等がある。

第2節　手続・裁判

I　総論

1　概要

　会社非訟事件の手続および裁判については、非訟事件手続法[5]、会社法第7編第3章[6]のほか、非訟事件手続規則[7]、会社非訟事件等手続規則[8]（会876条参照）に定められている。会社非訟事件の手続および裁判に関する主な規定の内容は、後記2から7までのとおりである。

　なお、便宜上、後記8で個別株主通知について、後記9で非訟事件手続法における見直しの要点について触れる。

---

[5]　非訟事件手続法については、金子修『一問一答非訟事件手続法』参照。
[6]　会社法第7編第3章については、相澤哲ほか「雑則〔下〕」商事1755号7頁以下参照。
[7]　非訟事件手続規則については、最高裁判所事務総局民事局監修『条解非訟事件手続規則』、岡崎克彦ほか「非訟事件手続法・同規則の施行に向けて　第1回・第2回『非訟事件手続規則』及び『非訟事件手続法等の施行に伴う関係規則の整備等に関する規則』の概要について(上)(下)」NBL989号22頁、990号64頁、岡崎克彦ほか「非訟事件手続規則の概要及び関係規則の改正の要点について」判タ1385号5頁参照。
[8]　会社非訟事件等手続規則については、最高裁判所事務総局民事局・前掲（注7）207頁以下、岡崎ほか・前掲（注7）「非訟事件手続規則の概要及び関係規則の改正の要点について」19頁以下参照。なお、非訟事件手続法等の施行に伴う関係規則の整備に関する規則（平成24年最高裁判所規則第9号）による改正前の会社非訟事件等手続規則に関する文献として、花村良一ほか「会社非訟事件等手続規則及びその対象事件の概要」ジュリ1310号78頁以下、花村良一「会社非訟事件等手続規則の解説」判タ1200号31頁以下参照。

I 総論

2 管轄

会社非訟事件は、原則として、会社の本店の所在地を管轄する地方裁判所の管轄に属する（会868条1項。なお、同条2項から5項までに特則的な管轄規定がおかれている）。

3 申立て

会社非訟事件の申立ては、特別の定めがある場合を除き、書面ですることを要する（非訟43条1項、会非訟規1条）。申立書には、①当事者および法定代理人の氏名および住所等、②申立てに係る会社の商号および本店の所在地等、③申立ての趣旨および原因並びに申立てを理由づける事実等を記載しなければならない（非訟43条2項、非訟規37条1項・2項、会非訟規2条1項。なお、同条2項参照）。申立書の添付書類（会非訟規3条）について、すべての会社非訟事件に共通するのは、㋐申立てに係る会社の登記事項証明書（同条1項1号）、㋑申立ての原因となる事実についての証拠書類の写し（非訟規37条3項）である。

取締役会議事録閲覧謄写許可申立事件、株式価格決定申立事件等、会社法870条2項各号に掲げる裁判の申立てがあったときは、裁判所は、同項各号に定める者に対し、原則として、申立書の写しを送付しなければならない（会870条の2第1項）。

4 疎明

会社法の規定による許可申立事件については、原因となる事由の疎明を要する（会869条）。

5 陳述の聴取等

会社法870条1項各号に掲げる裁判をする場合には、同項各号に定める者

845

からの陳述聴取を行わなければならない（会870条1項）。会社法870条2項各号に掲げる裁判（取締役会議事録閲覧謄写許可申立事件、株式価格決定申立事件等の裁判）をする場合には、原則として、審問の期日を開いて、申立人および同項各号に定める者からの陳述聴取を行わなければならない（同条2項）。

また、会社法870条2項各号に掲げる裁判の申立てがあった場合において、当該申立てについての裁判をするときは、原則として、相当の猶予期間をおいて、審理を終結する日を定め、申立人および同項各号に定める者に告知しなければならず（会870条の2第5項）、また、審理を終結したときは、原則として、裁判をする日を定め、上記の者に告知しなければならない（同条6項）。

6　理由の付記

会社非訟事件の裁判については、原則として、理由を付記しなければならない（会871条）。例外として、①検査役等の報酬の額の決定の裁判（同条ただし書1号、870条1項1号）、②不服申立てが制限されている裁判（会871条ただし書2号、874条）については、裁判に理由の付記を要しない。

7　不服申立て[9]

(1) 即時抗告

会社法872条各号に掲げる裁判（必要的な陳述聴取の対象となる事件等の裁判）に対しては、同条各号に定める者に限り、即時抗告をすることができる（会872条。非訟事件手続法66条1項・2項の特則）[10]。

会社法870条2項各号に掲げる裁判（取締役会議事録閲覧謄写許可申立事件、

---

[9] 非訟事件手続法（平成23年法律第51号）では、第2編非訟事件の手続の通則・第4章不服申立てにおいて、通常の不服申立ての方法を即時抗告に一本化し（非訟66条、79条）、即時抗告をすることができる裁判および即時抗告期間について整理し（同法66条、67条、79条、81条）、抗告状の写しの送付および陳述の聴取の規律を新設する（同法69条、70条）等、非訟事件における不服申立ての規定が整備された。

株式価格決定申立事件等の裁判）に対する即時抗告があったときは、裁判所は、申立人および同項各号に定める者（抗告人を除く）に対し、原則として、抗告状の写しを送付しなければならない（会872条の2第1項）。

(2) 執行停止効

即時抗告が認められる裁判については、原則として、即時抗告により執行停止効が生ずる（会873条本文）。ただし、検査役等の報酬決定の裁判（同条ただし書、870条1項1号）等に対する即時抗告については、執行停止効は生じない（同法873条ただし書、870条1項1号～4号・8号）。

(3) 不服申立ての制限

検査役等の選任または選定の裁判（会874条1号）、許可申立てを認容する裁判（ただし、会社法の規定により株式会社が作成等をした書面等の閲覧等の許可の申立てについての裁判（同法870条2項1号）等を除く。同法874条4号）等については、不服を申し立てることができない（同法874条）。

8　個別株主通知

上場会社の株式については株式の振替制度がとられているが、振替株式（社債株式振替128条1項）については、株主が会社に対し、少数株主権等（会社法124条1項に規定する権利を除く株主の権利。社債株式振替147条4項）を行使しようとするときは、個別株主通知（同法154条3項）がされた後4週間（同法施行令40条）が経過する日までの間に、権利を行使しなければならない（社債株式振替154条2項）。上場会社の場合、株主名簿に記載されている株主

10　旧非訟事件手続法では、不服申立ては、原則として、申立期間に制限がない通常抗告の方法によるべきこととし、申立期間に制限がある即時抗告の方法によるものは、特別の定めがある場合に限定されていた（旧非訟20条）。しかし、非訟事件の手続においては法律関係の早期安定および簡易迅速な紛争解決の要請が強いことからすると、期間制限のない通常抗告を認めることは相当でないと考えられ、非訟事件手続法では、非訟事件の手続の通則としては、不服申立ての方法を即時抗告の方法に一本化し、通常抗告は認めないこととした（非訟66条、79条）。金子・前掲（注5）101頁参照。

であっても、個別株主通知の手続を経なければ、少数株主権等を行使することができず、個別株主通知は、少数株主権等を行使する際に自己が株主であることを会社に対抗するための対抗要件であるとされており（最決平成22・12・7民集64巻8号2003頁[11]）、たとえば、振替株式について会社法116条1項に基づく株式買取請求を受けた会社が、同法117条2項に基づく価格の決定の申立てに係る事件の審理において、同請求をした者が株主であることを争った場合には、その時点ですでに当該株式について振替機関の取扱いが廃止されていたときであっても、その審理終結までの間に個別株主通知がされることを要するとされている（最判平成24・3・28民集66巻5号2344頁）。少数株主権等の行使に一定期間以上の株式の継続保有が必要とされている場合（会297条1項、306条2項等）の保有期間の計算も、個別株主通知により会社に対して通知される、当該株主の振替株式の数の増加または減少が振替口座簿に記載または記録された日（社債株式振替154条3項、129条3項6号）を基準にしてされる。

上場会社の株主については、株主であることを疎明する資料として、株主が口座管理機関に対して個別株主通知の申出をした際に口座管理機関から受け取った受付票、または振替機関が会社に対して個別株主通知をしたことを口座管理機関が株主に対して通知した通知書が必要となる。

9　非訟事件手続法における見直しの要点[12]

非訟事件手続法における見直しの要点は、次の3点である。

第1は、手続保障を図るための制度の拡充であり、参加制度（非訟20条、21条）、記録の閲覧謄写に関する制度（同法32条）、不意打ち防止のための諸規定（同法52条、59条、69条、70条）が創設された。[13]

11　大野晃宏ほか「株券電子化開始後の解釈上の諸問題」商事1873号51頁参照。
12　金子・前掲（注5）20頁参照。
13　金子・前掲（注5）21頁以下参照。

第2は、手続をより利用しやすくするための制度の新設[14]であり、電話会議システム等による手続（非訟47条）[15]、和解（同法65条）[16]および調停（民調20条4項）の制度、専門委員制度（非訟33条）[17]が創設された。

　第3は、手続の基本的事項に関する規定の整備[18]であり、管轄（非訟5条〜10条）、代理（同法16条〜19条、22条〜25条）、不服申立て（同法66条以下）等の手続の基本的事項に関する規定が整備された。

II　取締役会議事録閲覧謄写許可申立事件

1　概　要

　株主は、その権利を行使するため必要があるときは、会社の営業時間内は、いつでも、取締役会議事録を記録した書面または電磁的記録（以下、「議事録等」という）の閲覧または謄写の請求をすることができるのが原則であるが（会371条2項）、取締役会の議事には秘密を要する事項も含まれているため、監査役設置会社または委員会設置会社の場合には[19]、株主は、その権利を行使するため必要があるときは、裁判所の許可を得て、議事録等の閲覧または謄

14　金子・前掲（注5）28頁以下参照。
15　非訟事件手続法においては、当事者が1人も裁判所に実際に出頭していなくても、電話会議システム等により期日の手続をすることができるものとされている（非訟47条1項）。
16　非訟事件手続法においては、民事訴訟法89条（和解の試み）、264条（和解条項案の書面による受諾）、265条（裁判所等が定める和解条項）を準用するとともに（非訟65条1項）、和解を調書に記載したときは、その記載は確定した終局決定と同一の効力を有するものとした（同条2項）。
17　非訟事件の手続においては、職権探知主義が採用されており、また、元来、裁判所が無方式・無定型に裁判資料を収集することが認められていることを前提に、専門委員が述べた意見を裁判所の判断のための資料とすることを許容するものとして設計されている（金子・前掲（注5）70頁以下参照）。たとえば、民事訴訟手続においては、専門委員からの聴取の対象は「説明」であるが（民訴92条の2）、非訟事件手続においては、専門委員からの聴取の対象を「意見」に及ぼしている（非訟33条1項）。
18　金子・前掲（注5）32頁以下参照。

写の請求をすることができるとされている（同条3項）。取締役会設置会社の債権者が、役員または執行役の責任を追及するため必要があるとき（同条4項）、取締役会設置会社の親会社社員が、その権利を行使するため必要があるとき（同条5項）についても、裁判所の許可を得て、議事録等の閲覧または謄写の請求をすることができるとされている。[20]

2 要 件

(1) 議事録等の特定

申立てにおいて、閲覧または謄写の対象となる議事録等を、その内容、日時等により特定することが必要である。しかし、厳密な特定を求めることは、申立人である株主等に対して不可能を強いることになるので、申立てに係る議事録等をその他の部分と識別することが可能な程度で足りると解される（東京地決平成18・2・10判時1923号130頁）。

なお、会社が10年間の備置期間の経過後に保存している議事録等は、会社法371条1項の規定により本店に備え置いている議事録等とはいえないから、閲覧または謄写の許可の対象とはならない（前掲東京地決平成18・2・10）。

(2) 閲覧謄写の必要性

①監査役設置会社もしくは委員会設置会社の株主がその権利を行使するため、②取締役会設置会社の債権者が役員もしくは執行役の責任を追及するため、または③取締役設置会社の親会社社員がその権利を行使するため、議事録等の閲覧または謄写をする必要があることが要件となる（会371条2項～5項）。

---

[19] ただし、監査役をおく会社であっても、監査役の監査の範囲を会計に関するものに限定する旨の定款の定め（会389条1項）がある株式会社は除かれることに注意を要する（同法2条9項参照）。

[20] 議事録等の閲覧または謄写の請求をするにあたって裁判所の許可を得る必要がある場合に、それを得ることなく議事録等の閲覧または謄写を請求する訴えを提起しても、その訴えは、不適法なものとして却下される（大阪高判昭和59・3・29判時1117号168頁）。

株主が行使する権利は、株主として会社に対して有する権利であれば足り、共益権だけでなく自益権も含まれる（たとえば、株主総会における質問権や議決権の行使、代表訴訟や役員の解任の訴えの提起、業務検査役の選任など）。株主としての権利行使をするかどうかの判断をするために請求する場合も含まれるが、株主の個人的な利益を追求することを目的とする場合（たとえば、当該会社との取引や、株主の地位と関係のない当該会社に対する訴訟を有利に進めることを目的とする場合など）は、株主としての権利の行使をするため必要がある場合にあたるとはいえない。

閲覧または謄写の必要性は、抽象的に主張するだけでは不十分であり（たとえば、「株主総会で質問権を行使するために必要である」などと主張するだけでは足りない）、①行使する権利の種類、②その権利を行使するために知ることを要する事実、③その事実を知るために閲覧または謄写の方法によることが必要である理由を具体的に疎明する必要がある。もっとも、株主が実際にその権利行使をするか否か、また、申立てに係る議事録等がその権利行使に関係あるか否かについては、当該議事録等の閲覧または謄写をし、その内容を検討して初めて判明する事柄であるから、株主において、議事録等の閲覧または謄写をすることがその権利行使を準備し、またはその権利行使の要否を検討するために必要であると主張した場合において、その権利行使の対象となり得、またはその権利行使の要否を検討するに値する特定の事実関係が存在し、閲覧または謄写の結果によっては、当該株主がその権利行使をすると想定されることが具体的に疎明されたときは、閲覧または謄写を求めている議事録等がその権利行使に関係ないものということができない限り、株主の権利行使をするため必要があるということができると解される（前掲東京地決平成18・2・10）。どの程度具体的に疎明することが必要であるかは、行使しようとする権利の内容、権利を行使する必要性、会社に発生するおそれのある損害の内容等を勘案して、個々の事件ごとに判断される。[21]

(3) 会社等に著しい損害が生じるおそれ

裁判所は、議事録等の閲覧または謄写により、当該会社またはその親会社もしくは子会社に著しい損害を生じるおそれがあると認めるときは、議事録等の閲覧または謄写を許可することができない（会371条6項）。企業秘密が明らかにされることによる損害の発生が典型例であるが、これに限られず、議事録等の閲覧または謄写を許可することにより株主等が得る利益と会社が被る損害等を比較衡量して、個々の事件ごとに判断される。

会社等に著しい損害が生じるおそれがあることについては、会社において積極的に主張して疎明する必要があると解するのが相当である[22]。

3 申立手続

(1) 管 轄

議事録等を作成して備え置いている会社の本店所在地を管轄する地方裁判所の管轄に属する（会868条1項。なお、親会社社員による議事録等の閲覧謄写請求につき、同条2項）。

(2) 当事者

申立人は、①監査役会設置会社または委員会設置会社の株主（会371条2項・3項）、②取締役会設置会社の債権者（同条4項）、③取締役会設置会社の親会社社員（同条5項）である。議事録等を作成して備え置いている会社は、「裁判を受ける者となるべき者」として、利害関係参加をすることができる（非訟21条1項）。旧非訟事件手続法の手続と異なり、会社が、当然に、手続上、相手方となるものではないことに注意を要する。

---

21 中山誠一「取締役会議事録の閲覧申請」（門口正人編・新・裁判実務大系(11)会社訴訟・商事仮処分・商事非訟）329頁。

22 中山・前掲（注21）333頁、上柳克郎ほか編『新版注釈会社法(6)』126頁〔堀口亘〕。なお、鈴木忠一『非訟事件の裁判の既判力』195頁注3参照。

（3） 方法等

申立ては、書面でしなければならない（非訟43条1項、会非訟規1条）。

申立手数料として1000円（民訴費3条1項・別表第1・16項）、特別送達費用として郵券の予納が必要となる。

添付書類としては、①申立書の写し1通（会非訟規6条、会870条2項1号）、②申立てに係る会社の登記事項証明書（会非訟規3条1項1号）、③会社の定款（会389条1項参照）、④申立人が株主、債権者または親会社社員であることを疎明する資料（株主につき、株券、株主名簿等。なお、上場会社の場合につき、前記Ⅰ8参照）、⑤閲覧または謄写の必要性を疎明する資料が必要となる。

4　審　理

（1） 申立書の写しの送付

裁判所は、取締役会議事録閲覧謄写許可申立事件の裁判の申立てがあったときは、当該会社に対し、原則として、申立書の写しを送付しなければならない（会870条の2第1項、870条2項1号）[23]。

（2） 陳述の聴取

裁判所は、議事録等の閲覧または謄写の許可について裁判をする場合には、原則として、審問の期日を開いて、申立人および当該会社の陳述を聴かなければならない（会870条2項1号）[24]。

（3） 参　加

議事録等を作成して備え置いている会社は、「裁判を受ける者となるべき者」として、利害関係参加をすることができる（非訟21条1項）。他方、閲覧謄写の必要性は個々の株主等ごとに異なるものであって、当該会社の他の株

---

[23] 申立書の補正命令および期日の呼出しに必要な費用の予納命令に係る措置等について、会社法870条の2第2項から4項まで、7項、8項参照。

[24] ただし、不適法または理由がないことが明らかであるとして申立てを却下する裁判をするときは、この限りでない（会870条2項ただし書）。

主等は、裁判の結果により事実上の影響を受けるにすぎないから、原則として、利害関係参加をすることはできない。

5 裁判等

裁判所は、取締役会議事録閲覧謄写許可の申立てについての裁判をするときは、原則として、相当の猶予期間をおいて、審理を終結する日を定め、申立人および当該会社に告知しなければならず（会870条の2第5項・1項、870条2項1号）[25]、また、審理を終結したときは、原則として、裁判をする日を定め、上記の者に告知しなければならない（同法870条の2第6項）[26]。

裁判は、理由を付した決定による（非訟54条、会871条本文）。裁判所は、閲覧または謄写の目的からその必要性が認められない部分や、会社等に著しい損害が生じるおそれがあると認められる部分を許可の範囲から除外し、許可する部分を限定して、一部許可および一部却下の裁判をすることができる。事件を完結する裁判においては、訴訟費用負担の裁判をしなければならない（非訟28条1項、民訴67条1項）。決定は、当事者および利害関係参加人並びにこれらの者以外の裁判を受ける者に告知する（非訟56条1項）。

申立人および会社に限り、決定に対して、即時抗告をすることができる（会872条5号、870条2項1号、874条4号カッコ書）[27]。即時抗告は執行停止の効力を有する（同法873条本文）。裁判所は、取締役会議事録閲覧謄写許可申立事件の裁判に対する即時抗告があったときは、申立人および当該会社（抗告人を除く）に対し、原則として、抗告状の写しを送付しなければならない

---

[25] ただし、裁判所は、申立人および株式会社が立ち会うことができる期日においては、直ちに審理を終結する旨を宣言することができる（会870条の2第5項ただし書）。

[26] 申立てが不適法である場合または申立てに理由がないことが明らかである場合には、申立書の写しの送付、陳述の聴取、審理を終結する日の告知および裁判をする日の告知を経ずに、直ちに申立てを却下する裁判をすることができる（会870条2項ただし書、870条の2第7項）。

[27] 会社法は、許可決定一般について、原則として不服申立てを禁止しているが（会874条4号）、閲覧等の許可は、会社が具体的な不利益を受ける場合が想定されるため、特に不服申立てが認められている（同号カッコ書）。花村ほか・前掲（注8）82頁。

（同法872条の2第1項）。

　取締役が許可決定に基づく閲覧または謄写の請求を拒んだときは、過料に処せられるが（会976条4号）、許可決定に狭義の執行力がないため、閲覧または謄写を直接強制の方法で執行するには、別途、訴訟手続によることが必要となる。[28]

　裁判によらない非訟事件の終了として、和解（非訟65条）、調停（民調20条4項）、取下げ（非訟63条）がある。実務上は、会社が株主等に対して任意に議事録等の閲覧または謄写を認め、申立ての取下げにより事件が終了する場合も少なくない。

Ⅲ　少数株主の総会招集許可申立事件

1　概　要

　株主総会は、原則として、取締役会設置会社においては、取締役会の決議に基づいて、代表取締役が招集し（会296条3項、298条4項）、取締役会設置会社以外の会社においては、取締役が招集する（同法296条3項）。

　しかし、例外として、一定の株主は、取締役に対し、株主総会の目的である事項（当該株主が議決権を行使することができる事項に限る）および招集の理由を示して、株主総会の招集を請求することができ（会297条1項・2項）、当該請求の後遅滞なく招集の手続が行われない場合等には、当該請求をした株主は、裁判所の許可を得て、自ら株主総会を招集することができるとされている（同条4項）。

28　鈴木忠一『非訟・家事事件の研究』6頁。

2　要　件

(1)　申立適格

　一定数以上の議決権を有する株主が申立適格を有する（会297条4項）。株主の持株数の要件は、会社の種類により、以下のとおりとされている。[29]

① 　公開会社の場合（会297条1項）

　　総株主の議決権の100分の3（これを下回る割合を定款で定めた場合にあっては、その割合）以上の議決権を6カ月（これを下回る期間を定款で定めた場合にあっては、その期間）前から引き続き有する株主

② 　公開会社でない会社の場合（会297条2項）

　　総株主の議決権の100分の3（これを下回る割合を定款で定めた場合にあっては、その割合）以上の議決権を有する株主

　持株数の要件については、1名の株主でこれを満たす必要はなく、申立てをする複数の株主の議決権数を合計して必要となる議決権割合を満たすことで足りる。議決権の割合の計算においては、株主総会の目的である事項につき議決権を行使することができない株主が有する議決権の数を、総株主の議決権の数に含めない（会297条3項）。[30]持株数の要件は、公開会社の場合は申立て時の6カ月前から、公開会社でない会社の場合は申立て時から、いずれの場合も少数株主が招集した株主総会の終結時まで、継続して満たすことが必要である（業務検査役選任申立事件における株主の持株数の要件につき、最決平成18・9・28民集60巻7号2634頁）。裁判所の招集許可がされてから株主総会の終結時までの間に持株数の要件が欠けた場合には、当該株主総会においてされた決議は不存在となると解される。[31]

29　特例有限会社では、総株主の議決権の10分の1以上を有することが必要であるが（整備法14条1項本文）、定款に別段の定めのある場合は、この限りではない（同項ただし書）。

30　議決権のない株式としては、①議決権制限株式（会108条1項3号）、②単元未満株式（同法189条1項）、③自己株式（同法308条2項）、④相互保有株式（同条1項本文カッコ書、会施規67条）等がある。

(2) 申立て前の株主総会の招集請求

　株主が、裁判所に対する株主総会招集許可の申立ての前に、取締役に対し、株主総会の目的である事項（当該株主が議決権を行使することができる事項に限る）および招集の理由を示して、株主総会の招集を請求していることが必要である（会297条1項・4項）。

　㋐　招集請求の相手方

　取締役会設置会社において、株主総会の招集請求の相手方が代表取締役に限られるのか、平取締役でもよいのかについては争いがあるが（前者の見解は、代表取締役が株主総会を招集すること等を根拠とし、後者の見解は、取締役が取締役会を開催して株主総会招集の決議をすることができること等を根拠とする）、無用な争いを避けるため、特別の事情がない限り、代表取締役に対して株主総会の招集請求をするのが相当である[32]。

　㋑　株主総会の目的である事項

　株主総会の目的である事項に関しては、以下のような問題点がある。

　(A)　役員の改選

　取締役の任期は、原則として、選任後2年以内に終了する事業年度のうち最終のものに関する定時株主総会の終結の時までとされているが（会332条1項本文）、定時株主総会が開催されない場合には、その所定の時期の経過とともに、当然に終了すると解するのが相当であるから（横浜地決昭和31・8・8下民集7巻8号2133頁、岡山地決昭和34・8・22下民集10巻8号1740頁）、定時株主総会を通常開催すべき時期以降においては、役員改選を議題とする株主総会の招集請求をすることができると解される[33]。

　役員に欠員を生じた場合、任期満了または辞任により退任した役員はなお

31　佐賀義史「少数株主による株主総会招集許可の申請」（山口和男編・裁判実務大系(21)会社訴訟・会社非訟・会社整理・特別清算）200頁。
32　東京地裁商事研究会・前掲（注1・商事非訟・保全事件の実務）191頁、類型別会社非訟・15頁。
33　佐賀・前掲（注31）193頁。

役員としての権利義務を有するが（会346条1項）、退任した役員を解任することはできないから（最判平成20・2・26民集62巻2号638頁）、この場合には、役員権利義務者の解任を議題とするのではなく、後任役員の選任を議題として株主総会の招集請求をすることが必要となる。[34]

　(B)　定時株主総会の招集

　定時株主総会は、株主名簿の基準日にかかわる規制との関係から（会124条2項）、基準日後3カ月以内に開催すべきことになるが、その期間内のどの時点で開催するかは会社の裁量に委ねられていると解される。したがって、その期間内は、少数株主による株主総会招集請求ができないと解するのが相当である。[35]

　(ウ)　招集の理由

　招集の理由（会297条1項）としては、役員の改選を議題とする場合には役員の任期が満了していることを記載し、役員の解任を議題とする場合には役員に具体的な解任事由があることを記載し、非法定の決議事項を議題とする場合には当該決議をすることが必要である具体的な理由を記載することになる。[36]

　(3)　招集手続の遅滞等

　①招集請求の後遅滞なく招集の手続が行われない場合（会297条4項1号）、または、②招集請求があった日から8週間（これを下回る期間を定款で定めた場合にあっては、その期間）以内の日を株主総会の日とする株主総会の招集の通知が発せられない場合（同項2号）であることが必要である。なお、招集手続の遅滞は、必要な手続の段階ごと（株主総会の開催を決定するための取締役会の開催、招集通知の発送等）に判断すべきである。

　少数株主の株主総会招集許可申立て後に、会社が株主総会の招集手続を行

34　類型別会社非訟・17頁。
35　佐賀・前掲（注31）191頁以下。
36　佐賀・前掲（注31）194頁。

ったが、会社が招集した株主総会が招集請求の日から8週間以内の日を会日とするものでない場合については、裁判所が少数株主の株主総会招集を許可したとしても、会社が招集した株主総会より前に株主総会を開催できる見込みがない等の特別の事情が認められる場合にのみ、少数株主の株主総会招集許可申立てについて申立ての利益が失われると解すべきである（東京地決昭和63・11・2判時1294号133頁）。上記の特別の事情が認められる場合であっても、実務上は、会社により開催された株主総会の決議がされるまで少数株主の株主総会招集許可申立事件の手続を留保し、株主総会の開催後に当該株主総会の議事録が提出されるのを待って、取下げを促すことが多い。[37]

(4) 申立権の濫用

裁判所は、少数株主の株主総会招集許可申立てが形式的要件を満たしていれば、申立てが権利濫用にあたると認められる場合を除き、株主総会の招集を許可しなければならない。株式会社の重要事項に関する最終的な意思決定は株主総会でされるべきであることからすると、申立てが権利濫用にあたると認められる場合は、限定的に解されるべきであり、少数株主が期待する決議の成立する可能性がないという理由だけでは、権利濫用にあたるとはいえないと解される（前掲東京地決昭和63・11・2）。

3 申立手続

(1) 管　轄

会社の本店所在地を管轄する地方裁判所の管轄に属する（会868条1項）。

(2) 当事者

申立人は、一定の持株数の要件を満たす株主である（前記2(1)参照）。

会社は、「裁判の結果により直接の影響を受けるもの」として、裁判所の許可を得て、利害関係参加をすることができる（非訟21条2項）。旧非訟事件

37　東京地裁商事研究会・前掲（注1・商事非訟・保全事件の実務）196頁。

手続法の手続と異なり、会社が、当然に、手続上、相手方となるものではないことに注意を要する。

　(3) 方法等

申立ては、書面でしなければならない（非訟43条1項、会非訟規1条）。申立手数料として1000円（民訴費3条1項・別表第1・16項）、特別送達費用として郵券の予納が必要となる。

添付書類としては、①申立てに係る会社の登記事項証明書（会非訟規3条1項1号）、②会社の定款、③申立人が持株数の要件を満たすことを疎明する資料（なお、上場会社の場合につき、前記Ⅰ8参照）、④申立人が取締役に対して株主総会招集請求をしたことを疎明する資料（株主総会招集請求書、同請求書の配達証明書）、⑤取締役が株主総会の招集を怠っていることを疎明する資料が必要となる。

4　審　理

裁判所は、少数株主の株主総会招集許可申立てについて裁判をする場合には、利害関係人の陳述を聴かなければならないものとされていないが（会870条参照）、実務上、事実の調査（非訟49条1項）として、審問の期日を行い、会社の陳述を聴く機会を設けている。会社に対して株主総会を開催するよう促して、会社が任意に株主総会を開催し、申立ての取下げにより事件が終了することも多い（前記2(3)参照）。

会社は、「裁判の結果により直接の影響を受けるもの」として、裁判所の許可を得て、利害関係参加をすることができる（非訟21条2項）。

申立人である株主の持株数に争いがあり、非訟事件の手続においてはその確定が困難であると考えられる場合には、少数株主の株主総会招集を許可しても、株主総会決議に瑕疵が存在することになるおそれがあるから、裁判所が、申立人に対し、株主権確認の訴え等により持株数を確定することを求め、申立ての取下げを促すことが少なくない。[38]

5　裁判等

　裁判は決定による（非訟54条）。事件を完結する裁判においては、訴訟費用負担の裁判をしなければならない（同法28条1項、民訴67条1項）。決定は、当事者および利害関係参加人並びにこれらの者以外の裁判を受ける者に告知する（非訟56条1項）。

　許可決定には理由を付す必要がなく（会871条ただし書2号、874条4号）、許可決定に対しては不服申立てをすることができない（同法874条4号）。なお、許可決定においては、招集期限を定めて許可するのが相当であり、実務上、6週間程度の招集期限が定められる場合が多い。[39]

　却下決定には理由を付す必要があり（会871条本文）、却下決定に対しては申立人に限り即時抗告をすることができる（非訟66条2項）。

　裁判によらない非訟事件の終了として、和解（非訟65条）、調停（民調20条4項）、取下げ（非訟63条）がある。

6　許可決定後の手続等

　招集許可がされた株主総会の招集については、許可を得た少数株主が、招集通知の発出等の手続を行う（会298条1項、299条等）。株主総会の招集が少数株主の名義でされるほかは、通常の招集と同様である。[40]

　少数株主が招集した株主総会においては、定款に議長の定めがあってもあらためて議長を選出する（広島高岡山支決昭和35・10・31下民集11巻10号2329頁、横浜地決昭和38・7・4下民集14巻7号1313頁）。そのほかの手続は、通常の株主総会と同様である。

38　類型別会社非訟・19頁。
39　類型別会社非訟・21頁。
40　なお、許可を得た株主は、株主名簿以外にも、株主総会に招集すべき株主を確知するために必要な会社の書類を、総会招集権に基づいて閲覧謄写することができる（東京地決昭和63・11・14判時1296号146頁）。

少数株主が招集した株主総会においては、裁判所が許可した議題についてのみ決議をすることができる（大判昭和 4・4・8 民集 8 巻 5 号269頁、金沢地判昭和34・9・23下民集10巻 9 号1984頁）。ただし、それ以外にも、株主総会の決議によって、会社の業務および財産の状況を調査する者を選任することはできる（会316条 2 項）。許可された議題の範囲を超える決議がされたときは、当該議題について招集権限がないことになり、決議は不存在となると解される[41]（決議取消事由となると解するものとして、前掲金沢地判昭和34・9・23）。

　招集許可がされた株主総会の議題と同一の議題については、会社は、株主総会の招集権限を失う。会社が当該議題について株主総会を招集したときは、招集権限がない者による招集となり、決議は不存在となると解される[42]。

　株主総会の招集および開催に要する費用は、少数株主の負担となるが、決議が成立した場合等、会社にとって有益な費用であった場合には、少数株主は会社に対して合理的な範囲で求償することができると解される（民702条）[43]。

Ⅳ　仮役員等選任申立事件

1　概　要

　役員が欠けた場合、または会社法もしくは定款で定めた役員の員数が欠けた場合には、遅滞なく後任の役員を選任しなければならない（会976条22号参照）。この場合、任期の満了または辞任により退任した役員は、新たに選任された役員が就任するまで、なお役員としての権利義務を有するが（同法

41　類型別会社非訟・22頁。
42　東京地裁商事研究会・前掲（注 1・商事非訟・保全事件の実務）199頁。
43　江頭・304頁。

346条1項)[44]、退任した役員が死亡、重病等のために職務を行うことができないときなど、必要があると認めるときは、裁判所は、利害関係人の申立てにより、一時役員の職務を行うべき者(仮役員)を選任することができる(同条2項)[45]。

2 要 件

(1) 申立適格

株主、取締役、監査役、会計監査人、従業員、債権者等の利害関係人が申立適格を有する(会346条2項)。会社は、仮役員選任の効果を直接受ける事実上の当事者であって、利害関係人ではないから、申立適格を有しないと解される[46]。

(2) 役員の欠員等

役員の終任により、役員の全員が欠けた場合または会社法もしくは定款で定めた役員の員数が欠けた場合であることが必要となる(会346条2項・1項)。終任とは、①辞任(同法330条、民651条1項)、②死亡、③成年後見の開始等の欠格事由の発生(会331条1項2号〜4号、333条3項、335条1項)、④破産手続開始決定を受けたこと(同法330条、民653条2号)、⑤任期満了(会332条、334条1項、336条1項)、⑥解任(同法339条1項)である。行方不明、重度の傷病により意思表示が困難になったときなども、「欠けた場合」に含まれると解されている。

監査役会設置会社においては、監査役は、3人以上で、そのうち半数以上

---

[44] 取締役の権利義務を有する者については、後任の取締役が就任するまで、退任による登記をすることは許されない(最判昭和43・12・24民集22巻13号3334頁)。

[45] 代表取締役(会351条1項・2項)、委員会の委員(同法401条2項・3項)、執行役(同法403条3項による同法401条2項・3項の準用)、代表執行役(同法420条3項による同法401条2項・3項の準用)、清算人(同法479条4項による同法346条1項・2項の準用)、代表清算人(同法483条6項による同法351条1項・2項の準用)についても、同様の規定がある。

[46] 鈴木・前掲(注22)228頁注26。

は、社外監査役でなければならないとされており（会335条3項）、法令または定款に定める社外監査役の員数を満たさずにされた監査は手続的瑕疵を帯びることになるから、社外監査役が欠けた場合も、「役員の員数が欠けた場合」にあたると解される[47]。また、監査役会は、監査役の中から常勤監査役を選定しなければならないとされており（同法390条3項）、常勤監査役が欠け、残った監査役の中から常勤監査役を選定することが困難な場合も、「役員等の員数が欠けた場合」にあたると解される[48]。

(3) 仮役員選任の必要性

仮役員を選任する必要性があることが要件となる（会346条2項）。仮役員選任の必要性に関しては、以下のような問題点がある。

(ア) 取締役

取締役の員数を欠いた場合、本来予定されているのは株主総会決議により後任取締役を選任することであるから（会329条1項）、株主総会決議により後任取締役を選任することができる場合には、仮取締役を選任する必要性は認められない。したがって、仮取締役選任の必要性が認められるのは、①取締役の員数を欠いているために、会社法または定款で定めた取締役会の定足数（同法369条1項）を満たさず、取締役会において株主総会招集決議ができない場合、②少数株主の株主総会招集請求の相手方となる取締役がおらず（同法297条1項参照）、少数株主の株主総会招集請求ができない場合、③株主総会の定足数（同法309条1項）を満たさず、株主総会において取締役の選任決議ができない場合等である[49]。

仮取締役を選任する人数については、取締役会の定足数を満たす最低限の人数を選任する。

代表取締役が欠けた場合であっても、会社債権者等が当該会社に対して訴

---

[47] 江頭・483頁。
[48] 太田洋「常勤監査役の欠員」（西村ときわ法律事務所編・新会社法実務相談）195頁。
[49] 類型別会社非訟・32頁。

訟を提起する場合については、特別代理人（民訴35条、37条）の選任を求めるほうが、時間と費用の点で有利である場合が多いと思われる（仮代表取締役を選任する場合、株主総会の招集、取締役の選任、取締役会の開催、後任代表取締役の選任を行う必要があり、また、申立人において、上記の職務のための仮代表取締役の報酬および費用に相当する額を予納する必要がある）[50]。

　(イ)　監査役

　監査役の員数を欠いた場合についても、本来予定されているのは株主総会決議により後任監査役を選任することであるから（会329条1項）、取締役の場合と同様、株主総会決議により後任監査役を選任することができる場合には、仮監査役を選任する必要性は認められない。したがって、仮監査役選任の必要性が認められるのは、①定時株主総会まで間がなく、正規の手続を経て監査役を選任することが困難な場合（同法436条〜438条参照）、②株主数が多い等の事情により、後任監査役選任のための臨時株主総会を開催することが費用や手間の点で実際上困難な場合等である。具体的には、会社の規模や株主数等を考慮して、仮監査役選任の必要性を判断することになる[51]。

　(ウ)　その他

　会社法346条1項に基づき退任後もなお会社の役員としての権利義務を有する者の職務の執行に関し、不正の行為または法令もしくは定款に違反する重大な事実があり、役員を新たに選任することができない場合には、仮役員を選任する必要性があるものと認められ、仮役員の選任を申し立てることができる（前掲最判平成20・2・26）。

　補欠役員（会329条2項）が選任されている場合には仮役員を選任する必要がないので、仮役員の選任にあたっては、補欠役員が選任されているか否かを、直近の株主総会の議事録で確認する必要がある（会施規96条3項参照）。

---

[50]　清水信雄「仮取締役・仮監査役選任申請」（山口和男編・裁判実務大系(21)会社訴訟・会社非訟・会社整理・特別清算）224頁以下。

[51]　類型別会社非訟・33頁。

3　申立手続

(1) 管　轄

会社の本店所在地を管轄する地方裁判所の管轄に属する（会868条1項）。

(2) 当事者

申立人は、利害関係人（株主、取締役、監査役、会計監査人、従業員、債権者等）である。

会社は、利害関係人ではなく、当事者（申立人）となる資格を有しないが（前記2(1)参照）、「裁判の結果により直接の影響を受けるもの」として、裁判所の許可を得て、利害関係参加をすることができる（非訟21条2項）。

(3) 方法等

申立ては、書面でしなければならない（非訟43条1項、会非訟規1条）。申立手数料として1000円（民訴費3条1項・別表第1・16項）、特別送達費用として郵券の予納が必要となるほか、仮役員の選任決定をする場合には、登記嘱託費用、仮役員の報酬および費用の合計の見込額の予納が必要となる。

添付書類としては、①申立てに係る会社の登記事項証明書（会非訟規3条1項1号）、②会社の定款、③申立人が利害関係人であることを疎明する資料、④役員が欠けた場合または会社法もしくは定款に定められた役員の員数が欠けた場合であることを疎明する資料が必要となる。申立人が推薦する者を仮役員に選任することにつき会社内に争いがない場合等には、その者を仮役員に選任する場合があるが（後記4参照）、その場合には、仮役員候補者の履歴書、就任承諾書、報酬放棄書（会社が任意に報酬を支払う場合等）、申立人が推薦する者を仮役員に選任することについて会社内に争いがないことを疎明する資料（陳述書等）が必要となる。

4　審　理

裁判所は、仮役員選任申立てについて裁判をする場合には、利害関係人の

陳述を聴かなければならないものとされていないが（会870条参照）、実務上、事実の調査（非訟49条1項）として、審問の期日または書面による照会を行い、選任の必要性等について会社の陳述を聴く機会を設けている。

利害関係人であって申立人でない者は、「当事者となる資格を有する者」として、当事者参加または裁判所の許可を得て利害関係参加をすることができる（非訟20条1項、21条2項）。また、会社は、「裁判の結果により直接の影響を受けるもの」として、裁判所の許可を得て、利害関係参加をすることができる（同法21条2項）。

仮役員の人選については、実務上、中立的な立場にある弁護士または公認会計士（仮監査役の場合）を選任することが多い。申立人が推薦する者は、原則として選任しないが、会社内に争いがない場合等には、推薦を受けた者を選任する場合もある（前記3(3)参照）。[52]

5 裁判等

裁判は、決定による（非訟54条）。事件を完結する裁判においては、訴訟費用負担の裁判をしなければならない（同法28条1項、民訴67条1項）。決定は、当事者および利害関係参加人並びにこれらの者以外の裁判を受ける者（仮役員等）に告知する（非訟56条1項）。会社が利害関係参加をしていない場合には、法律上、会社に対する告知は必要ではないが、仮役員等の円滑な業務執行の観点から、事実上、会社に対して決定内容を告知することが相当な場合もあると解される。

選任決定には理由を付す必要がなく（会871条ただし書2号、874条1号）、選任決定に対しては不服申立てをすることができない（同法874条1号）。

却下決定には理由を付す必要があり（会871条本文）、却下決定に対しては

---

[52] なお、仮監査役については、監査役が業務執行権限を有しておらず、会社内部の勢力争いに影響を与える可能性も低いことから、株主総会において監査役に選任される予定の者を仮監査役に選任することもある（類型別会社非訟・35頁）。

申立人に限り即時抗告をすることができる（非訟66条2項）。

申立人は、終局決定が確定するまで、申立ての全部または一部を取り下げることができるが、終局決定後は、裁判所の許可が必要となる（非訟63条1項）。

6　選任決定後の手続等

仮役員の選任決定がされた場合には、裁判所書記官は、職権で、会社の本店所在地を管轄する登記所に選任登記を嘱託しなければならない（会937条1項2号イ・ロ）。

仮役員の権限は、本来の役員の権限と同じである。仮処分により選任された取締役職務代行者の権限が、仮処分命令に別段の定めがある場合を除き、会社の常務に限定され、常務に属しない行為をするには、裁判所の許可を要する（会352条1項）のと異なる。

役員の欠員が全部補充された場合には、仮役員の任務は当然に終了し、登記官が職権で仮役員の抹消登記を行う（商登規68条1項）。仮役員の任務を継続させる必要がないと認められる場合には、裁判所は職権で選任決定を取り消し（非訟59条1項）、裁判所書記官が職権で選任取消しによる登記の抹消を嘱託する（会937条1項2号ハ）。[53]仮役員は、任務が終了した場合には、裁判所に対して任務終了の報告書を提出する。

53　類型別会社非訟・36頁。

　　従来、法務局は、裁判所が仮役員の選任決定を取り消しても、役員の員数を欠くことになる場合には、仮役員の選任取消しの登記嘱託を受け付けないとしていたが、近時、仮役員が裁判所の選任取消決定によりその資格を喪失したのであれば、後任者の選任に至らず、退任により役員の員数を欠くことになる場合であっても、権利義務はもはや継続していないとして（会346条1項参照）、仮役員の選任取消しの登記嘱託を受理するケースがみられるようになっている。

　　これに伴い、近時、取締役全員が死亡したかまたは所在不明であり、かつ、新たな取締役が選任される見込みのない会社について、利害関係人（たとえば、会社財産についての担保権者）が、仮取締役に特定の職務（たとえば、担保不動産の任意売却）のみを行わせ、かつ、その終了後に仮取締役の選任決定が取り消されることを前提とした仮取締役選任の申立てをし、それが認められるケースがみられるようになっている（スポット型運用の仮取締役）。

裁判所は、会社が仮役員に支払う報酬の額を定めることができ（会346条3項）、報酬の額の決定の裁判をする場合には、会社および仮役員の陳述を聴かなければならない（同法870条1項1号）。報酬の額の決定の裁判には理由を付す必要がない（同法871条ただし書1号、870条1項1号）。会社および仮役員は、報酬の額の決定の裁判に対し、即時抗告をすることができるが（同法872条4号、870条1項1号）、即時抗告は執行停止の効力を有しない（同法873条ただし書）。仮役員の報酬は、会社の規模や選任後に予定されている業務量等によって異なるが、業務執行を担当する取締役の場合には、原則として、前任の取締役の報酬額と仮取締役の選任期間を基に算定することになると思われる。[54]

V　清算人選任申立事件

1　概　要

　株式会社が解散した場合[55]（ただし、合併によって解散した場合および破産手続開始決定により解散した場合であって当該破産手続が終了していない場合を除く）、清算が開始される（会475条1号）。定款で清算人と定められた者、株主総会の決議によって清算人に選任された者、または取締役（ただし、取締役については前二者がある場合を除く）が、清算株式会社の清算人となるが（同法478条1項）、これらの清算人となる者がいないときは、利害関係人の申立てにより、裁判所が清算人を選任する（同条2項）。[56]

　会社法478条2項により清算人選任の申立てがされる場合の多くは、スポット型運用とよばれるものである。スポット型運用とは、破産手続や清算手

54　類型別会社非訟・36頁。
55　平成18年5月1日より前に生じた旧商法404条各号に掲げる事由により株式会社が解散した場合における清算については、旧商法が適用される（整備法108条本文）。

続が終了して登記簿が閉鎖された会社が、破産財団から放棄された不動産の任意売却の売主や、抵当権実行前に債権譲渡が行われる際の譲渡通知の受領者となるなどの場合に、上記の不動産の任意売却や譲渡通知の受領等の特定の職務に限定して清算人を選任し、当該業務が終了すると、職権で選任決定を取り消して（非訟59条1項）、嘱託で選任登記を抹消する（会937条1項2号ニ）という運用である。[57]

2 要件

(1) 申立適格

利害関係人が申立適格を有する（会478条2項）。株主、会社債権者、会社財産についての担保権者等、会社に対して法的な利害関係を有する者が、これにあたる。

(2) 清算人となる者の不存在

会社法478条1項により清算人となる者がいないこと、すなわち、①定款に清算人となる者の定めがなく、②株主総会の決議によって選任された清算人がおらず、かつ、③清算人となるべき取締役がいない場合であることが必要である（会478条2項）。[58]

会社法478条1項により清算人となる者がいない場合であっても、会社債権者等が当該清算会社に対して訴訟を提起する場合については、特別代理人

---

[56] なお、解散命令または解散判決により株式会社が解散した場合には、裁判所は、利害関係人もしくは法務大臣の申立てによりまたは職権で、清算人を選任する（会478条3項）。設立無効の訴えに係る請求を認容する判決が確定した場合（同法475条2号）および株式移転の無効の訴えに係る請求を認容する判決が確定した場合（同条3号）にも清算が開始され、裁判所は、利害関係人の申立てにより、清算人を選任する（同法478条4項）。

[57] 池田光宏「清算人選任事件」金商1141号2頁、永井裕之「続・清算人選任事件」金商1182号1頁。

[58] なお、会社解散前に取締役の任期が満了し、後任の取締役の選任がされなかった場合には、会社法346条1項により取締役の権利義務を有していた者は、解散と同時に清算人としての権利義務を有することになる（最判昭和44・3・28民集23巻3号645頁）。

(民訴35条、37条）の選任を求めるほうが、時間と費用の点で有利である場合が多いと思われる（清算人を選任する場合、清算人の選任手続、清算人の調査事務に時間を要し、また、清算事務のための清算人の報酬および費用に相当する額を予納する必要がある）。[59]

(3) 破産手続との関係

会社が破産手続開始決定により解散した場合であって当該破産手続が終了していない場合であっても、破産財団から放棄された不動産の任意売却等のために必要があるときには、清算人の選任は可能であると解され、実務上、このような場合にも清算人（スポット型運用）が選任されている。

会社が同時破産廃止の決定を受けた場合において、なお残余財産があるときは、定款または株主総会決議により取締役以外の者を清算人と定めない限り、利害関係人の請求により、裁判所が清算人を選任する（最判昭和43・3・15民集22巻3号625頁）。

破産財団を構成する財産に対する破産管財人の管理処分権限は、原則として、破産手続の終結により消滅し、破産手続の終結後に残存している会社の財産は、原則として、清算人が処理することになるが、破産管財人において当該財産をもって追加配当の対象とすることを予定し、または予定すべき特段の事情（たとえば、破産終結後、破産債権確定訴訟等で破産債権者が敗訴したため、当該債権者のために供託していた配当額を他の債権者に配当する必要が生じた場合、または破産管財人が任務を懈怠したため、本来、破産手続の過程で行うべき配当を行うことができなかった場合など）があるときには、当該財産に対する破産管財人の管理処分権限は、破産手続の終結により消滅しないから、当該財産は、破産管財人が処理することになる（最判平成5・6・25民集47巻6号4557頁）。

会社が破産した場合において、破産財団から放棄された財産を目的とする

---

59 類型別会社非訟・48頁。

別除権につき別除権者が別除権放棄の意思表示をする際の相手方は、破産手続開始決定当時の代表取締役ではなく、利害関係人の請求により裁判所が選任する清算人である（最決平成16・10・1判時1877号70頁）。

3　申立手続

(1)　管　轄

会社の本店所在地を管轄する地方裁判所の管轄に属する（会868条1項）。

(2)　当事者

申立人は、利害関係人（株主、会社債権者、会社財産についての担保権者等）である（前記2(1)参照）。

(3)　方法等

申立ては、書面でしなければならない（非訟43条1項、会非訟規1条）。申立手数料として1000円（民訴費3条1項・別表第1・16項）が必要となるほか、清算人の報酬および費用の合計の見込額の予納が必要となる。

添付書類としては、①申立てに係る会社の登記事項証明書（会非訟規3条1項1号）、②会社の定款、③申立人が利害関係人であることを疎明する資料、④会社法478条1項により清算人となる者がいないことを疎明する資料、⑤清算人が行うべき職務の内容を疎明する資料が必要となる。[60]

4　審　理

裁判所は、清算人選任について裁判をする場合には、利害関係人の陳述を聴かなければならないものとされていないが（会870条参照）、実務上、裁判所が、清算人候補者に対して業務の内容等を説明し、清算人候補者から就任の承諾を得た後、必要に応じて裁判所と申立人および清算人候補者との面接

---

[60] たとえば、破産財団から放棄された不動産の任意売却の事案においては、当該不動産の登記事項証明書、当該不動産が破産財団から放棄されたことを証する書面、買付証明書、売却価格が不相当でないことを証する資料等が必要となる（類型別会社非訟・46頁）。

872

を行ったうえで、清算人選任決定をしている。なお、清算人には、取締役と同じ法定の欠格事由の定めがあり（同法478条6項、331条1項）、監査役は、会社またはその子会社の清算人を兼ねることができないとされている（同法491条、335条2項）。

利害関係人であって申立人でない者は、「当事者となる資格を有する者」として、当事者参加または裁判所の許可を得て利害関係参加をすることができる（非訟20条1項、21条2項）。また、当該清算会社は、「裁判の結果により直接の影響を受けるもの」として、裁判所の許可を得て、利害関係参加をすることができる（同法21条2項）。

清算人の人選については、実務上、清算会社が破産会社の場合には、元破産管財人（または元破産管財人代理）を選任し、破産会社でない場合には、裁判所が依頼した弁護士を選任することが多い。申立人が推薦する者は、原則として選任しない。

5　裁判等

裁判は、決定による（非訟54条）。事件を完結する裁判においては、訴訟費用負担の裁判をしなければならない（非訟28条1項、民訴67条1項）。決定は、当事者および利害関係参加人並びにこれらの者以外の裁判を受ける者（清算人）に告知する（非訟56条1項）。

選任決定には理由を付す必要がなく（会871条ただし書2号、874条1号）、選任決定に対しては不服申立てをすることができない（同法874条1号）。

却下決定には理由を付す必要があり（会871条本文）、却下決定に対しては申立人に限り即時抗告をすることができる（非訟66条2項）。

申立人は、終局決定が確定するまで、申立ての全部または一部を取り下げることができるが、終局決定後は、裁判所の許可が必要となる（非訟63条1項）。

6　選任決定後の手続等

　清算人は、選任後2週間以内に、清算人の登記（清算株式会社における登記事項は、清算人の氏名、代表清算人の氏名および住所、清算株式会社が清算人設置会社であるときはその旨）の申請をしなければならない（会928条3項・1項）。

　清算人は、裁判所に対し、清算人の登記がされた登記事項証明書のほか、清算事務の進捗状況および終了の報告書を提出する。

　スポット型運用の清算人について、選任当初に予想されていなかった業務（追加業務）の処理を希望する者から、追加業務の内容が記載された上申書および疎明資料が提出された場合には、裁判所は清算人が追加業務の処理を行うことを承諾し、かつ、追加業務がスポット型運用で処理することが相当なものであるときは、追加業務の処理を希望する者に、当該追加業務に係る清算人の報酬および費用の合計の見込額を追加予納させて、当該清算人による追加業務の処理を認める場合もある。

　裁判所は、会社が清算人に対して支払う報酬の額を定めることができ（会485条）[61]、報酬の額の決定の裁判をする場合には、会社および報酬を受ける者（通常はいずれも清算人）の陳述を聴かなければならない（同法870条1項1号）。報酬の額の決定の裁判には理由を付す必要がない（同法871条ただし書1号、870条1項1号）。会社および清算人は、報酬の額の決定の裁判に対し、即時抗告をすることができるが（同法872条4号、870条1項1号）、即時抗告は執行停止の効力を有しない（同法873条ただし書）。

　清算業務全般を行う清算人の場合、清算事務終了の目処がついたところで、裁判所が報酬の額の決定の裁判をし、清算人が、清算結了の登記（会929条）をして、当該登記のある登記事項証明書を添付した最終報告書を裁判所に提

---

[61] 清算人の報酬の額については、大阪地方裁判所商事研究会「新しい非訟事件手続法と大阪地裁商事部の運用　第2回　清算に関する事件」金法1965号90頁参照。

出することにより、清算人の職務が終了する。

　スポット型運用の清算人の場合、清算人が、選任の目的である特定の職務を行って、清算事務終了の報告書を裁判所に提出した後に、裁判所が、報酬の額の決定の裁判をし、その裁判の確定後に、職権で清算人選任取消決定をすることにより（非訟59条1項）、清算人の職務が終了する。清算人選任取消決定があったときは、裁判所書記官が職権で清算人選任取消決定の登記嘱託をする（会937条1項2号ニ）。[62]

Ⅵ　少額債権等弁済許可申立事件

1　概　　要

　清算株式会社は、清算の開始原因に該当することとなった後、遅滞なく、当該清算株式会社の債権者に対し、一定の期間（ただし、2カ月を下ることができない。以下、上記期間を「債権申出期間」という）内にその債権を申し出るべき旨を官報に公告し、かつ、知れている債権者には、各別にこれを催告しなければならない（会499条1項）。清算株式会社は、債権申出期間内は、原則として、債務の弁済をすることができないが（同法500条1項）、例外として、裁判所の許可を得て、①少額の債権、②清算株式会社の財産につき存する担保権によって担保される債権、③その他これを弁済しても他の債権者を害するおそれがない債権に係る債務について、その弁済をすることができる（同条2項）。

---

[62] 類型別会社非訟・50頁〜51頁

2 要　件

(1) 公告および催告

　清算株式会社が、清算の開始原因に該当することとなった後、遅滞なく、当該清算株式会社の債権者に対し、債権申出期間内にその債権を申し出るべき旨を官報に公告し、かつ、知れている債権者には、各別にこれを催告していることが必要である（会499条1項）。

(2) 債務弁済の時期

　債務の弁済をするのが、債権申出期間内であることが必要である（会500条2項前段・1項、499条1項）。債権申出期間は、公告の日の翌日から起算する。[63]

(3) 弁済する債務の種類

　弁済の許可を求める債務が、①少額の債権、②清算株式会社の財産につき存する担保権によって担保される債権、③その他これを弁済しても他の債権者を害するおそれがない債権に係る債務であることが必要である（会500条2項）。③の債権としては、租税債権、給料債権等の法的優先債権があげられるが、これらの債権についても、すべての法的優先債権を弁済するに足りる資産が存する場合であることが必要であると解される。[64]

(4) 弁済の必要性

　債権申出期間内は、原則として、債務の弁済が禁止されているのであるから、弁済の必要性があることが要件となる。具体的には、弁済の許可を求める債務の弁済期が、すでに到来しているか、または債権申出期間内に到来すること、当該債務を弁済しないと清算事務に支障を来し、債権者全体の利益を損なうような事情があることが必要である。[65]

---

[63] 旧商法421条1項について、昭和58年6月15日法務省民事局第4課長回答（味村治『詳解商業登記(上)〔全訂版〕』838頁）。
[64] 類型別会社非訟・60頁。

3 申立手続

(1) 管　轄

　清算株式会社の本店所在地を管轄する地方裁判所の管轄に属する（会868条1項）。

(2) 当事者

　申立人は、清算株式会社である（会500条2項前段）。清算人が2人以上あるときは、その全員の同意によって申立てをしなければならない（同項後段）。

(3) 方法等

　申立ては、書面によらなければならない（非訟43条1項、会非訟規1条）。申立手数料として1000円（民訴費3条1項・別表第1・16項）が必要となる。

　添付書類としては、①申立てに係る会社（清算株式会社）の登記事項証明書（会非訟規3条1項1号）、②清算人が2人以上あるときは、申立書に記載された代表清算人以外の清算人全員の同意書（会500条2項後段）、③解散の公告、④申立人（清算株式会社）の資産状況を疎明する資料（解散時の貸借対照表および財産目録、申立て時の預金通帳または残高証明等）、⑤弁済の許可を求める債務を疎明する資料が必要となる。

4 審　理

　裁判所は、少額債権等弁済許可について裁判をする場合には、利害関係人の陳述を聴かなければならないものとされておらず（会870条参照）、実務上、申立人が提出した資料の書面審査により審理を行う場合がほとんどである。

65　江頭＝門口・前掲（注4）494頁〔髙山崇彦〕参照。

5　裁判等

　裁判は、決定による（非訟54条）。事件を完結する裁判においては、訴訟費用負担の裁判をしなければならない（同法28条1項、民訴67条1項）。決定は、当事者および利害関係参加人並びにこれらの者以外の裁判を受ける者に告知する（非訟56条1項）。

　許可決定には理由を付す必要がなく（会871条ただし書2号、874条4号）、許可決定に対しては不服申立てをすることができない（同法874条4号）。

　却下決定には理由を付す必要があり（会871条本文）、却下決定に対しては申立人に限り即時抗告をすることができる（非訟66条2項）。

　申立人は、終局決定が確定するまで、申立ての全部または一部を取り下げることができるが、終局決定後は、裁判所の許可が必要となる（非訟63条1項）。

VII　株式売買価格決定申立事件

1　概　要

　譲渡制限株式（株式会社がその発行する全部または一部の株式の内容として譲渡による当該株式の取得について当該会社の承認を要する旨の定めを設けている場合における当該株式。会2条17号）の譲渡がされる場合において、株式会社が当該譲渡の承認をしない旨の決定をし、その決定の内容を通知したときは、株式会社または指定買取人（会社から譲渡等承認請求に係る譲渡制限株式の全部または一部を買い取る者として指定された者）は、当該株式を買い取らなければならず（同法140条1項・4項）、譲渡等承認請求をした株主または株式取得者（以下、「譲渡等承認請求者」という。同法139条2項）は、裁判所に対し、株式売買価格の決定の申立てをすることができる（同法144条2項・7項）。[66]

878

2 要 件

　法定の期間内に、①株式売買価格決定の申立てをする前に必要な手続、および②裁判所に対する株式売買価格決定の申立てがされることが必要である（〔図1〕〔図2〕参照）。

　①株式売買価格決定の申立て前に必要な手続については、㋐株主（会136条）または株式取得者（同法137条）からの譲渡等承認請求（同法138条）、㋑譲渡不承認決定の通知（譲渡等承認請求の日から2週間以内。同法139条2項、145条1号）、㋒会社または指定買取人による買取りの通知（指定買取人の指定がない場合は譲渡不承認決定の通知の日から40日以内、指定買取人の指定がある場合は譲渡不承認決定の通知の日から10日以内。同法141条1項、142条1項、145条2号）、㋓会社または指定買取人による法定の供託金額の供託および供託を証する書面の交付（上記㋒の通知をしようとするとき。同法141条2項、142条2項）[67]、㋔対象株式（譲渡承認請求に係る譲渡制限株式）が株券発行会社の株式である場合には、譲渡等承認請求者が株券を供託した旨の通知（法定の供託金額の供託を証する書面の交付を受けた日から1週間以内。同法141条3項、142条3項）の各手続を、上記の法定の各期間内に行うことが必要である。上記㋑および㋒の通知が、上記の法定の各期間内にされなかったときは、会社が譲渡等を承認する旨の決定をしたものとみなされる（同法145条1号・2号）[68]。

---

[66] このほかに株式売買価格の決定の申立てをすることができる場合として、株式会社は、相続その他の一般承継により当該会社の譲渡制限株式を取得した者に対し、当該株式を当該会社に売り渡すことを請求することができる旨を定款で定めることができ（会174条）、株式会社が株式の売渡しの請求をした場合には、当該会社および株式取得者は、その請求があった日から20日以内に、裁判所に対し、株式売買価格の決定の申立てをすることができるとされている（同法177条2項）。

[67] 1株あたり純資産額（1株あたりの純資産額として法務省令（会施規25条）で定める方法により算定される額）に会社が買い取る対象株式の数を乗じて得た額である（会141条2項、142条2項）。

[68] そのほかに会社が譲渡等を承認する旨の決定をしたものとみなされる場合について、会社法145条3号、会社法施行規則26条1号から3号まで参照。

〔第3部・第5章〕第2節　手続・裁判

〔図1〕　株式売買価格決定申立ての手続①——会社が指定買取人を指定しなかった場合

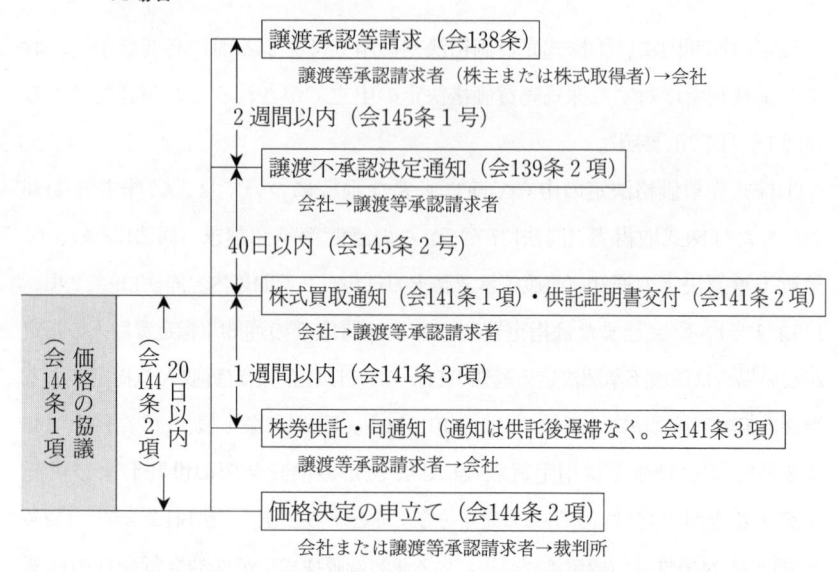

```
          ┌─ 譲渡承認等請求（会138条）
          │    譲渡等承認請求者（株主または株式取得者）→会社
     2週間以内（会145条1号）
          │
          ├─ 譲渡不承認決定通知（会139条2項）
          │    会社→譲渡等承認請求者
     40日以内（会145条2号）
          │
          ├─ 株式買取通知（会141条1項）・供託証明書交付（会141条2項）
          │    会社→譲渡等承認請求者
     1週間以内（会141条3項）
          │
          ├─ 株券供託・同通知（通知は供託後遅滞なく。会141条3項）
          │    譲渡等承認請求者→会社
          │
          └─ 価格決定の申立て（会144条2項）
               会社または譲渡等承認請求者→裁判所
```

左側：価格の協議（会144条1項）／20日以内（会144条2項）

〔図2〕　株式売買価格決定申立ての手続②——会社が指定買取人を指定した場合

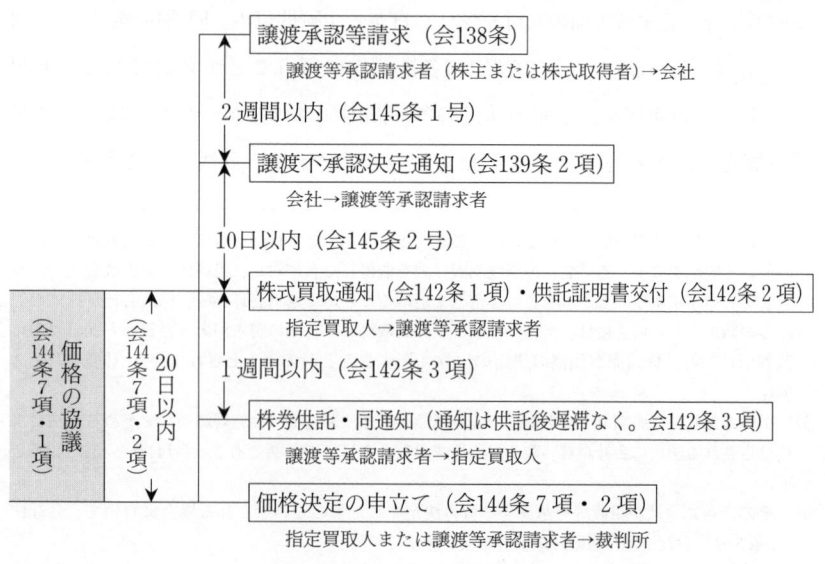

```
          ┌─ 譲渡承認等請求（会138条）
          │    譲渡等承認請求者（株主または株式取得者）→会社
     2週間以内（会145条1号）
          │
          ├─ 譲渡不承認決定通知（会139条2項）
          │    会社→譲渡等承認請求者
     10日以内（会145条2号）
          │
          ├─ 株式買取通知（会142条1項）・供託証明書交付（会142条2項）
          │    指定買取人→譲渡等承認請求者
     1週間以内（会142条3項）
          │
          ├─ 株券供託・同通知（通知は供託後遅滞なく。会142条3項）
          │    譲渡等承認請求者→指定買取人
          │
          └─ 価格決定の申立て（会144条7項・2項）
               指定買取人または譲渡等承認請求者→裁判所
```

左側：価格の協議（会144条7項・1項）／20日以内（会144条7項・2項）

譲渡等承認請求者は、株式買取りの通知を受けた後は、会社または指定買取人の承諾を得た場合に限り、譲渡等承認請求を撤回することができる（会143条1項・2項。最決平成15・2・27民集57巻2号202頁参照）。

②裁判所に対する株式売買価格決定の申立てについては、㋐指定買取人の指定がない場合には、会社または譲渡等承認請求者が、買取りの通知（会141条1項）があった日から20日以内に、㋑指定買取人の指定がある場合には、指定買取人または譲渡等承認請求者が、買取りの通知（同法142条1項）があった日から20日以内に、裁判所に対し、株式売買価格決定の申立てをすることが必要である（同法144条2項・7項）。上記の法定の期間内に株式売買価格決定の申立てがないとき（上記の期間内に対象株式の価格の協議が調った場合を除く）は、法定の供託金額が売買価格となる（同法144条5項・7項）。

3 申立手続

(1) 管　轄

会社の本店所在地を管轄する地方裁判所の管轄に属する（会868条1項）。

(2) 当事者

申立人は、譲渡等承認請求者（会144条2項）、会社（指定買取人の指定がない場合。同項）、指定買取人（指定買取人の指定がある場合。同条7項・2項）である。①申立人が譲渡等承認請求者の場合における会社または指定買取人、②申立人が会社または指定買取人の場合における譲渡等承認請求者は、「当事者となる資格を有する者」または「裁判を受ける者となるべき者」として、当事者参加または利害関係参加をすることができる（非訟20条1項、21条1項）[69]。旧非訟事件手続法の手続と異なり、当然に、手続上、相手方となるものではないことに注意を要する[70]。

---

[69] ただし、株式売買価格決定の申立期限を徒過した場合には、当事者となる資格を失い、利害関係参加のみをすることができると解される。

(3) 方法等

申立ては、書面でしなければならない（非訟43条1項、会非訟規1条）。

申立手数料として1000円（民訴費3条1項・別表第1・16項。ただし、申立人が複数の場合には、1000円に申立人の人数を乗じた額となる）、特別送達費用として郵券の予納が必要となる。

添付書類としては、①申立書の写し1通（会非訟規6条、会870条2項3号）、②申立てに係る会社の登記事項証明書（会非訟規3条1項1号）、③会社の定款、④株式売買価格決定の申立てをする前に必要な手続が行われていることを疎明する資料（㋐譲渡等承認請求書（会138条）、㋑株式の譲渡を承認しない旨の通知書（同法139条2項）、㋒指定買取人の指定がない場合は、会社による譲渡等承認請求者に対する買取通知書（同法141条1項）、指定買取人の指定がある場合は、指定買取人による譲渡等承認請求者に対する買取通知書（同法142条1項）、㋓法定の供託金額の供託を証する書面（同法141条2項、142条2項）、㋔会社の直近の貸借対照表（同法141条2項、142条2項参照））、⑤株価鑑定書（私的鑑定を行っている場合）が必要となる。

4 審 理

(1) 申立書の写しの送付

裁判所は、株式売買価格決定申立事件の裁判の申立てがあったときは、売買価格の決定の申立てをすることができる者（申立人を除く）に対し、原則として、申立書の写しを送付しなければならない（会870条の2第1項、870条2項3号）。[71]

---

[70] 岡崎克彦ほか「非訟事件手続法・同規則の施行に向けて 第4回（完） 非訟事件手続法の施行後の株式価格決定申立事件について」NBL993号29頁、31頁。
[71] 申立書の補正命令および期日の呼出しに必要な費用の予納命令に係る措置等について、会社法870条の2第2項から4項まで、7項・8項参照。

(2) 陳述の聴取

裁判所は、株式売買価格決定の申立てについて裁判をする場合には、原則として、審問の期日を開いて、申立人および売買価格の決定の申立てをすることができる者の陳述を聴かなければならない（会870条2項3号）[72]。

(3) 参　加

①申立人が譲渡等承認請求者の場合における会社または指定買取人、②申立人が会社または指定買取人の場合における譲渡等承認請求者は、「当事者となる資格を有する者」または「裁判を受ける者となるべき者」として、当事者参加または利害関係参加をすることができる（非訟20条1項、21条1項）[73]。他方、当該株式会社の他の株主は、株式の価格の決定により事実上の影響を受けるにすぎず、直接の影響を受けるとはいえないから、利害関係参加をすることはできない。

(4) 鑑　定

株価の算定には、専門的な知見が必要であり、実務上、鑑定を行う場合も少なからずみられる[74]。鑑定を行う場合には、不動産や有価証券等の会社の資産の評価方法、将来のキャッシュフロー等の鑑定に用いる会社の財務上の数値等について、鑑定前に、裁判所と当事者で打合せを行うことが必要である。

株価の鑑定を行う場合には、裁判所は、鑑定の申出をした者に対し、鑑定人の報酬および費用の予定額を予納させることになるが（民訴費11条1項1号・2項）、実務上、当事者双方が、鑑定の申出をし、上記の予定額を折半して予納することも少なくない。

鑑定人の人選については、実務上、当事者と利害関係のない公認会計士を選任するのが通例である。

72　ただし、不適法または理由がないことが明らかであるとして申立てを却下する裁判をするときは、この限りでない（会870条2項ただし書）。
73　ただし、株式売買価格決定の申立期限を徒過した場合については、前掲（注69）参照。
74　非訟事件手続法において、非訟事件の手続に専門委員の制度が導入された（非訟33条）。

手続費用は、各自の負担とするのが原則であるが（非訟26条1項）、鑑定費用については、多額となることも多く、また、売買価格の決定がされると当事者双方にとって利益となるから、一方当事者が鑑定費用を予納した場合にその当事者だけに鑑定費用を負担させるのは公平とはいえず、事情に応じて相手方にその一部を負担させるのが相当である（同条2項）。実務上、当事者双方が、鑑定前に、決定または和解における株価と、当事者が主張する株価との乖離率に応じて、鑑定費用を按分して負担する旨の合意がされることも多い。[75]

(5) 和解（当事者の合意による解決）

　株式売買価格決定申立事件の多くは、当事者の合意により解決されている。

　旧非訟事件手続法においては、民事訴訟法の和解に関する規定が準用されておらず（旧非訟10条参照）、非訟事件手続では和解が認められないと解されていたため、当事者間に合意が成立した場合には、合意の内容を調書に記載したうえで、申立ての取下げにより事件を終了させる手続がとられていた。

　非訟事件手続法において、非訟事件の手続に和解制度が導入され（非訟65条1項）、和解を調書に記載したときは、その記載は確定した終局決定と同一の効力を有するものとされた（同条2項）。

5　売買価格決定の方法

(1)　売買価格決定の基準時

　裁判所は、譲渡等承認請求の時における会社の資産状態その他一切の事情を考慮して売買価格を決定する（会144条3項・7項）。

---

[75] なお、株式買取請求に係る価格決定手続における鑑定費用の負担について、各申立人らの持株数と、株式価格についての申立人らと相手方それぞれの主張額と裁判所が決定する額との乖離率に応じて、各当事者に鑑定費用を負担させた裁判例として、東京地決平成20・3・14判タ1266号120頁。

(2) 市場価格のない株式の評価方法[76]

(ア) 評価方法

譲渡制限株式は、市場価格のない株式であり、その評価方法としては、次のようなものがある。

(A) DCF方式

会社が将来獲得するであろうフリー・キャッシュ・フローを一定の割引率で割り戻して、株式の現在価値を算出する方式である。継続企業を前提とした継続企業価値の算定方式として、近時、広く用いられているが[77]、キャッシュフローやリスクの予測に不確定要素が多く、数値の確実性に問題があるとの指摘がされている[78]。

(B) 配当還元方式

将来期待される1株あたりの予測配当金額を資本還元率で割り引く方法により、元本にあたる株式の現在の価格を算定する方式である。利益配当金額の予想が困難である[79]、社内留保が過大に行われがちであり過小評価となりやすいとの指摘がされている[80]。

(C) 収益還元方式

将来期待される法人税課税後の1株あたりの予測純利益を資本還元率で割り引く方法により、元本にあたる株式の現在の価格を算定する方式である[81]。

---

76 市場価格のない株式の評価方法については、日本公認会計士協会編『企業価値評価ガイドライン〔増補版〕』31頁以下、日本公認会計士協会経営研究調査会「株式等鑑定評価マニュアル」(日本公認会計士協会経営研究調査会編・株式等鑑定評価マニュアルQ&A) 165頁以下、江頭憲治郎「株式評価の方法」(竹下守夫=藤田耕三編・裁判実務大系(3)会社訴訟・会社更生法〔改訂版〕) 87頁以下、川畑正文「株式の評価」(門口正人編・新・裁判実務大系(11)会社訴訟・商事仮処分・商事非訟) 301頁以下参照。
77 DCF方式により株式の価値を算定した裁判例として、東京高決平成22・5・24金商1345号12頁、前掲(注75)東京地決平成20・3・14。
78 日本公認会計士協会経営研究調査会・前掲(注76) 198頁。
79 川畑・前掲(注76) 303頁。
80 江頭・15頁、日本公認会計士協会・前掲(注76) 48頁。
81 収益還元方式を採用した裁判例として、東京高決平成20・4・4判タ1284号273頁。

課税後純利益の予測が困難である[82]、当期純利益は、会計学上の概念にすぎず、株主が期待できる利益の額とは異なるとの指摘がされている[83]。

　(D)　純資産価格方式

　1株あたりの現在の会社の純資産額を算定して、株式の現在の価格を算定する方式である。この方式には、簿価純資産方式（会社の適正な帳簿価格による純資産額に基づいて、1株あたりの純資産額を計算する方式）と時価純資産方式（貸借対照表上の資産・負債を時価で評価し直した純資産額に基づいて、1株あたりの純資産額を計算する方式）がある。簿価純資産方式については、資産の価格は簿価と乖離していることが多いため、簿価純資産方式をそのまま使用することは少ないが、時価の算出が困難な場合等に、計算の簡便性の観点から採用されることがある。時価純資産方式については、実務上、土地や有価証券等の主要な資産の含み損益のみを時価評価して使用することが多い[84]。

　純資産価格方式は、清算を予定している会社、資産の大部分が不動産である会社等については有用であるが、事業の継続を前提とすべき会社では、この方式のみによるべきでないとの指摘がされている[85]。

　(E)　類似上場会社方式

　評価対象会社と類似する上場会社を選定し、選定した上場会社と対象会社の1株あたりの利益や純資産等の財務数値を比較して、その指標の倍率を計算し、選定した上場会社の市場株価に、その指標の倍率を掛けて評価対象会社の株価を算出する方式である。評価対象会社との比較が可能な上場会社を見出すことが困難な例が多いとの指摘がされている[86]。

82　川畑・前掲（注76）304頁。
83　江頭・16頁。
84　類型別会社非訟・89頁。時価純資産方式については、①時価を再調達時価と解するか清算処分時価と解するか、②含み益や清算所得に対する法人税等相当額を控除すべきか否かが問題となる（川畑・前掲（注76）306頁）。
85　川畑・前掲（注76）307頁。
86　江頭・前掲（注76）93頁。

(F) 取引先例価格方式

評価対象会社の株式について過去に売買がある場合に、その取引価格を基に株式の評価をする方式である。ただし、過去の取引事例を参考にすることができるのは、当該過去の取引につき、①取引量が同程度であること、②取引の時点が比較的最近であり、その間に経営、業績等に大きな変化がないこと、③独立した第三者間で行われた公正なものであることなどの条件を満たす場合に限られる。[87]

(ｲ) **総合評価**

上記の各評価方法は、それぞれすぐれた点とともに問題点を有しており、相互に問題点を補完する関係にあることから、実務上、複数の評価方法を採用し、それぞれの評価結果を比較検討しながら最終的に総合評価を行うことが多い（併用法[88]、折衷法[89]）。ただし、1つの評価方法からの評価結果を単独で採用するのが相当と認められる場合には、その評価結果をもって総合評価の結果とすることになる（単独法[90]）。

(3) 取得財源の規制との関係

会社が、譲渡制限株式の譲渡等を承認せずに対象株式を買い取る場合、会社による自己株式の取得に該当するので（会155条2号）、対象株式を取得するのと引換えに交付する金銭等の総額は、対象株式の売買の効力が生じる日（売買代金の支払時[91]）における分配可能額（同法461条2項）を超えてはならないとの規制に服することになる（同条1項1号）。[92]

そこで、裁判所による株式売買価格決定において、対象株式の評価の総額

---

87 日本公認会計士協会経営研究調査会・前掲（注76）202頁参照。
88 複数の評価方法を適用し、一定の幅をもって算出されたそれぞれの評価結果の重複等を考慮しながら評価結果を導く方法である（日本公認会計士協会・前掲（注76）39頁）。
89 複数の評価方法を適用し、それぞれの評価結果に一定の折衷割合（加重平均値）を適用する方法である（日本公認会計士協会・前掲（注76）40頁）。
90 日本公認会計士協会・前掲（注76）38頁。
91 株式の移転は、売買代金の支払時に効力を生じると解される（江頭・234頁）。

が、自己株式の取得財源の規制に違反することが見込まれる場合に、裁判所はどのように株式売買価格を決定すべきかが問題となる。裁判所としては、財源規制枠にかかわらず、客観的な事情に基づいて算定した売買価格を決定することになるが、[93]財源規制に違反する売買代金が対象株式の株主に交付されると、当該株主が上記代金相当額を会社に対して支払う義務を負うことになることから（会462条1項）、財源規制に違反する売買価格による決定がされた場合には、当該株主において、会社との間における対象株式の売買契約を解除することができ、上記売買契約が解除されたときは、会社が対象株式の譲渡を承認する旨の決定をしたものとみなされることになる（同法145条3号、会施規26条3号）と解するのが相当である。[94]

6 裁判等

　裁判所は、株式売買価格決定の申立てについての裁判をするときは、原則として、相当の猶予期間をおいて、審理を終結する日を定め、申立人および売買価格の決定の申立てをすることができる者に告知しなければならず（会870条の2第5項・1項、870条2項3号）、[95]また、審理を終結したときは、原則として、裁判をする日を定め、上記の者に告知しなければならない（同法870条の2第6項）。[96]

92　取得財源の規制に違反した株式取得の効果については、有効説（相澤哲ほか「株式会社の計算等」商事1746号39頁、葉玉匡美「財源規制違反行為の効力」商事1772号33頁）、無効説（江頭・250頁、神田秀樹『会社法〔第15版〕』279頁、森本滋「自己株式の取得規制」金法1813号6頁）の争いがある。

93　旧商法204条ノ4第6項について、法務省民事局参事官室編『一問一答　平成6年改正商法』154頁。

94　類型別会社非訟・85頁以下。

95　ただし、裁判所は、申立人および株式会社が立ち会うことができる期日においては、直ちに審理を終結する旨を宣言することができる（会870条の2第5項ただし書）。

96　申立てが不適法である場合または申立てに理由がないことが明らかである場合には、申立書の写しの送付、陳述の聴取、審理を終結する日の告知および裁判をする日の告知を経ずに、直ちに申立てを却下する裁判をすることができる（会870条2項ただし書、870条の2第7項）。

裁判は、理由を付した決定による（非訟54条、会871条本文）。事件を完結する裁判においては、訴訟費用負担の裁判をしなければならない（非訟28条1項、民訴67条1項）。決定は、当事者および利害関係参加人並びにこれらの者以外の裁判を受ける者に告知する（非訟56条1項）。

申立人および売買価格決定の申立てをすることができる者に限り、決定に対して、即時抗告をすることができる（会872条5号、870条2項3号）。即時抗告は、執行停止の効力を有する（同法873条本文）。裁判所は、株式売買価格決定申立事件の裁判に対する即時抗告があったときは、申立人および売買価格の決定の申立てをすることができる者（抗告人を除く）に対し、原則として、抗告状の写しを送付しなければならない（同法872条の2第1項）。

裁判によらない非訟事件の終了として、和解（非訟65条）、調停（民調20条4項）、取下げ（非訟63条）がある。

VIII 株式買取価格決定申立事件

1 概　要

①株式譲渡制限の定め（会116条1項1号・2号）や株式全部取得条項の定め（同項2号）を設ける定款変更をする場合、②事業譲渡等（同法469条1項本文）、吸収合併等（同法785条1項）、新設合併等（同法806条1項）をする場合等には、一定の株主は、会社に対し、自己の有する株式を公正な価格で買い取ることを請求することができる[97]。これらの場合において、当事者間で協議が調わないときは、一定の株主または会社は、裁判所に対し、株式買取価格決定の申立てをすることができる（会117条2項、470条2項、786条2項、807条2項等）[98]。

---

97 株式買取請求をすることができるのは、〈表10〉記載の場合である。

889

〈表10〉 株式買取請求の主体・期間制限等

株主が株式買取請求をすることができる場合	株式買取請求をすることができる株主	価格決定の申立人となり得る株主
1　会社法116条1項各号の場合 (1)　発行する全部の株式の内容として譲渡制限の定めを設ける定款変更をする場合（会116条1項1号、107条1項1号） (2)　ある種類の株式の内容として譲渡制限または全部取得条項の定めを設ける定款変更をする場合（会116条1項2号、108条1項4号・7号） (3)　①株式の併合また株式の分割、②株式無償割当て、③単元株式数についての定款変更、④当該株式会社の株式を引き受ける者の募集、⑤当該株式会社の新株予約権を引き受ける者の募集、⑥新株予約権無償割当てをする場合において、ある種類の株式（会社法322条2項の規定による定款の定めがあるものに限る）を有する種類株主に損害を及ぼすおそれがあるとき（会116条1項3号）	会社法116条2項に定める反対株主	同左
2　単元未満株式の買取請求の場合（会192条1項)	単元未満株主（会192条1項）	同左
3　一定の組織再編をする場合		
(1)　事業譲渡等をする場合（会469条1項本文）	会社法469条2項に定める反対株主	同左
(2)　吸収合併等をする場合（会785条1項、797条1項）	会社法785条2項（吸収合併消滅会社等の場合）、797条2項（吸収合併存続会社等の場合）に定める反対株主	同左
(3)　新設合併等をする場合（会806条1項）	会社法806条2項に定める反対株主	同左

株式買取請求の請求期間	買取価格の協議期間	価格決定の申立ての申立期間	価格決定の申立ての根拠条文
効力発生日の20日前の日から効力発生日の前日までの間（会116条5項）	効力発生日から30日以内（会117条2項）	協議期間の満了日後30日以内（会117条2項）	会社法117条2項
なし	なし	買取請求日から20日以内（会193条2項）	会社法193条2項
1と同じ（会469条5項）	1と同じ（会470条2項）	1と同じ（会470条2項）	会社法470条2項
1と同じ（会785条5項、797条5項）	1と同じ（会786条2項、798条2項）	1と同じ（会786条2項、798条2項）	会社法786条2項（吸収合併消滅会社等の場合）、798条2項（吸収合併存続会社等の場合）
通知または公告の日から20日以内（会806条5項）	設立会社の成立の日から30日以内（会807条2項）	協議期間の満了日後30日以内（会807条2項）	会社法807条2項

2 要件

(1) 期間制限

　法定の期間内に、①株式買取価格決定の申立てをするにあたって必要な手続、および②裁判所に対する株式買取価格決定の申立てがされることが必要である（〈表10〉〔図3〕参照）。たとえば、株式全部取得条項の定めを設ける定款変更をする場合については、㋐定款変更が効力を生ずる日（効力発生日）の20日前までに、会社が株主に対して定款変更をする旨の通知または公告をし（会116条3項・4項）、㋑効力発生日の20日前の日から効力発生日の前日までの間に反対株主が会社に対して株式買取請求をし（同条5項）、㋒効力発生日から30日以内の協議期間の満了の日後30日以内に、株主または会社が裁判所に対して株式価格決定の申立てをすること（同法117条2項）が必要である。

(2) 「反対株主」の株式買取請求

　「反対株主」が株式買取請求をすることが必要である。

　「反対株主」とは、①株式買取請求をすることができる行為をするために株主総会（種類株主総会を含む）の決議を要する場合には、㋐当該株主総会に先立って当該行為に反対する旨を会社に対し通知し、かつ、当該株主総会において当該行為に反対した株主（当該株主総会において議決権を行使することができるものに限る）、および㋑当該株主総会において議決権を行使することができない株主をいい、②株式買取請求をすることができる行為をするために株主総会の決議を要しない場合には、すべての株主をいう（会116条2項等）。[99]

　上記①㋑の「議決権を行使することができない株主」（会116条2項1号ロ

---

[98] 新株予約権者も、株主と同様に、新株予約権の買取請求をすることができ（会118条1項、777条1項、787条1項、808条1項）、新株予約権買取価格決定の申立てをすることができる（同法119条2項、778条2項、788条2項、809条2項）。

〔図3〕 株式買取価格決定申立ての手続（例：株式全部取得条項の定めを設ける定款変更をする場合）

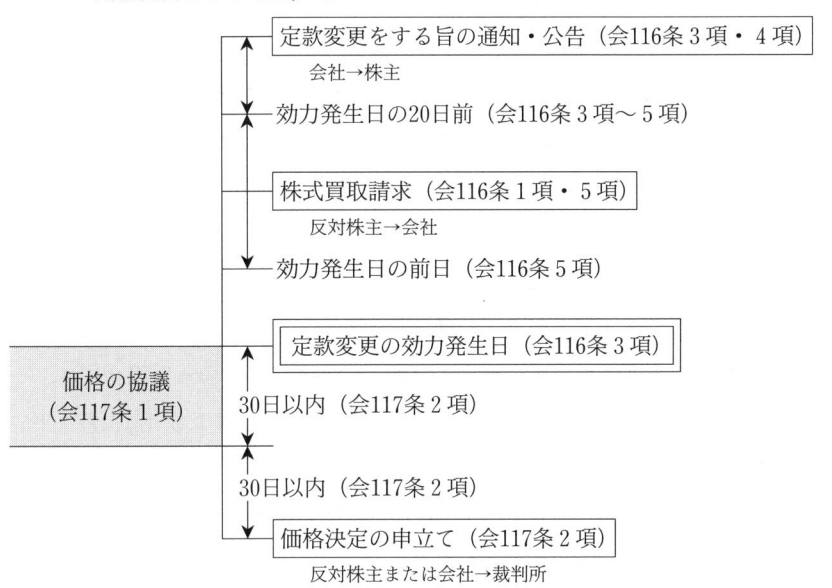

```
              ┌── 定款変更をする旨の通知・公告（会116条3項・4項）
              │      会社→株主
              ├── 効力発生日の20日前（会116条3項〜5項）
              │
              ├── 株式買取請求（会116条1項・5項）
              │      反対株主→会社
              ├── 効力発生日の前日（会116条5項）
              │
 価格の協議    ├── 定款変更の効力発生日（会116条3項）
（会117条1項） │   30日以内（会117条2項）
              │
              │   30日以内（会117条2項）
              └── 価格決定の申立て（会117条2項）
                     反対株主または会社→裁判所
```

等）には、株主総会の基準日時点で株式を保有しているにもかかわらず議決権を行使することができない株主（たとえば、議決権制限株式の株主）のほか、基準日後に株式を取得した株主も含むと解するのが相当である[100]。また、株式買取請求権の原因となる組織再編行為の計画公表後に株式を取得した株主による株式買取請求を否定するのは相当でなく（東京高決平成21・7・17金商

---

[99] 株主総会決議を要しない場合としては、種類株主に損害を及ぼすおそれがある行為につき種類株主総会決議を要しない旨定款で定めた場合（会322条2項）、略式組織再編および簡易組織再編の場合（同法468条1項・2項、796条1項・3項等）がある。なお、略式組織再編における株式買取請求権の問題点については、葉玉匡美「略式株式交換における株式買取請求権」商事1878号39頁参照。

[100] 中東正文「株式買取請求権と非訟事件手続」名古屋大学法政論集223号241頁、江頭・776頁。
　　ただし、「議決権を行使することができない株主」には、株主総会の基準日以前に株式を取得しながら名義書換を怠って株主名簿上の株主でなかった者は含まない（東京地決平成21・10・19金商1329号30頁）。

1341号31頁)[101]、さらに、当該組織再編行為の計画公表前に株式を取得した株主と、当該計画の公表後に株式を取得した株主とで、株式の取得時期によって株式買取価格に差を設けるのも、原則として相当でないと解される[102]。

　株式買取価格決定申立ての申立人が振替株式(社債株式振替128条1項)の株主である場合については、株式価格決定申立権が、社債、株式等の振替に関する法律154条1項、147条4項所定の少数株主権等に該当し、また、個別株主通知(同法154条3項)が、少数株主権等を行使する際に自己が株主であることを会社に対抗するための対抗要件であると解されることから、振替株式についての価格決定の申立てを受けた会社が、裁判所における株式価格決定申立事件の審理において、申立人が株主であることを争った場合には、その審理終結までの間に個別株主通知がされることを要する(前掲最決平成22・12・7)。振替株式について会社法116条1項に基づく株式買取請求を受けた株式会社が、同法117条2項に基づく価格の決定の申立てに係る事件の審理において、同請求をした者が株主であることを争った場合には、その時点ですでに当該株式について振替機関の取扱いが廃止されていたときであっても、その審理終結までの間に個別株主通知がされることを要し、また、同法116条1項に基づく株式買取請求をした株主が同請求に係る株式を失った場合は、当該株主は同法117条2項に基づく価格決定の申立ての適格を欠くに至り、同申立ては不適法になる(前掲最判平成24・3・28)[103][104]。

　株式買取請求をした株主は、会社の承諾を得た場合に限り、株式買取請求を撤回することができる(会116条6項等)。ただし、買取価格につき協議が

101　神田秀樹「株式買取請求権制度の構造」商事1879号7頁。
102　藤田友敬「新会社法における株式買取請求権制度」(江頭憲治郎先生還暦記念・企業法の理論　上巻)295頁以下、神田・前掲(注101)8頁。
103　前記Ⅰ8参照。
104　会社法116条1項に基づく株式買取請求をした株主が、会社による全部取得条項付種類株式の取得により、同請求に係る株式を失った場合にも、当該株主は、同法172条1項に基づき、株式取得価格決定の申立てをすることができる。

調わず、かつ、裁判所に対する価格決定の申立てがされないまま効力発生日から60日の期間が経過したときは、株主は、いつでも、株式買取請求を撤回することができる（同法117条3項等）。会社が、株式買取請求をすることができる行為を中止したときは、株式買取請求はその効力を失う（同法116条7項等）。

3 申立手続

(1) 管　轄

会社の本店所在地を管轄する地方裁判所の管轄に属する（会868条1項）。

(2) 当事者

株式買取価格決定申立事件の申立人は、一定の株主（株主の具体的な資格要件については、〈表10〉参照）または会社である（会117条2項等）。

①申立人が一定の株主である場合における会社、②申立人が会社の場合における一定の株主は、「当事者となる資格を有する者」または「裁判を受ける者となるべき者」として、当事者参加または利害関係参加をすることができる（非訟20条1項、21条1項）。旧非訟事件手続法の手続と異なり、当然に、手続上、相手方となるものではないことに注意を要する。[105][106]

(3) 方法等

申立ては、書面でしなければならない（非訟43条1項、会非訟規1条）。

申立手数料として1000円（民訴費3条1項・別表第1・16項。ただし、申立人が複数の場合には、1000円に申立人の人数を乗じた額となる）、特別送達費用として郵券の予納が必要となる。

添付書類としては、①申立書の写し1通（会非訟規6条、会870条2項2号）、②申立てに係る会社の登記事項証明書（会非訟規3条1項1号）、③会社の定

---

105 ただし、株式買取価格決定の申立期限を徒過した場合には、当事者となる資格を失い、利害関係参加のみをすることができると解される。
106 岡崎ほか・前掲（注70）29頁、31頁。

款、④申立人が株主の場合、株主であることを疎明する資料（株券、株主名簿等。なお、上場会社の場合につき、前記Ⅰ8参照）、⑤株式買取価格決定の申立てをするにあたって必要な手続が行われていることを疎明する資料（株主総会招集通知書、決議反対通知書、議決権行使書面、株主総会議事録、株式買取請求書等）、⑥株価鑑定書（私的鑑定を行っている場合）が必要となる。

4 審　理

(1) 申立書の写しの送付

　裁判所は、株式買取価格決定申立事件の裁判の申立てがあったときは、買取価格の決定の申立てをすることができる者（申立人を除く）に対し、原則として、申立書の写しを送付しなければならない（会870条の2第1項、870条2項2号)。[107]

(2) 陳述の聴取

　裁判所は、株式買取価格決定の申立てについて裁判をする場合には、原則として、審問の期日を開いて、申立人および株式の価格の決定の申立てをすることができる者の陳述を聴かなければならない（会870条2項2号）。[108]

(3) 参　加

　①申立人が一定の株主である場合における会社、②申立人が会社の場合における一定の株主は、「当事者となる資格を有する者」または「裁判を受ける者となるべき者」として、当事者参加または利害関係参加をすることができる（非訟20条1項、21条1項）。[109]他方、当該株式会社の他の株主は、株式の価格の決定により事実上の影響を受けるにすぎず、直接の影響を受けるとはいえないから、利害関係参加をすることはできない。

107　申立書の補正命令および期日の呼出しに必要な費用の予納命令に係る措置等について、会社法870条の2第2項から4項まで、7項・8項参照。
108　ただし、不適法または理由がないことが明らかであるとして申立てを却下する裁判をするときは、この限りでない（会870条2項ただし書）。
109　ただし、株式買取価格決定の申立期限を徒過した場合については、前掲（注105）参照。

(4) その他

価格決定は、総株主に対して効力が生ずるものではないため、会社法において、同時に係属する数個の事件の審問および裁判の必要的併合の制度は廃止された[110]。しかし、複数の申立てがある場合には、事件を併合して審問および決定が行われる場合もある（非訟35条1項）。

株価の鑑定および和解（当事者の合意）による解決については、株式売買価格決定申立事件の場合と同様であるので、株式売買価格決定申立事件の項（Ⅶ4）を参照されたい。

5 買取価格決定の方法

(1) 買取価格決定の基準

組織再編行為に係る反対株主の株式買取請求における価格決定の対象は、「公正な価格」（会116条1項、469条1項、785条1項、797条1項、806条1項）である[111]。裁判所による買取価格の決定は、客観的に定まっている過去の一定時点の株価を確認するものではなく、新たに「公正な価格」を形成するものであって、会社法が買取価格の決定基準について格別規定していないことからすると、買取価格の決定は、裁判所の合理的な裁量に委ねられていると解される（最決昭和48・3・1民集27巻2号161頁参照）。

旧商法では、「決議ナカリセバ其ノ有スベカリシ公正ナル価格」を算定することとされていたが、会社法では、「公正な価格」を算定することとされた。これは、㋐企業再編がされなかった場合の経済状態を保証するほか、㋑企業再編によるシナジー（相乗効果）の公正な分配をも保証する趣旨であり[112]、

---

110 花村ほか・前掲（注8）81頁以下。
111 「公正な価格」については、藤田・前掲（注102）288頁以下、神田・前掲（注101）4頁以下、神田秀樹「会社紛争に係る民事裁判の展望と課題——上場会社における株式の公正な価格の決定——」司法研修所論集121号1頁、田中亘「『公正な価格』とは何か」法学教室350号61頁、弥永真生「反対株主の株式買取請求と全部取得条項付種類株式の取得価格決定(上)(下)」商事1921号4頁、1922号40頁参照。

「公正な価格」は、組織再編行為によって生じるシナジーをも反映したものであることが必要である。[113]

最高裁決定によれば、反対株主がした株式買取請求に係る「公正な価格」は、①組織再編によるシナジーその他の企業価値の増加が生じない場合には、原則として、当該株式買取請求がされた日における、当該組織再編を承認する旨の株主総会決議がされることがなければその株式が有したであろう価格（ナカリセバ価格）をいうが（最決平成23・4・19民集65巻3号1311頁〔楽天対TBS株式買取価格決定申立事件〕参照）、②それ以外の場合には、原則として、組織再編において定められた再編比率が公正なものであったならば、当該株式買取請求がされた日においてその株式が有していると認められる価格をいうとされている（最決平成24・2・29民集66巻3号1784頁〔テクモ株式買取価格決定申立事件〕参照）。また、最高裁決定によれば、相互に特別の資本関係がない会社間において、株主の判断の基礎となる情報が適切に開示されたうえで適法に株主総会で承認されるなど一般に公正と認められる手続により組織再編行為の効力が発生した場合には、当該株主総会における株主の合理的な判断が妨げられたと認めるに足りる特段の事情がない限り、当該組織再編における再編比率は公正なものとみるのが相当であるとされている（前掲最決平成24・2・29参照）。

(2) 市場価格のある株式の評価方法

上場株式の「公正な価格」については、異常な価格形成がされた場合等、市場価格が企業の客観的価値を反映していないことをうかがわせる事情がない限り、市場価格を基準とするのが相当である（前掲最決平成23・4・19参照）。上場株式の場合においては、市場価格にシナジーが反映されていると考えられる。

市場価格を基準として「公正な価格」を算定する場合の方法については、

---

112 藤田・前掲（注102）282頁、神田・前掲（注92）335頁。
113 江頭・809頁。

最高裁決定によれば、①組織再編により企業価値の増加が生じない場合には、㋐株式買取請求がされた日のナカリセバ価格を算定するにあたって、同日における市場株価を直ちに同日のナカリセバ価格とみることは相当ではないが、組織再編による影響を排除するために、組織再編を行う旨の公表等がされる前の市場株価を参照してこれを算定することや、その際、上記公表がされた日の前日等の特定の時点の市場株価を参照するのか、それとも一定期間の市場株価の平均値を参照するのか等については、当該事案に係る事情を踏まえた裁判所の合理的な裁量に委ねられている（また、上記公表等がされた後株式買取請求がされた日までの間に当該組織再編以外の市場の一般的な価格変動要因により、当該株式の市場株価が変動している場合に、これを踏まえて、上記公表等がされる前の市場株価に補正を加えるなどして同日のナカリセバ価格を算定するについても、同様である）とされ、㋑もっとも、組織再編により企業価値が増加も毀損もしないため、当該組織再編が当事会社の株式の価値に変動をもたらすものではなかったときは、株式買取請求がされた日のナカリセバ価格を算定するにあたって参照すべき市場株価として、同日における市場株価やこれに近接する一定期間の市場株価の平均値を用いることも、当該事案に係る事情を踏まえた裁判所の合理的な裁量の範囲内にあるとされており（前掲最決平成23・4・19参照)、②組織再編により企業価値の増加が生じない場合以外の場合には、組織再編計画に定められた再編比率が公正なものと認められるときは、反対株主の株式買取請求に係る「公正な価格」を算定するにあたって参照すべき市場株価として、株式買取請求がされた日における市場株

---

114 なお、公開買付けに続いて実施されたいわゆる三角株式交換によって株式交換完全子会社となる会社の株主が株式買取請求権を行使した事案において、当該公開買付けが実施され、当該株式交換における株式交換比率算定の際の株式交換完全子会社の基準価格が決定された後に、株式交換完全子会社の株価が下落したとしても、当該株式交換に反対する同社の株主がした株式買取請求に基づく株式買取価格決定の際の「公正な価格」は、原則として、当該公開買付価格および当該基準価格を下回ることはないと解するのが相当であるとする裁判例として、東京地決平成21・3・31判タ1296号118頁。

価やこれに近接する一定期間の市場株価の平均値を用いることは、当該事案に係る事情を踏まえた裁判所の合理的な裁量の範囲内にあるとされている（前掲最決平成24・2・29参照）。

(3) 市場価格のない株式の評価方法

市場価格のない株式の評価方法については、株式売買価格決定申立事件の項（Ⅶ5(2)）を参照されたい。

市場価格のない株式については、個別の事案ごとに、当事者が提出した資料等から、シナジーの有無および額等について判断することになる。

6 裁判等

裁判所は、株式買取価格決定の申立てについての裁判をするときは、原則として、相当の猶予期間をおいて、審理を終結する日を定め、申立人および価格の決定の申立てをすることができる者に告知しなければならず（会870条の2第5項・1項、870条2項2号）[115]、また、審理を終結したときは、原則として、裁判をする日を定め、上記の者に告知しなければならない（同法870条の2第6項）[116]。

裁判は、理由を付した決定による（非訟54条、会871条本文）。事件を完結する裁判においては、訴訟費用負担の裁判をしなければならない（非訟28条1項、民訴67条1項）。決定は、当事者および利害関係参加人並びにこれらの者以外の裁判を受ける者に告知する（非訟56条1項）。

申立人および価格の決定の申立てをすることができる者に限り、決定に対して、即時抗告をすることができる（会872条5号、870条2項2号）。即時抗告は、執行停止の効力を有する（同法873条本文）。裁判所は、株式買取価格

---

[115] ただし、裁判所は、申立人および株式会社が立ち会うことができる期日においては、直ちに審理を終結する旨を宣言することができる（会870条の2第5項ただし書）。
[116] 申立てが不適法である場合または申立てに理由がないことが明らかである場合には、申立書の写しの送付、陳述の聴取、審理を終結する日の告知および裁判をする日の告知を経ずに、直ちに申立てを却下する裁判をすることができる（会870条2項ただし書、870条の2第7項）。

決定申立事件の裁判に対する即時抗告があったときは、申立人および価格の決定の申立てをすることができる者（抗告人を除く）に対し、原則として、抗告状の写しを送付しなければならない（同法872条の2第1項、870条2項2号）。

裁判によらない非訟事件の終了として、和解（非訟65条）、調停（民調20条4項）、取下げ（非訟63条）がある。

IX 株式取得価格決定申立事件

1 概　要

全部取得条項付種類株式を発行した種類株式発行会社が当該種類株式を全部取得する場合において、一定の株主は、裁判所に対し、株式取得価格決定の申立てをすることができる（会172条1項）。

2 要　件

(1) 全部取得条項付種類株式の全部取得

全部取得条項付種類株式を発行した種類株式発行会社が、株主総会の決議によって、全部取得条項付種類株式の全部を取得したことが必要である。

全部取得条項付種類株式の全部取得については、後記①から③までの議案について、当該株式会社の株主総会で特別決議による承認を得、かつ、後記②の議案について、全部取得条項を付される普通株式の株主による種類株主総会の特別決議による承認を得ることにより行う方法が一般的である。[117]

① 種類株式発行に係る定款変更議案

定款の一部を変更し、適宜の内容を有する「A種種類株式」を発行

---

[117] 渡辺邦広「全部取得条項付種類株式を用いた完全子会社化の手続」商事1896号25頁、27頁参照。

する定めを新設する旨の定款変更議案
② 全部取得条項に係る定款変更議案
　　上記①による変更後の定款に関して、普通株式について全部取得条項（会108条1項7号）を付すとともに、取得の際には全部取得条項付普通株式1株と引換えにA種種類株式X株を交付する定めを設ける旨の定款変更議案
③ 全部取得条項付種類株式の取得
　　会社法171条並びに上記①および②による変更後の定款に基づき、株式会社が、取得日を定め、全部取得条項付普通株式の全部を取得し、その対価として、株主に対し、全部取得条項付普通株式1株につきA種種類株式X株の割合で、A種種類株式を交付する旨の議案

(2) 申立人が一定の株主であること

申立人が一定の株主であることが必要である。一定の株主とは、①全部取得条項付種類株式の全部を取得する旨の決議をした株主総会に先立って株式会社による全部取得条項付種類株式の取得に反対する旨を当該株式会社に対し通知し、かつ、当該株主総会において当該取得に反対した株主（当該株主総会において議決権を行使することができるものに限る）、および②当該株主総会において議決権を行使することができない株主をいう（会172条1項）。

株式取得価格決定申立ての申立人が振替株式（社債株式振替128条1項）の株主である場合については、振替株式についての価格決定の申立てを受けた会社が、裁判所における株式価格決定申立事件の審理において、申立人が株主であることを争った場合には、その審理終結までの間に個別株主通知（同法154条3項）がされることを要し（前掲最決平成22・12・7）、その争った時点ですでに当該株式について振替機関の取扱いが廃止されていたときであっても、その審理終結までの間に個別株主通知がされることを要する（前掲最判平成24・3・28参照）。

〔図4〕 株式取得価格決定申立ての手続

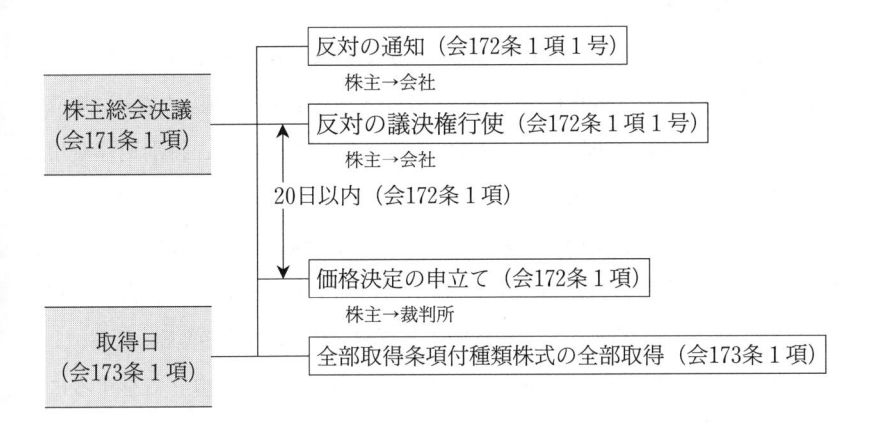

```
株主総会決議 ─┬─ 反対の通知（会172条1項1号）
(会171条1項)  │    株主→会社
              ├─ 反対の議決権行使（会172条1項1号）
              │    株主→会社
              │  20日以内（会172条1項）
              ├─ 価格決定の申立て（会172条1項）
              │    株主→裁判所
取得日    ─────── 全部取得条項付種類株式の全部取得（会173条1項）
(会173条1項)
```

(3) 期間制限

　申立人である一定の株主が、全部取得条項付種類株式の全部を取得する旨の決議をした株主総会の日から20日以内に、裁判所に対して株式価格決定の申立てをしたこと（会172条1項）が必要である（〔図4〕参照）。

3　申立手続

(1) 管　轄

　会社の本店所在地を管轄する地方裁判所の管轄に属する（会868条1項）。

(2) 当事者

　申立人は、一定の株主（株主の具体的な資格要件については、前記2(2)参照）である。

　会社は、「裁判を受ける者となるべき者」として、利害関係参加をすることができる（非訟21条1項）。旧非訟事件手続法の手続と異なり、会社が、当

118　前記Ⅰ8、Ⅷ2(2)参照。
119　仁科秀隆「株式の価格決定と個別株主通知」商事1976号27頁、36頁参照。

然に、手続上、相手方となるものではないことに注意を要する[120]。

(3) 方法等

申立ては、書面でしなければならない（非訟43条1項、会非訟規1条）。

申立手数料として1000円（民訴費3条1項・別表第1・16項。ただし、申立人が複数の場合には、1000円に申立人の人数を乗じた額となる）、特別送達費用として郵券の予納が必要となる。

添付書類としては、①申立書の写し1通（会非訟規6条、会870条2項4号）、②申立てに係る会社の登記事項証明書（会非訟規3条1項1号）、③会社の定款、④申立人が株主であることを疎明する資料（株券、株主名簿等。なお、上場会社の場合につき、前記Ⅰ8参照）、⑤株式取得価格決定の申立てをするにあたって必要な手続が行われていることを疎明する資料（株主総会招集通知書、決議反対通知書、議決権行使書面、株主総会議事録等）、⑥株価鑑定書（私的鑑定を行っている場合）が必要となる。

4 審　理

(1) 申立書の写しの送付

裁判所は、株式取得価格決定申立事件の裁判の申立てがあったときは、当該株式会社に対し、原則として、申立書の写しを送付しなければならない（会870条の2第1項、870条2項4号）[121]。

(2) 陳述の聴取

裁判所は、株式取得価格決定の申立てについて裁判をする場合には、原則として、審問の期日を開いて、申立人および当該株式会社の陳述を聴かなければならない（会870条2項4号）[122]。

---

[120] 岡崎ほか・前掲（注70）29頁、31頁。
[121] 申立書の補正命令および期日の呼出しに必要な費用の予納命令に係る措置等について、会社法870条の2第2項から4項まで、7項・8項参照。
[122] ただし、不適法または理由がないことが明らかであるとして申立てを却下する裁判をするときは、この限りでない（会870条2項ただし書）。

IX 株式取得価格決定申立事件

(3) 参　加

株式取得価格決定の申立てを受けた株式会社は、「裁判を受ける者となるべき者」として、利害関係参加をすることができる（非訟21条１項）。他方、当該株式会社の他の株主は、株式の価格の決定により事実上の影響を受けるにすぎず、直接の影響を受けるとはいえないから、利害関係参加をすることはできない。

(4) その他

併合については、株式取得価格決定の基準日が、株式会社が全部取得条項付種類株式の全部を取得する日である取得日（会173条１項）であると解されることから、複数の株主から申立てがある場合には、事件を併合して審問および決定が行われる場合もある。

株価の鑑定および和解（当事者の合意による解決）については、株式売買価格決定申立事件の場合と同様であるので、株式売買価格決定申立事件の項（Ⅶ４）を参照されたい。

5　取得価格決定の方法

(1) 取得価格決定の基準

株式取得価格決定申立制度は、全部取得条項付種類株式の全部取得に反対する株主等に、自らが保有する株式の取得価格決定を求める申立権を認め、その株式の経済的価値を保証することにより、当該反対株主等の保護を図る趣旨に出たものと解されるから、裁判所が、株式の取得日における公正な価格を定めるにあたっては、①取得日における当該株式の客観的価値に加えて、②強制的取得により失われる今後の株価の上昇に対する期待を評価した価格をも考慮するのが相当である。①は、MBO（経営者による企業買収）が行われなかったならば株主が享受し得る価値であり、②は、MBOの実施によって増大が期待される価値のうち株主が享受してしかるべき部分であるということができる（最決平成21・５・29金商1326号35頁（田原裁判官補足意見）、東

京高決平成20・9・12金商1301号28頁〔レックス・ホールディングス株式取得価格決定申立事件〕参照）。

　そして、裁判所による取得価格の決定は、客観的に定まっている過去の一定時点の株価を確認するものではなく、新たに「公正な価格」を形成するものであって、会社法が取得価格の決定基準について格別規定していないことからすると、取得価格の決定は、裁判所の合理的な裁量に委ねられていると解される（前掲最決昭和48・3・1参照）。

(2)　取得日における当該株式の客観的価値

　上場株式の客観的価値を算定するにあたっては、異常な価格形成がされた場合等、市場株価が企業の客観的価値を反映していないことをうかがわせる事情がない限り、評価基準時点にできる限り近接した市場株価を基礎として、当該株式の客観的価値を評価するのが相当と解される。

　もっとも、市場株価は、投資家による一定の投機的思惑など偶然的要素の影響を受ける面もあるから、市場における偶然的要素による株価の変動を排除するため、評価基準時点に近接し、かつ、公開買付けの公表等による影響のない一定期間の市場株価の平均値をもって当該株式の客観的価値であると判断するのが相当である場合も多いと解される。裁判例においては、MBOの一環として公開買付けが行われた場合には、通常、公開買付けの公表前1カ月間の市場株価の終値の平均値をもって算定した価格を当該株式の客観的価値とみることが多い。

(3)　強制的取得により失われる今後の株価の上昇に対する期待を評価した価格

　MBOが経営陣による自社の株式の取得であり、構造的に、株主との間の利益相反関係が内在していることから、裁判例においては、強制的取得により失われる今後の株価の上昇に対する期待を評価した価格の算定にあたって、手続の透明性・公正性に加えて、価格の相当性をも考慮して判断がされており、MBOの一環として公開買付けが行われた場合については、①当該

MBO の検討態勢、経営者による情報開示、株主総会決議の結果等から、公開買付けおよび全部取得の手続の透明性・公正性が認められ、かつ、公開買付価格の検討内容、過去のプレミアムの水準、公開買付けの結果等から、公開買付価格の相当性が認められる事案においては、公開買付価格をもって「公正な価格」とされているが、他方、②公開買付けおよび全部取得の手続の透明性・公正性や公開買付価格の相当性が認められない事案においては、過去のプレミアムの平均値等をもって「強制的取得により失われる今後の株価の上昇に対する期待を評価した価格」とされている。[123]

(4) その他

株式会社は、裁判所の決定した価格に対する取得日後の年6分の利率により算定した利息をも支払わなければならない（会172条2項）。

6 裁判等

裁判所は、株式取得価格決定の申立てについて裁判をするときは、原則として、相当の猶予期間をおいて、審理を終結する日を定め、申立人および当該株式会社に告知しなければならず（会870条の2第5項・1項、870条2項4号）[124]、また、審理を終結したときは、原則として、裁判をする日を定め、上記の者に告知しなければならない（同法870条の2第6項）。[125]

裁判は、理由を付した決定による（非訟54条、会871条本文）。事件を完結

---

[123] 前掲東京高決平成20・9・12〔レックス・ホールディングス株式取得価格決定申立事件〕、大阪高決平成21・9・1判夕1316号219頁〔サンスター株式取得価格決定申立事件〕、東京高決平成22・10・27資料版商事322号174頁〔サイバードホールディングス株式取得価格決定申立事件〕参照。

なお、強制的取得により失われる今後の株価の上昇に対する期待を評価した価格に相当する価格（増加価値分配価格）について、第三者評価機関のDCF法による対象株式の価値算定結果の中間値から、取得日における当該株式の客観的価値（ナカリセバ価格）を差し引いた価格の2分の1に相当する価格となるとした裁判例として、大阪地決平成24・4・13金商1391号52頁〔カルチュア・コンビニエンス・クラブ株式取得価格決定申立事件〕参照。

[124] ただし、裁判所は、申立人および株式会社が立ち会うことができる期日においては、直ちに審理を終結する旨を宣言することができる（会870条の2第5項ただし書）。

する裁判においては、訴訟費用負担の裁判をしなければならない（非訟28条1項、民訴67条1項）。決定は、当事者および利害関係人並びにこれらの者以外の裁判を受ける者に告知する（非訟56条1項）。

申立人および当該株式会社に限り、決定に対して、即時抗告をすることができる（会872条5号、870条2項4号）。即時抗告は、執行停止の効力を有する（同法873条本文）。裁判所は、株式取得価格決定申立事件の裁判に対する即時抗告があったときは、申立人および当該株式会社（抗告人を除く）に対し、原則として、抗告状の写しを送付しなければならない（同法872条の2第1項、870条2項4号）。

裁判によらない非訟事件の終了として、和解（非訟65条）、調停（民調20条4項）、取下げ（非訟63条）がある。

X 端数相当株式任意売却許可申立事件

1 概　要

取得条項付株式（会234条1項1号、170条1項）および全部取得条項付種類株式（同法234条1項2号、173条1項）の取得や、株式の分割（同法235条1項、183条）および株式の併合（同法235条1項、180条）等に際して当該会社の株式が交付される場合において、交付される株式の数に1株に満たない端数があるときは、端数の合計数（その合計数に一に満たない端数がある場合には、これを切り捨てるものとする）[126]に相当する数の株式を競売し、かつ、その端数[127]

---

[125] 申立てが不適法である場合または申立てに理由がないことが明らかである場合には、申立書の写しの送付、陳述の聴取、審理を終結する日の告知および裁判をする日の告知を経ずに、直ちに申立てを却下することができる（会870条2項ただし書、870条の2第7項）。
[126] 1株に満たない端数の処理が必要となるのは、〈表11〉記載の場合である。
[127] ただし、実務上、端数部分を切り捨てずに売却価格を算出して申立てがされ、それが認められる場合も多い。

に応じてその競売により得られた代金を交付しなければならないが（同法234条1項、235条1項）、競売に代えて、①市場価格のある株式については市場価格として法務省令（会施規50条、52条）に定める方法により算定される額をもって、②市場価格のない株式については裁判所の許可を得て競売以外の方法により、これを売却することができる（会234条2項前段、235条2項）。

近時、全部取得条項付種類株式を用いた完全子会社化の手続として、全部取得条項付普通株式の各株主に対し取得の対価としてA種種類株式が交付され、その際に生じたA種種類株式の端数の合計数に相当する株式について、端数相当株式の任意売却許可申立てがされることが少なくない。[128]

2　要　件

①1株未満の端数が生じる原因となった行為（〈表11〉参照）が適法に行われていること、②競売以外の方法により端数相当株式を売却するのが相当であること、③端数相当株式の売却価格が相当であることが必要である（会234条1項・2項、235条1項・2項）。

1株未満の端数が生じた会社は、自ら端数相当株式の全部または一部を買い取ることができ、この場合、㋐買い取る株式の数（種類株式発行会社にあっては、株式の種類および種類ごとの数）、㋑株式の買取りをするのと引換えに交付する金銭の総額を定めなければならない（会234条4項、235条2項）。取締役会設置会社においては、上記㋐および㋑の事項の決定は、取締役会の決議によらなければならない（同法234条5項、235条2項）。1株未満の端数が生じた会社が自ら端数相当株式を買い取る場合には、株式の買取りをするのと引換えに交付する金銭の総額が分配可能額を超えないことが必要である（同法461条1項7号）。

---

[128] 全部取得条項付種類株式を用いた完全子会社化の手続については、渡辺・前掲（注117）25頁参照。

3　申立手続

(1)　管　轄
会社の本店所在地を管轄する地方裁判所の管轄に属する（会868条1項）。

(2)　当事者
申立人は、1株未満の端数が生じた会社である（会234条2項前段、235条2項）。取締役が2人以上あるときは、その全員の同意によって申立てをしなければならない（同法234条2項後段、235条2項）。

(3)　方法等
申立ては、書面でしなければならない（非訟43条1項、会非訟規1条）。申立手数料として1000円（民訴費3条1項・別表第1・16項）が必要となる。

添付書類としては、①申立てに係る会社の登記事項証明書（会非訟規3条1項1号）、②会社の定款、③取締役が2人以上あるときは、申立書に記載された代表取締役以外の取締役全員の同意書（会234条2項後段、235条2項）、④1株未満の端数が生じる原因となった行為が適法に行われていることを疎明する資料（取締役会議事録、株主総会議事録等）、⑤買受書（会社による買受け以外の場合。会社による買受けで、当該会社が取締役会設置会社の場合には、取締役会議事録）、⑥株価鑑定書が必要となる。

4　審　理

裁判所は、端数相当株式任意売却許可について裁判をする場合には、利害関係人の陳述を聴かなければならないものとされておらず（会870条参照）、実務上、申立人が提出した資料の書面審査により審理を行う場合が多い。ただし、上記資料から、1株未満の端数が生じる原因となった行為に係る株主総会決議における反対株主の存否、株式買取請求の有無が明らかでないときには、申立人に確認することになる。

端数株主は、「裁判の結果により直接の影響を受けるもの」として、裁判

X　端数相当株式任意売却許可申立事件

〈表11〉　1株に満たない端数の処理が必要となる場合・根拠条文（会234条1項、235条1項）

	1株に満たない端数の処理が必要となる場合	根拠条文
1	取得条項付株式の取得の対価として株式が交付される場合	会234条1項1号、170条1項
2	全部取得条項付種類株式の取得の対価として株式が交付される場合	会234条1項2号、173条1項
3	株式無償割当てとして株式が交付される場合	会234条1項3号、185条
4	取得条項付新株予約権の対価として株式が交付される場合	会234条1項4号、275条1項
5	吸収合併において消滅会社の株主に存続会社の株式が交付される場合	会234条1項5号、749条1項2号イ
6	新設合併において合併契約に基づき消滅会社の株主に設立時発行株式が交付される場合	会234条1項6号、753条1項6号
7	株式交換により株式交換完全子会社となる会社の株主に株式交換完全親会社となる会社の株式が交付される場合	会234条1項7号、768条1項2号イ
8	株式移転計画に基づき株式移転をする会社の株主に設立時発行株式が発行される場合	会234条1項8号、773条1項5号
9	株式の分割がされる場合	会235条1項、183条
10	株式の併合がされる場合	会235条1項、180条

所の許可を得て、利害関係参加をすることができる（非訟21条2項）。

　売却価格の相当性の審理に関して、合併、株式交換、株式移転、全部取得条項付種類株式の全部取得等のように、1株未満の端数が生じる原因となった行為について株式買取請求権や価格決定申立権が認められている場合（た

とえば、吸収合併消滅会社等の株主について、会785条1項、786条2項参照）には、端数相当株式を有する株主は、上記権利を行使できるにもかかわらずこれを行使していないのであって、合併等において提示された価格を特に争う意思がないものと解されるから、上記価格を前提とする売却価格が主張されているときには、裁判所は、その価格を尊重して売却価格の相当性を判断することになると思われる。他方、株式の分割、株式の併合については株式買取請求権や価格決定申立権が認められておらず（同法180条、183条参照）、端数相当株式を有する株主は、株式の分割、株式の併合の手続において価格の相当性を争う機会を有していないから、株式の分割、株式の併合により1株未満の端数が生じた場合には、裁判所は、必要に応じて、端数相当株式を有する株主の意見を聴き、場合によっては、鑑定を行うこともあると思われる。[129]

　全部取得条項付種類株式につき取得の効力が生じたことに伴い、端数相当株式の任意売却許可の申立て（会234条1項2号・2項前段）がされた場合に、株式買取請求権（同法116条1項）を行使した株主や株式取得価格決定の申立て（同法172条1項）をした株主がいるときは、これらの者に係る端数相当株式を含めて売却許可の裁判をするのが相当であり、この場合に、端数部分を切り捨てずに売却価格を算出するときは、これらの者に係る端数相当株式を含めて売却価格を算出するのが相当である。

5　裁判等

　裁判は決定による（非訟54条）。事件を完結する裁判においては、訴訟費用負担の裁判をしなければならない（同法28条1項、民訴67条1項）。決定は、当事者および利害関係参加人並びにこれらの者以外の裁判を受ける者に告知する（非訟56条1項）。

　許可決定には理由を付す必要がなく（会871条ただし書2号、874条4号）、

---

[129]　類型別会社非訟・133頁以下。

許可決定に対しては不服申立てをすることができない（同法874条4号）。

却下決定には理由を付す必要があり（会871条本文）、却下決定に対しては申立人に限り即時抗告をすることができる（非訟66条2項）。

申立人は、終局決定が確定するまで、申立ての全部または一部を取り下げることができるが、終局決定後は、裁判所の許可が必要となる（非訟63条1項）。

XI 総会検査役選任申立事件

1 概　要

会社または一定数以上の議決権を有する株主は、株主総会に係る招集の手続および決議の方法を調査させるため、当該株主総会に先立ち、裁判所に対し、検査役（総会検査役）の選任の申立てをすることができる（会306条）。[130]

総会検査役は、紛糾が予想される株主総会について、会社または株主が、委任状の取扱いの適法性、説明義務の履行の状況等を調査させ、決議取消しの訴えを提起した場合の証拠を保全するために検査役の選任を求める制度であるとされている。[131]

2 要　件

(1) 申立適格

会社および一定数以上の議決権を有する株主が申立適格を有する。株主の持株数の要件は、会社の種類により、以下のとおりとされている。

① 取締役会設置会社でない場合（会306条1項）

---

[130] 特例有限会社については、総会検査役の選任（会306条）および裁判所による株主総会招集等の決定（同法307条）の規定の適用がない（整備法14条5項）。
[131] 江頭・335頁。

913

　　　　総株主（株主総会において決議をすることができる事項の全部につき議決権を行使することができない株主を除く[132]）の議決権の100分の1（これを下回る割合を定款で定めた場合にあっては、その割合）以上の議決権を有する株主
② 　公開会社である取締役会設置会社の場合（会306条2項・1項）
　　　　総株主（株主総会の目的である事項があるときは、当該事項の全部につき議決権を行使することができない株主を除く）の議決権の100分の1（これを下回る割合を定款で定めた場合にあっては、その割合）以上の議決権を6カ月（これを下回る期間を定めた場合にあっては、その期間）前から引き続き有する株主
③ 　公開会社でない取締役会設置会社の場合（会306条2項・1項）
　　　　総株主（株主総会の目的である事項があるときは、当該事項の全部につき議決権を行使することができない株主を除く）の議決権の100分の1（これを下回る割合を定款で定めた場合にあっては、その割合）以上の議決権を有する株主

持株数の要件については、1名の株主でこれを満たす必要はなく、申立てをする複数の株主の議決権数を合計して必要となる議決権割合を満たすことで足りる。

持株数の要件は、検査役選任の申立て時（公開会社である取締役会設置会社の場合には、申立て時の6カ月前）から選任決定時まで、継続して満たすことが必要である（業務検査役選任申立事件における株主の持株数の要件につき、最決平成18・9・28民集60巻7号2634頁）。選任後に持株数の要件を欠いても、選任の効力に影響はない。

　　(2)　選任の必要性
　総会検査役選任の必要性があることは要件ではなく、裁判所は、総会検査

132　議決権のない株式については、前掲（注30）参照。

役選任の申立てが形式的要件を満たしていれば、申立てが権利濫用にあたると認められる場合を除き、総会検査役を選任しなければならない（岡山地決昭和59・3・7商事1003号52頁、東京高決昭和59・7・20判タ540号317頁）。総会検査役の制度が会社とすべての株主のために株主総会の適正な運営を図るものであることからすると、総会検査役選任の申立てが権利濫用にあたるとして却下される場合は極めて少ないと解される。[133]

(3) 申立ての時期

総会検査役選任の申立ては、検査の対象となる株主総会の開催前にされる必要があり、審理中に株主総会が終了したときは、申立ての利益がなくなり、申立ては却下される（前掲東京高決昭和59・7・20）。

3 申立手続

(1) 管　轄

会社の本店所在地を管轄する地方裁判所の管轄に属する（会868条1項）。

(2) 当事者

申立人は、会社および一定の持株数の要件を満たす株主である（前記2⑴参照）。

(3) 方法等

申立ては、書面でしなければならない（非訟43条1項、会非訟規1条）。申立手数料として1000円（民訴費3条1項・別表第1・16項）が必要となるほか、検査役の報酬および費用の合計の見込額の予納が必要となる。また、申立人が株主の場合、会社の呼出しのための特別送達費用として郵券の予納が必要となる。

添付書類としては、①申立てに係る会社の登記事項証明書（会非訟規3条1項1号）、②会社の定款、③申立人が株主の場合、持株数の要件を満たす

---

[133] 垣内正「総会検査役選任申請」（山口和男編・裁判実務大系(21)会社訴訟・会社非訟・会社整理・特別清算）259頁。

ことを疎明する資料（なお、上場会社の場合につき、前記Ⅰ8参照）、④株主総会の開催を疎明する資料（株主総会の招集通知等）が必要となる。

　検査役の選任の申立てをするときは、申立ての趣旨において、検査の目的を記載しなければならないとされているが（会非訟規2条3項）、総会検査役は、招集手続および決議方法の両方を調査するものと解されるから（会306条1項参照）、検査の対象となる株主総会を特定し、当該株主総会の招集手続および決議方法について調査するために総会検査役の選任を求める旨記載すれば足りる。[134]

4　審　理

　裁判所は、総会検査役選任の申立てについて裁判をする場合には、利害関係人の陳述を聴かなければならないものとされていないが（会870条参照）、実務上、迅速性を損なわない限度で、審問の期日を行っている。

　会社および申立適格を有する株主であって申立人でない者は、「当事者となる資格を有する者」として、当事者参加または裁判所の許可を得て利害関係参加をすることができる（非訟20条1項、21条2項）。

5　裁判等

　総会検査役選任の申立てがあった場合には、裁判所は、これを不適法として却下する場合を除き、検査役を選任しなければならない（会306条3項）。総会検査役の人選については、実務上、会社と利害関係のない弁護士を選任するのが通例である。申立人が推薦する者は選任しない。複数の申立てがされた場合であっても、各申立てに対して別々に検査役を選任する必要はなく、裁判所においては、①検査役選任の申立てに対する決定前に次の申立てがされたときは、審理を併合して適宜1人または複数の検査役を選任し、②検査

---

[134] 垣内・前掲（注133）259頁。

役を選任した後に新たな申立てがされたときは、申立ての利益を欠くことを理由に、新たな申立てを却下することになると思われる。[135]

裁判は、決定による（非訟54条）。事件を完結する裁判においては、訴訟費用負担の裁判をしなければならない（同法28条1項、民訴67条1項）。総会検査役選任の裁判は、当事者および利害関係参加人並びにこれらの者以外の裁判を受ける者（検査役）に告知する（非訟56条1項）。申立人が株主の場合、会社は当事者ではなく、裁判を受ける者にもあたらないと解されるが、総会当日には会社側の協力を得る必要があること等から、旧非訟事件手続法での実務と同様、会社に事実上の告知をするのが相当である。[136]

総会検査役の選任決定には理由を付す必要がなく（会871条ただし書2号、874条1号）、選任決定に対しては不服申立てをすることができない（同法874条1号）。

却下決定には理由を付す必要があり（会871条本文）、却下決定に対しては申立人に限り即時抗告をすることができる（非訟66条2項）。

申立人は、終局決定が確定するまで、申立ての全部または一部を取り下げることができるが、終局決定後は、裁判所の許可が必要となる（非訟63条1項）。

6　選任後の手続等

(1)　事前の打合せ

総会検査役の選任決定後、株主総会の開催前に、裁判所、検査役、会社および申立人（申立人が株主の場合）で、検査の手順等について打合せを行う。打合せにおいて、申立人が当該株主総会において特に調査を希望する事項を確認しておくことが有用である。[137]

135　上柳克郎ほか編『新版注釈会社法(5)』124頁〔森本滋〕、類型別会社非訟・156頁。
136　旧非訟事件手続法での実務について、類型別会社非訟・159頁参照。

(2) 総会検査役の職務

総会検査役は、必要な調査を行い、その調査の結果を記載し、または記録した書面等を裁判所に提供して報告をしなければならない（会306条5項。なお、会非訟規10条）。[138]

総会検査役は、株主総会の招集手続および決議方法を調査する（会306条1項）。調査の対象は、招集手続については、株主総会の招集を決定する取締役会決議、招集通知および添付書類の記載内容、招集通知の発送等、決議方法については、出席株主の資格および株式数、委任状または議決権行使書面の内容および株式数、定足数の存在、議事運営の状況、決議の内容（行使された議決権の賛否の計算）等となる。

総会検査役は、調査の結果を記載した書面等を裁判所に提供して報告をする（会306条5項）ほか、会社（申立人が会社でない場合には、当該会社および申立人）に対し、上記書面の写しの交付等をしなければならない（同条7項）。裁判所は、調査結果の報告について、その内容を明瞭にし、またはその根拠を確認するため必要があると認めるときは、検査役に対し、さらに報告を求めることができる（同条6項）。

検査役は、招集手続および決議方法が違法か否かを判断するための基礎となる事実の調査を行い、調査の結果明らかになった上記事実を報告書に記載するものであり、招集手続および決議方法が違法か否かの法的判断をすることは要求されていない。

取締役、監査役等が検査役の調査を妨げたときは、過料に処せられる（会976条5号）。

---

137 具体的な打合せ事項については、東京地裁商事研究会・前掲（注1・商事非訟・保全事件の実務）228頁以下に詳しい。
138 総会検査役の実務については、川村英二「総会検査役に期待される役割――反対株主による委任状勧誘が行われた株主総会――」商事1812号70頁、阿部信一郎「総会検査役の任務と実務対応」商事1973号59頁参照。

(3) 報酬の決定

　裁判所は、会社が検査役に支払う報酬の額を定めることができ（会306条4項）、報酬の額の決定の裁判をする場合には、会社および検査役の陳述を聴かなければならない（同法870条1項1号）。報酬の額の決定の裁判には理由を付す必要がない（同法871条ただし書1号、870条1項1号）。会社および検査役は、報酬の額の決定の裁判に対し、即時抗告をすることができるが（同法872条4号、870条1項1号。なお、会非訟規11条）、即時抗告は執行停止の効力を有しない（会873条ただし書）。総会検査役の報酬は、会社の規模（上場会社であるか否か）、株主の数、調査に要した労力、株主提案や委任状争奪戦等の問題が生じる事案であるか否か等を考慮して決定される。

　検査役と会社との関係は、準委任の関係にあると解されるから、検査役の報酬（会306条4項）および検査役の検査に要する費用（民656条、649条、650条）は、会社の負担となる。実務上、申立人が株主の場合、検査役の報酬および費用は、申立人の予納金から支払われ、その後、申立人が会社に対して求償する取扱いとなっている。

(4) 裁判所による株主総会の招集

　裁判所は、検査役の報告があった場合において、必要があると認めるときは、取締役に対し、①一定の期間内に株主総会を招集すること、②検査役の調査の結果を株主に通知することの全部または一部を命じなければならない（会307条1項）。裁判所による株主総会招集の必要があるとされるのは、調査対象の株主総会決議に取消し、無効または不存在の事由があることが明白である場合と解される。上記裁判は、決定により（非訟54条1項）、この決定に対しては取締役から即時抗告ができると解される（同法66条1項）。

　裁判所が株主総会の招集を命じた場合には、取締役は、裁判所が定めた期間内に株主総会を招集しなければならず、裁判所が定めた期間内に株主総会

139　垣内・前掲（注133）262頁。

を招集しなかったときは、過料に処せられる（会976条18号）。取締役は、裁判所が招集を命じた株主総会において、検査役の報告の内容を開示しなければならず（同法307条2項）、その場合、取締役（監査役設置会社にあっては、取締役および監査役）は、検査役の報告の内容を調査し、その結果を上記株主総会に報告しなければならない（同条3項）。

（鈴木謙也）

● 判例索引 ●

頁の表記については、判例が第1部「法理編」にあるものは、ゴシック体、第2部「実務編」にあるものは、明朝体、第3部「要件事実と裁判編」にあるものは、イタリック体とした。

(判決言渡日順)

【大審院判例】

大判大正2・12・12民録19輯1016頁	264
大判大正3・5・16新聞943号29頁	264
大判大正10・3・24民録27巻657頁	575
大判大正13・9・26民集3巻11号470頁	67
大判大正14・2・27民集4巻97頁	137
大判昭和3・6・29民集7巻592頁	593
大判昭和4・4・8民集8巻5号269頁	*862*
大判昭和4・5・13民集8巻470頁	192
大判昭和6・2・23民集10巻82頁	88
大判昭和6・3・31新聞3261号18頁	192
大判昭和6・6・5民集10巻698頁	*738*
大判昭和7・4・19民集11巻837頁	41
大判昭和8・2・21新聞3529号11頁	192
大判昭和8・10・26民集12巻2626頁	18, 41
大判昭和10・11・16判決全集2輯1262頁	43
大判昭和12・7・14新聞4166号15頁	*704*
大判昭和12・9・2判例集未登載	*703*
大判昭和13・10・29判決全集5輯23頁	191
大決昭和13・12・13民集17巻2318頁	191
大判昭和13・12・24民集17巻2713頁	*716*
大判昭和16・5・16新聞4707号22頁	44
大判昭和18・3・10民集12巻462頁	*730*
大判昭和19・8・25民集23巻524頁	554

【最高裁判所判例】

最判昭和24・6・4民集3巻7号235頁	139
最判昭和25・6・13民集4巻6号209頁	265
最判昭和30・10・20民集9巻11号1657頁	251, 259
最判昭和31・10・5裁判集民23号409頁	270, 272
最判昭和31・11・15民集10巻11号1423頁	15, 16
最判昭和32・6・7裁判集民26号839頁	*737*
最判昭和33・5・20民集12巻7号1077頁	191
最判昭和33・5・20民集12巻7号1086頁	192
最判昭和33・10・3民集12巻14号3053頁	15, 22
最判昭和34・9・17民集13巻11号1412頁	137
最判昭和35・2・4民集14巻1号56頁	*798*

921

最判昭和35・3・1民集14巻3号327頁	*791*
最判昭和35・3・11民集14巻3号418頁	*790*
最判昭和35・3・15判時218号28頁	16
最大判昭和35・7・6民集14巻9号1657頁	588
最判昭和36・3・31民集15巻3号645頁	31
最判昭和36・11・24民集15巻10号2583頁	*731*
最判昭和37・1・19民集16巻1号76頁	20,*717*
最判昭和38・8・8民集17巻6号823頁	22
最判昭和39・1・23民集18巻1号87頁	44
最判昭和39・5・21民集18巻4号112頁	*839*
最判昭和39・12・11民集18巻10号2143頁	274,275
最判昭和40・6・29民集19巻4号1045頁	26,*717*
最判昭和40・9・22民集19巻6号1656頁	363,555
最判昭和41・4・19民集20巻4号687頁	360
最判昭和41・7・28民集20巻6号1251頁	259
最判昭和41・8・26民集20巻6号1289頁	26
最判昭和42・2・10民集21巻1号112頁	261
最判昭和42・9・28民集21巻7号1970頁	15,18,*722*
最判昭和42・11・17民集21巻9号2448頁	247
最判昭和43・3・15民集22巻3号625頁	687,*871*
最判昭和43・12・24裁判集民93号859頁	261
最判昭和43・12・24民集22巻13号3334頁	265,*863*
最大判昭和43・12・25民集22巻13号3511頁	141
最判昭和44・2・27民集23巻2号511頁	583
最判昭和44・3・28民集23巻3号645頁	*870*
最判昭和44・7・10民集23巻8号1423頁	261,262,*792*
最判昭和44・10・28判時577号92頁	274,275
最大判昭和44・11・26民集23巻11号2150頁	174,175,176,180,517,522,526
最判昭和44・12・2民集23巻12号2396頁	27,339
最判昭和44・12・18裁判集民97号799頁	15
最判昭和45・1・22民集24巻1号1頁	*732*
最判昭和45・4・2民集24巻4号223頁	20,*718*
最大判昭和45・6・24民集24巻6号625頁〔八幡製鉄事件〕	129,472
最大判昭和45・7・15民集24巻7号804頁	189,*701*,*732*,*763*
最判昭和45・8・20判時607号79頁	22
最判昭和46・3・18民集25巻2号183頁	15
最判昭和46・6・24民集25巻4号596頁	16
最判昭和46・7・16判時641号97頁	31
最大判昭和46・10・13民集25巻7号900頁	142
最判昭和47・6・15民集26巻5号984頁	178,522
最判昭和47・9・21判時684号88頁	183,519
最大判昭和47・11・8民集26巻9号1489頁	27,250
最決昭和48・3・1民集27巻2号161頁	199,608,613,619,641,*897*,*906*
最判昭和48・4・6金法683号32頁	31

最判昭和48・5・22民集27巻5号655頁	146, 177, 479
最判昭和48・6・15民集27巻6号700頁	250
最判昭和48・10・26民集27巻9号1240頁	583
最判昭和48・11・26判時722号94頁	274, 275
最判昭和48・12・11民集27巻11号1529頁	141
最判昭和49・12・17民集28巻10号2059頁	176
最判昭和50・4・8民集29巻4号350頁	*818*
最判昭和50・6・27民集29巻6号879頁	97, *839*
最判昭和50・11・14金法781号27頁	247
最判昭和51・3・23裁判集民117号231頁	*742*
最判昭和51・11・26判時839号111頁	364
最判昭和51・12・24民集30巻11号1076頁	19, 552, *715*
最判昭和52・10・11金法843号24頁	31
最判昭和53・7・10民集32巻5号888頁	23, *724*
最判昭和54・4・17民集33巻3号366頁	*798*
最判昭和54・11・16民集33巻7号709頁	19, *716*
最判昭和55・3・18判時971号101頁	177
最判昭和56・5・11判時1009号124頁	277
最判昭和57・1・21判時1037号129頁	355
最判昭和58・2・22判時1076号140頁	275, 276
最判昭和58・4・1民集37巻3号201頁	*772*
最判昭和58・6・7民集37巻5号517頁	16, 20, *721*
最判昭和59・9・28民集38巻9号1121頁	94, *814*
最判昭和60・3・26判時1159号150頁	269
最判昭和60・12・20民集39巻8号1869頁	16
最判昭和61・2・24民集40巻1号69頁	*714*
最判昭和61・3・13判タ597号31頁	191
最判昭和61・9・4民集40巻6号1013頁	266
最判昭和61・9・25資料版商事31号18頁	393
最判昭和62・4・16判時1248号127頁	178
最判昭和63・1・26民集42巻1号1頁	505, *756*
最判昭和63・1・29別冊商事101号214頁	630
最判昭和63・3・15判時1273号124頁	251
最判平成元・9・19裁判集民157号627頁	*792*
最判平成元・9・21判時1334号123頁	176
最判平成2・4・17民集44巻3号526頁	25, 27
最判平成2・11・8判時1372号131頁	219, *804*
最判平成2・12・4民集44巻9号1165頁	*702*
最判平成3・2・19判タ761号160頁	550, *702*
最判平成4・9・10資料版商事102号143頁	334, 341
最判平成4・10・29判時1454号146頁	35, *717*
最判平成4・10・29民集46巻7号2580頁	20, *721*
最判平成4・12・18民集46巻9号3006頁	272, 345
最判平成5・3・30民集47巻4号3439頁	252, 263

最判平成5・6・25民集47巻6号4557頁	*871*
最判平成5・9・9判時1477号140頁	*21*
最判平成5・9・9民集47巻7号4814頁	*164*
最判平成5・10・5資料版商事116号196頁	48,*557*
最判平成5・12・16民集47巻10号5423頁	32,33,104,*714*
最判平成6・7・14判時1512号178頁	*31*
最判平成6・7・18裁判集民172号967頁	33,*715*
最判平成7・2・21民集49巻2号231頁	178,*264*
最判平成7・3・9判時1529号153頁	15,*22*
最判平成7・4・25裁判集民175号91頁	*253*
最判平成8・1・30民集50巻1号199頁〔オウム真理教事件〕	*188*
最判平成9・1・28民集51巻1号40頁	*34*
最判平成9・1・28民集51巻1号71頁	31,32,109,*734*
最判平成9・9・9判時1618号138頁	*181*
最判平成10・3・26判時1636号145頁	*92*
最判平成10・3・27民集52巻2号661頁	261,*779,787*
最判平成10・7・17判時1653号143頁	*32*
最決平成10・11・24資料版商事178号80頁	*339*
最判平成10・11・26金商1066号18頁	*16*
最判平成11・3・25民集53巻3号580頁	25,*719*
最決平成11・11・12民集53巻8号1787頁	*767*
最判平成12・7・7民集54巻6号1767頁〔野村證券損失補てん株主代表訴訟事件上告審判決〕	137,443,473,*743,773*
最決平成12・12・14民集54巻9号2709頁	*768*
最決平成13・1・30民集55巻1号30頁	171,*760,761*
最判平成13・7・10金法1638号40頁	*25*
最決平成13・12・7民集55巻7号1411頁	*768*
最判平成14・1・22判時1777号151頁	*170*
最判平成15・2・21金商1180号29頁	270,277,*347*
最決平成15・2・27民集57巻2号202頁	*881*
最判平成15・3・27民集57巻3号312頁	34,35,*715*
最判平成15・6・12民集57巻6号640頁	*766*
最判平成15・12・16民集57巻11号2265頁	*747*
最判平成16・7・1民集58巻5号1214頁・金商1204号11頁	220,289,*804*
最決平成16・8・30民集58巻6号1763頁	*124*
最決平成16・10・1判時1877号70頁	687,*872*
最判平成17・2・15判時1890号143頁	*271*
最判平成18・2・17民集60巻2号496頁	*768*
最判平成18・4・10民集60巻4号1273頁〔蛇の目ミシン工業株主代表訴訟事件上告審判決〕	*496*
最決平成18・9・28民集60巻7号2634頁	287,596,672,*778,856,914*
最決平成19・8・7民集61巻5号2215頁〔ブルドックソース事件最高裁決定〕	382,402,403,413,437,*821*
最決平成19・11・30民集61巻8号3186頁	*769*

最判平成20・1・28判時1997号143頁〔拓銀栄木不動産事件最高裁判決〕	462
最判平成20・1・28判時1997号148頁〔拓銀カブトデコム事件〕	453
最判平成20・1・28民集62巻1号128頁〔拓銀ミヤシタ事件最高裁判決〕	135, 459
最決平成20・2・12判例集未登載〔ダスキン株主代表訴訟事件上告審決定〕	476
最判平成20・2・26民集62巻2号638頁	198, 354, *780*, *811*, *858*, *865*
最判平成20・6・10判タ1275号83頁	52, 581, 582
最決平成21・1・15民集63巻1号1頁	217, 292, 296, *830*
最判平成21・2・17判時2038号144頁	253
最判平成21・3・10民集63巻3号361頁〔大阪観光株主代表訴訟事件上告審判決〕	
	160, 503, *745*
最判平成21・3・31民集63巻3号472頁	159, 500, *751*, *752*
最判平成21・4・17判時2044号142頁	363, *719*
最決平成21・5・29金商1326号35頁〔レックス・ホールディングス事件最高裁決定〕	
	238, 241, 641, 644, 648, 649, 650, *905*
最判平成21・7・9判時2055号147頁〔日本システム技術損害賠償請求事件上告審判決〕	
	149, 484, 492, 524
最決平成21・11・9刑集63巻9号1117頁〔拓銀ソフィア（特別背任）事件〕	
	448, 451, 453, 470
最判平成21・11・27判時2063号138頁〔四国銀行株主代表訴訟事件〕	460
最判平成21・11・27判時2067号136頁〔農協事件〕	155, 492, 523
最判平成21・12・18判タ1316号132頁	271, 348
最決平成22・2・23資料版商事312号123頁	208
最判平成22・3・16判時2078号155頁	272, 346
最判平成22・7・15判時2091号90頁〔アパマンショップ株主代表訴訟事件最高裁判決〕	
	145, 448, 469
最決平成22・9・14資料版商事321号58頁〔フタバ産業事件最高裁決定〕	378
最決平成22・12・7民集64巻8号2003頁	260, 617, 640, *814*, *848*, *894*, *902*
最決平成23・2・17裁判集民236号67頁	*772*
最決平成23・4・19民集65巻3号1311頁〔TBS 株式買取価格決定に対する抗告棄却決定に対する許可抗告事件〕	206, 232, 233, 620, 634, 635, *898*, *899*
最判平成23・4・26金商1367号16頁	233
最判平成23・9・13民集65巻6号2511頁〔西武鉄道株式損害賠償請求事件最高裁判決〕	
	536
最決平成24・2・29民集66巻3号1784頁〔テクモ株式買取価格決定申立事件〕	*898*, *900*
最判平成24・3・13判時2146号33頁〔ライブドア株式損害賠償請求事件〕	537, 539
最決平成24・3・28民集66巻5号2344頁	616, 617, *814*, *848*, *894*, *902*
最判平成24・4・24判時2160号121頁	31, 38
最決平成24・10・12金商1402号16頁	52, 575, 579, 580

【控訴院判例】

大阪控判大正15・6・8新聞2576号6頁	175

【高等裁判所判例】

東京高判昭和13・2・22評論27巻民訴138頁	94

大阪高決昭和26・2・28高民集4巻2号32頁	89
高松高判昭和28・5・28高民集6巻5号294頁	196
東京高判昭和29・5・20東民事報5巻5号117頁	592
名古屋高金沢支判昭和29・11・22下民集5巻11号1902頁	269, 270
大阪高判昭和30・2・24下民集6巻2号333頁	16
東京高判昭和30・2・28判時49号15頁	264
東京高判昭和33・4・10金法174号4頁	96
大阪高判昭和35・7・29下民集11巻7号1606頁	30
広島高岡山支決昭和35・10・31下民集11巻10号2329頁	*861*
広島高判昭和36・5・26高民集14巻3号243頁	588
大阪高判昭和38・5・29判時342号16頁	74
東京高判昭和39・3・27民集20巻4号671頁	182
東京高判昭和40・9・28下民集16巻9号1465頁	192
福岡高判昭和41・7・18判時457号59頁	*732*
大阪高判昭和42・9・26判時500号14頁	274
広島高判昭和43・12・17判時552号76頁	*724*
東京高決昭和46・1・19判時618号77頁・判タ261号343頁・金商502号40頁	630
東京高決昭和47・4・13判時667号78頁	630
東京高決昭和47・4・18高民集25巻2号182頁	31
大阪高判昭和48・3・29判時705号23頁	274
東京高判昭和48・7・6判時713号122頁	28
仙台高判昭和49・2・18判時740号97頁	*802*
東京高判昭和49・9・30金商436号2頁	28
高松高決昭和50・3・31判時787号109頁・判タ325号220頁	629
東京高判昭和51・12・24判時846号105頁・判タ349号248頁・金商524号13頁	630
東京高判昭和52・11・8判時878号100頁	89
大阪高判昭和53・4・11判時905号113頁	198, 779, 787
大阪高判昭和53・8・31判時918号114頁	274
大阪高判昭和54・9・27判時945号23頁〔チッソ決議取消訴訟事件〕	16, 398
名古屋高決昭和54・10・4判時949号121頁・判タ404号147頁	631
福岡高判昭和55・1・31判時969号106頁	270
広島高判昭和55・3・28判例集未登載	630
東京高判昭和57・4・13下民集32巻5〜8号813頁	177
大阪高判昭和58・1・28金商685号16頁・商事1001号1283頁	631
大阪高判昭和58・2・23下民集34巻5〜8号805頁	28
東京高判昭和58・3・14判時1075号156頁	*798*
東京高判昭和58・3・29判時1079号92頁	519
東京高判昭和58・4・28判時1081号130頁	355
名古屋高判昭和58・7・1判時1096号134頁	185
名古屋高判昭和58・12・14判時1110号130頁	179
大阪高判昭和59・3・29判時1117号168頁	*850*
東京高判昭和59・6・14判時1125号164頁・金商703号3頁・商事1026号1319頁	632
東京高判昭和59・7・20判タ540号317頁	596, 603, *915*
東京高決昭和59・10・30判時1136号141頁・金商710号13頁・商事1034号1332頁	632

東京高決昭和60・1・25判時1147号145頁	198
大阪高決昭和60・6・18判時1176号132頁・金商727号23頁・商事1063号1371頁	629
東京高判昭和60・10・30判時1173号140頁	28,340,718
東京高決昭和61・1・15金商716号3頁	90
東京高判昭和61・2・19判時1207号120頁〔東京建物決議取消請求事件〕	393
東京高判昭和61・8・21判時1208号123頁	34,715
高松高判昭和61・9・29判時1221号126頁	802
東京高判昭和62・11・30判夕671号217頁	377
東京高判昭和62・12・10金法1199号30頁	253
東京高判昭和62・12・23判夕685号253頁	74,117
福岡高決昭和63・1・21判夕662号207頁・金商788号13頁・金法1201号26頁・商事1149号1492頁	632
仙台高判昭和63・2・8判時1272号136頁・判夕664号199頁・商事1153号1496頁	632
仙台高判昭和63・5・26判時1286号143頁	177
東京高判平成元・2・27判時1309号137頁	791
大阪高決平成元・3・28判時1324号140頁・判夕712号229頁・金商825号18頁・商事1196号1557頁	633
東京高決平成元・5・23判時1318号125頁・判夕731号220頁・金商827号22頁・商事1196号1557頁	633
大阪高判平成元・10・26判夕711号253頁	765
東京高判平成元・10・26金商835号23頁	141
大阪高判平成元・12・21金法1252号22頁	347
東京高判平成2・1・31資料版商事77号193頁	48,557
高松高判平成2・4・11金商859号3頁	136
東京高決平成2・6・15金商853号30頁	633
大阪高判平成2・7・18判時1378号113頁	136
名古屋高決平成2・11・26判時1383号163頁	89
東京高判平成2・11・29判時1374号112頁	252
名古屋高判平成3・5・30判夕770号242頁	253
東京高判平成3・10・31金商899号8頁	190
東京高平成5・3・24判夕839号241頁	261,262,793
東京高判平成5・6・29判時1465号146頁	253
東京高判平成6・5・23判時1544号61頁	261,792,793
東京高判平成6・8・29金商954号14頁	506
東京高決平成7・2・20判夕895号252頁	163
東京高判平成7・5・25判夕892号236頁	278,347
東京高決平成7・12・7判時1558号33頁	92
高松高判平成8・1・29金商996号17頁	190
名古屋高判平成8・2・7判夕938号221頁	805
東京高判平成8・2・8資料版商事151号143頁	334,341
大阪高決平成9・8・26判時1631号140頁	506,755
大阪高判平成9・11・18判時1628号133頁	163,755
東京高判平成9・12・4判時1657号141頁	26,278,342
大阪高決平成9・12・8資料版商事166号138頁〔大和銀行株主代表訴訟担保提供命令申立	

927

判例索引

事件抗告審決定〕	442
福岡高那覇支判平成10・2・24金商1039号3頁	364
名古屋高判平成10・7・8判タ1023号248頁	339
東京高決平成10・9・11判タ1047号289頁	*696, 697*
東京高決平成11・3・24判タ1047号292頁	*696, 697*
東京高判平成11・3・25判時1686号33頁	113
大阪高判平成11・3・26金商1065号8頁	17, 272
大阪高判平成11・6・17判時1717号144頁	181
東京高判平成12・2・23金商1091号40頁	190
東京高判平成12・4・27金商1095号21頁	514
福岡高宮崎支判平成13・3・2判タ1093号197頁	15
大阪高判平成13・4・27判タ1105号96頁	*711*
大阪高判平成14・4・11判タ1120号115頁〔住友生命政治献金事件〕	472
東京高判平成15・2・24金商1167号33頁	278, 347
東京高判平成15・3・12民集58巻5号1263頁	290
東京高判平成16・1・2証券取引被害判例セレクト23巻320頁	184
大阪高判平成16・2・12金商1190号38頁	282, 283, 285, 347
東京高決平成16・6・28判タ1209号279頁	*827*
東京高決平成16・8・4金商1201号4頁〔ベルシステム24事件高裁決定〕	81, 119, 428, 429
東京高決平成16・8・11金商1205号47頁	124
高松高決平成16・8・23資料版商事251号226頁	429
東京高判平成16・12・21判時1907号139頁〔東邦生命事件〕	463
東京高判平成16・12・21判タ1208号290頁〔三越株主代表訴訟事件控訴審判決〕	471
福岡高判平成16・12・21判タ1194号271頁	273, 346
東京高判平成17・1・18金商1209号10頁〔雪印食品損害賠償請求事件〕	181, 527
東京高決平成17・3・23判時1899号56頁〔ニッポン放送事件〕	120, 402, 403, 408, 428, 431, 437, *820, 837*
札幌高判平成17・3・25資料版商事255号205頁〔拓銀栄木不動産事件控訴審判決〕	463
札幌高決平成17・4・26判タ1216号272頁	633
名古屋高金沢支判平成17・5・18判時1898号130頁	184
東京高判平成17・6・15判時1900号156頁〔ニレコ事件〕	122, 401, 414
名古屋高金沢支判平成18・1・11判時1937号143頁〔熊谷組株主代表訴訟事件控訴審判決〕	
	472
札幌高判平成18・3・2判時1946号128頁〔拓銀エスコリース事件控訴審判決〕	
	451, 457, 499
札幌高判平成18・3・2判タ1257号239頁〔拓銀ミヤシタ事件控訴審判決〕	458
東京高判平成18・3・29判タ1209号266頁	*806*
大阪高判平成18・6・9判時1979号115頁〔ダスキン株主代表訴訟事件控訴審判決〕	
	132, 474, 476, 498
高松高決平成18・11・27金商1265号14頁	196, 197, 353, *782, 783, 784*
大阪高判平成19・1・18判時1973号135頁〔ダスキン株主代表訴訟事件〕	475
大阪高判平成19・3・30判タ1266号295頁	347
東京高決平成19・7・9金商1271号12頁	123
東京高決平成20・4・4判タ1284号273頁	*885*

名古屋高判平成20・4・17金商1325号47頁　140
東京高判平成20・4・23金商1292号14頁〔蛇の目ミシン工業株主代表訴訟事件差戻審判決〕　496
東京高決平成20・5・12判タ1282号273頁〔ピコイ事件〕　109,409
東京高判平成20・5・21判タ1281号274頁〔ヤクルト本社株主代表訴訟事件控訴審判決〕　147,484,488
東京高決平成20・6・12金商1295号12頁〔日本ハウズイング事件高裁決定〕　295,378,*830,831*
東京高判平成20・6・26判時2026号150頁〔日本IBM事件高裁判決〕　552
東京高決平成20・9・12金商1301号28頁〔レックス・ホールディングス事件〕　238,240,624,639,645,647,649,651,654,656,*905,907*
東京高判平成20・10・29金商1304号28頁〔アパマンショップ株主代表訴訟事件控訴審判決〕　136,144,468
東京高判平成21・2・26判時2046号40頁〔西武鉄道株式損害賠償請求事件一般投資家③控訴審判決〕　535,536
東京高決平成21・3・30金商1338号50頁〔NowLoading事件〕　429
福岡高決平成21・5・15金商1320号20頁〔ホスピカ事件〕　622
東京高決平成21・7・17金商1341号31頁　*893*
大阪高決平成21・9・1判タ1316号219頁〔サンスター株式取得価格決定申立事件〕　208,414,639,645,650,*907*
大阪高決平成21・9・28判例集未登載　208
東京高決平成21・9・30金法1922号109頁　55
東京高判平成21・12・16金商1332号7頁〔ライブドア株式損害賠償請求事件機関投資家控訴審判決〕　185,539
東京高決平成22・1・20金商1337号24頁〔メディアエクスチェンジ事件〕　640
東京高決平成22・2・9金商1337号27頁〔メディアエクスチェンジ事件〕　640
東京高決平成22・2・18金商1337号32頁〔メディアエクスチェンジ事件〕　640
東京高判平成22・3・24資料版商事315号333頁〔グランド東京株主代表訴訟事件〕　496
東京高判平成22・4・22判時2105号124頁〔西武鉄道株式損害賠償請求事件企業年金連合会等・機関投資家控訴審判決〕　536
東京高判平成22・5・24金商1345号12頁　*885*
名古屋高決平成22・6・17資料版商事316号198頁〔フタバ産業事件高裁決定〕　294,378
東京高判平成22・7・7判時2087号3頁〔TBS事件〕　233,619
東京高判平成22・7・7判時2095号128頁　18,*704,706*
東京高決平成22・10・27資料版商事322号174頁〔サイバードホールディングス事件〕　*907*
東京高決平成22・10・27金法1910号77頁　574
東京高判平成23・1・26金商1363号30頁　53,551,573,*709*
東京高判平成23・4・13金商1374号30頁〔ニイウスコー株主代表訴訟控訴審判決〕　541
東京高判平成23・7・28判例集未登載　184
東京高決平成23・9・27資料版商事333号39頁　20
福岡高判平成24・4・13金商1399号24頁〔福岡魚市場株主代表訴訟事件控訴審判決〕　165,487
東京高決平成24・7・12金商1400号52頁〔ダイヤ通商事件〕　429,435

929

【地方裁判所判例】

東京地判昭和2・9・6新報132号20頁	94
徳島地判高民集6巻5号297頁（日付不明）	196
大阪地判昭和28・6・29下民集4巻6号945頁	269
東京地判昭和28・12・28判タ37号80頁	197, 781
東京地判昭和30・2・28下民集6巻2号361頁	26
東京地判昭和30・7・8下民集6巻7号1353頁	22
東京地判昭和30・11・11判時70号5頁	733
東京地判昭和31・4・13下民集7巻4号961頁	779
東京地判昭和31・6・13下民集7巻6号1550頁	30
横浜地決昭和31・8・8下民集7巻8号2133頁	857
東京地判昭和33・11・17判時170号28頁	267
岡山地決昭和34・8・22下民集10巻8号1740頁	857
金沢地判昭和34・9・23下民集10巻9号1984頁	862
大阪地判昭和35・1・22下民集11巻1号85頁	190
東京地判昭和35・3・18下民集11巻3号555頁	196, 784
大阪地判昭和35・5・19下民集11巻5号1132頁	18, 550
甲府地決昭和35・6・28判時237号30頁	565
東京地判昭和35・11・4判タ114号64頁	266
東京地判昭和37・2・6判時286号28頁	267
東京地判昭和37・9・20判タ136号103頁	114
東京地判昭和38・2・1判時141号154頁	733
山形地判昭和38・3・18判時330号41頁	732
横浜地決昭和38・7・4下民集14巻7号1313頁	861
東京地判昭和39・10・12判タ172号226頁	159, 752
東京地判昭和41・5・30判時448号58頁	266
千葉地判昭和41・12・20下民集17巻11・12号1259頁	263, 267
東京地決昭和41・12・23判時470号56頁	136
東京地判昭和42・4・8判タ208号186頁	274
鳥取地判昭和42・4・25判タ218号219頁	190
福島地会津若松支判昭和42・8・31下民集18巻7＝8号910頁	193
岐阜地判昭和43・2・24下民集19巻1・2号97頁	191
静岡地沼津支判昭和43・7・3判タ226号168頁	263
京都地判昭和44・1・16判タ232号164頁	274
大阪地判昭和44・3・26判時559号28頁	274
東京地判昭和44・6・16金商175号16頁	270
岡山地判昭和45・2・27金商222号14頁	264
東京地判昭和46・2・22判時633号91頁	730, 731
大阪地判昭和46・3・29判時645号102頁	277
東京地判昭和46・8・16判時649号82頁	18
京都地判昭和47・9・27判時694号84頁	261, 263, 793
東京地判昭和48・2・23判時697号87頁	253
東京地判昭和49・9・19判時771号79頁	253

広島地決昭和51・3・5判例集未登載	630
神戸地判昭和51・6・18下民集27巻5〜8号378頁	196,198,*779,781,782*
長崎地佐世保支判昭和51・12・1金商522号49頁	276
東京地判昭和51・12・22判タ354号290頁	139
大阪地判昭和52・2・2金商539号54頁	*704*
名古屋地判昭和53・12・19判時921号121頁	*723*
高松地判昭和55・4・24判タ414号53頁	28, 340
東京地判昭和55・9・30判タ434号202頁	*798, 803*
東京地判昭和55・11・26判時1011号113頁	179
奈良地判昭和55・12・5金商622号42頁	136
東京地判昭和56・3・26判時1015号27頁	139
京都地決昭和56・7・24金商685号23頁	631
東京地判昭和56・9・22判タ462号164頁	28
神戸地尼崎支判昭和57・2・19下民集33巻1〜4号90頁	253
東京地判昭和57・4・16判時1049号131頁	179
大阪地判昭和57・5・12判時1058号122頁	190
大阪地中間判昭和57・5・25判タ487号173頁	501
大阪地判昭和58・11・29判タ515号162頁	345
岡山地決昭和59・3・7商事1003号52頁	372, 596,*915*
千葉地判昭和59・8・31判時1131号144頁	264
山形地酒田支判昭和60・1・31判時1158号235頁	191
高松地判昭和60・5・31金商863号28頁	287
名古屋地判昭和61・10・27判時1251号132頁	*720*
名古屋地判昭和61・12・24判時1240号135頁	198
山形地判昭和62・2・3判時1233号141頁	*798*
東京地判昭和62・3・26金商776号35頁	284
京都地決昭和62・5・18判時1247号130頁・金商778号41頁・商事1128号1463頁	632
鹿児島地判昭和62・7・29判時1259号122頁	*724*
京都地判昭和62・8・27金商787号48頁	*704*
福岡地判昭和62・10・28判時1287号148頁	181
大阪地決昭和62・11・18判時1290号144頁	119
東京地判昭和63・1・26判時1268号139頁	*728*
東京地判昭和63・1・28判時1263号3頁	18, 276, 392
東京地判昭和63・1・28判時1269号144頁	550
名古屋地判昭和63・2・25判タ667号212頁	377
東京地判昭和63・5・19金商823号33頁	190
東京地判昭和63・7・7判時1284号131頁	267
名古屋地判昭和63・9・30判時1297号136頁	356
東京地決昭和63・11・2判時1294号133頁	222, 673,*859*
東京地決昭和63・11・14判時1296号146頁	223,*861*
東京地決昭和63・12・2判時1302号146頁〔宮入バルブ第1事件〕	119, 429
京都地判平成元・2・3判時1325号140頁	253
山形地判平成元・4・18判時1330号124頁	*720*
東京地決平成元・6・22判時1315号3頁	219,*801*

931

判例索引

千葉地判平成元・6・30判時1326号150頁	278,347
東京地判平成元・7・18判時1349号148頁	190
東京地決平成元・7・25判時1317号28頁〔忠実屋・いなげや事件〕	119,429,430
東京地判平成元・8・22金商844号16頁	16
東京地判平成元・8・24判時1331号136頁	557
東京地決平成元・9・5判時1323号48頁〔宮入バルブ第2事件〕	103,119,429
東京地判平成元・11・13金商849号23頁	279
高知地判平成2・1・23金商844号22頁	141
東京地判平成2・2・27金商855号22頁	101
東京地判平成2・4・20判時1350号138頁	273,346
京都地判平成2・6・7判時1367号104頁	279
大阪地決平成2・7・12判時1364号100頁〔ゼネラル事件〕	119,429
東京地判平成2・9・3判時1376号110頁	179,523
長崎地判平成3・2・19判時1393号138頁	*757*
東京地判平成3・2・27判時1398号119頁	177
横浜地判平成3・4・19判時1397号114頁	219,288,*801*
福岡地判平成3・5・14判タ769号216頁	398
東京地判平成3・7・19金法1308号37頁	347
千葉地判平成3・9・26判時1412号140頁・判タ773号246頁・商事1293号1683頁	633
山形地酒田支判平成3・12・17判時1425号127頁	191,193
東京地判平成3・12・26判時1435号134頁	271,278,347
大阪地判平成4・1・27労判611号82頁	179
京都地判平成4・2・5判時1436号115頁	179
東京地判平成4・2・13判時1427号137頁	159,501
京都地判平成4・2・27判時1429号133頁	277
東京地判平成4・4・17判時1451号157頁	253
岐阜地判平成4・6・8判時1438号140頁	264
東京地判平成4・9・1判時1463号154頁	519
東京地判平成5・3・29判タ870号252頁	179
東京地判平成5・9・16判時1469号25頁〔野村證券損失補てん株主代表訴訟事件第1審判決〕	145,447
大阪地判平成5・12・24判時1499号127頁	190,196,*780*,*781*
名古屋地決平成6・1・26判時1492号139頁	*755*
東京地決平成6・7・22判時1504号121頁〔蛇の目ミシン株主代表訴訟担保提供申立事件〕	163,504,*728*,*755*
東京地決平成6・7・22判時1504号132頁〔蛇の目ミシン株主代表訴訟担保提供申立事件〕	504
大阪地判平成6・9・28判時1515号158頁	364
東京地判平成6・11・24資料版商事130号89頁	557
広島地判平成6・11・29判タ884号230頁	355
東京地判平成6・12・20判タ893号260頁	279
前橋地判平成7・3・14判時1532号135頁	140
東京地判平成7・11・30判タ914号249頁	*764*
東京地判平成8・2・8資料版商事144号115頁	113,144,447

判例索引

東京地判平成8・6・20判時1572号27頁	132
東京地判平成8・6・20判時1578号131頁	160, 757
東京地判平成8・8・1商事1435号37頁	355
新潟地長岡支判平成8・12・4判時1593号105頁	340
名古屋地判平成9・1・20判時1600号144頁	436
東京地判平成9・3・17判時1605号141頁	364
那覇地判平成9・3・25判時1617号131頁	364
名古屋地判平成9・6・18金商1027号21頁	339
東京地判平成9・8・26判タ968号239頁	347
東京地判平成9・10・13判時1654号137頁	192
名古屋地判平成9・11・21判タ980号257頁	273, 346
東京地判平成10・2・10判タ1008号242頁	279
東京地判平成10・5・14判時1650号145頁	130, 436
福岡地判平成10・5・18判時1659号101頁	280
東京地決平成10・6・11資料版商事173号192頁〔ネミック・ラムダ事件〕	429
東京地判平成10・6・29判時1669号143頁	364
東京地判平成10・9・24判時1665号119頁	436
東京地判平成10・12・7判時1701号161頁	744
東京地判平成11・1・29判時1687号94頁	179
大阪地判平成11・3・24判時1741号150頁	219, 290, 801
横浜地判平成11・6・24判時1716号144頁	185
東京地判平成11・9・9金商1094号49頁	280
名古屋地決平成12・1・19判時1715号90頁	101
東京地決平成12・1・27金商1120号58頁	764
東京地判平成12・3・13判タ1063号162頁	364
神戸地尼崎支判平成12・3・28判タ1028号288頁	398
奈良地判平成12・3・29判タ1029号299頁	16, 276
大阪地決平成12・4・28判時1738号116頁	680
大阪地判平成12・6・21判時1742号146頁	159
大阪地判平成12・9・20判時1721号3頁〔大和銀行株主代表訴訟事件〕	
	132, 137, 147, 444, 481, 484, 486, 498, 751
東京地判平成13・1・25判時1760号144頁	164, 488
名古屋地判平成13・10・25判時1784号145頁	138
大阪地判平成13・12・5判タ1110号191頁	136
大阪地判平成14・1・30判タ1108号248頁〔ロイヤルホテル株主損害賠償訴訟事件〕	465
大阪地判平成14・2・19判タ1109号170頁〔フォーカス事件〕	525
大阪地判平成14・2・20判タ1109号226頁〔コスモ証券株主損害賠償訴訟事件〕	464
東京地判平成14・2・21判時1789号157頁	396
東京地判平成14・4・25判時1793号140頁〔長銀初島事件〕	447, 448
宮崎地判平成14・4・25金商1159号43頁	398
東京地判平成14・7・18判時1794号131頁〔長銀イ・アイ・イー事件第1次訴訟〕	455
東京地判平成14・10・31判時1810号110頁〔国民銀行事件判決〕	461
福井地判平成15・2・12判時1814号151頁〔熊谷組株主代表訴訟事件第1審判決〕	472
東京地判平成15・2・27判時1832号155頁	184

京都地判平成15・6・25金商1190号44頁 282,283,285
大阪地判平成16・2・4金商1191号38頁 397
東京地判平成16・3・25判時1851号21頁〔長銀ノンバンク支援事件〕 457
札幌地判平成16・3・26判タ1158号196頁〔拓銀ソフィア事件〕 452,498
東京地判平成16・5・13金商1198号18頁〔東京スタイル決議取消訴訟請求事件〕 393,399
東京地判平成16・5・13判時1861号126頁〔ジャパン石油開発株主代表訴訟事件〕 502
東京地判平成16・5・20判時1871号125頁〔三菱商事株主代表訴訟事件〕 483
東京地判平成16・5・25判タ1177号267頁〔日債銀ノンバンク支援事件〕 457
東京地決平成16・6・1金商1201号15頁〔宮入バルブ事件〕 103,*837*
東京地決平成16・6・23金商1213号61頁〔三菱重工優先株引受差止仮処分申立事件〕
113,467
高知地決平成16・7・8資料版商事251号220頁 119
東京地決平成16・7・27金商1205号48頁 124
東京地判平成16・7・28判タ1228号269頁〔三越株主代表訴訟事件第1審判決〕 471
東京地決平成16・7・30判時1874号143頁〔ベルシステム24事件地裁決定〕 119,429,433
東京地判平成16・9・28判時1886号111頁 144
東京地判平成16・10・14判タ1221号294頁 18,*701*
名古屋地判平成16・10・29判時1881号122頁 52,560
福岡地小倉支判平成16・11・17商事1756号57頁 164
東京地判平成16・12・16判時1888号3頁 147
大阪地判平成16・12・22判時1892号108頁〔ダスキン株主代表訴訟第1審判決〕 476,498
大阪地判平成17・2・9判時1889号130頁〔ダスキン株主代表訴訟事件〕 475
大阪地判平成17・3・3判時1934号121頁〔日本信販株主代表訴訟事件〕 465,496
東京地判平成17・5・12金法1757号46頁 502
東京地決平成17・6・1判タ1186号274頁 122
東京地判平成17・7・7判時1915号150頁 84,389
東京地決平成17・7・29判時1909号87頁〔日本技術開発事件〕 99,400,402,403,405,417
東京地判平成17・11・2判時1372号131頁 219
東京地判平成17・11・11金商1245号38頁 *827*
東京地決平成17・11・29判タ1209号274頁〔ジーオー元監査役損害賠償事件〕 523
東京地判平成17・12・20金法1924号58頁 574
東京地決平成18・2・10判時1923号130頁 297,682,*850*,*851*
東京地決平成18・3・9判例集未登載〔平成電電事件〕 *831*
東京地決平成18・6・30金商1247号6頁〔サンテレホン事件〕 *837*
大阪地決平成18・12・13判時1967号139頁〔名村造船所事件〕 429
東京地判平成19・1・25判時1960号145頁 340
那覇地決平成19・4・5金商1268号61頁 193
東京地判平成19・5・23判時1985号79頁 197
仙台地決平成19・6・1金商1270号63頁〔デーデーエフ事件〕 429
東京地決平成19・6・15金商1270号40頁 218
東京地決平成19・6・15資料版商事280号220頁 295,378
さいたま地決平成19・6・22金商1270号55頁〔日本精密事件〕 429,434,*820*
東京地判平成19・8・28判タ1278号221頁〔西武鉄道株式損害賠償請求事件一般投資家①〕
535

東京地判平成19・9・20判時1985号140頁	293
東京地判平成19・9・26判時2001号119頁〔全日空対プリンスホテル（旧コクド）事件第1審判決〕	534
東京地判平成19・10・1判タ1263号331頁〔西武鉄道株式損害賠償請求事件一般投資家②〕	535
東京地決平成19・11・12金商1281号52頁〔オートバックス事件〕	429, *818*
名古屋地判平成19・11・21金商1294号60頁	48, 556
東京地判平成19・12・4金商1304号33頁〔アパマンショップ株主代表訴訟事件第1審判決〕	468
東京地判平成19・12・6判タ1258号69頁〔モリテックス事件地裁判決〕	16, 151, 391, 395, 497, *736*
東京地決平成19・12・19判時2001号109頁〔レックス・ホールディングス事件地裁決定〕	238, 241, 649
東京地判平成20・1・17判タ1269号260頁	*744*
東京地判平成20・2・27判時2010号131頁	156
東京地決平成20・3・14判タ1266号120頁〔第1次カネボウ事件決定〕	622, 646, *884, 885*
名古屋地一宮支判平成20・3・26金商1297号75頁	549
大阪地判平成20・4・18判時2007号104頁	156
東京地判平成20・4・24判時2003号10頁〔西武鉄道株式損害賠償請求事件一般投資家③〕	535, 536
東京地決平成20・5・15金商1295号36頁〔日本ハウズイング事件地裁決定〕	295, 378
東京地判平成20・6・13判時2013号27頁〔ライブドア株式損害賠償請求事件機関投資家第1審判決〕	185, 539
東京地決平成20・6・23金商1296号10頁〔クオンツ事件〕	429, 433, *819, 823, 837*
千葉地松戸支決平成20・6・26金商1298号64頁〔昭和ゴム事件〕	429
大阪地決平成20・9・11金商1326号27頁〔サンスター事件地裁決定〕	209, 655
東京地決平成20・12・3資料版商事299号337頁〔春日電機株主総会禁止仮処分事件〕	*838*
東京地判平成21・2・4判時2033号3頁	184
東京地判平成21・3・27金商1322号61頁	182
東京地判平成21・3・31判タ1296号118頁	899
東京地判平成21・3・31判時2042号127頁〔西武鉄道株式損害賠償請求事件企業年金連合会等・機関投資家第1審判決〕	536
東京地判平成21・4・17金商1320号31頁〔協和発酵キリン事件〕	233, 619, 650
広島地決平成21・4・22金商1320号49頁〔ミカサ事件〕	623
東京地判平成21・5・21判時2047号36頁〔ライブドア株式損害賠償請求事件一般投資家①〕	539, 646
東京地判平成21・6・18判時2049号77頁〔ライブドア株式損害賠償請求事件東洋製作所〕	539
東京地判平成21・7・9判タ1338号156頁〔ライブドア株式損害賠償請求事件一般投資家②〕	539
東京地判平成21・7・23判例集未登載〔ライブドア株式損害賠償請求事件一般投資家③〕	539
東京地判平成21・7・28判時2051号3頁〔プリンスホテル・日教組大会会場等使用拒否事件〕	518

判例索引

大阪地判平成21・8・26金法1916号113頁　　　　　　　　　　　　574,576,577,579,580
東京地決平成21・9・18金商1329号45頁〔サイバードホールディングス事件〕
　　　　　　　　　　　　　　　　　　　　　　　　　　639,642,649,650,654,655
京都地宮津支判平成21・9・25判時2069号150頁　　　　　　　　　　　　195,197,353
東京地決平成21・10・19金商1329号30頁　　　　　　　　　　　　　　　　　　　　893
東京地判平成21・10・22判時2064号139頁〔日本経済新聞社株主代表訴訟事件〕　474
東京地判平成22・1・12判タ1318号214頁〔アーバンコーポレイション株式損害賠償請求
　債権査定異議事件①判決〕　　　　　　　　　　　　　　　　　　　　　　　　539
福岡地判平成22・1・14金法1910号88頁　　　　　　　　　　　　　　　　　584,585
東京地判平成22・1・29判例未登載　　　　　　　　　　　　　　　　　　　　　　560
東京地決平成22・3・5判時2087号12頁〔TBS事件〕　　　　　　　　　233,619,650
東京地判平成22・3・9判時2083号86頁〔アーバンコーポレイション株式損害賠償請求債
　権査定異議事件②判決〕　　　　　　　　　　　　　　　　　　　　　　　　　539
さいたま地判平成22・3・26金商1344号47頁〔日本精密損害賠償請求事件〕　　　471
東京地判平成22・3・26金法1903号115頁〔アーバンコーポレイション株式損害賠償請求
　債権査定異議事件③判決〕　　　　　　　　　　　　　　　　　　　　　　　　539
名古屋地岡崎支決平成22・3・29資料版商事316号209頁〔フタバ産業事件地裁決定〕　378
東京地決平成22・3・31金商1344号36頁〔テクモ事件〕　　　　　　　　　　233,619
東京地判平成22・4・19判タ1335号189頁　　　　　　　　　　　　　　　　　　　522
札幌地決平成22・4・28金商1353号58頁　　　　　　　　　　　　　　　627,648,650
東京地判平成22・5・27金法1902号144頁　　　　　　　　　　　　574,576,577,579,580
東京地判平成22・6・24判時2090号137頁　　　　　　　　　　　　　　　　　　　　28
東京地判平成22・7・9判時2086号144頁　　　　　　　　　　　　　　　　　　　581
大阪地判平成22・7・14判時2093号138頁　　　　　　　　　　　　　　　　　　　513
東京地決平成22・7・20金商1348号14頁〔大盛工業事件地裁決定〕　　296,378,*830*
宮崎地判平成22・9・3判時2094号140頁　　　　　　　　　　　　　　　　197,353
東京地決平成22・9・6判タ1334号117頁〔インターネットナンバー決議取消請求事件〕
　　　　　　　　　　　　　　　　　　　　　　　　　　　393,558,569,*704*
大阪地判平成22・10・4金法1920号118頁　　　　　　　　　　　　　　　　582,584,585
東京地決平成22・11・15金商1357号32頁　　　　　　　　　　　　　　　　　　　233
東京地判平成22・12・3判タ1373号231頁　　　　　　　　　　　　　　　　296,298
東京地判平成23・1・7資料版商事323号67頁　　　　　　　　　　　　　　　28,340
東京地判平成23・1・26判タ1361号218頁　　　　　　　　　　　　　　　　252,*721*
福岡地判平成23・1・26金商1367号41頁〔福岡魚市場株主代表訴訟事件第1審判決〕　487
福岡地判平成23・2・17判タ1349号177頁　　　　　　　　　　　　　　　　52,584,585
東京地判平成23・2・18金商1363号48頁〔レックス・ホールディングス損害賠償請求事件
　地裁判決〕　　　　　　　　　　　　　　　　　　　　　　　　　　　　　427,520
東京地判平成23・4・14資料版商事328号64頁　　　　　　　　　　　　　　20,*720*
東京地判平成23・5・26判タ1368号238頁　　　　　　　　　　　　　　　　　　　*724*
東京地判平成23・7・7判時2129号114頁〔シャルレ事件第1審判決〕　　　　　　521
大阪地決平成24・2・27金商1396号43頁〔パナソニック事件〕　　　　　　　　　619
大阪地決平成24・4・13金商1391号52頁　　　　　　　　　　　　　　　　　　　*907*
東京地決平成24・12・21資料版商事346号21頁〔アコーディア・ゴルフ事件地裁決定〕　379

● 事項索引 ●

頁の表記については、事項が第1部「法理編」にあるものは、ゴシック体、第2部「実務編」にあるものは、明朝体、第3部「要件事実と裁判編」にあるものは、イタリック体とした。

【英数字】

100％減資　237, 502
1株の株価　*791*
2008年防衛策ガイドラインに掲記された行為規範　414
D&O保険　514
DCF法　622
DCF方式　*885*
EBITDA倍率　627
LBO　411, 416
MBO　520, 615, *905*
──により増大する価値　652
MSCB　106
VWAP　627

【あ行】

悪意に基づく提訴　728
一時清算人の選任の手続　688
一時役員等選任請求権　224
一時役員等選任請求事件の管轄　225
一時役員等選任請求事件の申立人　225
一時役員等選任請求事件の利害関係人　225
一時役員等の権限　224
一時役員等の選任　224
一時役員の選任申立て　265
著しい損害　66, 115
著しく不正な発行　*819*
著しく不正な方法による発行　103, 107
一任決議　275
一括除名　192
委任状勧誘規制違反の勧誘行為　389
委任状勧誘規制違反への事前的救済　83
委任状勧誘制度　390
委任状争奪戦　369, 370
委任状に基づく議決権代理行使禁止の仮処分　388
委任状の集計方法　396

違法行為・不祥事の原因ではない役員の責任　474
違法行為・不祥事を行った役員　473
違法な剰余金の配当　495
因果関係の割合的認定　497
インカム・アプローチ　621
訴えの変更　713
訴えを提起しない理由の通知　753
運転資金の追加融資　452
営業利益倍率　627
閲覧・謄写請求を拒否できる場合　*804*
閲覧・謄写の対象　287
閲覧・謄写の場所　*807*
閲覧・謄写の理由の明示　*804*
閲覧拒絶事由　289, *829*
閲覧謄写の必要性　*850*
お手盛り　269, 275
お手盛り防止　342
親会社社員の株主権　680
親会社取締役の子会社に対する監視義務　487
親子会社間の利益相反取引　466

【か行】

害意　12
会計監査人　156
会計参与　156
──の職務　*789*
──の報酬等　268
会計帳簿　219, 288, *801*
──の閲覧・謄写請求権　509
──の閲覧謄写の対象　219
会計帳簿等の閲覧・謄写請求訴訟　286, *799*
──における基本的書証　*805*
──の原告適格　*800*
──の訴訟要件　*800*
会計帳簿等の範囲　*801*
会計帳簿又はこれに関する資料　219

事項索引【か行】

解散判決の効力　738
会社が株主代表訴訟に参加する場合の代表者　762
会社仮処分の受付　832
会社仮処分の管轄　833
会社仮処分の決定　838
会社仮処分の執行　71
会社仮処分の審尋期日の指定　833
会社仮処分の担保　836
会社仮処分の登記　839
会社仮処分の不服申立て　841
会社関係仮処分　809
会社財産の減少による株式価値の低下　527
会社訴訟　2, 312
　――の戦い方　316
会社と取締役との間の訴訟における会社の代表者　747
会社に損害が生じる場合　813
会社に対する提訴請求　750
会社に対する役員等の責任　741
会社の解散の訴え　6, 188
会社の解散命令　188
会社の外部関係に関する訴訟　2
会社の継続　42, 45, 716
会社の支配権をめぐる紛争　301
会社の設立無効の訴え　39
　――の訴えの利益　716
　――の原告適格　41, 703
　――の提訴期間　41
　――の提訴権　41
　――の被告　41
　――の無効原因　40
　――の判決の効力　42, 737
会社の設立無効原因　40
会社の組織に関する訴え　4, 9, 694
　――の管轄　11, 695
　――の原告適格　697
　――の出訴期間　711
　――の請求原因　725
　――の弁論等の必要的併合　12
会社の組織に関する行為の無効の訴えの主張方法　733
会社の倒産　519

会社の内部紛争　2
会社の不存在　43
会社の不存在確認の訴え　43
会社非訟事件　588, 842
　――の管轄　590, 845
　――の根拠法令　590
　――の裁判　594
　――の種類　843
　――の不服申立て　593
　――の申立て　590, 845
　――の申立書　590
会社分割（吸収分割、新設分割）の無効原因　51
会社分割に利害関係を有する債権者　571
会社分割の濫用　571
会社分割無効判決の効力　54
会社法22条1項の類推適用　581
会社法430条の連帯　131, 176
会社法831条1項3号の「特別の利害関係」　17
会社役員賠償責任保険　514
会社を代表すべき者　263
解任議案の否決の要件　194
解任取締役からの損害賠償請求　354
解任取締役に対して賠償すべき損害の範囲　356
外部関係　2
回復することができない損害　115
外部専門家の検討　419
価額賠償　579
確実性の原則　457, 462
学者へのアプローチ　320
瑕疵ある提訴請求　159
過失相殺　156
過失相殺法理の類推適用　498
合併契約の錯誤　556
合併等の組織再編の無効の訴えの立証責任　734
合併の無効原因　47
合併または会社分割の無効判決の効力　737
合併無効判決の効力　50
株価算定の手法　610
株価の鑑定　883

事項索引【か行】

株価の算定　883
株価の算定方法　818
株券電子化　376
株券の再発行　256
株券の占有　255
株券の発行　254
株券発行・引渡請求訴訟　254
株券発行会社　255
株券発行請求訴訟　256
株券発行前の株式譲渡　249
株券引渡請求訴訟　256
株式　604,789
　──の「公正な価格」　232
　──の価格決定の申立要件　614
　──の共同相続　732
　──の共有　702
　──の質権者　717
　──の譲渡　255,790
　──の譲渡制限　790
　──の売買価格の決定　226
　──の名義書換　790
株式移転無効の訴えの原告適格　55
株式移転無効の訴えの提訴期間　56
株式移転無効の訴えの提訴権　55
株式移転無効の訴えの被告　56
株式会社における資本金の額の減少無効原因　57
株式会社における資本金の額の減少無効の訴え　57
　──の原告適格　57
　──の提訴期間　57
　──の提訴権　57
　──の判決の効力　58
　──の被告　57
株式会社の親会社の社員　796,800,807
株式会社の清算　683
株式会社の役員の解任の訴え　193
株式買取価格決定の基準　897
株式買取価格決定の方法　897
株式買取価格決定の申立て　614
株式買取価格決定申立事件　230,889
　──の管轄　236
　──の申立人　236,895
株式買取金額の前払いの可否　637

株式買取請求の失効　638
株式買取請求の撤回　637
株式買取りの効力発生日　636
株式価格を算定する方法　621
株式価値の算定方法　644
株式交換・株式移転の無効原因　55
株式交換・株式移転の無効の訴え　55
株式交換・株式移転の無効判決の効力　56,737
株式交換無効の訴えの原告適格　55
株式交換無効の訴えの提訴期間　56
株式交換無効の訴えの提訴権　55
株式交換無効の訴えの被告　56
株式取得価格決定の基準　905
株式取得価格決定の基準日　905
株式取得価格決定の方法　905
株式取得価格決定の申立要件　638
株式取得価格決定申立事件　236,901
　──の管轄　242
　──の申立人　241
株式譲渡　248
株式売買価格決定の基準時　884
株式売買価格決定の方法　884
株式売買価格決定の申立て　606,611
株式売買価格決定の申立要件　607,611
株式売買価格決定申立権　226
株式売買価格決定申立事件　226,878
　──の管轄　229
　──の申立人　229
株主　604
　──としての地位　701
　──に対する説明責任　421
　──に対する損害賠償請求　507
　──による株主総会招集許可申立事件　672
　──による株主総会招集請求権　221
　──による株主総会招集請求事件の管轄　222
　──による株主総会招集請求事件の争点　222
　──による株主総会招集請求事件の申立人　222
　──による証拠収集　508
　──の間接損害　517

939

――の共同利益への配慮 520
――の権利 679
――の権利行使に関する利益供与 495
――の権利行使に関する利益供与による責任 742
――の被る間接損害の救済 527,529
――の取締役会議事録の閲覧・謄写請求の要件 680,681
株主共同の利益 821
――の向上 418
株主権確認訴訟 246
株主権確認の訴え 673
株主権行使に関する利益供与 150
株主権の存否・行使をめぐる訴訟 789
株主権を行使するための必要性 679
株主権をめぐる訴訟 8
株主総会 823,855
――における決議の方法 396
――における決議方法の定款違反 16
――における決議方法の法令違反 16
――の決議の内容の定款違反 16
――の決議方法の著しい不公正 16
――の支持 314
――の支配権 369
――の招集 601
――の招集手続の著しい不公正 16
――の招集手続の定款違反 15
――の招集手続の法令違反 15
――の招集や開催に必要となる費用 223
株主総会開催禁止、議決権行使禁止の仮処分 823
――の効力 827
――の当事者 826
――の被保全権利 825
――の保全の必要性 826
――の申立ての趣旨 824
株主総会開催禁止・決議禁止の仮処分 72
――の債権者 75
――の債務者 75
――の担保の金額 76
――の被保全権利 74
――の保全の必要性 75
株主総会開催禁止・決議禁止の仮処分命令違反の効力 76
株主総会決議取消訴訟 388
株主総会決議取消しの訴えにおける裁量棄却 735
株主総会決議取消しの訴えの立証責任 733
株主総会決議取消しの訴えの利益 19
株主総会決議取消しの訴えの提訴期間 19
株主総会決議取消しの訴えの被告 19
株主総会決議の効力停止の仮処分 83
株主総会決議の取消判決の効力 738
株主総会決議不存在・無効の訴えの立証責任 733
株主総会招集許可の決定 673
株主総会等の決議不存在確認の訴え 22
――の原告適格 23
――の提訴期間 23
――の提訴権 23
――の被告 23
株主総会等の決議不存在にあたる場合 22
株主総会等の決議無効確認の訴え 23
――の原告適格 24
――の提訴期間 24
――の提訴権 24
――の被告 24
株主総会等の決議無効事由に該当する場合 23
株主総会等の決議取消しの訴え 15
――の原告適格 17
――の提訴権 17
株主代表訴訟 156,157,443,499,744
――で追及できる責任の範囲 503
――と倒産手続等の開始 764
――における一部の原告株主の上訴 772
――における会社の被告側への補助参加 170
――における強制執行 773
――における証拠収集の手段 766
――における訴訟上の和解 513
――における担保提供命令 754
――における文書提出命令の申立て 767

事項索引【か行】

──における和解の手続　771
──によって追及できる責任の範囲　744
──により追及しうる責任の範囲　160
──の運営方針　758
──の管轄　171
──の原告適格　502
──の再審請求　172
──の訴訟公告　171
──の訴訟告知　171
──の提起後における原告株主の株式の譲渡　763
──の提起の制限　756
──の提訴権者　748
──の被告　746
──の申立手数料　159
──の和解　172,173
──への参加　506
株主提案権　351
株主判断原則　405,428,437
株主名簿　806
──に記載されていない株主　702
──の閲覧謄写　375
──の閲覧謄写請求　307,375
──の閲覧・謄写請求権の行使理由　808
──の閲覧謄写の拒絶事由　377
──の確定的効力　259
──の記載・記録　255
──の法定記載事項　375
──の名義書換　257,791
株主名簿閲覧謄写仮処分　301
株主名簿閲覧謄写制度の趣旨　381
株主名簿管理人　807
株主名簿謄写の仮処分　375
株主名簿等の閲覧・謄写請求訴訟　293,806
──の訴訟要件　807
仮監査役選任の必要性　865
仮処分の執行期間　71
仮処分の段階の和解　834
仮処分の取消し　71
仮処分の要件を満たさない場合　833
仮処分命令　62

──の効力　70
仮処分命令違反の行為　71
──の効力　71
仮処分命令手続の申請時期　67
仮処分命令手続の当事者　66
仮代表取締役の選任　865
仮取締役の選任　780
──の申立て　811
仮取締役の選任人数　864
仮の地位を定める仮処分命令における被保全権利　66
仮の地位を定める仮処分命令における保全の必要性　66
仮役員　198,863
──の権限　868
──の選任　198
──の報酬　869
仮役員選任の必要性　864
仮役員等選任申立事件　862
管轄地の判断　696
監査役　154,486
──および会計参与の解任訴訟　788
──による監査権限　486
──の監査義務　486
──の監査義務違反　522
──の職務　788
──の対第三者責任　523
──の報酬等　268
監視義務　146,147
間接損害　180,182,526
鑑定　317
鑑定意見書　319
鑑定費用　610
議案の否決　783
機関決議の瑕疵　554
機関権限の分配　440
機関権限分配秩序論　120
企業における危機管理のあり方　478
企業不祥事の類型　474
議決権行使許容の仮処分の被保全権利　79
議決権行使禁止・許容の仮処分命令　77
──の債権者　79
──の債務者　79
──の保全の必要性　80

941

事項索引【か行】

議決権行使禁止仮処分違反の議決権行使　82
議決権行使禁止の仮処分　77, 307, 387
　　　――の被保全権利　79
議決権行使の差止請求　400
議決権代理行使禁止の仮処分　85
議決権の行使の禁止を求める仮処分　824
議決権の事前集計　396
議決権の集計　397
議事進行シナリオ　335
基準日　257
基準日後株主　234
　　　――の議決権行使　81
議事録等の特定　850
客観的無効原因　40
救済融資　457
吸収合併・新設合併についての承認をしなかった債権者　49
吸収合併・新設合併の無効の訴え　47
吸収合併無効の訴えの原告適格　48
吸収合併無効の訴えの提訴期間　49
吸収合併無効の訴えの提訴権　48
吸収合併無効の訴えの被告　49
吸収分割・新設分割について承認をしなかった債権者　53
吸収分割・新設分割の無効の訴え　51
吸収分割無効の訴えの原告適格　52
吸収分割無効の訴えの提訴期間　53
吸収分割無効の訴えの提訴権　52
吸収分割無効の訴えの被告　53
急迫の危険　66
競業取引　138
競業避止義務　781
行政文書の開示請求　319
共同訴訟参加　169, 731
業務　94
虚偽記載と相当因果関係のある損害の額　536
金融機関の取締役の経営判断の誤り　451
金融機関の取締役の任務違背の要件　453
金融商品取引法上の損害賠償請求権　294
金融商品取引法に基づく公開情報　508
金融商品取引法に基づく責任の免責要件　542

具体的事実の主張・疎明の程度　679
クライシス・マネジメント　478
グリーンメーラー　410, 820
経営判断　148
　　　――の誤り　444
　　　――の内容の合理性の有無　459
経営判断原則　144, 436, 446, 467, 470
経営不振企業に対する支援　467
計算書類、株主名簿、会計帳簿等の閲覧仮処分　828
　　　――の請求の趣旨　828
　　　――の被保全権利　829
　　　――の保全の必要性　831
計算書類等の閲覧・謄本等交付請求訴訟　285
計算書類等の閲覧等請求訴訟　795
　　　――の原告適格　796
　　　――の訴訟要件　796
計算書類の閲覧・謄写請求権　509
刑事告訴　326
刑事事件の事件記録　509
係争物に関する仮処分命令における被保全権利　65
係争物に関する仮処分命令における保全の必要性　65
継続企業の算定評価方法　645
継続保有要件　615
契約による株式の譲渡制限　252
原告が敗訴した場合の損害賠償責任　13
原告株主による執行　168
原告の株主権　790
検査役候補者の人選　603
検査役の資格　597
検査役の選任　595, 597
　　　――に係る費用　603
　　　――の決定　597
　　　――の裁判　597
　　　――の申立て　510, 589
検査役の地位　598
検査役の調査　594, 599
　　　――の対象　599
検査役の報告　598
検査役の報酬　598, 603
検査役報告書　373, 389

原状回復の方法　578
現物出資　595
現物出資財産　599
　──の変更　601
現物返還　579
権利株の譲渡　248
権利義務取締役　811
権利義務役員　264
公開買付期間中の株価の推移　647
抗告状の写しの送付　211
公正な価格　641, 897
構築すべき内部統制システム　485
公表後株主　234
効率的な市場　626
ゴードンモデル法　623
子会社・関連会社を清算するにあたって行う経済的支援の合理性　465
子会社・グループ企業の救済・支援　464
子会社会計帳簿閲覧謄写許可申立事件　216
　──の管轄　220
　──の申立人　220
個別株主通知　258, 374, 616, 640, 847, 894, 902
　──の趣旨　260
個別審議方式　399
これに関する資料　288
コンプライアンス体制　482

【さ行】

再建型支援の合理性　465
債権者の取締役会議事録の閲覧・謄写請求の要件　681
債権者保護手続の不履践　558
債権者面接　832
債権申出期間の起算点　689
債権を行使・回収しない旨の判断　471
財産引受け　595
最終完全親会社　167
再審の訴え　730
再選取締役　813
再調達時価純資産法　624
裁判所が定めるべき株式売買価格　608, 612

裁判所による株主総会の招集　919
裁判所による取得価格の決定　906
裁判によらない非訟事件の終了　855, 861, 889, 901, 908
債務の履行の見込み　560
裁量棄却　21, 27, 41
詐害行為取消権　61
詐害行為取消しの対象　578
詐害行為取消権（否認権）の行使　574
詐害行為取消訴訟の主張・立証事実　575
詐害設立の取消し　44
差止事由の承継　108
三角株式交換　899
参照株価　233
参照基準日　233
残存債権者　572
時価純資産法　624
時価純資産方式　886
支給基準の確立　276
支給基準の推知可能性　276
事業会社の取締役の経営判断の誤り　464
事業経営の当否の問題　431
事業計画の合理性　431
事業再編に関する取締役の経営判断に関する責任の有無　469
事業再編に関する判断　468
資金調達の必要性　431, 435
自己株式処分差止仮処分　105
事後の責任追及　5
「自己のための直接取引」をした取締役　143
事実上の取締役　179, 523
市場価格のある株式の評価方法　898
市場価格のない株式の評価方法　885, 900
市場株価法　625, 644
　──による株価の算定　649
市場下落説　534
事情変更による仮処分命令の取消しの申立て　72
事前警告型　401
事前警告型ライツ・プラン　121
事前の差止め・仮処分　4
事前の多数派工作　334
執行役　154

事項索引【さ行】

指定買取人　878
シナジー　897
シナジー分配価格　232
支配要件　583
自白の拘束力　731
資本充実の原則　594
社員の除名の訴え　6, 191
社員の地位の剥奪　192
社外監査役　864
社外取締役　132, 133
釈明　311
社債　663
　──に係る非訟事件の申立て　664
社債発行会社の行為が著しく不公正である場合　59
社債発行会社の弁済等の取消権の行使　60
社債発行会社の弁済等の取消しの訴え　58
　──の原告　60
　──の専属管轄　61
社債発行会社の弁済等の取消しの要件　59
蛇の目基準　504, 755
収益（利益）還元法　623
収益還元方式　885
従業員兼務取締役　130
従業員の違法行為・不祥事　474
従業員の引き抜き　141
従業員持株制度　252
収集できる証拠　311
修正主要目的ルール　120, 122
修正簿価純資産法　624
主観的無効原因　40
取得財源の規制　887
取得時差額説　534
取得自体損害説　534
取得条項付株式　237
取得日における当該株式の客観的価値　906
受任契約の締結　312
主要目的ルール　119, 410, 428, 432, 433, 819
純資産価格方式　886
純資産倍率　627
少額債権等弁済許可申立事件　688, 875
少額債権弁済許可の決定　689

常勤監査役　864
証拠の収集　312, 317
　──の手段　319
証拠保全の申立て　511
招集手続の遅滞　858
少数株主が招集した株主総会　861
少数株主権等　258, 617, 640, 847, 894
　──の行使　258, 375, 616, 640
少数株主の総会招集許可申立事件　855
焦土化経営　820
譲渡制限株式　878
譲渡等承認請求者　878
使用人兼務取締役　130, 133
　──の使用人としての報酬　269
承認を得ていない競業取引の損害額の推定　139
承認をしなかった債権者　572, 708
常務　97, 361
　──の範囲　361
常務外行為の許可申請　840
消滅会社の株主　702
剰余金の配当に関する責任　742
職務　94
職務執行停止・代行者選任の仮処分　5, 810
　──の債権者　813
　──の債務者　814
職務執行停止の期間　811
職務執行の停止　93
職務代行者の権限　96, 839
職務代行者の選任　814
　──の仮処分　95
職務代行者の選任人数　814
職務代行者の地位　95, 839
書証　317
所有と経営の分離　595, 613, 670
新株等の発行差止仮処分の申立て　428
新株等の発行の是非　428
新株の不公正発行　430
新株発行（自己株式の処分）の不存在確認の訴え　34
　──の原告適格　34
　──の提訴期間　35
　──の提訴権　34

944

——の被告　35
——の不存在事由　34
新株発行（自己株式の処分）の不存在確認判決の効力　35
新株発行（自己株式の処分）の無効の訴え　30
——の無効原因　30
——の原告適格　32
——の提訴期間　33
——の提訴権　32
——の被告　33
新株発行差止仮処分　302,304,306,307,816
——の当事者　822
新株発行等の不存在確認の訴えの立証責任　734
新株発行等の無効の訴えの立証責任　734
新株発行等の無効判決の効力　737
新株発行の瑕疵　31
新株発行を差し止める手段　307
新株予約権　35
——の公正な価値　818
——の発行差止仮処分　306
——の発行の不存在確認の訴え　38
——の発行の不存在確認の訴えの原告適格　39
——の発行の不存在確認の訴えの提訴期間　39
——の発行の不存在確認の訴えの提訴権　39
——の発行の不存在確認の訴えの被告　39
——の発行の不存在確認の訴えの不存在確認判決の効力　39
——の発行の不存在確認の訴えの不存在事由　38
——の発行無効の訴え　36
——の発行無効の訴えの原告適格　36
——の発行無効の訴えの提訴期間　37
——の発行無効の訴えの提訴権　36
——の発行無効の訴えの被告　36
——の発行無効の訴えの無効原因　36
——の発行無効の訴えの無効判決の効力　37

審議打切りのタイミング　399
人証　317
審尋期日の進行の仕方　834
新設合併無効の訴えの原告適格　48
新設合併無効の訴えの提訴期間　49
新設合併無効の訴えの提訴権　48
新設合併無効の訴えの被告　49
新設分割無効の訴えの原告適格　53,572
新設分割無効の訴えの提訴期間　53
新設分割無効の訴えの提訴権　53
新設分割無効の訴えの被告　53
信託型ライツ・プラン　121
審問　592
信頼の原則　448,460
スクィーズ・アウト　567,615
スポット型運用　869,871
スポット選任　686
請求の認諾　730
清算型支援の合理性　464
清算処分時価純資産法　624
清算人　869
——の解任　688
——の交代　688
——の就任登記の申請　688
——の人選　873
——の登記　874
——の人数　685
——の報酬の額　874
——が行うべき職務の内容を疎明する資料　872
清算人設置会社　685
清算人選任の決定　684
清算人選任申立て　684
清算人選任申立事件　869
政治資金の寄付　472
誓約書の提出　838
責任限定契約　134
責任追及の主体　527
責任の一部免除　513
責任の免除　168,512,743
折衷法　887
説明義務違反　393
説明義務の程度　393
説明義務の範囲　394

善管注意義務　129,441
善管注意義務違反　743
　　――の判断基準　459
全部取得条項付種類株式　236,569,615,
　638
　　――の取得価格決定申立権　236
　　――の取得の効果　636
　　――の全部取得　901
専門委員の制度　213
全役員解任の登記申請　815
総会決議取消しの訴え　302,304,307
総会検査役　243,372,913
　　――の活用方法　373
　　――の職務　918
　　――の人選　916
　　――の選任申立て　374
　　――の調査の対象　372
　　――の報酬　919
総会検査役選任請求権　243
総会検査役選任請求事件の管轄　244
総会検査役選任請求事件の申立人　244
総会検査役選任の裁判　244
総会検査役選任の申請　372
総会検査役選任の必要性　914
総会検査役選任申立事件　913
総会屋　150
総株主通知　257
総株主の同意　743
遡及効の否定　13
訴権の濫用　723,757
組織再編契約上の意思表示の瑕疵　555
組織再編契約の瑕疵　554
組織再編行為の差止事由　126
組織再編条件の不公正　557
組織再編の差止め　564
組織再編の無効原因　553
組織再編無効の訴え　546
　　――の原告適格　546
　　――の出訴期間　552
組織再編を承認しない債権者　551
組織変更　45
　　――の無効原因　46
　　――の無効の訴え　45
　　――の無効の訴えの原告適格　46

――の無効の訴えの提訴期間　46
――の無効の訴えの提訴権　46
――の無効の訴えの判決の効力　46
――の無効の訴えの被告　46
訴訟告知　507
訴訟参加　506
訴訟上の和解　730,735
訴訟担当　157
その他の主要な会社関連訴訟　7
損益相殺　499
損害額の軽減　499
損害賠償請求権の債権譲渡　502
損害賠償の範囲　526

【た行】

第三者割当増資　304,307
対象株式の評価方法　610
退職慰労金の支給　275
退職慰労金の不支給　276,346
退職慰労年金　272
対第三者責任の任務懈怠　518
退任登記未了　178
代表執行役　133
代表取締役　133
　　――が行った業務執行の無効事由　363
　　――の解職　330
　　――の解職動議　332
　　――の解職動議の適法性　330
　　――の業務執行の無効確認の訴え　362
　　――の職務執行停止　814
　　――の変更登記手続の準備　335
　　――を解職した場合の事後対応　336
代表取締役・取締役の職務執行停止・職務
　代行者選任の仮処分　331
タイムスケジュールの確認　305
多重代表訴訟　164,166
単元未満株式の株主　796
単元未満株主　807
単純平均株価　627
単独法　887
担保提供　69,162
担保提供命令　12,189,504
　　――の申立て　504,728
注意義務違反の判断　450

事項索引【た行】

注意義務違反の判断基準　455
忠実義務　138,140,441
弔慰金　274
調査嘱託　511
　——の申立て　319
調書決定　838
直接損害　180,183,526
陳述聴取　206
定款・議事録等の閲覧・謄写請求権　510
定款による株式の譲渡制限　250
ディスカウンテッド・キャッシュ・フロー法　622
提訴株主側の証拠収集　508
提訴期間経過後の新たな解任事由の追加・変更　782
提訴請求　158
　——の相手方　750
　——の手続を経ずに株主代表訴訟を提起した場合　751
　——を経ない代表訴訟　501
提訴請求権の濫用　506
適時開示に関する規則　422
適切な内部統制システムの内容　484
敵対的買収の是非　413
出来高加重平均価格　627
手続上の瑕疵　26
登記嘱託　739
登記手続に必要な書類　335
登記簿上の取締役　178,522
当事者照会　319,511
当事者適格を証明するための証拠　799
当事者の責務　205
独占交渉条項　124
　——の法的拘束力　124
特段の事情　28
特に有利　102
特に有利な条件　818
特別委員会　418
　——の委員　424
　——の設置　423
特別支配会社　125
特別代理人　865
特別利害関係人たる取締役　341
特別利害関係人の議決権行使による著しく不当な決議　17
特別利害関係人の決議参加　334
独立当事者参加　731
社債発行会社の弁済等の取消しの効果　60
取締役・監査役の過失相殺の主張　132
取締役・執行役の違法行為差止請求　111
　——の当事者　112
取締役・執行役の違法行為の差止事由　112
取締役会　328
　——の決議　328
　——の招集手続　332
　——の審議　333
　——の多数派　314
取締役会議事録閲覧・謄写請求訴訟　297
取締役会議事録閲覧謄写許可申立事件　214,849
取締役会議事録閲覧謄写請求権　214
取締役会議事録閲覧謄写許可申立事件の相手方　215
取締役会議事録閲覧謄写許可申立事件の申立人　215
取締役会議事録の閲覧・謄写請求許可の決定　678
取締役会議事録の閲覧・謄写等の請求　677
取締役会決議の手続上の瑕疵　338
取締役会決議の内容上の瑕疵　342
取締役会決議の不存在確認の訴え　28
　——の原告適格　29
　——の提訴権　29
　——の被告　29
取締役会決議の不存在または無効確認判決の効力　738
取締役会決議の無効・不存在確認の訴え　336
取締役会決議の無効・不存在確認判決の効果　343
取締役会決議の無効・不存在事由　337
取締役会決議の無効確認の訴え　26
　——の原告適格　27
　——の提訴権　27
　——の被告　27
取締役解任議案の否決　351

947

取締役解任の正当な理由　355
取締役解任の判決　787
取締役権利義務者　780
取締役個人の利益を図るための融資　463
取締役職務代行者の地位　91,839
取締役選任議案　304
取締役等の職務執行停止仮処分　90
取締役等の職務執行停止・職務代行者選任の仮処分　86
　　——の債権者　91
　　——の債務者　91
　　——の被保全権利　87
　　——の保全の必要性　92
取締役に対する違法行為差止請求　385
取締役の違法行為差止仮処分　332,365
　　——の効果　367
　　——の債権者　116
　　——の被保全権利　116
　　——の保全の必要性　116,367
　　——の要件　365
取締役の違法行為差止請求の申立て　467
取締役の違法行為差止めの訴えの性質　115
取締役の会社に対する責任追及の方法　443
取締役の会社に対する任務の懈怠　441
取締役の解任事由　352
取締役の解任の訴え　331,348,776
　　——における被告　779
　　——についての基本的な書証　786
　　——の訴訟要件　777
　　——の判決の効果　354
取締役の解任の訴えを提起するための要件　350
取締役の価格交渉義務　427
取締役の監視・監督義務　479
取締役の監視・監督義務違反　522
取締役の行為規範　413
取締役の職務執行停止仮処分　357
　　——の効果　360
　　——の保全の必要性　359
　　——の要件　358
取締役の職務代行者選任仮処分　360
　　——の要件・効果　361

取締役の責任追及　573
取締役の責任免除の効果　131
取締役の対会社責任　442
取締役の第三者に対する責任　517
取締役の地位　792
　　——に関する訴訟　792
取締役の地位確認請求訴訟　263
取締役の地位不存在確認請求訴訟　793
取締役の報酬額　345
取締役の報酬等　268
取締役または執行役の責任を追及する必要性　681
取引先例価格方式　887

【な行】

内部関係　2
内部通報制度　509
内部統制システム構築・運用義務　146,148
内部統制システム構築義務　450,479
内部統制システム構築義務違反　524
　　——の有無　485
内部統制報告書　480
ナカリセバ価格　232,620,898,907
馴れ合い訴訟の防止　263,506
二重の基準　438
日本版ESOP　435
ニレコ型　401
ニレコ事件　122
任務懈怠　130,176,441
　　——が推定される者　494
　　——による責任　742
　　——の推定　493
　　——の立証責任　493
任務懈怠責任　136,146
ネットアセット（コスト）・アプローチ　623

【は行】

買収者歓迎型　369
買収者排除型　369
買収条件の改善　419
買収提案の検討期間　417
買収防衛策　400

事項索引【は行】

――による新株発行　*820*
――の是非　414
――の発動の是非　437
――の発動の必要性　413
――の不発動の決議　421
配当還元方式　622,*885*
破産手続継続中の清算人選任　686
端数相当株式任意売却許可申立事件　*908*
判決に基づく登記手続　25
反対株主　230,615,*892*
――の株式買取請求　617,*892*
――の株式買取請求権　230
――の株式買取請求事件の管轄　236
――の株式買取請求事件の申立人　236
非訟事件　6,588,*842*
――の終局決定　593
――の手続の期日　592
――が裁判をするのに熟したとき　593
非訟事件手続における費用　591
非訟事件手続の当事者主義的構造　205
非訟事件手続の和解　213
非訟事件手続法　*843*
非上場株式の取得価格の算定　468
一人会社　252,270
被保全権利　69
費用の予納　*837*
ふえん化手法　394
不作為を目的とする仮処分　71
不実の就任登記　178
不実の情報開示に基づく責任　518
不実の登記　265
――の抹消登記手続請求訴訟　265
不祥事の隠ぺい　475
不祥事の公表対応　478
不祥事の損害を減少させるための融資　462
不正融資　451
物理的不存在　34,38
不提訴理由通知　505
――に記載すべき事項　505
不当訴訟要件　504
不当な株主代表訴訟の提起　504
不法不当目的要件　504
振替株式　847,*894*,*902*

――の譲渡　255,257
ブルドックソース事件　122
プレミアムの具体的算定　650
プレミアムの算定方法　654
プロキシーファイト　301,306,307
プロジェクト資金の融資判断　451
文書送付嘱託　511
――の申立て　319
文書提出命令　311,318,511
平均株価の考え方　627
併用法　*887*
ベネフィット　621
弁護士会照会　319,511
弁護士等の証明　595
弁護士の代理出席の可否　398
弁護士費用　504
変態設立事項　594,599,601
ポイズン・ピル　118
防衛策の発動要件　*821*
報酬の一方的な減額　344
報酬の減額・不支給　272
法人格否認の法理　583
法廷外の準備　308
法定準備金の減少の無効の訴え　694
法定書類の瑕疵　559
法定書類の非開示　559
法定書類の不実記載　559
放漫経営　182,519
法令遵守義務　137
簿価純資産法　624
簿価純資産方式　*886*
補欠役員　865
募集株式の発行等に関する差止め　97
募集株式の発行等に関する差止請求権　99
募集株式の発行等の差止請求権　565
募集株式発行等差止仮処分　104
募集株式発行等差止事由　102
募集株式発行等差止めの訴え　100
――の管轄　101
――の当事者　100
――の被告　101
募集新株予約権発行差止仮処分　108
募集新株予約権発行差止事由　106
募集新株予約権発行差止めの訴え　105

募集設立における財産不足額てん補責任 497
補助参加 506, *731*, *732*
保全異議 67
保全異議・取消しの申立て 70
保全抗告 67
保全の必要性 69
　──を否定すべき事情 *813*
保全命令の必要性 67
保全命令の申立ての取下げ 70
保全命令の要件 65
母体行責任 457
ホワイトナイト 306
本店の所在地 *696*

【ま行】

マーケット・アプローチ 625
マスコミ報道 325
マスメディア 324
民事保全手続に関する裁判 68
民事保全手続の裁判管轄 67
無効・不存在事由の承継 109
無効の遡及効の否定 33, 37
名義書換の不当拒絶 258
名義書換の方法 258
名義書換未了株主 259, 549
名義株 533
名義株主 247
名目的監査役 523
名目的取締役 177, 522
メインバンク論 456
申立書の写しの送付 210
申立ての利益 603
目的の範囲外の行為 113
目的の範囲内の行為 113
目的要件 583
持分会社の設立行為の取消原因 43
持分会社の設立の取消しの訴え 43
　──の提訴期間 44
　──の取消判決の効力 44
　──の被告 44
　──の原告適格 44
　──の提訴権 44
持分会社の設立無効 42

持分均一主義 604
持分複数主義 604

【や行】

役員 224
　──の違法行為・不祥事 475
　──の解任の訴え 6
　──の解任の登記 193
　──の仮の地位を定める仮処分 *816*
　──の欠員 *863*
　──の退任登記 265
　──の地位確認請求 262
　──の地位不存在確認請求 260
　──の地位不存在確認訴訟の管轄 262
　──の地位不存在確認訴訟の判決の効力 262
　──の地位を争う訴訟 8
役員解任事由 196, 197
役員株主の議決権 397
役員権利義務者 198, *858*
役員退任登記手続請求訴訟 263
　──の原告 265
役員等の責任追及訴訟 *741*
　──における共同訴訟参加 169
　──における訴訟参加 *759*
　──における和解 *770*
　──の管轄 *746*
役員等の退職慰労金請求訴訟 274
役員等の対第三者責任の追及 174
役員等の報酬・退職慰労金請求訴訟 8
役員等の報酬請求訴訟 267
役員等の報酬等 268
有価証券の取得者 530
　──に対する会社の責任 530
　──に対する役員の責任 531
有価証券報告書虚偽記載の事実の公表日 543
有価証券報告書提出会社に対する役員の責任 532
有価証券報告書提出会社の責任 538
有価証券報告書等の虚偽記載の責任追及の相手方 530
有価証券報告書等の虚偽記載の責任追及の主体 530

有限会社の設立取消しの訴え　*694*
有利発行　102, 107
要急事件　*835*
予納金の準備　603

【ら行】

ライツ・プラン　118
乱脈融資　451
濫用的な会社分割　571
利益供与　391
利益相反取引　141, 494, *742*
利益相反取引該当性の判断　466
リスク・マネジメント　477
立証責任の転換　434
略式組織再編　125
略式組織再編行為の差止め　124
類似会社比較法　627
類似上場会社方式　*886*
類似取引比較法　628
レブロン義務　425

〈編者略歴〉

浜田道代（はまだ　みちよ）

公正取引委員会委員、名古屋大学名誉教授

（略　歴）

昭和45年3月	名古屋大学法学部卒業
昭和47年3月	名古屋大学大学院法学研究科修士課程修了、同大学助手・助教授を経て
昭和60年4月	名古屋大学法学部教授
平成11年4月	名古屋大学大学院法学研究科教授
平成21年3月	名古屋大学退職
平成21年4月	公正取引委員会委員（現在に至る）

ハーバード大学ハーバード・ロースクール修士課程修了（LLM）（昭和61年）

（主な著書）

『新基本法コンメンタール会社法1・2』（共編・日本評論社）/『会社法の争点』（共編・有斐閣）/『キーワードで読む会社法〔第2版〕』（編著・有斐閣）/『商法〔第3版〕』（単著・岩波書店）/『レクチャー商法入門〔第5版〕』（共著・有斐閣）/『デラウェア会社法〔新版〕』（共訳・商事法務研究会）/『日本会社立法の歴史的展開（北澤正啓先生古稀祝賀論文集）』（編著・商事法務研究会）/『アメリカ閉鎖会社法——その展開と現状および日本法への提言』（単著・商事法務研究会）

第1編第1章・第5章担当

久保利英明（くぼり　ひであき）

弁護士（日比谷パーク法律事務所代表）、大宮法科大学院大学教授

（略　歴）

昭和42年9月	司法試験第2次試験合格
昭和43年3月	東京大学法学部卒業
昭和46年4月	弁護士登録（第二東京弁護士会）、第二東京弁護士会副会長、東京大学大学院法学政治学研究科非常勤講師、第二東京弁護士会会長、日本弁護士連合会副会長を歴任し

平成16年4月　大宮法科大学院大学教授（現任）
平成25年1月　株式会社日本取引所グループ社外取締役（現任）
（主な著書）
『日本改造計画――ガバナンスの視点から』（単著・商事法務）/『はしがきに見る企業法務の軌跡』（単著・商事法務）/『想定外シナリオと危機管理――東電会見の失敗と教訓』（単著・商事法務）/『専門訴訟大系2 知財訴訟』（共編・青林書院）/『「交渉上手」は生き上手』（単著・講談社）/『新しい株主総会のすべて〔改訂2版〕』（共著・商事法務）/『株式会社の原点』（単著・日経BP社）/『ビジネス弁護士ロースクール講義』（単著・日経BP社）/『社長の決断が会社を守る！』（単著・日本経済新聞社）/『違法な経営はおやめなさい』（単著・東洋経済新報社）
第2編第1章担当

稲葉威雄（いなば　たけお）

弁護士（鳥飼総合法律事務所）、元広島高等裁判所長官
（略　歴）

昭和34年9月	司法試験第2次試験合格
昭和35年3月	京都大学法学部卒業
昭和37年4月	東京地方裁判所判事補、法務省民事局付検事、同民事局参事官、同大臣官房審議官（民事局担当）、東京高等裁判所判事、旭川地方・家庭裁判所所長、札幌地方裁判所所長、東京高等裁判所部総括判事、名古屋地方裁判所所長を経て
平成12年8月	広島高等裁判所長官
平成15年1月	定年退官
平成15年4月	帝京大学法学部教授
平成15年5月	弁護士登録（第一東京弁護士会）
平成16年4月	早稲田大学大学院法務研究科客員教授
平成20年3月	早稲田大学定年退職

（主な著書）
『公益法人・一般法人のQ&A』（監修・大蔵財務協会）/『会社法の解明』（単著・中央経済社）/『改正史から読み解く会社法の論点』（共編・中央経済社）/『会社法の基本を問う』（単著・中央経済社）/『実務相談株式会社法（補遺）』（編集・

編者略歴

商事法務)／『新借地借家法講座(1)〜(3)』(共編・日本評論社)／『実務相談株式会社法〔新訂版〕(1)〜(5)(補遺)』(編集・商事法務研究会)／『改正会社法』(単著・金融財政事情研究会)

●執筆者一覧●

（執筆順）

〈第1部〉

浜田　道代（公正取引委員会委員）第1章、第5章

戸川　成弘（金沢大学大学院法務研究科教授）第2章

上田　純子（九州大学大学院法学研究院教授）第3章

山田　泰弘（立命館大学大学院法務研究科教授）第4章

中東　正文（名古屋大学大学院法学研究科教授）第6章

福島　洋尚（早稲田大学大学院法務研究科教授）第7章

〈第2部〉

久保利英明（弁護士・日比谷パーク法律事務所）第1章

松山　遙（弁護士・日比谷パーク法律事務所）第1章、第2章、第4章

西本　強（弁護士・日比谷パーク法律事務所）第3章

中川　直政（弁護士・日比谷パーク法律事務所）第4章

野宮　拓（弁護士・日比谷パーク法律事務所）第5章

小川　尚史（弁護士・日比谷パーク法律事務所）第5章

水野　信次（弁護士・日比谷パーク法律事務所）第6章

〈第3部〉

髙山　崇彦（弁護士・TMI総合法律事務所）第1章

宮下　央（弁護士・TMI総合法律事務所）第1章

市原　義孝（最高裁判所調査官）第2章

大谷　禎男（弁護士・桃尾・松尾・難波法律事務所）第3章

金澤　秀樹（東京地方裁判所判事）第4章

鈴木　謙也（東京地方裁判所判事）第5章

（所属は、平成25年7月現在）

【専門訴訟講座⑦】会社訴訟
──訴訟・非訟・仮処分──

平成25年９月26日　第１刷発行

定価　本体8,500円（税別）

編　者　浜田道代・久保利英明・稲葉威雄
発　行　株式会社　民事法研究会
印　刷　藤原印刷株式会社

発行所　株式会社　民事法研究会
〒150-0013　東京都渋谷区恵比寿3-7-16
〔営業〕TEL 03(5798)7257　FAX 03(5798)7258
〔編集〕TEL 03(5798)7277　FAX 03(5798)7278
http://www.minjiho.com/　　info@minjiho.com

落丁・乱丁はおとりかえします。　ISBN978-4-89628-890-2　C3332　¥8500E
カバーデザイン：袴田峯男

■会社法と手続法の両面から検討し、理論・実務上の重要論点を解説！■

会社訴訟・仮処分の理論と実務
〔第2版〕

新谷 勝 著

A5判上製・701頁・定価 6,090円（税込 本体価格 5,800円）

本書の特色と狙い

▶株主代表訴訟、取締役の責任をめぐる訴訟、新株発行をめぐる訴訟など、類型別に会社訴訟における法的論点を分析したうえで、実務的対応を解説！
▶第2版では、最近多発している濫用的会社分割をめぐる訴訟、法人格否認をめぐる訴訟を織り込み改訂！
▶会社訴訟を提起する前段階としての商事仮処分をも取り上げ、論点の分析・実務的対応をフォロー！
▶企業法務にかかわるすべての方、弁護士、裁判官等必携の書！

本書の主要内容

第1章　会社法と会社訴訟の基礎
第2章　仮処分の基礎
第3章　法人格否認をめぐる訴訟
第4章　株主権と株式の帰属に関する訴訟
第5章　株主総会と決議に関する訴訟
第6章　株主総会と仮処分
第7章　取締役・取締役会をめぐる訴訟
第8章　取締役の職務執行停止等仮処分
第9章　取締役の責任追及訴訟
第10章　株主代表訴訟による責任追及
第11章　第三者による取締役等の責任追及訴訟
第12章　新株発行をめぐる訴訟
第13章　新株予約券の発行をめぐる訴訟
第14章　取締役の違法行為の差止請求
第15章　会社の設立をめぐる訴訟
第16章　会社の組織再編に関する訴訟
第17章　会社書類の閲覧・謄写請求
第18章　会社分割をめぐる訴訟
第19章　企業買収をめぐる訴訟

・判例索引
・事項索引

発行　民事法研究会

〒150-0013　東京都渋谷区恵比寿3-7-16
（営業）TEL. 03-5798-7257　FAX. 03-5798-7258
http://www.minjiho.com/　info@minjiho.com

● 請負、売買、不法行為訴訟を中心に紛争の法理・実務・要件事実を詳解！●

【専門訴訟講座②】
建築訴訟
〔第2版〕

松本克美・齋藤　隆・小久保孝雄　編

A5判・1004頁・定価　8,925円（税込　本体8,500円）

▷▷▷▷▷▷▷▷▷▷▷▷▷▷▷▷　**本書の特色と狙い**　◁◁◁◁◁◁◁◁◁◁◁◁◁◁◁◁

▶極めて専門性の高い専門的知識・能力を必要とされる建築訴訟について、研究者・実務家・裁判官がそれぞれの専門知識を駆使して紛争解決の理論と実務指針を明示！

▶建築瑕疵をめぐる建築施工者等の不法行為責任や建替費用相当額の損害賠償請求訴訟での居住利益の控除の可否、建築基準法違反の建築請負契約の公序良俗違反性など、重要な問題について最高裁判決が相次いで出されたことを踏まえ、最新の理論・実務を織り込んだ待望の改訂版！

▶豊富な書式、資料を織り込み請負、売買、不法行為訴訟を中心に建築をめぐる紛争の法理・実務・要件事実を詳解！

▶斯界の著名な研究者、東京・大阪地裁建築集中部出身裁判官、専門調停委員を経験した弁護士が最新の紛争解決指針を解説！

▶研究者・裁判官・弁護士・司法書士・司法修習生・法科大学院生に必携の1冊！

　　　　　　　　　　　　本書の主要内容

第1部　建築訴訟の法理
　第1章　建築訴訟の意義と法的構造／第2章　建築瑕疵訴訟／第3章　建築工事当事者間のその他の訴訟／第4章　建築行政紛争／第5章　建築近隣民事紛争

第2部　建築訴訟の実務
　第1章　総説／第2章　建築紛争の諸類型と訴訟／第3章　当事者からみた建築訴訟／第4章　建築訴訟の審理／第5章　判決と和解

第3部　建築訴訟の要件事実と裁判
　第1章　工事請負契約関係訴訟における要件事実と証明責任／第2章　売買契約関係訴訟における要件事実と証明責任／第3章　不法行為関係訴訟における要件事実と証明責任／第4章　損害額算定に関する諸問題／付章　民事訴訟の基本的な考え方
・資料編

発行　民事法研究会

〒150-0013　東京都渋谷区恵比寿3-7-16
（営業）TEL. 03-5798-7257　FAX. 03-5798-7258
http://www.minjiho.com/　　info@minjiho.com